DESENVOLVIMENTO PSICOLÓGICO E EDUCAÇÃO

D451 Desenvolvimento psicológico e educação / organizado por César Coll, Álvaro Marchesi e Jesús Palacios; trad. Fátima Murad – 2. ed. – Porto Alegre : Artmed, 2004.
3v.

(Transtornos do desenvolvimento e necessidades educativas especiais; 3)

ISBN 978-85-363-0209-6

1. Psicologia – Desenvolvimento – Necessidades educativas especiais. I. Coll, César. II. Marchesi, Álvaro. III. Palacios, Jesús. IV. Título.

CDU 159.922/.8:376.1/.58

Catalogação na publicação: Mônica Ballejo Canto – CRB 10/1023

Desenvolvimento psicológico e educação

3.
Transtornos do desenvolvimento e necessidades educativas especiais

2ª edição

César COLL
Álvaro MARCHESI
Jesús PALACIOS
& colaboradores

Tradução:
Fátima Murad

Consultoria, supervisão e revisão técnica desta edição:
Claudio Roberto Baptista
Psicólogo. Doutor em Educação pela Università degli Studi di Bologna.
Professor Adjunto no Departamento de Estudos Básicos e
no PPG em Educação da UFRGS.

Reimpressão 2010

2004

Obra originalmente publicada sob o título
Desarollo psicológico y educación
3. Trastornos del desarrollo y necessidades educativas especiales, v. 3

© Alianza Editorial, S.A., 2002
ISBN 84-206-8686-7

Capa
Gustavo Macri

Preparação do original
Maria Lúcia Barbará

Leitura Final
Karine Quadros da Silva

Supervisão editorial
Mônica Ballejo Canto

Projeto e editoração
Armazém Digital Editoração Eletrônica – Roberto Vieira

Reservados todos os direitos de publicação, em língua portuguesa, à
ARTMED® EDITORA S.A.
Av. Jerônimo de Ornelas, 670 - Santana
90040-340 Porto Alegre RS
Fone (51) 3027-7000 Fax (51) 3027-7070

É proibida a duplicação ou reprodução deste volume, no todo ou em parte, sob quaisquer formas ou por quaisquer meios (eletrônico, mecânico, gravação, fotocópia, distribuição na Web e outros), sem permissão expressa da Editora.

SÃO PAULO
Av. Embaixador Macedo Soares, 10.735 - Pavilhão 5 - Vila Anastácio
05835-000 São Paulo SP
Fone (11) 3667-1100 Fax (11) 3667-1333

SAC 0800 703-3444

IMPRESSO NO BRASIL
PRINTED IN BRAZIL

Autores

César Coll (org.)
Universidade de Barcelona

Álvaro Marchesi (org.)
Universidade Complutense de Madri

Jesús Palacios (org.)
Universidade de Sevilha

Alfredo Fierro
Universidade de Málaga

Ángel Rivière
Universidade Autônoma de Madri

Carmen Basil
Universidade de Barcelona

Climent Ginè
Universidade de Blanquerna. Barcelona

Elena Martín
Universidade Autônoma de Madri

Emilio Sánchez
Universidade de Salamanca

Esperanza Ochaíta
Universidade Autônoma de Madri

Félix López
Universidade de Salamanca

Gema Paniagua
Equipe Atenção Precoce de Leganés. Madri

Javier Tamarit
CEPRI. Madri

Juan F. Romero
Universidade de Málaga

Mª Ángeles Espinosa
Universidade Autônoma de Madri

Marian Valmaseda
C. P. de Educação de Surdos. Madri

Rosa Blanco
UNESCO. Chile

Autores

César Coll Salvador
Universidad de Barcelona

Álvaro Marchesi Ullastres
Universidad Complutense de Madrid

Jesús Palacios González
Universidad de Sevilla

Alfredo Fierro
Universidad de Málaga

Ángel Rivière
Universidad Autónoma de Madrid

Carmen Kñsil
Universidad de Barcelona

Genoveva Sastre
Universidad de Barcelona

Elena Martín
Universidad Autónoma de Madrid

Eulalia Bassedas
Equipo de asesoramiento del Vallés

Esperanza Ochaita
Universidad Autónoma de Madrid

Félix López
Universidad de Salamanca

Gemma Paniagua
Equipo de asesoramiento psicopedagógico

Javier Tudela
CNREE, Madrid

Juan F. Romero
Universidad de Málaga

M. Á. Verdugo Alonso
Universidad de Salamanca

Rufino Valencia
Universidad Complutense de Madrid

Rosa Blanco
MEC

Apresentação

As orientações da educação especial sofreram modificações ao longo das últimas décadas. A atenção específica aos alunos com deficiência deu lugar a uma concepção mais ampla em torno da noção de alunos com necessidades educativas especiais. A partir de tal concepção, propôs-se uma reforma da educação especial que tornasse possível a integração dos alunos com deficiência e que, ao mesmo tempo, desse resposta a todos os outros alunos que apresentavam atrasos ou problemas de aprendizagem durante sua escolarização.

Essa visão mais completa e integradora, orientada para a transformação da educação especial e para sua incorporação ao sistema educacional de ensino comum, também enfrentou problemas e limitações significativos: é muito difícil pôr em prática uma reforma da educação especial sem que haja uma profunda mudança do sistema educacional; não é possível dar uma resposta satisfatória aos alunos com necessidades educativas especiais se não se levar em conta, ao mesmo tempo, a enorme diversidade – cultural, social e pessoal – que existe na maioria das escolas.

Uma nova concepção vai se consolidando em torno do conceito de escolas inclusivas. Seu significado vai além da educação especial e aponta para a transformação da educação no sentido de construir escolas de qualidade para todos os alunos. Um tipo de escolas abertas à diversidade dos alunos, capazes de elaborar um projeto comum, do qual participe toda a comunidade educativa. Seus objetivos coincidem com os impulsionados por outros modelos educacionais, que se desenvolvem para suprimir determinadas diferenças e transformá-las em fonte de enriquecimento: a escola compreensiva com relação à superação dos itinerários educativos paralelos, ou as escolas interculturais com relação à educação das minorias étnicas.

As escolas inclusivas não surgem da noite para o dia, mas são gestadas mediante as atitudes positivas e a ação eficaz do conjunto da sociedade. É a própria sociedade que aceita com maior ou menor facilidade o fato de que todos os alunos se eduquem durante o ensino obrigatório nas mesmas escolas. São as administrações dos sistemas educacionais que podem criar as melhores condições para que existam escolas inclusivas. São as escolas e a comunidade educativa que podem considerar que a educação na diversidade é um de seus principais critérios de qualidade. São, finalmente, os professores que podem aceitar com prazer o desafio que significa transformar sua prática docente para responder à diversidade dos alunos. O caminho para as escolas inclusivas é longo, cheio de avanços e retrocessos, e nele se evidencia a enorme incidência dos valores sociais na prática educativa.

O presente volume foi projetado com esta orientação. Seu objetivo não se limita a explicar os modelos mais gerais. Pretende-se, também, apresentar de forma rigorosa o desenvolvimento dos alunos com demandas educativas específicas, assim como as mudanças que devem ser realizadas nas escolas para favorecer sua educação. A primeira parte aborda o significado das escolas inclusivas e os problemas que enfrentam aqueles que tentam colocá-las em prática. A segunda parte refere-se aos alunos com necessidades educativas especiais que não estão associados a algum tipo de deficiência. Nisso, fica patente que os problemas educativos de tais alunos são muito variados e que sua origem, muitas vezes, deve ser buscada além do contexto educacional, isto é, nos contextos social, cultural ou familiar em que esses alunos se desenvolvem. A terceira parte trata dos problemas dos alunos com algum tipo de deficiência e da resposta educativa que se considera mais adequada. Nela, evidencia-se com maior clareza que o estudo evolutivo de tais crianças contribui poderosamente para compreender a gênese dos processos comunicativos e mentais do ser humano, além de reforçar a convicção sobre a influência decisiva da interação social no desenvolvimento e na aprendizagem. A última parte, finalmente, aborda alguns elementos centrais na educação dos alunos com necessidades educativas especiais: a avaliação, a mudança no currículo e a colaboração com os pais.

César Coll,
Álvaro Marchesi, e
Jesús Palacios

Sumário

Apresentação vii

PRIMEIRA PARTE
Escolas inclusivas

1. Da linguagem da deficiência às escolas inclusivas 15
   Álvaro Marchesi

2. A prática das escolas inclusivas 31
   Álvaro Marchesi

SEGUNDA PARTE
Problemas de aprendizagem

3. Atrasos maturativos e dificuldades na aprendizagem 53
   Juan F. Romero

4. Os problemas de linguagem na escola 72
   Marian Valmaseda

5. A linguagem escrita e suas dificuldades: uma visão integradora 90
   Emilio Sánchez

6. Problemas afetivos e de conduta na sala de aula 113
   Félix López

7. Os alunos com pouca motivação para aprender 129
   Álvaro Marchesi

TERCEIRA PARTE
Transtornos do desenvolvimento e necessidades educativas especiais

8. Desenvolvimento e intervenção educativa nas crianças cegas ou deficientes visuais 151
   Esperanza Ochaíta e Mª Ángeles Espinosa

9. Desenvolvimento e educação das crianças surdas 171
   Álvaro Marchesi

10. Os alunos com deficiência mental 193
Alfredo Fierro

11. Os alunos com paralisia cerebral e outras alterações motoras 215
Carmen Basil

12. O autismo e os transtornos globais do desenvolvimento 234
Ángel Rivière

13. O aluno com necessidades de apoio generalizado 255
Javier Tamarit

QUARTA PARTE
Avaliação e assessoramento

14. A avaliação psicopedagógica 275
Climent Giné

15. A atenção à diversidade na sala de aula e as adaptações do currículo 290
Rosa Blanco

16. Ensinar a pensar por meio do currículo 309
Elena Martín

17. As famílias de crianças com necessidades educativas especiais 330
Gema Paniagua

Referências 347
Índice analítico 365

PRIMEIRA PARTE
Escolas Inclusivas

A primeira parte do livro reúne em dois capítulos as mudanças teóricas que se produziram no campo da educação especial ao longo do Século XX e as condições capazes de proporcionar uma resposta adequada aos alunos com problemas de aprendizagem.

O primeiro capítulo descreve as mudanças conceituais que ocorreram no âmbito da educação especial. Em primeiro lugar, a passagem da deficiência para as necessidades educativas especiais, o que deslocou a responsabilidade dos problemas de aprendizagem do aluno para a escola. Em segundo lugar, o aprofundamento dos conceitos de necessidades educativas especiais e de integração, e o desenvolvimento de um novo modelo teórico, baseado fundamentalmente nos direitos de todos os alunos, sem exclusão, a uma educação comum, em escolas inclusivas. Tal modificação supõe a transferência do objetivo da reforma educativa. Já não é suficiente a transformação da educação especial. Para que as escolas inclusivas se consolidem, é preciso abordar a mudança do sistema educativo em seu conjunto.

Ao objetivo desejável de conseguir escolas inclusivas para todos os alunos, opõem-se as tendências competitivas e seletivas dos sistemas educacionais e as resistências da realidade. Progredir no sentido das escolas inclusivas não é uma tarefa rápida nem simples. A análise das condições que facilitam a mudança educativa está contida no segundo capítulo. Nele, descrevem-se três dilemas principais que estão presentes nas decisões que se adotam com os alunos com necessidades educativas especiais: ensino comum frente ao ensino diferenciado; exigência de escolarização, com o risco de rotular os alunos, frente à ausência de diagnóstico explícito; recursos especiais, com a indesejável consequência da falta de compromisso dos professores, frente à ausência de recursos específicos, ao que tende a associar-se a falta de apoio suficiente. Tais dilemas exigem uma cuidadosa reflexão e não devem ser negados de forma simplista.

O capítulo termina com a descrição das condições que favorecem a incorporação de todos os alunos à escola regular, tanto as que são próprias do contexto social e educativo como as mais específicas da escola e da sala de aula. Não são contextos independentes, embora exista uma ampla margem de autonomia de cada um deles. Em alguns momentos, apoiam-se e reforçam-se mutuamente; em outros, manifestam-se contradições entre ambos. O progresso no sentido de uma educação integradora exige, em última instância, uma profunda mudança de atitude em todas as pessoas que têm alguma intervenção no âmbito educativo.

1 Da linguagem da deficiência às escolas inclusivas

ÁLVARO MARCHESI

A educação especial viveu profundas transformações durante o século XX. Impulsionada pelos movimentos sociais que reinvindicavam mais igualdade entre todos os cidadãos e a superação de qualquer tipo de discriminação, incorporou-se, aos poucos, ao sistema educacional regular e buscou fórmulas que facilitassem a integração dos alunos com alguma deficiência. Ao mesmo tempo, produziu-se uma profunda reflexão no campo educativo fazendo com que os problemas desses alunos fossem encarados a partir de um enfoque mais interativo, no qual a própria escola devia assumir sua responsabilidade diante dos problemas de aprendizagem que eles manifestavam. O conceito de necessidades educativas especiais e a ênfase na importância de que a escola se adapte à diversidade de seus alunos foi expressão dessas novas realidades.

As experiências das escolas integradoras, que de alguma maneira incorporavam as formas tradicionais de educação especial às escolas regulares, não estavam, contudo, isentas de problemas. As mudanças nas escolas, imprescindíveis para assegurar uma integração educativa positiva, não podiam proceder exclusivamente da reforma da educação especial. A constatação levou a um novo impulso da educação especial em torno das "escolas inclusivas". O conceito de escolas inclusivas supõe uma maneira mais radical de entender a resposta educativa à diversidade dos alunos e baseia-se fundamentalmente na defesa de seus direitos à integração e na necessidade de promover uma profunda reforma das escolas, que torne possível uma educação de qualidade para todos eles, sem nenhum tipo de exclusão.

Esses temas, que aparecem em momentos sucessivos ao longo das últimas décadas, constituem a estrutura deste primeiro capítulo. Em primeiro lugar, descrevem-se as principais transformações que se produziram até os anos 1980. Posteriormente, analisa-se o conceito de necessidades educativas especiais e sua influência no campo da educação especial. Em terceiro lugar, formula-se o significado da integração educativa. Finalmente, comentam-se as considerações mais recentes neste campo em relação às escolas inclusivas.

AS MUDANÇAS ATÉ OS ANOS 1980

A educação especial na primeira metade do século XX

Durante a primeira metade do século XX, o conceito de deficiência, diminuição ou *handicap* incluía as características de inatismo e de estabilidade ao longo do tempo. As pessoas eram deficientes por causas fundamentalmente orgânicas, que se produziam no início do desenvolvimento e cuja modificação posterior era difícil. Tal concepção impulsionou um grande número de trabalhos que procuraram resumir em diferentes categorias todos os possíveis transtornos que poderiam ser detectados. Ao longo dos anos, as categorias foram se modificando (ver Quadro 1.1), mas preservavam o traço comum de que o transtorno era um pro-

QUADRO 1.1 Categorias estabelecidas de deficiência/transtorno

1886	1899	1913	1945	1962	1970	1981
Idiota	Idiota	Idiota	Subnormal grave	Subnormal grave	Subnormal educável (grave)	Criança com dificuldades de aprendizagem (grave)
Imbecil	Imbecil	Imbecil				
		Imbecil moral		Psicopata		
	Cego	Cego	Cego		Cego	Cego
			Ambliope		Ambliope	Ambliope
	Surdo	Surdo	Surdo		Surdo	Surdo
			Hipoacústico	Hipoacústico	Hipoacústico	Hipoacústico
	Epilético	Epilético	Epilético		Epilético	Epilético
	Deficiente	Deficiente mental	Subnormal educável		Subnormal educável (leve ou moderado)	Criança com dificuldades de aprendizagem (leve ou moderado)
			Inadaptado		Inadaptado	Inadaptado
					Necessidades educativas especiais	Alterado
		Deficiente físico	Limitado fisicamente		Limitado fisicamente	Limitado fisicamente
			Defeito de fala		Defeito de fala	Defeito de fala
			Delicado	Delicado	Delicado	Delicado
			Diabético			
						Disléxico
						Autista

Fonte: De Tomlinson (1982).

blema inerente à criança, com poucas possibilidades de intervenção educativa e de mudança. Sob tal perspectiva pulsava uma concepção determinista do desenvolvimento, sobre a qual se baseava qualquer tipo de aprendizagem.

Essa visão, existente durante as primeiras décadas, trouxe consigo duas consequências significativas. A primeira é a necessidade de um diagnóstico preciso do transtorno. Por isso, generalizam-se os testes de inteligência, cujo objetivo principal é o de situar as pessoas em um determinado nível, comparando-as ao restante da população. O desenvolvimento dos testes de inteligência ajuda a delimitar os diferentes níveis de normalidade e de deficiência mental, além de diagnosticar em qual deles situava-se o aluno, permitindo saber em que escola deveria estudar. É preciso lembrar que uma das primeiras escalas de inteligência foi encomendada pelo ministro de Instrução Pública francesa Alfred Binet, em 1904, com a finalidade de separar as crianças que deviam ser educadas nas escolas regulares daquelas que não podiam frequentá-las.

A segunda consequência manifesta-se na aceitação generalizada de que a atenção educativa dos alunos com algum prejuízo ou deficiência supõe que devam ser escolarizados em escolas especiais. Surgem assim as escolas de educação especial, que se estendem e consolidam-se como a melhor alternativa para tais alunos. Normalmente, essas escolas têm um tipo de ensino diferente daquele das escolas regulares, como também professores especializados e recursos mais específicos.

Nos anos de 1940 e 1950, iniciam-se mudanças importantes. Começa-se a questionar mais amplamente a origem constitutiva e a incurabilidade do transtorno, e as posições ambientalistas e behavioristas, que eram dominantes no campo da psicologia, abrem caminho com mais força no campo da deficiência. Ainda que continuem plenamente vigentes os dados quantitativos proporcionados pelos testes de inteligência para determinar os níveis de deficiência mental, já se levam em conta as influências sociais e culturais que podem determinar um funcionamento intelectual deficitário. Abre-se espaço à concepção de que a deficiência pode ser motivada por falta de estímulo adequado ou por processos de aprendizagem incorretos. Ao mesmo tempo, incluem-se os conceitos de adaptação social e de aprendizagem nas definições sobre o atraso intelectual, reforçando as possibilidades de intervenção. A distinção entre causas "endógenas" e "exógenas" para explicar as deficiências detectadas é, sem dúvida, um passo a mais no sentido da revisão definitiva da "incurabilidade" como traço básico na definição das deficiências.

Paralelamente, as escolas de educação especial continuam se expandindo. A universalização da oferta educacional nos países desenvolvidos leva a considerar mais positiva a existência de classes ou de escolas específicas para os alunos com deficiências devido ao número de alunos por sala de aula, à existência de edifícios específicos e adaptados aos alunos e à possibilidade de uma atenção educativa mais especializada.

As mudanças nos anos de 1960 e 1970

A partir da década de 1960, produz-se um movimento bastante forte, impulsionado por âmbitos sociais muito diversos, que irá provocar profundas transformações no campo da educação especial. Os principais fatores que favorecem essas mudanças podem ser resumidos em:

1. *Uma nova concepção dos transtornos do desenvolvimento e da deficiência.* – A ênfase anterior nos fatores inatos e constitutivos, na estabilidade no tempo e na possibilidade de agrupar as crianças com os mesmos déficits nas mesmas escolas especiais, abre caminho para uma nova visão em que não se estuda a deficiência como uma situação interna do aluno, mas em que ela é considerada em relação aos fatores ambientais e, particularmente, à resposta que a escola proporciona. O déficit já não é uma categoria com perfis clínicos estáveis, mas se estabelece em função da experiência educativa. O sistema educacional, portanto, pode intervir para favorecer o desenvolvimento e a aprendizagem dos alunos com alguma característica "deficitária".

2. *Uma perspectiva distinta dos processos de aprendizagem e das diferenças individuais.* – As novas teorias do desenvolvimento e da apren-

dizagem são mais interativas e se afastam dos modelos anteriores que destacam a influência determinante do desenvolvimento sobre a aprendizagem. Destaca-se o papel ativo do aprendiz e a importância de que os professores levem em conta seu nível inicial de conhecimentos e o ajudem a completá-los ou a reorganizá--los. Dessa perspectiva, o processo de ensino converte-se em uma experiência compartilhada mais individualizada, em que não se deve supor que os alunos de uma mesma sala de aula, ainda que tenham a mesma idade ou a mesma deficiência, enfrentarão de igual maneira o processo de aprendizagem. As demandas dos alunos são distintas, e, por isso, se põe em questão a prática habitual de agrupá-los exclusivamente em função de sua deficiência.

3. *A revisão da avaliação psicométrica.* – A utilização dos testes psicométricos como o melhor método para conhecer a capacidade de aprendizagem dos alunos começa a ser revista de forma radical. Por um lado, considera-se que os resultados dos testes não devem servir para classificar os alunos de forma permanente. Por outro lado, destacam-se as possibilidades de aprendizagem dos alunos e outorga-se às escolas um papel mais influente para produzir mudanças positivas. Abre-se passagem para novos sistemas de avaliação, baseados no estudo das potencialidades de aprendizagem dos alunos. Considera-se necessária a colaboração dos psicólogos com os professores para a avaliação dos alunos com problemas de aprendizagem. Os instrumentos de avaliação estão mais relacionados com o currículo e têm como principal objetivo orientar a prática educativa.

4. *A presença de um maior número de professores competentes.* – As reformas empreendidas em um número considerável de países também estão voltadas à modificação dos sistemas de formação dos professores e à sua qualificação profissional. Desse modo, reformulam-se as razões da separação entre as escolas regulares e as de educação especial, e ampliam-se extraordinariamente as experiências inovadoras nas escolas em relação aos alunos que manifestam sérios problemas em suas aprendizagens escolares.

5. *A extensão da educação obrigatória.* – As escolas regulares têm de enfrentar a tarefa de ensinar a todos os alunos e constatam as grandes diferenças que existem entre eles. A generalização do ensino médio leva a uma reformulação das funções da escola, que deve ser "compreensiva", isto é, integradora e não segregadora.

6. *O abandono escolar.* – Um número significativo de alunos abandona a escola antes de concluir a educação obrigatória ou não termina com êxito seus estudos básicos. O conceito de "fracasso escolar", cujas causas, mesmo sendo pouco precisas, situam-se prioritariamente em fatores sociais, culturais e educativos, reformula as fronteiras entre a normalidade, o fracasso e a deficiência e, como consequência disso, entre alunos que frequentam uma escola regular e alunos que vão para uma escola de educação especial.

7. *A avaliação das escolas de educação especial.* – Os resultados limitados obtidos pelas escolas de educação especial com a maior parte dos alunos leva a repensar sua função. A heterogeneidade dos alunos que eram escolarizados nelas, as escassas expectativas que se tinha sobre seus progressos e as dificuldades de integração social posterior de seus alunos contribuem para que se estenda a ideia de que poderia haver outras formas de escolarização para aqueles que não são gravemente afetados.

8. *As experiências positivas de integração.* – A integração começa a ser posta em prática, e a avaliação de suas possibilidades contribui para criar uma atmosfera mais favorável. A difusão da informação, a participação de setores mais amplos e variados nesses projetos e o apoio que recebem dos gestores educacionais de diferentes países ampliam suas repercussões e criam um clima cada vez mais favorável à opção integradora.

9. *A existência de uma corrente normalizadora no enfoque dos serviços sociais.* – As formulações integradoras e normalizadoras estendem-se a todos os serviços sociais. Algumas de suas manifestações podem ser encontradas na aproximação dos atendimentos médicos, psicológicos e educacionais nos locais de residência dos cidadãos, na importância cada vez maior que se atribui aos fatores ambientais, no papel crescente dos serviços próprios da comunidade, dos quais participam também ho-

mens e mulheres voluntários, e na relevância do enfoque comunitário nas diferentes disciplinas relacionadas à saúde. Tudo isso conta a favor de que todos os cidadãos se beneficiem igualmente dos mesmos serviços, o que supõe evitar que haja sistemas paralelos que diferenciem alguns poucos da maioria.

10. *Os movimentos sociais a favor da igualdade.* – Uma sensibilidade maior para os direitos das minorias e para sua integração na sociedade se estende por todos os países. Essa mudança de atitude em relação às minorias dos indivíduos com deficiência é favorecida não apenas pela pressão dos pais e das associações de pessoas adultas que reclamam seus direitos, mas também por movimentos sociais muito mais amplos, que defendem os direitos civis das minorias raciais, culturais ou linguísticas.

Todos esses fatores, impulsionadores da mudança e, ao mesmo tempo, do processo de transformação, contribuíram para a aceitação de uma nova maneira de entender a deficiência a partir de uma perspectiva educacional. São dois os fenômenos mais relevantes dessa nova aproximação: no plano conceitual, um novo enfoque baseado na análise das necessidades educativas especiais dos alunos; no plano da prática educativa, o desenvolvimento da integração educativa, que impulsiona, ao mesmo tempo, mudanças na concepção do currículo, na organização das escolas, na formação dos professores e no processo de ensino na sala de aula.

OS ALUNOS COM NECESSIDADES EDUCATIVAS ESPECIAIS

Uma nova concepção e uma nova terminologia

O conceito de "necessidades educativas especiais" começou a ser empregado nos anos 60, mas inicialmente não foi capaz de modificar os esquemas vigentes na educação especial. O informe Warnock, encomendado em 1974 pelo secretário de Educação do Reino Unido a uma comissão de *experts* presidida por Mary Warnock e publicado em 1978, teve o importante papel de convulsionar as formulações existentes e popularizar uma concepção distinta. Boa parte de suas propostas foi incluída, poucos anos depois, na legislação inglesa, estendendo-se, posteriormente, à maioria dos sistemas educacionais.

O informe Warnock reconhece que agrupar as dificuldades das crianças em termos de categorias fixas não é benéfico para as crianças, para os professores ou para os pais, e assinala quatro razões principais:

1. Muitas crianças são afetadas por várias deficiências.
2. As categorias confundem o tipo de educação especial que é necessário, já que promovem a ideia de que todas as crianças que se encontram na mesma categoria têm necessidades educativas similares.
3. As categorias, quando são a base para a provisão de recursos, não os proporcionam para aquelas crianças que não se ajustam às categorias estabelecidas.
4. As categorias produzem o efeito de rotular as crianças de forma negativa.

Embora também se tenha assinalado que as categorias podiam centrar a atenção nas necessidades de diferentes grupos de crianças e ajudar a respeitar os direitos das crianças com deficiência, o peso das razões contrárias foi determinante. Consequentemente, do ponto de vista educativo, o informe considera mais relevante empregar o termo "necessidades educativas especiais". Essa nova definição apresenta quatro características principais: afeta um conjunto de alunos, é um conceito relativo, refere-se principalmente aos problemas de aprendizagem dos alunos na sala de aula e supõe a provisão de recursos suplementares.

A escolha do termo "necessidades educativas especiais" reflete o fato de que os alunos com deficiência ou com dificuldades significativas de aprendizagem podem apresentar necessidades educativas de gravidades distintas em diferentes momentos. Existe, como consequência, um conjunto de alunos que manifestam necessidades educativas especiais em algum momento ao longo de sua escolarização. Em certos casos, em torno de 2% dos alunos, tais necessidades são mais permanentes e requerem recursos especiais para que a resposta educativa seja adequada. Em outros casos, estimados pelo informe em 18%, os problemas dos alunos são menos graves ou menos permanentes e, normalmente, recebem alguma forma de ajuda específica nas classes de ensino comum. Neste último grupo, encontram-se os alunos cujas necessidades especiais manifestam-se em problemas de linguagem, em conflitos emocionais, em dificuldades na leitura e na escrita, em atrasos na aprendizagem de diferentes matérias ou no absenteísmo escolar.

Uma segunda característica do conceito de necessidades educativas especiais é seu caráter relativo e contextual. A avaliação dos problemas dos alunos não deve centrar-se unicamente neles mesmos, mas levar em conta o contexto no qual se produz a aprendizagem: o funcionamento da escola, os recursos disponíveis, a flexibilidade do ensino, a metodologia empregada e os critérios de avaliação utilizados. Os problemas de aprendizagem dos alunos são determinados, em grande medida, por seu ambiente familiar e social e pelas características da própria escola. O tipo de ensino que se desenvolve em uma escola pode originar ou intensificar as dificuldades dos alunos. Quanto maior for a rigidez nos objetivos educativos, maior a homogeneidade nos conteúdos que os alunos devem aprender e menor a flexibilidade organizacional, havendo mais possibilidades de que um maior número de alunos se sinta desvinculado dos processos de aprendizagem e manifestem, por isso, mais dificuldades.

A terceira característica refere-se aos problemas de aprendizagem. Um aluno com necessidades educativas especiais apresenta algum problema de aprendizagem ao longo de sua escolarização, que requer uma resposta educativa mais específica. Ao falar de dificuldades na aprendizagem escolar e evitar a linguagem da deficiência, a ênfase situa-se na escola, no tipo de resposta educativa. Essa formulação não nega que determinados alunos têm problemas específicos em seu desenvolvimento. Uma criança cega, surda ou com paralisia cerebral apresenta inicialmente dificuldades que seus colegas não têm. O acento, contudo, está agora na capacidade da escola para adaptar a prática educativa às necessidades desses alunos e oferecer, assim, uma resposta satisfatória.

Finalmente, o conceito de necessidades educativas especiais remete à provisão de recursos educativos necessários para atender tais necessidades e reduzir as dificuldades de aprendizagem que esses alunos possam apresentar. Os recursos educativos podem ser muito variados, e seu referente imediato é o maior número de professores especializados ou profissionais específicos que devem cooperar para que esses alunos possam ter acesso ao currículo. Os recursos, entretanto, podem ser de tipos muito diversos: materiais curriculares, supressão de barreiras arquitetônicas, adaptação de edifícios, sistemas de comunicação alternativos ou qualquer meio educativo de caráter suplementar.

A detecção e a avaliação dos alunos com necessidades educativas especiais constitui uma etapa primordial. O objetivo já não é conseguir encontrar os traços que permitam situar determinados alunos dentro de uma das categorias nas quais se distribuem as deficiências. É um processo mais sistêmico, interativo e contextualizado. Supõe conhecer como foram geradas as dificuldades da criança, que influência teve o ambiente social e familiar, que papel está tendo a escola na origem e na manifestação dessas dificuldades e qual é a resposta educativa mais adequada. A finalidade principal da avaliação do aluno é analisar suas potencialidades de desenvolvimento e de aprendizagem e determinar, ao mesmo tempo, que tipo de ensino requer e que recursos suplementares são necessários para conseguir uma melhor educação no contexto mais integrador possível. Essa formulação abre muito mais possibilidades à integração de tais alunos na escola regular. Enquanto a concepção baseada na deficiência considera preferencialmente a escolarização desses alunos em escolas específicas de educação especial, o conceito de necessidades educativas especiais contempla a integração como a opção normal, sendo extraordinária a decisão de escolarização em escolas especiais.

Esse novo enfoque ampliou as perspectivas no campo da educação especial. Por um lado, ampliou os limites da educação especial, que agora inclui um maior número de alunos, e a incorporou ao sistema educacional regular. Por outro lado, situou na própria escola a maior parte dos problemas dos alunos, impondo uma reformulação de seus objetivos e apontando a necessidade de uma reforma. E, finalmente, assinalou a vinculação entre as necessidades educativas especiais e a provisão de recursos educativos.

Posições críticas

Apesar de suas indubitáveis vantagens, o conceito de necessidades educativas especiais não era isento de críticas. As primeiras delas procedem dos que consideram o termo excessivamente vago e que remete constantemente a novos conceitos para sua adequada compreensão. Um aluno tem necessidades educativas especiais se apresenta problemas de aprendizagem, o que, por sua vez, depende do tipo de escola e do currículo que se ofereça, e, por isso, não fica claro para o sistema detectar quem são esses alunos e de que recursos necessitam.

Um segundo bloco de críticas refere-se à sua excessiva amplitude. A educação especial passou de 2% de alunos com deficiências permanentes para 20% de alunos com necessidades educativas especiais. Nos últimos anos, porém, começou-se a falar de um maior número com problemas de aprendizagem, particularmente no ensino médio, e de que também os alunos superdotados têm necessidades educativas especiais, embora nesse caso sua demanda aponte para ritmos mais rápidos de aprendizagem ou a conteúdos de ensino mais amplos e profundos. A situação levaria a perguntar-se que utilidade tem uma nova terminologia específica se a maioria dos alunos encontra-se dentro dela.

Uma terceira linha de questionamento vem dos que consideram que o termo necessidades educativas especiais não ajuda a diferenciar os vários problemas de aprendizagem. Em alguns casos, considera-se que esses problemas têm como referentes os transtornos do desenvolvimento da criança; já em outros casos são as condições sociais ou familiares, a organização escolar ou o próprio currículo que desencadeiam as dificuldades escolares do aluno. Em todos eles, contudo, é a interação indivíduo-classe social-família-escola que permite explicar os problemas que a criança apresenta em suas aprendizagens.

Um quarto tipo de objeções procede da sociologia da educação (Tomlinson, 1982). Sua formulação, baseada nos trabalhos de Bourdieu e Passeron (1964) e na teoria da reprodução na escola da estrutura de classes sociais, sustenta que a denominação "alunos com necessidades educativas especiais" é uma categoria socialmente construída que se emprega para situar determinados alunos em opções educativas segregadoras. As famílias de tais alunos não possuem o "capital cultural" necessário para transmiti-lo a seus filhos e, por isso, não poderão adaptar-se às exigências acadêmicas do sistema escolar. Além disso, como mostra Tomlinson, a maioria das crianças que são categorizadas dentro da educação especial normalmente provém da classe trabalhadora e de minorias étnicas, que apresentam maiores problemas no ambiente escolar devido à sua maior lentidão na aprendizagem e à sua conduta menos adaptada. O desenvolvimento do sistema segregado cumpre a função de manter um clima estimulante nas escolas regulares ao desviar os alunos com problemas a escolas ou classes de educação especial.

Finalmente, também se acusou essa terminologia de procurar apresentar uma imagem excessivamente otimista da educação especial. É como se, ao suprimir o nome das deficiências, estas ficassem menos graves; como se centrando os problemas na escola e na provisão de recursos fosse possível garantir o pleno desenvolvimento de todos os alunos em condições normalizadoras. Ao contrário, destacam os críticos, os alunos apresentam problemas cuja origem muitas vezes situa-se fora do âmbito escolar e, por isso, o sistema educativo não poderá, por si só, resolver tais problemas.

Esse conjunto de objeções obriga a perfilar o conceito de necessidades educativas especiais em dois âmbitos principais, que estão estreitamente relacionados: a que alunos estende-se esse termo e que informação pode ajudar a especificar suas demandas educativas.

Uma posição extrema, estreitamente relacionada com as críticas sociológicas expostas antes, é a que considera que a atribuição de necessidades educativas especiais a alguns alunos pode inclusive ter efeitos discriminatórios e, por isso, seria mais conveniente falar de "necessidades individuais", que afetariam todos os alunos:

> Todos nós, no serviço educativo, devemos procurar erradicar a utilização de todas as formas de rotulação, incluindo a de "necessidades especiais" que agora está na moda, reconhecendo que são essencialmente discriminatórias. Em seu lugar, devemos encontrar vias de reconhecimento da individualidade de cada aluno, de que todas as crianças experimentam dificuldades de aprendizagem e de que todos podem ter êxito. (Ainscow e Tweddle, 1988, p. 69)

Essa formulação, que atribui uma ênfase extrema às características individuais de cada aluno, tem o grande valor de assinalar as diferenças entre os alunos e de concretizar a tarefa principal da educação em responder de forma satisfatória a todas elas. Corre, contudo, o risco de esquecer a situação mais excepcional de determinados alunos, que requerem respostas mais singulares, e de não levar em conta o que pode proporcionar à definição do processo educativo o conhecimento da origem dos problemas de aprendizagem dos alunos. Nessa posição, situa-se Norwich (1990), quando reivindica uma recuperação interativa das categorias da deficiência. O objetivo não é, logicamente, voltar à situação anterior ao informe Warnock, mas reforçar uma explicação mais interativa e completa das dificuldades de aprendizagem.

Existe o risco, sem dúvida, de se enfatizarem os problemas relativos a cada uma das deficiências e de se esquecer de seu caráter interativo e contextual. Existe o risco também de que a introdução das categorias oriente o esforço no sentido de como escolarizar os alunos em uma escola regular, e não tanto da transformação da educação; contudo, há igualmente o perigo oposto de que a utilização genérica do termo "necessidades educativas especiais" não leve em conta suficientemente a situação do aluno. Não se deve esquecer que existem características próprias vinculadas a cada tipo específico de limitação ou à origem dos problemas de aprendizagem cuja compreensão pode ajudar a proporcionar a alternativa educativa mais conveniente e os recursos adequados. Os problemas de comunicação de uma criança, por exemplo, não requerem a mesma resposta educativa nem o mesmo tipo de recursos se sua origem está em uma perda auditiva ou nas dificuldades da família para falar a língua da escola. É necessário, consequentemente, combinar os traços comuns com as características próprias de cada aluno e de seu contexto. Deve haver um enfoque que analise de forma interativa a situação de cada criança e que leve em conta, por um lado, o que tem em comum com outras crianças e o que é específico dela; e, por outro, o que é comum em seu ambiente e outros ambientes e o que é específico de seu ambiente familiar e educativo.

A INTEGRAÇÃO EDUCATIVA

O significado da integração

A ideia de integração esteve estreitamente associada à utilização do conceito de necessidades educativas especiais. As duas formulações são tributárias dos movimentos sociais de caráter mais global que se consolidaram a partir dos anos de 1960 e que requeriam maior igualdade para todas as minorias que sofriam algum tipo de exclusão. Dessa perspectiva mais política, a necessidade da integração surge dos direitos dos alunos e é a concretização na prática social do princípio da igualdade: todos os alunos devem ter acesso à educação de forma não segregadora.

Ao lado desses argumentos mais radicais, que levados às últimas consequências supõem o fechamento de todas as escolas de educação especial, formulam-se outros de caráter mais especificamente educativo. A integração é o processo que permite aos alunos que habitualmente foram escolarizados fora das escolas regulares serem educados nelas. A reflexão situa-se agora nas condições educativas e nas mudanças que é preciso fazer nas escolas regulares e na provisão dos recursos para que os alunos com necessidades educativas especiais recebam nelas um ensino satisfatório. É preciso levar em conta que o informe Warnock foi bastante restritivo em relação à integração, já que estabeleceu três condições específicas: a capacidade da escola integradora para responder às necessidades especiais do aluno; a compatibilidade dessa decisão com a educação efetiva dos colegas com os quais será educado e a utilização dos recursos de forma efetiva e eficiente pelos gestores da educação. Tal formulação põe em relevo que a estratégia integradora que se extrai do informe Warnock é antes de tudo uma mudança na maneira de proporcionar os recursos educacionais com uma perspectiva mais integradora do que uma reforma da educação.

Em certas ocasiões, considerou-se que a integração dos alunos na escola regular era o principal objetivo do processo de mudança. Essa formulação suscitou uma certa controvérsia e oposição porque põe a ênfase nos alunos que são escolarizados nas escolas de educação especial, os 2% que têm alguma deficiência, e se esquece dos outros 18% que também apresentam necessidades educativas especiais e que foram escolarizados normalmente nas escolas regulares. A integração não deve ser entendida como um movimento que procura unicamente incorporar os alunos das escolas especiais à escola regular, juntamente com seus professores e os recursos materiais e técnicos que existem nelas. A integração não é simplesmente a transferência da educação especial às escolas de ensino comum, mas seu objetivo principal é a educação dos alunos com necessidades educativas especiais.

A insatisfação com as interpretações parciais da integração foi o que levou a modificar a terminologia (Hegarty, Pocklington e Lucas, 1981) e a propor que o principal objetivo das mudanças é educar os alunos com necessidades educativas especiais na escola regular. A finalidade do esforço é a educação desses alunos. O meio é a integração. Isso supõe que é o sistema educacional em seu conjunto que assume a responsabilidade de dar uma resposta para alcançar tal objetivo, e não uma parte dele, a educação especial, que se desloca acompanhando os alunos com deficiência que já não são escolarizados nas escolas especiais.

O debate sobre a integração

Os defensores das escolas integradoras colocam, juntamente com o direito de todos os alunos à não segregação, as vantagens educativas que acarretam para todos os alunos sua educação conjunta. A integração, realizada nas devidas condições, é positiva para os alunos com necessidades educativas especiais, já que contribui para o seu melhor desenvolvimento e para uma socialização mais completa e normal. Sustentam, além disso, que é benéfica para o conjunto dos alunos, já que todos eles aprendem com uma metodologia mais individualizada, mais atenta à diversidade de situações nas quais se encontram. A integração, finalmente, desenvolve em todos os alunos atitudes de respeito e de solidariedade em relação a seus colegas com maiores dificuldades, o que constitui um dos objetivos mais importantes da educação.

Há também razões mais gerais relacionadas ao sistema educacional. A integração, quando vai além da mera presença física nas salas de aula regulares dos alunos com alguma deficiência, supõe uma mudança profunda na educação. Uma mudança que é dirigida ao estabelecimento de objetivos mais amplos e equilibrados, à definição de um currículo flexível e à formação de todos os professores na atenção à diversidade dos alunos. Dessa forma, o funcionamento das escolas e a organização do ensino na sala de aula adaptam-se com maior facilidade às necessidades dos alunos e favorecem sua integração.

Diante dessas razões, levantam-se outras que põem em questão as pretensas vantagens da integração. Por um lado, afirma-se que os alunos com algum tipo de deficiência não encontrarão na escola regular uma educação tão completa como a que teriam nas escolas especiais. Os grupos excessivamente heterogêneos de alunos apresentam muitas dificuldades para aprender juntos. Também não dispõem de recursos similares aos das escolas especiais nem de professores suficientemente preparados.

Uma parcela importante dos professores que trabalham nas escolas de educação especial tem uma certa prevenção quanto à integração educativa pelo tipo de organização das escolas regulares, pela homogeneidade habitual de seu currículo e pelas dificuldades dos professores de se adaptarem às demandas dos alunos com dificuldades moderadas de aprendizagem. Essa posição é corroborada por outros coletivos. Alguns pais de alunos com necessidades educativas especiais, particularmente quando seus problemas são mais graves, manifestam maior confiança na escolarização de seus filhos nas escolas especiais. Também os adultos surdos, de forma individual e por meio de suas associações, manifestaram sua posição crítica em relação àquelas formas de escolarização que não respeitam sua linguagem, a linguagem dos sinais.

Sobre essas críticas, argumenta-se que o conceito de integração não significa simplesmente escolarizar os alunos nas escolas regulares, mas exige uma mudança nas escolas. Além disso, a integração não é uma opção rígida, com limites precisos e definidos e igual para todos os alunos. Ao contrário, a integração é, antes de tudo, um processo dinâmico e mutável, cujo objetivo central é encontrar a melhor situação educativa para que um aluno desenvolva ao máximo suas possibilidades e, por isso, pode variar conforme as necessidades dos alunos e o tipo de resposta que as escolas podem proporcionar. Por essa razão, a forma de concretizar a integração pode variar à medida que as necessidades educativas dos alunos vão se modificando.

Formas de integração

O informe Warnock distinguiu três principais formas de integração: física, social e funcional. A integração física ocorre quando as classes ou unidades de educação especial são inseridas na escola regular, mas continuam mantendo uma organização independente, embora possam compartilhar alguns lugares, como o pátio ou o refeitório. A integração social supõe a existência de unidades ou classes especiais na escola regular, em que os alunos escolarizados nelas realizam algumas atividades comuns com os demais colegas, como jogos e atividades extraescolares. Finalmente, a integração funcional é considerada a forma mais completa de integração. Os alunos com necessidades educativas especiais participam, em tempo parcial ou completo, nas classes de ensino comum e incorporam-se à dinâmica da escola.

Uma análise mais completa é aquela realizada por Söder (1980) a partir da experiência sueca. Sua proposta estabelece quatro formas possíveis de integração: física, funcional, social e comunitária. Cada uma delas supõe uma aproximação maior entre o grupo de alunos com necessidades especiais e o grupo de alunos sem necessidades especiais. A integração física e a social coincidem com a física e a funcional do informe Warnock. É na definição da integração social e da comunitária que se encontra maior elaboração e diferenciação.

A integração funcional é definida como "a progressiva redução da distância funcional na utilização conjunta dos recursos educativos". Haveria três níveis:

1. Utilização compartilhada: compartilham-se os mesmos meios em horários diferentes.
2. Utilização simultânea: utilizam-se os mesmos meios no mesmo momento, mas de forma separada.
3. Cooperação: os recursos são utilizados ao mesmo tempo e com objetivos educativos comuns.

Finalmente, a integração comunitária é a que se produz na sociedade quando os alunos deixam a escola. A integração educativa deve ser valorizada não apenas em si mesma, levando em conta se possibilita o desenvolvimento pessoal e social da criança, mas também se favorece a integração na sociedade durante a juventude e a idade adulta. Neste último ponto, é preciso considerar que o processo de integração depende em grande medida da adaptação das instituições a essas possibilidades. A integração comunitária exige mudanças importantes na estrutura social, no acesso ao emprego e nas atitudes dos cidadãos. Por essa razão, pode ser que exista um processo de integração educativa satisfatório seguido de uma difícil incorporação à sociedade.

A partir de outra perspectiva, baseada na organização do currículo e no atendimento educativo que os alunos recebem, foram propostos diferentes graus no processo de integração dos alunos com necessidades educativas especiais. Hegarty, Pocklington e Lucas (1981) propuseram um modelo que oferece diferentes alternativas organizacionais. Talvez seja um modelo excessivamente rígido e estático, que não leva em conta as mudanças que se produzem nos alunos e a importância de considerar a integração como um processo, e não apenas como um tipo de organização dos recursos. Tem a vantagem, contudo, de ilustrar as diferentes opções possíveis (ver Quadro 1.2).

A opção A, classe comum sem apoio, é claramente excepcional quando se trata da integração dos alunos com necessidades educativas especiais, já que normalmente tais alunos requerem um apoio complementar.

A opção B é a mais integradora, já que o aluno recebe na sala de aula as ajudas necessárias, seja através do professor tutor, seja através do professor de apoio e, com isso, mantém-se o dia todo em contato com seus colegas.

A opção C, classe comum e atendimento na sala de aula pelo especialista, pode ser realizada de forma individual ou em pequenos grupos com necessidades semelhantes. Evidentemente, o nível de integração alcançado depende do número de horas que estejam nos dois lugares. Quando o trabalho do especialista é realizado em grupo e durante parte da jornada, a opção escolhida é a D, cujas duas alternativas põem ênfase ora na classe de educação especial, ora na classe comum.

A opção F, parte do tempo na escola especial e parte do tempo na escola regular, procura conjugar o atendimento especializado ao aluno na escola especial com sua integração na escola regular. Suas vantagens em relação ao tipo G não devem fazer esquecer os problemas que se apresentam ao aluno para integrar-se na sala de aula ou em atividades das quais participa apenas algumas horas. Essa mesma dificuldade deve ser levada em conta nas outras opções indicadas anteriormente, nas quais o tempo do aluno é distribuído entre duas classes. Nesse caso, as possibilidades de integração social podem ser maiores ao compartilhar mais tempo em atividades desportivas e extraescolares. Finalmente, as opções E e G não podem ser consideradas integradoras para os alunos com necessidades educativas especiais.

A partir dessas alternativas, fica mais patente que a integração não é necessariamente uma opção de tudo ou nada, mas um processo com diferentes formas organizacionais. Tal gama de possibilidades de integração deve ser considerada quando se propõe a escolarização dos alunos com necessidades educativas especiais. É preciso, contudo, destacar mais uma vez que não são apenas – nem principalmente – as necessidades educativas do aluno que o situam em uma das formas organizacionais que acabamos de indicar. É antes de tudo o tipo de escola, sua flexibilidade curricular e a capacidade dos professores para conduzir o processo de ensino com alunos muito heterogêneos que permitirão que um aluno, mesmo com necessidades educativas graves e permanentes, possa ser escolarizado na opção B. Os mesmos alu-

QUADRO 1.2 Organização do atendimento educacional aos alunos com necessidades educativas especiais

A	Classe comum, sem apoio
B	Classe comum, apoio para o professor, apoio para o atendimento pessoal
C	Classe comum, trabalho para o especialista fora da classe
DI	Classe comum como base, tempo parcial na classe especial
DII	Classe especial como base, classe comum em tempo parcial
E	Classe especial em tempo integral
F	Escola especial em tempo parcial, escola comum em tempo parcial
G	Escola especial em tempo integral

Fonte: Hegarty, Pocklington e Lucas (1981).

nos terão respostas educativas distintas em função do tipo de escola em que se escolarizam. As escolas que têm entre seus principais objetivos a atenção à diversidade dos alunos e que adaptam seu funcionamento e seu ensino para alcançar tal objetivo, são as escolas que conseguem uma integração mais completa. Isso, porém, supõe um profundo processo de reforma.

AS ESCOLAS INCLUSIVAS

Como se destacou anteriormente, uma das razões da integração dos alunos com necessidades educativas especiais, em particular aqueles cujas maiores demandas educativas estão associadas a algum tipo de deficiência, foi promover uma mudança na maneira de organizar a educação especial. Dessa forma, o atendimento educacional desses alunos é dirigido das escolas especiais para as escolas regulares. Essa proposta impulsiona a integração a partir da reforma da educação especial.

O enfoque, contudo, foi considerado insuficiente, visto que limita a integração educativa e não leva em conta um grupo de alunos que também necessita uma resposta educativa individualizada. Essas críticas levaram à formulação de propostas mais radicais que se articulam em torno do movimento por uma educação e uma escola inclusivas. Duas prescrições específicas permitem definir tal movimento: a exigência de educar todos os alunos na mesma escola e a necessidade de empreender uma reforma do conjunto do sistema educacional.

Escolas de qualidade para todos os alunos

O fundamento ideológico das escolas inclusivas não procede principalmente das vantagens que pode ter para os alunos com problemas de aprendizagem uma educação comum, nem da necessidade de uma reforma da educação especial. Sua base situa-se na declaração universal dos direitos humanos: os poderes públicos têm a obrigação de garantir um ensino não segregador, que se prolongue posteriormente na integração à sociedade, a todos os alunos, sejam quais forem suas condições físicas, sociais ou culturais. Dessa perspectiva, o problema não está em analisar em que condições os alunos com necessidades educativas especiais podem ser escolarizados na escola regular; o compromisso é garantir uma educação de qualidade para todos eles e realizar as transformações que sejam necessárias para se conseguir isso.

Essa proposição foi incluída de forma explícita na declaração final da Conferência Mundial sobre Necessidades Educativas Especiais realizada em Salamanca (Espanha) de 7 a 10 de junho de 1994 (UNESCO e Ministério da Educação e Ciência, 1995). Dela participaram representantes de 88 países e 25 organizações internacionais relacionadas à educação. Um de seus compromissos é formulado nos seguintes termos:

Acreditamos e proclamamos que:

- todas as crianças de ambos os sexos têm um direito fundamental à educação e deve-se dar a elas a oportunidade de alcançar e manter um nível aceitável de conhecimentos;
- cada criança tem características, interesses e necessidades de aprendizagens que lhe são próprios;
- os sistemas educacionais devem ser projetados, e os programas aplicados de modo a levarem em conta toda essa gama de diferentes características e necessidades;
- as pessoas com necessidades educativas especiais devem ter acesso às escolas regulares, que deverão integrá-las em uma pedagogia centrada na criança, capaz de satisfazer essas necessidades;
- as escolas regulares com orientação integradora representam o meio mais eficaz para combater as atitudes discriminatórias, criar comunidades de acolhimento, construir uma sociedade integradora e obter a educação para todos; além disso, proporcionam uma educação efetiva para a maioria das crianças e melhoram a eficiência e, em

suma, a relação custo-eficácia de todo o sistema educacional.

O direito fundamental de todas as crianças de receber uma educação integral supõe, ao mesmo tempo, uma mudança no conceito de necessidades educativas especiais. O documento de apresentação geral da Conferência Mundial incorpora-o de forma explícita:

> Antes a educação especial era definida em função das crianças com uma série de problemas físicos, sensoriais, intelectuais ou emocionais. Nestes últimos 15 ou 20 anos, ficou claro que o conceito de necessidades educativas especiais tinha de ser ampliado a fim de incluir todas as crianças que, qualquer que fosse o motivo, não se beneficiam do ensino escolar.

Essas mesmas ideias são expostas com clareza no Marco de Ação aprovado pela Conferência Mundial com o objetivo de orientar a ação dos governos, dos gestores dos sistemas de ensino e das organizações que trabalham no âmbito educacional:

> O princípio que rege este *Marco de Ação* é que as escolas devem acolher *todas* as crianças, independentemente de suas condições físicas, intelectuais, sociais, emocionais, linguísticas e outras. Devem acolher crianças com deficiências e crianças bem-dotadas, crianças que vivem na rua e que trabalham, crianças de populações remotas ou nômades, crianças de minorias linguísticas, étnicas ou culturais e crianças de outros grupos ou zonas desfavorecidas ou marginalizadas. Todas essas condições colocam uma série de desafios para os sistemas escolares. No contexto deste Marco de Ação, o termo "necessidades educativas especiais" refere-se a todas as crianças e a todos os jovens cujas necessidades decorrem de sua condição de deficiência ou de suas dificuldades de aprendizagem. Muitas crianças experimentam dificuldades de aprendizagem e, portanto, têm necessidades educativas especiais em algum momento de sua escolarização. As escolas têm de encontrar a maneira de educar com êxito todas as crianças, inclusive aquelas com deficiências graves. Há um consenso cada vez maior de que as crianças e os jovens com necessidades educativas especiais sejam incluídos nos planos educativos elaborados para a maioria dos meninos e das meninas. Essa ideia levou ao conceito de escola inclusiva.

O movimento no sentido das escolas inclusivas procede, em grande medida, do campo da educação especial e se propôs a atingir uma mudança profunda na educação que seja capaz de integrar todos os alunos. É preciso, todavia, destacar que existem, ao mesmo tempo, outras iniciativas que convergem para o objetivo de atingir uma educação inclusiva e não segregadora. Na antropologia social e cultural, analisou-se o conceito de cultura e impulsionou-se um conjunto de estratégias para atingir uma educação intercultural que seja ao mesmo tempo integradora e respeite os valores próprios de cada cultura. Na sociologia da educação, estudou-se a desigualdade social e a influência da origem social no acesso aos estudos e nos resultados da aprendizagem, e propuseram-se diferentes modelos para conseguir maior igualdade. Na própria reflexão sobre o sistema educacional e nas teorias da aprendizagem, destacaram-se os métodos mais capazes de se conseguir não só uma maior integração social dos alunos como também a facilitação da construção conjunta dos conhecimentos.

Em todas essas propostas, há um claro reconhecimento da diversidade de culturas, grupos sociais e alunos que convivem na escola. A resposta educativa a essa diversidade talvez seja o desafio mais importante e difícil que as escolas enfrentam atualmente. Tal situação obriga a mudanças profundas se o que se pretende em última análise é que todos os alunos, sem nenhum tipo de discriminação, atinjam o máximo desenvolvimento possível de suas capacidades pessoais, sociais e intelectuais.

A reforma da educação

O objetivo de ter escolas inclusivas supõe uma profunda transformação do sistema educacional, que vai muito além da reforma da educação especial. Vislie (1995) expressou isso com clareza ao diferenciar entre dois tipos de estratégias que foram implementadas nos países ocidentais em relação à integração nas duas últimas décadas. Por um lado, há países que veem a integração como uma reforma de seu sistema de educação especial. Seu objetivo é encontrar os sistemas mais apropriados para incorporar os serviços e os programas da educação especial às escolas regulares. Esse enfoque, como mostra Vislie, está presente em países como Alemanha, Inglaterra e Bélgica. Por outro lado, há países que entendem o movimento no sentido da integração como uma reforma da escola regular, pois apenas, na medida em que esta se transformar, será possível pôr em prática uma integração completa. Essa é a posição da Dinamarca, Suécia, Noruega e Estados Unidos.

A estratégia adotada pela Espanha começou dentro da primeira opção e transformou-se, progressivamente, na segunda (ver Quadro 1.3). O Real Decreto de Ordenação da Educação Especial aprovado em 1985 visa claramente à reforma da educação especial e, ao mesmo tempo, à promoção da integração dos alunos com alguma deficiência nas escolas regulares.

QUADRO 1.3 O desenvolvimento do programa de integração na Espanha

Anos	Características
1982-1985	Projeto e iniciação
1985	Aprovação do Decreto de Integração
1985-1988	Fase de experimentação
1988-1993	Extensão à Educação Geral Básica
1990	Aprovação da LOGSE
1992-1997	Ampliação à Educação Secundária
1995	Aprovação da LOPEG
1995	Aprovação do Decreto de ordenação da educação dos alunos com necessidades educativas especiais
1996	Aprovação do Decreto de ordenação das ações dirigidas à compensação das desigualdades em educação
1995-2000	Desenvolvimento da formação profissional e inserção no trabalho

Seu objetivo era proporcionar às escolas os meios necessários para que se incorporassem ao programa de integração dos alunos com deficiência. Uma característica específica do programa foi seu caráter voluntário. Dessa forma, pretendia-se avançar progressivamente nas mudanças educacionais e evitar que a obrigatoriedade da integração viesse a consolidar atitudes negativas no início do processo.

A aprovação da Lei Geral de Ordenação do Sistema Educacional (LOGSE), em 1990, significou uma mudança estratégica importante. A integração já não é vista como uma forma específica de escolarizar os alunos com alguma deficiência, mas fazendo parte dos objetivos básicos do sistema educacional. É a reforma da educação que pode tornar possível a integração de todos os alunos. Pela primeira vez na Espanha, um texto legal incorpora o conceito de necessidades educativas especiais. A lei, contudo, mantém uma certa dualidade na consideração dos alunos com necessidades educativas especiais. Por um lado, esta denominação é incluída no capítulo da educação especial e relacionada com a necessidade de que o sistema educacional disponha dos recursos necessários para favorecer sua integração. Por outro lado, o título da lei dedicado à compensação das desigualdades estabelece que as políticas de educação compensatória reforçarão a ação do sistema educacional de forma a se evitarem as desigualdades decorrentes de fatores sociais, econômicos, culturais, geográficos, étnicos ou de outra natureza. Quando se leem os dois textos juntos, parece depreender-se do primeiro que os alunos com necessidades educativas especiais são aqueles que, por suas condições pessoais, têm dificuldades para participar dos processos de aprendizagem normalizadores.[1]

A Lei Orgânica de Participação, Avaliação e Direção das Escolas (LOPEG), aprovada em 1995, mostra um avanço em tais formulações ao definir a população escolar com necessidades educativas especiais, referindo-se, de um lado, aos alunos com necessidades decorrentes da deficiência ou de transtornos de conduta, e, de outro, aos alunos com necessidades associadas a situações sociais e culturais desfavoráveis. Essa proposta mais inclusiva não se aprofunda depois em seu desenvolvimento posterior. Em 1995, é aprovado o Real Decreto de Ordenação da Educação dos alunos com necessidades educativas especiais, dirigido principalmente ao primeiro grupo de alunos. Em 1996, aparece o Real Decreto de Ordenação das ações dirigidas à compensação de desigualdades em educação, cujos principais destinatários são os alunos que, por sua situação social ou cultural, estão em situação de desvantagem educativa.

Qualquer que seja a situação nos diferentes países, o movimento das escolas inclusivas propõe-se a impulsionar uma mudança profunda nas escolas, permitindo que todos os alunos, sem discriminação, tenham não só acesso a elas como também a uma resposta educativa adequada às suas possibilidades. Uma tarefa dessa amplitude não pode recair apenas sobre o sistema educacional: supõe um enorme esforço do conjunto da sociedade, que deve buscar caminhos para favorecer a integração de todos os cidadãos. A partir dessa perspectiva, as escolas inclusivas constituem mais uma contribuição dentro do conjunto de iniciativas que pretende atingir uma sociedade mais igualitária e menos excludente.

Nesse contexto mais amplo, em que uma reforma profunda da educação é prioritária, coloca-se a necessidade de refletir sobre o que se pretende com tal reforma e quais são seus principais objetivos. Essa reflexão conduz imediatamente ao debate sobre a qualidade da educação, já que nem todas as concepções que se desenvolveram sobre a qualidade favorecem por igual o desenvolvimento das escolas inclusivas.[2]

No âmbito do direito à inclusão de todos os alunos, o tipo de perguntas que deve ser formulado modifica-se (Söder, 1997). Já não se trata de saber se a integração é positiva ou negativa ou quais são as condições que facilitam a integração nas escolas e na comunidade. As perguntas são outras, porque não se admite que alguém em algum lugar possa ser "segregado" e necessite de "integração".

Quais são, então, essas novas perguntas? Saber como vivem e se relacionam as pessoas com alguma deficiência nas escolas e na sociedade; o que opinam sobre suas experiências; como se produz a transição entre a escola e a comunidade; esse tipo de perguntas deve orientar grande parte das futuras pesquisas nesse campo.[3]

O objetivo de criar escolas inclusivas que tenham seu prolongamento natural em sociedades abertas e não segregadoras é uma tarefa permanente e interminável. Supõe um esforço contínuo e uma vontade de modificação de todas as estruturas – no conjunto da sociedade, no funcionamento da escola e no trabalho em classe – que dificultam o avanço para situações educativas mais integradoras. É preciso, sobretudo, compreender a realidade educacional como um processo de mudança para formas mais completas de integração e de participação.

Há o risco de considerar que as escolas inclusivas, capazes de integrar todos os alunos sem nenhum tipo de exclusão no currículo comum, são uma utopia inalcançável. E que esse julgamento leve a aceitar a atual situação educativa pelas enormes dificuldades que sua transformação exige. Por isso, é importante entender o significado das escolas inclusivas como um processo de mudança que conduz progressivamente a uma participação maior dos alunos na cultura e no currículo comum da escola. Esse processo de mudança deve tornar possíveis as transformações no funcionamento da escola e na prática educativa na sala de aula que permitam aos alunos com necessidades educativas especiais ter acesso ao currículo em um ambiente integrador.

Esse projeto de reforma para se obter escolas mais inclusivas não é uma tarefa simples. Enfrenta não apenas as resistências normais que suscitam os programas de renovação da escola, mas também deve abordar as contradições e os dilemas que o próprio processo de inclusão suscita. É necessário facilitar o acesso de todos os alunos a um currículo comum, mas também é preciso respeitar os ritmos de aprendizagem de cada aluno, dos mais capazes e dos que apresentam problemas de aprendizagem. O objetivo de criar escolas inclusivas que sejam de qualidade, atrativas e valorizadas por toda a comunidade educacional exige muito mais que boas intenções, declarações oficiais e documentos escritos. Exige que o conjunto da sociedade, as escolas, a comunidade educativa e os professores, mais especificamente, tomem consciência dessas tensões e procurem criar as condições que os ajudem na consecução de tal objetivo. Trataremos desses temas no próximo capítulo.

NOTAS

1. A diferença entre a educação especial e a educação compensatória está presente nos textos legais da maioria dos países, mas em alguns casos há propostas que defendem uma coordenação maior entre os dois programas.
2. No Capítulo 2, desenvolvem-se brevemente as diferentes ideologias presentes na educação e sua incidência no fortalecimento das práticas inclusivas.
3. No Capítulo 2, inclui-se essa formulação no item dedicado à avaliação da integração.

2 A Prática das escolas inclusivas

ÁLVARO MARCHESI

Declarações de uma professora que trabalha em uma escola de integração

Sempre vi com bons olhos a integração das crianças com alguma deficiência. Quando a escola teve de decidir, votei a favor. Achava justo que tais crianças estivessem na mesma escola junto com seus irmãos e seus vizinhos. No entanto, agora estou me dando conta de que ensinar a esses alunos é bastante complicado. Dou aula de matemática no ciclo superior da EGB. Não sei o que fazer para que todos os alunos acompanhem a matéria. Tenho dois programas, um para a maioria dos alunos e outro para os de integração, mas a preparação e a organização da aula supõem um grande esforço da minha parte. Já poderia haver livros e materiais adaptados para tais situações. Quando entra a professora de apoio e trabalha na sala de aula com esses alunos ou os leva para outra classe, fico muito mais tranquila. Inclusive acho que dessa forma vão aprender mais. De qualquer forma, acho que não seria bom que fossem para uma escola especial.

O capítulo anterior apresentou o avanço nas últimas décadas das escolas inclusivas, um tipo de escola capaz de tornar efetivo o direito de todos os alunos a uma educação integradora. A prática desse tipo de educação, contudo, supõe mudanças profundas nas escolas e nas salas de aula. Supõe também ter consciência dos problemas que existem, avaliar os resultados que se obtêm, analisar a transição dos alunos com necessidades educativas especiais da escola para a vida adulta e questionar esses alunos sobre suas experiências e sua vida.

O objetivo deste capítulo é abordar a experiência das escolas inclusivas. Em primeiro lugar, descrevem-se os resultados das avaliações realizadas, suas limitações e a orientação futura das pesquisas nesse campo. Em segundo lugar, apresentam-se os principais dilemas que estão presentes nas práticas das escolas inclusivas e que devem ser levados em conta. Finalmente, analisam-se as mudanças e as condições que devem ser consideradas para avançar na integração educativa.

A AVALIAÇÃO DA INTEGRAÇÃO

O debate sobre as vantagens e os inconvenientes da integração educativa impulsionou um número importante de pesquisas com o objetivo de julgar o alcance e as repercussões desse tipo de programa. Os dados obtidos, contudo, não apresentam resultados conclusivos. Possivelmente, como assinala Söder (1997), as pesquisas formulam perguntas sobre a integração ou a segregação dos alunos, que não podem ser respondidas apenas por esse tipo de estudos e esquecem-se de outras questões mais relevantes. Os itens seguintes apresentam uma panorâmica sobre os critérios de êxito da avaliação, os diferentes tipos de estudos, os principais resultados obtidos e as perspectivas futuras.

Critérios de êxito

Grande parte dos estudos realizados sobre experiências de integração analisa a evolução de um grupo de alunos com algum tipo de deficiência em uma escola regular, busca algum ponto de referência para a comparação desses resultados (outros grupos de alunos com a mesma deficiência, os colegas de classe, eles próprios ao longo do tempo) e chega a alguma conclusão. Em muitos casos, porém, não se sabe com clareza suficiente o que se pretendia com a integração desses alunos, que compromisso tinham assumido a escola e o professor, ou que práticas educacionais estavam sendo realizadas para favorecer a integração. Por isso, nesses casos, não é simples tirar conclusões confiáveis dos dados fornecidos.

Para avaliar satisfatoriamente um programa de integração, é preciso definir antes que objetivos se pretendem ao incorporar alunos com necessidades educativas especiais na escola regular. Não basta ter um conhecimento geral da legislação existente ou da política educacional que se aplica nesse campo. É necessário saber quais são os objetivos específicos da escola de integração que se vai avaliar. Apenas quando os professores de uma escola definirem estas metas e estabelecerem um programa para alcançá-las, será possível definir os critérios que permitem avaliar se o programa está sendo realizado de modo satisfatório e se os resultados obtidos ajustam-se ou não aos objetivos propostos. O avaliador teria de conhecer tais objetivos e considerar seus êxitos como um dos dados relevantes para a avaliação.

Para Hodgson, Clunies-Ross e Hegarty (1984), existem dois principais tipos de critérios para determinar o maior ou menor grau de êxito de um programa de integração: os que se referem às mudanças provocadas pelo programa no desenvolvimento das crianças integradas e os que se referem às mudanças que se produzem nas próprias escolas de integração.

A maior parte dos estudos realizados admitiu que, pelo menos implicitamente, a aprendizagem e o desenvolvimento dos alunos integrados é o principal critério a se levar em conta. Por essa razão, o objetivo de tais pesquisas foi analisar o desenvolvimento cognitivo, o rendimento escolar, a interação social, a autoestima, etc. dos alunos com problemas de aprendizagem em situações educativas integradoras e comparar os resultados com os que obtêm seus colegas de classe ou com os dos alunos com problemas de aprendizagem similares que se escolarizam em escolas especiais. Os estudos sobre a eficácia da integração, a que se faz referência no próximo item, utilizam esse critério de êxito.

Outro tipo de avaliações considera que é mais importante analisar o impacto da integração nas escolas. O critério de êxito, nesse caso, não são as mudanças que se produzem nos alunos, mas as transformações que as escolas realizam em organização, funcionamento, formação dos professores, desenvolvimento do currículo e ensino na sala de aula para tornar possível a integração. As modificações positivas que se produzem nessas dimensões relacionadas com os processos da escola e da sala de aula são um claro expoente do impacto positivo de um projeto de integração. Além disso, não colocam os problemas metodológicos presentes nos estudos comparativos.

Finalmente, formulou-se outro tipo de critérios de êxito que não estão relacionados com a comparação de grupos de alunos nem com as condições da integração nas escolas. São critérios relacionados com a integração na sociedade das pessoas com alguma deficiência: como vivem, que independência têm, que relações sociais estabelecem ou que atitudes suscitam em seu ambiente. A integração, dessa perspectiva, é algo normal que não se deve pôr em questão. O importante é analisar como vivem na comunidade as pessoas com deficiência.

Os critérios de êxito da integração que o avaliador pode utilizar devem levar em conta também o tipo de avaliação que se pretende realizar. Existem duas opções principais: a avaliação do impacto da integração com pesquisadores externos à escola, que procuram saber o que está ocorrendo de acordo com os critérios previamente estabelecidos e nas dimensões selecionadas, e a avaliação que se formula como meio para facilitar o processo de integração, detectando suas insuficiências e intervindo nele para melhorá-lo. No primeiro caso, fala-se de um modelo de avaliação cumulativa. No segundo, de um modelo de avaliação formativa, no qual o processo de avaliação serve de guia e de fator de mudança do programa de integração que está sendo avaliado.

Os resultados obtidos a partir do emprego dos dois tipos de avaliação não são diretamente comparáveis. Na avaliação formativa, a influência da informação que se recebe, a atuação dos avaliadores ou as retificações feitas devido ao processo de avaliação são elementos que devem ser levados em conta no momento de interpretar os dados obtidos. Já a avaliação cumulativa faz o retrato mais fiel possível do que supôs a integração, e as conclusões que se tiram são utilizadas posteriormente para melhorar o programa.

Métodos de avaliação

As pesquisas sobre a avaliação utilizaram basicamente três tipos de métodos: os que se baseiam na comparação entre alunos, os que estudam as condições da integração e os que têm uma orientação qualitativa.

Os estudos comparativos

A maior parte dos estudos clássicos realizados para avaliar a integração pode ser incluída nessa categoria. Sua principal finalidade é julgar o efeito da integração nos alunos com algum tipo de deficiência e comprovar se esse tipo de ensino é benéfico para eles em determinadas dimensões: aprendizagem, desenvolvimento cognitivo, desenvolvimento social, autoestima, personalidade, etc. Sua principal estratégia baseia-se em comparar a evolução dos alunos em duas situações diferentes: escolas de integração e escolas especiais. Para isso, selecionam-se os dois grupos, procurando que sejam o mais homogêneos possível com relação às demais condições, principalmente a idade, o grau de deficiência e os anos de escolarização.

Esse enfoque contém graves problemas metodológicos, que tornam mais difícil interpretar corretamente os resultados obtidos. As limitações mais importantes são as seguintes:

1. Os dois grupos comparados não são equivalentes. Os alunos que se integram costumam ter melhor prognóstico e viver em um ambiente familiar com uma atitude mais positiva quanto à sua integração social.
2. O estudo de determinadas variáveis não tem o mesmo significado para os dois grupos. A relação social da criança integrada com seus colegas de turma não pode ser comparada com a que se produz entre crianças que estão em uma escola especializada.

No fundo, o estudo mais enriquecedor dentro desse enfoque seria comparar as relações sociais que os alunos com necessidades educativas especiais educados em diferentes escolas estabelecem em seu ambiente natural, analisando o nível de integração social que se produz fora do âmbito escolar, ou então, indo mais longe, avaliando pessoas adultas que viveram diferentes experiências escolares, em escolas de integração e em escolas especiais. Desta forma, é possível conhecer as variáveis ambientais e familiares que influem na competência social e na adaptação de tais pessoas. É preciso reconhecer que as enormes dificuldades que supõe esse tipo de enfoque impediram o avanço nessa direção.

Os estudos sobre as condições da integração

As pesquisas anteriores, englobadas na epígrafe de estudos comparativos, pretendem determinar se a integração educativa é positiva ou negativa e contribuir para que se adotem as decisões oportunas. Esse novo tipo de estudos admite o fato da integração e não o questiona, já que considera um direito das pessoas viver e educar-se nos contextos o mais integradores possível. O que se coloca agora são as condições mais adequadas para que a experiência integradora contribua para uma educação de maior qualidade.

Esse enfoque da pesquisa está centrado nas características das escolas e nas condições de ensino na sala de aula que são mais benéficas para os alunos com necessidades educativas especiais. O estudo sobre o projeto educacional e curricular das escolas, sobre seu funcionamento, sobre a organização do ensino na sala de aula ou sobre a participação dos pais são algumas das dimensões mais comumente selecionadas.

Os estudos sobre as atitudes de pais, professores ou alunos em relação à integração também se incluem em tal orientação. Seu principal objetivo é captar o que sabem, o que sentem e que comportamento dizem ter esses diferentes grupos em relação à integração. A comparação dos dados atitudinais com os processos da escola e da sala de aula permite captar melhor as condições adequadas para a integração educativa. Embora tenham sido utilizados diversos instrumentos, os mais comuns foram as escalas de atitudes e os questionários.

Finalmente, também podem situar-se nesse enfoque metodológico os estudos que comparam diferentes programas de intervenção ou várias estratégias organizacionais e didáticas para comprovar sua influência na aprendizagem ou no desenvolvimento social de crianças que estão estudando em escolas de integração. Nesse caso, não se compara um determinado método ou programa em uma escola de integração e em uma escola especial, mas analisa-se seu impacto em grupos de alunos integrados.

A pesquisa qualitativa

As limitações da metodologia quantitativa e suas limitações para abordar os complexos fenômenos que se produzem nas realidades sociais e, mais concretamente, no âmbito da educação especial levaram a impulsionar um novo tipo de método de pesquisa eminentemente qualitativo (Hegarty e Evans, 1985). Seu objetivo é conhecer a realidade social das escolas de integração, sua cultura, o ambiente em que os alunos integrados aprendem e as relações sociais que estabelecem com seus colegas.

A pesquisa qualitativa aborda o objeto de estudo de dentro, procurando conhecer a evolução das mudanças educacionais e os fatores que condicionam tais mudanças. Para isso, adota estratégias variadas, utilizando diferentes perspectivas, e dota-se da flexibilidade suficiente para modificar as técnicas utilizadas caso a situação exija. A observação e a entrevista são os instrumentos fundamentais utilizados para coletar a informação.

O estudo de escolas singulares, com a finalidade de propor modelos "de êxito" que orientem a prática educativa, normalmente situa-se nessa orientação qualitativa. Nesse caso, o objetivo é detectar as práticas educacionais positivas, seja na organização e no funcionamento da escola ou na metodologia didática na sala de aula, que mais favorecem a integração e o desenvolvimento dos alunos integrados. Ao mesmo tempo, tais estudos põem em destaque não apenas as possíveis vantagens dessas escolas para esses alunos, como também os benefícios que o conjunto dos alunos obtém.

Os principais resultados

Os resultados obtidos provêm de pesquisas que empregaram os métodos que acabamos de destacar. Por essa razão, muitos deles, especialmente aqueles que se basearam em comparações entre grupos de alunos em diferentes contextos, não são conclusivos e devem ser julgados com precaução. As conclusões mais importantes podem ser organizadas em três principais grupos: referentes ao progresso dos alunos integrados, referentes aos fatores que favorecem a integração e referentes às atitudes da comunidade educativa.

Efeitos da integração nos alunos

Os estudos realizados não oferecem uma imagem coerente e definitiva. Steinberg e Tovey (1996), depois de rever as pesquisas postas em prática nos Estados Unidos, assinalam que a heterogeneidade das condições de deficiência torna praticamente impossível comparar os resultados da integração em relação às escolas especiais. A metanálise realizada por Wang e Baker (1986) indica que a tendência majoritária dos estudos comparativos é no sentido de melhores resultados acadêmicos dos alunos com problemas moderados de aprendizagem inseridos em escolas de integração. A razão desse dado pode ser encontrada nas maiores expectativas que pais e professores alimentam quando os alunos estão em uma escola de integração. É possível também que a integração com colegas mais competentes, o que ocorre nas escolas, favoreça o progresso nas aprendizagens.

Os estudos que analisam o desenvolvimento social dos alunos tampouco chegam a conclusões consistentes. A revisão de Wang e Baker (1986) destaca que a metade dos estudos mostra que os alunos integrados têm um melhor autoconceito, enquanto as conclusões da outra metade vão em direção contrária. Um estudo longitudinal realizado nos Estados Unidos (Cole e Meyer, 1991) não comprovou diferenças na adaptação social de alunos com problemas de aprendizagem educados em diferentes ambientes escolares. As habilidades sociais do grupo segregado, contudo, não se mantinham ao longo do tempo com a mesma consistência que as do grupo integrado. Williams (1993), ao comentar as conclusões heterogêneas obtidas nesse âmbito, mostra que provavelmente o aspecto mais importante é que os alunos com problemas de aprendizagem têm um autoconceito mais baixo que seus colegas, independente da escola em que se escolarizaram.

A dimensão do autoconceito dos alunos com deficiência é um aspecto importante, que deve ser levado em conta em todos os programas educativos. Também não se pode esquecer das relações de amizade que os alunos estabelecem e as estratégias que podem reforçar, de forma natural, as relações entre todos os alunos. Os dados obtidos por Farrell e Scales (1995) em uma escola infantil mostram que as crianças com deficiência, quando têm de escolher um colega para sentar-se a seu lado, escolhem indistintamente uma outra criança com deficiência ou uma criança sem deficiência. Estas últimas, entretanto, quando têm de escolher, costumam optar por seus iguais. No caso das crianças surdas, a escolha do melhor amigo é a mais simétrica: a maioria dos alunos surdos integrados escolhe outro aluno surdo, enquanto os alunos que ouvem dirigem sua escolha para outro colega que ouve.[1]

Revisões mais recentes (Baker et al., 1995) sugerem que há um efeito benéfico da inclusão educativa, que pode chegar a ser moderado em determinadas condições, sobre os resultados sociais e acadêmicos dos alunos com necessidades educativas especiais.

A conclusão mais importante que se tira da leitura destas pesquisas talvez seja a importância do programa educativo que está sendo implementando nas escolas, que pesa mais até que o tipo de escola em que os alunos estudam. As escolas que dão uma atenção especial à interação social dos alunos, que avaliam os progressos acadêmicos dos alunos integrados de acordo com suas possibilidades e não em comparação com seus colegas e que trabalham particularmente em grupos cooperativos heterogêneos têm mais possibilidades de melhorar a competência social e a autoestima dos alunos.

A posição adotada por Hegarty (1993, p. 198), depois de revisar a pesquisa disponível, é que a integração é a opção educativa mais favorável já que não se comprovaram as possíveis vantagens da alternativa contrária:

> Os estudos comparativos referentes ao êxito acadêmico e ao desenvolvimento social estão sujeitos a limitações técnicas consideráveis – limitações que aumentam quando se tenta generalizar a partir dos estudos realizados para contextos muito diferentes. Embora isto mostre que qualquer inferência que se faça deva ser concebida na forma de tentativa, a ausência de um claro balanço vantajoso é um apoio à integração. Deve existir uma presunção a favor da integração e, na falta de uma forte evidência contrária, deve ser considerada como o princípio central que governa o atendimento educativo.

Os fatores que favorecem a integração

Os estudos recentes foram orientados para a análise das condições que permitem uma integração mais positiva. Suas conclusões destacam quatro fatores principais: projeto compartilhado, currículo adaptado, organização flexível e atitudes positivas da comunidade educacional.

A avaliação realizada sobre a implantação do projeto de integração na Espanha (Marchesi et al., 1991) mostra que o projeto educativo das escolas de integração é a variável mais importante que prevê os maiores progressos na integração. Um projeto elaborado em conjunto pela equipe de professores, no qual a educação dos alunos com necessidades educativas especiais é um dos principais objetivos, revela-se um poderoso instrumento de mudança.

A qualidade de um projeto educacional está relacionada com outras duas variáveis: a existência de uma equipe docente coordenada e as atitudes positivas dos professores. Em grande medida, as duas dimensões estão estreitamente relacionadas: as atitudes positivas facilitam a cooperação entre os professores para trabalhar em um projeto comum, como é o da integração. Contudo, nem sempre é isso que ocorre. Uma boa cooperação exige atitudes positivas, mas também uma direção eficaz, que reúna esforços e ajude a resolver os problemas.

A adaptação do currículo é outra característica relevante. O objetivo da integração não é que os alunos estejam com seus colegas, mas que participem de um currículo comum. Para que tal participação exista, é necessário que os alunos tenham acesso a ele. Isto normalmente exige a adaptação dos conteúdos de aprendizagem, dos métodos pedagógicos e da atenção aos alunos. O problema reside na combinação da diferenciação curricular com o objetivo de que todos os alunos participem de um currículo comum. Esse é um dos dilemas que mencionaremos no item seguinte.

Hegarty (1993) mostrou que a pesquisa realizada identificou um conjunto de práticas que favorecem a educação dos alunos com dificuldades de aprendizagem: instrução baseada nas necessidades dos alunos; materiais e procedimentos que permitem aos estudantes avançar no seu próprio ritmo; tempo adicional para os estudantes que necessitarem; aumento da responsabilidade dos estudantes por sua própria aprendizagem e cooperação entre os estudantes para alcançar seus objetivos de aprendizagem.

A organização flexível das escolas é outro fator que facilita a integração (Skrtic, 1991). A estrutura hierárquica das escolas e o isolamento dos professores em seu trabalho na sala de aula criam barreiras que dificultam a tarefa conjunta da integração. Para serem integradoras, as escolas têm de mudar sua cultura, sua organização e a forma de trabalho entre os professores.

Finalmente, uma porcentagem significativa de estudos destacou a importância das atitudes de professores, pais e alunos na integração. Em geral, os professores mostram uma certa resistência a incorporar em suas escolas alunos que estudaram previamente em escolas especiais (Vlachou e Barton, 1994). Essas atitudes negativas iniciais baseiam-se em duas percepções dos professores: sua falta de preparo e a ausência de professores de apoio suficientes (Yola e Ward, 1987). Quando existem programas de formação que dão mais confiança aos professores e há um apoio efetivo na escola, contudo, as atitudes se modificam em direção positiva.

As atitudes dos professores dependem, portanto, de sua competência e de sua segurança profissional. A segurança está relacionada com as dificuldades que imagina que podem criar na sala de aula os alunos com necessidades educativas especiais e com a ajuda que receberá de outros professores. Por essa razão, não é estranho que o ponto de vista inicial dos professores sobre a integração varie em função do tipo de deficiência do aluno. O estudo realizado por Bowman (1986) em 14 países do mundo capta essa situação (Quadro 2.1).

Os resultados obtidos mostram uma gradação previsível nas atitudes em relação à integração dos diferentes grupos de alunos, desde os que apresentam problemas menos graves até aqueles com uma deficiência mental séria. O dado mais significativo é a grande variabilidade de opiniões que se manifestam entre os países consultados. Três fatores podem explicá-los. Em primeiro lugar, o nível dos serviços de apoio disponíveis para favorecer a integração. Em segundo lugar, a formação dos professores

QUADRO 2.1 Professores favoráveis à integração em turma de ensino comum

Alunos	Porcentagens	
	Média	Intervalo entre países
Condições físicas delicadas	75,5	39-97
Deficiência física	63,3	28-93
Dificuldades de aprendizagem específicas	54,0	27-92
Defeito de fala	50,0	26-88
Deficiências emocionais graves	38,0	17-63
Deficiência mental moderada	31,0	17-50
Cego	23,5	0-67
Surdo	22,5	0-68
Deficiência múltipla	7,5	1-54
Deficiência mental grave	2,5	1-47

e a existência de programas específicos de atualização. E, em terceiro lugar, a existência de disposições legais em favor da integração. Quando essas disposições não existem e há uma oferta completa de escolas especiais, as porcentagens de apoio à integração são muito baixas (intervalos de 0 a 28 pontos).

A atitude dos pais, tanto dos que têm filhos com alguma deficiência como do conjunto de alunos da escola de integração, tem uma grande influência no processo educativo. Os pais cujos filhos apresentam dificuldades de aprendizagem leves ou moderadas manifestam uma atitude positiva em relação à integração. Ao contrário, os pais com filhos que têm sérias dificuldades de aprendizagem são mais resistentes à integração e manifestam o temor de que a integração produza mais isolamento dos alunos, pior tratamento de seus colegas, menos possibilidades educativas e uma limitação dos recursos disponíveis (Jenkinson, 1993). O levantamento realizado por McDonnell (1987) com 250 pais de alunos com deficiências graves e múltiplas, dos quais a metade mandava seus filhos a escolas especiais e a outra metade a escolas regulares, comprovou tais temores nos primeiros, mas não teve confirmação – por parte dos pais que mandavam seus filhos a escolas integradoras – de que esses medos fossem realmente justificados.

Finalmente, as atitudes dos colegas em relação aos alunos com alguma deficiência constituem um fator decisivo para a integração social destes. Não há dúvida de que as atitudes dependem, em grande medida, das que observam em seus pais e nos professores, mas também é preciso assinalar que os programas educacionais que favorecem a comunicação e o conhecimento mútuo contribuem de forma significativa para facilitar a integração social na escola dos alunos com necessidades educativas especiais. Maras e Brown (1992) planejaram um estudo para comprovar que a sensibilidade e a compreensão dos outros aumenta com o conhecimento e a avaliação das diferenças, mais do que pela ignorância. Suas conclusões sugerem que a hipótese se confirma com os alunos cujos problemas são facilmente observados, mas não é tão clara com outras qualidades mais abstratas.

OS DILEMAS DA INCLUSÃO

As avaliações realizadas revelam que a integração dos alunos com necessidades educativas especiais não está isenta de problemas e que é imprescindível propor mudanças profundas para conseguir escolas abertas para todos. Essas mudanças serão abordadas no próximo item. Antes disso, porém, é preciso analisar algumas questões problemáticas que se apresentam ao se tomar decisões concretas sobre o atendimento oferecido aos alunos com necessidades educativas especiais. Norwich (1993), referindo-se a estas questões, falou de "dilemas". Um dilema implica uma escolha entre várias alternativas que têm consequências positivas e negativas simultaneamente. A principal dificuldade para abordar um dilema está em que as diferentes opções apresentam o risco de que os resultados obtidos sejam negativos.

Norwich (1993) apresentou quatro dilemas principais:

1. O dilema do currículo comum: um aluno com graves problemas de aprendizagem deve aprender con-

teúdos iguais ou diferentes aos de seus colegas?
2. O dilema da identificação: a identificação dos alunos com necessidades especiais ajuda-os ou os marca negativamente?
3. O dilema pai-profissional: no momento das decisões sobre a escolarização dos alunos, quem tem maior influência?
4. O dilema da integração: uma criança com sérios problemas de aprendizagem aprende mais na classe comum ou na classe especial com mais apoios?

O estudo realizado por Norwich com diferentes grupos de professores levou-o a confirmar a existência dos dilemas mencionados referentes ao currículo, à identificação e à integração, mas não às relações pais-profissionais. A maioria dos professores revelou um grau de coincidência considerável no enfoque escolhido para resolver cada um desses dilemas.

Nas páginas seguintes, serão discutidos os dois dilemas considerados mais relevantes: o que diz respeito ao tipo de currículo que se deve oferecer aos alunos com graves problemas de aprendizagem e o que diz respeito à provisão de novos recursos destinados a proporcionar-lhes uma educação melhor. De algum modo, este segundo dilema está estreitamente relacionado com a identificação dos alunos, visto que o aporte de recursos complementares está ligado à sua identificação.

Currículo comum ou currículo diferente

A integração educativa baseia-se na manutenção de um currículo comum para todos os alunos. Os alunos com graves problemas de aprendizagem incorporam-se à escola para ter acesso, junto com seus colegas, a experiências similares de aprendizagem. A ênfase nos aspectos comuns da aprendizagem destaca o aspecto mais rico e positivo das escolas inclusivas.

Os alunos, porém, não são iguais. Inclusive afirma-se que todos os alunos são diferentes em seus ritmos de aprendizagem e em seus modos pessoais de enfrentar o processo educacional e a construção de seus conhecimentos. A atenção às diferenças individuais faz parte também de todas as estratégias educativas que se assentam no respeito à individualidade de cada aluno. Um respeito que, no caso dos alunos com necessidades educativas especiais, exige que se proporcione uma educação adaptada às suas possibilidades. O problema surge quando tais adaptações supõem a modificação, de forma significativa, do currículo comum.

Às vezes, é difícil compatibilizar as duas demandas, visto que a primeira reforça a dimensão da igualdade, e a segunda assinala a dimensão da diferença. Clark e colaboradores (1997) expressaram isso com bastante clareza:

> É fácil ver como se pode acomodar o que é comum – pela formulação de um currículo comum, pela criação de escolas completamente inclusivas e pela possibilidade de experiências idênticas de aprendizagem para todas as crianças. É fácil ver também que os caminhos mais óbvios para responder à diferença seguem exatamente por estratégias opostas; a formulação de currículos alternativos, a criação de diferentes tipos de escolas para diferentes alunos e a possibilidade de diferentes experiências de aprendizagem para diferentes grupos ou indivíduos. Mas como, exatamente, esses enfoques tão diferentes podem ser reconciliados de tal maneira que os currículos sejam comuns mas múltiplos, as escolas sejam inclusivas e seletivas, e as aulas proporcionem experiências de aprendizagem que sejam as mesmas para todos mas diferentes para cada um

O dilema apresentado não afeta unicamente o âmbito da educação especial ou o tipo de resposta educativa que se proporcionará aos alunos com necessidades especiais. Está presente tanto no enfoque mais global do sistema educacional como nas opções que se faça sobre as etapas educativas, sobre o currículo e sobre a organização da aprendizagem na sala de aula. Os sistemas educacionais que estendem a educação compreensiva, que estabelecem um currículo comum para todas as escolas e que organizam as turmas em grupos heterogêneos de alunos respaldam o polo mais comum da educação. Os outros que, ao contrário, abrem vias alternativas antes de finalizar a educação obrigatória, que não têm um currículo comum ou que permitem que os alunos sejam agrupados em turmas homogêneas delimitam mais claramente os aspectos diferenciais dos alunos.

Essas opções iniciais vão repercutir, sem dúvida, nas possibilidades de que as escolas, com maior ou menor facilidade, sejam inclusivas. Há outros fatores que também influem, como as características do currículo, por exemplo. Um currículo centrado fundamentalmente nos conteúdos conceituais e nos aspectos mais acadêmicos, que propõe sistemas de avaliação baseados na superação de um nível normativo igual para todos, lança ao fracasso os alunos com mais dificuldades para avançar nesses âmbitos. Os currículos mais equilibrados, nos quais o desenvolvimento social e pessoal também tem importância e em que a avaliação seja feita em função do progresso de cada aluno, facilitam a integração dos alunos.

Não é simples resolver o dilema, nem para os que têm alguma responsabilidade pela política educacional nem para os professores que enfrentam essa situação na sala de aula. Uma ênfase excessiva nas vantagens que a integração proporciona à socialização dos alunos com graves problemas de aprendizagem pode fazer com que se esqueça de que também é necessário o avanço desses alunos em outras dimensões do conhecimento. É necessário um equilíbrio entre demandas que parecem contraditórias. Como se alcança o equilíbrio?

O estudo realizado por Norwich sobre esse dilema incluiu várias perguntas aos professores sobre como resolvê-lo. A resposta mais comum foi a seguinte:

> Proporcionar tantas experiências iguais de aprendizagem quanto possível, ao mesmo tempo em que se levam em conta as necessidades individuais. Manter um equilíbrio. Isto é difícil e requer compromisso e recursos.

Junto com essa resposta foram dadas outras duas. Uma delas dava mais ênfase ao polo comum das aprendizagens:

> Adaptar o modo de ensinar as mesmas experiências de aprendizagem (definidas amplamente), de tal maneira que possam avançar e tenham experiências relevantes de aprendizagem.

A outra resposta tendia mais ao polo da diferença e assinalava a importância de que o aluno tivesse acesso a essas experiências:

> Oferecer aos estudantes o que possam compreender, o que os motiva e se ajusta às suas necessidades.

As respostas oferecidas não deixam de ser excessivamente genéricas. É preciso analisar de forma mais minuciosa os componentes do currículo e estabelecer que elementos devem ser comuns para todos os alunos e que elementos devem ser modificados para responder às demandas dos alunos com mais problemas de aprendizagem. O Quadro 2.2 apresenta um panorama mais amplo.

Assim, existe um amplo leque de adaptações curriculares, desde sua não existência, opção 1, até o máximo de modificação, que chega até o ponto de mudar os objetivos gerais da etapa educativa, opção 7. Entre as duas, existem diferentes possibilidades, conforme se priorizar os elementos comuns ou os diferenciais.

A decisão a ser tomada sobre as adaptações no currículo também deve levar em conta outros fatores. Entre eles, é preciso destacar a metodologia que se utiliza, o sistema de organizar os apoios aos alunos e os meios empregados para facilitar ao aluno o acesso ao currículo (Quadro 2.3).

Nesse enfoque, a ênfase em um ensino mais comum ou mais diversificado não se manifesta apenas levando em conta os elementos incluídos no Quadro 2.2, mas também é preciso considerar os fatores incluídos no Quadro 2.3. Que seja, por exemplo, a opção 4, na qual os objetivos da etapa, as áreas curriculares e os objetivos de cada área se mantêm comuns para todos os alunos, enquanto para alguns se modificam os conteúdos, os critérios de avaliação e os métodos pedagógicos. Nessa suposição, seria preciso analisar como se põe em

QUADRO 2.2 Diferentes alternativas sobre os aspectos comuns e diferenciais no desenvolvimento do currículo*

	Objetivo de etapa	Áreas	Objetivos de área	Conteúdos	Critérios de avaliação	Métodos
1	C	C	C	C	C	C
2	C	C	C	C	C	D
3	C	C	C	C	D	D
4	C	C	C	D	D	D
5	C	C	D	D	D	D
6	C	D	D	D	D	D
7	D	D	D	D	D	D

*(C = comum para todos. D = diferente para alguns).

QUADRO 2.3 Fatores que influem nos aspectos comuns ou diferenciais do ensino

	Método	Apoio	Acesso
COMUM	Níveis múltiplos Cooperação Tutoria	Compartilhado	Novos sistemas de signos, sistemas alternativos, etc.
DIFERENCIADO	Atenção individualizada	Específico	Não há adaptações de acesso

prática tal alternativa. Se essas adaptações metodológicas e dos conteúdos se traduzem em que os principais conhecimentos sejam apresentados com nível de profundidade distinto, em que os alunos cooperem uns com os outros, em que os professores de apoio trabalhem junto com o professor titular no atendimento a todos os alunos, e que se proporcione aos alunos com graves problemas de aprendizagem novos sistemas de acesso ao currículo, a ênfase situa-se claramente na dimensão do ensino comum. Se, ao contrário, apresentam-se diferentes conteúdos aos alunos, se esses conteúdos são trabalhados de forma isolada, se os professores de apoio se dedicam apenas aos alunos com mais problemas e se, finalmente, o ensino desses conteúdos é dado em classes separadas, enfatiza-se um ensino mais diferenciador.

Essas reflexões ressaltam a difícil articulação entre um ensino comum para todos os alunos e um ensino que leve em conta as possibilidades de aprendizagem de cada um deles. A articulação entre o comum e o especializado não depende principalmente das demandas educativas apresentadas pelo aluno, mas das decisões que os professores de uma escola adotam para abordar, dentro do mesmo grupo, as situações diversas de aprendizagem que seus alunos apresentam.

A provisão dos recursos

O segundo grande dilema que afeta a inclusão dos alunos com necessidades educativas especiais refere-se a seu distame de escolarização e à provisão de recursos suplementares que essa situação gera.

Norvich (1993, p. 534) formulou claramente isso nas duas frases seguintes:

a) Se as crianças têm dificuldades na aprendizagem e são identificadas e rotuladas como tendo necessidades educativas especiais, então provavelmente serão tratadas de forma diferente, desvalorizadas e estigmatizadas.
b) Se as crianças que experimentam dificuldades na aprendizagem não são identificadas individualmente como tendo necessidades educativas especiais, então não haverá maneira de identificá-las e de assegurar recursos educativos para elas.

Não há dúvida nenhuma de que o ditame de escolarização pode produzir os efeitos indesejados que se destaca na primeira afirmação. Além disso, como mostra Söder (1997), a elaboração de um informe que estude as possibilidades de integração de alguém na escola regular suporia partir do fato de sua segregação e considerar que pode ser excluído.

Outra consequência do ditame é que se consideram tais alunos como de "educação especial" ou "de integração", e é dessa forma que os professores tendem a referir-se a eles nas escolas regulares. O fato de que a presença desses alunos suponha mais recursos, especialmente a incorporação de professores de apoio, também apresenta dificuldades. Em primeiro lugar, sua dedicação quase exclusiva aos alunos com necessidades educativas mais permanentes supõe uma clara diferenciação entre eles e seus demais colegas. Em segundo lugar, essa dedicação mostra que os alunos com necessidades educativas menos graves, os outros 18%, não recebem novos recursos, e sua educação deve ser responsabilidade dos professores do ensino comum. Finalmente, a relação estabelecida entre o ditame do aluno com necessidades educativas especiais e os recursos complementares fez com que em muitos países aumentasse a porcentagem desses alunos e, inclusive, criou novas categorias de exclusão (Fulcher, 1989; Anderson e Pellicer, 1990).

Ainscow (1991) resumiu em quatro pontos as consequências negativas que procedem de uma posição que baseia a integração na reforma da educação especial e na provisão de recursos aos alunos com necessidades educativas especiais, e não na transformação mais radical do ensino:

1. O processo de segregação, que supõe inevitavelmente todo rótulo, tem efeitos negativos nas atitudes e expectativas dos pais, dos professores e dos alunos.
2. A presença de especialistas designados para tal fim anima os professores a passar para outros a responsabilidade dos alunos com problemas de aprendizagem.
3. Os recursos que se podem utilizar para proporcionar uma resposta educativa mais flexível são canalizados para uma provisão separada.
4. A natureza das oportunidades educacionais que são proporcionadas caracteriza-se por sua limitação e seu baixo nível de exigência.

Diante dessa posição crítica sobre o ditame e os recursos que implica, elevam-se outras vozes que mostram a necessidade de que os alunos sejam avaliados e de que, portanto, se saiba quais são suas dificuldades e que tipo de resposta educacional é a mais adequada. De outro modo, afirmam, seria muito difícil estabelecer a forma de ajudar esses alunos. Além disso, é preciso que estes disponham dos recursos e dos apoios que sejam necessários para o seu ensino. A ausência de recursos pode fazer com que os professores e a comunidade educativa não considerem possível uma integração que vá além da mera presença física nas salas de aula.

As duas posições reforçam os diferentes polos que constituem este dilema e apresentam argumentos coerentes em defesa de suas respectivas teses. A situação obriga a refletir mais detidamente sobre o alcance do ditame e sobre a forma de realizar a provisão dos recursos e sua utilização pelas escolas para evitar os inconvenientes mencionados.

O ditame sobre as necessidades educativas dos alunos deve ser orientado não tanto para determinar os problemas de aprendizagem dos alunos ou os apoios de que necessita, mas para indicar o tipo de resposta educativa mais adequado. A ênfase principal deve estar na proposta curricular que se faz e nas iniciativas que se proponham para melhorar o funcionamento da instituição escolar, o que repercutirá favoravelmente nas condições específicas em que os alunos individuais aprendem.

Essa orientação no sentido da resposta educativa deve ser acompanhada ao mesmo tempo de uma forma diferente de proporcionar os recursos às escolas. Diante do sistema mais individualizado, que associa os recursos complementares às necessidades pessoais dos alunos, existem alternativas baseadas na situação global de cada escola. Tal estratégia utiliza diferentes indicadores para determinar de que novos recursos uma escola necessita: contexto social da escola, alunos escolarizados oriundos de minorias culturais, incorporação de alunos com algum tipo de deficiência, etc. Esse enfoque mais geral não se opõe a que se proporcionem novos recursos quando um aluno com graves problemas de aprendizagem for acolhido pela escola.

A partir dessa perspectiva, é a escola em seu conjunto que recebe novos professores de apoio e que deve organizar sua atividade de tal maneira que se evitem as estratégias menos inclusivas e que se potencialize o compromisso dos professores da turma com seus alunos com necessidades educativas especiais. Porter (1997) destacou a proposta implementada no distrito 12 da província de New Brunswick no Canadá. O modelo de organização dos recursos baseia-se em dois princípios fundamentais: o papel do professor da turma e a função dos professores de apoio.

O professor é considerado o principal recurso para a instrução dos alunos que apresentam algum problema de aprendizagem. Isso supõe um esforço permanente para melhorar sua competência profissional e para desenvolver suas habilidades didáticas. Tal reconhecimento da importância da formação do professor se completa com uma reflexão mais profunda sobre como enriquecer o currículo, como adaptar o ensino à diversidade dos alunos e como favorecer a aprendizagem cooperativa.

Simultaneamente, propõe-se uma nova forma de organizar os professores de apoio, que se configuram como professores de métodos e de recursos. Seu papel principal é colaborar e ajudar os professores de classe para que desenvolvam estratégias e atividades que favoreçam a inclusão dos alunos com necessidades especiais. Sua tarefa, portanto, não se centra mais no atendimento exclusivo a esses alunos, mas em ajudar os professores a resolver os problemas e a encontrar a melhor alternativa para a instrução de seus alunos.

As mudanças, que acabamos de destacar e que se apresentam como solução para um dos principais dilemas presentes na educação dos alunos com necessidades especiais, apontam mais uma vez para a necessidade de abordar mudanças profundas no sistema educacional que facilitem a prática das escolas inclusivas. A análise dessas mudanças é o principal objetivo do último item deste capítulo.

AS CONDIÇÕES DA INCLUSÃO

O avanço no sentido das escolas inclusivas não é fruto apenas do esforço individual dos professores ou das atitudes positivas do conjunto da comunidade educacional de uma escola. É, mais do que isso, expressão da confluência de um amplo conjunto de condições que tornam possível, para a imensa maioria dos alunos com graves problemas de aprendizagem, uma resposta satisfatória nas escolas regulares. Tais condições situam-se em três níveis diferentes estreitamente relacionados: os contextos político e social, o contexto da escola e o contexto da sala de aula. Cada um deles tem suas características próprias e mantém um certo grau de independência em relação aos outros, embora os níveis mais gerais tenham uma grande influência sobre as possibilidades de mudança dos níveis inferiores. Assim, uma firme orientação política em favor da inclusão contribuirá de forma significativa para que as escolas se situem nessa posição. Do mesmo modo, quando uma escola estabelece entre seus objetivos prioritários a inclusão de todos os alunos, fica mais simples transferir a estratégia posteriormente à prática educativa nas salas de aula.

O contexto político e social

Cada país tem uma história, uma cultura e uma tradição educacional próprias que condicionam a incidência das mudanças e a resposta a elas no sistema educacional. Ao mesmo tempo, porém, há modos diferentes de compreender o significado da educação e das soluções alternativas diante dos problemas. É possível falar de ideologias em educação ao fazer referência ao conjunto de crenças e de valores que sustentam uma determinada visão sobre as funções da educação e suas relações com o conjunto da sociedade.

No âmbito educacional, diferenciaram-se três ideologias principais (Marchesi e Martín, 1998): liberal, pluralista e igualitarista. A opção liberal, que acentua a concorrência entre as escolas e os resultados acadêmicos dos alunos, faz com que as escolas selecionem os alunos com maiores possibilidades de êxito, já que maus resultados podem incidir negativamente em seu prestígio e nos recursos que receberá. Quando as propostas liberais predominam em uma sociedade, as dificuldades para elaborar projetos inclusivos são maiores. Ao contrário, as outras ideologias, pluralista ou igualitária, que dão importância não apenas ao rendimento mas também à sua socialização e à formação em atitudes solidárias, que levam em conta o meio social em que está situada cada escola e valorizam especialmente as escolas que procuram oferecer uma boa educação a todos os seus alunos, sem nenhum tipo de segregação, são as mais adequadas para criar uma dinâmica de estímulo à integração dos alunos com necessidades educativas especiais.

As estratégias de intervenção para facilitar a integração educativa e social dos alunos com necessidades educativas especiais podem ser mais ou menos amplas e, consequentemente, ter maior ou menor incidência. As iniciativas que propugnam reformas globais a fim de conseguir escolas inclusivas abrem mais possibilidades que aquelas centradas principalmente na resposta individual. Quando essas propostas se estendem também à coordenação de programas sociais, econômicos e trabalhistas que procuram reduzir as barreiras que dificultam a integração social dessas pessoas, amplia-se sua integração social e atribui-se maior reconhecimento ao esforço educativo.

Os valores e as atitudes dos cidadãos diante das estratégias inclusivas são também fatores importantes no processo de transformação da educação. A prioridade da concorrência em relação à solidariedade, a maior importância atribuída aos êxitos acadêmicos em relação ao desenvolvimento social e da personalidade e a concepção de que a presença de alunos com maiores dificuldades impede o progresso dos mais capazes são crenças muitas vezes implícitas, que freiam a extensão e a profundidade das reformas educativas. Além disso, os valores cívicos majoritários podem contribuir bastante para que a integração escolar se prolongue posteriormente na integração social e naquela relativa ao trabalho.

Enfim, é preciso considerar as iniciativas legais implementadas em cada país. A detecção precoce das necessidades educativas, o atendimento educativo inicial que se proporciona, o modelo de avaliação psicopedagógica, o sistema de provisão dos recursos, a definição do currículo escolar, a formação dos professores ou a participação dos pais no processo educacional de seus filhos são orientações gerais que têm uma enorme influência nas possibilidades de inclusão que se abrem em cada escola.

O contexto da escola

O funcionamento de cada escola condiciona a viabilidade das práticas integradoras. Mesmo que existam, como acabamos de mostrar, orientações gerais que facilitam ou dificultam a resposta aos alunos com maiores dificuldades de aprendizagem, não há dúvida de que cada escola tem uma ampla margem de atuação para avançar no sentido de uma maior inclusão.

Nas últimas décadas, foram realizadas múltiplas pesquisas sobre os fatores responsáveis pela "eficácia" da escola. Também foram feitos estudos de outro tipo, mais relacionados com a melhoria da qualidade das escolas, que revelaram as condições que favorecem os processos de mudança.[2] Muitas dessas orientações foram levadas em conta para definir como devem ser as escolas inclusivas ou, dito de outra forma, "as escolas eficazes para todos" (Ainscow, 1991).

As experiências sobre as escolas inclusivas destacaram alguns fatores que têm maior incidência na mudança das escolas. Os principais são os seguintes: a transformação do currículo, o desenvolvimento profissional dos professores, uma liderança efetiva, a modificação da cultura e da organização da escola e o compromisso com a mudança.

Embora cada um desses fatores tenha existência própria, deve-se destacar a estreita relação que existe entre todos e, por isso, a presença de algum deles favorece a incorporação dos outros.

A transformação do currículo

É preciso haver um currículo comum para todos os alunos, que posteriormente deve ser adequado ao contexto social e cultural de cada escola e às necessidades diferentes de seus alunos. No item anterior, ao se fazer referência aos dilemas da integração, já se mostraram as dificuldades para articular um currículo comum com a diversidade de necessidades dos alunos e propuseram-se algumas vias de solução.

Um currículo aberto à diversidade dos alunos não é apenas um currículo que oferece a cada um deles aquilo de que necessita de acordo com suas possibilidades. É um currículo que se oferece a todos os alunos para que todos aprendam quem são os outros e que deve incluir, em seu conjunto e em cada um de seus elementos, a sensibilidade para as diferenças que há na escola. A educação para a diversidade deve estar presente em todo o currículo e em todo o ambiente escolar. A diversidade dos alunos é uma fonte de enriquecimento mútuo, de intercâmbio de experiências, que lhes permite conhecer outras maneiras de ser e de viver e que desenvolve neles atitudes de respeito e de tolerância juntamente com um amplo sentido da relatividade dos próprios valores e costumes. As pessoas constroem melhor seus conhecimentos e sua identidade em contato com outros grupos que têm concepções e valores distintos.

O desenvolvimento profissional dos professores

A formação dos professores e seu desenvolvimento profissional são condições necessárias para que se produzam práticas integradoras positivas nas escolas. É muito difícil avançar no sentido das escolas inclusivas se os professores em seu conjunto, e não apenas os professores especialistas em educação especial, não adquirem uma competência suficiente para ensinar a todos os alunos. Além disso, a formação tem uma estreita relação com sua atitude diante da diversidade dos alunos. O professor, quando se sente pouco competente para facilitar a aprendizagem dos alunos com necessidades educativas especiais, tenderá a desenvolver expectativas mais negativas, que se traduzem em uma menor interação e em menor atenção. O aluno, por sua vez, terá mais dificuldades para resolver as tarefas propostas, o que reforçará as expectativas negativas do professor. Essas considerações levam a afirmar que o modo mais seguro de melhorar as atitudes e as expectativas dos professores é desenvolver seu conhecimento da diversidade dos alunos e suas habilidades para ensinar-lhes.

Tal proposição, contudo, não pode ignorar o conjunto de condições que influem no trabalho do professor. Sua retribuição econômica, suas condições de trabalho, sua valorização social e suas expectativas profissionais são, ao lado da formação permanente, fatores que facilitam ou dificultam sua motivação e sua dedicação.

Uma liderança efetiva

Há um amplo consenso na valorização da liderança como uma dimensão importante nos processos de transformação das escolas. Uma liderança que deve ser assumida pelo diretor e sua equipe, mas que também deve ser distribuída em todos os níveis da organização escolar.

Em oposição à concepção do diretor baseada na boa gestão e no controle da organização, destaca-se atualmente a necessidade de dinâmicas mais "transformadoras" (Sergiovanni, 1990), capazes de distribuir o poder e de fortalecer as organizações. O estilo do diretor caracteriza-se, nesse contexto mais inovador, por facilitar a participação em projetos coletivos, por compreender a cultura da escola e por promover a mudança educativa.

Leithwood e Jantzi (1990) assinalaram que os líderes transformacionais promovem culturas escolares de colaboração. Seu estudo estabeleceu seis amplas estratégias que tais diretores utilizam para impulsionar os processos de mudança nas escolas:

1. Reforçar a cultura da escola.
2. Realizar uma boa gestão.
3. Impulsionar o desenvolvimento dos professores.
4. Estabelecer uma comunicação direta e frequente.
5. Compartilhar com outros o poder e a responsabilidade.
6. Utilizar símbolos e rituais para expressar os valores culturais.

Esse tipo de estratégias afeta de maneira explícita a cultura da escola e seu compromisso com a mudança educativa.

A modificação da cultura e da organização da escola

A cultura da escola constitui o principal suporte sobre o qual se apoiará o desenvolvimento do currículo. Os valores, as normas, os modelos de aprendizagem, as atitudes dos professores, as relações interpessoais existentes, as expectativas mútuas, a participação de pais e alunos e a comunicação que existe na escola entre todos os membros da comunidade educacional são os elementos que determinam o tipo de projeto que a escola vai elaborar e a orientação a ser seguida em relação ao currículo.

A reforma da educação especial e o avanço de sentido de escolas mais inclusivas supõe, ao mesmo tempo, uma transformação da cultura das escolas. A mudança para uma cultura educacional em que se valorize a igualdade entre todos os alunos, o respeito às diferenças, a participação dos pais e a incorporação ativa dos alunos no processo de aprendizagem. Uma mudança que potencialize a colaboração entre os professores e que defenda a flexibilidade e a busca conjunta de soluções diante dos problemas apresentados pelos alunos.

Um compromisso com a mudança

As escolas inclusivas não aparecem da noite para o dia, mas vão se configurando mediante um longo processo; portanto, é preciso tomar consciência dos objetivos que se tenta alcançar e o tipo de estratégias que se deve impulsionar. A mudança de cada escola deve partir de sua cultura própria e orientar-se no sentido de sua transformação. Por esse motivo, nem todas as escolas partem da mesma posição. Há escolas mais tradicionais, com uma organização mais hierárquica, em que os professores trabalham de forma individual e na qual predomina a exigência acadêmica. Outras têm mais experiência na educação de alunos com problemas, apresentam uma organização mais flexível e seus professores são mais cooperativos para resolver os problemas. Um terceiro tipo de escolas está distante dos dois modelos, visto que elas não têm nenhum projeto específico e nenhuma coerência interna. Só a partir das condições reais de cada escola, é possível melhorar a organização interna e contribuir para criar uma cultura mais favorável à mudança educacional.

Em qualquer das situações, a mudança não é uma tarefa simples. Por um lado, como mostra Furlan (1991), é necessário manter uma tensão constante entre a pressão da organização para manter a continuidade de seu passado e de suas práticas e a busca de novas formas de desenvolvimento que permitam responder às novas situações. Por outro lado, é preciso enfrentar as turbulências que se produzem quando se tenta mudar o estabelecido. São tensões que se produzem em todos os níveis da escola: pessoal, organizacional, técnico e micropolítico (Ainscow, 1995). É nessa dinâmica inevitável que podem ocorrer as mudanças mais duradouras, desde que se levem em conta os ritmos das mudanças educacionais e as condições que operam em cada uma de suas etapas. Dessa forma, surge uma nova cultura, que valoriza as vantagens das mudanças para os professores. Nessa situação, os professores se sentem estimulados na realização de seu trabalho e se consideram mais capazes para ensinar em sua classe a todos os alunos.

O contexto da sala de aula

As mudanças sociais e culturais, a flexibilidade organizacional, a possibilidade de adaptar o currículo e a preparação dos professores devem contribuir, finalmente, para que todos os alunos participem do processo de aprendizagem junto com seus colegas da mesma idade. Dessa forma, o trabalho do professor na sala de aula converte-se em um fator fundamental, não apenas porque pode desenvolver um currículo acessível a todos os alunos, mas também porque sua experiência influenciará posteriormente as atitudes de outros professores, na elaboração dos projetos da escola e na avaliação dos pais sobre a experiência concreta de uma classe integradora.

O trabalho do professor em sala de aula deve partir da compreensão de como os alunos aprendem e de qual é a melhor forma de lhes ensinar. Na concepção construtivista da aprendizagem escolar, esta é entendida como o processo de ampliação e de transformação dos esquemas de conhecimento prévios do aluno devido à sua atividade mental construtiva. Um dos princípios básicos de tal concepção é que, para a compreensão e a explicação dos processos de ensino e aprendizagem, é preciso levar em conta a relação que se estabelece entre o professor, o aluno e o conteúdo da aprendizagem. É esse "triângulo interativo" que permite explicar o que ocorre quando um aluno aprende determinados conteúdos devido à ação instrutiva de seu professor. Desse ponto de vista, o ensino é entendido como o processo de ajuda prestada à atividade construtiva do aluno. Quando o ensino é eficaz, a ajuda adapta-se às possibilidades do aluno.[3]

Com relação ao aluno, é preciso levar em conta três fatores envolvidos em seu processo de aprendizagem: os conhecimentos prévios, a atividade mental construtiva e a motivação para aprender. Do ponto de vista do professor, são dois os fatores básicos que influem no processo de ensino e aprendizagem: o mecanismo de influência educativa que pode exercer para possibilitar que o aluno construa novos conhecimentos e suas expectativas em relação à aprendizagem de seus alunos. Finalmente, do ponto de vista do conteúdo, é preciso considerar especialmente sua estrutura e sua coerência interna para favorecer aprendizagens significativas.

A tarefa do professor na classe integradora deve partir desse enfoque e avaliar particularmente as características dos alunos com problemas de aprendizagem. São alunos com maiores dificuldades para organizar seus conhecimentos, para ativar seus esquemas, para comunicar-se com seus colegas e professores e, consequentemente, para compartilhar significados e atribuir um sentido à sua aprendizagem. São alunos que apresentam sérias limitações em seu desenvolvimento metacognitivo e em sua capacidade para transferir suas aprendizagens (Campioni, Brown e Ferrara, 1982). A partir dessa perspectiva, o professor deve ser capaz de organizar e estruturar os conteúdos do currículo para ajudar tais alunos a aprender de forma ativa e significativa. As experiências de aprendizagem que apresenta a seus alunos com mais dificuldades não podem ignorar que o objetivo, também para eles, é que completem seus esquemas de conhecimento, que deem sentido às suas aprendizagens e que avancem, pouco a pouco, no controle de estratégias que os ajudem a aprender por si mesmos. Nesse processo, é previsível que a passagem do controle da aprendizagem do professor para o aluno, que permitirá a este interiorizar as novas competências e realizar a tarefa por si mesmo, ocorra de modo mais lento e incompleto. Também é necessário que o professor compartilhe com esses alunos o significado da aprendizagem e utilize os sistemas de comunicação necessários para que tal interação se produza.

Finalmente, é preciso que o professor planeje a metodologia na sala de aula de tal maneira que os colegas também sejam um poderoso estímulo para a construção dos conhecimentos, seja mediante o trabalho em grupos cooperativos, seja mediante a ação tutorial por parte de outro aluno com maior nível de conhecimentos. O êxito desse tipo de programa depende, em grande medida, do conhecimento e do respeito mútuo. A sensibilidade e a compreensão dos outros aumenta com o reconhecimento e a valorização das diferenças, e não com sua ignorância (Maras e Brown, 1992). Em todo esse processo, em que o conhecimento mútuo, a aceitação, a interação e o trabalho coletivo entre colegas que são claramente diferentes estão profundamente inter-relacionados, não se pode perder de vista a dimensão afetiva e a autoestima dos alunos com deficiência. Por essa razão, é importante não esquecer três características que asseguram resultados mais positivos a tais relações:

1. Muitas das atividades conjuntas devem ser cuidadosamente planejadas.
2. Deve haver oportunidades para a cooperação.
3. O professor deve estar vigilante e a uma certa distância.

Uma correta avaliação da situação e das experiências dos alunos com deficiência aponta para a necessidade de saber o que eles próprios pensam e sentem. Ou seja, é preciso perguntar-lhes sobre suas preferências, por seus sentimentos e pelos problemas que encontram no âmbito escolar. Um estudo de Anderson e Clarke (1982), em que foram entrevistados jovens com alguma deficiência, entre 15 e 18 anos, ressaltou a insatisfação dos estudantes acerca do controle sobre suas próprias vidas:

1. Ignorância quanto à sua condição de pessoa com deficiência.
2. Impotência para planejar a transição entre a escola e a vida adulta.
3. Preparação inadequada para a independência, a escolha e a responsabilidade na vida diária.

A situação de cada pessoa com deficiência é única. Consequentemente, não se trata de estabelecer critérios gerais para o ensino dos alunos com algum tipo de deficiência, mas de compreender as necessidades, os sentimentos e os pontos de vista de cada um dos alunos que são escolarizados. É importante que os professores estejam atentos às relações que esses alunos estabelecem nos momentos de trabalho e nos momentos de lazer, às atitudes que manifestam em relação a seus colegas e às que os colegas mostram em relação a eles. É necessário observar e perguntar, analisar e ouvir.

Não é fácil realizar todas essas tarefas quando a educação não pode restringir-se aos alunos com maiores problemas de aprendizagem, mas deve estender-se a todos os alunos da turma. Alguns fatores que foram expostos no item anterior – preparação dos professores, mais recursos e material de apoio, flexibilidade organizacional e melhores condições de ensino – facilitam enormemente a solução dos problemas. Contudo, não há dúvida de que, no fim das contas, é um conjunto de "bons professores" que torna possível o ensino integrador em uma escola integradora. Quais são as características dos bons docentes? O estudo realizado em 1993 pela OCDE em dez países, publicado posteriormente por Hopkins e Stern em 1996, destacou seis aspectos mais relevantes:

1. O compromisso: a vontade de ajudar todos os alunos.

2. O afeto: a comunicação de entusiasmo e carinho aos alunos.
3. O conhecimento da didática da matéria ensinada: a facilidade para tornar simples a aprendizagem.
4. O domínio de múltiplos modelos de ensino: a flexibilidade e a habilidade para resolver situações imprevistas.
5. A reflexão: a capacidade de refletir sobre a prática.
6. O trabalho em equipe: o intercâmbio de iniciativas entre colegas.

Os bons professores manifestam-se com mais facilidade nas escolas que dispõem das condições adequadas para apoiar o esforço de cada professor e para criar um ambiente de colaboração. As escolas em que trabalham professores desse tipo são as que demonstram que a integração sem exclusão é um objetivo alcançável.

NOTAS

1. Esse fato revela a importância de que as crianças surdas frequentem uma escola de integração em que haja outras crianças surdas e na qual se favoreça tanto sua adaptação ao mundo dos que ouvem quanto ao mundo dos surdos. O Capítulo 9 desenvolve mais amplamente esse tema.
2. Uma descrição das pesquisas recentes sobre as escolas eficazes e dos principais estudos dentro do movimento da melhoria das escolas encontra-se no livro de Marchesi e Martín, 1998.
3. A terceira parte do livro de Marchesi e Martín (1998) desenvolve amplamente essa formulação.

SEGUNDA PARTE

Problemas de Aprendizagem

Tradicionalmente, os alunos da educação especial têm sido associados aos que apresentam alguma deficiência. Apesar da maior amplitude do conceito de necessidades educativas especiais, não são poucos os livros e os manuais que mantêm uma referência quase que exclusiva àqueles alunos.

A segunda parte do livro foi organizada com o objetivo de analisar a situação dos alunos que, por diversas circunstâncias, nenhuma delas associada a condições pessoais de deficiência, manifestam problemas de aprendizagem na escola. Trata-se de um grupo de alunos amplo e variado, no qual o único traço comum são seus atrasos escolares ou sua inadaptação ao ambiente educativo. Eventualmente, todos eles foram agrupados sob uma mesma epígrafe: "alunos com dificuldades de aprendizagem" e foram descritos com traços similares. Esses alunos, porém, são muito diferentes, tanto pela origem de seus problemas como por suas manifestações e pelo tipo de resposta educativa que requerem. Em alguns casos, são atrasos maturativos. Em outros, são problemas de linguagem ou de compreensão de textos escritos. Em outros, ainda, são dificuldades afetivas ou transtornos de conduta. Finalmente, os problemas podem surgir por falta de motivação e de interesse pela aprendizagem. Cada uma dessas situações é abordada nos capítulos que configuram esta segunda parte.

Talvez seja nesses capítulos que se revela, de forma mais clara, o modelo interativo que se apresenta neste livro para explicar os problemas de aprendizagem dos alunos. As dificuldades e os atrasos na aprendizagem não são decorrência da falta de habilidades intelectuais, comunicativas ou afetivas do aluno, mas são o resultado das interações entre suas características pessoais e os diferentes contextos nos quais o aluno se desenvolve, especialmente a família e a escola. Por essa razão, a escola tem uma responsabilidade importante nos problemas de aprendizagem que se manifestam nela. Não toda a responsabilidade, nem talvez, em alguns casos, a mais importante, já que a influência do contexto social e familiar ocupa um papel de destaque na maior parte dos problemas.

As pesquisas recentes reconhecem que as escolas são diferentes umas das outras e que influem nos resultados que os alunos obtêm. Uma vez que se controla seu nível acadêmico inicial e o contexto sociocultural, é possível estabelecer o "valor acrescentado" que cada escola proporciona na aprendizagem do aluno. Da mesma maneira, pode-se afirmar, embora com maiores dificuldades para sua quantificação, que há escolas que previnem melhor os problemas de aprendizagem e são mais capazes de evitar sua aparição ou de reduzir suas consequências nocivas. Outras, ao contrário, não se sentem comprometidas com a modificação na sua forma de ensinar com o objetivo de reduzir os índices de atraso, de desmotivação e de abandono escolar. A importância da ação da escola faz com que cada capítulo termine com uma reflexão sobre as mudanças que devem ser feitas para prevenir a aparição de tais dificuldades ou para limitar sua incidência.

3 Atrasos maturativos e dificuldades na aprendizagem

JUAN F. ROMERO

Muitas vezes, ouvem-se professores e pais dizerem que os alunos "não estão preparados", ou que apresentam um "atraso na maturação necessária" para iniciar esta ou aquela aprendizagem. Isso costuma ocorrer sobretudo com a aprendizagem da leitura e da escrita. O que se quer dizer com isso? Por um lado, parece que se está indicando que, para realizar com êxito a aprendizagem em questão, é necessário que tenham ocorrido no aluno determinados desenvolvimentos – neurológicos e psicológicos. Será que isso significa que tal aprendizagem depende única e exclusivamente desses desenvolvimentos, sem que a mediação educativa desempenhe nenhum papel? Por outro lado, quando se utiliza esse tipo de expressões, será que se está querendo dizer que essa aprendizagem só pode ocorrer em um momento determinado – um período crítico –, antes ou depois do qual é impossível realizá-la com êxito? Poderíamos fazer mais perguntas, mas, em última análise, a questão principal é o que se entende por maturação quando se afirma que alguém não está maduro para realizar com êxito uma aprendizagem, e se o atraso na maturação necessária é a causa da aparição de dificuldades na aprendizagem. O capítulo dedica-se a este tema: aos atrasos maturativos e à sua relação com as dificuldades na aprendizagem.[1]

OS ATRASOS MATURATIVOS

Antes de nos referirmos ao conceito de atrasos maturativos, talvez convenha esclarecer alguns aspectos sobre as dificuldades de aprendizagem (DAs). Em primeiro lugar, as DAs podem ser qualificadas como *generalizadas*, por afetar quase todas as aprendizagens (escolares e não escolares), e como *graves*, por serem afetados vários e importantes aspectos do desenvolvimento da pessoa (motores, linguísticos, cognitivos, etc.), geralmente como consequência de uma lesão ou de um dano cerebral manifesto, observável, cuja origem é adquirida (durante o desenvolvimento embrionário ou em acidente posterior ao nascimento), ou fruto de alguma alteração genética. Por último, também são qualificadas como *permanentes*, já que o prognóstico de solução das DAs é muito pouco favorável (ver a terceira parte deste volume).

Em outras ocasiões, as DAs são consideradas como *inespecíficas* porque não afetam o desenvolvimento, de modo a impedirem alguma aprendizagem em particular. Nem sequer se fala delas em termos de *leve* gravidade (muitas vezes nem como DA), e, embora algumas pessoas costumem dizer de si mesmas que "não servem" para esta ou aquela aprendizagem (por exemplo, para a matemática), ou inclusive para o estudo em geral, não há nenhuma razão intelectual (de QI, etc.) que as justifique; ao contrário, a causa pode ser instrucional e/ou ambiental com uma influência especial sobre variáveis pessoais, tais como a motivação. Ou seja, poderiam ser evitadas e solucionadas com relativa facilidade do ponto de vista da análise técnica psicopedagógica.

Finalmente, há um nível intermediário de DAs, que é o que será abordado no presente capítulo, que são as caracterizadas como *espe-

cíficas porque afetam de modo específico determinadas aprendizagens escolares (como, por exemplo, a da leitura, a da escrita ou a da matemática), e como *leves*, já que, além de não implicar deterioração intelectual, os aspectos psicológicos afetados são poucos (por exemplo, o desenvolvimento fonológico, ou a atenção sustentada, ou a memória de trabalho), e suas consequências podem ser solucionadas mediante intervenção psicopedagógica oportuna e eficaz. Às vezes, também costumam ser qualificadas como *evolutivas*, não apenas porque a perspectiva da qual são consideradas seja de natureza cognitivo-evolutiva, mas também porque se estima que sua origem se deva a atrasos no desenvolvimento.

Em geral, e de maneira muito resumida, a causa das DAs costuma ser atribuída a:

a) condições intrínsecas da pessoa que apresenta as DAs (por exemplo, a herança, a disfunção cerebral mínima, ou os atrasos maturativos);
b) circunstâncias ambientais nas quais se dá o desenvolvimento e/ou aprendizagem (como, por exemplo, ambientes familiares e educativos pobres, projetos instrucionais inadequados, etc.);
c) uma combinação das anteriores em que as condições pessoais são influenciadas – de forma positiva ou negativa, conforme os casos – pelas circunstâncias ambientais.

Desse modo, é possível situar as diferentes formas de conceber as DAs em um contínuo pessoa-ambiente, conforme se acentuem mais ou menos as variáveis pessoais ou as ambientais na origem da dificuldade (ver Quadro 3.1). Nas posições centrais dessa linha hipotética, estariam situadas as explicações que afirmam que a causa das DAs é o resultado da influência recíproca entre a pessoa e o ambien-

QUADRO 3.1 Explicações sobre a causa das DAs

PESSOA

TEORIAS NEUROLÓGICAS
- Herança
- Dano cerebral
- Disfunção cerebral mínima

TEORIAS SOBRE DÉFICITS DE PROCESSOS PSICO(NEURO)LÓGICOS SUBJACENTES
- Perceptivos
- Linguísticos

TEORIAS SOBRE ATRASOS MATURATIVOS
- Neurológicos:
  - Do hemisfério direito
  - Do hemisfério esquerdo
- Psicológicos:
  - Da atenção
  - No processamento ativo e espontâneo da informação

TEORIAS INTEGRADORAS
- Baseadas em processos psicológicos subjacentes
- Baseadas no processamento da informação

TEORIAS CENTRADAS NO AMBIENTE SOCIAL E EDUCATIVO
- No ambiente sociológico
- No ambiente educativo (familiar e/ou escolar)

TEORIAS CENTRADAS NA PROJEÇÃO DA TAREFA

AMBIENTE

te. Como se verá mais adiante, as teorias que explicam as DAs a partir dos atrasos maturativos destacam a importância de aspectos neurológicos e/ou psicológicos na aparição das dificuldades e atribuem às condições ambientais um papel tanto menos relevante quanto mais neurológica seja a causa original.

O conceito de atrasos maturativos

A definição de atrasos maturativos acarreta não poucas dificuldades porque são várias as expressões que se costumam usar na literatura, às vezes como sinônimos ou, o que é mais frequente, com diferentes graus de prejuízo, tanto no que se refere à conceituação do problema como no que se refere às pessoas afetadas. Assim, encontram-se termos como atraso no desenvolvimento, atraso mental recuperável, atrasos maturativos e, para complicar ainda mais as coisas, fala-se às vezes até em dificuldades evolutivas na aprendizagem (da leitura, da aritmética, etc.). A distinção entre uns e outros eventualmente é feita à parte do Quociente de Inteligência (QI); por exemplo, afirma-se que as pessoas com DAs obtêm nos testes de inteligência resultados similares ou um pouco mais baixos que os das pessoas sem DAs (em torno de 95 pontos em média contra cerca de 100), enquanto as pessoas com "atraso mental recuperável" não ultrapassariam uma média de 65 a 70 pontos.

Essa forma de diferenciação recebeu inúmeras críticas porque não diz nada acerca da verdadeira natureza do problema e porque às vezes é distorcida devido às próprias características dos testes (o modo como foram elaborados, seus índices de desvio, etc.) e, como resultado disso, traz consequências injustas para as pessoas afetadas. Outras vezes, a distinção entre os termos é feita com base nas aprendizagens escolares realizadas, em relação ao tempo empregado e à necessidade ou não de ações educativas especiais. Por exemplo, é frequente, nos ambientes psicopedagógicos, ouvir falar de *educável*, *déficit educativo*, etc. A esse respeito, assinala-se que, em igualdade de atenções educativas e instrucionais, as pessoas com "atraso mental recuperável" precisam de mais tempo para aprender que as pessoas com DAs. Às vezes, as distinções são feitas a partir do número e da variedade de aspectos psicológicos, e mesmo psicopatológicos, afetados. Finalmente, é possível diferenciar alguns desses termos da perspectiva psicológica e/ou pedagógica da qual são empregados normalmente; assim, por exemplo, a expressão "atrasos no desenvolvimento" costuma ser mais empregada em âmbitos da análise funcional do comportamento para referir-se fundamentalmente a pessoas com déficits de conduta, treináveis e, portanto, recuperáveis em maior ou menor medida (conforme a quantidade de repertórios de conduta afetados); já "atrasos maturativos" e "atraso mental recuperável" são usados mais comumente a partir de posições cognitivas e do processamento da informação, e referem-se sobretudo a alterações psicológicas e/ou neurológicas que dificultam a atividade mental normal. Como se pode ver, não parece possível a distinção e a definição dessas expressões universalmente válidas, mas sim que elas dependem do ponto de vista do qual se parta. A seguir, revisam-se as notas básicas incluídas no conceito de atrasos maturativos que se toma como ponto de partida para explicar as DAs.

O conceito de maturação

Na psicologia da educação, o conceito de maturação percorreu um longo caminho desde as posições já clássicas de Arnold Gesell até hoje. Em um primeiro momento, incluía conotações decididamente biológicas e deterministas, segundo as quais o desenvolvimento das pessoas seria regulado essencialmente por fatores internos (genéticos); mais tarde, foi entendido com um caráter predeterminista, isto é, admitindo no conceito a presença do ambiente junto com o biológico, ainda que de forma limitada, já que sua incidência não seria muito mais que a de um mero catalisador, ou seja, acelerando ou retardando o desenvolvimento, mas sem chegar a produzir mudanças qualitativas. Finalmente, passou a ter um significado muito aberto, às vezes inclusive ambíguo e confuso, no qual a maturação era equiparada à aquisição de "disposições" ou "disponibilidades" que dariam lugar ao desenvolvimento de certas capacidades, devido, sobretudo, a mudanças fisiológicas ou a processos internos, mas com a intervenção substancial de fatores externos à pessoa, como a experiência e a aprendizagem.

Em resumo, o conceito de maturação foi se transformando de uma caracterização, na qual a nota predominante, se não exclusiva, é o biológico (neurológico), a uma abordagem na qual se incluíam termos como "neuropsicológico" e, inclusive, "psicológico". Assim, pode-se ouvir falar, por exemplo, de "atrasos na maturação psicológica" necessária para a aprendizagem da leitura. Apesar dessa disparidade de opiniões, é possível encontrar em todas elas uma relativa coincidência básica: a presença mais ou menos importante da aprendizagem no desenvolvimento e a idade cronológica como um referente obrigatório.

Maturação e aprendizagem

Afirma-se que as mudanças atribuíveis à maturação independem da aprendizagem e da prática específica. Isso não significa dizer que todo o desenvolvimento das pessoas é de origem maturativa, mas apenas que, nas sequências evolutivas nas quais se considera que a maturação é o fator desencadeante, não há lugar para a aprendizagem específica. As influências genéticas e as experiências e aprendizagens incidentais ou específicas alternam-se como preponderantes no desenvolvimento das pessoas, conforme a sequência evolutiva ou a conduta de que se trate. Por exemplo, as influências genéticas seriam fundamentais na aparição e no desenvolvimento de condutas filogenéticas, ao passo que seriam menos importantes nas psicobiológicas e, finalmente, seriam secundárias em relação às condutas de caráter psicossocial. Para este último tipo de condutas é mais apropriado entender a maturação como uma disposição, já que se refere à interação da própria maturação biológica com aprendizagens específicas e incidentais.

De fato, conceber a maturação como disposição supõe que se adote uma posição muito mais flexível quanto à importância do ambiente no desenvolvimento, restringindo-se o âmbito do maturativo-biológico às condutas filogenéticas e aos momentos iniciais de aparição destas. *A maturação, assim entendida, é uma condição dinâmica que depende das características neurológicas, neuropsicológicas e psicológicas da pessoa e, em menor medida, mas de forma importante, também depende do ambiente (familiar, escolar) em que ocorre o desenvolvimento.* Em relação à escola, o conceito de *maturação/disposição* costuma ser entendido como o momento *em que tanto o aluno como a própria escola estão em condições de realizar o processo de ensino e aprendizagem com facilidade, eficácia e sem tensões emocionais.* Isso significa, por um lado, que o aluno alcançou certo nível de desenvolvimento e que dispõe do cabedal de conhecimentos, habilidades e interesses que, em conjunto, propiciam a aprendizagem; e, por outro, que a escola dispõe dos recursos humanos, materiais, metodológicos, etc. para realizar o ensino.

Importância da idade

A referência à idade cronológica no desenvolvimento é o segundo aspecto do conceito de maturação em que todas as posturas coincidem. As mudanças se produzem em uma ordem sequencial invariável, na qual idade biológica, idade cronológica e idade psicossocial se confundem, tanto mais quanto mais filogenética seja a conduta em questão e sobretudo nas primeiras etapas da vida. A idade é o indicador fundamental, e frequentemente o único, do grau de maturação ou de disponibilidade alcançado e o principal critério discriminante para determinar se é o momento em que uma aprendizagem deve ou não ser iniciada.[2] Por exemplo, frequentemente pais e profissionais afirmam que existe uma idade ótima para a aprendizagem da leitura e da escrita,[3] antes da qual as tentativas de ensino-aprendizagem não apenas levam ao fracasso na maioria das vezes, como também, o que seria pior, podem ter efeitos secundários prejudiciais para o aluno, como consequência da pressão excessiva que acarreta iniciar uma aprendizagem para quem ainda não está maduro. Se essa idade é rebaixada, além do fato de que levar a um bom termo a aprendizagem implica mais dificuldades, estarão se perdendo as valiosas consequências (inclusive psicológicas) e as oportunidades que o domínio da leitura e da escrita comporta. Os alunos com DAs se situariam à margem do grupo mais numeroso que pode iniciar suas aprendizagens na idade estabelecida, com os consequentes prejuízos possíveis que isso comportaria para eles nos âmbitos pessoal (inadaptação social, afetiva) e sociofamiliar (apoios suplementares, disponibilidade de recursos, etc.).

A importância da idade se reduz consideravelmente quando a maturação é entendida como disposição mais do que como desenvolvimento biológico, já que então, por serem relevantes as condições ambientais, ampliam-se os períodos em que devem ser realizadas as aprendizagens, às vezes até extremos em que a idade praticamente deixa de ser importante. Os efeitos da estimulação precoce ou simplesmente da atenção especializada às pessoas com DAs são possíveis, e em geral ótimos, justamente porque a idade deixa de ser uma exigência para ser um indicador a mais que se considera juntamente com outros indicadores do aprendiz e do ambiente.

Ordem e sequencialidade do desenvolvimento

Os defensores dos atrasos maturativos como explicação das DAs afirmam, do mesmo modo que muitos outros teóricos e pesquisadores em Psicologia Evolutiva e da Educação, que a evolução das pessoas com DAs e, em geral, a de todas as pessoas com necessidades educativas especiais procede na mesma ordem e igual sequencialidade evolutiva que o desenvolvimento das pessoas sem DA – apenas seu ritmo de evolução é considerado mais lento. Portanto, o aluno com DA caracteriza-se por uma maior lentidão no desenvolvimento neuropsicológico e psicológico de funções importantes para a aprendizagem escolar, o que dificulta, quando não impede, que realize as mesmas aprendizagens e no mesmo período escolar que os demais colegas. Às vezes, é como se tivessem permanecido estáticos em um estágio ou em uma etapa de desenvolvimento. Em circunstâncias normais de atenções familiares e escolares, contudo, principalmente quando lhes dedicam atenções especializadas, continuam evoluindo dentro de sua relativa lentidão para, enfim, alcançar um nível de competência aceitável nas tarefas acadêmicas.[4]

Estima-se que os alunos com DAs apresentam uma diferença de maturação de dois a quatro anos em média em relação aos colegas sem DAs. As diferenças variam conforme a gravidade do atraso neuropsicológico, o aspecto do desenvolvimento e/ou a conduta de que se trate e as idades das crianças, já que, à medida que crescem, as desigualdades tendem a reduzir-se progressivamente, chegando a ser ínfimas na adolescência. Com frequência, essas diferenças de idades de maturação entre umas crianças e outras servem como explicação para o fato habitual nas escolas de os alunos com DAs preferirem relacionar-se ou brincar com crianças sem DAs de séries inferiores à sua e com menos idade cronológica.

Também são importantes as diferenças na quantidade e na qualidade da estimulação recebida em casa desde o nascimento. Como se verá nos capítulos posteriores deste mesmo volume, dedicados aos problemas da linguagem, às dificuldades na aprendizagem da leitura ou aos problemas de conduta na sala de aula, a maior ou menor gravidade das DAs, e inclusive a aparição das DAs como tal, está estreitamente relacionada com o fato de que o desenvolvimento, as experiências e as aprendizagens incidentais transcorrem em ambientes familiares nos quais, para citar apenas alguns possíveis exemplos, a forma de falar seja rica do ponto de vista fonológico, estrutural e semântico; nos quais a *exposição à leitura* seja alta (casas onde há livros que são lidos, onde os pais leem para seus filhos, etc.); nos quais se fomentem jogos e tarefas que favoreçam o desenvolvimento da atenção sustentada; nos quais se facilite e incentive a tomada de iniciativas pessoais e a consequente produção e aplicação das estratégias adequadas para a solução de tarefas e de problemas.

Os atrasos apresentados pelas crianças e entendidos como déficit

Outra característica da explicação das DAs em termos de atrasos maturativos é a concepção de que quem "apresenta" o transtorno, pelo menos em primeira instância, é o aluno. Disso derivou uma forte tendência a centrar-se preferencialmente no aluno com base na ideia do *aluno como problema*. Essa posição é tanto mais firme quanto mais biológico seja o conceito de maturação que se sustente. Tal perspectiva tem, sem dúvida, consequências importantes nos âmbitos da avaliação e do tratamento e, consequentemente, nos graus de responsabilidade e de participação da família, da escola e inclusive da sociedade, em todo o processo, desde a instauração do problema até sua recuperação. Em outras palavras: se a família, a escola, os especialistas e, em suma, a sociedade acham que tanto a origem como o desenvolvimento das DAs em sua maior parte é alheia a eles, porque é o aluno que "não está maduro", então não seria tão necessário um aumento da disponibilidade de meios humanos e materiais. O que se deveria fazer na verdade seria esperar o aluno amadurecer, como resultado de um processo natural e espontâneo, já que o forçar poderia ter mais consequências negativas que as vantagens que comporta a aprendizagem em questão. De fato, parece estar provado que o aluno com DA "amadurecerá" (como se mostrou no item anterior, em condições adequadas – não especiais – de desenvolvimento e de estimulação escolar, as diferenças tendem a desaparecer). Inclusive, como se assinala no campo da pesquisa neuropsicológica e das DAs,[5] quando ocorrem atrasos maturativos intrauterinos no desenvolvimento das zonas do hemisfério esquerdo que se ocupam da linguagem e que afetam a aprendizagem da leitura e da escrita, produzem-se progressivamente mecanismos compensatórios na zona simétrica do hemisfério direito, que amplia, então, suas funções – e seu tamanho –, mandando muitas conexões a áreas de que se teria ocupado normalmente a zona afetada do hemisfério esquerdo.

Uma das funções da intervenção psicopedagógica é avaliar, a partir da análise das características da tarefa que se deve ensinar-aprender, se o equilíbrio entre as condições de desenvolvimento e o tipo de DAs do aluno, e as circunstâncias e os recursos contextuais – escolares e familiares –, aconselha ou não iniciar a aprendizagem. Os projetos curriculares são moderadamente flexíveis, embora talvez não o suficiente para permitir demoras importantes nas aprendizagens. Por isso, os alunos com DAs devem ser objeto de adaptações curriculares individualizadas.

TEORIAS QUE EXPLICAM AS DAs COMO RESULTADO DE ATRASOS MATURATIVOS

As teorias que explicam as DAs como resultado de atrasos na maturação têm uma certa tradição no campo de estudos das DAs. Ainda que seu interesse último tenha sido explicar as DAs de uma forma geral, partindo de uma única causa – um determinado atraso maturativo –, tentar abarcar todos os problemas considerados como DA e todas as pessoas que os apresentem, nem sempre foi assim. Como se verá mais adiante, algumas das teorias mais interessantes e atuais tratam apenas de um tipo específico de problema.

Historicamente,[6] o campo de estudos das DAs centrou-se em explicar: a) a "hiperatividade", isto é, as alterações de conduta que se caracterizam quando as pessoas apresentam altas taxas de atividades motoras e de déficit de atenção sustentada e b) os transtornos na integração, na especialização e na lateralização hemisférica que dão lugar a problemas perceptivo-visuais envolvidos nas dificuldades na aprendizagem da leitura e da escrita. Atualmente, a primeira linha diversificou-se, passando a ocupar-se do estudo dos atrasos maturativos no desenvolvimento da atenção sustentada, da memória de trabalho e de outros aspectos envolvidos no processamento da informação (como a produção de estratégias de aprendizagem); a segunda, por sua vez, ampliou-se, abarcando também as dificuldades na aprendizagem de matemática.

É possível esclarecer as teorias sobre atrasos maturativos em dois grupos: os atrasos na maturação neurológica e na neuropsicológica e os atrasos na maturação de funções psicológicas, embora a independência do segundo em relação ao primeiro nem sequer esteja muito clara.

Atrasos na maturação neuropsicológica

Em geral, as ideias centrais das diferentes explicações das DAs a partir de atrasos na maturação neurológica podem ser resumidas do seguinte modo:

1. A aprendizagem é uma conduta complexa, mediada pelo cérebro e pelo sistema nervoso central, de tal maneira que ignorar o papel fundamental desempenhado pela estrutura e o funcionamento cerebral na teoria da aprendizagem equivaleria a construir uma abstração desprovida dos elementos essenciais.
2. Nesse contexto, os atrasos maturativos de origem neurológica referem-se a alterações que afetam a estrutura central ou apenas o seu funcionamento, e, em ambos os casos, têm consequências sobre o desenvolvimento.
3. As DAs são causadas por deficiências em processos psicológicos básicos que, embora não tenham sérias consequências cognitivas, afetam as aprendizagens escolares.
4. As deficiências nos processos psicológicos são o resultado de (leves) atrasos maturativos neurológicos que afetam, estrutural e/ou funcionalmente, áreas cerebrais que estão especificamente envolvidas no desenvolvimento desses processos psicológicos.
5. A interação entre as características específicas dos alunos e do ambiente (sobretudo as que se referem à família e a determinados aspectos da escola) não apenas influi na importância e na duração das DAs, mas inclusive pode incidir sobre o próprio fato da aparição das DAs.

Atrasos maturativos que afetam a estrutura cerebral

As teorias que defendem o atraso estrutural-neurológico como causa das DAs são variadas, embora a maioria esteja em desuso por seus escassos apoios experimentais. Algumas delas, contudo, foram reformuladas de forma curiosa nos últimos anos. Por exemplo, os que tratam dos atrasos no SNC ou, mais especificamente, da constituição do hemisfério cerebral esquerdo.

Atrasos no sistema nervoso central

Os atrasos na maturação do SNC apresentados como causas das DAs têm uma origem incerta e difícil de ser demonstrada: algumas vezes, são atribuídos a alterações genéticas e outras, as mais frequentes, a alterações congênitas produzidas durante a gravidez ou o parto.[7] Podem afetar todo o SNC ou apenas alguns de seus componentes. Por exemplo, a imaturidade nas funções de integração e de coordenação inter-hemisférica do talo cerebral afirma-se como a causa dos atrasos no desenvolvimento dos sistemas vestibular e somatosensorial que afetariam o desenvolvimento postural, motor, sensorial, etc. da criança (ver Quadro 3.2), de tal maneira que o tratamento (conhecido como estimulação e integração sensorial) deveria ser dirigido a potencializar o desenvolvimento neurológico e a cooperação inter-hemisférica, mediante uma intensa estimulação auditiva e visual, por um lado, e de pernas e braços, por outro, para que, através do talo cerebral, as duas estimulações interajam. As consequências desse tipo de atrasos maturativos sobre o desenvolvimento e a aprendizagem são: déficit no desenvolvimento da atenção sustentada, alterações motoras e de coordenação visuomanual, dificuldade no desenvolvimento da lateralização e do esquema corporal, que em geral afeta todas as aprendizagens escolares, sobretudo nos primeiros anos de escolaridade.

Atrasos genético-constitucionais do hemisfério esquerdo

Em uma linha também estrutural como a anterior, situa-se a explicitação defendida por autores como Galaburda (1984, 1991, 1994) e Geschwind (1987, 1988),[8] como consequência das pesquisas realizadas com pessoas disléxicas por meio de autópsias e de estudos de neuroimagem e de neuropsicologia. Os resultados indicam que as DAs da leitura são acompanhadas de mudanças na anatomia e na fisiologia do cérebro, denominadas de anomalias neuroanatômicas, isto é, malformações do tecido neuronal[9] embrionário, localizadas fundamentalmente nas regiões próximas à incisão de Sílvio, e que afetam predominantemente o hemisfério cerebral esquerdo. Como consequência, o hemisfério esquerdo sofreria um atraso no desenvolvimento, não chegando a alcançar o tamanho que adquire em circunstâncias normais nas regiões corticais, especialmente nas do lóbulo temporal que intervêm diretamente em funções linguísticas. A origem dessas anormalidades, que ocorrem no período pré-natal ou pós-natal imediato, é incerta. Os autores especulam sobre uma dupla possibilidade. Em primeiro lugar, baseando-se em dados estatisticamente comprovados, como a frequência de surdos entre as pessoas com dislexia e, sobretudo, em que a dislexia é significativamente mais frequente em homens do que em mulheres, afirmam que as malformações poderiam ser decorrentes de uma alteração bioquímica provocada por uma alta taxa de hormônio sexual masculino chamado testosterona. Em segundo lugar, relacionam tal fato com pesquisas epidemiológicas que assinalam a presença de "famílias disléxicas" e, além disso, atribuem uma origem genética à dislexia.

As anormalidades morfológicas e funcionais do hemisfério esquerdo facilitariam, na base de um mecanismo de compensação, a hipertrofia estrutural e funcional da região correspondente no hemisfério direito. Do ponto de vista neuropsicológico, ocorreria:

a) o excessivo desenvolvimento de funções espaciais próprias da zona afetada do hemisfério direito;
b) o desenvolvimento deficiente de funções de linguagem (como, por exemplo, a discriminação de fonemas) das quais se ocupa o hemisfério esquerdo;
c) a interferência das atividades espaciais no já limitado funcionamento das atividades linguísticas.

Isso dificulta antes de tudo o desenvolvimento fonológico normal e a aprendizagem e a automatização das regras de conversão grafema-fonema,[10] além do desenvolvimento de habilidades para discriminar visualmente os signos gráficos (forma, orientação, etc.). O que, transferido para o âmbito das aprendizagens escolares, implica que as pessoas com tais alterações têm dificuldades para a aprendizagem da leitura, da escrita e do cálculo matemático.

Teoria dos dois fatores

Partindo das conclusões comentadas no item anterior, Kershner e Micallef (1991) propõem uma nova teoria neuropsicológica sobre a origem das dificuldades na aprendizagem da leitura, que chamam de *teoria dos dois fatores*. Galaburda e Geschwind sustentam que o cérebro das pessoas disléxicas apresenta um claro desvio em relação ao modelo cerebral normal de assimetria do *planum temporale*[11] (o esquerdo é maior que o direito), de tal modo que não apresenta tal assimetria. Essa falta de assimetria (isto é, de desenvolvimento normal) seria a principal causa de alterações que dariam lugar às DAs da leitura e da escrita. Há três fatos, porém, que limitam o alcance dessas conclusões. Primeiro, que aproximadamente 30% das pessoas com cérebro normal apresentam a mesma falta de assimetria, e, portanto, esse atraso no desenvolvimento pode ser condição necessária, mas não suficiente, para explicar a dislexia. Segundo, que as pesquisas realizadas com imagens obtidas por ressonâncias magnéticas apresentam idêntica falta de assimetria em todas as crianças com déficits fonológicos puros. Terceiro, que há uma crescente unanimidade no campo da psicologia da leitura e de seus problemas de aprendizagem em afirmar que a principal disfunção psicológica que afeta as pessoas com DAs da leitura não é perceptivo-visual, mas fonológica[12] (decodificação e automatização fonológica, memória fonológica, articulação fonêmica, consciência fonológica).

De acordo com isso, Kershner e Micallef afirmam que as DAs da leitura são resultado de dois fatores que atuam conjuntamente: 1) as elevadas demandas de atenção espacial do hemisfério direito (falta de assimetria plana) que, 2) interfeririam (através do corpo caloso) no desenvolvimento dos processos fonológicos localizados no hemisfério esquerdo. As consequências na aprendizagem da leitura seriam as dificuldades para a decodificação fonológica, isto é, para aprender a automatizar as regras de conversão dos grafemas e dos fonemas, e por isso seria prejudicada, se não impossibilitada, a utilização da rota fonológica para poder ler palavras desconhecidas ou pouco familiares, palavras irregulares, vocábulos. Dessa forma, as pessoas teriam de ler tais palavras pela via visual, com os consequentes erros que isso comportaria.

Atrasos evolutivo-funcionais do hemisfério cerebral esquerdo

Uma das teorias mais conhecidas e interessantes é aquela proposta por Satz e Van Nostrand (1973),[13] para quem os atrasos na maturação do hemisfério cerebral esquerdo seriam os causadores das DAs. Esses atrasos de tipo evolutivo provocariam demoras na aquisição de habilidades de coordenação visuomotora e de discriminação perceptiva e linguística. Tais autores relacionaram as mudanças que as crianças experimentam no desenvolvimento de suas capacidades perceptivas e linguísticas com a idade, afirmando que existe uma sequência evolutiva entre as aquisições perceptivas e as aquisições linguísticas, e que sua interação se apresenta em diferentes momentos dessa sequência.

Referindo-se especificamente à aprendizagem da leitura e à da escrita, os alunos desenvolveriam, primeiro, habilidades perceptivo-visuais de discriminação figura-fundo, relações espaciais, constância da forma, etc. Posteriormente, ocorreria a automatização de tais habilidades, ao mesmo tempo em que se desenvolveriam outras de tipo linguístico, que facilitariam a integração das anteriores e as complementariam (por exemplo, discriminação fonemática, habilidades de segmentação, complementação gramatical, etc.). O desenvolvimento dessas habilidades cruciais para o domínio eficiente da lecto-escrita estaria estreitamente ligado ao desenvolvimento maturativo do hemisfério cerebral esquerdo, de tal modo que os atrasos na maturação deste teriam como consequência dificuldades na aprendizagem da leitura e da escrita. Para identificar e prevenir as possíveis dificuldades em idades precoces, propõem duas fases nas quais se relacionam a idade e o tipo de deficiência:

1ª Fase. Crianças em idade pré-escolar. As DAs estão relacionadas com deficiências maturativas nas habilidades e nos processos que se desenvolvem mais precocemente do ponto de vista ontogenético (sensório-motricidade, coordenação visuomotora, discriminação perceptivo-visual, etc.) e que afetariam o processamento subléxico, isto é, a análise visual de traços distintivos e de reconhecimento.

2ª Fase. Crianças em idade escolar. As DAs associam-se a deficiências nos processos que evoluem mais lentamente, como a linguagem e a conceituação, e, com isso, as habilidades afetadas seriam as da compreensão de leitura (processamentos sintático e semântico).

Atrasos maturativos do hemisfério direito

Os estudos comparativos, realizados em adultos que sofrem de uma lesão adquirida do hemisfério cerebral direito e em crianças com lesões no mesmo hemisfério adquiridas no momento do parto ou imediatamente após o nascimento, destacam que os dois grupos apresentam alterações neuropsicológicas e psicológicas semelhantes às de alunos com *dificuldades na aprendizagem não verbal*: problemas na organização perceptivo-visual e na realização de tarefas complexas de percepção tátil, falhas na coordenação psicomotora e visuomanual, dificuldades na solução de problemas não verbais. Em todos os casos, as alterações correspondem no âmbito escolar às DAs da matemática. Esses e outros resultados obtidos na mesma linha de pesquisa levaram diferentes pesquisadores, entre eles, e de modo particular, Rourque (1989-1997) (ver Quadro 3.2), a relacionar as DAs de matemática com atrasos maturativos no desenvolvimento do hemisfério direito.[14]

Visto que nenhum hemisfério é o único responsável por uma aprendizagem específica, mas que cada hemisfério completa as funções do outro, uma parte das características que definem as DAs de matemática (que não se enquadram no marco de alterações atribuídas aos atrasos no hemisfério direito) são explicadas por atrasos no desenvolvimento do hemisfério esquerdo. Assim, Rourque descreve dois modelos diferentes de "comportamento" cerebral que correspondem a dois subtipos de dificuldades na aprendizagem de matemática:

QUADRO 3.2 Teorias sobre atrasos maturativos no desenvolvimento neurológico, efeitos sobre o desenvolvimento psicológico e consequências das DAs

Autores	Atraso neurológico	Efeitos sobre o desenvolvimento e dificuldade na aprendizagem
Bernaldo de Quirós (1976), Kinsburne (1973).	No desenvolvimento dos sistemas vestibular e somático-sensorial por imaturidade do talo cerebral e de outros componentes do SNC.	Afeta o controle motor, a atenção concentrada, a coordenação dinâmica, etc. (hiperatividade, impulsividade, etc.).
Bodian e Wolf (1977) Birch e Belmont (1965).	Na cooperação inter-hemisférica. Na integração intersensorial.	Dificuldades em todas as aprendizagens e na adaptação à escola.
Satz e Van Nostrand (1973, 1980). Satz, Morris e Fletcher (1985).	Atrasos evolutivo-funcionais do hemisfério esquerdo.	Na 1ª fase, afetam a percepção e, na 2ª, os processos simbólicos. Dificuldades na aprendizagem da leitura e da escrita.
Geschwind e Galaburda (1985). Galaburda *et al.* (1990). Steinmetz e Galaburda (1991). Galaburda (1994).	No desenvolvimento do hemisfério esquerdo (por anomalias neuroanatômicas decorrentes de causas genético-constitutivas).	Afetam a percepção visual e o desenvolvimento da linguagem (desenvolvimento fonológico). Dificuldades na aprendizagem da leitura e da escrita.
Myklebust (1975). Rourke (1989, 1993). Gross-Tsur, Shalev, Manor e Amir (1995).	No desenvolvimento do hemisfério direito.	Dificuldades na aprendizagem não verbal que afetam a aprendizagem da leitura, da escrita e da aritmética.
Kershner e Micallef (1991).	No desenvolvimento dos dois hemisférios, com interferência das funções do direito sobre esquerdo.	Dificuldades no processamento fonológico que afetam a aprendizagem da leitura e da escrita.

– *Tipo A*. Caracteriza-se por dificuldades na aprendizagem não verbal. Os atrasos maturativos do hemisfério direito teriam afetado as experiências sensório-motoras precoces que servem de base para o desenvolvimento cognitivo. Afetariam de forma negativa especificamente o desenvolvimento de funções psicológicas, como percepção visual, percepção tátil, habilidades psicomotoras, memória visual e tátil, memória verbal, formação de conceitos, solução de problemas e processamento semântico, entre outras. No entanto, apresentariam um desenvolvimento normal em percepção auditiva, habilidades motoras simples e atenção a estímulos acústicos e verbais, entre outras. No que se refere à aprendizagem da matemática, os alunos pertencentes a esse tipo têm problemas nas tarefas com alto conteúdo em aspectos visuoespaciais e de raciocínio não verbal.

– *Tipo R-S*. Caracteriza-se por dificuldades na aprendizagem verbal, atribuídas a atrasos no hemisfério esquerdo, que afetariam fundamentalmente a percepção auditiva, a atenção a estímulos verbais e acústicos, a memória auditiva e verbal, a recepção, a associação e a integração verbal, e, de maneira geral, o desenvolvimento fonológico, contudo seu desenvolvimento seria normal em todos os aspectos nos quais as pessoas do tipo A são deficitárias. Finalmente, os alunos integrantes deste segundo tipo teriam problemas com tarefas de matemática com elevado conteúdo verbal, em tarefas de leitura e de escrita de números, nas tarefas cuja solução se apoia na memória semântica e, de modo específico, teriam problemas na aprendizagem de cálculo.

Atrasos maturativos psicológicos

A partir dessa perspectiva, as DAs seriam o resultado de atrasos maturativos no desenvolvimento de funções cognitivas, ou de algum de seus componentes, que são básicos para realizar com êxito as aprendizagens escolares. Também aqui, como ocorria com as teorias sobre atrasos maturativos neuropsicológicos, é possível assinalar diferenças que permitem situar as distintas teorias conforme seu conceito de maturação seja mais ou menos estreito, isto é, conforme o espaço que dedicam às condições do ambiente. É possível, contudo, destacar algumas características comuns a todas as explicações:

1. Certas capacidades e algumas funções psicológicas se desenvolvem em um determinado ritmo, e a curva de crescimento não se modifica facilmente mediante a experiência e a aprendizagem específica.

2. As progressões no desenvolvimento são relativamente espontâneas e invariáveis em todas as áreas, salvo em circunstâncias excepcionais, e com uniformidades básicas, seja qual for o ambiente em que ocorre o crescimento. O entorno apoia, modula e modifica as progressões, mas não as determina nem as gera.

3. Em algumas crianças, o desenvolvimento é mais lento que em outras por razões diversas. Nas posições maturativistas mais rígidas, as causas são genéticas. Também se aceita, embora de forma limitada, que circunstâncias prejudiciais durante a gestação, ou sofrimentos intensos padecidos imediatamente após o nascimento, possam alterar o curso natural do desenvolvimento. Em posições mais flexíveis, que utilizam preferencialmente o conceito de "disposição", afirma-se que a exposição das pessoas a situações críticas e relativamente estáveis durante os primeiros anos de vida afetam o desenvolvimento, detendo-o ou alterando-o qualitativamente.

4. A natureza das DAs é cognitiva e evolutiva. Os atrasos no desenvolvimento são cognitivos e estão presentes mesmo antes que as pessoas enfrentem processos sistemáticos de ensino e aprendizagem escolares. As DAs manifestam-se quando se exige que os alunos realizem aprendizagens para as quais, por seu desenvolvimento, ainda não estão capacitados. Embora seja possível iniciar certas habilidades e aprendizagens acadêmicas – como a lectoescrita – antes do previsto, do ponto de vista maturativo, os alunos necessitam de mais tempo para isso do que precisariam se fosse aguardado o momento adequado e, consequentemente, perderiam um tempo que poderia ser

dedicado a tarefas evolutivamente mais interessantes ou academicamente mais úteis.

5. Nos testes de Q.I., as pessoas com DAs não obtêm pontuações significativamente mais baixas que as pessoas sem DAs. Quando recebem as atenções psicopedagógicas adequadas, as DAs desaparecem, ou seus efeitos ficam de tal modo limitados que suas aprendizagens alcançam níveis semelhantes aos das pessoas sem DAs.

Atrasos no desenvolvimento de processos básicos: perceptivo-motores, espaciais e psicolinguísticos

a) Os atrasos no desenvolvimento da maturação perceptiva – visual – e motora, como também das noções espaciais referentes ao próprio corpo e ao entorno, afetariam de modo específico e fundamental a aprendizagem da leitura e da escrita, embora incidam também sobre as demais aprendizagens escolares (por exemplo, a da matemática) e, em geral, sobre a adaptação à escola. Um exemplo disso é constituído pelas chamadas *inversões*, erros frequentes na aprendizagem da leitura que as crianças cometem (confundir letras, como "b" por "d", "p" por "q", etc., ou posições nas sílabas, como "se" por "es", "ni" por "in", "los" por "sol", etc.). Tais erros indicam uma forte tendência a perceber como idênticas figuras que representam uma simetria direita-esquerda. As inversões[15] são consideradas como um estágio normal do desenvolvimento da percepção, que vão desaparecendo de forma progressiva, de modo que aos 6 ou 7 anos de idade já não devem ocorrer. Os atrasos no desenvolvimento perceptivo[16] e psicomotor[17] afetam funções como:

- percepção e discriminação figura-fundo;
- percepção da forma;
- posições no espaço e relações espaciais;
- progressão esquerda-direita;
- coordenação dinâmica geral;
- motricidades grossa e fina, motricidade bucofacial e ocular (movimentos oculares);
- coordenação visuomanual.

b) Os atrasos no desenvolvimento de processos psicolinguísticos básicos de recepção, organização e expressão[18] afetam a discriminação visual e a auditiva, a integração visual e auditiva, a expressão verbal, o uso inadequado da estrutura fônica e da segmentação das palavras e incidem sobre todas as aprendizagens escolares, preferencialmente sobre a da leitura e a da escrita. Por exemplo, os atrasos na execução linguística eficiente (transtornos de tipo fonológico causados por atrasos na fala e pelos erros na pronúncia), que algumas crianças apresentam no segundo ciclo da educação infantil e nos primeiros anos do ensino fundamental, são apresentados como causas de seus problemas para a aprendizagem da leitura. Como assinala P. Tallal, se fossem administradas regularmente provas de linguagem às crianças com dificuldades para a aprendizagem da leitura, seriam descobertos *atrasos expressivos ou receptivos da linguagem muito sutis, ou talvez não tão sutis.*[19] O desenvolvimento mais lento da linguagem também dificulta a aquisição e o uso de estratégias de aprendizagem como base verbal (como estratégias de organização ou de repetição, por exemplo), devido ao fato de que os componentes das habilidades devem ser exercitados antes de serem integrados em padrões de condutas complexas.

Atrasos no desenvolvimento da atenção

A atenção, entendida como a capacidade de concentrar-se na realização de uma tarefa, furtando-se de outros estímulos presentes que agem como dispersivos, é um requisito imprescindível para a aprendizagem (assim, por exemplo, as crianças devem ser capazes de realizar suas tarefas escolares enquanto um colega fala, outro aponta o lápis, o professor corrige no quadro, etc.). A capacidade de atenção – e as estratégias cognitivas e metacognitivas que ajudam a controlá-la – desenvolve-se gradualmente até os 12 ou 13 anos de idade, quando se produz um importante incremento. O ritmo de desenvolvimento, contudo, parece diferenciar-se de umas crianças para outras. As crianças com DAs especificamente mostram-se capazes de manter uma atenção sustentada similar à de crianças com idade inferior (entre 2 e 4 anos a menos) e menor que a de seus colegas da mesma idade e sem problemas de aprendizagem. Um exemplo interessante é o da teoria já clássica de Ross (1976), segundo a qual as crianças com DAs mostram atraso no desenvolvimento da atenção, o que lhes dificulta os processos de registro sensorial, memória de trabalho, memória de longo prazo e organização do conhecimento. Embora tais crianças possam amadurecer posteriormente, continuarão tendo problemas escolares porque não terão aprendido ou consolidado aquisições anteriores mais simples, das quais depende a passagem de uma etapa de aprendizagem de nível inferior para outra de nível superior. Além disso, segundo Ross, características frequentes nas crianças com DAs, tais como a hiperatividade e a impulsividade, decorrem dessas deficiências no desenvolvimento da atenção.

Atrasos no desenvolvimento funcional da memória e na produção espontânea e eficaz de estratégias de aprendizagem

Nos últimos anos, surgiram no panorama das DAs sugestivas teorias que se referem mais a atrasos maturativos e não tanto a "atrasos evolutivos". O conceito de maturação tem o caráter de disposição e, portanto, confere-se ao puramente maturativo uma margem estreita, na qual as capacidades estruturais são consideradas conjuntamente com os fatores ambientais, que são os que verdadeiramente ditam o curso do desenvolvimento das pessoas.

São muito diversos os aspectos do desenvolvimento psicológico das pessoas com DAs que se considera que não evoluem ao mesmo tempo em que nas pessoas sem DAs (a memória, sistema atributivo e o *locus* de controle da própria conduta, etc.). A ênfase, contudo, centrou-se de modo prioritário nas estratégias cognitivas e metacognitivas de aprendizagem, que facilitam a análise de características distintivas, e no uso da atenção sustentada, da memória de trabalho e da memória de longo prazo. Partem de pesquisas realizadas por Hagen e seus colaboradores,[20] segundo as quais o desenvolvimento da memória imediata, a produ-

ção e o uso das estratégias de aprendizagem, assim como outros aspectos do desenvolvimento cognitivo e metacognitivo (a solução de problemas, por exemplo), parecem seguir um processo evolutivo que inclui quatro etapas:

1. Lactantes e crianças muito pequenas incapazes de generalizar, usando conceitos baseados em formas muito periféricas de representação (imaginárias ou icônicas), em que o treino em estratégias de aprendizagem é ineficaz.
2. Crianças de pouca idade que se encontram na chamada etapa de *deficiências de mediação* no que se refere ao uso de sistemas simbólicos como a linguagem. As crianças não generalizam o que aprenderam e, embora empreguem estratégias, estas são conjunturais e seu rendimento na aprendizagem não melhora.
3. Crianças entre 3 e 6 anos de idade aproximadamente. É a etapa chamada de *deficiências de produção*, porque as crianças não são capazes de elaborar de modo espontâneo e eficaz as estratégias adequadas para a recordação e a aprendizagem. A razão é sua falta de conhecimentos acerca de quando, onde e como se devem aplicar as estratégias (metacognições).
4. Crianças maiores, de 6 ou 7 anos, que reconhecem progressivamente a conveniência de um "esforço estratégico" e realizam uma seleção espontânea de estratégias e o controle da atividade cognitiva.

Os alunos com DAs, mesmo tendo uma inteligência normal, são evolutivamente imaturos porque, do mesmo modo que as crianças com menos idade, têm dificuldades para produzir e utilizar estratégias de aprendizagem (seleção, organização, elaboração, retenção e transformação da informação relevante). Como consequência disso, não adquirem ou não integram adequadamente a nova informação e, em geral, rendem menos do ponto de vista acadêmico que a média dos alunos. Devido ao seu desenvolvimento mais lento, estariam na terceira fase mencionada,[21] mas, quando instruídos adequadamente, avançam e atingem o nível de *experts* da quarta etapa.

Os atrasos na elaboração e no uso oportuno de estratégias de aprendizagem afetam todas as aprendizagens escolares, particularmente as que são realizadas nos primeiros anos de escolaridade. Muito recentemente, também se passou a considerar as crianças com DAs como evolutivamente imaturas em sua competência social (Pearl, Donahue e Bryant, 1986.; Ceci, 1986; entre outros). Tais estudos constataram que as pessoas com DAs apresentam atrasos em alguns aspectos de seu comportamento socioemocional; por exemplo, na utilização de estratégias conversacionais e habilidades de comunicação na sala de aula; na percepção e na compreensão de situações sociais; em conhecimentos sociais; na forma como explicam seus êxitos e seus fracassos escolares (os êxitos se devem a causas externas, estáveis e não controláveis, como o acaso, enquanto os fracassos se devem a causas internas, estáveis e não controláveis, como sua torpeza). É curioso comprovar que as famílias e também os professores, quando falam de seus filhos e alunos com DAs, apresentam esse mesmo *sistema atributivo* e *locus de controle*.

Críticas às teorias de atrasos maturativos

As críticas às teorias de atrasos maturativos e DAs são variadas. Há as que se atêm às bases teóricas nas quais se sustentam e as que questionam os projetos e os métodos de pesquisa utilizados e, portanto, as possibilidades de verificar e generalizar os dados obtidos. Algumas dessas críticas, contudo, são similares

QUADRO 3.3 Atrasos psicológicos e dificuldades na aprendizagem

Autores	Atraso psicológico	Dificuldade na aprendizagem
Badwin e Badwin (1976).	Na atenção. Na coordenação motora.	Afeta todas as aprendizagens dos primeiros anos de escolaridade.
Ross (1976).	No desenvolvimento da atenção.	Dificuldades na adaptação (em particular à escola).
Mialaret (1972), Edfeldt (1980), Kephart (1960).	No desenvolvimento perceptivo-visual.	Dificuldades na aprendizagem da leitura e da escrita.
	Na aquisição do esquema corporal e da lateralização.	Afeta as aprendizagens da pré-escola e das séries iniciais.
	No desenvolvimento da coordenação dinâmica geral e visuomotora.	
Inizan (1979), Mialaret (1972).	No desenvolvimento de processos psicolinguísticos básicos.	Dificuldades na aprendizagem da leitura e da escrita.
	No desenvolvimento fonológico (atrasos na articulação).	
Hagen e colaboradores (1972, 1977 e 1984).	Na produção ativa e espontânea de estratégias de aprendizagem e de solução de problemas.	Afeta todas as aprendizagens (particularmente as escolares).
Browns (1980), Hulme e Mackenzie (1994).	No desenvolvimento da memória de trabalho e da metamemória.	Dificuldades na aprendizagem da leitura, da escrita e da matemática.

às que são feitas em outros âmbitos da pesquisa em psicologia.

Em primeiro lugar, podem-se destacar as dificuldades teóricas, metodológicas e instrumentais para relacionar os atrasos neuropsicológicos, e mesmo psicológicos, com as dificuldades para a aprendizagem de tarefas escolares complexas, como a leitura, a escrita ou a matemática. Por exemplo, na escolha da amostra de pessoas com DAs; no controle de variáveis intervenientes que possam distorcer os resultados; ou nos instrumentos de observação e coleta de dados. Também há uma ausência notável de dados longitudinais que proporcionem uma informação mais detalhada sobre as mudanças evolutivas experimentadas por crianças com DAs.

Em segundo lugar, questiona-se a afirmação de que o desenvolvimento de processos psicológicos complexos (como, por exemplo, os linguísticos) possa depender fundamentalmente da maturação. Processos que, em seu desenvolvimento, são mediados por variáveis de natureza diversa, incluídas as ambientais.

Em terceiro lugar, também é objeto de críticas a importância concedida aos processos perceptivo-visuais e motores na aprendizagem da leitura e da escrita, sem levar em conta o acesso dual, visual e auditivo, da informação, nem as mediações verbais, nem o caráter interativo dos processos de reconhecimento e de compreensão envolvidos em tais aprendizagens, nem, enfim, a mediação de esquemas prévios de conhecimento, atenção e memória nessa interação.

Por último, destacou-se a tendência das teorias da maturação de esquecer a influência dos estímulos ambientais. Como assinala Wong (1979b), referindo-se à ênfase maturativa no desenvolvimento da atenção seletiva na teoria de Ross, esta parece ignorar as interações existentes entre a capacidade da criança para mostrar uma atenção sustentada e as variáveis externas. De fato, é verdade que as crianças com DAs têm problemas para distinguir, em uma situação como a escolar, entre um leque de estímulos, quais os relevantes e quais os irrelevantes. Mas também é verdade que determinadas variáveis situacionais, como a dificuldade e a estrutura da tarefa ou as recompensas imediatas à conduta de atenção, podem alterar significativamente o nível de atenção mantido pelas crianças. Parece óbvio afirmar que as condições em que se realiza a tarefa na sala de aula influirão inevitavelmente na eficácia com que esta se realiza: o excesso de alunos por turma, os ruídos, a excessiva quantidade de mapas ou de desenhos, os enfeites nas paredes das salas, a distribuição do espaço e a colocação das mesas, etc. Tudo isso, associado às dificuldades inerentes à própria tarefa, são estímulos dispersantes que afetam os integrantes da turma e, em maior medida, aqueles que necessitam de atenções educativas especiais.

IMPLICAÇÕES PARA A INTERVENÇÃO PSICOPEDAGÓGICA

Os estudos sobre o número de pessoas que apresentam DAs e suas características nem sempre são muito confiáveis, visto que às vezes os pesquisadores partem de concepções de DAs que não são totalmente coincidentes, ou simplesmente utilizam diferentes instrumentos de diagnósticos; contudo, parece que existe um certo acordo quanto à porcentagem de pessoas com DAs, entre 2 e 4% da população escolar[22] (dos quais estima-se que 80% são do sexo masculino). Trata-se, portanto, de um número de pessoas suficientemente grande para que seja aconselhável tomar medidas estruturais de prevenção e de diagnóstico precoces, ou, na falta disso, de intervenção psicopedagógica específica que remedeie as DAs. Como se assinalou anteriormente, o fato de que o aluno apresente DAs como consequência de atrasos maturativos implica às vezes uma relativa atitude de espera. A experiência escolar, contudo, contradiz tal atitude. Quando se intervém adequadamente – em tempo e em meios –, as crianças com DAs avançam em suas aprendizagens. Como afirma Geschwind (1988, p. 190): "as alterações neuropsicológicas não devem supor niilismo terapêutico". Se as medidas tomadas no campo do ensino não são úteis, devem ser mudadas e adaptadas às condições do aluno.

O primeiro âmbito de intervenção psicopedagógica consiste em *detectar* no desenvolvimento das pessoas – e no ambiente no qual ele transcorre – elementos que permitam antever um futuro de possíveis DAs. Para isso, o diagnóstico neuropsicológico e psicológico precoce pode revelar modelos de atraso maturativo e de deficiências funcionais que sejam considerados como possíveis indícios de baixos rendimentos na aprendizagem da leitura, da escrita e da matemática. Mas, como afirma Galaburda (1988, p. 71): "nem sempre que o cérebro funciona mal é por culpa de uma falha cerebral; pode ser resultado de um *ambiente nocivo*". Nesse sentido, as pesquisas realizadas por diferentes autores[23] mostram que determinadas condições familiares podem ser estudadas como potenciais contribuintes para a aparição de DAs. Até o extremo de que, quando as DAs são consideradas como um problema de base neuropsicológica, os resultados indicam que as variáveis familiares são melhores indícios que as condições de desenvolvimento individual (com exceção do sexo).

A partir da detecção de fatores de risco de futuras DAs, o segundo âmbito da intervenção psicopedagógica é o da prevenção no primeiro e no segundo ciclos da educação infantil, mediante programas de estimulação precoce que favoreçam o desenvolvimento da lin-

QUADRO 3.4 Indícios de DAs a partir de atrasos maturativos neuropsicológicos e áreas de intervenção psicopedagógica

Fatores de risco
- Prematuridade e baixo peso.
- Complicações pré-natais, perinatais (hipóxia) e pós-natais imediatas (índices de alteração/dano neuropsicológico).
- Sexo.
- Atrasos no desenvolvimento da linguagem.
- *Labilidade* da atenção.
- Baixo nível educacional e cultural das famílias.

Programas de estimulação precoce (0 a 6 anos)
- Desenvolvimento da linguagem (desenvolvimento fonológico).
  - Desenvolvimento da atenção sustentada.
  - Desenvolvimento da memória de trabalho.
  - A família (modelos de criação, etc.).

Áreas de intervenção psicopedagógica
- Avaliação:
  - Do aluno (DAs, desenvolvimento, conhecimentos, estratégias, motivação, afetividade e currículo).
  - Do professor (competência profissional, atitudes, expectativas).
  - Da família (nível educacional, atitudes, expectativas, recursos).
  - Do contexto (condições da sala de aula, da escola, do bairro, referentes linguísticos e culturais).
- Adaptações curriculares individuais significativas, adaptação de:
  - Objetivos (prioridades, novos objetivos).
  - Conteúdos específicos (seleção e sequenciamento).
  - Método (procedimentos, técnicas, atividades, recursos, sistematização).
  - Distribuição temporal.
  - Avaliação (objetivos, critérios, procedimentos e instrumentos).
- Programas específicos de intervenção dirigidos a:
  - Desenvolver processos e habilidades psicológicas básicas (fonológicos; atenção sustentada, memória, percepção e discriminação visual).
  - Programas de *instrução direta* (conduta, erros específicos na leitura, na escrita e na matemática).
  - Desenvolver o conhecimento e uso de estratégias de aprendizagem (em geral e aplicadas aos conteúdos escolares).
  - Melhorar motivação de êxito, autoconceito, percepção de autoeficácia, sistema atributivo, expectativas.

guagem (especialmente o desenvolvimento fonológico), da atenção sustentada e da memória de trabalho. Os programas de desenvolvimento da linguagem devem ser dirigidos preferencialmente para favorecer o desenvolvimento dos aspectos verbais da linguagem: discriminação dos estímulos da fala; recepção e repetição verbal; associações verbais; armazenamento verbal; etc. São particularmente interessantes os treinamentos precoces e extensivos da atenção e da memória de trabalho em relação ao desenvolvimento da fala: a utilização, por parte dos agentes educativos, de frases curtas e simples que omitam a informação supérflua; o treinamento em autoinstruções[24] que favorece a autorregulação; a repetição por parte dos alunos de instruções, primeiro ouvidas, depois repetidas em voz alta pelo aluno e, finalmente, repetidas de novo em articulação subvocal. Essa estratégia deve ser favorecida constantemente, já que a *evocação* renova as marcas na memória de trabalho e favorece o armazenamento na memória de longo prazo. Como assinalam Hulme e Mackensie (1994), parece existir um vínculo quantitativo e estreito entre as mudanças na velocidade da fala e as mudanças na capacidade de memória de curto prazo. As falhas na memória de trabalho afetam a aquisição de destrezas numéricas, já que a aprendizagem destas em idades precoces se baseia no armazenamento e na manipulação de informação verbal na memória de trabalho, como a contagem de um conjunto de números.

Finalmente, a intervenção psicopedagógica deve ocupar-se dos processos de ensino e aprendizagem nos quais se apresentam as DAs. A avaliação[25] dirige-se a todos os elementos direta e indiretamente envolvidos:

1. A avaliação do desenvolvimento do aluno, especialmente nas dimensões cognitiva, metacognitiva e linguística, das características específicas da dificuldade de aprendizagem que apresenta e das possíveis consequências sobre outros aspectos de sua personalidade, como a autoestima e a ansiedade.
2. O conhecimento da competência profissional do professor, assim como de suas atitudes e expectativas acerca das DAs e do futuro do aluno.
3. O estudo da família: formação (nível educativo, conhecimentos sobre o problema, etc.); *status* econômico; atitudes e expectativas sobre as DAs, sobre a aprendizagem e sobre o futuro da criança (por exemplo, atividades educativas acerca do estudo, disponibilidades pessoais, etc.).
4. A análise do contexto: condições ambientais imediatas em que ocorre o processo de ensino-aprendizagem (número de alunos, circunstâncias específicas em que se apresenta a tarefa, etc.); e condições mediatas (referentes linguísticos, culturais, etc. do grupo social e cultural de origem do aluno).

Os resultados da avaliação psicopedagógica devem ser configurados em adaptações curriculares individuais (ACIs),[26] nas quais, a partir do projeto curricular da escola, sejam, modificados, de modo a se ajustarem às necessidades educativas especiais do aluno, os métodos de ensino, a seleção, distribuição temporal e sequenciamento dos conteúdos, e os critérios e procedimentos de avaliação. A experiência reiterada, e mesmo crônica, de fracassos a que as pessoas com DAs costumam ser submetidas, obriga a que tantos as ACIs como qualquer outro programa de intervenção psicoeducativa deem uma atenção especial às possíveis alterações afetivas, emocionais e motivacionais.

Nos últimos anos, desenvolveu-se um número considerável de programas específicos de intervenção que buscam melhorar o conhecimento estratégico geral e o conhecimento estratégico específico acadêmico e social das pessoas com DAs, combinando a aprendizagem dos conteúdos escolares com o das estratégias de aprendizagem.[27] Por exemplo, o *Integrative Strategy Instruction* (ISI) de Ellis (1993a, b); o programa para a aprendizagem de ciências de Scruggs e Mastropieri (1993); ou o programa de Borkowski e Muthukrishna (1992), no qual complementam o ensino de estratégias cognitivas e metacognitivas com o desenvolvimento motivacional e afetivo. Sua estrutura é uma sequência de duas fases. A primeira é chamada de *conhecimento estratégico específico*. Nela, ensina-se ao aluno cada uma das diferentes estratégias de aprendizagem, assim como seu uso apropriado nas tarefas escolares; à medida que o aluno conhece e usa estratégias, aprende a autorregular sua aplicação, conforme as exigências de cada tarefa. A segunda fase denomina-se de *conhecimento estratégico geral*. Nela, integra-se o conhecimento estratégico com os resultados, analisa-se a relação de causa e efeito com o objetivo de modificar o sistema atributivo do aluno e sua motivação de êxito, e incide-se particularmente sobre sua autoestima, visto que o aluno desenvolve progressivamente sentimentos positivos sobre sua própria eficácia. O programa pretende conseguir que o aluno adquira e combine os conhecimentos específicos sobre as matérias escolares com conhecimentos gerais acerca do entorno e do mundo, que lhe permitam adaptar-se com sucesso a qualquer situação.

NOTAS

1. Daqui em diante, usaremos DAs para nos referirmos a Dificuldades de Aprendizagem.
2. Quando a ideia de maturação é muito biologicista, costuma-se falar de "períodos críticos", isto é, momentos biologicamente determinados para que se desenvolva a aprendizagem, antes ou depois dos quais essa aprendizagem não seria possível, ou seria com dificuldades.
3. No final dos anos de 1970 e início dos de 1980, os defensores (Mialaret e Inizam, entre outros) da ideia de que não se deve ensinar a ler antes dos 5 ou 6 anos de idade travaram uma interessante polêmica com autores (Cohen, Downing, etc.) que sustentavam que se pode ensinar a ler antes – inclusive com 3 ou 4 anos de idade – desde que se ofereçam as condições adequadas (por exemplo, condições mínimas de desenvolvimento, atenção individualizada, método de ensino adaptado, etc.).
4. A esse respeito, são ilustrativas as afirmações e experiências de Hagen e colaboradores (1984; 1990; 1991), que mostram como as pessoas com DAs, que se situam no que denominam Tipo III ("deficientes na elaboração e na produção espontânea de estratégias de aprendizagem"), alcançam o grau de *expert* quando treinadas adequadamente.
5. Goldman (1978), Geschwind (1988), Galaburda (1994), entre outros.
6. Os trabalhos de A. Strauss (1947) e S. Orton (1937) foram os pioneiros nesse campo. O primeiro, com seus estudos sobre os déficits motores e de atenção (hiperatividade); o segundo, sobre as dificuldades na fala, na leitura e na escrita.
7. Nessa linha, encontram-se as teorias de Birch e Belmonte, de 1965; de Ayres, de 1973; de Bodian e Wolf, de 1977; entre outras. Para uma revisão mais detalhada, ver Romero (1993).
8. Tal explicação está estreitamente relacionada com o chamado *modelo GBG*: a teoria de Geschwind, Behan e Galaburda sobre a lateralização cerebral (Geschwind e Galaburda, 1987).
9. As malformações consistem em neurônios ectópicos (com presença de tecidos "fora do lugar") na primeira camada e displasias ("deformações" no tecido orgânico) em camadas ocultas dos neurônios do córtex.
10. O Capítulo 5 deste volume desenvolve esses temas.
11. A área chamada *planum temporale* encontra-se na zona superior do lóbulo temporal. Na maioria dos cérebros, é visivelmente muito mais ampla na parte esquerda que na direita.
12. Vellutino (1991); Stanovich (1991,1992); Rueda (1995); Sánchez (no Capítulo 5 deste mesmo volume).
13. Satz e Fletcher (1980); Satz, Morris e Fletcher (1985); Fletcher e Satz (1985).
14. Conhecido como *Developmental Right-Hemisphere Syndrome* (DRHS), baseia-se na *teoria dinâmica* de Goldberg e Costa (1981), segundo a qual o hemisfério esquerdo realizaria de maneira mais especializada o processamento unimodal e a retenção de códigos, enquanto o hemisfério direito estaria mais capacitado a realizar uma integração intermodal e processar as informações mais novas e complexas. A partir dessa perspectiva, as DAs estariam relacionadas a alterações na forma de processamento.
15. Edfelt (1980).
16. Frostig (1972); Gettman (1965); Kephart (1960) e Farnham-Diggory (1981); entre outros.
17. Mialaret (1972); Mucchielli e Bourcier (1979); entre outros.
18. Inizan (1979); Mialaret (1972); Romero (1985); entre outros.
19. Tallal (1980), extraído de Duffy e Geschwind (1988, p. 56).

20. Hagen (1972); Hagen, Barclay e Schewethelm (1984); Hagen e Kamberelis (1990); Hagen, Kamberelis e Segal (1991).
21. Hagen e colaboradores (1984) analisam as tarefas que devem ser ensinadas e aprendidas em termos de *conhecimentos* (*c*) e de *estratégias* (*e*), de tal modo que as tarefas seriam classificadas em: A, como jogar xadrez, que exige *e* e *c*; B, como memorizar dados, que exigem *e* e não *c*; C, como andar por um supermercado, que exigem *c* e não *e*; e D, como reconhecer dados, que não exigem nem *c*, nem *e*. Assim, as pessoas seriam classificadas por sua vez em: Tipo 1, *experts*, que realizam todo tipo de tarefas; Tipo 2, crianças pequenas deficientes em mediação, que realizam bem tarefas B e D, e de maneira mediana as A; Tipo 3, deficientes em produção (as pessoas com DAs), que realizam tarefas C e D e de maneira mediana as A e B; Tipo 4, "atrasados mentais recuperáveis", que realizam apenas tarefas do tipo D.
22. Ver Johnson (1988); Romero (1993).
23. Oliver, Hodge e Lollingdworth (1991).
24. O treinamento em autoinstruções foi utilizado com êxito para favorecer o controle da atenção e da memória de trabalho em crianças hiperativas com DAs, e também com crianças com DAs da matemática em tarefas de cálculo e de solução de problemas matemáticos.
25. O Capítulo 14, sobre a avaliação psicopedagógica, desenvolve esse tema.
26. O Capítulo 15, sobre a atenção à diversidade na sala de aula e as adaptações do currículo, desenvolve esse tema.
27. O Capítulo 16, sobre ensinar a pensar por meio do currículo, amplia tais proposições.

4 Os problemas de linguagem na escola

MARIAN VALMASEDA

A escola e, de maneira geral, todos os agentes sociais educativos procuram garantir às alunas e aos alunos o acesso aos conteúdos culturais, desenvolvendo-se como pessoas independentes, críticas, com uma boa autoestima, capazes de autocontrole e planejamento e com habilidades sociais para estabelecer interações afetivas com os outros.

Quando se observa como pais e professores "trabalham" para alcançar tais objetivos, constata-se que a linguagem tem um papel central. Geralmente, quando uma criança de 3 ou 4 anos chega à escola, ela tem um conhecimento nada desprezível das normas que regem a comunicação e a linguagem. Esse conhecimento foi construído de forma paulatina, mediante as interações que ocorrem na própria casa. Os adultos da família são os interlocutores privilegiados de tal processo.

Quando chegam à escola, as crianças encontram um contexto de aprendizagem diferente do que se desenvolve em casa. Na escola, uma boa parte do tempo é dedicada a aprender em grupo, de maneira que as interações adulto-criança perdem importância em favor das interações com os iguais. A comunicação que a criança estabelece com professores e colegas lhe proporciona habilidades cada vez mais complexas para descrever e categorizar os acontecimentos, extrair os conceitos importantes, conectar umas ideias com outras, reconhecer as relações de causa-efeito, fazer juízos, prever e formular hipóteses, etc.

Além disso, por meio da linguagem a criança aprende a expressar seus sentimentos, explicar suas reações e compreender as dos outros, conhecer diferentes pontos de vista sobre um mesmo fato e incorporar valores e normas sociais. Aprende também a dirigir e organizar seu pensamento e a controlar sua conduta, favorecendo assim uma aprendizagem cada vez mais consciente.

Inicialmente, o veículo linguístico será a língua oral. Mais tarde, a aprendizagem da leitura e da escrita ampliará enormemente as possibilidades de conhecimento do mundo, ao mesmo tempo em que enriquecerá a própria linguagem oral, convertendo-se em um instrumento cada vez mais complexo.

Dada a transcendência particular que tem a linguagem no desenvolvimento global das crianças e nos processos de ensino-aprendizagem, não é de se estranhar que, no âmbito escolar, se dê cada vez mais atenção aos "problemas de linguagem", transcendendo o âmbito puramente clínico em que tais dificuldades eram consideradas anteriormente. Por isso, a importância do contato e da coordenação entre o âmbito clínico e o educativo, a fim de levar a cabo intervenções mais globais diante de problemas de linguagem que algumas crianças apresentam.

O capítulo foi organizado em quatro itens. O primeiro abordará o desenvolvimento linguístico. O segundo, os problemas de linguagem. O terceiro trata dos métodos de avaliação. O quarto e último aponta algumas diretrizes para a intervenção em contextos escolares.

AQUISIÇÃO E DESENVOLVIMENTO DA LINGUAGEM

Para muitas pessoas, linguagem é sinônimo de falar e de entender o que outros dizem. A linguagem, contudo, é mais do que isso: é uma representação interna da realidade construída que utiliza um meio de comunicação compartilhado socialmente. Em outras palavras, uma pessoa que desenvolveu a linguagem codificou e interiorizou uma variedade de aspectos da realidade, de modo que pode representar para outros informações relacionadas com objetos, pessoas, ações, qualidades e relações desvinculadas do "aqui e agora".

Portanto, pode-se dizer que a linguagem é: a) um sistema de signos (organizado em diferentes códigos) arbitrário e compartilhado por um grupo; b) com o objetivo de se comunicar com os outros; c) que permite manipular mentalmente a realidade na ausência dela.

A propriedade mais importante da linguagem é seu potencial criativo. Conhecer uma linguagem permite que o usuário produza um número infinito de enunciados, como também se faça compreender e compreenda qualquer outro usuário dessa linguagem.

Convém descrever inicialmente os acontecimentos mais significativos da aquisição da linguagem. É impossível esgotar este item pela complexidade que encerra, mas parece importante, ao menos, assinalar os principais momentos evolutivos. Um esquema claro da aquisição da linguagem proporciona um marco de referência para entender as manifestações "atípicas" que algumas crianças apresentam. Constituem, além disso, diretrizes valiosas, tanto para a avaliação como para a intervenção.

Período pré-verbal

A primeira ideia importante é que a criança parece revelar, desde o momento em que nasce, uma enorme facilidade para incorporar-se ao meio social que a envolve, para tomar parte nas rotinas de intercâmbio social. Os bebês reagem especificamente diante de certos padrões, tanto visuais (especialmente os que configuram as expressões faciais) como auditivos (são capazes de distinguir sons que fazem parte da voz humana e reagir sincronicamente a eles). Alguns autores veem em tais manifestações uma motivação primária para a relação interpessoal.

Ao lado dessas condutas diferenciadas que o bebê revela, constata-se que o adulto é extremamente sensível em relação ao interlocutor que tem diante de si, acomodando-se constantemente à criança. Tal adaptação parece ser uma das chaves para compreender a incorporação dos complicados processos comunicativo-linguísticos que a criança realiza.

A preferência que a criança manifesta diante de certos estímulos, ao lado das condutas adaptativas do adulto (que desde o início confere intencionalidade às ações da criança), fazem com que, desde muito cedo, produzam-se "protoconversas", diálogos muito primitivos caracterizados por contato ocular, sorrisos, balbucios e alternância nas expressões. É possível observar essas condutas em crianças de 2 meses.

No período compreendido entre os 4 e os 8 meses, as condutas sociais tornam-se mais complexas e específicas. Provavelmente, Bruner foi quem melhor estudou tal período, centrando-se especialmente na análise das rotinas lúdicas, que ele chama de "formatos". Com o termo, Bruner alude a contextos estáveis que permitem que a criança reconheça a estrutura da interação e às vezes se antecipe ao adulto, que regula externamente a criança. Esses formatos ritualizados têm um papel muito importante nas interações adulto-criança e permitem que a criança aprenda muitas coisas acerca das normas que regem a comunicação; por exemplo: a alternância de papéis, a previsão da sequência ou as relações que existem entre as condutas dos diferentes interlocutores.

Nesses jogos, a intervenção do adulto é de grande importância. Consiste basicamente em "andaimar" os progressos da criança, ou seja, em ajudá-la a alcançar, de maneira lúdica e praticamente sem erros, novos níveis de competência. À medida que a situação se repete uma vez e outra, a criança vai, progressivamente, assumindo o controle. A cada momento, o adulto encorajará a criança a realizar por si mesma aquilo que é capaz de fazer, assumindo sob seu controle aquilo que ainda não é capaz de realizar. O adulto opera de maneira inversamente proporcional às possibilidades da criança.

É importante assinalar que o adulto não propõe tais jogos ritualizados como situações de ensino intencional. O adulto não força a criança, são situações espontâneas caracterizadas pelo desfrute dos dois interlocutores. O estudo de Ignasi Vila (1984) exemplificou essas interações após realizar um estudo longitudinal de dois meninos e uma menina durante seus dois primeiros anos de vida.

A partir dos 8 meses, produz-se outro salto qualitativo no desenvolvimento. A criança começa a dar claras mostras de conduta intencional. Compreende as relações causais, sabe que o adulto é um agente e sabe também que se pode pôr em prática meios para alcançar certos fins. Até os 9 meses começa a comunicar seus desejos ao adulto para que este os realize. Expressa-se basicamente por meio de vocalizações e gestos dícticos. Por exemplo, diante da impossibilidade de alcançar algum objeto de seu gosto, olhará para o adulto e para o objeto de maneira alternada, assinalando para ele e, provavelmente, vocalizando ao mesmo tempo. São o que Bates (1979) chamou de condutas "protoimperativas". A criança expressa ao adulto uma intenção clara, "me dá...", e já não o faz com choros ou gritos como até esse momento, mas de maneira muito mais eficaz, assinalando aquilo que deseja. Esses são os prelúdios do que depois se chamará de função reguladora da linguagem.

Um pouco mais adiante, até os 12 meses, a criança confere ao adulto o *status* de interlocutor; ele já não é apenas um instrumento a utilizar para a consecução de certos desejos, mas alguém interessante em si mesmo e com quem deseja compartilhar certas informações. Aparecem assim as condutas "protodeclarativas" (nos termos de Bates). A criança mostra objetos ao adulto com a intenção de compartilhá-los com ele. Tais condutas são o prelúdio do que será depois a função informativa, declarativa ou representativa da linguagem.

É, portanto, durante a etapa pré-verbal que se estabelecem as bases da funcionalidade comunicativa da linguagem, sobre a qual se assenta o desenvolvimento linguístico formal posterior.

Aquisição da linguagem

Além de aprender acerca das normas que regem a comunicação e de expressar paulatinamente suas próprias intenções comunicativas, a criança também desenvolve durante o primeiro ano suas competências de discriminação auditiva e de produção de sons. Até os 12 meses aproximadamente, as crianças começam a expressar suas intenções comunicativas através de palavras. Esse começo é lento durante os primeiros meses, mas, a partir dos 2 anos, converte-se em um dos fenômenos mais fantásticos do desenvolvimento infantil. O vocabulário aumenta rapidamente, e as combinações de palavras são cada vez mais complexas e elaboradas.

Pela dificuldade de abordar a aquisição dos diferentes aspectos envolvidos (forma, conteúdo e uso) de forma simultânea, vamos expor brevemente cada um deles em separado. É óbvio dizer que tal separação não deixa de ser arbitrária, já que todos os aspectos estão intimamente ligados entre si no desenvolvimento normal.

Os elementos formais referem-se à fonologia, à morfologia e à sintaxe. O conteúdo refere-se à semântica, àquilo de que se fala. Os usos referem-se às funções comunicativas da linguagem.

Aquisição dos aspectos formais

Conforme o esquema que se apresenta no Quadro 4.1, a etapa que vai dos 18 meses até os 6 anos pode ser considerada como estritamente fonológica, já que é nesse período que se produz a construção e a descoberta do sistema fonológico da própria língua.

Ingram (1976) interessou-se pelo estudo das estratégias que as crianças põem em prática para resolver a complexa aquisição do sistema fonológico. Segundo esse autor, as crianças não adquirem uns fonemas após outros, mas "uns com outros". Nesse processo de aquisição, as crianças põem em prática três tipos de processos: substituições, assimilações e simplificações da estrutura silábica.

- Substituições: mudanças ou modificações de um fonema por outro (por ex.: /pela/ ao invés de /pera/)
- Assimilações: influência de um fonema por outro próximo, normalmente em uma mesma palavra (por ex.: /papo/ em vez de /pato/)
- Simplificações da estrutura silábica: tendência a reduzir as sílabas complexas à estrutura C-V (consoante-vogal; por ex.: /pato/ em vez de /prato/)

Estudos realizados na Espanha, em particular o de L. Bosch (1984), confirmam a frequência e a importância desses processos em crianças com idades compreendidas entre 3 e 7 anos. De maneira geral, entre 5 e 6 anos as crianças já adquiriram a maior parte do sistema fonológico, embora alguns elementos concretos exijam mais tempo. É o caso do fonema vibrante /r/, tanto em suas produções isoladas como fazendo parte de grupos consonantais.

Em relação ao desenvolvimento gramatical, é preciso assinalar que uma descrição completa (em seus aspectos morfológicos e sintáticos) transcende o objetivo desta breve revisão. No Quadro 4.2, indicam-se sumariamen-

QUADRO 4.1 Principais etapas do desenvolvimento fonológico

0-6 meses	Vocalizações não linguísticas relacionadas com a fome, a dor e o prazer. Vocalizações não linguísticas (gorjeios) que costumam fazer parte das protoconversas com o adulto.
6-9 meses	Balbucio constante, curvas de entonação, ritmo e tom de voz variados e aparentemente linguísticos.
9-18 meses	Segmentos de vocalização que parecem corresponder a palavras.
18 meses-6 anos	Construção do sistema fonológico. Implementação de "processos" fonológicos: assimilação, substituição e simplificação da estrutura silábica.

QUADRO 4.2 Desenvolvimento morfológico e sintático

9-18 meses	Produções com uma única palavra. Dificuldade em atribuir valor sintático a essas produções, já que para alguns autores as palavras são equivalentes a frases (holófrases), enquanto para outros não.
18-24 meses	Produções com dois elementos de modo telegráfico, isto é, sem palavras funcionais. Expressam uma ampla variedade de relações conceituais subjacentes.
2-3 anos	Produções com três ou quatro elementos. Aquisição clara da estrutura da frase simples. Enriquecimento dos sintagmas (nominal e verbal). Desenvolvimento de uma grande variedade de marcas morfológicas.
3-5 anos	Estrutura das orações complexas (coordenadas e subordinadas). Aquisição de grande número de partículas (conjunções, advérbios, pronomes, etc.). Nessa idade, podemos dizer que a criança já adquiriu o essencial de sua língua.

te os principais marcos do desenvolvimento morfossintático.

Embora por volta dos 5 anos a criança tenha adquirido as regras básicas, é somente aos 8 ou aos 9 anos que tal processo é finalizado. A correta utilização e a compreensão de algumas estruturas adverbiais, assim como das formas passivas, exigirão ainda alguns anos antes de ser consideradas como firmemente adquiridas.[1]

Aquisição do significado

O desenvolvimento semântico refere-se, por um lado, à aquisição do vocabulário, das palavras e de seu significado (desenvolvimento léxico) e, por outro, à aquisição do significado que subjaz às produções sintáticas.

Essa diferença, que a partir de certa idade é bastante clara, é, contudo, muito difícil de se determinar nas primeiras fases de aquisição da linguagem, em que léxico e sintaxe estão muito ligados. A criança extrai do fluxo linguístico que a circunda amplas unidades com significado. Tais unidades podem ser palavras ou expressões mais amplas (que a criança toma como uma única palavra ou uma unidade) e que só mais tarde será capaz de segmentar e analisar.

Pesquisas realizadas em diferentes idiomas assinalam que a compreensão precede a expressão no que se refere à interpretação do enunciado. As crianças costumam iniciar sua atividade compreensiva respondendo a seu nome e à palavra "não". A compreensão inicial é limitada pelos conhecimentos e pelas experiências da criança e está restrita ao aqui e agora. O mesmo ocorre com a expressão. As primeiras coisas de que a criança fala referem-se a objetos de seu ambiente, sendo as categorias mais frequentes as que se referem à comida, à roupa, às pessoas familiares, aos brinquedos, aos animais e aos veículos. O Quadro 4.3 reflete as fases iniciais do desenvolvimento semântico segundo Nelson (1985).

A aquisição do significado das palavras é paulatina. Os primeiros significados que as palavras têm para as crianças não correspondem necessariamente aos significados que essas mesmas palavras têm para os adultos. Geralmente, os significados são mais restritivos (por exemplo, empregar "au-au" para fazer referência ao próprio cachorro) ou mais extensivos (para seguir com o mesmo exemplo, empregar "au-au" não apenas para nomear cachorros, mas também vacas, ovelhas, etc.). Este último fenômeno, conhecido com o nome de "sobreextensões" foi objeto de estudo por parte de diversos pesquisadores. Para alguns (Clark, 1973), as sobreextensões baseiam-se na similitude de certos atributos perceptivos (tamanho, forma, som, movimento, gosto e textura), enquanto, para outros (Nelson, 1974), são variáveis de tipo funcional (usos e ações) que estão na base desse fenômeno.

Outros autores (Bowerman, 1978) destacaram que o processo de aquisição se produz a partir de "protótipos" considerados como claros exemplos da categoria semântica a ser

QUADRO 4.3 Primeiras fases do desenvolvimento

Fase 1: pré-léxica (10-20 meses)	Primeiras emissões que não denotam significado. Rótulos aplicados ritualmente a certos contextos. Implicam intenção e efeitos pragmáticos, mas não são simbólicos. As palavras são empregadas para compartilhar experiências e não significados.
Fase 2: símbolos léxicos (16-24 meses)	A criança emprega as palavras como símbolos. Observa-se um incremento no vocabulário relacionado com a "descoberta do nome": a criança percebe que a linguagem é um sistema para empregar as palavras como símbolos e que esses símbolos podem ser recombinados de diferentes maneiras com o propósito de representar diferentes relações entre as coisas do mundo.
Fase 3: construções de relação (19-30 meses)	As crianças começam a fazer construções com duas palavras. As regras combinatórias iniciais são essencialmente regras léxicas ou semânticas para combinar conceitos.

Fonte: Nelson (1985).

adquirida. As crianças reportam suas primeiras palavras aos exemplos mais prototípicos, isto é, àqueles que apresentam mais traços em comum com os demais exemplos da mesma categoria. Por exemplo, "vaca" representa melhor a categoria dos mamíferos que "baleia".

Aquisição dos aspectos funcionais

O interesse pelo estudo do desenvolvimento pragmático aumentou a partir dos trabalhos realizados ao longo da década de 70 por diversos pesquisadores (Halliday, 1975; Dore, 1974, 1979; Bates, 1976). Existem diversos modelos – ou propostas – de estudo das funções comunicativas e de seu desenvolvimento.[2] Apesar de sua variedade, todos eles coincidem em ressaltar as seguintes funções como as mais importantes:

- Função reguladora. Grande parte dos intercâmbios comunicativos está relacionada à expressão de desejos, seja para conseguir objetos do ambiente ("água"), a atenção do interlocutor ("mamãe!"), ou para que este realize alguma ação concreta ("vem brincar comigo").
- Função declarativa. O objetivo é transmitir e compartilhar a informação, que pode ser variada: identificar objetos ("é um carro"), descrever coisas ocorridas ("brinquei com massinha"), informar acerca de emoções, sensações ou ocorrências mentais ("eu gosto", "não sei"), explicar razões, causas, justificativas ("Paulo está chorando, porque caiu"), etc.
- Função interrogativa ou heurística. Nessa função, a criança investiga sobre a realidade, dirige-se a seu interlocutor para obter informação ("o que é isto?", "por que as estrelas brilham?").

A função reguladora é a primeira a fazer sua aparição no desenvolvimento da criança, seguida da função declarativa. Os prenúncios de ambas encontramos já na etapa pré-verbal (protoimperativos e protodeclarativos). Como se afirmou anteriormente, as crianças são capazes de expressar intenções comunicativas antes de haver um desenvolvimento formal propriamente dito. A linguagem evolui de uma base funcional, pragmática, isto é, forma-se a partir de situações comunicativas e de uso.

Quando a criança chega aos 2 anos de idade, já adquiriu as funções comunicativas mais importantes. A partir daí, produz-se um duplo desenvolvimento. Por um lado, as funções vão se enriquecendo e se matizando. Por outro, as produções linguísticas são cada vez mais plurifuncionais, isto é, implicam mais de uma intenção ou de uma função comunicativa. Na Espanha, existem diversas descrições do desenvolvimento comunicativo em crianças pequenas (Muñoz, 1983; Belinchón, 1985; Del Rio, 1988).

Os dados de crianças pré-escolares obtidos por Dore (1979) mostram que seus atos conversacionais são muito sofisticados. As crianças são capazes de expressar uma mesma função comunicativa mediante diversas formas e vice-versa. Assim, uma menina pode pedir a seu pai que lhe compre um sorvete dizendo "papai, quero um sorvete", ou "papai, gosto muito de sorvete", ou "você me compra um sorvete?", ou "os sorvetes não alimentam muito, papai?".

Em idades escolares, o desenvolvimento pragmático continua. Adquirir uma boa competência comunicativa implica ter um conjunto complexo de habilidades e conhecimentos relativos a quando falar e quando não, do que falar, com quem, onde, quando e de que maneira. O desenvolvimento funcional constitui apenas uma parte. Além disso, a criança deve aprender a diferenciar entre diversos contextos e interlocutores e saber o que se espera de sua participação como interlocutora em relação ao contexto em que está imersa. Nessa linha, é interessante a diferenciação proposta por Del Rio (1993) entre "funções" e "habilidades comunicativas". As funções seriam os organizadores mais gerais dos aspectos comunicativos da língua, enquanto as habilidades são conjuntos de estratégias mediante as quais as pessoas realizam determinados objetivos comunicativos. Cada habilidade linguística se desdobra e se relaciona com uma ou com várias funções. O Quadro 4.4 exemplifica essa relação. Levando em conta tal diferenciação, é possível considerar que, na idade escolar, o desenvolvimento se centra basicamente na progressiva aquisição de habilidades comunicativas.

As habilidades constituem uma categoria aberta, não havendo um número limitado delas. Evoluem com a idade e, diferentemente das funções, constituem um sistema de categorias aberto. À medida que a criança participa com interlocutores mais experientes que ela de situações comunicativas cada vez mais complexas e diversas, suas habilidades comunicativas também vão diversificando-se e enriquecendo para fazer frente às novas exigências.

OS PRINCIPAIS PROBLEMAS DE LINGUAGEM

O significado dos problemas de linguagem

Quando se fala de problemas ou de dificuldades no desenvolvimento, refere-se ao desajuste que uma pessoa apresenta em relação aquelas que têm a mesma idade. Portanto, dizer que uma criança apresenta problemas no desenvolvimento da comunicação, da fala ou da linguagem significa mencionar que essa criança não se ajusta ao ritmo evolutivo de seus colegas. Tanto a experiência cotidiana como a pesquisa psicolinguística, contudo, indicam que as crianças apresentam importantes variações nos ritmos e nos padrões de aquisição da linguagem. Essas diferenças individuais refletem-se não apenas no "estilo" comunicativo, mas também nas idades em que adquirem certas formas ou estruturas. Assim, é possível constatar que, aos 2 anos de idade, algumas crianças são capazes de construir frases com dois elementos, enquanto outras ainda se expressam por meio de palavras isoladas, sem que se possa concluir que exista um atraso e, menos ainda, um transtorno.

Quando se aborda o tema das dificuldades da linguagem, é comum fazer uma diferenciação entre "atraso" e "transtorno". Quando se diz que um aluno tem um certo atraso na linguagem (não confundir com a categoria diagnóstica "atraso de linguagem"), isso significa que ele apresenta um nível de linguagem que corresponde a crianças menores, isto é, apresenta um desenvolvimento mais lento. Quando se afirma que um aluno tem um transtorno, isso quer dizer que sua linguagem é desajustada qualitativa e quantitativamente. Nesse caso, não se trata apenas de que seu desenvolvimento seja mais lento, mas sim que ele também é distinto: os diferentes componentes linguísticos (léxico, fonologia, morfologia, sintaxe) não apresentam um desenvolvimento harmônico.

Prevalência dos problemas de linguagem

Não é simples determinar com exatidão o número de crianças que apresenta dificuldades de fala e de linguagem. Os dados variam muito de uns autores para outros, já que eles empregam diferentes definições e categorias. As porcentagens vão de 0,2% até 21% (García, 1995). Para efeitos de planejamento educativo, social e sanitário, é preciso fazer estimativas um pouco mais precisas acerca da prevalência

QUADRO 4.4 Exemplos de relação entre habilidades linguísticas e funções comunicativas

Função comunicativa	Habilidade comunicativa
Função informativa ou declarativa	*Informação objetiva* • Identificar-se • Informar fatos. Descrever, narrar • Dar uma explicação • Transmitir uma informação a um terceiro • Informar sobre fatos passados *Informação subjetiva* • Manifestar opinião e evitar manifestá-la • Concordar e discordar de opiniões • Antecipar, prever e levantar hipóteses • Expressar sentimentos e emoções • Expressar dúvida

Fonte: Maria José Del Rio (1993, p. 60).

de tais transtornos. Quantos alunos com dificuldades um professor pode ter em sua classe? Quantas crianças podem necessitar de uma terapia específica de linguagem?

Geralmente, as porcentagens são mais elevadas nos meninos que nas meninas. Quanto à idade, alguns estudos indicam uma porcentagem mais elevada em crianças pequenas, porcentagem que diminui à medida que aumenta a idade. Um estudo realizado no Reino Unido, em 1993, em uma população de crianças de 3 anos indica que 7,6% apresentavam "problemas potencialmente significativos de linguagem" (citado por Martín e Miller, 1996). Beech (1992) sugere que, na idade escolar, pelo menos dois alunos de cada classe do ensino comum apresentam algum tipo de dificuldade linguística, razão pela qual um grande número de professores, especialmente nas séries iniciais do ensino fundamental, depara-se em seu exercício profissional com alunos que apresentam dificuldades em suas habilidades linguísticas.

Alguns dos problemas encontrados na idade escolar

O campo dos problemas da linguagem recebe contribuições de disciplinas tão diversas como a psicologia, a educação, a medicina, a audiologia ou a linguística. Não é de se estranhar, portanto, que a denominação e a categorização dos transtornos sejam muito diversas e, às vezes, até mesmo confusas.

A classificação mais utilizada normalmente é a que estabelece diferenças entre problemas de comunicação, de fala e de linguagem (ver Quadro 4.5), tratando de forma diversa as dificuldades comunicativo-linguísticas resultantes de perdas auditivas, afetações motoras ou atraso mental (que serão abordadas nos capítulos correspondentes da terceira parte deste volume).

Uma breve definição de cada uma delas pode ajudar o leitor pouco habituado a tal terminologia.

Os *problemas graves de comunicação* referem-se às dificuldades que implicam transtornos como o autismo e a psicose. No Capítulo 12, abordam-se amplamente os problemas comunicativos das crianças autistas.

O *mutismo seletivo* é um transtorno pouco frequente que se caracteriza pela ausência total e persistente da linguagem em determinadas circunstâncias ou diante de determinadas pessoas, em crianças que adquiriram a linguagem e a utilizam adequadamente em outros contextos ou em presença de outras pessoas.

O mutismo seletivo ocorre amiúde em crianças muito tímidas, que apresentam condutas de isolamento e negativismo. Normalmente, inicia-se antes dos 5 anos de idade. Em geral, é uma problemática transitória que dura alguns meses, embora às vezes possa prolongar-se durante vários anos e afetar os processos de intercâmbio social.

A *disfemia*, mais conhecida como gagueira, é um transtorno relativamente frequente e, portanto, conhecido pela maioria dos educadores. Trata-se de uma alteração da fluidez da fala, cujo início costuma situar-se entre os 2 e os 7 anos de idade, e que se caracteriza por interrupções no ritmo e na melodia do discurso. As interrupções podem consistir ou de repetições (gagueira crônica) ou de bloqueios (gagueira tônica), embora normalmente as duas manifestações apareçam juntas. A intensidade do transtorno varia em função das situações e comumente é mais grave quando se produz uma pressão especial no momento de se comunicar.

É preciso diferenciar a verdadeira disfemia da chamada disfemia fisiológica ou do desenvolvimento. Esta última é um fenômeno normal e frequente no desenvolvimento da linguagem, que se manifesta por volta dos 3 anos. Nessa idade, a criança encontra-se em plena

QUADRO 4.5 Principais problemas na comunicação, na fala e na linguagem

Fundamentalmente comunicativos	De fala	De linguagem
– Problemas graves de comunicação	– Dislalias	– Disfasias
	– Disglosias	– Atraso de linguagem
	– Atraso de fala	
– Mutismo seletivo	– Disfemia	

organização da linguagem, interpretando-se a gagueira como um sinal de tal organização.

A *dislalia* caracteriza-se por ser um transtorno na articulação dos sons, fundamentalmente devido a dificuldades na discriminação auditiva e/ou nas praxias bucofonatórias. Trata-se de um problema de alta incidência na população escolar.

As *disglosias*, também chamadas de "dislalias orgânicas", são dificuldades na produção oral devido a alterações anatômicas e/ou fisiológicas dos órgãos articulatórios. Perelló (1977), baseando-se na divisão anatômica dos órgãos periféricos, distingue os seguintes tipos de disglosias: labiais, mandibulares, linguais, palatinas e nasais. O lábio leporino e sua fissura palatina ou o palato ogival são algumas das alterações anatômicas que podem acarretar a disglosia. Requerem não só intervenção cirúrgica, como também logopédica.

Os *atrasos da fala* constituem, na verdade, um contínuo com os *atrasos da linguagem* e, por isso, serão comentados conjuntamente. O termo "atraso" faz referência a uma defasagem cronológica importante entre a linguagem que uma criança apresenta e o esperado para sua idade cronológica. Esse atraso, porém, pode ser mais ou menos grave e afetar o desenvolvimento da linguagem de maneira global ou apenas em alguns de seus códigos.

O termo "atraso da fala" é utilizado com referência às dificuldades que alguns sujeitos apresentam em seu sistema fonológico, sendo seu desenvolvimento morfossintático e semântico ajustado ao esperado para sua idade. Não se trata de dislalias isoladas, mas sim de uma problemática mais global do sistema fonológico. Por sua vez, os "atrasos da linguagem" referem-se a dificuldades globais da linguagem. Observa-se o desajuste cronológico em todos os códigos: fonológico, morfossintático e semântico.

Quanto à *disfasia* (também chamada de afasia congênita ou de desenvolvimento), trata-se de um transtorno profundo dos mecanismos de aquisição da linguagem. Observam-se alterações da linguagem, tanto expressiva como receptiva. Costuma ocorrer uma defasagem cronológica importante, mas, diferentemente do atraso da linguagem, na criança com disfasia aparecem quase sempre problemas de compreensão. Por outro lado, a aquisição não apenas está atrasada, como também não se ajusta aos padrões evolutivos esperados.

Além dessa classificação dos problemas de linguagem, cada vez mais profissionais recorrem à proposta do DSM IV, que diferencia cinco tipos de transtornos:

a) da linguagem expressiva;
b) misto da linguagem receptiva-expressiva;
c) fonológico;
d) gagueira;
e) da comunicação não especificados.

A seguir, serão expostas brevemente as principais características de cada um deles.

Transtorno da linguagem expressiva

Trata-se de uma defasagem cronológica entre a linguagem que uma criança apresenta e o esperado para a sua idade. As principais características são: vocabulário limitado, erros nos tempos verbais, dificuldades na memorização de palavras, dificuldade na produção de frases de extensão ou complexidade próprias do nível evolutivo do sujeito. Em crianças pequenas, a característica mais frequente é a presença de um transtorno fonológico. Eventualmente, pode estar associado a um certo atraso em outros aspectos do desenvolvimento e, com frequência, a dificuldades escolares e de aprendizagem.

Transtorno misto da linguagem receptiva-expressiva

É a alteração do desenvolvimento da linguagem, tanto receptiva como expressiva. Nos casos leves, observam-se dificuldades apenas para compreender tipos particulares de palavras (por exemplo, termos especiais) ou frases (complexas). Nos casos mais graves, cabe observar alterações múltiplas, que incluem a incapacidade para compreender o vocabulário básico ou frases simples, assim como déficit em diferentes áreas do processamento auditivo (discriminação de sons, associação de sons e símbolos, armazenamento, rememoração e sequenciamento).

Tais problemas costumam ser detectados antes dos 4 anos de idade. As formas graves podem manifestar-se aos 2 anos e as mais leves nas séries iniciais, quando as dificuldades de compreensão tornam-se mais evidentes. Em geral, interferem de modo significativo no rendimento acadêmico e na comunicação social.

Transtorno fonológico

Trata-se da dificuldade para utilizar sons da fala próprios da idade e do idioma do sujeito. São observados com frequência erros na articulação que se traduzem em uma produção incorreta dos sons da fala. Ao mesmo tempo, pode haver problemas fonológicos de natureza cognoscitiva que implicam um déficit para a categorização linguística dos sons da fala (por exemplo, dificuldade para selecionar os sons da linguagem que dão lugar a uma diferença de significado).

No transtorno fonológico grave, a linguagem da criança pode ser relativamente ininteligível, mesmo para os membros de sua família. As formas menos graves do transtorno podem não ser reconhecidas até que a criança entre na escola e tenha dificuldades para ser compreendida fora do âmbito familiar.

Gagueira

É a alteração da fluidez da fala caracterizada por um ou mais dos seguintes fenômenos: repetições de sons e sílabas, prolongamentos de sons, palavras fragmentadas (pausas dentro de uma palavra), bloqueios, circunlóquios (substituições de palavras para evitar aquelas que são problemáticas), excesso de tensão física.

Transtorno da comunicação não especificados

Essa categoria inclui os transtornos da comunicação que não preenchem os critérios de nenhum transtorno da comunicação específico (por exemplo, um transtorno da voz).

Ainda que não seja possível estabelecer uma total correspondência entre as duas classificações propostas, existem claras relações entre ambas. O transtorno da linguagem expressiva, por exemplo, encontra semelhanças com o atraso da fala e da linguagem descritos antes. Por sua vez, o transtorno misto da linguagem receptiva-expressiva proposta no DSM IV refere-se aos problemas disfásicos mencionados anteriormente.

Origem dos transtornos

Basicamente, podem ser apontadas duas possíveis origens dos transtornos da linguagem: os internos à própria criança e aqueles relacionados com o ambiente no qual ela se desenvolve.

A própria criança

Para um bom desenvolvimento da linguagem, é necessário um adequado equipamento e funcionamento sensorial, motor neurológico. A integridade anatômica e funcional do aparelho respiratório, dos órgãos fonadores, do aparelho auditivo, das vias nervosas e das áreas corticais motrizes e sensoriais é indispensável para um adequado desenvolvimento da linguagem oral.

Além dos fatores de tipo orgânico, é preciso também levar em conta os fatores de tipo cognitivo ou intelectual. Um grande número de estudos centrou-se nas relações entre o desenvolvimento cognitivo e linguístico e sua relativa dependência ou interdependência. Algumas hipóteses sustentam que certas dificuldades da linguagem são, antes de tudo, a manifestação de um déficit cognitivo mais generali zado. Nesse sentido, as crianças que evidenciam atraso cognitivo ou dificuldades para o uso de representações simbólicas correm o risco de apresentar igualmente transtornos na linguagem (Rice, 1983; Rondal, 1985).

Por último, também se devem ter presentes as hipóteses que relacionam certas dificuldades da linguagem com explicações puramente psicolinguísticas no sentido de que, em alguns casos, haveria alterações nos dispositivos específicos de processamento linguístico e/ou de armazenamento da informação.

A relação com o ambiente

Ainda que seja fundamental levar em conta os fatores relativos às próprias crianças, não se deve esquecer que, quando se aborda o desenvolvimento comunicativo e linguístico, atribui-se uma grande importância à interação que se estabelece com o meio social. Não se pode falar de dificuldades tendo apenas a criança como ponto de referência. É preciso, também, considerar os contextos – tanto situacionais como interpessoais – nos quais a criança se desenvolve. Como assinalam Monfort e Juarez (1993), um transtorno de linguagem não é apenas consequência de uma ou de várias causas, mas é resultado de uma história, de uma história interativa.

Certos ambientes familiares e sociais oferecem maiores oportunidades para um desenvolvimento harmônico das habilidades comunicativas e linguísticas do que outros. Nesse sentido, algumas crianças são expostas a experiências comunicativas muito pobres e limitadas em seus primeiros anos de vida, o que, sem dúvida, influirá nas competências com as quais chegam à escola e com as quais enfrentam as aprendizagens e certos contextos de socialização. No outro extremo, ambientes familiares muito superprotetores também dificultam o desenvolvimento autônomo da criança, reforçando condutas mais infantis (por exemplo, a persistência em uma fala infantilizada).

Os ambientes familiares patológicos também podem influir no processo de desenvolvimento das crianças e, naturalmente, em suas capacidades comunicativas. Quando elas crescem em ambientes muito distorcidos na dimensão emocional (por exemplo, com pais esquizofrênicos ou psicóticos), seu desenvolvimento comunicativo pode ser comprometido. Situações de rejeição podem igualmente favorecer a aparição de dificuldades comunicativas.

Por outro lado, baseando-se nas teorias de Bernstein (1971, 1973), alguns autores postulam que as crianças provenientes de classes sociais desfavorecidas e marginais apresentam certas dificuldades linguísticas. Não se trata de problemas de linguagem em sentido estrito, mas de certas limitações ou carências linguísticas que, por sua vez, parecem estar na base de um maior índice de fracasso escolar. Afirmam que a linguagem dos que têm um *status* sociocultural mais baixo não se adapta ao tipo de atividades linguísticas e intelectuais que a educação formal exige. O fracasso escolar é interpretado como consequência de uma contradição entre o tipo de código utilizado por essas crianças (código restrito) e o tipo de código empregado pela escola (código elaborado). As crianças ingressam na escola com uma bagagem de regras e de normas de interação comunicativa que podem ser diferentes do que se exige na escola.

A DETECÇÃO E A AVALIAÇÃO DOS PROBLEMAS DE LINGUAGEM

Visto que grande parte das crianças é escolarizada a partir dos 3 anos, a escola converte-se em um contexto no qual se manifestam muitos dos problemas de linguagem dos alunos. Às vezes, é o próprio professor que detecta as necessidades de seus alunos e solicita uma avaliação mais exaustiva por parte de outros profissionais, seja do âmbito educativo ou do sanitário.

Uma boa avaliação é aquela que proporciona uma descrição das características da linguagem do sujeito, dando ênfase especial a seus pontos fortes e fracos; a que aponta possíveis caminhos para a intervenção; a que contribui para determinar uma explicação do transtorno e um diagnóstico; e aquela que proporciona um elemento de comparação para posteriores avaliações de forma que se possam medir as mudanças que se realizam.

Embora a avaliação tenha sempre um mesmo objetivo, o de conhecer o funcionamento comunicativo-linguístico do sujeito e as condições que favorecem seu desenvolvimento, as características concretas da avaliação serão diferentes conforme o momento em que esta seja realizada. Pode-se dizer que um processo completo de avaliação deveria compreender três momentos diversos, que se denominam respectivamente: avaliação inicial, avaliação formativa ou de processo e avaliação cumulativa.[3]

A avaliação inicial, que permitirá estabelecer o ponto de partida, costuma ser muito exaustiva já que, normalmente, além de avaliar a competência comunicativo-linguística do sujeito, realizam-se avaliações complementares que permitam conhecer as características do funcionamento motor, sensorial, neurológico e cognitivo da pessoa avaliada e as possíveis relações com o problema comunicativo-linguístico que apresenta.

A avaliação formativa ou de processo ajuda a analisar os progressos realizados e a modificar ou ajustar o modo de intervenção que se está realizando. Nesse momento, não se trata apenas de avaliar os êxitos ou as dificuldades do aluno, mas de incorporar as reflexões sobre a adequação das estratégias que estão sendo postas em prática, a validade dos recursos e dos tempos, etc.

Por último, ao finalizar uma unidade temporal ou temática de trabalho, convém fazer uma avaliação final que dê conta dos avanços observados. Nesse momento, trata-se claramente de observar as mudanças produzidas em relação ao ponto de partida e, portanto, ao grau de consecução dos objetivos propostos no início do processo de intervenção.

As pessoas que intervêm na avaliação podem ser de áreas diversas. Além do especialista da linguagem, outros profissionais, através de avaliações complementares de tipo médico, audiológico, psicológico, educativo, etc., podem contribuir para a compreensão da problemática que o sujeito apresenta. Por outro lado, costuma ser de particular importância a contribuição de pessoas do âmbito familiar e educativo. De fato, como se comentará mais adiante, pais e professores podem proporcionar numerosos dados a partir da observação das condutas comunicativo-linguísticas do sujeito avaliado em condições de uso natural (a casa, a sala de aula, o parque, etc.).

O que avaliar?

Avaliação do sujeito

Os aspectos a avaliar dependem logicamente dos problemas que o sujeito apresenta. Quando se trata de dificuldades leves da fala, a avaliação se centrará nos aspectos fonéticos e fonológicos, e não será preciso realizar uma análise detalhada das intenções comunicativas ou dos aspectos semânticos da linguagem. Ao contrário, quando se trata de avaliar uma criança cuja linguagem é muito limitada com relação à sua idade cronológica, a avaliação deverá ser mais global e estar atenta aos diferentes códigos. O Quadro 4.6 apresenta os principais elementos de uma avaliação global da língua oral.

Em alguns casos, as pessoas avaliadas são crianças ou jovens que empregam em sua comunicação sistemas aumentativos ou alternativos à linguagem oral. Por exemplo, algumas crianças surdas utilizam de maneira preferencial a linguagem de sinais como sistema de interação com seu ambiente social, seja por terem nascido dentro de famílias surdas que utilizam sinais, seja por terem sido educadas com tal linguagem; outras podem comunicar-se de forma bimodal (falando e fazendo sinais simultaneamente) ou através da palavra complementada. O mesmo ocorre com pessoas com deficiência motora que empregam o Sistema Pictográfico de Comunicação (SPC) ou o Sistema BLISS, com pessoas disfásicas, etc. Nesses casos, a avaliação da competência deve le-

QUADRO 4.6 Principais elementos da avaliação da linguagem oral

Nível de complexidade simbólica das produções	– Caráter simbólico ou pré-simbólico das produções
Interação	– Modos de interação preferencial (vocal, gestual, por sinais, etc.) – Contextos e interlocutores que favorecem a interação – Estudo das funções e das habilidades comunicativas
Semântica	– Amplitude e riqueza do vocabulário – Significado que atribui às palavras – Significado das produções sintáticas
Morfossintaxe	– Tipo de orações – Complexidade das orações – Coesão textual – Complexidade dos sintagmas – Categorias morfológicas, flexões e concordâncias
Fonologia	– Descrição do sistema fonológico do sujeito – Processos que põem em prática

var em conta não apenas os aspectos da linguagem oral mencionados anteriormente, mas também aqueles relativos aos outros sistemas de comunicação.

Avaliação do contexto

Quando se trata de avaliar o uso da linguagem em situações de comunicação, deve-se necessariamente fazer referência a um processo de interação entre dois ou mais interlocutores em uma determinada situação. Uma avaliação centrada exclusivamente no sujeito não dará conta das condições e das pessoas que favorecem ou dificultam o desenvolvimento. Por isso, sempre que possível, convém avaliar também algumas características do contexto, em particular as características dos interlocutores.

É muito útil observar as interações que se estabelecem entre as crianças ou os jovens avaliados e algumas pessoas de seu âmbito familiar (pais, irmãos, etc.) e escolar (professores e colegas). Em particular, interessa analisar nos interlocutores a quantidade e a qualidade das mensagens que transmitem; quando e para que estabelecem interações; o grau de controle que exercem sobre a interação; o tipo de perguntas que fazem; as características de suas respostas diante das iniciativas da criança; a clareza de suas mensagens e as adaptações comunicativas que põem em prática.

Como avaliar?

Os procedimentos de avaliação podem ser muito diversos e variam em função da idade da criança, dos elementos que interessa avaliar, dos objetivos da avaliação e também de outros fatores como, por exemplo, o tempo de que se dispõe para fazer a avaliação.

Existem diferentes estratégias que se poderia situar em um contínuo que vai do exame padronizado através de provas normativas até a análise de amostras de linguagem extraídas de contextos naturais.

A avaliação em situações naturais de interação é particularmente útil quando se avaliam crianças pequenas ou quando os avaliados contam com um sistema formal muito limitado. Já a utilização de provas ou de testes é mais adequada quando se trata de avaliar aspectos concretos. As duas estratégias de avaliação têm vantagens e limitações, como se pode observar no Quadro 4.7, e, por isso, geralmente o mais adequado costuma ser a combinação de diversos procedimentos.

Avaliação por meio de teste

O exame por meio de provas objetivas tem como principais vantagens o controle da situação, a redução do número de variáveis ao oferecer aos sujeitos material idêntico, com os mesmos enunciados, o que permite comparar uma criança concreta com uma amostra, e situá-la, portanto, em um nível de desenvolvimento concreto (no caso dos testes normativos e de desenvolvimento) ou consigo mesma (testes de critério).

Contudo, dado que a conduta comunicativo-linguística é um objeto de estudo complexo, não existe uma prova suficientemente ampla para avaliar os diferentes elementos envolvidos. A maior parte das provas existentes centra-se na avaliação de aspectos formais (fonologia e morfossintaxe) e de conteúdo (especialmente o léxico). O Quadro 4.8 apresenta algumas provas empregadas para a avaliação da língua espanhola.

Avaliação por meio de amostras de linguagem espontânea

A avaliação a partir de amostras de linguagem espontânea exige maior quantidade de tempo. É muito enriquecedora, pois proporciona numerosos dados acerca das características comunicativo-linguísticas das crianças.

Uma avaliação com tais características implica, em primeiro lugar, obter uma amostra das produções da criança que seja representativa de sua competência comunicativo-linguística e, por isso, é importante determinar onde e com que interlocutores se obtém a amostra. Em geral, o mais conveniente é contar com pessoas do ambiente da criança em contextos naturais (casa/escola). A principal vantagem dessas situações é que são mais naturais e permitem obter dados acerca do estilo e da qualidade dos intercâmbios que habitualmente estabelecem com a criança os interlocutores à sua volta. Também é importante decidir que sistema de registro (visual, auditivo e/ou gráfico) será empregado. Quando se trata de avaliar sujeitos com dificuldades comunicativas ou com importantes limitações linguísticas, o vídeo é particularmente indicado, já que permite registrar toda a informação gestual que se produz.[4]

Uma vez obtida a amostra, é preciso fazer as adequadas transcrições e, a partir daí, a análise posterior dos dados. Existem diferentes sistemas de transcrição (ver Siguan et al., 1990). Nos últimos anos, com a incorporação da informática como ferramenta de trabalho, desenvolveram-se alguns sistemas de transcrição por computador. O mais difundido deles é o CHILDESH, composto por um sistema de transcrição, um conjunto de análise

QUADRO 4.7 Vantagens e inconvenientes das diferentes estratégias de avaliação

	Vantagens	Inconvenientes
Teste	– Proporciona dados objetivos – Maior controle da situação – Permite comparar sujeitos entre si – Rápidos e fáceis de administrar	– Os contextos de avaliação, assim como um bom número de itens, são artificiais – Não avaliam a linguagem de forma completa
Amostras de linguagem espontânea	– Mais representativas da competência real do sujeito	– Dificulta a comparação de sujeitos entre si – Consome grande quantidade de tempo

QUADRO 4.8 Algumas provas empregadas para a avaliação da linguagem

Nome da prova	Aspectos que avalia		
	Fonologia	Morfossintaxe	Conteúdo
Registro fonológico induzido (Monfort e Juarez, 1989)	×		
Avaliação do desenvolvimento fonológico (Bosch, 1984, 1987)	×		
TSA: Teste de Morfossintaxe (Aguado, 1989)		×	
PPVT: Peadoby PictureVocabulary Test (Dunn, 1959) (Adaptação espanhola, MEPSA)			×
Teste Boehm de conceitos básicos (Boehm, 1969) (Adaptação espanhola, TEA)			×
Escalas Reynell (Reynell, 1977) (Adaptação espanhola, MEPSA)		×	×
ITPA. Teste Illinois de habilidades psicolinguísticas (Kirk, McCarthy e Kirk, 1968) (Adaptação espanhola, TEA)		×	×
PLON: prova de linguagem oral de Navarra (Aguinaga et al., 1989)	×	×	×

de dados e uma extensa base de dados evolutivos.

A principal virtude das amostras de linguagem espontânea é que permitem realizar análises qualitativas muito detalhadas. Além disso, ao oferecer um grande número de dados, também permitem extrair alguns índices quantitativos, como, por exemplo, a Extensão Média do Enunciado (MLU), o Grau de Variabilidade Léxica, o Índice de Complexidade Sintática ou o Índice de Dominância Conversacional.[5]

Para facilitar a coleta e a análise das amostras de linguagem espontânea e de entrevistas, desenvolveram-se alguns instrumentos que podem ser muito úteis. Como exemplo, podem ser citados dois protocolos publicados recentemente: o protocolo de Avaliação da Comunicação "ECO", adaptado de Dewart e Summers por Hernández (1995), e o conjunto de protocolos "A-RE-L", desenvolvidos por Pérez e Serra (1998). O primeiro deles (ECO) permite coletar informações acerca das funções comunicativas, a resposta à comunicação, a participação em situações de conversa e as características mais relevantes do contexto. Por sua vez, o A-RE-L permite elaborar um perfil da linguagem do sujeito que inclui aspectos léxicos, morfológicos e sintáticos.

A INTERVENÇÃO NOS PROBLEMAS DE LINGUAGEM

Enfoques metodológicos

Tradicionalmente, os programas de intervenção logopédica caracterizaram-se por responder a modelos de tipo "formal"; isto é, a enfoques nos quais se atribui mais importância aos conteúdos de tipo estritamente linguístico. Tais enfoques baseiam-se na instrução explícita dos componentes da linguagem, seguindo normalmente uma ordem de complexidade crescente dos elementos que vão ser aprendidos (fonéticos, fonológicos, léxicos ou gramaticais). O educador fixa de antemão os objetivos e as atividades que serão realizadas.

A partir dos anos 80, adquiriram maior importância os modelos de intervenção "funcional", em que as interações e, em última análise, a pragmática da linguagem constituem a base para o desenvolvimento dos programas, tanto no que diz respeito aos conteúdos como aos procedimentos de ensino. Os enfoques naturais ou funcionais partem da suposição de que a maneira mais indicada para aprender a linguagem é participar de interações comunicativas o mais naturais possível; em certa medida, reproduzem os modelos maternos. Nos enfoques de tipo funcional, o logopedista adapta-se aos interesses e às motivações da criança e não são fixados de antemão os conteúdos linguísticos explícitos.

Nem sempre, porém, se pode manter esse caráter aberto e natural em todas as situações de intervenção terapêutica. Além disso, para algumas crianças com nível reduzido de participação, é difícil extrair e interiorizar certos elementos linguísticos a partir de situações naturais ou funcionais. Em geral, o mais adequado é combinar na intervenção os dois enfoques. Nessa linha, Juarez e Monfort (1989) propuseram um modelo de intervenção em três níveis:

1. O primeiro nível é essencialmente interativo. Sua principal diferença em relação a situações completamente naturais da vida cotidiana é que o logopedista planeja e organiza situações de interação e lhes dá maior estabilidade.
2. O segundo nível introduz-se na programação de determinados conteúdos (seja em nível lexical, fonológico, sintático, etc.). Neste segundo nível, existe maior seleção e sistematização dos conteúdos que se vai trabalhar.
3. O terceiro nível é orientado para o ensino de determinadas condutas linguísticas mediante exercícios dirigidos e cuidadosamente programados de antemão pelo adulto.

Um elemento cada vez mais importante nos processos de ensino da linguagem é a utilização dos sistemas aumentativos de comunicação. A pertinência de seu emprego e a escolha do sistema mais adequado dependerá das características da criança e das condições do ambiente (familiar e escolar) em que ela se desenvolve.[6]

O papel da família e o papel da escola

Muitas crianças com problemas de linguagem requerem uma intervenção específica e individual para superar as dificuldades no contexto da escola (a cargo do professor de audição e linguagem) ou no marco reabilitador/clínico de outras instituições. Como já comentamos anteriormente, trata-se, em geral, de contextos estruturados e planejados, nos quais as crianças realizam suas aprendizagens de forma paulatina.

É muito importante que as intervenções individuais coordenem-se o mais estreitamente possível com os ambientes familiar e escolar da criança, já que é nesses contextos que ela passa a maior parte de seu tempo e nos quais se encontram os interlocutores mais significativos. Não se trata de converter pais e professores em terapeutas, mas de aproveitar aqueles contextos mais naturais e espontâneos e que podem estimular e favorecer a generalização das aprendizagens que se realizam nas sessões de intervenção. A hora da refeição, o parque, os passeios extraescolares, o pátio, a visita a outros familiares, etc. oferecem inúmeras oportunidades para "pôr em prática" e exercitar as aprendizagens e para potencializar novas aprendizagens impossíveis de se conseguir em uma situação formal de intervenção.

Quando os professores perguntam o que devem fazer na sala de aula em relação às crianças com problemas de linguagem, a resposta é: comunicar-se mais e melhor e estimular interações frequentes, ricas e variadas entre os alunos. Esta afirmação é válida também para crianças com problemas muito diversos.

Com já vimos, há uma série de fatores que podem influir na linguagem e na aprendizagem da criança, como a integridade sensorial, física, intelectual e emocional. A maior parte destas variáveis, contudo, está fora do controle dos educadores. Estes devem procurar incidir sobre as variáveis que estão efetivamente sob seu controle. A título de resumo, serão expostas a seguir algumas orientações básicas para o trabalho dos educadores:

a) Partir dos interesses, das experiências e das competências da criança. Adaptar-se à criança, tanto ao seu conhecimento e à sua experiência como a suas habilidades comunicativas e linguísticas. Ajustar os diferentes elementos da linguagem aos conhecimentos prévios e às possibilidades compreensivas das crianças. A adaptação, porém, não deve ser entendida como sinônimo de empobrecimento e fracionamento. Não se trata de limitar ou de empobrecer o estímulo linguístico que a criança recebe, mas de torná-lo mais acessível, procurando "andaimar" e favorecer sua aprendizagem.

b) Fazer comentários sobre a atividade ou o tópico que se aborde. Costuma ser um meio mais facilitador da interação e mais enriquecedor do que as constantes perguntas que, frequentemente, balizam as interações que se estabelecem com as crianças.

c) Evitar corrigir ou pedir que a criança repita suas produções erradas ou incompletas. Tal atitude pode aumentar a sensação de fracasso na criança e inibir ainda mais suas iniciativas de comunicação. Costuma ser mais útil que o adulto repita (corretamente) as produções das crianças e, sobretudo, que realize expansões do que foi dito pela criança; expansões estas tanto de tipo gramatical como semântico.

d) Dar tempo à criança para que possa se expressar.

e) Reforçar os êxitos. Com muita frequência, as crianças com dificuldade em linguagem recebem uma informação clara quanto a seus fracassos. Poucas vezes, porém, são reforçadas por aquilo que são capazes de realizar. Dar aos alunos uma imagem de suas competências os ajudará no desenvolvimento de sua autoestima e de sua segurança pessoal, o que, por sua vez, influirá na maneira de enfrentar o próprio déficit.

f) Encorajar o uso da linguagem em diferentes funções: descrever experiências, fazer perguntas, expressar sentimentos, dar informações, fazer julgamentos e previsões, etc.

g) Proporcionar oportunidades de ampliação do uso da linguagem além do aqui e agora.

h) Fazer perguntas abertas que possibilitem respostas diversas e dar tempo à criança para que possa expressar-se.

i) Utilizar todos os meios que facilitem a compreensão da mensagem e o bom estabelecimento da interação comunicativa: gestos, expressões faciais e corporais e, se for o caso, algum sistema aumentativo de comunicação.

j) Levar em conta que as crianças com dificuldades de linguagem podem sentir-se inseguras em situações em que haja um grande componente de discussão oral e de leitura e escrita. Nessa linha, é importante utilizar todo o tipo de representações visuais que apóiem o tema tratado: gráficos, desenhos, etc.

k) Aproveitar as situações de jogo, especialmente no caso de crianças pequenas. O jogo proporciona um contexto muito rico para o uso da linguagem.

l) Assegurar o fluxo de informação entre a família e a escola.[7] É comum os pais não conhecerem o trabalho que se realiza com seu filho na escola e, consequentemente, não podem apoiá-lo e completá-lo. O mesmo ocorre em sentido inverso. Um simples caderno de anotações para a transmissão de informação entre pais e educadores pode ser de grande utilidade. Desta maneira, é mais fácil conseguir que as estratégias de intervenção sejam implementadas de forma complementar por diferentes agentes educativos em situações diversas.

NOTAS

1. Para dados de diferentes aspectos do desenvolvimento gramatical em crianças espanholas, pode-se consultar, entre outros, Hernandez Pina

(1984), Pérez Pereira (1984), Sebastian (1991), Cortés e Vila (1991) e Clemente (1995).
2. Uma boa revisão encontra-se em García (1992).
3. Ver o Capítulo 14 sobre a avaliação psicopedagógica para o desenvolvimento deste tema.
4. Informações mais detalhadas sobre condições para a obtenção de amostras de linguagem podem ser encontradas em Siguan e colaboradores (1990) e Valmaseda e colaboradores. (1991).
5. Para mais informações acerca desses índices e o procedimento para calculá-los, pode-se consultar Siguan e colaboradores (1990) e Clemente (1995).
6. Os sistemas alternativos e aumentativos de comunicação são abordados no Capítulo 11.
7. O Capítulo 17 desenvolve o tema das relações entre a família e a escola.

5 A linguagem escrita e suas dificuldades: uma visão integradora

EMILIO SÁNCHEZ

A leitura, ou melhor, a competência para operar com a linguagem escrita, tem uma característica em nossa cultura que faz dela algo extraordinário: *deve* ser adquirida, e em um altíssimo grau de perícia, por toda a população. Tal aspiração nos parece tão justificada e necessária que não reparamos na envergadura e na novidade que encerra. Basta pensar por um instante na pretensão – sem precedente – de que *toda* a população adquira uma habilidade com um alto nível de maestria. É comum que qualquer habilidade (o manejo de um instrumento musical ou a condução um veículo, por exemplo) seja dominada, pelo menos plenamente, por uma parcela limitada da população que conta ou com uma experiência de formação excepcional, ou com circunstâncias e condições pessoais também excepcionais.

Com a linguagem escrita não ocorre o mesmo: aspiramos a que toda a população escolarizada possa utilizá-la para adquirir novos conhecimentos ou reconstruir os próprios pensamentos. Um êxito de altíssimo nível que hoje se reivindica cotidianamente nas classes de ensino médio, e que há apenas algumas décadas era alcançado unicamente por uma minoria.

Por essa razão, as dificuldades para operar com a linguagem escrita só se tornam relevantes ali onde toda população deve adquirir um domínio completo. Sem esse acontecimento histórico, passariam despercebidas ou seriam insignificantes. São, em última análise, um fenômeno da civilização.

É nesse contexto que devemos entender as dificuldades. Assumindo esse ponto de vista, veremos quais as habilidades que em si mesmas poderiam ser desprezíveis, mas que podem passar a ter uma importância enorme na vida das pessoas envolvidas e nas teorias que tratam de explicar suas dificuldades.

Para prosseguir nessa linha de pensamento, convém esclarecer que o domínio da linguagem escrita supõe a superação de dois desafios muito importantes que, além disso, têm uma natureza bastante distinta. O primeiro consiste em adquirir as habilidades que permitem passar da ortografia das palavras à sua fonologia e ao seu significado (ou, no caso da escrita, da fonologia à ortografia). Trata-se de habilidades muito específicas que correspondem, a grosso modo, ao que habitualmente se entende como a *mecânica* da leitura (contudo, pode-se ver mais adiante o caráter equivocado do termo). Nestas páginas, empregaremos a expressão *reconhecimento das palavras* para nos referirmos a tudo isso.

O segundo desafio consiste na utilização dessas habilidades para a comunicação com os outros. Uma comunicação, como se assinalou reiteradamente, *a distância* (para além do espaço e do tempo imediatos), que requer o desenvolvimento de recursos retóricos e cognitivos extremamente sofisticados que se assentam nas competências linguísticas orais, ao mesmo tempo em que as transcendem.

Para complicar mais as coisas, um – "o mecânico" – deve integrar-se progressivamente no outro – "o comunicativo" – ao longo de um extenso período de tempo.

Não é de se estranhar muito a constatação de um importante grau de fracasso nesse ambicioso empenho e o fato de ter surgido, talvez por isso, um bom número de tensões e dilemas, tanto no momento de abordar o ensino como no de entender a natureza das dificuldades dos alunos. Dilemas que, de uma maneira ou de outra, nos acompanharam nestes últimos anos e cujo esclarecimento é necessário para chegar a uma conceituação adequada das dificuldades.

A pretensão deste capítulo é tentar oferecer a imagem mais ampla possível sobre a intervenção educativa nessas dificuldades. Com tal objetivo, dedica-se o primeiro item a resenhar os dilemas que enfrentamos. Em segundo lugar, revisam-se os conhecimentos sobre a linguagem escrita, especialmente os correspondentes à leitura. Em terceiro lugar, analisam-se as diferentes dificuldades que podem surgir. E o quarto e último é dedicado a reconsiderar os dilemas de partida. A novidade deste capítulo reside não tanto em rever os conhecimentos sobre a linguagem escrita e suas dificuldades, algo que tem sido feito repetidamente nestes últimos anos em diferentes trabalhos, mas em situar tais problemas em uma perspectiva integradora e educativa.

DILEMAS SOBRE A LINGUAGEM ESCRITA

Por onde começar para ensinar a linguagem escrita?

A primeira tensão aparece no momento de conjugar a aquisição dos dois tipos de habilidades que acabamos de mencionar: as de caráter "mecânico" e as de caráter "comunicativo". Assim, por um lado, deve-se defender que o essencial é que os alunos encontrem um verdadeiro sentido para seus encontros com o impresso e sejam partícipes das possibilidades comunicativas que a linguagem escrita oferece, com todo seu fundo emocional, cognitivo e social. Por outro lado, também se pode argumentar que, sem dominar as habilidades mais básicas e elementares (reconhecer palavras, por exemplo), é impossível esse uso comunicativo e, por isso, é necessário garantir sua automatização (o que requer uma prática continuada e sistemática).

Como se resolve essa dupla exigência? Uma posição, criticada com toda a razão, é separar no tempo a aquisição das habilidades específicas do uso comunicativo da linguagem escrita. Seguindo essas ideias, reservam-se os primeiros momentos do ensino para que os alunos adquiram a mecânica da leitura e, posteriormente, uma vez atingido o mínimo desejado, facilita-se a eles a experiência de uso. Em outras palavras: primeiro se ensina a ler e a escrever e depois a compreender e a redigir. Tal posição costuma ser interpretada, com maior ou menor justiça, como tradicional.

A posição contrária insiste em centrar todo o esforço em proporcionar aos alunos situações comunicativas nas quais o uso da linguagem escrita seja relevante, assumindo que esse uso proporcionará, por si mesmo, a experiência necessária para adquirir as habilidades específicas. Trata-se, então, de provocar situações em que os alunos tenham de se comunicar (compreender e redigir) e em que se ponham em jogo e se exercitem as habilidades para reconhecer e escrever palavras escritas. Essa posição foi defendida em inúmeras ocasiões, e, em sua última versão, a *linguagem integrada* encontrou em Kenneth Goodman seu maior defensor (ver Goodman, 1990).

É possível imaginar posições mais integradoras. A questão que desejamos levantar por ora é que o tratamento das dificuldades na linguagem escrita depende de como nos situamos diante de tal dilema que, na realidade, depende do que se analisa no item seguinte: o que é importante?

O que é importante na linguagem escrita?

"Mas o que é importante?". Essa é a pergunta que surge entre os docentes, os orientadores ou os professores de um ciclo ou de uma etapa quando analisam o caso de um aluno ou tomam decisões sobre o projeto curricular. Quando admitimos que o importante é compreender, expressar-se ou comunicar-se, questões como a exatidão do que se lê ou a fluidez terão pouca ou menor importância. E, quando se sustenta que essas "rotinas" são imprescindíveis para poder expressar-se por escrito ou para compreender um texto escrito, elas ganharão legitimidade.

Mais uma vez, é relativamente simples imaginar soluções intermediárias (por exemplo; "tudo é importante"), mas na prática não é fácil proceder a tal integração. Em todo caso, esse segundo dilema condiciona a visão das diversas dificuldades que possam surgir ao longo da escolaridade.

Existem realmente dificuldades de aprendizagem?

A visão das dificuldades também coloca alguns dilemas que se deduzem diretamente das opções feitas nos dilemas anteriores.

Assim, por exemplo, se alguém sustenta que o importante é a comunicação e uma abordagem comunicativa no ensino, as dificuldades dos alunos tenderão a apresentar-se como consequência do contexto global, isto é, como a consequência de uma falta de ajuste entre as propostas educativas e as possibilidades e as necessidades comunicativas dos alunos. E se, ao contrário, se admitisse a importância das habilidades de baixo nível, estaríamos mais propensos a aceitar a existência de diferenças individuais, independentemente das experiências comunicativas e educativas que rodeiam o aluno.

Em uma palavra: podemos tender a conceituar as dificuldades como um problema que se origina no contexto ou nas características de cada indivíduo.

Além disso, a importância que se atribui às dificuldades mais específicas varia segundo as concepções anteriores. Assim, as dificuldades dos alunos que não leem com precisão parecerão mais relevantes quanto maior a importância que se conceder às habilidades de reconhecimento, e tenderão a não ser valorizadas no caso inverso.

Intervenção específica ou intervenção global

Finalmente, um quarto tipo de dilema afeta a intervenção. Uma visão mais individualista reclamará uma atenção individual e programas de intervenção muito específicos. Uma visão comunicativa e contextualizadora defenderá, antes de tudo, medidas globais que inevitavelmente afetarão o modo como as escolas entendem a linguagem escrita.

Esses dilemas requerem um marco teórico sobre a linguagem escrita a partir do qual se possa contemplá-los com alguma distância. Seria, porém, um grande erro esquecer a extrema dificuldade que supõe sua resolução. Por isso, é preciso entender que, embora sejamos obrigados a tentar resolvê-los, não teria muito sentido exigir que já tivéssemos conseguido isso.

SOBRE A LINGUAGEM ESCRITA

Referimo-nos às habilidades envolvidas na linguagem escrita de forma muito intuitiva. Na sequência, tentaremos especificar sua natureza distinguindo as habilidades envolvidas no reconhecimento e na escrita das palavras (o mecânico) e as que intervêm durante a compreensão e a expressão dos textos (o comunicativo).

O reconhecimento e a escrita das palavras

Ler uma palavra supõe um ato de reconhecimento. É preciso, porém, diferenciar dois modos de reconhecer uma palavra que, simplificando as coisas, poderiam refletir-se nas expressões *ler com o ouvido* e *ler com os olhos*. Considere-se, a respeito, alguns exemplos. Assim, diante da palavra:

(1) vívlia*

devemos nos perguntar o que reconhecemos. Sem dúvida, não é possível reconhecer a ortografia dessa palavra, que será tão conhecida como qualquer palavra estrangeira, mas deve-se buscar os sons que encerra. Para isso é ne-

---

*N. de R.T. Em Espanhol, *v* e *b* têm o mesmo som.

cessário contar com algum procedimento que permita transformar os elementos ortográficos da palavra em sons: talvez, vi → "bi", vli → "bli", a → "a", até reunir, mentalmente ou articulando, a expressão oral "bíblia". Assim, ao transformar *vívlia* em "bíblia", é possível reconhecer a palavra em questão e chegar a seu significado. Repare-se que, nesse caso, o familiar e, por isso, reconhecível, é a sequência de sons "bíblia"e não a ortografia: *vívlia*.

A situação muda diante deste outro exemplo:

(2) *ligth*

Aqui, se operássemos como antes (1), *l* → "l", *i* → "I", etc., surgiria uma sequência de sons inédita: algo parecido com "ligt" (fonologicamente /lixt/). Uma sequência de sons que obviamente não poderia ser reconhecida auditivamente e, como consequência, não levaria a nenhum significado. Contudo, é provável que *light* seja ortograficamente familiar e possa ser reconhecida visualmente, suscitando o significado de *ligeiro*. Nesse caso, e diferentemente de (1), a experiência de reconhecer a palavra e de chegar ao significado parecem simultâneas e imediatas.

Essas duas operações constituem a essência da teoria mais influente de que dispomos para explicar cognitivamente como se dá o reconhecimento das palavras escritas. É a teoria da via dupla (Coltheart, 1978), que foi amplamente divulgada entre nós (Cuetos, 1990, ou nós mesmos, Sánchez, 1990). Fala-se, assim, da *via fonológica* e da *via léxica*.

A *via fonológica*, ilustrada em (1), consiste essencialmente nas seguintes operações:

a) transformar unidades ortográficas em sons: vi → bi; vlia → blia, o que implica a compreensão do princípio alfabético, segundo o qual é possível estabelecer uma correspondência sistemática entre elementos fonológicos e ortográficos;
b) reunir esses sons em uma representação completa: bi + blia → bíblia;
c) reconhecer essa representação completa (se é que correspondem a uma palavra que oralmente nos seja familiar[1]) e chegar aos conhecimentos semânticos associados a ela.

Duas questões devem ser esclarecidas:

1. Que, para poder transformar unidades ortográficas em sons, é necessário analisar visualmente o estímulo e segmentá-lo em unidades ortográficas apropriadas. É por isso que, embora se tenha sugerido que lemos pelo ouvido, seria necessário matizar essa afirmação: também nesse caso a informação visual é decisiva.
2. Que o tamanho das unidades ortográficas pode ser muito diverso: pode corresponder ao que habitualmente é chamado de letra ou, mais propriamente, grafema (v → b; i → i, etc.), a uma sílaba ou mesmo a conglomerados ortográficos mais amplos. O que define essa via não é tanto o tamanho das unidades ortográficas que devem ser transformadas em sons, mas o fato fundamental de que, antes de chegar ao significado, devemos saber quais são os sons.

A *via léxica*, ilustrada em (2), supõe que o reconhecimento da palavra e o acesso a seu significado são, na prática, dois processos simultâneos. Reconhece-se a ortografia da palavra *bíblia* com a mesma rapidez com que se reconheceria um desenho de uma bíblia ou o objeto em si que constitui uma bíblia. Para isso, é indispensável que a ortografia da palavra seja familiar. Uma vez reconhecida a palavra, deve-se chegar à sua fonologia e, se for o caso, lê-la em voz alta.

É importante assinalar que um leitor competente precisa dominar os dois procedimentos ou as duas vias. As palavras familiares podem ser lidas indistintamente pelas duas vias, embora a léxica seja mais rápida, enquanto as não familiares requerem o uso da via fonológica.

Finalmente, convém advertir que, mesmo quando essas duas vias tendem a automatizar-se e operar mecanicamente, disso não se deduz que devam ser adquiridas mecanicamente. Os trabalhos de Emilia Ferreiro e Ana Teberosky (1982) ilustram claramente como as crianças elaboram a noção do escrito, como isolam suas unidades e como tal processo se inicia, pelo menos em um mundo alfabetizado, muito antes que as crianças participem de uma experiência formal de aprendizagem e ensino. Também o trabalho de Uta Frith e o de Linnea Ehri sugerem que as crianças pré-escolares se empenham ativamente na busca de regularidades entre fonologia e ortografia muito antes do ensino formal.

Caberia concluir, portanto, duas coisas aparentemente contraditórias. Por um lado, que a compreensão do princípio alfabético e das regras específicas que o desenvolvem supõe para o aprendiz um processo ativo de apropriação de um saber cultural. Por outro, que é necessário chegar à automatização das ações mentais que dependem desse princípio e que nos permitem converter sequências de grafemas em fonemas. O primeiro requer um ensino ativo; o segundo, uma prática regular e sistemática que, isso sim, deve desenvolver-se em um contexto o mais significativo possível.

Compreender/expressar-se

Compreender é criar relações, da mesma maneira que redigir supõe evitar a fragmentação ou a fuga de ideias. Essas relações são ordenadas progressivamente, de modo que uma vez criadas umas coloca-se a necessidade de construir outras. De todo modo, é preciso distinguir dois tipos de relações.

a) Umas nos permitem interconectar local e globalmente as informações extraídas do texto.
b) Outras nos permitem incorporar as informações do texto em nosso fundo de conhecimentos.

Além disso, e ao mesmo tempo em que se realizam os dois tipos de inter-relações, é necessário dispor de:

c) Estratégias e habilidades de autorregulação.

No mais, vamos nos deter em cada uma dessas conquistas.

Para interconectar local e globalmente as informações do texto

O primeiro passo para interconectar as informações do texto consiste em relacionar os significados das palavras extraídas da leitura. Assim, ao ler cada uma das palavras da oração

(3) O pároco vendeu a bíblia,

deve-se aceitar que "o pároco" é o responsável (AGENTE) de uma determinada AÇÃO (vender), que opera sobre um determinado OBJETO (bíblia). Segundo alguns modelos (van Dijk e Kintsch, 1983, por exemplo) que procuram explicar esse processo complexo, ao ler a palavra *vendeu*, cria-se a necessidade de completar tal significado com outros que correspondem a determinadas categorias. Nesse caso, seriam ativadas as categorias de agente, objeto e talvez beneficiário da ação (além de outras não obrigatórias: modo, lugar, etc.). Dessa maneira, o que o leitor extrai de (3) é uma determinada rede de relações entre os significados das palavras que chamamos de proposição ou, em termos mais intuitivos, ideia. Graças a isso, o leitor pode parafrasear o que leu conforme as necessidades do contexto: "a bíblia foi vendida pelo pároco", "o que o pároco vendeu foi a bíblia", etc., sempre respeitando as relações (agente, objeto) estabelecidas inicialmente entre os conceitos.

Esse primeiro tipo de integração ou interconexão de significados é apenas o começo de um longo e interminável processo de integrações e interconexões sucessivas. Assim, se (3) continuasse:

(3 cont.) No museu, celebrou-se uma grande festa.

o leitor não apenas deveria elaborar novas ideias ou proposições a partir do significado das novas palavras contidas em (3 cont.):

celebrar-se (AÇÃO), festa (OBJETO), museu (LOCALIZAÇÃO), grande (ATRIBUTO),

como também interconectar essas novas ideias com a anterior.

Como conseguir tal interconexão entre as ideias? Um primeiro passo nesse sentido é verificar que se continua "falando da mesma coisa" e, para isso, é necessário encontrar nelas "algum elemento comum". Em nosso caso, esse elemento não aparece explicitamente nas duas orações, de modo que se prestássemos atenção unicamente ao que é exposto ali, o texto pareceria incoerente. Para evitar isso, o leitor pode acrescentar ao que foi lido em (3) algumas novas ideias trazidas por seus conhecimentos prévios. Essas ideias que se acrescentam a partir do que já se sabe são chamadas de inferências. Assim, se o leitor infere que, por exemplo, "o museu comprou a bíblia", a interconexão entre (3) e (3 cont.) agora seria factível. Na realidade, a leitura das duas orações suporia a construção destas seis proposições:

(4) p1) O pároco vendeu a *bíblia*
p2) Essa *bíblia* foi comprada por um museu (do pároco)
p3) A *bíblia* era muito valiosa para o museu
p4) O *museu* celebrou uma festa
p5) Foi uma grande festa
p6) Este último – celebrar a festa – foi feito *por causa* do segundo – comprar a bíblia.

que são linearmente coerentes, no sentido de que cada uma se conecta com a seguinte através de um termo que serve de fio condutor (bíblia, museu, festa) ou através de relações causais (como no caso da p6), que nos permitem conceber que uma ideia é condição para a seguinte.

A rede de conexões entre cada ideia e suas contíguas constitui um primeiro nível de compreensão, que recebe o nome técnico de *microestrutura*. Subentende-se que quando um leitor não pode criar essas relações lineares (não pode criar a microestrutura), experimentará a sensação de não compreender.

O fato de conseguir essas conexões lineares, embora seja importante, não é suficiente. Assim, se o texto fosse o seguinte:

(5) O pároco vendeu a bíblia
O museu realizou uma grande festa da qual participou o prefeito
A notícia apareceu nas primeiras páginas dos jornais da cidade

talvez seja fácil constatar que em (5) nem tudo tem a mesma importância e que se pedíssemos a um leitor hipotético que explicasse o que entendeu, este não se limitaria a parafrasear todas as ideias expostas; "que o pároco vendeu uma bíblica, que o museu fez festa, que veio o prefeito, que...", e tentaria primeiro formar uma ideia como a refletida em (6)

(6) O museu conseguiu um grande êxito ao adquirir uma bíblica única

que dê sentido a todas elas. Essa macroideia (macroproposição) surge ao se suprimirem algumas proposições que podem ser consideradas como triviais (quem vendeu a bíblia) ou como condições habituais do êxito (celebrar uma festa, sair na primeira página nos jornais).

É suficiente considerar que compreendemos? Talvez nesse caso se sinta que falta saber as condições antecedentes que levaram o museu a comprar o objeto (ou o pároco a vendê-lo) e as ações que precipitaram a compra. Vale a pena ressaltar que não se dá falta de qualquer informação, mas da que corresponde a algumas categorias que conformam um *esquema* mais ou menos flexível.

Nesse caso, temos de pensar que (5) descreve as *consequências* de determinadas ações e para sua compreensão cabal temos de imaginar um *contexto* ("um museu que tem uma boa coleção de obras raras"), um *acontecimento* ("um convento que necessita de recursos financeiros e dispõe de um bom exemplar") que precipita *a ação* ("uma negociação muito difícil") que termina na celebração mencionada em (5).

Dessa maneira, ao ler, podemos nos apoiar em conhecimentos sobre categorias de conteúdos que podem aparecer em um determinado tipo de texto: relatos, argumentações, exposições, etc. Em um relato, por exemplo, podemos esperar que nos reportem as *ações* dos personagens para alcançar uma meta. E, inclusive, que tudo isso apareça sob uma expressão convencionada:

"Era uma vez... (descrição do mundo ordinário dos protagonistas que serve para entender a magnitude do problema que deverá surgir).

"E de (aparição do acontecimento que

repente... gerará um problema).

"Mas então... (início da ação do protagonista para enfrentar as consequências do acontecimento inicial).

Tais convenções iluminam as relações causais (e/ou meios-fins) que medeiam as relações e os acontecimentos ou fatos e podem servir de guia durante o processo de interpretação.

Do mesmo modo, os textos escolares podem convencionar a exposição dos conceitos (definição, exemplos, diferenciação de outros conceitos); a descrição dos países (começa-se descrevendo a geografia física e o clima, em seguida as fontes de riqueza – agricultura, mineração, comércio –, depois a cultura, etc.); dos seres vivos (hábitat, características morfológicas, etc.); ou a exposição das teorias científicas ou filosóficas (primeiro o problema que quiseram resolver; depois a solução que cada teoria apresenta – expondo os conceitos-chave – e, por último, as críticas feitas às teorias). Esses esquemas recebem o nome de *superestruturas*.

É importante ressaltar que os textos oferecem chaves (conectores e sinais retóricos), como "entretanto", "ao contrário", "diferentemente de", "em contrapartida", "um fator que explica...", "como consequência", etc. que nos permitem operar com esses esquemas ou superestruturas causais, descritivos, etc.

Em uma palavra, ao compreender um texto, o leitor deve construir proposições e estabelecer relações de caráter diverso entre elas: cada proposição relaciona-se com suas contíguas (microestrutura) e ao mesmo tempo com outras de nível mais elevado (macroestrutura), entre as quais ainda é possível criar laços de caráter causal, motivacional, explicativo, de identidade ou contraste, etc. Em termos técnicos, denomina-se esse processo de integração da informação textual de base do texto. No Quadro 5.1, isso é mostrado de forma esquemática.

Para incorporar a informação do texto no que já se sabe

Ao comentar (3), ilustrou-se uma noção essencial: que para compreender os textos é necessário realizar algumas inferências. Persiste, porém, o problema de saber quantos co-

QUADRO 5.1 Níveis de atividade na construção de uma representação coerente

INTEGRAÇÃO TEXTUAL	
Níveis da atividade	**Resultado**
(A) MICROESTRUTURA	
Reconhecer palavras escritas	Chega-se ao significado das palavras ou significado léxico.
Construir proposições	Organizam-se os significados das palavras em ideias elementares ou proposições.
Conectar as proposições	Relacionam-se as proposições entre si, tanto tematicamente como, se for o caso, de maneira causal, motivacional ou descritiva.
(B) MACROESTRUTURA	
Construir a macroestrutura	Resultam do texto e dos conhecimentos do leitor as ideias globais que individualizam, dão sentido e diferenciação às proposições decorrentes do texto.
(C) SUPERESTRUTURA	
Inter-relacionar globalmente as ideias	As ideias globais relacionam-se entre si em termos causais, descritivos, problema/solução, comparativos ou sequenciais, etc.

nhecimentos ou quantas inferências podemos ativar e de que tipo. A resposta a tais questões está longe de ser definitiva.

Parece razoável distinguir neste ponto dois níveis de compreensão possíveis, dos quais depende o tipo de inferências ou de conhecimentos prévios que se ativam. O primeiro nível implica uma compreensão relativamente superficial do texto que nos permite compreender *o que se diz nele*. Para isso, é necessário elaborar em nossa mente uma representação coerente do tipo daquela recriada em (4) com relação à venda da bíblia. O segundo nível de compreensão consiste em ir além do texto e recriar em nossa mente uma *representação do mundo* ou da situação que se reporta nele. É o que se denomina modelo da situação.

Nos dois casos, é necessário apelar ao que já se sabe e fazer algumas inferências, embora de natureza distinta. Para conseguir uma compreensão superficial, basta fazer aquelas inferências que permitem conectar as ideias entre si e, por isso, são chamadas de *inferências-ponte*. No texto número 4, as proposições p2, p3 e p6 seriam inferências-ponte. Para conseguir uma compreensão profunda, é necessário alcançar um grau maior de integração entre os conhecimentos prévios e a informação derivada do texto, e acrescentar uma variada e imprevisível quantidade de inferências que se denominam *elaborativas*: em (4) seriam referências elaborativas proposições como "o pároco e o convento tinham um forte apego à bíblia", "a bíblia não podia ser observada adequadamente no convento", etc.

Essa distinção ajuda-nos a entender alguns fenômenos importantes. O primeiro deles é que um aluno pode ser capaz de recordar o texto e, no entanto, sentir-se impotente no momento de utilizar essa informação para resolver novos problemas ou novas questões. O segundo é que as tarefas de avaliação ou as ajudas prestadas pelos professores podem incidir mais em uma ou em outra representação: as perguntas literais, a livre recordação e, em menor medida, o resumo valorizam a compreensão superficial; as perguntas criativas valorizam a compreensão profunda.

É fácil aceitar que o desejável é uma compreensão profunda, contudo os dados indicam que os leitores se limitam inicialmente a realizar as inferências mais necessárias, isto é, as inferências-ponte, que permitem conectar as ideias entre si, e, em todo caso, um número limitado de inferências ligadas aos elementos centrais. Ir além requer normalmente um alto grau de envolvimento na tarefa, que se traduz em atividades como a de se questionar sobre o que leu e nas quais o leitor deve voltar à informação extraída do texto e enriquecê-la com as respostas suscitadas por suas perguntas.

Seria pouco razoável, entretanto, contrapor radicalmente os dois resultados. Na realidade, é preferível ver entre eles a existência de um contínuo, em cujos extremos podemos encontrar uma representação puramente textual (superficial) ou, no polo oposto, situacional (profunda). O importante é entender que a compreensão profunda exige um alto grau de envolvimento e de autorregulação. Essas questões levam-nos a falar de um último tipo de processos: os autorreguladores.

Para autorregular o processo de compreensão: a autorregulação

Pelas razões apontadas no item anterior, a leitura de um texto requer do leitor um alto grau de autonomia e de compromisso com a tarefa, único modo de reconstruir o fio condutor quando este não é evidente ou de exigir de si mesmo ir além do texto. Nos dois exemplos, é necessário que o leitor detecte que algo não está sendo compreendido, identificando a origem dessa não compreensão e também buscando modos de resolvê-la; é o que se denomina *supervisão*. Além disso, o leitor deve rever se o grau de compreensão alcançado ao final é ou não aceitável (*avaliação*). Tal questão está intimamente relacionada ao tipo de meta de compreensão que tenha sido elaborada de antemão ("ter uma ideia geral", "saber se pode interessar-nos ou não no futuro", "compreender plenamente"); é o que se denomina *planejamento*. De todo modo, o leitor deve não apenas atuar sobre o texto, mas, ao mesmo tempo, sobre suas próprias ações, regulando seu curso.

De forma mais gráfica e sintética, apresentamos, na Figura 5.1, os três tipos de operações (coerência, integração texto/conhecimentos e autorregulação) que expusemos neste item.

Observe-se que as flechas duplas indicam que os processos podem ocorrer de forma interativa e simultânea. Apenas se questiona o caso da flecha que conecta o reconhecimento das palavras com a construção de proposições, levando em conta os dados que apoiam a ideia de que o reconhecimento das palavras tende a automatizar-se.

Como tudo é possível

Até agora, mostrou-se a necessidade de realizar algumas operações e determinados processos cognitivos. Ainda é preciso, porém, explicar como se opera com eles durante a interpretação do texto. Nesse sentido, vale mencionar as seguintes características, que foram assinaladas pela maior parte dos modelos sobre a compreensão.

A compreensão é um processo que tende a saturar a capacidade da memória de trabalho.

Da análise dos exemplos que oferecemos, depreende-se a enorme quantidade de processos que intervêm na compreensão. Essa tomada de consciência pode ser ainda mais incômoda se levamos em conta as limitações de nossa memória operativa ou memória de trabalho. Assim, e voltando ao nosso exemplo, para compreender (7)

(7) A venda da bíblia foi muito difícil. Por isso, houve uma festa quando a negociação foi concluída

é necessário conectar a expressão "venda" com "negociação" e, para isso, é preciso manter ativas na memória as proposições envolvidas (a venda foi difícil, houve uma festa), enquanto se continua lendo novas palavras (negociação) e construindo novas proposições ("a negociação foi concluída"). Isso quer dizer que, se por algum motivo, um leitor não conseguisse manter de forma ativa em sua mente as proposições da primeira oração enquanto lê e interpreta a segunda, não poderia conectar "venda" e "negociação" e, consequentemente, o texto seria incompreensível.

Algo semelhante se poderia dizer sobre as demais operações. Assim, para poder consi-

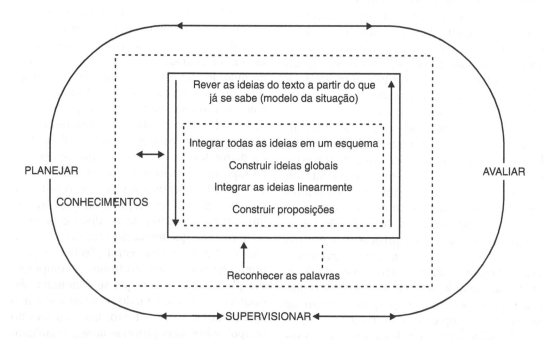

FIGURA 5.1 Processos envolvidos na compreensão.

derar que uma proposição: "O museu alcançou um grande êxito" reflete o significado global de todas as proposições, é necessário tê-las presentes todas ao mesmo tempo e, ao tê-las, constatar que:

- algumas são triviais e pode-se prescindir delas;
- outras constituem componentes de um conceito mais complexo: êxito ou exemplos de outro conceito mais geral: manifestações do êxito.

Não deixa de ser assombroso que possamos realizar todas essas operações (além de inferências, autoquestionamentos, supervisões, etc.) nas margens restritas de nossa memória de trabalho. Talvez agora tenha mais sentido a afirmação de que não é fácil fazer inferências.

A resolução dessa complexa exigência parece depender de dois fatores. Por um lado, de que se opere estrategicamente. Por outro, da automatização dos componentes de menor complexidade.

É um processo que requer a automatização das operações mais elementares. Deduz-se do que acabamos de dizer que se o leitor tivesse de dedicar uma parte importante dos "limitados" recursos da memória de trabalho às operações de baixo nível (reconhecer palavras, construir proposições ou conectá-las linearmente entre si, por exemplo), veria reduzidas suas possibilidades para integrar o texto entre si ou com o que já sabe. Em outras palavras, que, para poder pensar no que se lê, não se deve pensar para ler.

Uma prova decisiva a esse respeito é que os leitores competentes apenas se beneficiam do contexto para reconhecer palavras familiares. A razão é simples: leem as palavras com tal rapidez que a informação do contexto não pode supor vantagem nenhuma no reconhecimento.

Vale a pena ressaltar que para poder automatizar as operações de reconhecimento é necessário ler muito e, para se ler muito, a leitura deve ser em alguma medida uma experiência prazerosa. Por essa razão, se o aluno, por qualquer motivo, lê pouco, desenvolverá em menor grau as habilidades necessárias e em decorrência disso tenderá a ler menos, com o que se acentuariam os problemas iniciais. Keith Stanovich referiu-se a este conjunto de efeitos como o efeito São Mateus.[2]

Uma das consequências mais dramáticas desse efeito é que, como mostra Stanovich em um de seus estudos, quando se comparam sujeitos que leem pouco e de bom nível intelectual com sujeitos que leem muito e de menor nível intelectual, estes têm vantagem sobre aqueles em diferentes provas de vocabulário e conhecimentos. Em uma palavra, o contato com o impresso pode compensar diferenças iniciais na capacidade intelectual. Não é de se estranhar muito que a ausência desse contato gere problemas adicionais aos específicos da leitura, entre eles, a falta de motivação e a perda de confiança nas próprias possibilidades.

É um processo interativo que admite compensações. É importante ressaltar que as operações apresentadas na Figura 5.1 não se aplicam de forma linear: primeiro umas e depois outras, mas desenvolvem-se de forma interativa e parcialmente simultânea. Ou seja: ao mesmo tempo em que se conectam umas proposições com outras (continuamos falando da venda da bíblia), o leitor pode ir criando – de baixo para cima – a ideia global: "o museu obteve um grande êxito". Uma ideia global que, por sua vez, pode facilitar – de cima para baixo – a construção de novas proposições: "foi notícia de jornal", e antecipar ou reclamar outra categoria de informação adicional (nesse caso, o contexto em que ocorreu a iniciação da venda).

Ao destacar que o processo é interativo, cabe argumentar que uma deficiência em um processo (não ter prestado muita atenção em uma das orações ou das palavras) pode ser compensada por outro (o fato de ter construído uma ideia global). É importante, contudo, ter em mente que compensar não é o mesmo que ser eficiente. Assim, um aluno com problemas no reconhecimento das palavras pode, felizmente, compensar esse problema apoiando-se em sua capacidade para intuir o significado global do que se lê. Isso, porém, não significa que possa ler com plena eficiência. A leitura competente requer, como vimos no ponto anterior, a automatização das operações de menor nível.

É um processo que se torna mais fácil quando ocorre em um contexto de colaboração. Dada a complexidade do processo, é fácil entender que seja substancialmente facilitada quando o leitor avança com a ajuda de outra pessoa que possa colaborar para destrinchar a organização do texto, em identificar ideias globais, etc.

É um processo que supõe uma nova forma de utilizar a linguagem. Como assinalaram muitos autores (Vygotsky, 1964, ou o próprio Olson, 1977), a linguagem escrita faz aflorar possibilidades comunicativas que podem ser muito mais complexas que as que se encontram na comunicação oral. Por sua vez, estas novas possibilidades reclamam novos recursos cognitivos, linguístico-retóricos e metacognitivos.

OS ALUNOS COM DIFICULDADES NA APRENDIZAGEM DA LEITURA

Dada a complexidade do sistema de ações que intervêm na compreensão e na expressão escrita, é previsível não apenas encontrar problemas, mas diferentes tipos de problemas.

Em primeiro lugar, podem-se encontrar alunos cujas dificuldades residem no domínio das operações envolvidas no reconhecimento das palavras. Trata-se de alunos que cometem erros ou que são lentos ao operar a via léxica, a fonológica ou ambas, mas que não teriam problemas na compreensão da linguagem. Em geral, são chamados de disléxicos ou, se se preferir, alunos com dificuldades específicas na aprendizagem da leitura.

Um segundo grupo seria constituído por alunos que leem bem as palavras, mas que apresentam sérias dificuldades para compreender e/ou aprender com o que leem. Tais pessoas também poderiam ter problemas para compreender uma explicação oral que tivesse a mesma complexidade que os textos. Pode-se falar aqui de alunos com problemas na compreensão.

Finalmente, também é possível encontrar um grupo de alunos que leem mal as palavras e que, além disso, têm problemas tanto na compreensão oral como na escrita. Esses alunos evidenciariam problemas de compreensão ainda que pudessem ler bem as palavras. Os maus leitores da *variedade jardim* (Gough e Tunmer, 1986; Stanovich e Siegel, 1994) reúnem justamente esses requisitos. No Quadro 5.2, sintetizam-se as características definidoras de cada grupo.

Dificuldades no reconhecimento das palavras

Os sujeitos com problemas no reconhecimento das palavras apresentam um déficit que tem pouca relação com a capacidade intelectual geral tal como é medida pelo WISC. É por isso que se podem encontrar sujeitos com pouca capacidade intelectual que conseguem ler bem, ainda que – obviamente – não sejam capazes de compreender o que leem, e, ao contrário, sujeitos com um QI alto que têm problemas nessas operações.

QUADRO 5.2 Tipos de dificuldades

	Reconhecimento das palavras	Compreensão oral	Compreensão escrita
Disléxicos	–	+	–
Variedade jardim	–	–	–
Problemas na compreensão	+	–	–

Nota: Os sujeitos disléxicos são normais na compreensão oral, deficitários no reconhecimento das palavras escritas e, como consequência disso, têm problemas na compreensão dos textos. Os sujeitos da variedade jardim teriam dificuldades nas três áreas, enquanto os sujeitos com uma compreensão pobre seriam o contraponto dos disléxicos: bons no reconhecimento das palavras e com deficiências na compreensão oral e escrita.

Em geral, entende-se que para poder falar de um atraso específico na aprendizagem da leitura é necessário reunir várias condições:

- que a capacidade intelectual dos sujeitos seja normal (por exemplo, um QI não inferior a 85)[3];
- que se constate um atraso de pelo menos dois anos entre a capacidade geral (avaliada mediante o QI) e o rendimento na leitura (avaliado mediante uma prova padronizada);
- que haja contato com a oportunidade de aprender, isto é, que tenha recebido um ensino convencional, com frequência regular às aulas e uma formação adequada;
- que não haja uma causa que por si mesma possa explicar o atraso, sejam problemas sensoriais importantes, problemas emocionais que tenham impedido a participação do aluno nas experiências de aprendizagem e ensino. Que se tenha um QI normal.

É difícil determinar a porcentagem de alunos que possam reunir esses critérios. Em todo caso, vale dizer que cifras como 3 ou 5% da população são relativamente comuns. O que sabemos deles?

É um problema heterogêneo. Uma primeira ideia é que dentro dos problemas apresentados no reconhecimento das palavras é preciso distinguir diferentes subtipos de problemas. Assim, há alunos com problemas particularmente marcados na via fonológica e sujeitos com problemas particularmente marcados na via léxica. Os primeiros são denominados *disléxicos fonológicos* ou com problemas na via fonológica. Os segundos se denominam *disléxicos de superfície* ou com problemas na via léxica. Além disso, é possível encontrar alunos com problemas em ambas as vias.

Um problema na via fonológica manifesta-se sobretudo na leitura de palavras não familiares, por exemplo, *corla*, diante das quais podem surgir dois tipos de comportamentos:

1. Deter-se em uma leitura fonológica, em que, dadas as suas dificuldades a respeito, encontraremos erros abundantes: "co, cor, corlo".
2. Evitar essas dificuldades lendo por analogia. Nesse caso, os alunos se baseariam nas semelhanças visual e ortográfica dessa palavra com outras familiares, o que pode levá-los a ler "corda" ou "corta".

Em contrapartida, a leitura das palavras familiares pode ser mais fluida e correta. Em última análise, os disléxicos fonológicos leem as palavras familiares muito melhor que as não familiares.

Um problema na via léxica (dislexia de superfície) acarretaria apenas erros na leitura, pois todas as palavras espanholas podem ser lidas corretamente mediante a via fonológica. Somente no caso de palavras estrangeiras, como Renault, apareceriam "erros": em vez de pronunciar "renô" teríamos sequências de sons estranhos como "renault". Uma segunda manifestação é que demorariam o mesmo para ler uma não palavra, *sema*, que uma palavra com os mesmos constituintes: *mesa*. E isso simplesmente porque tenderiam a tratar as duas expressões como se fossem igualmente desconhecidas. Pode-se esperar também uma leitura lenta, silabada e, consequentemente, suscetível de gerar problemas de compreensão.

Finalmente, pode haver alunos com problemas nas duas vias: tendem a ler por via fonológica e, além do mais, com dificuldades.

É notório que a existência desses subtipos ressalta ainda mais, se for possível, a especificidade de tais problemas, pois, como acabamos de ver, eles podem situar-se unicamente em uma das duas vias ou mecanismos de leitura.

É um atraso ou um desvio? Trata-se de uma pergunta com muitas consequências. Se fosse o primeiro, os disléxicos leriam como as crianças menores. E, se fosse o segundo, se poderia esperar que sua leitura fosse diferente. Para resolver a questão, é necessário comparar a leitura dos disléxicos não com os alunos normais da mesma idade, mas com os do mesmo nível leitor, que obviamente devem ser mais novos, isto é, alunos disléxicos de 10 ou 11 anos com sujeitos normais de 8 anos.

Os estudos que fizeram tal comparação constataram que, pelo menos no caso dos disléxicos fonológicos, o modo de ler é diferente. Assim, se são equiparados na leitura de palavras (mesmo número de erros ou mesmo tempo), os disléxicos fonológicos tendem a ser inferiores aos mais novos na leitura de palavras não familiares. E, pela mesma razão, se fossem equiparados na leitura de palavras não familiares (algo não muito simples de se conseguir), os disléxicos fonológicos seriam muito superiores na leitura das palavras (Manis et al., 1996).

O caso dos disléxicos superficiais é diferente: comportam-se de forma muito parecida com a dos alunos mais novos.

Como explicar as dificuldades? Uma possibilidade para explicar tais problemas é apelar para fatores internos, sejam eles genéticos ou decorrentes de algum tipo de afecção neurológica, ou ambas as coisas ao mesmo tempo.

Os dados proporcionados pelo Projeto Colorado, no qual se estudou a incidência de problemas de leitura em gêmeos monozigóticos (que compartilham apenas uma parcela da herança genética) parecem justificar a existência de uma influência genética moderada. No desenvolvimento desse projeto, localizou-se mais de uma centena de pares de irmãos gêmeos mono e dizigóticos em que um deles é disléxico no sentido convencional do termo. Uma vez localizados os gêmeos, avalia-se a leitura do irmão e se estabelece o grau de concordância que há entre eles. Entende-se que se a concordância é maior no caso dos gêmeos monozigóticos, pode-se sustentar a influência genética sobre o transtorno. E foi isso mesmo que se encontrou, especialmente no que se refere às habilidades envolvidas na via fonológica (Rack e Olson, 1993).

Também há evidências que indicam a existência de importantes diferenças individuais na habilidade para criar e memorizar as representações ortográficas das palavras que não dependem da capacidade intelectual. E, mais uma vez, como no caso anterior, e de forma ainda menos intensa, também se constatou uma influência genética.

Tais evidências devem ser tomadas com a devida cautela. Em primeiro lugar, estamos falando unicamente da existência de uma influência genética moderada. Em segundo lugar, temos de recordar o que se disse a respeito do efeito São Mateus, no qual demonstrávamos a enorme importância da experiência ou do contato com o impresso.

Dessa maneira, parece possível concluir que os seres humanos podem diferenciar-se em habilidades muito específicas que intervêm decisivamente em tarefas complexas. Essas diferenças podem ter maior ou menor repercussão dependendo do contexto que envolve o sujeito e de sua capacidade para enfrentar a adversidade. Infelizmente, sabemos que os dois fatores influem, mas desconhecemos o modo como se entrelaça sua influência recíproca.

Qual é a evolução dos problemas? Outra questão essencial sobre a natureza do problema é analisar sua possível evolução, isto é, se com o tempo os problemas desaparecem. Essa pergunta pode ser respondida em parte com base nos trabalhos de Maggie Bruck, nos quais se comparou um grupo de disléxicos adultos que cursavam a universidade com estudantes mais jovens em diversas tarefas de leitura: leitura de palavras isoladas e leitura dentro de um contexto verbal adequado.

Dos dados de Bruck (1990), depreendem-se duas conclusões importantes. Em primeiro lugar, que os disléxicos universitários liam tanto as palavras como as não palavras (particularmente neste último caso) com maior lentidão que alunos de 6ª série do ensino fundamental. Mais interessante ainda, quando se comparava a leitura de palavras isoladas com a leitura das palavras dentro de um contexto, os disléxicos universitários beneficiavam-se em maior grau do contexto, enquanto os de 6ª série liam com a mesma rapidez nas duas condições. Como já sugerimos, isso pode ser interpretado no sentido de que os sujeitos normais automatizam o reconhecimento das palavras e que os disléxicos, pelo menos os de Bruck, não. Se tal conclusão é correta, poderíamos dizer que os disléxicos não chegam a automatizar plenamente essas operações, mesmo quando revelam um alto grau de adaptação ao contexto escolar.

Será que isso é importante? Se considerarmos a teoria, sim. A automatização, como vimos anteriormente, é um requisito para alcançar o domínio pleno da linguagem escrita, de maneira que é previsível que esses alunos gastem mais tempo e energia nas tarefas ligadas à leitura que os alunos do mesmo nível intelectual e acadêmico.

Em suma, cabe falar de problemas ligados ao uso deficiente dos procedimentos envolvidos no reconhecimento das palavras. Tais problemas, como já se disse, afetam os processos mais específicos (converter grafemas em fonemas, por exemplo), que têm pouca relação com a capacidade intelectual global. De maneira mais específica, podem-se encontrar alunos com dificuldades na via fonológica que se manifestaram especialmente na leitura de palavras não familiares. E também se podem encontrar alunos que se desenvolvem com dificuldade no uso da via léxica e, portanto, no reconhecimento das palavras familiares.

Problemas na compreensão

A existência de problemas de compreensão não requer justificativa. Devemos unicamente advertir que, neste item, consideraremos o caso dos alunos que leem bem as palavras e, no entanto, não compreendem (Yuill e Garham, 1991).

As evidências indicam justamente que esse grupo de alunos tem problemas em todas as operações que identificamos. Assim, na capacidade para:

1. Integrar as ideias entre si:
   1.1 Interconectar duas proposições.
   1.2 Estabelecer relações hierárquicas.
   1.3 Operar com os conectores que organizam globalmente um texto.
2. Recorrer ao que já sabem.
3. Regular-se: supervisionar-se, planejar-se e avaliar-se.

Uma manifestação típica do primeiro tipo de problemas é que convertem o que leem em uma coleção de ideias pouco articuladas. Assim, e dado um texto como

(9) A atmosfera é composta por gases, como o dióxido de carbono e o nitrogênio. Outro elemento é o vapor d'água. Essa camada constitui o ar que respiramos e, sem ela, a vida na Terra não poderia ser mantida. Mais interessante ainda é saber que foi a própria vida que criou a atmosfera,

os alunos podem limitar-se a listar diferentes ideias quando têm de se lembrar disso: "que é composta por gases, e tem nitrogênio, e a vida criou a atmosfera". Estamos diante de uma ilustração do ponto 1.3. Ou podem sentir-se impotentes quando têm de resumir (por exemplo, sublinham tudo). Um exemplo do ponto 1.2. Ou podem mostrar dificuldades para reconhecer a identidade que se coloca entre camada e atmosfera: "E há uma camada em que existe ar" – dizem. Uma amostra do problema 1.1.

Uma manifestação típica do segundo tipo de problemas (interconexão texto/conhecimentos) é que tenham dificuldades para realizar inferências-ponte do tipo requerido em (3); que a atmosfera é uma camada. Mais comum, inclusive, é que não sejam capazes de alcançar uma compreensão profunda (construir um modelo da situação) que nesse caso suporia, presumivelmente, uma representação do nosso planeta em que se possa situar especialmente a atmosfera como uma camada que envolve o planeta, com funções e componentes específicos.

Finalmente, uma manifestação típica do terceiro tipo de problemas (os problemas autorreguladores) é que não sejam capazes de determinar onde residem os problemas de compreensão (supervisão). Nesse caso, a manifestação do problema consistiria em que não se dão conta de suas dificuldades para ver um fio condutor entre as ideias que se referem à atmosfera e as que aludem à camada.

Essas dificuldades estão relacionadas entre si, a ponto de podermos falar de um *modo de operar* cujos diferentes componentes coexistem e nutrem-se mutuamente. Se um leitor fragmenta a informação que obtém da leitura, dificilmente poderá selecionar, entre o conjunto de seus conhecimentos prévios, aqueles especialmente relevantes para assimilar a informação do texto (déficit para recorrer ao que sabem), e com o tempo será impossível localizar a natureza das dificuldades (déficit de autorregulação). Também poderíamos encarar isso de outro ponto de vista: o leitor é pouco sensível aos sinais de não compreensão (déficit de autorregulação) e, consequentemente, não opera com todos os recursos que poderia pôr em jogo para analisar a informação do texto e ativar conhecimentos relevantes.

Embora a existência de tais problemas esteja bem documentada, é difícil interpretar a sua natureza. Consideremos, por exemplo, a seguinte possibilidade explicativa: que os problemas de compreensão são consequência de uma memória de trabalho particularmente limitada. É evidente que essa limitação poderia explicar por que os leitores perdem a conexão entre duas ideias ou não podem reparar nem operar com os conectores, mas também pode-se argumentar que tais limitações de memória são, na realidade, resultado da lentidão ou do esforço para levar a cabo esses processos.

Uma segunda possibilidade explicativa é interpretar essas dificuldades como uma consequência de um contato limitado com o impresso. O chamado efeito São Mateus poderia ajudar-nos a entender que, para avançar na leitura, é necessário pôr em jogo o melhor de nós. Dessa maneira, se os alunos leem pouco, terão menos oportunidades de observar as regularidades que apresentam os textos, e seu próprio comportamento em relação a eles e, consequentemente, uma baixa capacidade de compreensão.

Além disso, é preciso levar em conta que o uso da linguagem escrita supõe uma mudança importante no modo de utilizar a linguagem. Uma mudança que poderia ser particularmente difícil para muitos alunos, acostumados com um uso pouco autocontextualizado da linguagem. Desse ponto de vista, os problemas de compreensão são problemas linguísticos e comunicativos.

É óbvio, então, que estamos diante de um tipo de dificuldade menos específico que o anterior. Por isso, podemos esperar que existam sujeitos competentes para tudo, menos para reconhecer palavras, mas é difícil pensar em alguém competente para tudo e com problemas de compreensão.

INTERVENÇÃO

Os conhecimentos que descrevemos nos permitem sustentar a necessidade de conjugar diferentes tipos de medidas. Umas devem dirigir-se aos problemas mais específicos; e outras, aos mais gerais, isto é, a propiciar o reencontro com o escrito como uma experiência comunicativa gratificante. Vejamos o sentido e a natureza de cada uma delas.

Recursos específicos de intervenção

Considerando os conhecimentos vistos anteriormente, assinalamos que os problemas podem ser específicos e, consequentemente, requerer um tratamento de acordo com sua natureza. No caso dos alunos com dificuldades na via fonológica que, como se recordará, têm dificuldades para estabelecer equivalências entre elementos ortográficos e fonológicos, devem-se propor estes objetivos e estas experiências formativas:

1. Ajudar a criança a tomar consciência das diferentes unidades fonológicas da linguagem, sílabas, fonemas, etc., que devem relacionar com os grafemas correspondentes.
2. Ajudar os alunos a adquirir ou a aumentar sua capacidade para operar com as regras de conversão grafema/fonema.

3. Contribuir para que ampliem o grau de automatização de tais regras.

É evidente que nem todos os alunos precisarão do mesmo tratamento. O primeiro objetivo, por exemplo, parece necessário para os alunos que omitem ou confundem as letras. E será mais discutível quando não ocorrerem tais confusões. O relevante, já que não é possível dar conta dos detalhes, é assinalar que a intervenção depende de uma análise relativamente minuciosa do problema específico de cada aluno.

Vamos considerar, porém, uma situação concreta, como por exemplo, o caso de um erro habitual tanto na leitura como na escrita: omitir a referência fonológica de uma grafia (em vez de ler *bra*, lê "bar"; ou ao escrever "bra" faz como *ba*). Parece evidente que esse aluno não opera bem com a via fonológica e que necessita de alguma ajuda para criar a conexão fonologia/ortografia. Concretamente, a tarefa que a intervenção tem de cumprir nesse caso seria a seguinte: como ajudar o aluno a perceber que há um "r" na sequência "tra, bar, dar"?

Uma ideia amplamente defendida na obra de Luria e seus discípulos é a de acentuar a consciência sobre os movimentos articulatórios que ocorrem quando se pronuncia "tra", de tal maneira que o aluno seja capaz de perceber quando há "r" em sua linguagem oral e, portanto, evitar esse "esquecimento". Para isso, deve pedir-se a eles que prolonguem os sons ("bbbbbrrrrrrrraaaaa), que observem as sensações que acompanham esse prolongamento (cócegas nos lábios, cócegas no palato, abrir a boca) e inclusive que deem um nome a essa sensação (formigamento, cócegas, etc.). Graças a esse trabalho, os alunos podem tomar consciência da estrutura sonora das palavras, isto é, que são compostas por diferentes sílabas e sons.

Com o tempo, pode-se ajudar esse mesmo aluno a perceber o som que antes lhe escapava no momento de escrever e de ler.

É preciso destacar, porém, que alguns disléxicos fonológicos têm problemas não tanto de estabelecer as equivalências fonologia/ortografia, mas de fazer isso com a rapidez adequada. Por isso, nesse caso o mais importante é assegurar o uso das regras, mais do que ensinar as regras em si. Vemos, mais uma vez, que o tratamento deve adaptar-se às necessidades do aluno.

Algo parecido se pode dizer a respeito dos problemas na via léxica (dislexia superficial). Aqui, seria o caso de ajudar esses alunos a adquirir um vocabulário visual básico. E, para isso, mais uma vez, é importante propor atividades formativas muito específicas. Uma estratégia factível é ajudá-los a formar um vocabulário ortográfico mínimo que seja bem-selecionado e ir ampliando-o progressivamente. Para isso, pode-se proporcionar uma experiência repetida com as mesmas palavras, configurar um dicionário básico, consultá-lo sempre na realização de atividades potencialmente relevantes.

Da mesma maneira, os problemas de compreensão podem ser dirigidos a proporcionar esses recursos retóricos, reguladores ou de busca de conhecimentos que faltam nos sujeitos com menor nível de competência. Por exemplo, devem-se ajudar os alunos a perceber e a operar com os elementos do texto que iluminam as relações entre as ideias. Uma tarefa útil a esse respeito pode ser a que segue, na qual se pede para comparar duas versões do mesmo texto e estabelecer qual delas é mais fácil de compreender. Assim, pode-se pedir que leiam estas duas versões (8a) e (8b) e que julguem qual é mais compreensível:

(8a) Lusia é um país de mercadores dispostos a dar a volta ao mundo se for preciso para vender suas mercadorias.
Meria é povoada por homens duros e aguerridos.
Os dois países compartilham as mesmas crenças religiosas.
Lusia é um pequeno país costeiro, maior apenas que a província de Salamanca.
Meria é um país imenso, fruto das guerras empreendidas por gerações e gerações de merienses.

(8b) Lusia e Meria são dois países muito diferentes, embora tenham algumas coisas em comum. Lusia é um país de mercadores dispostos a dar a volta ao mundo se for preciso para vender suas mercadorias. Tornaram-se famosos no mundo inteiro por sua empresas comerciais e seus bancos.

Meria, entretanto, é povoada por homens duros e aguerridos, que sofreram milhares de batalhas com todos os povos à sua volta. Seus cidadãos admiram essencialmente a força física e o valor.

Uma segunda diferença é a extensão. No caso de Lusia, trata-se de um pequeno país costeiro, maior apenas que a província de Salamanca.

Meria, ao contrário, constitui país imenso, fruto das guerras empreendidas por gerações e gerações de merienses.

Os dois países compartilham as mesmas crenças religiosas.

Mais interessante ainda é que os alunos justifiquem por que uma é mais compreensível. Espera-se que alunos de 2º ano do ensino médio sejam capazes de perceber que (8b) é mais acessível que (8a), e que isso se deve ao fato de o texto estar mais ordenado. Uma vez que se consiga essa reflexão inicial, deve-se tentar identificar, com ajuda, quais são as diferenças concretas entre as duas versões. O resultado final é que constatem a importância das expressões "uma segunda diferença", "entretanto", "ao contrário", etc., e que entendam que (8) consiste em contrapor as características dos dois países e que há muitos outros textos, com outros conteúdos, que pretendem a mesma coisa: comparar. Pode-se fazer o mesmo com outro tipo de conectores e de esquemas.

Do mesmo modo, é possível ensinar os alunos a fazer perguntas a si mesmos para ver se compreenderam. Ou a se perguntar, após a leitura de um texto, o que já sabem e o que podem chegar a saber. Na Espanha, há um grande número de propostas de trabalho a respeito (Sánchez, 1990, 1998; Carriedo e Alonso, 1994; Vidal Abarca e Gilabert, 1991; Solé, 1992; Garcia Magruga et al., 1996).

Tratamento global (problemas de leitura ou alunos com problemas na leitura)

Até agora falamos de *tipos de problemas*, mas, como se indica no título deste item, o que há, na realidade, são alunos com problemas. Por isso, é necessário contextualizar esses procedimentos em duas medidas de caráter geral. A primeira é garantir o encontro com a leitura. A segunda é ajudar os alunos a encontrar-se consigo mesmos no que diz respeito aos problemas que experimentam com a linguagem escrita.

Para que o aluno se encontre com a linguagem escrita

Para conseguir que o aluno se encontre com a leitura, é necessário garantir uma experiência gratificante, inclusive no caso em que o reconhecimento das palavras é deficiente. Uma ideia que recebeu muita atenção (Lacasa e outros, 1995; Sánchez, 1998) é a de criar situações de leitura em colaboração, em que um aluno com problemas e um tutor leem um texto de grande interesse para o aluno, e de tal maneira que, graças ao trabalho de ambos, seja possível chegar a uma interpretação satisfatória do texto.

O aspecto-chave do procedimento é saber encontrar um papel para o aluno que lhe permita dar uma contribuição autêntica e bem-definida. *Autêntica* quer dizer que o trabalho do aluno deve ser relevante no que diz respeito à interpretação (pelo menos a interpretação de orações simples). *Definida* significa que o aluno tem uma incumbência precisa, da qual pode sentir-se inteiramente responsável e orgulhoso. Resta dizer que, inicialmente, o importante é que o aluno tenha um papel, por menor que seja, no processo. Esse papel, uma vez consolidado, pode ir se ampliando até que se consiga a plena autonomia do aluno (Lave e Wenger, 1991).

Apoiando-se nessa experiência, o aluno pode chegar a conceber a leitura como um acontecimento prazeroso ao qual vale a pena dedicar algum esforço. Uma vez garantida essa experiência, pode-se compartilhar com o aluno algum objetivo ou uma meta mais específica, que justifique e que dê sentido à aplicação de atividades como as indicadas no item anterior.

Para ajudar que o aluno, como leitor, encontre-se consigo mesmo

Mencionou-se, quase de passagem, que os problemas de leitura podem implicar uma atitude inadequada do aluno em relação a si mesmo. Dependendo da resposta que encontrem por parte de pais e professores, tal atitude pode limitar-se à leitura ou generalizar-se a outras áreas e constituir, por si mesmo, um problema a mais além daquele da leitura. De todo modo, é preciso ajudar o aluno a redefinir sua visão das dificuldades que experimenta. Essa redefinição pode consistir em entender seu problema em termos mais operativos e específicos. Isto é, que em vez de se ver a si mesmo como um mau leitor, comece a se ver como alguém que às vezes se confunde com algumas letras (que será preciso identificar) ou tipos de palavras.

Esse trabalho tem um valor intrínseco que não requer maior justificação: o aluno pode aprender que é possível ser ativo em relação a qualquer problema que tenha de enfrentar. Com isso ainda se possibilita que o aluno se envolva nas atividades do tratamento, muitas delas bastante exigentes.

Intervenção individual e curricular

É evidente que muitas das dificuldades que mencionamos podem ser abordadas de um ponto de vista mais amplo e, inclusive, podem evitar sua cristalização. De fato, esse é o trabalho primordial que uma escola deve considerar em reação a tais problemas. Dessa maneira, se se consegue que um maior número de crianças viva a leitura como algo prazeroso (mesmo que em certo grau isso seja difícil para elas), evita-se boa parte dos problemas. Do mesmo modo, se as atividades são planejadas de tal maneira que se acomodem às possibilidades dos alunos, reduz-se a frustração e, inclusive, o número de alunos com os problemas mencionados. Nos termos expostos nestas páginas, essas medidas gerais podem reduzir o efeito São Mateus.

Contudo, seria pouco realista esperar que, graças a essas medidas, se consiga uma eliminação completa dos problemas. Talvez a meta não deva ser tanto a eliminação dos problemas, mas a sua redução. Por isso, é necessário arbitrar ou prever sistemas para identificar alunos com risco ou com problemas cristalizados e antecipar respostas mais individualizadas. Respostas estas que, obviamente, devem ter continuidade com o tratamento da turma.

É interessante destacar que, do ponto de vista do aluno, é igualmente necessário que se preveja essa continuidade. Ele será sempre o mais interessado em encontrar alguma via para conectar a experiência especializada que defendemos aqui com a que é proporcionada pela turma. Em suma, trata-se de conceber um *continuum* entre as medidas globais e as mais específicas e individualizadas.

A intervenção nas dificuldades de compreensão segue a mesma lógica que acabamos de expor. Por um lado, parece necessário proporcionar uma experiência intensiva; por outro, também é necessário criar um contexto de classe propício, no qual a compreensão seja relevante.

DE NOVO, OS DILEMAS

Por onde começar?

Mencionava-se, nas primeiras páginas, a existência de duas posições extremas representadas pela visão tradicional e pela linguagem integrada. De acordo com a primeira, é necessário garantir aos alunos os recursos mais elementares que permitem reconhecer as palavras. De acordo com a segunda, o decisivo é garantir uma experiência comunicativa adequada.

As duas posições podem ser julgadas com maior clareza se as aplicarmos a uma situação da vida cotidiana: ensinar a jogar tênis. De acordo com a primeira posição, o aluno deve dominar primeiro os golpes e só depois jogar partidas de tênis. Essa não é seguramente uma proposta aceitável. Segundo os partidários da linguagem integrada, o fato de o aluno "jogar partidas de tênis" é o contexto no qual deve aprender a dar certos golpes, como o revés ou o *ace*. Essa ideia, inegavelmente atrativa, deve, no entanto, ser revista. Será que realmente podemos acreditar que os alunos aprenderão a fazer o revés simplesmente jogando partidas de tênis? Parece difícil responder afirmativamente à pergunta; isso nos pode levar a pensar que a posição tradicional e a que defende a linguagem integrada constituem, na realidade, duas visões extremas e pendulares da tarefa educativa. Seria legítimo, portanto, buscar uma posição mais integradora, como, por exemplo, aceitar que um aprendiz de tenista deve envolver-se em atividades plenas de sentido (jogar partidas) que *motivem* atividades formativas mais descontextualizadas, nas quais deverá aperfeiçoar alguns movimentos com a raquete (praticar o revés em um paredão). Em todo caso, convém anotar que unir a experiência de uso e a aquisição das habilidades é um problema muito complexo, para o qual não temos uma resposta completa.

Buscando uma integração entre as duas posições, deve-se considerar que:

a) é preciso unir uso e aquisição de habilidades;
b) parece inevitável que haja espaços e momentos dedicados à consolidação de habilidades específicas (reconhecimento das palavras, uso de esquemas organizacionais, habilidades envolvidas no resumo, desenvolvimento de recursos retóricos). Momentos, isto sim, que não podem ser propostos arbitrariamente, mas como resposta às necessidades que o uso da linguagem escrita suscita.

Também vale a pena assinalar, para concluir este item, que o que estamos pedindo a toda população não é que jogue "um pouco" tênis, mas que seja "bom" tenista. Conseguir que toda a população adquira algumas noções e habilidades tenísticas é relativamente simples, como é simples também que uma minoria domine todas as facetas desse jogo. O difícil é conseguir que *todos* acabem sendo bons. Esse é, prosseguindo a comparação, o compromisso – enorme! – que assumimos com respeito à população.

O que é importante?

A resposta é óbvia. O importante é nos comunicarmos. Infelizmente, e como já insistimos muitas vezes, também é importante que uma pessoa seja capaz de reconhecer as palavras automaticamente. Há, a esse respeito, algumas evidências adicionais que reforçam essa ideia:

1. Os estudos que analisaram os movimentos oculares convergem em constatar que os leitores fixam a vista na maior parte das palavras de conteúdo de um texto. Dessa maneira, o contato perceptivo com as palavras parece ser uma atividade *obrigatória* que apenas diante de certas metas de leitura (ler para julgar se o texto é relevante ou para saber do que trata) pode desviar-se (Just e Carpentier, 1980).
2. Há diferenças importantes entre os adultos com estudos universitários na rapidez com que reconhecem as palavras, diferenças que explicam, em parte, aquelas que existem na capacidade para compreender (Cuetos et al., 1997).

Podemos concluir, do que foi exposto, que o reconhecimento das palavras é um passo necessário na leitura de um texto. De forma mais concreta: que os leitores competentes caracterizam-se não por sua capacidade para prescindir da leitura das palavras mediante estratégias de antecipação, mas por ler as palavras de forma tão rápida e automática que podem dedicar todos os recursos à compreensão e, quando for o caso, propor metas de leitura ("ler para ter uma ideia do tema do texto") que não requerem um contato sistemático com o material impresso. Por tudo isso, as dificuldades em reconhecer as palavras constitui um problema de enorme envergadura.

Existem realmente dificuldades?

Como interpretar tais dificuldades? Nesse ponto, e como já assinalamos, há duas posições opostas. De acordo com a primeira, pelo menos um subgrupo das dificuldades se deve essencialmente a peculiaridades ou a deficiências que os indivíduos apresentam. Haveria, por assim dizer, um transtorno na aprendizagem da leitura: uma predisposição a não aprender esse domínio concreto. De acordo com a segunda, tudo dependeria da qualidade de resposta dos contextos educativo, familiar e social às necessidades dos alunos.

Nestas páginas, foram apresentados diferentes argumentos e evidências favoráveis às duas visões. Por um lado, reuniram-se evidências favoráveis à existência de diferenças individuais geneticamente condicionadas na facilidade com que se executam certas operações cognitivas; e, por outro, que o contato com o impresso tem efeitos muito importantes no desenvolvimento da alfabetização. Na prática, isso quer dizer que se pode imaginar a existência de um *continuum* de situações nas quais os dois fatores, em maior ou menor medida, podem predominar. Em um dos extremos do *continuum*, podemos imaginar um aluno que parece ter tudo para aprender a ler bem (contextos familiar e educativo e atitudes pessoais) e, no entanto, experimenta uma dificuldade extraordinária para realizar alguma das operações identificadas nestas páginas. No outro, podemos imaginar alguém que dispõe de um contexto adverso, mas que desenvolve uma boa disposição para aprender a ler.

Para um psicopedagogo, como reafirmamos em outros trabalhos, o importante é ser capaz de operar com todas as possibilidades que concebemos. E seria tão absurdo empenhar-se em uma concepção exclusivamente contextual, como em outra exclusivamente individualista.

Intervenção específica ou intervenção global

Por motivos compreensíveis, as pessoas dedicadas à intervenção nos alunos com dificuldades destacaram a necessidade de um tratamento o mais específico possível. Essa posição pode levar a pensar que se defende um tipo de tratamento desligado ou descontextualizado do restante do ensino. Esta última ideia, tenha sido ou não intenção de seus promotores, é claramente criticável. Por isso, é preciso assinalar que talvez não haja lugar para essa oposição: o desenvolvimento da linguagem escrita requer tanto a presença de uma proposta globalizada e essencialmente comunicativa como a disponibilidade de um amplo e bem delimitado conjunto de recursos de intervenção especialmente dirigidos a cada tipo de problema. Sem contar com este último, as propostas comunicativas poderiam ser insuficientes e, sem esse marco global, as propostas específicas que houvessem poderiam ser inóspitas para uns e outros.

Nesse contexto seria sensato admitir que:

a) seja qual for a opção global de uma escola, é de se esperar um certo número, maior ou menor, de alunos com problemas;
b) que esses alunos devem ser identificados o quanto antes;
c) que devem requerer uma atenção especializada, e
d) que esta deve ser coordenada com o plano global da escola.

Dessa maneira, devem-se detalhar os diferentes êxitos e, em torno de cada um deles, esperar que alguns alunos experimentem dificuldades que necessitem de prevenção e de tratamento (ver, para mais detalhes: Sánchez, Orrantia, Rueda e Vicente, 1994). Consequentemente, também é possível antecipar medidas que previnam tais problemas e possam intervir nos que existem. É sobre isso que se procura refletir no Quadro 5.3.

Antes de iniciar o desenvolvimento desse quadro, convém fazer duas importantes advertências. Em primeiro lugar, o que se propõe no Quadro 5.3 não pressupõe que a aprendizagem da leitura não siga um padrão rígido de êxitos, mas a única coisa para que se chama a atenção é que esses êxitos devem existir

QUADRO 5.3

Etapas	Êxito	Organização do ensino	Prevenção de problemas	Intervenção nos problemas
Logográfica	Experiência informal com a leitura	Conectar experiência formal e informal	Avaliar experiência informal Criar experiências que incentivem a análise informal do escrito	
Alfabética	Aquisição via fonológica: regras que relacionam grafemas e fonemas	Sistematizar a análise da estrutura fonológica das palavras	Avaliar a capacidade para a análise fonológica Programas de consciência segmentada	Dislexia fonológica
Ortográfica	Aquisição via léxica	Ler para compreender	Leitura conjunta	Dislexia de superfície
Narrativa	Ler e compreender relatos	Sistematizar experiências sobre o relato	Avaliar compreensão	Dificuldades de compreensão
Expostiva	Ler para aprender	Autor regular Esquemas expositivos	Avaliar Interação professor/aluno Ensino explícito de estratégias	Dificuldades no estudo

e que, como já se reafirmou, pode esperar-se que surjam dificuldades específicas em cada um deles. Dessa maneira, a questão não é tanto fazer uma proposta sobre como desenvolver a linguagem escrita, mas sim antecipar os êxitos e os riscos que os acompanham, independentemente da metodologia que se considere adequada.

A segunda advertência é que a proposta que segue só tem sentido quando considerada globalmente. Assim, boa parte das medidas que afetam os *diferentes* êxitos deve ser implementada no mesmo período letivo. Isso é particularmente notório no caso dos relatos, que são onipresentes no desenvolvimento de boa parte das atividades que vamos examinar.

Assim, é preciso distinguir estes êxitos:

1. O primeiro êxito depende do contato informal e espontâneo com o impresso. Graças a essa experiência, as crianças elaboram ideias sobre o que é a escrita, seus componentes, suas funções e, inclusive, constroem em sua mente um primeiro vocabulário que lhes permite reconhecer algumas palavras baseando-se no contorno da palavra ou no contexto no qual ela aparece. Essa primeira conquista conforma o que, nos termos de Frith, era chamada de etapa logográfica. É difícil pensar na existência de problemas específicos nessa etapa. O que nos deveria preocupar antes de tudo é que os alunos não sejam ca-

pazes de experimentar o impresso como algo promissor.

2. Uma segunda conquista é a consolidação da via fonológica e a compreensão do princípio alfabético. Essa via parece exigir que os alunos tomem consciência das unidades subléxicas (sílabas, rimas, fonemas) que conformam as palavras e a aquisição das regras que permitem estabelecer equivalências entre grafemas e fonemas. Segundo as evidências, tal conquista requer algum tipo de instrução formal que pode ser contextualizada na experiência de uso iniciada na etapa anterior. É de se esperar que alguns alunos tenham dificuldades particulares para perceber as unidades subléxicas de sua linguagem e, consequentemente, a existência de regras que permitem passar da fonologia à ortografia. Esses problemas podem ser prevenidos com programas de consciência fonológica. (Na Espanha, há um número enorme de trabalhos e de propostas educativas: Sánchez, Rueda e Orrantia, 1989; Domínguez, 1996; Carrillo e Marín, 1996; Clemente e Domínguez, 1999; DeFior, 1996; Maldonado et al., 1992; Jiménez, 1996).

3. A terceira conquista é a consolidação de recursos para ler lexicamente as palavras. É a etapa ortográfica. Graças a isso, a leitura ganha fluidez e há o favorecimento da compreensão. O desafio dessa etapa é criar a motivação suficiente para a leitura e, nesse caso, a experiência de ler em conjunto relatos atrativos pode ser decisiva, e dela devem participar a família e a comunidade. É de se esperar que alguns alunos apresentem problemas particulares para ler lexicamente ou que tenham um léxico ortográfico muito reduzido. Tais alunos podem ser chamados de disléxicos de superfície.

4. Ao mesmo tempo em que se garante um certo grau de fluidez, e em estrita continuidade com a etapa anterior, deve-se colocar a necessidade de fazer com que os alunos se sintam plenamente autônomos, tanto no momento de compreender como no de escrever relatos. Esta conquista, sem dúvida nenhuma essencial, pode requerer maior atenção e tempo de muitos alunos. Trata-se mais uma vez de indicar a oportunidade de avaliar as necessidades dos alunos e de propor experiências de formação específica.

5. Finalmente, é possível falar de um último êxito: o desenvolvimento da capacidade de ler para aprender e de escrever para pensar. Tais êxitos implicam um alto grau de regulação. Assim, o tratamento de textos argumentativos e expositivos parece ser um êxito básico da escolarização, que requer também uma atenção especial (Camps, 1995; Dolz, 1994; Cassany et al., 1996; Sánchez, 1998).

O importante, naturalmente, não é o esquema concreto que acabamos de expor, mas a percepção da necessidade da existência de algum esquema para organizar os recursos de uma escola e atender à diversidade no desenvolvimento da linguagem escrita.

Terminamos como começamos. O desafio que assumimos em relação à educação é imenso. Talvez a única certeza seja de que não podemos alcançar nossos objetivos agindo da mesma maneira do que quando se tratava unicamente de selecionar os mais dotados para isso.

NOTAS

1. Há a possibilidade de que, uma vez reconstruída a fonologia da palavra, esta seja desconhecida e, nesse caso, não poderá suscitar nenhum significado. É o caso, por exemplo, da leitura de "ahuiemitec".
2. Keith Stanovich utilizou, para referir-se a esses efeitos cumulativos, a parábola dos talentos do Evangelho de São Mateus. Na realidade, e embora às vezes se interprete a parábola no sentido de que quanto mais se tem, mais se terá, e quanto menos, menos, o sentido é muito mais sutil e relevante. Como se recordará, segundo essa parábola, o dono da casa inicia uma longa viagem e recomenda sua fazenda a seus criados. A um, ele entrega cinco talentos, a outro, dois talentos e a um terceiro, um talento. Quando volta para casa, recebe seus criados e lhes pede que prestem contas. O que recebeu cinco talentos devolve-lhe os cinco e outros cinco que obteve após negociar com eles. O que recebeu dois entrega esses mesmos dois e outros dois de lucro. Finalmente, o que rece-

beu um, temeroso de perdê-lo, guardou-o, e na volta de seu senhor só pode oferecer-lhe este mesmo talento. A resposta do amo é contundente: "porque a todo que tem, lhe será dado e ainda sobrará; mas ao que não tem, até o que tem lhe será tirado" (Mt 25, 29). A parábola ensina, em última análise, que "cada um deve render conforme seu talento", e que, portanto, se a pessoa não expõe seu talento, qualquer que seja, "até o que tem lhe será tirado".

3. Na verdade, há sérias dúvidas quanto a que o critério de QI seja decisivo (Siegel e Stanovich, 1994). As evidências mostram, ao contrário, que os problemas no reconhecimento das palavras independe do QI.

6
Problemas afetivos e de conduta na sala de aula

FÉLIX LÓPEZ

INTRODUÇÃO

Até recentemente, a escola se ocupava, do ponto de vista formal, apenas das áreas denominadas acadêmicas. Inclusive se pode dizer que fazia isso sem maior preocupação com os alunos com dificuldades de aprendizagem, porque, ao fim e ao cabo, a essência de sua função era ensinar e avaliar com o objetivo de classificar e selecionar os alunos. Não pareceria particularmente preocupante se muitos deles não fossem aprovados. Os alunos com necessidades educativas especiais, dificuldades gerais e dificuldades específicas de aprendizagem eram levados a outras escolas especializadas em seu problema ou faziam parte do numeroso grupo de fracassados dentro do sistema escolar.

Nas últimas décadas, por motivos sociais e educativos, desenvolveu-se uma verdadeira preocupação em atender aos que têm necessidades educativas especiais e integrá-los de maneira efetiva nas salas de aula. Paralelamente a esse processo, há pelo menos três causas que levaram a focalizar a atenção nos problemas emocionais, sociais e de conduta dos alunos e em sua relação com as dificuldades de aprendizagem.

A primeira dessas razões é que um número significativo de alunos com dificuldades de aprendizagem tem, ao mesmo tempo, dificuldades emocionais, sociais e de conduta. Por essa razão, o Comitê Nacional Conjunto sobre Dificuldades de Aprendizagem (National Joint Committee of Learning Disabilities) incluiu, na definição de problemas específicos de aprendizagem, as deficiências em habilidades sociais, provocando uma enorme polêmica ainda inacabada (Gresham, 1992). Isso deu lugar a numerosos estudos e discussões sobre as relações entre as dificuldades de aprendizagem, as habilidades sociais e os problemas de conduta.

A segunda razão são as pesquisas que questionam o valor explicativo do QI no momento de entender o rendimento da vida real. Tais estudos (Sternberg, 1985) reconhecem a existência de componentes sociais da inteligência e, mais recentemente, falam de inteligência emocional para referir-se a um conjunto de capacidades emocionais e sociais necessárias para se conseguir um bom rendimento, tanto nas relações sociais como profissionalmente (Goleman, 1995). De fato, não se pode entender o lugar que as pessoas ocupam na sociedade sem levar em conta a "inteligência emocional", entendida não como mera capacidade acadêmica, mas também como a capacidade de saber usar os recursos emocionais e sociais na vida real. Salovey e Mayer (1990) cunharam o termo "inteligência emocional" para evidenciar que as emoções impregnam de tal maneira toda a atividade das pessoas que condicionam o rendimento acadêmico, profissional e social. Para esses autores, é fundamental conhecer as próprias emoções, controlá-las, motivar-se, identificar-se com os outros e ter habilidades sociais. Nesta mesma posição, situa-se Gardner (1993), com sua proposta de "inteligência múltipla", na qual reconhece sete tipos diferentes de inteligência, das quais duas referem-se especificamente às relações sociais: a interpessoal, para as relações com os outros, e a intrapsíquica, que permite ter uma imagem exata e verdadeira da própria pessoa.

O importante, em última análise, é entender que o rendimento acadêmico e o rendimento nos diferentes aspectos da vida real só podem ser explicados de uma perspectiva global que leve em conta, além das capacidades inteligentes de caráter instrumental, o manejo das emoções, dos afetos e das relações sociais.

A terceira razão é mais básica e, talvez por isso, é também a mais esquecida. Independentemente da relação entre as dificuldades de aprendizagem e o desenvolvimento emocional e social, por um lado, e entre o rendimento acadêmico e o rendimento na vida real, por outro, o bem-estar emocional e social dos alunos é fundamental em si mesmo, e incentivá-lo deve ser um dos objetivos básicos da escola. O reconhecimento atual da importância dos chamados conteúdos transversais no currículo demonstra tal afirmação. De fato, o bem-estar pessoal e social depende de numerosos fatores que vão além do que ocorre na escola, mas esta pode e deve contribuir para ele. Ao fazer isso, melhora o clima em sala de aula e o rendimento acadêmico dos alunos, se estes estiverem sendo afetados negativamente por fatores emocionais e sociais.

Na primeira parte deste capítulo, concretamente, descrevem-se os problemas emocionais e de conduta que se manifestam em particular na sala de aula e analisam-se suas diferentes causas. Na segunda parte, indicam-se algumas das estratégias educativas para enfrentá-los e, sobretudo, apresenta-se uma proposta educativa para preveni-los.

PROBLEMAS AFETIVOS E DE CONDUTA NA SALA DE AULA

O significado dos problemas

Os problemas afetivos e de conduta são muito frequentes na infância. Embora seu número dependa dos critérios empregados, são muitos os autores que calculam que entre 5% e 15% das crianças na primeira infância e entre 10% e 20% na adolescência apresentam problemas emocionais ou de conduta relativamente importantes. É mais comum ainda que ocorram "sintomas ou problemas isolados". Campbell (1993), em uma revisão sobre psicopatologia e desenvolvimento, afirma que os professores e os pais encontram sintomas isolados em quase metade das populações infantil e adolescente.

Não é fácil, porém, definir o que é um problema na infância e na adolescência. As principais razões dessa dificuldade são as seguintes:

1. Não são os menores que pedem ajuda ou vêm à consulta, mas os pais e os professores que expressam suas preocupações, as quais dependem muito das concepções que estes têm dos filhos e de seu comportamento.

2. Em geral, quando supostamente existe um problema, este depende da forma como os pais e os educadores se relacionam com o menor, mais do que da natureza intrínseca ou estabelecida do possível problema. Na verdade, demonstrou-se em alguns trabalhos que, no caso dos menores para os quais se pedia ajuda, isso dependia mais das características dos pais e dos professores do que das características do problema que supostamente apresentavam as próprias crianças. De fato, o grau de tolerância aos problemas e a forma de julgar o que ocorre é extremamente variável entre os pais.

3. As avaliações que os pais e os professores fazem dos supostos problemas dos filhos e dos alunos têm um baixo grau de concordância. Tal desacordo também ocorre frequentemente entre pais e profissionais.

4. Muitos dos supostos problemas ocorrem em mais de 10% da população infantil ou juvenil. Essa porcentagem costuma ser o corte epidemiológico que, com base em um critério de normalidade estatística, utilizou-se para deixar de considerá-lo como um problema clínico pessoal. Alguns dos sintomas específicos que fazem parte da definição profissional de um problema concreto estão presentes em quase metade da população. A inquietação e a distração, que são características do déficit de atenção por hiperatividade, por

exemplo, costumam estar presentes, segundo os professores, em quase 50% das crianças entre 3 e 7 anos.

5. Os meninos são vistos como mais problemáticos que as meninas, simplesmente porque colocam mais problemas de ordem e disciplina na família e nas salas de aula.

6. As crianças têm uma grande plasticidade para manifestar sintomas, mudar sintomas de supostos problemas e fazê-los aparecer e desaparecer. Além disso, os sintomas e os problemas mudam em função da idade, de modo que o que pode ser visto como problema em uma idade é considerado como normal em outras.

Classificação dos problemas

Uma classificação simples dos problemas que aparecem na sala de aula poderia ser a seguinte:

1. Os problemas emocionais costumam manifestar-se na escola em forma de ansiedade ou de angústia, acompanhadas de manifestações de tristeza, choro, retraimento social, dificuldades de estabelecer relações satisfatórias, desinteresse acadêmico, dificuldades de concentração, mudanças no rendimento escolar e relação inadequada com o professor e com os colegas. A gravidade desses problemas emocionais é muito variável, pois tanto podem ser psicoses infantis ou manifestações de situações conjunturais de estresse mais relacionadas com a vida cotidiana, familiar, escolar ou social. Essa diferenciação nem sempre é fácil, pois, em inúmeros casos, o transtorno emocional infantil por excelência, a depressão infantil, associa-se a problemas de ansiedade e aos chamados problemas de conduta e, inclusive, esconde-se por trás deles.

Com relação à depressão, é importante ressaltar que entre os sintomas que mais se evidenciam na escola estão a falta de concentração, o desinteresse pelas atividades escolares e a diminuição no rendimento escolar. Se tais sintomas escolares estão associados a outros, como o estado depressivo quase que diário, a perda de interesse por quase todas as atividades, mudanças no peso ou apetite, problemas do sono, falta de energia, agitação ou lentidão motora, ideias de morte, etc., sobretudo se esses sintomas duram várias semanas e representam uma mudança no que era a conduta do menor, convém fazer uma consulta aos profissionais de saúde mental, porque é possível que se esteja diante de uma depressão infantil que requer ajuda profissional específica e externa à escola.

A ansiedade assume múltiplas formas, com sintomas escolares bem-definidos:

- A angústia pela separação, caracterizada pela ansiedade excessiva diante de separações breves e pelo medo de perder as pessoas queridas ou de que aconteça algo a elas. Do ponto de vista escolar, caracteriza-se por firme resistência a ir à escola, sintomas físicos nos dias que vai à escola e, na escola, tendência ao isolamento, apatia, tristeza e falta de concentração.
- A fobia escolar, que se limita ao medo e a evasiva da escola ou de situações diretamente relacionadas com ela. Não se trata de uma ansiedade generalizada, mas circunscrita ao âmbito escolar.
- A ansiedade diante de pessoas desconhecidas ou nas quais não se tem confiança, que pode interferir nas relações com os educadores e com os colegas na escola.
- A ansiedade excessiva, generalizada a quase todos os aspectos da vida e que também afeta o funcionamento escolar. Manifesta-se em uma excessiva preocupação com a competência acadêmica, tendência a autoavaliar-se de forma muito exigente, susceptibilidade diante das correções, tensão, intranquilidade nervosa, preocupação com algo e rejeição escolar para evitar enfrentar situações difíceis.

2. As dificuldades emocionais se expressam, muitas vezes, mediante sintomas específicos (tiques, enurese, ecoprese, terrores noturnos, sucção do polegar). Em geral, quando

não são associados a outros problemas, trata-se de transtornos que acabam evoluindo favoravelmente. Não estão necessariamente relacionados ao funcionamento escolar, embora possa ser preciso oferecer ajudas específicas para evitar a ansiedade do menor e da família ou para que não deem margem a dificuldades de relação com os outros ou de adaptação escolar.

3. Os problemas de conduta revelam-se em sintomas exteriorizados, como a agressão, a mentira, o roubo, o vandalismo e outras condutas antissociais. Com relação à escola, as manifestações mais frequentes são a fobia escolar – resistência a frequentar a escola –, a agressão verbal ou física a outras crianças, a rejeição ao educador, a desobediência ao educador, a falta à aula, a agressão verbal ou física ao professor, o vandalismo, com destruições ou roubos e as chamadas condutas explosivas na classe, que criam dificuldades concretas ao clima da aula e ao próprio processo de ensino e aprendizagem: distrair-se e distrair os outros, falar demais, molestar os outros de uma maneira ou de outra, protestar, recusar atividades escolares, não trabalhar em equipe, etc. Isso faz com que haja problemas de disciplina e de organização da classe e causam grande preocupação aos professores, que muitas vezes são incapazes de resolvê-los.

A observação dos pais e dos professores, assim como a comunicação dos filhos com os pais e dos alunos com os educadores, são os melhores meios para detectar todos esses problemas. Desse ponto de vista, é muito importante levar em conta que os problemas dos menores sempre "mostram a cara" de uma forma ou de outra e que, portanto, se os pais e os educadores são bons observadores, particularmente das mudanças bruscas que ocorrem nas crianças, e criam condições para uma boa comunicação, os problemas poderão ser detectados.

Além disso, existem instrumentos diagnósticos adequados para analisar os diferentes problemas que podem apresentar-se no âmbito escolar. Por exemplo, o perfil socioafetivo de La Freniere, Dubeau, Capuano e Janosz (1991) para as crianças da pré-escola e das séries iniciais do fundamental e, com uma orientação mais clínica, os diferentes questionários para pais e educadores, específicos para cada idade, dos 4 aos 16 anos, de Achenbach e Edelbrock (1983, 1986). Este último instrumento, com suas diferentes versões para cada fonte de informação, tem a vantagem de dar um tratamento evolutivo aos problemas, servindo para diferenciar sua gravidade clínica e contrastar diferentes fontes de informação. Dispõe de numerosas escalas, entre as quais se encontra uma específica de ajuste escolar. Além disso, permite globalizar os sintomas em duas categorias muito úteis para a intervenção: a sintomatologia interiorizada – *internalizing* – e a sintomatologia exteriorizada – *externalizing*. Dessa forma, refletem-se dois grupos contrastados de problemas emocionais e de conduta: a conduta inibida, temerosa e hipercontrolada e a conduta agressiva, antissocial e descontrolada.

O segundo tipo de problemas é o que geralmente tem preocupado mais os educadores, porque cria dificuldades na convivência escolar e no clima da sala de aula. Não se deveria, porém, esquecer o primeiro grupo, porque também está associado a dificuldades gerais e específicas da aprendizagem e, sobretudo, porque a escola não deve preocupar-se apenas com a ordem, a disciplina e o rendimento, mas também, como se assinalou anteriormente, com o bem-estar social e emocional.

AS DIFICULDADES DE APRENDIZAGEM E OS PROBLEMAS EMOCIONAIS E DE CONDUTA

Não é fácil resumir os fatos razoavelmente provados, porque os autores costumam limitar-se a pesquisar aspectos muito concretos e empregam diferentes conceitos e métodos que impedem que se estabeleçam comparações claras. Mais difícil é optar por alguma das diferentes explicações que foram dadas a tais fatos.

A descrição da situação

A situação atual do problema pode ser resumida nos quatro pontos seguintes:

1. Os alunos com dificuldades de aprendizagem, em relação aos que não as têm, com mais probabilidade apresentam problemas emocionais, falta de habilidades sociais e problemas de conduta. Com essa afirmação tão contundente, Campbell (1993) resume o fato:

> Considerados em seu conjunto, diferentes estudos indicam que os problemas escolares constituem uma fonte de preocupações para os pais e os professores e que um número relativamente significativo de crianças não funciona muito bem no ambiente escolar. Além disso, as crianças identificadas pelos pais como mal-adaptadas têm pior rendimento que seus colegas nas medidas acadêmicas, são menos competentes socialmente e tendem a apresentar mais problemas de conduta na escola. Finalmente, esses déficits estão associados a diferentes tipos e graus de alterações familiares.

O grau de associação entre alguns desses problemas (dificuldades de aprendizagem, por um lado, e problemas emocionais e sociais, por outro) depende dos diferentes estudos e das diversas condutas estudadas. Prior (1996) considera que se sobrepõem em 50% dos casos, enquanto Kenneth, Kavale e Forness (1996) concluem que 75% dos alunos com dificuldades de aprendizagem podem se diferenciar dos que não as têm mediante medidas de competência social.

Diferentes estudos mais específicos demonstram que não há uma associação entre dificuldades de aprendizagem e deficiências em habilidades sociais, menor reconhecimento social, maior rejeição pelos iguais, interações mais negativas com estes, mais condutas antissociais, autoestima mais baixa, menor pontuação em lugar de controle interno e maior número de problemas de personalidade.

A completa metanálise de Kenneth, Kavale e Forness (1996) é extremamente rica e não dá margem a dúvidas sobre tal associação. Além disso, tem a vantagem de contar com três fontes de informação mais consistentes entre si: os educadores, os iguais e os próprios alunos com dificuldades de aprendizagem. Os professores, além de considerar que os sujeitos com dificuldades de aprendizagem têm menor rendimento acadêmico, afirmam que estão menos ajustados e que são mais inquietos, distraídos e ansiosos. Os colegas reconhecem que os sujeitos com dificuldades de aprendizagem têm pior rendimento acadêmico, aceitam-nos menos e os rejeitam mais, concedem-lhes menos *status* social e interagem menos com eles, encarando-os como menos cooperativos e com menor capacidade de comunicação e empatia. Os próprios alunos com dificuldades de aprendizagem, além de se perceberem como mais carentes de competência acadêmica, acreditam ter mais dificuldades na comunicação não verbal e na solução de problemas; têm um conceito mais negativo de si mesmos e a autoestima mais baixa; por último, pontuam mais alto em lugar de controle externo, tendem a interpretar que o que ocorre depende de fatores que não controlam e que não podem mudar e, com isso, tendem a pensar que nada podem fazer para melhorar seu rendimento.

2. A associação entre as dificuldades de aprendizagem e os problemas ao longo da vida posterior é mais discutida. Enquanto alguns autores consideram que os problemas assinalados se mantêm ao longo do tempo e associam o fato de ter tido dificuldades na aprendizagem escolar com pior ajuste social, desvio social, desemprego e menor grau de satisfação vital (Prior, 1996), outros (Rourke e Fuerst, 1991) acham que não há evidência de que isso ocorra. Seguramente, a discussão pode ser resolvida ao se dizer que, quando uma dificuldade de aprendizagem causa efeitos importantes e estáveis que acarretam o fracasso no sistema escolar e a generalização de efeitos negativos nas relações sociais, é mais provável que tais

efeitos se mantenham a longo prazo. Seja como for, é importante assinalar que, embora se tenha constatado uma correlação (entre o fato de ter tido dificuldades na aprendizagem e os efeitos a longo prazo), quando se estabelece uma relação entre todos os alunos com dificuldades de aprendizagem em face dos que não as têm, isso não implica que todos eles estejam fadados a sofrer essas consequências.

3. Não há um único padrão de personalidade, de problemas de conduta e de habilidades sociais dos alunos com dificuldades de aprendizagem. Os problemas, embora ocorram na maior parte dos casos, não são iguais nem têm a mesma intensidade, como também não é possível oferecer um quadro específico desses alunos em face dos que simplesmente têm um baixo rendimento acadêmico.

4. Um número relativamente significativo de alunos com dificuldades de aprendizagem não apresenta esses problemas emocionais, sociais ou de conduta. Também nesse caso, alguns autores oferecem dados relevantes. Segundo a metanálise feita por Swanson e Malone (1992), entre 22% e 23% dos alunos com dificuldades de aprendizagem têm relações com os iguais similares aos alunos sem dificuldades de aprendizagem; 31% dos alunos com DAs têm o mesmo nível de condutas agressivas; 16% têm o mesmo nível de habilidades sociais e 19% não têm problemas de personalidade.

As explicações

Todos esses fatos permitem aceitar que, em termos gerais, há uma clara relação entre dificuldades de aprendizagem, baixo rendimento acadêmico geral e problemas emocionais, deficiências em habilidades sociais e problemas de conduta. Se na maior parte dos casos foi possível demonstrar que há uma clara associação entre determinados fatos (dificuldades de aprendizagem e déficit em habilidades sociais, por exemplo), pouco se sabe, porém, da natureza dessa relação.

Como indicam diferentes autores (Gresham, 1992; Kenneth, Kavale e Forness, 1996; Prior, 1996), as possibilidades são as seguintes:

1. *As dificuldades de aprendizagem causam déficit em habilidades sociais, problemas de conduta e problemas emocionais.* – A hipótese parece ser correta em termos genéricos; ou seja, é mais provável que as crianças que têm dificuldades na aprendizagem tenham conflitos com os professores e com os pais e sejam menos aceitas pelas outras crianças. O problema está em que é uma explicação muito ampla por duas razões principais. Em primeiro lugar, não explica por que um número significativo de crianças com dificuldades de aprendizagem não apresenta problemas emocionais e de conduta. Em segundo lugar, não explica se os efeitos se produzem pelo próprio fato de haver dificuldades de aprendizagem ou, antes, pelas repercussões sociais, familiares e escolares que geram os problemas na aprendizagem. Essa limitação é particularmente importante, já que o rendimento escolar é um valor familiar e social de primeira ordem, razão pela qual os que não rendem satisfatoriamente são muito pressionados.

Por isso, é fundamental que as crianças com dificuldades de aprendizagem não sejam vistas como culpadas, e que a escola não sacralize como único valor o rendimento escolar, de modo que aqueles que tenham dificuldades de aprendizagem sejam bem-aceitos na escola, na família e na sociedade, circunscrevendo o problema à própria dificuldade de aprendizagem.

2. *Hipótese inversa.* – O déficit nas habilidades sociais, os problemas de conduta e os problemas emocionais causam dificuldades na aprendizagem. Essa hipótese também é correta em termos genéricos. Os problemas emocionais podem dar lugar à falta de concentração, à diminuição do interesse escolar e ao baixo rendimento; a falta de habilidades sociais e os problemas de conduta podem dar lugar a dificuldades na relação com o educador e com os iguais que dificultem o processo de aprendizagem, piorem o clima de aula necessário a este mesmo processo e torne mais difícil o trabalho em grupo. Por outro lado, problemas específicos de oposição ao professor ou má relação com os colegas, baixa autoestima e pensamento fatalista daqueles que pontuam alto em lugar de controle externo (por

exemplo, os alunos que dizem a si mesmos "faça o que fizer, serei suspenso", "não sou capaz de", etc.) podem dar lugar à automarginalização das tarefas ou a diferentes graus de insegurança que causem dificuldades na aprendizagem.

Trata-se mais uma vez de uma explicação razoável, mas genérica demais, porque há crianças com esses problemas cuja aprendizagem escolar não é afetada. Algumas, inclusive, até parecem compensar tais problemas com altos rendimentos acadêmicos. Além disso, tampouco se explica se a possível relação causa-efeito é direta ou mediada, como é provável, pela forma como os pais e o educador enfrentam os problemas emocionais, as deficiências nas habilidades sociais e os problemas de conduta.

3. *As duas hipóteses anteriores podem ser corretas simultaneamente.* – Independentemente de que problema antecede o outro, cada um deles tende a provocar o seguinte. É uma hipótese bastante plausível, se for entendida com um caráter geral e reconhecer-se que não se trata de uma relação necessária, e sim de uma relação frequente, que pode ser evitada caso se consiga romper a interação circular entre os dois conjuntos de variáveis, isolando os problemas e não permitindo que contaminem todos os campos, como tende a ocorrer.

4. *Entre estas variáveis há uma correlação, mas não uma relação de causa-efeito.* – Tal hipótese explicativa é defendida pelos autores que consideram que as pesquisas que pretendem provar qualquer das outras hipóteses não são conclusivas (Gresham, 1992; Kenneth, Kavale e Steven, 1996). Para eles, a atitude mais coerente e parcimoniosa é reconhecer os fatos e trabalhar funcionalmente enquanto não houver outras pesquisas. Não pode ser considerada realmente como uma hipótese, mas, antes, como uma mera descrição de fatos.

5. *Há um ou vários fatores distintos que são a causa comum de todos esses efeitos.* – Essa hipótese, que supõe a existência de um fator comum que explica os problemas na aprendizagem e os problemas psicossociais, foi defendida, com pouco êxito, por aqueles que consideram que tais dificuldades estão associadas a alterações em um dos hemisférios cerebrais ou ao funcionamento cortical anterior ou posterior. As carências metodológicas dos trabalhos, quase sempre feitos com adultos, e uma concepção simples demais das relações entre o cérebro e a conduta provocaram críticas a esses trabalhos.[1]

6. *A relação entre essas variáveis é muito complexa e tais correlações são apenas uma aproximação grosseira do problema*, porque tanto as dificuldades de aprendizagem como os outros fatores podem ser divididos em diferentes subtipos que têm relações distintas entre si.

Nessa hipótese, mantém-se a explicação central da hipótese anterior, mas diferenciando subtipos de dificuldades de aprendizagem. É defendida de forma particularmente contundente por aqueles que consideram a existência de um padrão central específico de habilidades de processamento que causa um subtipo de dificuldades de aprendizagem e problemas socioemocionais específicos que as acompanham (Rourke e Furt, 1991). Para defendê-la, baseiam-se em estudos que parecem demonstrar que há dois subtipos de dificuldades de aprendizagem: os que têm dificuldades em numerosos aspectos do funcionamento psicolinguístico, com afetação da área verbal e auditivo-perceptiva, e os que não as têm nesse campo, mas sim no da aritmética, com afetação das áreas visual e perceptiva, psicomotora, tátil-perceptiva e conceitual. Estes últimos apresentam, de acordo com diferentes estudos, mais problemas emocionais e sociais que os primeiros. Sua patologia emocional mais específica é a tendência a manifestar mais sintomas interiorizados: tendência à ansiedade, retraimento social e depressão. Os dados que se apresentam para confirmar essa tese, porém, não são muito conclusivos. Por isso, não é estranho que tal hipótese, apesar de seu atrativo, seja rotulada por vários autores como meramente especulativa.

O que se pode concluir das relações entre os problemas emocionais e de conduta e as dificuldades de aprendizagem? Pode-se afirmar que existem fatores sociais (gerais e prévios) ou neuropsicológicos (centrais) que explicam a associação entre determinados tipos de dificuldade e determinados tipos de problemas emocionais e sociais. Além disso, é razoável pensar que, independentemente de se acabar demonstrando a existência de causas específicas, trata-se de dois fenômenos que se potencializam mutuamente. A Figura 6.1 revê esse conjunto de interações.

Os problemas emocionais e sociais podem desempenhar um papel importante nas dificuldades gerais de aprendizagem e no rendimento, seja como fator etiológico fundamental ou colateral (por exemplo, por deficiências na motivação, na concentração ou no planejamento da conduta; má relação com o professor ou com os colegas; protesto contra os pais por meio de sua conduta escolar; baixo sentimento de autoestima; baixo sentimento de autoeficácia; ansiedade excessiva; etc.), seja como consequência das próprias dificuldades gerais ou específicas de aprendizagem e do baixo rendimento (por exemplo, provocando conflitos com o professor; consideração negativa dos colegas; baixa autoestima; ansiedade diante dos resultados; rejeição por parte dos pais; frustração das expectativas dos pais; problemas de conduta na sala de aula ou fora dela, etc.). Uma vez desencadeado o processo, é razoável pensar que se inicia um círculo sistêmico no qual cada efeito se converte em causa que potencializa o outro.

Nesse processo, é muito importante levar em conta a influência da família e da escola. Sua ação positiva pode romper o círculo de influências mútuas e contribuir para isolar os problemas, impedindo que se generalizem.

PESQUISAS SOBRE OS MAUS-TRATOS INFANTIS

De maneira geral, pode-se dizer que as crianças com deficiências, aquelas que, por terem um temperamento difícil, adaptam-se mal

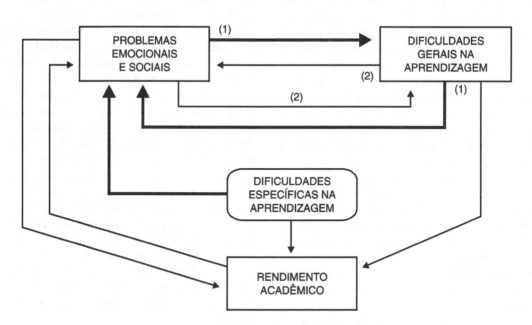

(1) A causa geradora poderia ser "os problemas emocionais e sociais".
(2) A causa geradora poderia ser "as dificuldades gerais de aprendizagem".
(1) e (2) Em ambos os casos, produz-se uma mútua potencialização e uma afetação do rendimento acadêmico. Os traços fortes indicam um papel mais relevante de determinadas dificuldades de aprendizagem e problemas emocionais.

FIGURA 6.1 Sistema de relações causais possíveis.

aos ritmos de comunicação com os pais, as que apresentam problemas de conduta, as que carecem de habilidades sociais e as que têm um baixo rendimento escolar por uma razão ou por outra, favorecem o desencadeamento dos maus-tratos. De fato, os maus-tratos infantis não se explicam apenas em função do ambiente sociocultural, das características dos pais e das situações estressantes concretas que os desencadeiam, mas também em função das características do próprio menor. Dessa forma, cria-se um verdadeiro círculo vicioso de influências mútuas entre fatores que se potencializam entre si.

Por outro lado, os maus-tratos, uma vez produzidos, tendem a provocar problemas de comportamento, dificuldades nas relações pessoais e interpessoais e baixo rendimento escolar. Os efeitos dos maus-tratos a longo prazo também estão bem documentados na esfera emocional, social e comportamental (López, 1995). Por isso, os maus-tratos podem ser tanto um predecessor dos problemas escolares como uma consequência deles, se os educadores e os pais não enfrentarem de maneira adequada as dificuldades de aprendizagem ou o baixo rendimento e recorrem aos maus-tratos físicos ou emocionais.

Os maus-tratos infantis geralmente provocam as dificuldades gerais na aprendizagem e o baixo rendimento, que por si só e associados a outros fatores nocivos que os acompanham (sequelas físicas e emocionais, por exemplo) colocam a criança maltratada em uma situação em que é difícil encontrar motivações para estudar, manter-se concentrada, gozar de estabilidade emocional, fazer planos e ser capaz de cumpri-los. As crianças com deficiências na aprendizagem e baixo rendimento também são menos aceitas pelos pais e é mais provável que se criem situações estressantes por esse motivo ou se potencializem outras que possam existir, aumentando a possibilidade dos maus-tratos infantis. Mais uma vez, pode-se afirmar que os maus-tratos infantis e o baixo rendimento acadêmico potencializam-se mutuamente.

As mudanças bruscas na maneira de ser das crianças nas escolas (atenção, concentração ou interação social), que não podem ser explicadas de outra forma, algumas vezes têm origem em determinadas formas de maus-tratos infantis, como, por exemplo, com relação ao abuso sexual de menores (sofrido por 23% das meninas e 15% dos meninos antes dos 17 anos, segundo o estudo de López et al., 1994). Esse problema costuma manifestar-se na escola com uma mudança brusca na maneira de relacionar-se (retraimento social ou outros problemas de conduta) e de estudar (menores motivação, atenção, concentração e rendimento) e, a longo prazo, associa-se a uma probabilidade maior de fracasso escolar. Tais efeitos podem ser particularmente graves se o abuso é intrafamiliar e reiterado.

Por outro lado, as crianças que fracassam na escola, especialmente se a isso se juntam as faltas reiteradas às aulas, com mais probabilidade sofrem abusos sexuais. Mais uma vez, produz-se a relação circular entre as causas e os efeitos, como uma roda que, uma vez posta em movimento, acelera-se por si mesma.

De fato, quando se estudaram especificamente os fatores de risco dos maus-tratos infantis, chegou-se sempre à conclusão de que as dificuldades gerais de aprendizagem e o baixo rendimento escolar das crianças favorecem (como fatores desencadeantes dependentes do próprio menor) os maus-tratos infantis, e que os maus-tratos dos pais provocam as dificuldades gerais de aprendizagem e o baixo rendimento (ver Figura 6.2).

Não é razoável, contudo, pensar que os maus-tratos deem lugar a dificuldades específicas da aprendizagem, a não ser que, como ocorre em casos extremos, produza lesões importantes e irreversíveis. Chega-se à mesma conclusão de uma perspectiva positiva, isto é, quando se estudam quais são os fatores que protegem dos maus-tratos infantis (ver Figura 6.3).

Esses estudos permitem extrair duas conclusões principais:

1. As dificuldades de aprendizagem e o baixo rendimento escolar fazem parte de um sistema em que se potencializam problemas graves, como a possibilidade de sofrer maus-tratos, e são potencializados pelos próprios maus-tratos infantis e por todos os fatores que os desencadeiam.

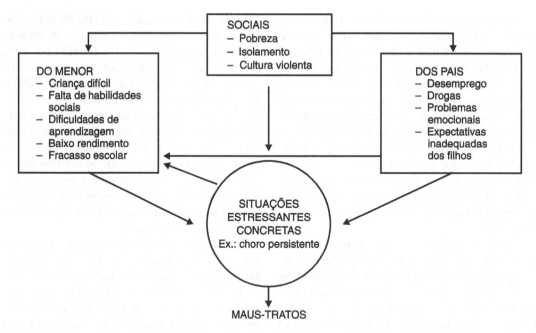

FIGURA 6.2 Fatores de risco dos maus-tratos infantis.

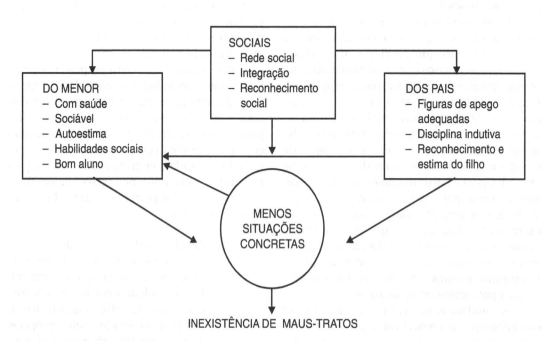

FIGURA 6.3 Fatores protetores dos maus-tratos infantis.

2. O bom funcionamento escolar é um protetor contra fatos graves, como os maus-tratos e os fatores associados a eles, e, inversamente, a ausência de maus-tratos e os fatores vinculados a tal ausência potencializam o bom funcionamento escolar.

PESQUISAS SOBRE PRIVAÇÃO EMOCIONAL

As numerosas pesquisas sobre privação emocional na infância demonstram, em seu conjunto, que os menores que não puderam dispor de pelo menos uma figura de apego tendem a apresentar problemas emocionais, sociais, escolares e de conduta. Embora haja sérias discussões sobre se é a ausência de um vínculo afetivo que provoca por si mesma esses efeitos, ou se são os fatores associados com a falta de uma figura de apego (mais probabilidade de pertencer a uma classe social baixa, acabar em um orfanato, ser pior alimentado, ter menores quantidade e qualidade de estimulação, etc.), a maior parte dos autores afirma que não é possível um desenvolvimento – emocional e social – adequado se não se dispõe de pelo menos uma figura de apego. Essa deficiência emocional e social medeia negativamente não apenas as futuras relações interpessoais íntimas, mas também as relações com os colegas, com os educadores e com os professores, especialmente durante a infância. Nesse caso, é indubitável que se trata de uma relação em que o antecedente, a privação emocional, atua de forma generalizada e estável durante a infância, aumentando o risco de entrar no círculo da inadaptação: dificuldades sociais, problemas de conduta, problemas escolares e baixo rendimento.

A privação emocional grave provoca nas crianças profunda instabilidade emocional, falta de confiança na exploração do mundo físico e social, desmotivação, dificuldades de manter planos a médio e longo prazos, dificuldades de relação com os professores e com os colegas, dificuldades de concentração, etc., todos eles fatores que favorecem, de maneira estável e permanente, dificuldades na aprendizagem e baixo rendimento.

Nesse caso, a privação emocional grave tem efeitos tão generalizados e destrutivos que, se for mantida por longo tempo, pode explicar não apenas o fracasso escolar, mas também o fracasso vital generalizado em quase todos os aspectos da vida. Refazer a vida emocional dessas crianças (o que supõe a existência de pelo menos uma figura de apego adequada) é a única via razoável e possível para tentar conseguir outros êxitos. Nessa suposição, a direção da causalidade é clara e única, no sentido de que é impensável que as dificuldades de aprendizagem ou o baixo rendimento acabem sendo, por si só, a causa do abandono de um menor.

AS CONDUTAS AGRESSIVAS EM SALA DE AULA

Um problema frequente

Um dos problemas sociais que mais preocupam os professores, os pais e as próprias crianças é a frequência com que se manifestam em aula as condutas agressivas. Não é fácil dizer se tais condutas ocorrem hoje mais do que no passado (seguramente ocorriam menos condutas agressivas em relação aos professores e talvez mais agressões entre os alunos); o que acontece é que, hoje, são menos toleradas. Em todo caso, as condutas agressivas parecem frequentes demais e existe um amplo consenso de que é necessário procurar reduzi-las.

Não se dispõe de dados confiáveis na Espanha; contudo, em países da União Europeia, como a Inglaterra, entre 1 de cada 10 e 1 de cada 4 alunos afirma ter sofrido agressões reiteradas na escola ou em seu entorno (Department of Education, 1994). No que diz respeito aos professores, as queixas são cada vez mais frequentes e, em alguns ambientes, generalizadas.

Tipos de agressões

É evidente que os conflitos, entre alunos, entre alunos e professores, pais e professores, filhos e pais, etc., são inevitáveis e, em alguns casos, é desejável que se manifestem. Os conflitos, porém, devem ser resolvidos sem recorrer à agressividade verbal que inclua insultos ou ameaças e, naturalmente, sem usar a violência física. Estas são duas formas de agressividade que devem desaparecer da escola e de seu entorno. Há, ainda, uma outra forma de agressividade mais irracional, embora na realidade só recorram a ela os seres humanos: o abuso e os maus-tratos gratuitos a outra pessoa.

Tal forma de agressividade ocorre entre pessoas que desempenham papéis diferentes: o de agressor e o de vítima. Geralmente, são papéis que perduram no tempo e que tendem a reproduzir uma forma de relação em que o agressor se comporta como dominador, recorrendo a uma ou a várias formas de agressão (insulto, ameaça, mentira de mau gosto ou violência física) para submeter sua vítima. Muitas vezes, não se constatam outras motivações que não sejam o afã de dominar, de chamar a atenção, de desfrutar da própria conduta de hostilidade e da resposta de submissão. O exemplo mais prototípico é o do "brigão", que converte, enfim, em si mesmo a manifestação de seu domínio. Há, todavia, muitos outros casos, como o do professor que sempre se "enfurece" com um aluno ou do pai que maltrata seu filho, por exemplo.

Os efeitos

O primeiro desses dois grandes tipos de agressão (o que tem como finalidade solucionar conflitos) gera uma cadeia de conflitos cada vez mais reiterados e mais graves, provocando uma verdadeira perversão educativa: aprender a recorrer à violência para resolver os conflitos. Tal padrão, infelizmente muito difundido internacionalmente entre os países – os exércitos refletem nossa incapacidade para resolver os conflitos com estratégias adequadas – e muito presente nos modelos que se oferecem nos meios de comunicação, causa danos morais, sociais, psicológicos e, às vezes, físicos, às pessoas envolvidas. Em primeiro lugar, os custos pessoais e sociais costumam ser maiores que os possíveis ganhos – se é que se pode falar disso: o clima ruim na família, na classe ou no grupo de professores, a relação deteriorada com os colegas.

Nessa dinâmica, as relações sofrem deteriorações difíceis de reparar, pois as pessoas envolvidas tiram o pior de si mesmas, a colaboração torna-se difícil, árdua e, às vezes, impossível, a convivência pode criar problemas sérios nos grupos e nas pessoas mais preocupadas em molestar os outros e a fazer esforços de todo tipo para suportar os conflitos. Ao final, o resultado dessa forma agressiva de funcionamento é que se acaba vivendo mal e trabalhando pior. Por outro lado, esse padrão agressivo tende a converter-se em um hábito que salta como uma mola quando se percebe o primeiro sinal de conflito, provocando conflitos que não existiam e multiplicando os efeitos negativos. Pode ser bom para o leitor recordar e descrever pessoas que agem dessa forma e perceber o custo que isso tem para elas e para os outros. Também pode ser oportuno analisar qual é seu padrão de conduta nos conflitos, porque seguramente há um certo estilo relacional que provoca ou evita as condutas agressivas. A aprendizagem de habilidades sociais, a resolução de conflitos e as técnicas de enfrentamento estão entre os melhores recursos da educação formal para desenvolver um estilo relacional eficaz e nãoagressivo.

O segundo tipo de violência, a violência gratuita e reiterada, que gera relações de agressor e de vítima, tem efeitos devastadores para ambos. Suas consequências mais importantes podem ser resumidas nas três seguintes:

1. É muito provável que a vítima sinta sua autoestima afetada e aumente o sentimento de que não pode controlar o que ocorre, isto é, acabe se sentindo indefesa e com a consciência de fatalismo social. Tenderá a isolar-se socialmente e se sentirá estigmatizada e diferente. Também é muito possível que acabe sofrendo de ansiedade, depressão, tensão, medo e culpa. A rejeição à escola, ao trabalho ou ao jogo em grupo, as regressões, o ressentimento

social, a insegurança emocional, a falta de habilidades sociais, as dificuldades gerais de aprendizagem e o baixo rendimento também podem estar entre os sintomas. Se a agressão é reiterada e duradoura, pode acabar deixando sequelas para toda a vida.

2. O agressor pode obter reforços perversos (popularidade, sensação de poder, pequenos ganhos sociais), que levem a consolidar e generalizar seu padrão de agressor. Tal padrão acabará trazendo problemas sociais e, possivelmente, também profissionais; em alguns casos, inclusive penais. Os que apresentam esse padrão têm dificuldades para resolver suas necessidades interpessoais básicas (vínculos familiares, rede social de amigos, relações de casal), tendendo a envolver-se em relações de dominação que implicam numerosos riscos para os outros e para si mesmos.

Em geral, os menores, os professores ou os pais que recorrem a esse padrão também foram vítimas dele e, sobretudo, têm graves carências básicas em seus processos de socialização familiar, especialmente em relação ao apego, à empatia e aos valores sociais.

3. É importante destacar também o papel dos observadores, as pessoas que estão presentes quando ocorrem essas condutas sem participar ativamente delas. Os observadores que não intervêm causam mais dano às vítimas, reforçam o agressor e causam dano a si mesmos, diminuindo sua autoestima, estimulando sentimentos de impotência, de fatalismo e de culpa, tornando-se mais insensíveis ao sofrimento alheio (baixa empatia), enchendo-se de medo do que lhes possa acontecer e adquirindo sentimentos de desconfiança e de pessimismo sobre os demais. Quando intervêm de forma eficaz, reforçam sua autoestima, o sentimento de controle e sua assertividade.

É preciso que, na escola, estudem-se as formas mais adequadas de prevenir, de controlar ou de extinguir as condutas agressivas e violentas. Isso supõe a análise de conteúdos e modelos que se oferecem nos ensinos escolares, o estabelecimento, de forma participativa, de normas claras de conduta e sistemas de controle das mesmas, o incentivo a programas de formação de pais e professores e a segurança de que se desenvolvam programas para alunos nos quais eles sejam treinados em habilidades sociais, empatia e formas de resolver conflitos. No item seguinte essas ideias são complementadas a partir de um enfoque mais amplo, que pretende responder aos diferentes problemas afetivos e de conduta.

PROPOSTA DE ATUAÇÃO

A estratégia mais adequada é a de tipo preventivo. É necessário que o indivíduo, a família, os professores, os colegas de classe e a sociedade em geral evitem esses problemas e não favoreçam a generalização dos efeitos de cada uma de suas possíveis causas. Por isso, é preciso levar em conta que o bem-estar e a saúde, e não tanto o rendimento escolar, devem ser a prioridade individual, familiar, escolar e social. Isso não significa que não se dê importância ao rendimento, mas sim que o desafio é procurar que os alunos rendam bem sem pôr em questão seu bem-estar, e que se alguma dificuldade torna impossível o adequado rendimento, não sejam rejeitados ou subestimados.

Em última análise, trata-se de perguntar-se que conteúdos emocionais, mentais e de conduta devem ser proporcionados para favorecer o bem-estar das pessoas e dos grupos sociais em que vivem. A resposta a esta pergunta tão ambiciosa sempre será parcial e provisória, no entanto deve orientar os programas formais de intervenção com as famílias e, sobretudo, nas escolas. Ao fazer isso, contribui-se não apenas para potencializar o bem-estar das pessoas, mas também para estimular os fatores que protegem das dificuldades escolares.

Uma proposta preventiva globalizadora não deveria centrar-se somente no âmbito escolar, mas teria de incidir também no contexto social. Por essa razão, as políticas sociais que reduzem as condições de risco (pobreza, clima de violência) e incentivam os fatores geradores de bem-estar (serviços de saúde, trabalho, proteção social, moradia digna) têm uma repercussão positiva no âmbito educativo.

Situados exclusivamente no contexto escolar, é possível destacar quatro dimensões principais que devem ser objeto de atenção: pessoal, cognitiva, afetiva e de conduta (Quadro 6.1).

QUADRO 6.1 Conteúdos emocionais e sociais para o bem-estar e apoio dos alunos com problemas escolares

Personalidade	Cognitivos	Afetivos	De conduta
– AUTOESTIMA geral e escolar – AUTOEFICÁCIA geral e escolar – LUGAR DE CONTROLE interno geral e escolar	– VISÃO POSITIVA do ser humano – JUÍZO MORAL pós-convencional – VALORES: diversidade, tolerância, etc. – PLANEJAMENTO DE METAS REALISTAS	– EMPATIA – AMIZADE – REDE SOCIAL – RELAXAMENTO – AUTOCONTROLE EMOCIONAL	– HABILIDADES SOCIAIS – HABILIDADES INTERPESSOAIS – CONDUTA PRÓ-SOCIAL – CONTROLE DE AGRESSIVIDADE

Formação da personalidade

Do ponto de vista da personalidade, é possível destacar três objetivos principais:

1. Melhorar sua autoestima geral e escolar. Dessa forma, os alunos podem reconhecer suas capacidades e suas possibilidades de maneira realista, sem distorções cognitivas que os levem a fazer atribuições errôneas.
2. Melhorar seu sentido de autoeficácia e saber prever as vantagens do esforço e da tarefa bem-realizada.
3. Ajudá-los a entender que boa parte do que lhes ocorre depende deles mesmos e de sua própria conduta (lugar de controle interno). Ou seja, fazê-los descobrir a incoerência de acreditar que nada podem fazer para mudar o curso das coisas, as relações sociais, o rendimento e os próprios problemas.

Para isso, é fundamental que lhes sejam propostas tarefas nas quais possam ter êxito se fizerem esforço. É preciso evitar críticas generalizadas quando ocorrem erros. Pais e educadores devem aceitá-los independentemente de seu rendimento e não podem torná-los vítimas de suas próprias expectativas. É preciso ouvi-los e valorizar seus pontos de vista.

Desenvolvimento cognitivo

Os pais, os educadores e as próprias crianças devem compartilhar uma visão positiva do ser humano e de suas possibilidades. Encontrar sentido para a vida, sentir-se em um mundo acolhedor e acompanhado por seres humanos que têm recursos que lhes permitam também ser pró-sociais e inclusive, em determinadas situações, altruístas. Tudo isso é muito importante para sentir-se querido e aceito, para fazer o esforço de descobrir os melhores recursos próprios, mentais e emocionais, e pô-los à disposição da colaboração e da ajuda.

Essa consideração do ser humano também inibe tanto a agressividade como todas as condutas que causam dano aos outros gratuitamente. Ajuda, sobretudo, a sentir-se biófilo, amante da vida e da humanidade, a ter a autoconsideração, que aumenta o próprio bem-estar e a tolerância dos outros.

Aqueles que pensam que o mundo é hostil e que compartilham a vida com seres irremediavelmente egoístas em todos os seus atos, terão mais dificuldade em entender-se positivamente com os outros, a aceitar e a ajudar os outros e a desfrutar do sentimento do próprio bem-estar. O predomínio atual dos valores de competição torna muito mais difícil a aceitação (própria e alheia) de quem tem dificuldade, superestimando a importância de ser competente na escola e na vida em geral.

Os alunos devem descobrir a necessidade de compartilhar valores e normas (passando do período pré-convencional ao convencional) para que ao final, à medida que cresçam, relativizem os valores sociais dominantes referentes ao rendimento acadêmico e a muitos outros aspectos das relações sociais (passagem do período convencional ao pós-convencional). Atualmente, o peso do êxito escolar é sobredimensionado pelos pais, pelos educadores e pelos próprios alunos. Os dados não correspondem à realidade, como demonstraram muito bem os autores que pesquisaram a importância da inteligência emocional; mas, infelizmente, essa construção social, que atribui uma importância decisiva ao rendimento escolar, produz efeitos devastadores sobre os alunos com dificuldades de aprendizagem e baixo rendimento, convertendo a escola em um fator de risco para eles. Isso favorece que sejam rejeitados ou subestimados pelos colegas, mal considerados pelos professores e que causem decepção aos pais. Ou seja, coloca-os em situação de conflito social generalizado.

Os alunos também devem adquirir os valores humanos universais que lhes permitam ser valiosos socialmente e sentir-se bem consigo mesmos. Valores estes que os reconciliem com os outros e facilitem a colaboração, o ajudar e o saber pedir ajuda. Tais valores, em uma sociedade democrática não confessional, devem ser os constitucionais e os das diferentes declarações dos direitos humanos. Essas declarações são uma das construções sociais mais universais e referem-se a valores que podem ser reconhecidos por todos. Seu alcance não deve limitar-se, como tantas vezes ocorre nos países ocidentais, aos direitos políticos, por mais importantes que sejam, mas devem levar em conta também os direitos econômicos, educativos e sanitários.

EQUILÍBRIO AFETIVO

Do ponto de vista afetivo, o mais importante é que as crianças tenham uma boa história de apego e uma adequada rede de relações sociais em que não faltem os amigos. Isso ultrapassa as possibilidades da escola, porém esta, na medida do possível, deve favorecer a segurança emocional, promover o compromisso dos pais com a educação dos filhos e favorecer as relações com os iguais.

Existe um fator afetivo extremamente importante que pode fortalecer-se não apenas pela educação incidental, mas também pela educação formal. Trata-se da empatia ou da capacidade de colocar-se no lugar do outro, de compartilhar seus sentimentos e de estar emocionalmente inclinado à cooperação e à ajuda.

A promoção da empatia pode ser feita de maneira eficaz com treinamentos simulados e com análises de situações reais que ocorrem na sala de aula e na vida cotidiana dos alunos. Reforçar a empatia ajuda a expressar emoções e a comunicar situações que os alunos estão vivendo; favorece o entendimento de emoções, a compreensão do ponto de vista do outro, o compartilhar sentimentos ou ter uma resposta congruente, que faça com que os outros se sintam emocionalmente apoiados.

DESENVOLVIMENTO E ADAPTAÇÃO SOCIAL

As habilidades sociais em seus diferentes conteúdos, especialmente aqueles referentes às relações interpessoais, à promoção da conduta pró-social e ao controle das condutas agressivas, oferecem a possibilidade de melhorar o próprio bem-estar pessoal e social, trabalhar melhor em grupo e relacionar-se melhor com os professores e os alunos.

Esse programa, é justo reconhecer, é muito exigente para os pais e os professores, que deveriam preparar-se previamente para trabalhar de forma adequada com ele e, sobretudo, para que o currículo oculto não esteja em contradição com tais conteúdos. Desse ponto de vista, a forma como os pais e os professores enfrentam o êxito, as dificuldades ou o fracasso escolar dos filhos e dos alunos convertem-se, em última análise, na pedra angular de um programa com estas características. O trabalho com esses temas, de maneira formal ou incidental, ajuda a transformar as relações entre os agentes educativos, e é a melhor forma de auxiliar os alunos com problemas de aprendizagem.

Muitas vezes, no entanto, os programas preventivos não evitam a aparição de problemas de conduta que causam dificuldades no clima da aula e são diruptivos para a relação de ensino e aprendizagem. Nesse caso, o mais eficaz, além da prevenção, que demonstrou ter influência direta no clima da aula, é recorrer a sistemas de disciplina indutiva que dão ênfase aos seguintes aspectos:

1. A origem consensual ou, pelo menos, refletida das normas. Para isso, deveriam participar todos os agentes educativos inclusive os alunos.
2. A explicação das normas em termos que convençam os que as aplicam e os que têm de obedecê-las. É muito importante dar ênfase à utilidade das normas e aos seus benefícios sociais e individuais. Para isso, é útil dedicar um tempo à explicação do sentido destas e à discussão com os alunos sobre as possíveis mudanças.
3. A possibilidade de que as normas sejam discutidas por aqueles que têm de obedecê-las.
4. A aceitação de que as normas podem mudar se houver boas razões para isso.
5. O compromisso de que, no final, os pais e os educadores têm o dever de proteger e de educar as crianças e que isso supõe uma relação de assimetria à qual não se pode renunciar.

Resumindo: uma vez que se tenham seguido os princípios da disciplina indutiva, é necessário manter a coerência, exigir seu cumprimento e prever a forma (pessoas e regras do jogo) como se determinará se a norma foi cumprida ou não. Ao mesmo tempo, deve-se estabelecer o sistema de sanções, de tal forma que sejam educativas, em vez de ser consideradas como a expiação de uma culpa. Finalmente, é preciso prever as estratégias para resolver os conflitos que ultrapassem o próprio educador.

NOTA

1. O Capítulo 3 abordou mais extensamente as relações entre os atrasos maturativos e os problemas de aprendizagem.

7
Os alunos com pouca motivação para aprender

ÁLVARO MARCHESI

INTRODUÇÃO

Uma das maiores dificuldades enfrentadas pelos professores, especialmente durante o ensino médio, é a de ensinar àqueles alunos que não querem aprender. Com pouca motivação para as tarefas escolares, sua presença na escola se explica apenas pela pressão dos pais, pela responsabilidade da escola ou porque os alunos ainda não decidiram abandonar totalmente as salas de aula, decisão que a grande maioria deles tomaria com muito gosto.

O número de tais alunos é muito elevado. O informe Keele, realizado na Inglaterra e cujos resultados foram retomados por Michel Barber (1997) em sua análise sobre o sistema educacional inglês, assinala que em torno de 40% dos alunos do ensino médio têm uma falta de motivação geral. Quase 60% estão de acordo que "contam os minutos" que faltam para as aulas terminarem; 20% consideram que o trabalho que se realiza é entediante; 40% acham que as aulas são muito longas e quase um terço deles afirmam que prefeririam não ir à escola. Nessas condições, não é de se estranhar que os professores se sintam ansiosos quando têm de ensinar a tais alunos e relativamente impotentes quando essa falta de motivação é associada a comportamentos que dificultam o ambiente de trabalho na aula.

É verdade que, em muitos casos, esse "aborrecimento" dos alunos não se traduz em uma atitude oposta à participação no processo de ensino, mas faz com que aprendam apenas o imprescindível para passar, a fim de evitar a repetição do ano ou a indisposição da família. Às vezes, essa falta de motivação concretiza-se apenas em algumas matérias, enquanto em outras o aluno tem uma atitude mais positiva. Apesar dessas nuanças, os dados expostos anteriormente, somados aos que procedem de outras pesquisas (Galloway, Leo, Rogers e Armstrong, 1995), indicam que pelo menos 20% dos alunos do ensino médio não manifestam nenhuma motivação para a aprendizagem na maioria das áreas do currículo comum.

Os textos sobre os alunos com necessidades educativas especiais não fazem referência a eles. Talvez porque se aceite, de forma implícita, na maioria das vezes, que a aprendizagem supõe esforço e sacrifício e que, consequentemente, uma ampla porcentagem de alunos não estará muito interessada em aprender a maioria das matérias escolares. Talvez porque exista uma estreita relação entre a falta de motivação e os problemas de conduta, e são estes que colocam mais dificuldades aos professores, os que receberam maior atenção e os que geralmente se incluem entre as necessidades educativas especiais dos alunos.

Parece razoável, contudo, admitir que a ausência generalizada de interesse pelo estudo está associada a importantes atrasos no nível de aprendizagem dos alunos, o que exige adaptações na metodologia, na organização escolar ou na oferta educativa e também, em muitas ocasiões, recursos complementares para conseguir um maior envolvimento do aluno em seu progresso educacional. Nessa perspectiva, não há dúvida de que tais alunos apresentam necessidades educativas especiais.

As relações entre ausência de motivação, problemas de conduta e atrasos na aprendizagem são difíceis de estabelecer. O capítulo anterior abordou de forma extensa as diversas hipóteses sobre problemas de aprendizagem e transtornos do comportamento. Raciocínios similares podem ser feitos, agora, incluindo a dimensão motivacional. O estudo realizado por Galloway, Rogers, Armstrong e Leo (1998) mostra que os alunos com problemas de aprendizagem associados a um baixo rendimento acadêmico ou a baixas pontuações em raciocínio não verbal mostram estilos motivacionais bem menos adaptativos que outros alunos. Há também alunos com baixo rendimento acadêmico que têm uma boa motivação para a aprendizagem, e alunos com níveis médios de inteligência e de rendimento escolar que apresentam problemas motivacionais. As relações entre essas variáveis não são normalmente lineares nem unidirecionais. O que parece claro, em todo caso, é que a falta de motivação é um fator que influi no baixo rendimento dos alunos, embora nem todos os alunos com baixo rendimento tenham pouca motivação para a aprendizagem escolar. Da mesma forma, o escasso rendimento escolar aumenta o risco de que a motivação para aprender diminua.

A crença tradicional, sustentada por algumas teorias psicológicas, é que a motivação é um traço próprio de cada pessoa, que se mantém relativamente constante ao longo do tempo e cuja modificação é bastante difícil. Dessa perspectiva, o aluno é responsável por seu pouco interesse pela aprendizagem. As teorias mais atuais sobre a motivação e a aprendizagem, porém, mostram que os motivos de um aluno devem ser entendidos a partir de suas experiências prévias, como um produto da interação do aluno com os diferentes contextos em que está presente o sentido da aprendizagem escolar. Por essa razão, como assinala Alonso Tapia (1996), o aluno está motivado ou desmotivado em função do significado que tem para ele o trabalho escolar. Portanto, pode-se afirmar que uma escola tem condições de favorecer a motivação ou a desmotivação de seus alunos; que uns professores podem ser mais motivadores que outros na mesma matéria; e que o mesmo aluno pode estar mais motivado em uma escola do que em outra.

Essa responsabilidade das escolas e dos professores na motivação dos alunos não pode fazer com que se esqueça de que essa mesma motivação para a aprendizagem também é moldada em contextos não escolares, como a família, a classe social e a cultura. Há alunos cujas condições sociais, culturais e familiares proporcionam menos estímulos para considerar atraente o esforço que supõe a aprendizagem. Os contextos social e cultural influem igualmente nas metas que o aluno se coloca e em sua motivação para a aprendizagem. O estudo dos alunos com pouca motivação para as tarefas escolares, embora às vezes com uma alta motivação para outro tipo de tarefas, não deve deixar de analisar a influência desse tipo de fatores. O trabalho das escolas e dos professores enfrenta tais condicionantes, que só podem ser modificados a partir de projetos que transcendem o estrito trabalho escolar.

Este capítulo desenvolve tais temas em três itens. O primeiro aborda as teorias mais importantes sobre a motivação escolar e procura explicar, com base nelas, a falta de motivação de determinados alunos. O segundo item dá ênfase aos contextos escolar, social e cultural para ampliar as interpretações anteriores. No terceiro e último item, apresenta-se um conjunto de iniciativas, tanto educativas como sociais, que podem contribuir para reduzir o número de alunos que não veem nenhum sentido na aprendizagem escolar.

DESMOTIVAÇÃO E FALTA DE SENTIDO NA APRENDIZAGEM ESCOLAR

Metas de aprendizagem e metas de execução

Os modelos mais recentes sobre a motivação para a aprendizagem incorporaram o conceito de "meta" como elemento fundamental, sem o qual é difícil entender a atividade propositiva dos alunos. Tanto Dweck (1985) como Covington (1992) afirmam que a motivação que uma pessoa manifesta está relacionada com as crenças e as metas às quais adere em um determinado momento. Ou seja, são as representações cognitivas do que se desejaria conseguir ou evitar que influem decisivamente na motivação, ou na falta de motivação, para aprender. Nesta linha, Alonso Tapia (1997) fez uma nova leitura das possíveis metas dos alunos que podem levá-los a um maior ou a um menor envolvimento na aprendizagem (ver Figura 7.1).

A diferenciação entre as diversas metas de aprendizagem levou a uma categorização amplamente aceita: os alunos orientados para metas de aprendizagem e os alunos orientados para metas de execução. Os primeiros são os bons alunos: procuram conhecer, aprender e melhorar. São movidos por metas pessoais e autônomas. Seu principal interesse centra-se mais no processo de aprendizagem que vão desenvolver do que no resultado final. Entre os segundos, de clara orientação extrínseca, podem-se diferenciar dois tipos de metas: os alunos que buscam juízos positivos dos outros e aqueles alunos cujo objetivo principal é evitar o fracasso. Quando a motivação é orientada para a aprovação dos outros, o aluno leva em conta quase que exclusivamente o resultado de suas aprendizagens. O que busca é a avaliação positiva de seus professores, pais ou colegas. As tarefas que tenta resolver e o esforço que dedica a elas estão em função da avaliação que receberá dos outros. Sem dúvida, é uma motivação que conduz a aprendizagens mais superficiais, menos estáveis e mais dependentes da recompensa externa; contudo, os alunos com esse tipo de motivação participam do processo de aprendizagem. Os professores devem tentar que eles se interessem de forma mais autônoma por aprender, mas não são alunos que necessitem de adaptações do currículo ou de apoios para avançar em suas aprendizagens.

Mais preocupantes são aqueles alunos cujo principal objetivo é evitar o fracasso escolar. Sua principal característica é a insegurança em suas habilidades ou a insegurança de que não serão capazes de ter êxito nas tarefas escolares. Alguns deles desenvolvem estratégias que os levam a resolver as tarefas escolares e, desse modo, a evitar seus temores. Outros, em compensação, tentam desvincular-se do trabalho na escola. Para esses alunos, nenhum esforço na escola suporá uma melhora em sua auto estima pessoal ou na valorização que os outros façam deles. Suas metas estão

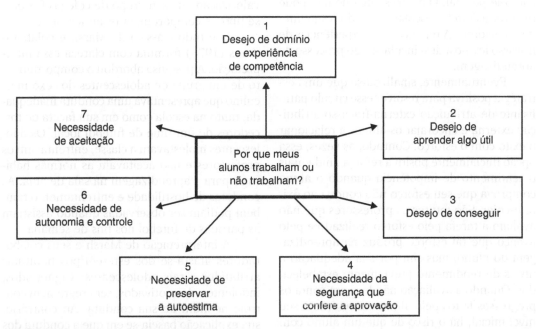

FIGURA 7.1 Fonte: Alonso Tapia (1997).

em outras atividades, seja de caráter mais profissional, seja aquelas realizadas pelo grupo de colegas ao qual estão ligados ou ainda de caráter antinormativo, para obter o reconhecimento de seus iguais. Em todos os casos há um denominador comum: as tarefas escolares que têm de realizar não são capazes de conectar-se à autoestima dos alunos, possivelmente porque não confiam em suas habilidades nem em seu esforço. Os conceitos de autoestima, habilidade, esforço e experiência de fracasso estão no núcleo explicativo da desmotivação generalizada dos alunos.

Experiência de fracasso, atribuição e autoestima

O estilo motivacional daqueles alunos com pouca motivação para a aprendizagem escolar aproxima-se da "indefensibilidade aprendida" (Seligman, 1975). O aluno tende a atribuir os êxitos e os fracassos escolares a causas fixas e não controláveis. A indefensibilidade aprendida se produz quando existe uma constante e acentuada tendência a atribuir a falta de êxito à falta de habilidade, e a considerar que a falta de habilidade está além do controle pessoal. O aluno sente que não pode resolver as tarefas escolares devido à sua falta de capacidade. A repetição das experiências de fracasso leva-o a desvincular-se do processo de aprendizagem.

Eventualmente, sinalizou-se que uma estratégia positiva para resolver esse círculo paralisante de atribuição externa-fracasso-atribuição externa é encorajar os alunos a relacionar o êxito com o esforço. Contudo, às vezes, essa opção inicialmente positiva reforça ainda mais o sentimento de impotência quando o aluno comprova que seu esforço não conduz ao êxito escolar. São muitos os professores que não avaliam a tarefa pelo esforço realizado e pelo avanço que tal esforço produz na aprendizagem do aluno, mas sim por sua adequação a níveis de rendimento previamente estabelecidos. Quando a avaliação não leva em conta os progressos feitos pelo aluno em relação a seu nível inicial, há o risco de que um aluno com dificuldades iniciais de aprendizagem acumule uma história de fracassos que o leve a considerar-se incapaz de conseguir por si mesmo o menor acerto.[1]

Embora as experiências repetidas de fracasso costumem conduzir ao abandono do esforço escolar pelos processos atributivos que se acaba de apontar, é preciso assinalar que nem sempre é assim. Há diferenças individuais importantes na resposta que os alunos dão a seus repetidos tropeços escolares. A variável que se considerou mais relevante para explicar tais diferenças é a autoestima dos alunos. Covington (1992) ressaltou a importância desse fator na motivação escolar dos alunos. Sem pretender excluir as demais variáveis comentadas até agora, o certo é que a relação que os alunos estabelecem entre sua dedicação às tarefas escolares e os resultados que obtêm para sua valorização pessoal ajuda a compreender sua motivação ou sua desmotivação. Quando essa dedicação contribui mais para a desvalorização social ou pessoal do aluno, criam-se as condições para que ele se desvincule por completo da aprendizagem escolar. Às vezes, o motivo que subjaz ao abandono ou à rejeição da escola não é evitar as consequências pessoais do fracasso escolar, e sim o de manter a valorização que seu grupo de colegas faz desse tipo de comportamentos antiescolares.

O estudo clássico de Marsh e colaboradores (1978) formula com clareza essa interpretação. A pesquisa abordou o comportamento de um grupo de adolescentes do sexo masculino que apresentava uma conduta inadequada, tanto na escola como em sua faceta de torcedores de um time de futebol local. Os adolescentes molestavam a classe, enfrentavam os professores e não aceitavam as normas habituais para a aprendizagem na sala de aula. As condutas de hostilidade e enfrentamento também podiam ser observadas quando assistiam às partidas de futebol nos fins de semana.

A interpretação de Marsh e seus colaboradores afasta-se dos estereótipos habituais atribuídos a tais adolescentes: vagabundos, indolentes, desmotivados, sem regra nem controle nenhum de sua conduta. Ao contrário, sua explicação baseia-se em que a conduta dos adolescentes é dirigida pelo desejo de reconhecimento e de valorização. Quando esses jovens comprovam que na escola não vão conseguir isso, porque é necessário resolver as tarefas acadêmicas e ter êxito, o que está fora de suas possibilidades, desenvolvem comportamentos alternativos que em outros lugares e por outros grupos são valorizados e reconhecidos. São, portanto, alunos sem motivação para a aprendizagem escolar, mas com uma forte motivação para manter sua autoestima com condutas contrárias às normas escolares e às normas sociais.

Em resumo, a partir dos estudos revisados até agora, pode-se explicar a falta de motivação generalizada pela confluência de um conjunto de fatores: experiência seguida de fracasso, falta de confiança nas próprias possibilidades, atribuição do fracasso a causas externas e incontroladas, incapacidade para dirigir a própria conduta e uma avaliação por parte do aluno de que a manutenção da própria autoestima não se consegue mediante outro tipo de comportamentos.

Essa explicação inicial da falta de motivação para a aprendizagem, na qual já estão presentes elementos cognitivos e afetivos, pode ser completada aprofundando-se um pouco mais nas razões pelas quais um aluno experimenta um fracasso seguido. Tal experiência não procede exclusivamente da falta de adequação da habilidade e do esforço do aluno com o nível de dificuldade da tarefa proposta. O processo de aprendizagem implica também, e principalmente, o modo como o aluno representa para si a situação de aprendizagem: suas expectativas e a percepção das expectativas dos professores e de seus riscos. O aluno, como destaca acertadamente Solé (1993), pode perceber a situação didática como estimulante ou como inabordável, desprovida de interesse e inalcançável para suas possibilidades. No primeiro caso, o aluno está atribuindo *sentido* à sua aprendizagem. No segundo caso, e por diversas razões, o aluno não lhes atribui nenhum *sentido*. Perguntar-se por que os alunos encontram ou não encontram sentido em suas atividades na escola contribui para compreender melhor a situação daqueles alunos que se desvinculam da aprendizagem escolar.

Por que um aluno não encontra sentido na aprendizagem escolar

Diversos autores refletiram sobre as condições que contribuem para que os alunos atribuam mais sentido ao seu envolvimento na aprendizagem (McCombs e Whisler, 1989; Solé, 1993; Miras, 1996). A partir dessas análises, não é difícil encontrar as razões que levam ao efeito contrário, isto é, a que os alunos vão, paulatinamente, deixando de atribuir sentido às suas aprendizagens, se alguma vez chegaram a atribuir-lhe. Há quatro condições que conduzem a tal situação: a incompreensão da tarefa, a falta de interesse, a falta de autonomia e o sentimento de incompetência.

A incompreensão da tarefa

O primeiro requisito para poder enfrentar uma tarefa de aprendizagem, seja qual for o resultado final, é entender em que consiste e o que se deve fazer para resolvê-la. Quando um aluno não tem claro o que é preciso fazer e não consegue entender as explicações do professor, dificilmente tentará enfrentar a tarefa. Às vezes, o problema está em que as demandas da tarefa estão muito acima das possibilidades do aluno. Em outras ocasiões, o aluno não entende por que precisa fazer o que lhe pedem, e nem sequer fatores extrínsecos, como a autoridade do professor, a previsível avaliação negativa ou a reação familiar, têm mais peso do que a sensação do aluno da inutilidade do esforço que lhe pedem. Finalmente, podem ser as outras condições indicadas a seguir que explicam a dificuldade do aluno para representar para si o que deve fazer.

Essas primeiras reflexões põem em destaque que os diferentes fatores vinculados à falta de sentido estão estreitamente relacionados. A maior ou a menor incompreensão da tarefa depende também do interesse que suscite, do nível de obrigatoriedade e exigência que o aluno perceba e do juízo que o aluno faça sobre suas possibilidades de êxito.

A falta de interesse

Alguns, muitos ou todos os conteúdos escolares não suscitam nenhum interesse em determinados alunos. Assim, não é simples conseguir que se envolvam nas atividades de aprendizagem. O interesse existe quando o aluno sente uma certa satisfação pessoal ao trabalhar determinados conteúdos ou ao tentar resolver alguma tarefa de aprendizagem. Às vezes, os interesses dos alunos não são imediatos, mas muito relacionados com seus objetivos futuros: tais ou quais matérias serão úteis para determinadas opções profissionais ou estudos posteriores.

A falta de interesse nem sempre faz com que o aluno não encontre sentido em suas aprendizagens. O que costuma produzir de forma mais direta é um enfoque superficial da aprendizagem (Entwistle, 1988). No entanto, há alguns que são muito pouco interessados em determinadas matérias e que encontram outras razões para sua dedicação a elas: a necessidade de passar, a possibilidade de ter de fazer recuperação na disciplina, a autoestima ou, simplesmente, o cumprimento, de forma adaptada e sem mais questionamentos, do que está estabelecido que se faça.

O interesse é suscitado ao longo dos anos escolares e também muda em função da idade. Por sua vez, o possível interesse pelas tarefas de aprendizagem compete com outros gostos e interesses que o aluno desenvolve. Por essa razão, é mais fácil manter o interesse, ou pelo menos a dedicação, dos alunos do ensino fundamental, já que têm menos capacidade de decisão própria e um foco de interesses alternativos mais concretos e limitados que no ensino médio.

A falta de autonomia

O ensino meramente receptivo, a ausência de participação e a inexistência de opções para os alunos geralmente contribuem para que os adolescentes se desvinculem do processo de aprendizagem. A necessidade de afirmação pessoal que o aluno sente muitas vezes choca-se com as rígidas estruturas organizativas e curriculares da educação. O aluno não percebe que se conta com ele, mas sim que deve aceitar as condições que foram impostas por outros. Nessa situação, determinados alunos optam por distanciar-se da aprendizagem escolar ou por enfrentá-la mediante comportamentos antiautoritários.

É preciso reconhecer que, diante da mesma situação de falta de autonomia, os alunos reagem de maneira diversa. Alguns, abandonando; outros, ao contrário, envolvendo-se nas tarefas de aprendizagem. Por isso, é preciso, mais uma vez, analisar a possível falta de autonomia dos alunos com relação às suas experiências prévias de aprendizagem, com seus objetivos e interesses e com sua capacidade para resolver com êxito as tarefas de aprendizagem. Dessa forma, é mais fácil compreender as diferentes respostas que os alunos dão diante da mesma situação de aprendizagem.

O sentimento de incompetência

Possivelmente, uma das principais razões pelas quais um aluno se desvincula da aprendizagem é sua avaliação de que não é capaz de resolver as tarefas propostas. Consequentemente, a única coisa que obterá ao final do processo é um sentimento de esforço inútil, de fracasso, de desvalorização e de ausência de reconhecimento social. Diante de tais perspectivas, não há dúvida, na visão do aluno, de que a aprendizagem escolar é uma inutilidade para ele.

O sentimento de competência de uma pessoa está relacionado com o autoconceito, de tal modo que, quando as expectativas de eficácia do aluno são positivas, é altamente provável que se comprometa sem dificuldade na solução da tarefa proposta. Se o resultado é positivo, o aluno verá reforçado seu autoconceito e suas expectativas, o que levará a uma melhor disposição para a aprendizagem. Ao contrário, se suas expectativas são negativas ou se sua atividade anterior acabou em fracasso, é mais previsível que o autoconceito se deteriore e a autoestima diminua.

Pressionado pela dinâmica escolar a ter de demonstrar seu valor em tarefas que ultrapassam muito suas possibilidades, o aluno que se sente incapaz deixa de interessar-se pelo que se propõe na sala de aula. Então, inicia a busca de novas metas que tenham sentido para ele, porque conseguem manter de maneira significativa, a autoestima e a valorização dos outros. Na maioria das vezes, estes são um grupo de colegas, seja da mesma escola que ele ou de fora. Outras vezes, porém, podem ser seus próprios pais ou seus professores, quando eles são capazes de propor e valorizar novas tarefas nas quais o aluno se sente competente e interessado.

Nesse ponto, convém resumir o raciocínio que se desenvolveu até o momento. No item anterior, descreveram-se diversos fatores relacionados com a falta de motivação: o tipo de atribuição que se faz, a experiência acumulada sobre os resultados da aprendizagem, o nível de controle da situação e a busca da valorização pessoal. Neste item, afirmou-se a importância do sentido da aprendizagem e destacaram-se alguns fatores que explicam por que alguns alunos não encontram nenhum sentido nela: a dificuldade de compreender a tarefa escolar, a falta de interesse, o sentimento de subordinação e a desconfiança em suas capacidades. Contudo, as reflexões feitas até agora deram ênfase demais aos alunos. É como se a falta de capacidade, de interesse, de autoestima e de controle da situação fossem traços próprios do aluno, difíceis de modificar e alheios às relações que o aluno viveu ao longo de sua história pessoal. Essa reflexão seria claramente reducionista e privaria a reflexão educativa da análise dos contextos em que se produzem a desmotivação e a ausência de sentido: a própria escola, a família e a origem social e cultural do aluno.

CLASSE SOCIAL, CULTURA, ESCOLA, FAMÍLIA E ALUNO

Um modelo interativo

A progressiva desmotivação do aluno vai sendo gerada mediante suas experiências familiares e escolares. Nenhum aluno, salvo os que apresentam atrasos profundos e generalizados do desenvolvimento, ingressa na escola aos 3 ou 4 anos sem interesse ou motivação para as atividades escolares. São essas experiências que condicionam o itinerário acadêmico dos alunos e que configuram suas expectativas, seus interesses, seu estilo atributivo e as estratégias que consideram mais adequadas para manter sua autoestima. Portanto, o clima escolar e as atitudes, expectativas e juízos de cada professor, juntamente com a metodologia que utiliza, são, em grande medida, responsáveis pela crescente falta de motivação de alguns alunos; como são também, é preciso reconhecer de forma explícita, pelo crescente aumento da motivação intrínseca de outros.

As pesquisas sobre as escolas eficazes e sobre a boa prática docente evidenciaram que há diferenças entre as escolas e entre os professores.[2] Há escolas melhores e piores para alunos de condições socioculturais similares. Isso se traduz, neste capítulo, na afirmação de que há escolas que motivam mais seus alunos do que outras, mesmo que os contextos sociais sejam semelhantes. Da mesma maneira, há professores mais capazes do que outros de motivar seus alunos. Os fatores que influem nessas diferenças serão comentados em itens posteriores.

A afirmação da importância da escola e dos professores na maior ou na menor motivação dos alunos não deve fazer com que se esqueça de que há outros fatores externos que também são muito importantes e que, por sua vez, interagem com o contexto escolar. Não reconhecer isso acarreta duas consequências negativas. Por um lado, atribui aos professores a exclusiva responsabilidade pela motivação dos alunos, o que é injusto. Por outro, restringe as iniciativas para motivar os alunos ao âmbito escolar, que, mesmo sendo um contexto importante, não é o único a ser levado em conta. Esses fatores externos à escola, mas que também influem nela e nas atitudes dos alunos em face de suas aprendizagens, são a família, a classe social e a cultura em que o aluno se desenvolve.

Essa formulação focaliza um modelo interativo entre a classe social, a cultura, a família, a escola e o aluno para explicar as diferenças que os estudantes manifestam em suas motivações para aprender. Os meios econômicos de que uma família dispõe, junto com seu capital cultural e social, influem poderosamente nas possibilidades educativas de seus filhos. A comunicação entre os membros da família, o nível da linguagem, o interesse dos pais pela educação de seus filhos, os métodos de disciplina, as atividades culturais que se realizam, os livros que se leem, as informações que se trocam, o tipo de atividades no tempo de lazer e as expectativas sobre o nível de estudos que seus filhos podem alcançar são fatores que têm uma influência muito grande na educação dos alunos. Até mesmo aqueles pais que não participam desse "modelo de currículo familiar" podem oferecer experiências enriquecedoras e positivas a seus filhos, e sua influência aumenta se a escola também as leva em conta.

Não se pode esquecer que o significado do êxito e do fracasso escolar depende de cada contexto cultural, e que determinados alunos, especialmente aqueles que procedem de culturas minoritárias e de classes sociais populares, podem manter valores e expectativas diferentes das que são majoritárias no ambiente escolar. O certo é que muitos desses alunos se encontram em situação de desvantagem, a não ser que a escola faça um esforço para adaptar-se à sua situação específica. De outra forma, uma porcentagem importante desses alunos corre o risco, poucos anos depois de começar sua escolarização, de não encontrar nenhum sentido na aprendizagem.

A partir dessas considerações, pode-se analisar com mais precisão dois contextos que têm uma incidência particular na motivação dos alunos: o contexto social e o contexto escolar.

Os alunos com problemas sociais

Os estudos que analisam a influência social no acesso à educação mostram que os alunos que vivem em piores condições sociais estão representados desproporcionalmente nos programas de educação especial, nos cursos de formação profissional e nas turmas frequentadas por alunos com melhor nível acadêmico. Tais estudantes têm mais probabilidade de estar situados em grupos de alunos com avaliação mais baixa: turmas cujos alunos têm nível acadêmico mais baixo, grupos especiais ou sem qualificação final reconhecida.

O informe da OCDE-CERI (1995) sobre os alunos com risco de fracasso assinala sete fatores preditivos que estão estreitamente relacionados com a situação de risco: pobreza, pertencimento a uma minoria étnica, famílias imigrantes ou sem moradia adequada, conhecimento da linguagem majoritária, tipo de escola, lugar geográfico em que vivem e falta de apoio social. Tais fatores, quando não são respondidos mediante o trabalho educativo, produzem baixo nível escolar, falta de confiança nas próprias capacidades e baixa autoestima, o que leva à desmotivação, aos problemas de conduta e ao abandono escolar.

Essas situações de risco dos alunos, que têm uma clara origem social, foram abordadas de diferentes perspectivas. Três enfoques tiveram maior incidência nas últimas décadas. O primeiro modelo é o do déficit cultural. Sua proposta básica é que a linguagem, as normas, os valores e as expectativas das famílias em situação de desvantagem social são menos adequados para facilitar o progresso acadêmico de tais alunos. A resposta educacional a essa hipótese explicativa concretizou-se nos programas de educação compensatória. O objetivo principal desses programas é "compensar" o déficit cultural dos alunos. O meio escolhido é o acesso à linguagem e aos valores da classe média, que se adaptam melhor às demandas feitas pela escola.

O segundo modelo proposto é o das diferenças culturais, alternativo ao anterior. Sua hipótese básica é que os diversos grupos sociais e culturais têm normas, valores e estilos de comportamento que também são enriquecedores. Seu pouco reconhecimento e o empenho homogeneizador do sistema educacional está na origem dos problemas que tais alunos encontram na escola. Esse modelo atribui à escola a maior responsabilidade pelo fracasso dos alunos que pertencem a grupos minoritários ou a classes sociais mais baixas.

Finalmente, o terceiro modelo é o interativo entre a classe social, a cultura, a família, a escola e o aluno, que adota uma posição que leva em conta a influência recíproca entre os diferentes contextos que influem na aprendizagem dos alunos. Suas proposições básicas foram apresentadas no item anterior e orientam o conjunto do capítulo.

Escolas e professores desmotivados ou incapazes de motivar os alunos

Seria negativo e inexato que a principal consequência obtida ao ler as páginas anteriores fosse que os contextos social e familiar em que os alunos se desenvolvem são os principais responsáveis por seus resultados escolares e por sua motivação para a aprendizagem, como também seria atribuir às escolas a responsabilidade exclusiva pelo desligamento de seus alunos. As escolas têm o dever de evitar o abandono prematuro de seus alunos, mas se tal objetivo é mais ou menos difícil de se conseguir em função das condições sociais, familiares e pessoais de seus alunos.

Há escolas que criaram um clima amplamente aceito de estudo e de participação, nas quais há expectativas positivas com relação aos objetivos educativos que se estabeleceram, e nas quais se reflete sobre as opções educativas, os sistemas de avaliação e os métodos pedagógicos mais adequados para conseguir envolver e motivar os alunos em suas aprendizagens. Outras, ao contrário, são mais incapazes de abordar essas tarefas e não se propõem as mudanças necessárias para conseguir evitar ou reduzir a desmotivação dos alunos. Entre os dois extremos, há uma ampla gama de situações capazes de se modificar ao longo do tempo.

É preciso reconhecer, no entanto, que as escolas a que tem acesso majoritariamente alunos de minoria étnicas ou de setores sociais desfavorecidos enfrentam, inicialmente, muitas outras dificuldades: há maior diversidade de alunos nas turmas, menor apoio das famílias, menos recursos econômicos para realizar atividades complementares e o risco de que o ambiente extraescolar dificulte a incorporação dos alunos ao processo educativo. Essas dificuldades iniciais podem ampliar-se e consolidar-se quando não há um projeto escolar capaz de ir ao encontro das demandas de tais alunos e quando os professores não se sentem preparados nem motivados para ensinar alunos com essas características.

A qualidade da escola em relação à sua capacidade de enfrentar a desmotivação e o abandono influi, sem dúvida, na atitude que os professores mantêm em sua classe com seus alunos. Não existe, contudo, uma relação direta em todos os casos. Há escolas ineficazes e incapazes, como instituição, de modificar o processo de desmotivação de determinados alunos nas quais trabalham bons professores, capazes de propor experiências de aprendizagem que suscitem o interesse daqueles alunos habitualmente desengajados de toda atividade escolar. Da mesma maneira, há escolas motivadoras com professores pouco sensíveis às demandas educacionais dos alunos com maior risco de desmotivação e de abandono.

O estudo longitudinal realizado por Teddlie e Stringfield (1993) mostrou que os professores nas escolas elementares de baixo *status* econômico manifestavam menos satisfação com o ensino, falta de capacidade para influir nos resultados de seus alunos, mais ausências no trabalho e o desejo de trabalhar em outra escola.

Junto com a pesquisa de Teddlie e Stringfield, que abordou as características diferenciais das escolas ineficazes de níveis socioeconômicos médio e baixo, realizou-se outro tipo de estudos (Rosenholtz, 1988; Reynolds, 1996), que destacou os fatores mais relacionados com as escolas pouco eficazes. Stoll e Fink (1996) assinalaram, a partir desses estudos, o tipo de fatores que predizem a ineficácia educativa:

1. Falta de visão. Não existe um projeto comum. Os professores não têm qualquer vinculação com a escola, não conhecem os processos de mudança nem compreendem sua própria cultura.
2. Liderança descentralizada. Os diretores se deixam levar pela rotina e se escondem diante dos problemas. Suas expectativas são baixas e dedicam poucas energias para conseguir que seus alunos melhorem os resultados acadêmicos. Os professores

sentem que as promessas e os compromissos não são cumpridos, o que os leva a uma perda de confiança.
3. Relações disfuncionais entre os professores. Não existe uma política coerente para o desenvolvimento profissional dos professores. Suas relações são reativas, com pouca comunicação e pequena confiança mútua.
4. Práticas ineficazes em aula. Baixas expectativas em relação aos alunos, poucas relações com eles, pouca ordem na aula e frequentes críticas negativas.

As ideias dos professores sobre a motivação dos alunos têm uma enorme influência em sua atitude. Se o professor considera que a motivação ou desmotivação dos alunos é um traço estável de sua personalidade, cuja aquisição se deu em contextos alheios à escola, dificilmente tentará modificá-la ou manifestará alguma expectativa de mudança futura. Essas perspectivas limitadas reduzem o interesse do professor em empreender uma mudança em sua forma de ensinar e de relacionar-se com os alunos para conseguir maior envolvimento destes na aprendizagem. Os mesmos fatores apresentados em itens anteriores para descrever a desmotivação dos alunos estão presentes na descrição da desmotivação do professor. Quando este considera que a desmotivação de seus alunos foge a seu controle, atribuindo-a a causas externas, e não se sente com as habilidades pedagógicas suficientes para modificar seu ensino e incidir no comportamento dos alunos, é previsível esperar que aceite com fatalismo, às vezes com amargura e desmoralização, a falta de interesse e de motivação dos alunos. Existe, portanto, uma estreita interação entre a motivação dos professores e a motivação dos alunos.

Os ambientes escolares que não são capazes de responder às demandas dos alunos geram uma dinâmica profundamente negativa. Por um lado, os professores se sentem isolados e sob uma enorme pressão em seu trabalho. Por outro lado, os alunos que percebem o distanciamento do professor não se sentem interessados no processo de ensino e de aprendizagem. Como destaca Firestone: (1989, p. 42):

> ...visto que os professores e os estudantes compartilham o mesmo ambiente escolar e que cada grupo depende do outro para responder às suas necessidades e alcançar seus êxitos, a alienação dos professores e a alienação dos estudantes alimentam-se reciprocamente.

As mudanças na escola, na forma de ensinar e nas condições sociais

A resposta educacional aos alunos com pouca motivação para a aprendizagem supõe uma mudança importante no funcionamento das escolas. O objetivo principal não pode ser simplesmente que os alunos se adaptem ao funcionamento habitual da escola. Tal estratégia tem poucas possibilidades de êxito, já que um dos maiores problemas é que os alunos não se sentem reconhecidos nem integrados, estão pouco interessados nos conteúdos do ensino e percebem que as metas da escola estão pouco relacionadas com sua vida atual e com seu futuro. Essa situação provoca maior atraso acadêmico, ano após ano. De forma recíproca, alguns professores mantêm poucas expectativas com relação a esses alunos e se sentem pouco competentes para desenvolver um novo tipo de ensino com eles, o que, por sua vez, reforça as possibilidades de abandono da escola por esses alunos.

A maior parte das mudanças que é preciso realizar nas escolas para despertar o interesse e a motivação dos alunos foi indicada no último item do Capítulo 2 ao referir-se às condições mais importantes para se obter escolas inclusivas: apoio especial às escolas e provisão de recursos suficientes, ampliação da educação infantil, transformação do currículo, formação e desenvolvimento profissional dos professores, liderança pedagógica, flexibilidade organizacional e adaptação da instrução educativa na sala de aula. Todos esses fatores devem ser levados em conta ao analisar as mudanças educativas que devem ser implementadas na educação dos alunos desmotivados. Não parece necessário reiterá-los aqui mais uma vez. O leitor pode facilmente voltar a lê-los, agora sob a ótica deste capítulo. É conveniente, porém, destacar e desenvolver cinco condições especialmente importantes para que a resposta a estes alunos seja mais eficaz: a transformação da cultura da escola e da participação, o compromisso da escola como um todo, a flexibilidade organizacional, as mudanças na prática docente e a intervenção no contexto social.

A transformação da cultura da escola e da participação

A cultura da escola reflete as normas e os valores dominantes entre os professores, as relações entre eles e os diversos setores da comunidade educacional, os sistemas de participação e de tomada de decisão existentes e os modelos vigentes sobre o ensino, a aprendizagem dos alunos e sua avaliação. Muitas vezes, não existe uma única cultura em uma escola, mas diferentes subculturas que podem ser formadas por valores e comportamentos diferentes, às vezes contraditórios e confrontados.[3] As subculturas podem estar entre os professores, em função de suas ideologias ou de suas relações específicas. Muitas vezes, a subcultura dos alunos está à margem da cultura dominante na escola, ou até em confronto com ela. Nessa situação, é particularmente importante refletir sobre a cultura da escola e sobre suas diferentes subculturas para conseguir uma sintonia maior entre todas elas.

Quando as normas, os valores e as expectativas existentes em uma escola estão ajustados às possibilidades dos alunos e significam um estímulo para eles, é mais fácil que se sintam ligados às experiências de aprendizagem que lhes são propostas no período escolar. Dessa forma, os alunos constroem sua própria identidade pessoal, que afeta também seus sentimentos de pertencimento à escola e o controle de suas práticas escolares. Os alunos em situação de risco têm dificuldades para enfrentar com êxito as tarefas escolares. Esse sentimento de impotência leva à falta de interesse e de motivação para a aprendizagem. A mudança para uma cultura mais próxima dos interesses e das preocupações dos alunos passa necessariamente por uma participação maior dos pais e dos próprios alunos na vida da escola.

Participação dos pais

Há uma grande unanimidade nos estudos sobre o bom funcionamento das escolas em considerar que a participação dos pais é um dos fatores responsáveis por uma avaliação positiva. A participação não deve centrar-se apenas na presença dos pais nos órgãos ou nos conselhos de gestão da escola. Sua cooperação com a educação escolar de seus filhos deve concretizar-se principalmente na participação nas atividades escolares e extraescolares e no envolvimento no trabalho de seus filhos em casa.

A participação dos pais no funcionamento da escola é particularmente importante quando há problemas sociais ou familiares; contudo, essa mesma razão dificulta as relações entre a escola e a família. Os pais se sentem inseguros ou distantes da educação de seus filhos. A proposta mais usual, expressão de um modelo baseado no déficit cultural ou social, procura fazer com que os pais aceitem e ponham em prática as normas escolares tradicionais que costumam ter êxito com os alunos de classe média da cultura majoritária. É necessário modificar esse tipo de estratégias e abrir novos caminhos que permitam que os pais participem e contribuam para a educação de seus filhos a partir de suas experiências, de suas habilidades e formas próprias de vida. Um estudo etnográfico realizado em uma comunidade latino-americana (Torres-Guzmán, Mercado, Quintero e Vera, 1994) comprovou que a utilização das habilidades profissionais dos pais (encanamento, eletricidade, etc.) proporcionava elementos significativos para as atividades de ensino nas áreas de linguagem, de conhecimento social e de tecnologia. A motivação destes alunos para a aprendizagem foi muito elevada.

A confluência de alunos desmotivados e de pais distantes de seus filhos, pela própria história familiar ou porque abandonaram qualquer expectativa de mudança, torna muito difícil a intervenção educacional. Quando os pais não sabem o que fazer, ou não podem, ou não querem fazer, o desafio que a escola e os professores enfrentam é muito maior. Nesses casos, a resposta dos professores também pode ser de abandono: já que não é possível nenhuma mudança no aluno, só resta esperar que deixe a escola. Pode haver, contudo, uma resposta mais ativa, baseada em uma oferta educacional mais interessante, na organização de programas específicos e na vontade de conseguir que os alunos se sintam mais protagonistas do que ocorre na escola. Nesses casos, como em qualquer programa que pretenda conseguir maior motivação dos alunos, o fortalecimento da participação dos alunos na vida da escola é uma estratégia fundamental.

A participação dos alunos

É imprescindível que se avance para novas formas de participação dos alunos, especialmente na etapa de ensino médio. Em muitos casos, as experiências de aprendizagem e as normas existentes na escola estão muito distantes da vivência dos alunos. Esse fato aumenta a distância entre os objetivos que a escola pretende promover e os próprios interesses dos alunos. A participação dos alunos converte-se em um dos meios mais poderosos para incorporá-los à dinâmica escolar e para que encontrem significado nas atividades educacionais.

A participação pode assumir formas muito diversas, e cada escola deve encontrar as mais adequadas em função dos interesses e das atitudes dos alunos que escolariza. A relevância dos alunos de ensino médio na escolha das atividades extraescolares, e inclusive na própria gestão da escola, é um caminho interessante para conhecer os interesses dos alunos e conseguir seu envolvimento em algumas tarefas realizadas na escola. Sua participação no estabelecimento das normas de comportamento que regem a escola, assim como no controle e na sanção das condutas contrárias a essas normas, é outra forma de conseguir um compromisso maior dos alunos com sua escola e um controle mais coletivo das condutas antissociais e agressivas.

A participação dos alunos não deve ser entendida como a última solução diante de problemas de desinteresse e de desmotivação com relação à aprendizagem escolar. Deve, ao contrário, constituir um dos aspectos normais do funcionamento das escolas, indo além do que estabelecem as normas legais sobre a participação dos alunos. É uma maneira de entender o ensino, em que se atribui maior relevância àqueles que são os destinatários da educação. Dessa forma, pode-se envolver um pouco mais nas tarefas escolares aqueles alunos com maior risco de desmotivação e de abandono, e pode-se conseguir, com o tempo, minimizar a porcentagem de alunos sem nenhuma motivação escolar.

Cultura e currículo

O debate sobre a cultura da escola deve ser transposto também para o currículo escolar. Um currículo que seja válido para uma escola deve levar em conta tanto o conhecimento cultural que os alunos possuem como o conhecimento sobre a cultura dos alunos. Essa distinção, apresentada recentemente por Hollins (1996), indica uma dupla via de reflexão. Em primeiro lugar, propõe que a escola leve em conta as aprendizagens prévias dos alunos, sua linguagem e suas experiências na família e no grupo de colegas para que a aprendizagem seja significativa. Em segundo lugar, defende que o currículo incorpore os fatos, os personagens, a história, a língua e os costumes do grupo cultural e social de referência do aluno.

O currículo não se refere apenas aos objetivos e aos conteúdos do ensino. Estende-se também à organização destes, aos métodos didáticos e aos critérios de avaliação dos alunos. As características dos alunos, seu nível inicial e seus interesses devem ser levados em conta quando se reflete sobre a oferta educacional e sobre a maneira de ensinar que se implementará em uma determinada escola. Os itens posteriores desenvolvem mais amplamente tais elementos do currículo.

O compromisso da escola como um todo

As mudanças necessárias para responder à situação de desmotivação dos alunos não afetam apenas alguns professores da escola, nem se resolvem simplesmente criando programas específicos destinados aos alunos com maiores problemas de aprendizagem. A reforma fundamental que deve ser realizada afeta toda a escola, sua equipe de professores, os projetos que se criam, sua organização e sua maneira de funcionar. As escolas que buscam de forma coletiva o tipo de ensino mais adequado para tais alunos são as que têm mais garantias de êxito.

As "escolas aceleradas" são um modelo desenvolvido nos Estados Unidos com esse enfoque (Levin, 1987). Sua proposta procede da constatação de que os esforços feitos nas últimas décadas para melhorar o nível educacional dos alunos em situação de risco não foram capazes de romper seu isolamento na escola nem as baixas expectativas que se têm em relação a eles. As escolas aceleradas têm o objetivo de incorporar tais alunos à dinâmica normal das aulas e de conseguir que atinjam objetivos básicos da escola fundamental. Procura-se atingir tais objetivos levando em conta três princípios básicos: a unidade de atuação, a confiança nas pessoas e a responsabilidade no fortalecimento da escola (McCarthy e Levin, 1992).

1. *A unidade de atuação.* – Os objetivos da escola são discutidos e decididos de forma coletiva e postos em prática de maneira coordenada. A intenção é que a atividade dos professores e do conjunto da comunidade educativa seja orientada por um sistema de valores semelhante.
2. *A confiança nas pessoas.* – As escolas aceleradas baseiam-se na competência de todos os seus membros e tratam de aproveitar suas possibilidades e suas habilidades. A participação dos pais e dos alunos, a que se fez referência antes, baseia-se em tal convicção.
3. *A responsabilidade no fortalecimento da escola.* – As escolas aceleradas pretendem que exista uma ampla participação para que as decisões sejam tomadas de forma conjunta e para que os resultados obtidos sejam responsabilidade de todos. A informação e a avaliação permanente também estão entre seus traços distintivos.

A flexibilidade organizacional e os programas específicos

A resposta educacional para os alunos mais desmotivados, ou totalmente desvinculados das tarefas escolares, não pode basear-se em estruturas organizacionais rígidas e homogêneas. Os programas educacionais de que esses alunos participam devem ser projetados e postos em prática com flexibilidade suficiente para conectar-se, de algum modo, com seus interesses.

Sem dúvida, o programa mais adequado é o que se desenvolve nas classes regulares, dentro do currículo comum e que se compartilha com os colegas habituais. Esses são os programas mais valorizados, os mais reconhecidos e dos quais participam os alunos com mais interesse. Não é fácil para os professores, porém, envolver tais alunos, mesmo fazendo adaptações importantes nas tarefas que se apresentam e na metodologia didática, conforme se expõe no item seguinte. Apenas alguns professores com habilidades pedagógicas especiais ou com uma boa disposição para estabelecer vínculos pessoais e afetivos com esses alunos são capazes de trabalhar com grupos heterogêneos e de envolver todos eles no processo de aprendizagem, incluindo os mais desmotivados. Em outras circunstâncias, não se pode esperar que os professores consigam interessar tais alunos, sobretudo quando eles já têm uma longa história de falta de compromisso pessoal com as tarefas escolares e seu nível de conhecimentos está muito distante daquele de seus colegas. Nesses casos, é preciso haver programas específicos que possam adaptar-se às suas necessidades educativas especiais.

Esse tipo de programa específico não está isento de riscos ou de problemas. O principal risco está em que acabe convertendo-se no destino de todos os alunos com problemas no ensino médio, e em que os professores sejam tentados pela possibilidade de enviar para eles seus alunos problemáticos antes de fazer mudanças profundas em sua própria forma de ensinar. Os problemas surgem do próprio programa, já que projetá-lo e colocá-lo em prática também não é fácil. É um erro pensar que qualquer programa especial seja bom para os alunos com problemas de motivação e de aprendizagem. Normalmente, tais programas têm possibilidades de ser atrativos: há menos alunos, as matérias são mais globalizadas, são mais aplicados e a avaliação costuma adaptar-se aos ritmos de aprendizagem de cada um. Eles, porém, apresentam dificuldades. Não é fácil motivar esses alunos, se o que se pretende é mais do que passar o tempo, e é preciso professores preparados. Às vezes, são destinados a tais programas professores sem experiência, o que torna mais difícil sua gestão. Além disso, os próprios alunos podem ter consciência de que estão em um programa menos valorizado, para o qual só vão os alunos problemáticos, e por isso sua autoestima e suas expectativas não são reforçadas.

Um dos programas específicos implementados na Inglaterra nos anos 1980 foi o que se refere aos alunos com mais baixo rendimento acadêmico ("Lower Attaining Pupils Programme"). O programa era dirigido aos alunos de 14 a 16 anos com maiores dificuldades de aprendizagem, visando a uma educação mais completa e mais adequada às suas possibilidades. Não era um programa específico para os alunos desmotivados, mas muitos deles que, além disso, acumulavam sérios atrasos em suas aprendizagens, foram incorporados. A National Foundation for Educational Research fez uma ampla avaliação do programa, publicada posteriormente em uma série de informes. No primeiro deles (Weston, 1988), apontam-se as principais lições tiradas da avaliação do programa. Com relação à motivação dos alunos, destacam-se quatro conclusões:

1. Os desenvolvimentos pessoal e social dos alunos não podem estar à margem do currículo, mas devem fazer parte de todo ensino oferecido.
2. Uma atitude de confiança e de responsabilidade ajuda os alunos a se conhecerem melhor e a aceitarem a responsabilidade pelo que fazem.
3. É necessário estabelecer relações tutoriais imaginativas e flexíveis.
4. A participação dos alunos em programas comunitários ou a experiência em locais de trabalho permite que os alunos ampliem suas habilidades sociais e sua independência.

Os programas de diversificação curricular são a resposta que a LOGSE oferece na Espanha para os alunos com atrasos significativos em suas aprendizagens. Suas características apresentam três diferenças importantes com relação ao programa inglês:

1. Os alunos aos quais se destinam devem ter mais de 16 anos.
2. Não são totalmente separados do resto da classe, visto que os alunos devem cursar algumas áreas curriculares com seus colegas.
3. É possível obter o diploma de conclusão do ensino médio ao final do programa.

A primeira diferença, atualmente objeto de polêmica na Espanha, expressa a vontade de atrasar ao máximo a diferenciação entre os alunos para evitar a discriminação. A segunda pretende evitar a separação total do programa e aproveitar vantajosamente o contato com os demais alunos do curso. A terceira procura conseguir uma motivação maior dos alunos e dos professores ao se reconhecer o valor acadêmico do programa e evitar, desse modo, o risco de sua desvalorização. As primeiras avaliações desse tipo de programas indicam que, apesar de suas dificuldades, são um meio importante para conseguir um envolvimento maior dos alunos nas atividades de aprendizagem.

Os programas de diversificação curricular poderão se tornar uma alternativa positiva para os alunos desmotivados se forem projetados pensando em sua situação pessoal, se forem oferecidos antes que esses alunos estejam fartos da escola, e a escola deles, e incluam experiências formativas fora da escola. Dessa perspectiva, parece necessário que, nas instituições em que se escolarizam alunos com maior risco de abandono, se disponha de dois tipos básicos de programas de diversificação: o que é dirigido especialmente aos alunos com maiores atrasos em suas aprendizagens, mas interessados no ensino, e o que se destina para os alunos que, à margem de seu nível educacional, não têm nenhuma motivação para a aprendizagem escolar e costumam provocar tensões e conflitos na classe.

As mudanças na prática docente

As modificações que se fazem na cultura, na organização ou no currículo de uma escola são orientadas para facilitar a prática dos professores na sala de aula. De pouco servem essas modificações se, ao final, os professores não forem capazes de mudar sua forma de ensinar e de relacionar-se com os alunos para conseguir despertar sua motivação.

O trabalho em aula dos professores com os alunos desmotivados é muito complicado. Às vezes, quando no aluno já se instalou uma rejeição da atividade escolar, é quase impossível ter êxito, salvo, talvez, em programas mais específicos, como os de diversificação curricular aos quais acabamos de nos referir no item anterior. O trabalho de um professor isolado, que deve enfrentar a atitude negativa de alunos em plena adolescência, com uma longa história de fracasso, desinteresse e aborrecimento escolar, exige um esforço desmedido com probabilidades de mudança limitadas. O problema da desmotivação dos alunos deve ser abordado em todas as aulas e em todos os períodos, de tal forma que a prevenção da desmotivação e, con-sequentemente, uma prática de ensino mais motivadora seja a norma de todos os professores de uma escola.

Um dos programas clássicos para melhorar a motivação na sala de aula baseia-se no enfoque atributivo. Se o estilo motivacional inadaptado procede da atribuição do êxito e do fracasso a causas externas e incontroláveis, é preciso orientar os alunos para que suas atribuições recaiam em causas internas e controláveis, como o esforço e a dedicação à tarefa. Além disso, é necessário que o aluno aumente a confiança em suas próprias habilidades para resolver a tarefa. À margem das críticas teóricas e experimentais feitas a tal proposta (Huertas, Montero e Alonso Tapia, 1997), é preciso assinalar mais uma vez que ela enfatiza quase que exclusivamente as mudanças que o aluno deve fazer, e se esquece das modificações que é preciso realizar nos outros polos do processo de ensino e aprendizagem: o professor e a tarefa. É preciso reconhecer, porém, que, às vezes, o aluno faz uma boa atribuição quando sustenta que não é capaz de resolver uma determinada tarefa e que não quer fazer um esforço maior, porque não vai servir para nada. Além disso, é muito possível que a tarefa proposta não tenha nenhum interesse para ele. Portanto, o problema não está principalmente na mudança de atribuição e de expectativas, mas em conseguir que o aluno se interesse pela tarefa e considere que ela é formulada de tal maneira que vale a pena fazer um certo esforço, já que talvez possa resolvê-la.

Conseguir que os alunos confiram algum sentido às suas aprendizagens e se sintam motivados para elas supõe, no fundo, ensinar bem. Consequentemente, os objetivos, os métodos pedagógicos, os sistemas de organização e relação e os critérios de avaliação que correspondem a uma boa prática docente são os mais adequados para prevenir e reduzir a desmotivação. Não parece necessário descrevê-los agora de forma extensa; contudo, pode ser útil apresentá-los aqui de forma resumida da perspectiva da motivação dos alunos.

1. *Ensinar a pensar.* – Os alunos devem entender o significado das atividades escolares e tentar tirar partido delas

tendo em vista seus interesses, sua adaptação social e sua autoestima.
2. *Facilitar que o aluno compreenda o quê e o para quê da tarefa, assim como os objetivos e os critérios de avaliação.* – É importante que o aluno saiba o que se espera dele em face de uma tarefa concreta e que critérios se levam em conta para avaliá-la.
3. *Favorecer a participação e a autonomia dos alunos.* – Quando o aluno sente que pode participar e que a vida escolar não é algo totalmente imposto, é possível que encontre um pouco mais de sentido em determinadas tarefas escolares.
4. *Propor tarefas que sejam interessantes para o aluno.* – Esse é um fato fundamental. O aluno desmotivado não mudará se tiver de continuar fazendo a mesma coisa. É necessário pensar em que atividades podem despertar seu interesse e como serão organizadas.
5. *Ajustar a tarefa à possibilidade do aluno.* – Pouco se avança se o aluno não é capaz de resolver as novas tarefas que lhe são apresentadas. É preciso adaptá-las às suas capacidades de tal forma que a experiência de êxito aumente sua autoestima e seu interesse pelo trabalho escolar.
6. *Favorecer a cooperação entre os colegas.* – As atividades cooperativas permitem uma interação social maior e a possibilidade de que outros colegas o ajudem a entender melhor a tarefa, a resolvê-la ou, pelo menos, a despertar algum interesse em relação a ela.
7. *Propiciar experiências de êxito escolar.* – Quando o aluno consegue resolver bem uma tarefa e recebe o reconhecimento social pelo bom trabalho realizado, está se abrindo caminho para sua maior dedicação.
8. *Manifestar expectativas positivas em relação ao trabalho do aluno.* – Se o aluno percebe que se confia nele, é possível que desenvolva maior confiança em si mesmo para abordar a aprendizagem escolar.
9. *Cuidar da autoestima dos alunos.* – Os alunos têm de perceber que seu compromisso com as tarefas escolares vai contribuir para reforçar sua valorização pessoal.

A intervenção no contexto social

A resposta educacional para evitar o fracasso dos alunos em situação de risco deve ser reforçada com iniciativas que contribuam para superar a desvantagem social em que vivem. Às vezes, atribui-se à escola e aos professores, independentemente de outras mudanças sociais, a capacidade de acertar na resposta educacional a qualquer problema de seus alunos. É certo que, em alguns casos, isso pode ser possível e que, sem dúvida, a escola tem amplas possibilidades de intervenção. É necessário, porém, reconhecer que só mediante propostas mais amplas e mais globais podem-se abordar os problemas desses alunos com maiores garantias de êxito.

A intervenção no âmbito social deve levar em conta três níveis: o nível institucional, o nível comunitário e o nível familiar. O primeiro refere-se aos fatores ligados à organização social e suas relações com os cidadãos: políticas de emprego, de moradia, de saúde, de proteção social e de educação. O segundo aponta para as relações que as pessoas mantêm no seio de sua família e com os grupos de referência mais próximos: amigos e vizinhos. A estabilidade da residência afeta de modo significativo o grau de apoio social que uma família recebe dos grupos mais próximos. O terceiro refere-se principalmente à formação dos pais, para que colaborem mais ativamente na educação de seus filhos. Todos eles estão profundamente relacionados: as melhores condições de moradia ou de emprego ou a maior qualificação dos pais favorece a estabilidade e o maior grau de apoio social, gerando uma atitude mais positiva e comprometida com a educação dos filhos.

Essa estreita relação entre todos os fatores envolvidos na melhoria das condições sociais requer iniciativas que abordem de forma coordenada todos esses níveis. Os programas de intervenção de caráter mais global e sistêmico, que se mantêm ao longo do tempo e que apoiam o fortalecimento do tecido social e associativo de uma zona para resolver uma grande parcela de seus problemas, são, sem dúvida, uma das estratégias mais frutíferas para a mudança social. Dessa forma, com as consequências positivas que tais programas geram no âmbito da prevenção, haverá nas escolas menos alunos em situação de risco de desmotivação e de abandono.

A título de conclusão

A resposta às necessidades educacionais dos alunos com pouca motivação para aprender passa por um conjunto de iniciativas amplas e globais que afetam o ambiente social dos alunos, a formação de suas famílias, a política educativa, o funcionamento das escolas, o apoio que os professores recebem e seu trabalho na sala de aula. De algum modo, tais iniciativas podem ser resumidas nas seguintes crenças e valores que, quando fazem parte da cultura de uma escola, revelam a adequação das políticas que estão sendo implementadas:

1. Existem programas para melhorar as condições de vida, de trabalho e de educação das famílias que se encontram em pior condição social.
2. Há um apoio claro dos gestores da educação às escolas que recebem alunos em situação de risco.
3. Ao avaliar o funcionamento da escola, são levadas em conta as características dos alunos e as metas específicas que se discute com eles.
4. É necessário que os pais participem do processo educativo, porque sua contribuição é enriquecedora.
5. É positivo fomentar uma participação maior dos alunos na vida da escola e nas decisões tomadas.
6. É preciso fazer com que os alunos estejam interessados em aprender algo e que acreditem que isso seja possível.
7. Vale a pena o esforço porque se comprova a evolução dos alunos e percebe-se um apoio permanente.
8. Criaram-se as condições para que os professores desejem continuar trabalhando com esses alunos.
9. A escola é uma boa escola.

É evidente que, quando a comunidade educacional de uma escola compartilha tais sentimentos, os problemas estão sendo superados. A situação mais dramática se apresenta quando a maioria deles está ausente: não há programas sociais nem de apoio, não há participação da comunidade educativa, os professores não estão motivados para suscitar o interesse dos alunos e existe na escola uma atmosfera de resignação e de certo fatalismo diante da porcentagem de alunos que não querem estudar. Nesses casos, a tarefa daqueles que desejam iniciar uma mudança, seja a equipe de direção, sejam alguns professores ou o setor de orientação, é gigantesca. Sua pergunta inicial é: "por onde começar?".

Não é fácil responder a essa pergunta. Não existe uma causa principal da desmotivação escolar cuja modificação assegure um comportamento distinto do aluno, mas há muitas influências, a maioria delas recíprocas. O compromisso da família com a educação de seu filho influi no esforço que este realiza na escola. Também a organização, o funcionamento e a cultura da escola influem no trabalho que os professores realizam em sua classe. Uma boa prática docente na sala de aula acaba tendo uma clara repercussão no interesse de seus alunos e nas metas que se propõem. E a boa prática docente depende da competência do professor, de sua própria motivação, das relações que estabelece com os alunos e de suas condições de trabalho. Mais uma vez, surge a pergunta: "por onde começar?". O primeiro passo é tomar consciência de que existe um problema e de que os professores podem fazer algo para minimizá-lo. O segundo passo é analisar mais detalhadamente a situação e, ao mesmo tempo, avaliar as condições em que se encontra a escola: contexto social, alunos que têm acesso, funcionamento da escola, atitudes dos professores e suas concepções sobre o ensino, a aprendizagem, a avaliação, assim como aquelas relativas às possibilidades de seus alunos. A partir dessa análise, pode-se constatar que o principal problema está na família, no funcionamento da escola, na ausência de programas específicos para alunos totalmente desmotivados, na falta de interesse dos alunos pelo ensino, nas dificuldades dos professores para criar interesse ou em todos esses fatores, que atuaram em conjunto ao longo dos anos.

Chegando a esse ponto, o passo seguinte é decidir a estratégia mais adequada em função das condições da escola. A mais completa é trabalhar em todos os âmbitos: família, escola e sala de aula. Isso, porém, é algo ambicioso demais na maioria dos casos, por isso é preciso fazer uma escolha. A estratégia mais geradora de mudança é colaborar com os professores para que se sintam mais competentes e mais motivados para abordar o problema em sua turma. Pode-se afirmar de forma contundente que motivar os professores para que procurem motivar seus alunos é uma das portas principais da mudança. Dessa forma, pode-se avançar posteriormente com mais facilidade na intervenção familiar e no funcionamento da escola. Às vezes, os professores não respondem positivamente a essa estratégia. Assim, é preciso primeiramente criar as condições para que os professores percebam que são capazes de abordar o problema e que se está fazendo um esforço para ajudá-los: reduzir o número de alunos na sala de aula, organizar desdobramentos em determinadas áreas ou criar novos programas para os alunos mais desmotivados, o que faz com que as turmas regulares tenham alunos um pouco menos heterogêneos. Se, ao mesmo tempo, são postas em prática iniciativas de contato com as famílias para envolvê-las mais na educação de seus filhos, pode-se pensar que a mudança está começando e que, passados alguns anos, haverá na escola uma nova cultura para reduzir a desmotivação e o abandono dos alunos.

NOTAS

1. O livro de Marchesi e Martín (1998) analisa o tema mais detalhadamente no capítulo dedicado à avaliação dos alunos. Uma reflexão sobre esse tema encontra-se também no Capítulo 16 deste volume.
2. Pode-se encontrar um desenvolvimento destas ideias no livro de Marchesi e Martín (1998).
3. Uma análise mais completa da cultura das escolas pode ser encontrada no Capítulo 5 do livro de Marchesi e Martín (1998).

TERCEIRA PARTE

Transtornos do Desenvolvimento e
Necessidades Educativas Especiais

Os alunos com necessidades educativas especiais mais permanentes são os que ocupam o lugar central na pesquisa e na preocupação relativa à educação especial. Esta terceira parte analisa o desenvolvimento e a situação de seis grupos de alunos muito diferentes entre si: os alunos cegos, os alunos surdos, aqueles que apresentam um atraso intelectual significativo, os que têm uma deficiência em sua motricidade, os alunos autistas e os que sofrem graves alterações em seu desenvolvimento.

O estudo do desenvolvimento e da educação desses alunos contribuiu enormemente para conhecer melhor a evolução ontogenética do ser humano e para iluminar as possibilidades da educação. Os atrasos que tais alunos apresentam, às vezes muito profundos, levaram a formular novos modelos explicativos para entender melhor o comportamento humano. Também se converteram em um poderoso estímulo para os sistemas educacionais, as escolas e os próprios professores, que se propuseram o desafio de fazer retroceder os limites que esses alunos costumam apresentar em seu desenvolvimento e em sua aprendizagem através da ação educativa.

O sistema Braille, a linguagem dos sinais, os sistemas de comunicação total e os sistemas alternativos e aumentativos de comunicação significaram não apenas um avanço importante na educação das pessoas com graves dificuldades para a comunicação oral ou escrita. Também ajudaram a compreender melhor a gênese da linguagem, as relações entre a linguagem e o pensamento, a possibilidade de que as pessoas aprendam e utilizem sistemas simbólicos e a importância de intervir nos primeiros anos da vida da criança para que esta possa ter acesso a um código comunicativo.

É preciso assinalar, no entanto, que as contribuições que surgiram no âmbito específico da educação especial não se circunscreveram à ampliação dos sistemas de comunicação. Muitos outros aspectos psicológicos e sociais se manifestaram de forma mais clara. O estudo das crianças cegas esclareceu as relações entre a visão e o desenvolvimento cognitivo. As pesquisas sobre as crianças surdas profundas contribuíram para a compreensão das relações recíprocas entre a linguagem e o pensamento. Também o estudo dos surdos constatou a presença de uma comunidade específica das pessoas surdas, organizada em torno da linguagem dos sinais, que não pode ficar à margem da educação de tais crianças. Os estudos sobre alunos com atraso mental ou com transtornos globais do desenvolvimento comprovaram que há possibilidades de progresso, mesmo para aquelas crianças gravemente afetadas. Finalmente, as pesquisas sobre o autismo permitiram entender melhor a gênese da comunicação e a necessidade do conhecimento das intenções dos outros para que haja um intercâmbio comunicativo. Os estudos sobre as crianças autistas ocupam um lugar central no desenvolvimento da teoria da mente.

Os capítulos que constituem esta parte tentam fazer uma difícil síntese: por um lado, explicar o desenvolvimento e os sistemas de avaliação que permitem conhecer melhor o aluno; por outro, refletir, a partir desses conhecimentos, sobre as mudanças educativas necessárias para favorecer seu desenvolvimento e sua aprendizagem.

8
Desenvolvimento e intervenção educativa nas crianças cegas ou deficientes visuais

ESPERANZA OCHAÍTA E Mª ÁNGELES ESPINOSA

CEGUEIRA E DEFICIÊNCIA VISUAL

Os sistemas sensoriais

A cegueira é uma deficiência sensorial que se caracteriza pelo fato de que as pessoas que dela padecem têm seu sistema visual de coleta de informações total ou seriamente prejudicado. Portanto, quando se fala de cegos, se faz referência a uma população muito heterogênea, que inclui não apenas as pessoas que vivem na escuridão total, mas também aquelas que têm problemas visuais suficientemente graves para serem consideradas legalmente cegas, embora tenham resquícios visuais que possam ser aproveitados para seu desenvolvimento e sua aprendizagem.

Não há um consenso na definição do que pode ser considerado funcionalmente como cegueira. Na Espanha, a Organização Nacional de Cegos (ONCE) considera legalmente cegas aquelas pessoas que, com a melhor correção possível, têm menos de um décimo de visão nos dois olhos, desde que tal limitação visual seja de caráter permanente e incurável (Pelechano, de Miguel e Ibáñez, 1995). O dano, total ou parcial, no sistema visual de coleta de informações faz com que as crianças cegas e deficientes visuais tenham de utilizar os demais sistemas sensoriais para conhecer o mundo à sua volta. Como se mostrará ao longo deste capítulo, é a utilização do tato e do ouvido, e também, embora em menor medida, do olfato e do paladar, como substitutas da visão, que conferirá certas peculiaridades na construção do desenvolvimento e da aprendizagem das crianças cegas.

O tato é um dos principais sistemas sensoriais que as crianças não videntes utilizam para conhecer o mundo à sua volta. Suas características podem explicar boa parte das peculiaridades do desenvolvimento e da aprendizagem dessas crianças. O tato permite uma coleta da informação bastante precisa sobre os objetos próximos, mas é muito mais lento que a visão e, por isso, a exploração dos objetos grandes é fragmentária e sequencial. Assim, por exemplo, enquanto um vidente pode ter a imagem de uma mesa grande que vê pela primeira vez com três ou quatro "golpes de vista", um cego, para ter acesso à imagem da mesa, terá de explorá-la muito mais lentamente e, depois, integrar essas percepções sucessivas em uma imagem total.

Também *a audição* terá grande importância para o desenvolvimento e a aprendizagem dos cegos. Além de ser utilizada para a comunicação verbal, os não videntes empregam-na com uma função telerreceptora para a localização e a identificação de objetos e pessoas no espaço, funções para as quais é menos precisa que a visão. O olfato – um sistema sensorial que está bastante subutilizado nos seres humanos – serve para os não videntes para reconhecer pessoas e ambientes, ajudando os demais sistemas sensoriais na complexa tarefa de conhecer o espaço distante. Finalmente, o *sistema proprioceptivo* proporciona uma informação imprescindível para a orientação e a mobilidade na ausência da visão.

Em qualquer caso, apesar dos problemas de acesso à informação que têm as crianças cegas, o funcionamento do sistema psicológico humano é muito plástico e, consequentemente, pode ser construído na ausência de um sistema sensorial tão importante como a visão, utilizando vias alternativas (Ochaíta, 1993). Assim, a maior parte das pesquisas realizadas nos últimos anos sobre o desenvolvimento cognoscitivo dos cegos mostra que, ao chegar à adolescência e à idade adulta, atingem um nível de desenvolvimento funcionalmente equivalente ao das pessoas videntes.

Sabe-se que na espécie humana o sistema visual é muito importante para obter informações sobre os objetos e sua posição no espaço, mas é igualmente uma ferramenta fundamental para o estabelecimento das relações com os outros (Gómez, 1991; Trevarten, 1988). A visão é básica, ainda, para se ter acesso à leitura e à escrita. Em qualquer caso, é importante levar em conta que, apesar dos problemas de acesso à informação que têm as crianças cegas, elas poderão construir seu desenvolvimento, partindo dos sistemas sensoriais de que dispõem, mediante vias alternativas distintas daquelas dos videntes. Portanto, as crianças não videntes têm de construir seu sistema psicológico *compensando*, no sentido vygotskiano do termo, suas deficiências. Quando se fala de *compensação*, não se está dizendo que a afetação do sistema visual acarreta a hipertrofia dos demais sistemas sensoriais. Os cegos não têm patamares sensoriais mais baixos que os videntes, não ouvem melhor nem têm maior sensibilidade tátil ou olfativa; contudo, aprendem a utilizá-los melhor ou para outras finalidades distintas do que fazem os videntes. Portanto, a compensação refere-se à plasticidade do sistema psicológico humano para utilizar em seu desenvolvimento e sua aprendizagem vias alternativas que as usadas pelos videntes.

Heterogeneidade das deficiências visuais

Sob a denominação geral de cegueira ou deficiência visual, inclui-se um grande número de transtornos visuais, de etiologias e características muito diversas. Há várias alterações visuais que podem causar cegueira ou deficiências visuais graves (ver, por exemplo, Rosa, 1993; Verdugo, 1995). Para os propósitos deste capítulo, interessa fundamentalmente destacar três dimensões que dão lugar às diferenças entre as distintas crianças consideradas deficientes visuais: o momento de aparição dos problemas visuais, a forma de aparição e o grau de perda de visão.

Considerando o momento de aquisição dos problemas visuais, o desenvolvimento e a aprendizagem de uma criança que nasça cega ou que perca a visão pouco depois de nascer serão muito diferentes daquela que perdeu a visão em etapas posteriores de sua vida. Também será importante o fato de a cegueira aparecer de modo súbito ou gradual. Com relação à porcentagem da perda de visão, como se analisará posteriormente, o grau de visão funcional que uma criança possui determinará a possível utilização de vias alternativas em seu desenvolvimento e o fato de elas serem mais ou menos incentivadas do ponto de vista educacional.

A essas diferenças causadas pela etiologia da cegueira é preciso acrescentar as fontes de variabilidade que se encontra em toda a população infantil. As características do desenvolvimento de uma determinada criança cega ou deficiente visual e as indicações de intervenção educacional dependerão também das peculiaridades dos contextos em que a criança se desenvolve: seu ambiente familiar, sua escola, o trabalho e nível de instrução de seus pais ou as conotações que a deficiência visual tem no âmbito microcultural ou cultural em que cresce. Assim, as características do desenvolvimento de uma determinada criança cega – e o planejamento das intervenções educacionais concretas – dependerão das transações complexas entre as características da criança e dos contextos distintos em que se produz seu desenvolvimento e sua aprendizagem.

Uma vez assinalada a importância das diferenças entre as diversas crianças cegas e deficientes visuais, convém analisar as características gerais de seu desenvolvimento psicológico. O fato de que tais crianças tenham de utilizar vias alternativas em vez das visuais para conhecer o mundo e para relacionar-se com as outras pessoas permite falar de suas diferenças em relação aos videntes, e também constitui uma fonte de homogeneização em relação a outras crianças cegas. Por outro lado, o conhecimento das peculiaridades do desenvolvimento dessas crianças é imprescindível para o planejamento das estratégias educacionais. Se a intenção é que os diferentes contextos educativos em que crescem as crianças cegas satisfaçam suas necessidades especiais, é preciso analisar cuidadosamente as vias alternativas de que tais crianças dispõem para construir seu desenvolvimento.

Avaliação da deficiência visual e da visão funcional

A avaliação do grau de perda visual apresentado por uma criança deficiente visual deve ser feita em dois níveis diferentes, mas ao mesmo tempo complementares (Espinosa e Ochaíta, no prelo; Rosa, 1993). Por um lado, deve-se fazer um bom exame oftalmológico, e, por outro, deve-se avaliar o grau de visão funcional, isto é, os resquícios visuais de que essa criança dispõe para seu desenvolvimento e sua aprendizagem. Somente dispondo dos dois tipos de informação, será possível elaborar um informe visual completo, que sirva para prescrever as correções e as ajudas técnicas necessárias e para planejar programas de intervenção educacional adequados.

A seguir, descreve-se de forma mais detalhada cada um dos elementos da avaliação dos déficits visuais, dando ênfase especial aos profissionais responsáveis, às medidas empregadas e ao tipo de instrumentos utilizados em cada um deles.

O exame oftalmológico

O exame oftalmológico tem a participação de três profissionais diferentes, com funções distintas, mas complementares: o oftalmologista, o optometrista e o óptico. O oftalmologista é um médico com formação especializada no diagnóstico e no tratamento dos problemas oculares e está capacitado para prescrever lentes corretivas. O optometrista é um especialista no exame ocular, na prescrição e na confecção de lentes corretivas – apesar de não ser médico e de não estar autorizado, na maioria dos casos, a prescrever medicamentos. Finalmente, e uma vez que se determina o problema e o tipo de lentes corretivas que o paciente deve utilizar, é o óptico que se encarrega de confeccioná-las.

O exame oftalmológico deverá ser precedido da elaboração de uma história clínica em que se incluam dados tanto para orientar a avaliação como para determinar o tratamento mais adequado. Questões como a idade de aquisição do déficit visual e sua etiologia, ou sua evolução e seu prognóstico, são elementos importantes a considerar. Uma vez realizada a história clínica, o passo seguinte é o exame ocular propriamente dito. Consiste em uma avaliação sistemática e precisa das chamadas medidas de eficiência visual normalizadas que são, fundamentalmente, acuidade visual e campo visual.

A avaliação da visão do ponto de vista oftalmológico requer a utilização de dois tipos de instrumentos distintos: aparelhos tecnológicos mais ou menos sofisticados e optotipos. Os aparelhos servem para avaliar tanto as medidas de eficiência visual normalizada, como o funcionamento e o estado dos órgãos e dos tecidos oculares.[1] O segundo tipo de instrumentos utilizados para realizar a avaliação oftalmológica são os optotipos. Com eles, avalia-se a acuidade visual e a visão das cores. Denominam-se optotipos os quadros com letras, números e figuras impressos em diferentes tamanhos – previamente determinados –, os quais se catalogam em décimos de visão. Os optotipos podem ser apresentados em telas retroiluminadas ou em projetores. Atualmente, de todos os optotipos que há no mercado, o mais utilizado é o mapa de Snellen. Existem duas versões do mapa. Uma que utiliza letras maiúsculas e outra que usa um símbolo parecido com um E ou um U em diversas posições, que se costuma utilizar com adultos analfabetos e com crianças que ainda não saibam o nome das letras.

A avaliação da visão funcional

Visto que a maior parte da população legalmente cega possui algum resquício visual, é fundamental fazer uma avaliação precisa e sistemática de sua visão funcional. A informação relativa aos resquícios visuais aproveitáveis de que dispõe uma pessoa deficiente visual converte-se em um elemento essencial em todas as idades, mas especialmente durante a infância, para o planejamento de programas de intervenção adequados. Atualmente, os especialistas no tema coincidem em assinalar que o grau de visão funcional que um sujeito deficiente visual possua deve ser aproveitado e potencializado ao máximo. É importante, porém, destacar que a visão funcional não depende apenas do grau de perda visual de que padece o sujeito, mas também de outros fatores, como a motivação e a atitude que manifesta em face de sua utilização, os tipos de estímulos que se apresentam a ele e o treinamento que tenha recebido para potencializar ao máximo seu uso. Por essa razão, perdas visuais similares podem gerar capacidades funcionais diferentes.

Na Espanha, a avaliação da visão funcional é feita geralmente pelos especialistas da ONCE, chamados de "técnicos em orientação e mobilidade e especialistas em reabilitação visual básica". Esses técnicos não apenas fazem a avaliação, mas também planejam e desenvolvem programas de treinamento para a melhor utilização dos resquícios visuais. Os diferentes profissionais que estão em contato direto com os deficientes visuais, como psicólogos, pedagogos, professores e educadores, também intervêm na avaliação e no tratamento educativo. A avaliação costuma ser feita utilizando dois tipos de procedimentos: sistematizados e não sistematizados.

Os procedimentos não sistematizados fundamentam-se na ideia de que a eficiência visual real não pode ser medida nem prevista de forma objetiva com o emprego de protocolos clínicos normalizados (Barraga, 1983). Pela falta de sistematização, os dados proporcionados por tais procedimentos devem ser tomados com certa precaução e adaptados ao caso concreto que se está avaliando. Em geral, trata-se de listas de condutas facilmente observáveis que servem para avaliar a utilização que as pessoas fazem de seus resquícios visuais, como por exemplo, testar a reação do sujeito diante da presença de uma luz, saber se é capaz de localizar um estímulo visual, seguir um objeto com o olhar, etc.

Os testes sistemáticos de visão funcional têm objetivos similares: avaliar a visão funcional dos deficientes visuais e considerar sua possível utilização em diferentes situações e tarefas. Um exemplo desse tipo de testes para crianças é "Mira y Piensa", editado na Espanha pela ONCE, em 1986.[2] Foi projetado para avaliar o uso que as crianças fazem de seus resquícios visuais e proporciona informações de tipo qualitativo. Esse teste é acompanhado de um manual, que inclui diferentes programas e materiais úteis para o treinamento da visão funcional.

O desenvolvimento psicológico

Neste item, abordam-se os aspectos mais importantes do desenvolvimento psicológico dos cegos. Serão destacadas, de forma prioritária, as áreas do desenvolvimento em que as crianças não videntes têm necessidades realmente especiais, justamente pela utilização de vias não visuais de acesso à informação e à comunicação. O leitor interessado em um estudo mais amplo sobre o tema pode consultar o trabalho recente de uma das autoras (Ochaíta, 1993).

Primeira infância

Intercâmbios visuais e interações comunicativas

Enquanto a teoria de Piaget (1937) mostrava a imagem de um bebê que construía sua inteligência atuando com objetos físicos, as pesquisas iniciadas por Bates e seus colaboradores, em 1939, com crianças videntes, evidenciaram que a atividade fundamental da criança durante seus quatro ou cinco primeiros meses de vida é relacionar-se com os outros seres humanos, basicamente com seus pais ou suas principais figuras de apego (Bates, Benigni, Bretherton e Volterra, 1979).

Diversos autores assinalaram a importância que têm, na espécie humana, os intercâmbios visuais nas primeiras interações comunicativas entre o bebê e o adulto (Bates, Camanioni e Volterra, 1975; Butterworth, 1991; Trevarthen, 1988). Tais interações ocorrem, sobretudo, mediante turnos de olhar que estabelecem orientações em certo sentido semelhantes aos turnos conversacionais que se produzem na comunicação verbal (Kaye, 1982). Além disso, as crianças, desde seus primeiros dias de vida, prestam atenção de preferência a estímulos visuais que, curiosamente, coincidem com os do rosto humano. Como já assinalou Fantz, em 1961, preferem olhar estímulos redondos ou ovalados que, do mesmo modo que os rostos, também tenham contrastes de cor e de brilho. Ao mesmo tempo, os adultos sentem-se fortemente atraídos pelos rostos e pelos gestos dos bebês e, quando se aproximam deles, trocam olhares e gestos (Campos, Barret, Lamb, Goldsmith e Stenberg, 1983). Assim, os trabalhos realizados com videntes sobre as primeiras interações adulto-bebê parecem indicar que a visão é fundamental para tais intercâmbios comunicativos, transcendentais para o desenvolvimento infantil.

Por essa análise "visuocentrista" das primeiras interações comunicativas entre o bebê e o adulto, poderia se supor que as crianças cegas ou deficientes visuais graves teriam sérios problemas para estabelecer essa comunicação pré-verbal. Pode-se afirmar, todavia, com toda segurança, que tais crianças dispõem de vias alternativas para a visão a fim de relacionar-se e estabelecer diretrizes de comunicação não verbal com os adultos (Ochaíta, 1994). Desde o nascimento, todas as crianças prestam uma atenção seletiva às vozes humanas (Eimas, 1985) e também podem distinguir o odor dos seres humanos, especialmente o da mãe (Steiner, 1979). Nesse sentido, são particularmente importantes as pesquisas realizadas por Leonhart e seus colaboradores (1992,

1997 e 1998). Nelas, demonstra-se que os bebês cegos, desde as primeiras semanas de vida, prestam uma atenção seletiva à voz de sua mãe e demonstram isso girando o corpo para a fonte do som. Também distinguem claramente entre a voz da mãe e a de uma mulher estranha, já que giram o corpo na direção de onde provém a voz materna. Além disso, como assinalou Fraiberg, em 1977, os bebês cegos também apresentam o gesto inato de relaxamento do rosto que é interpretado pelos adultos como sorriso. Esse gesto, reforçado pelos adultos, converte-se ao final do primeiro mês, do mesmo modo que nas crianças videntes, em um sorriso social. Os dados procedentes de diferentes pesquisas mostram que, com quatro semanas de vida, os bebês cegos e deficientes visuais respondem com um sorriso às vozes de seus pais e ao contato corporal com eles quando, por exemplo, os pegam no colo e lhes fazem carícias (Fraiberg, 1977; Rogers e Puchalsky, 1986). Outros trabalhos de pesquisa-intervenção, realizados com crianças cegas e suas mães, revelaram que, quando estas têm boas expectativas em relação às possibilidades de desenvolvimento e de aprendizagem de seus filhos, se estabelecem entre eles alternativas conversacionais não verbais similares às observadas em pares videntes, mas nesse caso intercambiam-se sons, ritmos, contatos corporais e movimentos (Jenefelt, 1987; Preisler, 1991; Urwin, 1984). Um bom exemplo dessas *protoconversas* é um jogo que se fez entre as crianças cegas e seus pais, e que consiste em uma sequência de ritmos vocais, táteis e de movimentos, nos quais se estabelecem relações entre o bebê e o adulto.

Essas pesquisas permitem afirmar que as crianças cegas dispõem de vias alternativas para a visão suficientes para interagir com os adultos, desde que estes saibam interpretá-las. A cultura ocidental atribui grande importância ao papel da visão nas interações comunicativas precoces, e muitos pais podem ter, e têm de fato, sérios problemas para detectar e interpretar os sinais emitidos pelas crianças cegas para demonstrar seu interesse quanto aos outros e para demonstrar suas preferências quanto a seus familiares mais próximos. É necessário que as mães e os pais aprendam a interpretar as formas que seus filhos cegos utilizam para relacionar-se com eles.

A formação do vínculo de apego

Prosseguindo com o desenvolvimento social e comunicativo das crianças cegas, é preciso fazer referência à formação do vínculo de apego entre esses bebês e seus pais. Os autores que estudaram essa relação coincidem em afirmar que, quando se estabelece a sincronia adequada entre a criança e a pessoa ou as pessoas encarregadas de cuidar dela, o apego evolui seguindo etapas similares às das crianças videntes (Freedman, 1964; Fraiberg, 1977; Rogers e Puchalsky, 1986). Desde as 4 semanas, as crianças cegas são capazes de sorrir de forma seletiva diante das vozes do pai e da mãe. A partir do terceiro mês, quando a criança vidente sorri de forma regular quando vê um rosto humano, o cego o faz frequentemente, embora nem sempre, quando ouve a voz de seus pais e de outras pessoas conhecidas. Além disso, os estímulos táteis, como as carícias, os balanços e as cócegas sempre provocam o sorriso do não vidente.

Há ainda uma conduta característica das crianças cegas que revelam a existência de uma via alternativa para a visão a fim de conhecer e reconhecer o rosto das pessoas. Como descobriu Fraiberg, em 1977, ao final do primeiro mês, os bebês não videntes começam a tocar os rostos das pessoas que estão com eles, o que é uma forma de conhecimento não visual das pessoas. A partir dos 5 meses, essa conduta torna-se cada vez mais discriminadora e intencional, dirigindo-se apenas às pessoas conhecidas. Assim, entre os 5 e os 8 meses, as crianças cegas exploram detidamente o rosto de seus familiares mais próximos quando estão no colo deles, mas o fazem rapidamente quando estão no colo de pessoas estranhas.

Assim, os não videntes também manifestam as reações de *medo aos estranhos*, o que supõe o conhecimento dos familiares e das pessoas chegadas e a consequente reação negativa diante dos desconhecidos. Por volta dos 7 ou 8 meses, orientando-se principalmente pela audição das vozes, a exploração tátil e os dados olfativos, as crianças cegas são capazes de perceber a presença de pessoas estranhas, manifestando uma certa rejeição a elas, rejeição que se torna mais forte quando tentam pegá-las no colo.

O desenvolvimento dos esquemas sensório-motores

A partir dos 5 ou 6 meses, os bebês, sem deixar de ter um interesse prioritário pelas pessoas à sua volta, começam a dar mais atenção aos objetos físicos e dedicam boa parte de sua atividade ao exercício de seus esquemas sensório-motores em relação a tais objetos. É precisamente nessa idade que as crianças videntes são capazes de coordenar os esquemas de visão e preensão, o que, junto com a crescente capacidade para permanecer sentadas, lhes permite a manipulação e o jogo com objetos sob controle visual. As vias alternativas que a criança cega tem de pôr em prática para realizar esse tipo de atividades constituem outro prodígio de adaptação do desenvolvimento humano. O tato e a audição são menos apropriados que a visão para conhecer o espaço e os objetos que nele se encontram, já que proporcionam uma informação muito mais sequencial e fragmentada e uma menor antecipação perceptiva (Foulke, 1982). A única possibilidade que uma criança cega tem de saber que um objeto existe, quando ele não está em contato com sua mão, é que ele emita algum tipo de som e, evidentemente, a maior parte dos objetos não é sonora. Por outro lado, como mostra o Quadro 8.1, a coordenação audiomanual é muito mais tardia que a visomanual, já que se produz ao final do primeiro ano nas crianças cegas e deficientes visuais (Fraiberg, 1977; Sonksen, 1979).

Alguns autores estudaram o desenvolvimento da permanência dos objetos físicos nos cegos, adaptando a teoria e os testes piagetianos às características perceptivas dessas crianças (Bigelow, 1986; Rogers e Puchalsky, 1988). As diferenças perceptivas entre o sistema visual, por um lado, e os sistemas tátil e auditivo, por outro, não aconselham a análise

QUADRO 8.1 Idades* em que as crianças adquirem as coordenações visomanuais e audiomanuais

Item	Videntes	Item	Cegos
Olha as próprias mãos quando elas se encontram na linha média de seu corpo	4,0 - 5,0	Não há indícios de busca de nenhum tipo de objeto	0,0 - 7,0
Alcança objetos que pode ver	4,0 - 5,0	Busca um objeto que esteve em suas mãos antes	7,0 - 8,0
Explora os objetos que se encontram em seu campo visual	6,0 - 7,0	Abre e fecha as mãos quando ouve o objeto perdido	7,0 - 8,0
Encontra um objeto parcialmente encoberto	7,0 - 8,0	Não responde diante do som de objetos sonoros que não tenham estado em suas mãos antes	7,0 - 8,0
Busca um objeto no lugar em que o perdeu	7,0 - 8,0	Busca um objeto no lugar em que o perdeu	8,0 - 11,0
		Busca um objeto orientando-se unicamente pelo seu som	11,0 -12,0

*Em meses.

do desenvolvimento dos cegos de perspectivas visocentristas. Quando a visão falta ou está gravemente prejudicada, é difícil para as crianças elaborar um universo de objetos permanentes, sobretudo daqueles que não estão em contato com sua mão. Portanto, as crianças cegas construirão, em primeiro lugar, a permanência dos objetos táteis e serão capazes de procurar os objetos com os quais tenham tido uma experiência tátil suficiente. Somente a partir do segundo ano de vida, uma vez que consigam alcançar com a mão os objetos sonoros, começarão a coordenar as imagens táteis e as auditivas e, consequentemente, a procurar os objetos pelo som que emitem.

As protoconversas

Entre o final do primeiro ano de vida e o início do segundo, começa uma etapa muito importante para o desenvolvimento simbólico e comunicativo: as crianças devem incorporar os objetos em sua interação com as pessoas, em um processo que alguns autores chamaram de triangulação, por envolver ao mesmo tempo a criança, o objeto e o adulto. Já não se trata apenas de interações criança-adulto, mas de que a primeira seja capaz de iniciar conversas não verbais ou protoconversas em relação a objetos e de estabelecer mecanismos de atenção compartilhada para poder comunicar-se com os outros. Os diversos autores que estudaram o tema (Butterworth, 1991; Gómez, 1991; Gómez, Sarría e Tamarit, 1993) mostraram a importância da visão no desenvolvimento dos mecanismos de atenção conjunta.

Como as crianças cegas incorporam os objetos em suas conversas não verbais com os adultos? Sem dúvida, a resposta a essa pergunta é complicada, já que não existe pesquisa sobre o tema. Por um lado, o gesto de apontar é totalmente visual; quando uma criança vidente quer chamar a atenção do adulto, a primeira coisa que faz é dirigir o dedo indicador ao objeto, depois olha para o adulto e, por último, ambos dirigem seus olhares para o objeto. Por outro lado, as crianças cegas têm sérias dificuldades para saber que existem os objetos que não toca. Seria necessário realizar novos trabalhos de observação para averiguar quais são os mecanismos, as vias alternativas que as crianças cegas utilizam quando carecem do sistema visual. Em 1984, Urwin falava da existência de certas formas de sinalização corporal dirigidas aos objetos. A hipótese que se formula aqui leva muito mais a pensar que as crianças cegas utilizam vocalizações para chamar a atenção dos adultos para poder comunicar-se com eles sobre os objetos que estão tocando. A existência de numerosas vocalizações nos intercâmbios comunicativos criança-objeto-adulto foi constatada nos trabalhos feitos com videntes (Lock, Young, Service e Chandler, 1990), mas não foi dada a devida atenção teórica a elas.

O desenvolvimento postural e motor

Os estudos realizados a respeito (Fraiberg, 1977; Griffin, 1981) coincidem em assinalar que, nas crianças cegas bem estimuladas, não há problemas no desenvolvimento do controle postural (ver Quadro 8.2), a não ser na conduta de levantar-se com os braços quando estão de boca para baixo. De uma perspectiva visocêntrica, essa conduta, que permite à criança cega olhar o espaço distante quando está deitada em seu berço, não tem função alguma para a não vidente. Também os atrasos na mobilidade autoiniciada – levantar-se até ficar sentada, ficar de pé, engatinhar e andar sem ajuda – são explicáveis no mundo da criança cega. O pouco conhecimento que o nãovidente tem do espaço e dos objetos que se encontram nele tornam explicável que sua motivação e sua segurança sejam menores que nos videntes. Em relação à conduta de engatinhar, que não se produz de forma espontânea nas crianças cegas, não deve ser estimulada artificialmente, já que é bastante inapropriada na ausência da visão. Para as crianças cegas, as mãos são um instrumento de vital importância para conhecer o mundo e para evitar obstáculos, e seria pouco adequado utilizá-las como pernas, para caminhar. Assim, é a sequência de desenvolvimento postural e motor que o quadro mostra – não a sequência de desenvolvimento das crianças videntes – que deve ser tomada como referência pelos profissionais para a estimulação das crianças cegas.

O período pré-escolar

O desenvolvimento da linguagem

Em termos gerais, é possível afirmar que não há problemas no desenvolvimento da linguagem das crianças cegas e deficientes visuais, ainda que apresente certas características diferenciais derivadas da especificidade do acesso à informação na ausência da visão (Ocháita,

QUADRO 8.2 Idades* em que as crianças cegas do projeto de desenvolvimento infantil de Fraiberg adquirem os "itens" de desenvolvimento motor**

Item	Cegos	Videntes
Levanta-se com os braços em posição prona	4,5 - 9,5	0,7 - 5,0
Senta-se apenas momentaneamente	5,0 - 8,5	4,0 - 8,0
Dá uma volta sobre si, passando da posição de costas à de barriga para baixo	4,5 - 9,5	4,0 - 10,0
Senta-se sozinha de forma continuada	6,5 - 9,5	5,0 - 9,0
Levanta-se sozinha até ficar sentada	9,5 - 15,5	6,0 - 11,0
Fica de pé sozinha apoiando-se em um móvel	9,5 - 15,0	6,0 - 12,0
Movimentos de caminhar (caminha se a seguram pela mão)	8,0 - 11,5	6,0 - 12,0
Fica de pé sozinha	9,0 - 15,5	9,0 - 16,0
Caminha sozinha, três passos	11,5 - 19,0	9,0 - 17,0
Caminha sozinha, atravessa o quarto	12,0 - 20,5	11,3 - 14,3

*Em meses
**Comparam-se com os obtidos em videntes (Bayley, 1969). Fonte: Fraiberg, S. (1977).

1993; Pérez Pereira e Castro, 1994). Em primeiro lugar, pode-se dizer que a limitação visual não parece ser tão importante como a auditiva para a aprendizagem dos sons próprios da língua, já que o *desenvolvimento fonológico* das crianças cegas pode ser considerado normal (Mills, 1983 e 1988; Muldford, 1988). Embora não se disponha de trabalhos com crianças de fala espanhola, os que foram realizados em outras línguas parecem indicar um desenvolvimento similar nas crianças cegas e videntes.

Não há problemas para as crianças cegas e deficientes visuais na *aquisição do léxico* do ponto de vista quantitativo (Muldford, 1988). A idade média de emissão da primeira palavra nessas crianças é de 14,7 meses, o que pode ser considerado dentro da margem normal. Também não se encontraram diferenças entre cegos e videntes na idade de emissão das 10 e das 50 primeiras palavras (15,1 meses e 20,1 meses). Do ponto de vista qualitativo, há certas peculiaridades das crianças cegas que pais e educadores devem conhecer. Assim, por exemplo, as primeiras palavras das crianças cegas correspondem àqueles objetos que podem conhecer mediante os sistemas sensoriais de que dispõem. Enquanto os videntes aprendem logo nomes referentes a animais, as primeiras palavras dos cegos correspondem fundamentalmente a objetos domésticos. As limitações de acesso à informação fazem com que tenham certos problemas na generalização e na formação de categorias, sobretudo daqueles objetos de difícil acesso para eles, como, por exemplo, os animais ou os veículos. Também o *desenvolvimento sintático* pode ser considerado normal, embora tenha certas especificidades (Landau e Gleitman, 1985; Pérez Pereira e Castro, 1994).

Do ponto de vista *pragmático*, também há peculiaridades no desenvolvimento da comunicação verbal que são específicas das crianças não videntes e que devem ser levadas em conta. Os autores que estudaram o tema coincidem em afirmar que tais crianças utilizam um número maior de imitações, repetições e rotinas que os videntes (Janson, 1988; Pérez Pereira e Castro, 1994; Urwin, 1984). Não se pode dizer que essa linguagem seja ecolálica egocêntrica e não funcional. Ao contrário, tem uma função clara no desenvolvimento das crianças cegas. Desde que elas começam a falar, além de utilizar a linguagem com uma função comunicativa, esta cumpre outras importantes funções para compensar os problemas causados pela ausência de visão no desenvolvimento simbólico. Especificamente, recorrem em maior grau que os videntes a imitações diferidas de caráter verbal que muitas vezes parecem converter-se em jogos simbólicos de papéis.

Há, porém, um claro problema na utilização de termos dícticos – pronomes pessoais e possessivos, em contextos de intercâmbio de papéis conversacionais – por parte das crianças não videntes. Todos os trabalhos analisados (ver Ochaíta, 1993) detectaram problemas na utilização correta dos pronomes "eu" e "você", "meu" e "seu", tanto em situações de conversa como de jogo simbólico. Tal problema reflete as dificuldades que apresenta, na ausência de visão, a compreensão das mudanças de papéis que se produzem na conversa. Provavelmente, decorrem dos problemas que essas crianças têm no processo de "triangulação", nas difíceis vias alternativas que têm de seguir pra substituir os gestos que chamam a atenção do adulto para os objetos. No estágio atual dos conhecimentos, é preciso destacar a dificuldade que as crianças cegas encontram para utilizar vias não visuais de apoio à comunicação verbal e, ao mesmo tempo, a necessidade que manifestam de que os adultos saibam interpretar tais vias alternativas.

O jogo simbólico

Apesar da importância do jogo simbólico no desenvolvimento do ser humano, realizaram-se poucos trabalhos sobre seu desenvolvimento nas crianças cegas e deficientes visuais. Também para o estudo dos primeiros jogos simbólicos e de papéis é preciso deixar de lado o visocentrismo e analisá-los a partir da própria fenomenologia da cegueira. Alguns autores falaram de atrasos nos primeiros jogos de ficção das crianças cegas. Não se pode esperar, contudo, que tais crianças reproduzam do mesmo modo que os videntes as cenas da vida diária, a que não têm acesso visual. Por isso, as crianças recorrem às imitações verbais para desenvolver seus primeiros jogos de ficção com troca de papéis. Urwin (1984) estudou uma menina cega que repetia, entre risos, uma sequência de ações que ocorriam em sua casa, dramatizando as vozes e estabelecendo papéis. Nesse mesmo sentido, podem-se interpretar os dados obtidos por Lucerga e colaboradores, segundo os quais o brinquedo preferido das crianças cegas é o telefone e telefonar é seu jogo preferido (Lucerga, Sanz, Rodriguez, Porrero e Escudero, 1992).

Analisando as dimensões envolvidas no jogo simbólico, as autoras citadas afirmam que a substituição de objetos, que supõe a utilização de símbolos, evolui de forma semelhante em cegos e videntes. O mesmo não ocorre com a dimensão de descentração: até os 3 anos de idade, é muito difícil que as crianças deficientes visuais possam descentrar a ação de si mesmas para centrá-la em algum objeto simbólico. Embora não se deva dar explicações simplistas a respeito, é preciso levar em conta que o simbolismo dos brinquedos comerciais costuma basear-se em semelhanças visuais que essas crianças não podem captar. No que se refere ao planejamento do jogo, parece que as crianças não videntes acham mais fácil planejar o jogo do que executá-lo, o que mais uma vez revela a importância da linguagem no desenvolvimento do jogo na ausência da visão.

A etapa escolar

Os trabalhos realizados sobre o desenvolvimento das crianças cegas e deficientes visuais de idades compreendidas entre 6 e 12 anos centraram-se fundamentalmente em seu desenvolvimento cognoscitivo, tomando como referência a teoria de Piaget e a escola de Genebra. Em termos gerais, pode-se afirmar que o desenvolvimento intelectual das crianças não videntes não apresenta problemas sérios, embora tenha peculiaridades características (Ocháita, 1993; Rosa e Ocháita, 1993). A falta ou a grave deterioração do canal visual e o fato de terem acesso a uma boa parcela das informações pelo tato faz com que seja mais difícil para elas realizar tarefas de conteúdo figurativo e espacial do que aquelas baseadas na lógica verbal.

Todos os estudos realizados com essas crianças nas tarefas de lógica concreta assinalam uma importante "defasagem" entre os dois tipos de tarefas. Assim, nos diversos problemas envolvidos nas tarefas de classificações, conservações ou seriações verbais, encontram-se diferenças entre o rendimento e os resultados obtidos por cegos e videntes. Ao contrário, nas operações de seriação manipulatória e naquelas que implicam imagens mentais (Rosa, 1981) e conhecimento espacial (Ocháita, 1984), o fato de ter de tomar a informação pelo tato supõe que tenham de ser resolvidas por vias alternativas complexas. Isto faz com que as crianças não videntes as resolvam, mas com um atraso considerável (de 3 a 7 anos, dependendo da tarefa) com relação aos videntes (ver Figura 8.1). Como se analisará a seguir, tal atraso é anulado entre 11 e 15 anos de idade, inclusive quando se trata de realizar operações espaciais muito complexas de caráter projetivo e euclidiano. Tudo parece indicar que a linguagem e o tipo de raciocínio complexo que dela decorre constituem uma importante ferramenta, capaz de "remediar" os problemas de pensamento figurativo dos cegos.

De qualquer forma, as pesquisas realizadas sobre a integração escolar dessas crianças assinalam que, do ponto de vista intelectual, elas estão perfeitamente integradas nas classes e não têm problemas para acompanhar os conteúdos normais do currículo do ensino comum (Fernández Dols et al., 1991). É necessário, porém, que a escola contemple as necessidades educativas especiais de tais crianças, que, mais uma vez, decorrem das características dos canais sensoriais que substituem a visão: a orientação e a mobilidade e o acesso à informação escrita.

Precisamente na pesquisa citada, na qual se trabalhou com uma ampla amostra de crianças cegas e deficientes visuais integradas nas escolas regulares das diversas comunidades autônomas espanholas, revelou-se que 40% dos estudantes de 8 ou 9 anos, 52% dos de 11 ou 12 anos e 74% dos de 13 ou 14 anos tinham, pelo menos, um ano de atraso escolar. Dado

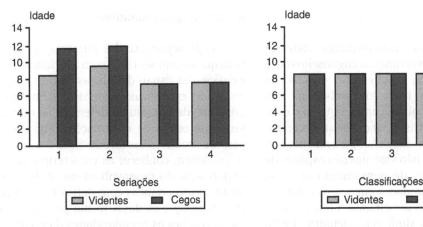

Operações lógico-concretas: seriações
1. Manipulatória simples
2. Manipulatória multiplicativa
3. Verbal não espacial
4. Verbal espacial

Operações lógico-concretas: classificações
1. Auditiva
2. Inclusiva
3. Hierárquica
4. Multiplicativa a completar
5. Multiplicativa espontânea

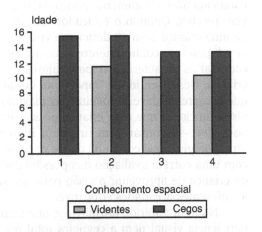

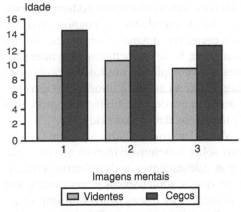

Conhecimento espacial
1. Sistemas de referência
2. Espaço projetivo
3. Espaço topológico
4. Espaço euclidiano

Imagens mentais
1. Reprodução estática
2. Reprodução dinâmica
3. Antecipação cinética

FIGURA 8.1 Resultados de cegos e videntes nos testes figurativos e verbais da equipe de pesquisa da UAM. Fonte: Ochaíta, Rosa, Pozo e Fernández Lagunilla (1985). Rosa, Ochaíta, Moreno, Fernández Lagunilla, Carretero e Pozo (1986).

que tais crianças não tinham problemas de inteligência, os resultados foram atribuídos ao sistema de acesso à informação escrita: a leitura tátil do Braille.

Por outro lado, dedicou-se pouco esforço ao estudo do desenvolvimento afetivo e social das crianças cegas nessa etapa. É indubitável que, para conseguir a máxima integração das crianças não videntes, tanto fora como dentro da escola, é preciso também incentivar a interação e o jogo com iguais fora da classe.

A adolescência

O que se disse anteriormente pode ser aplicado ao desenvolvimento cognoscitivo dos adolescentes cegos e deficientes visuais. Os estudos a respeito, baseados também na teoria piagetiana, permitem concluir que não existem diferenças entre cegos e videntes na resolução de tarefas do chamado "pensamento formal". Portanto, os não videntes são capazes de utilizar essa forma de pensamento mais ou menos nas mesmas idades em que os videntes, em uma proporção semelhante a estes e utilizando estratégias similares (Ochaíta, 1993; Ochaíta e Rosa, 1990).

Tudo parece indicar que os cegos, ao chegar à adolescência, conseguem "remediar", graças à linguagem, os problemas figurativos resultantes de suas dificuldades visuais. Portanto, evidencia-se mais uma vez que a linguagem e as formas de pensamento hipotético dedutivo que dela decorrem constituem poderosas ferramentas no desenvolvimento cognoscitivo das pessoas cegas. Ferramentas estas que lhes permitirão superar, às vezes mediante vias alternativas bastante complexas, muitos dos problemas de linguagem no acesso à informação e conseguir, ao final, um desenvolvimento cognoscitivo equivalente aos das pessoas videntes.

Menos informações ainda podem ser oferecidas sobre o desenvolvimento afetivo e social dos adolescentes e deficientes visuais. Sabe-se que a adolescência é uma etapa em que as mudanças físicas acarretam importantes modificações na personalidade e nas relações com os outros. Alguns autores consideram que a adolescência pode ser uma etapa particularmente difícil para os meninos e as meninas com deficiências visuais graves, na qual podem ocorrer problemas de integração social com o grupo (Scholl, 1986). Embora seja necessário realizar novos estudos sobre esse importante tema, pode-se pensar que, do mesmo modo que ocorre nos videntes, a adolescência não é necessariamente uma etapa muito conflituosa para os cegos, desde que eles tenham tido um desenvolvimento harmônico e estejam bem integrados em seus contextos mais próximos de socialização (família, escola, amigos, etc.).

A intervenção educativa

O planejamento das intervenções educativas que devem ser feitas com as crianças cegas e deficientes visuais deve basear-se em suas necessidades específicas que decorrem, fundamentalmente, da falta ou da deterioração do canal visual de coleta de informações. Por isso, as pessoas encarregadas da educação das crianças cegas devem conhecer as características mais importantes do desenvolvimento e da aprendizagem das crianças com deficiências visuais graves, porque só dessa forma poderão adaptar suas ações às peculiaridades da criança.

As importantes diferenças que existem entre as distintas crianças consideradas cegas e as deficientes visuais não permitem oferecer "receitas" gerais para sua educação. O tipo e o grau de deficiência que possuam, como também sua própria história familiar e educativa, condicionarão o tratamento educativo que devem receber. Quando o educador está diante de uma criança cega ou deficiente visual, terá de adaptar seus conhecimentos e sua ação educacional às características particulares dessa criança. Nesse sentido, é importante destacar que sempre se deve aproveitar ao máximo a visão funcional que essa criança possui. Para isso, deve-se contar com um bom informe oftalmológico, que contenha dados precisos, e com uma correta avaliação das possibilidades da criança de aproveitar a visão para realizar as diferentes atividades educativas.

No item anterior, afirmava-se que nem a deficiência visual nem a cegueira total por si mesmas causam incapacidades no desenvolvimento psicológico. Contudo, pode haver problemas se os pais, os professores e os educadores em geral não entendem as formas particulares de que dispõe a criança cega para construir seu desenvolvimento psicológico. Assim, por exemplo, é ao mesmo tempo inapropriado e inútil tentar que as crianças realizem tarefas que nada tenham a ver com seu mundo fenomenológico, como forçar uma criança cega a engatinhar, ensiná-la a desenhar ou realizar programas de aprendizagem baseados na lógica piagetiana. Após anos de pesquisa e uma profunda reflexão sobre as peculiaridades do desenvolvimento e da aprendizagem das crianças cegas, e partindo da caracterização da cegueira como uma deficiência sensorial, pode-se afirmar que a intervenção deve ser feita, fundamentalmente, nas tarefas do desenvolvimento e da aprendizagem que se expõem a seguir.

Intervenção com os pais e os educadores na primeira infância

Nas primeiras etapas da vida da criança cega, a intervenção educativa deve ser mais dirigida aos pais e aos educadores do que à estimulação do desenvolvimento e da aprendizagem da própria criança. Desde seus primeiros dias, as crianças cegas e deficientes visuais dispõem de sistemas alternativos para a visão suficientes para interagir com os adultos, desde que estes saibam interpretar as vias alternativas de que a criança dispõe para conhecê-los e comunicar-se com eles. A importância que se atribui ao sistema visual faz com que muitos pais tenham sérios problemas no momento de detectar e de interpretar os sinais que os bebês cegos emitem para mostrar suas preferências ao interagir com os adultos.

Quando uma mãe ou um casal recebe a notícia de que seu filho é cego, pode ter problemas para aceitar a deficiência e para considerar a situação de forma objetiva (Leonhart, 1992). A superação desses problemas depende, naturalmente, das circunstâncias concretas da família e do contexto à sua volta, mas, de todo modo, é muito adequada a intervenção psicoeducativa. Os pais devem receber informações não só sobre as capacidades de seus filhos, como também sobre as vias alternativas que, na ausência da visão, utilizam para conhecer o mundo. É necessário que os familiares entendam que, embora a criança tenha uma deficiência visual importante, ela possui muitas outras capacidades que lhe permitirão desenvolver-se bem e ter uma vida escolar normal. Trata-se, em suma, de gerar nos adultos as expectativas adequadas sobre as capacidades de desenvolvimento e aprendizagem de seus filhos não videntes.[3]

Neste sentido, e na medida do possível, a intervenção deve ser feita de forma conjunta com a criança e seus pais. Para estes, será muito útil, por exemplo, assistir a vídeos comentados sobre o desenvolvimento de alguma criança cega ou, se possível, de seu próprio filho, nos quais se mostram suas capacidades: o sorriso, o reconhecimento das vozes, o papel da criança nos jogos que implicam turnos conversacionais, etc.

Os adultos também devem saber da dificuldade que seu filho tem pra conhecer os objetos com os quais tem contato tátil e os mecanismos e as idades em que se produz a coordenação audiomanual. Tudo isso para que estimulem os jogos com objetos de forma apropriada às características perceptivas da criança cega. No caso de o bebê não ser totalmente cego e contar com resquícios visuais mais ou menos evidentes, os pais devem aproveitar essa visão funcional sem deixar de lado a estimulação tátil e auditiva. A partir dos 9 ou 10 meses, devem incentivar ao máximo o jogo compartilhado com objetos e falar com as crianças sobre os brinquedos que têm em suas mãos e sobre os que emitem sons. Tudo isso compreendendo as vias alternativas de que dispõem as crianças deficientes visuais graves para comunicar-se por meio de gestos e vocalizações quando ainda não adquiriram a linguagem oral.

Se os adultos – mães, pais e educadores – compreenderem os sinais emitidos pelas crianças cegas e responderem de forma adequada às suas demandas de socialização e de carinho, pode-se evitar que se produzam nelas problemas psicológicos associados à cegueira. Os estereótipos, a falta de interesse pelas pessoas e os atrasos no desenvolvimento não têm por que existir em uma criança cega sem outras deficiências físicas, psíquicas ou sensoriais associadas.

Finalmente, no que diz respeito à mobilidade, também é necessário que os pais ou os responsáveis pela criança cega na educação infantil saibam de suas possibilidades. Naturalmente, também nesse terreno, é necessário incentivar ao máximo a utilização da visão funcional da criança. No caso de ela não dispor de resquícios visuais aproveitáveis, devem-se respeitar as características do desenvolvimento motor na ausência de visão e não forçar condutas que, como o engatinhar, não são funcionais para um cego. Como se analisa a seguir, é preciso estimular o desenvolvimento da mobilidade autônoma e o conhecimento do espaço, evitando tanto os possíveis perigos como a proteção excessiva da criança.

Mobilidade e conhecimento do espaço

Talvez uma das aprendizagens mais complexas para uma criança cega ou deficiente visual seja conhecer o espaço à sua volta e mover-se nele de forma autônoma. Os sistemas sensoriais que pode utilizar são, sem dúvida, menos apropriados que a visão para o conhecimento do espaço e para a mobilidade. Se a intenção é conseguir a integração social real de uma pessoa cega nas diferentes etapas de seu ciclo vital (infância, adolescência e também idade adulta), é necessário que esta possa deslocar-se de forma autônoma e eficaz. Portanto, os educadores, e especialmente a escola, têm um importante papel a desempenhar no momento de suprir as necessidades especiais dos cegos nessa área.

Os especialistas em orientação e mobilidade, em colaboração com os pais e os educadores, deveriam ser os encarregados de treinar tais capacidades desde as primeiras etapas da vida da criança. Existem alguns programas que podem servir de exemplo para o treinamento dessas capacidades na primeira infância, como aquele elaborado por Jofee, em 1988, cujo objetivo é estimular ao máximo o desenvolvimento motor e a mobilidade das crianças cegas. O programa é executado na casa da criança, e são os pais, depois de treinados por um especialista, os responsáveis pela realização da intervenção. Assim, uma vez que os pais tenham criado boas expectativas sobre o desenvolvimento de seu bebê, são treinados para interagir ao máximo com a criança nas diferentes situações da vida doméstica, utilizando músicas e jogos, durante o banho, as refeições, etc. É possível, também, usar exercícios para o estímulo do desenvolvimento motor e do conhecimento do próprio corpo. Os pais ainda recebem instruções sobre como mostrar progressivamente o espaço da casa, criando ambientes atraentes para o bebê cego, identificando com estímulos apropriados os diferentes cômodos e orientando a criança por eles, seguindo sempre o mesmo caminho com a ajuda de descrições verbais simples. Tudo isso deve ser feito, se possível, potencializando ao máximo a visão funcional da criança.

O ingresso da criança na educação infantil é o momento ideal para que os educadores, em colaboração com os especialistas das equipes de atenção precoce, estabeleçam as diretrizes educacionais da criança em termos de orientação, mobilidade e habilidades da vida diária. Tudo isso, naturalmente, dependendo das características dessa criança: tipo de deficiência visual, estado atual da criança, história familiar e educacional, etc. O objetivo é conseguir um nível de autonomia similar ao das outras crianças da escola. Assim, é importante que a criança conheça o entorno da escola e que perca o medo do desconhecido, pois, dessa forma, poderá brincar com as outras crianças e participar de todas as atividades realizadas na escola.

Seria importante seguir a mesma instrução sobre o conhecimento do entorno toda vez que a criança mudasse de ambiente e enfrentasse um meio desconhecido. Toda vez que a criança deficiente visual mudar de escola, portanto, é necessário que receba uma instrução adequada à sua idade e às suas características pessoais. No período pré-escolar, é necessário o movimento real da criança pelos diferentes caminhos da escola, acompanhada de um educador que, além disso, lhe dê informação verbal simples. A partir dos 7 ou 8 anos, a instrução em mobilidade real pode ser complementada com a utilização de maquetes ou jogos de construção que representem os ambientes e os caminhos (Huertas, 1989).

Também é muito importante realizar programas sistemáticos de treinamento no conhecimento de espaços mais distantes (o bairro ou a cidade), pelos quais a criança ou o adolescente cego, assim como o vidente, tem de mover-se em sua vida diária. Os técnicos de orientação e mobilidade da Organização Nacional dos Cegos (ONCE) costumam pôr em prática esse tipo de programas com seus filiados por volta da entrada na adolescência. Trata-se de um tema muito importante, pois, se a intenção é que os cegos estejam perfeitamente integrados na sociedade, é necessário dotá-los de ferramentas necessárias para que possam ser autônomos e independentes.

As pesquisas feitas sobre o tema permitem afirmar que, apesar dos problemas que apresenta o conhecimento do espaço distante para as pessoas não videntes, elas podem chegar a elaborar esquemas espaciais de entornos complexos, que lhes permitam mover-se e orientar-se. Um estudo realizado com adultos cegos (Espinosa, 1990) revelou que eles dispunham de um esquema espacial de um entorno urbano tão amplo e complexo como o da Cidade do México, funcionalmente equivalente ao dos videntes, o que lhes permitia realizar deslocamentos autônomos de forma segura e eficaz. Resultados semelhantes foram encontrados para o grupo de adolescentes, mas apenas nas áreas da cidade que lhes eram familiares. Tais resultados parecem indicar que as pessoas cegas dispõem de capacidades básicas para mover-se e orientar-se no espaço, sendo capazes de recolher informações procedentes dele mediante uma série de sistemas alternativos (auditivo, tátil e cinestésico) que lhes sejam adequados para elaborarem esquemas espaciais funcionais.

Finalmente, é preciso destacar a utilidade que podem ter os mapas táteis como ajuda para a orientação e a mobilidade dos deficientes visuais a partir da adolescência (Espinosa, 1994; Espinosa e Ochaíta, 1994). São, porém, necessárias novas pesquisas que apurem a quantidade e o tipo de informações que devem incluir, as estratégias de exploração mais adequadas e sua utilização conjunta com outros tipos de ajuda.

O acesso à língua escrita

O sistema Braille

O sistema de lecto-escrita utilizado pelas pessoas cegas e por aquelas que têm deficiências visuais muito graves é o Braille. Trata-se de um sistema para ser explorado de forma tátil. Sua unidade básica é a célula, formada por combinações de pontos em relevo, em uma matriz de 3 X 2 (ver Figura 8.2). Embora seja o melhor sistema disponível, apresenta uma série de problemas que não se pode ignorar. São dificuldades inerentes tanto ao sistema mediante o qual ele recolhe informações, o tato, como ao próprio código Braille.

Quando um aluno deficiente visual tem de aprender a ler, o primeiro passo é decidir se isso deve ser feito em código normal, em tinta, ou em Braille. Esta não é uma decisão nada fácil, que deve ser tomada pela equipe multiprofissional que atende a criança, levando em consideração as peculiaridades específicas. Em qualquer situação, é preciso contar com um bom informe oftalmológico e uma avaliação precisa da visão funcional. De maneira geral, devem se potencializar ao máximo os resquícios visuais que a criança apresenta. Sempre que possível, deve-se utilizar o sistema em tinta, já que existem sistemas de ajuda tecnológicas suficientes – sistemas reprográficos, lupas, computadores – para ampliar as letras e torná-las visíveis para os deficientes visuais. A utilização desse sistema lhes permitirá maior acesso às informações e à comunicação, tanto dentro como fora da escola. Se, pelo tipo de deficiência – por exemplo, uma doença degenerativa do sistema visual –, for aconselhável a aprendizagem do Braille, mesmo que a criança disponha de resquícios visuais importantes, o ensino deve ser feito associando as informações táteis e visuais, visto que diversos estudos demonstraram que a aprendizagem visual do Braille é mais fácil que a tátil.

No caso em que a criança deve aprender o Braille, é importante criar motivação nas crianças e expectativas nos pais por esse tipo de leitura. Embora a leitura tátil seja mais lenta que a visual, é possível que proporcione uma compreensão muito boa dos textos (Simon, 1994). Nesse sentido, é importante assinalar que os professores que têm crianças cegas em suas turmas devem perder o medo do Braille e enfrentar sua aprendizagem, que, além disso, não é difícil, sobretudo quando se faz de forma visual. Essa mesma recomendação é extensiva aos pais, pois o manejo desse tipo de leitura lhes permitirá incentivá-la em seus filhos, do mesmo modo que se faz com os videntes – por exemplo, lendo histórias juntos –, de for-

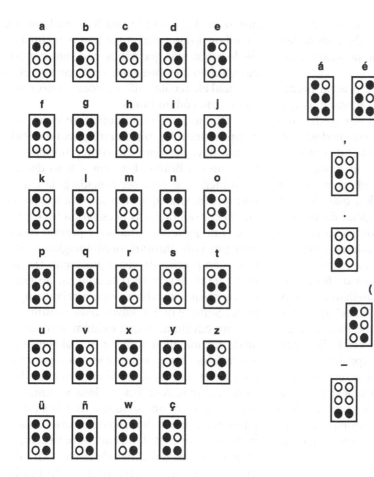

FIGURA 8.2 Alfabeto Braille.

ma que ela não seja uma atividade que a criança cega faça isoladamente.

Problemas da leitura tátil

Há determinados erros que, pelas próprias características do sistema, um leitor pode cometer ao ler Braille. Assim, pode haver erros de identificação dos pontos, com a consequente confusão das letras. Isso pode ocorrer, por exemplo, no caso do "x" e do "y". Outro problema do código é que emprega as mesmas configurações para sinais diferentes; por exemplo, as maiúsculas são exatamente iguais às minúsculas, com a única diferença que as maiúsculas são seguidas de um sinal especial. Algo semelhantes ocorre com os números, que são as primeiras letras do alfabeto com um sinal que os especifica como número (Nolan e Kekelis, 1969; Ochaíta, Rosa, Fernández Lagunilla e Huertas, 1988). A situação contrária – que a mesma vogal tenha duas configurações diferentes, dependendo de ser ou não acentuada –, também cria problemas, sobretudo para as crianças. Por último, é preciso destacar algumas questões de tipo prático, como o tamanho que os textos Braille ocupam (mais que o dobro dos textos em tinta), a impossibilidade de utilizar marcadores – como o negrito ou o sublinhado – que possibilitem enfatizar determinado tipo de informação contida no texto, ou o desgaste que sofrem os textos em Braille.

A obtenção da informação escrita pelo tato também causa problemas. O tato recolhe a informação de forma sequencial. Portanto, a leitura, que se realiza sempre com o dedo indicador da mão dominante, tem de ser feita letra por letra, sem que possa haver saltos ou movimentos diagonais observados na leitura visual. Algumas vezes, quando o texto permite e o sujeito tem um nível leitor elevado, é possível passar por algumas letras com mais rapidez do que por outras, por exemplo, aquelas correspondentes ao final das palavras (Nolan e Kekelis, 1969). É precisamente esse fato – que o dedo deve explorar todas as letras – que faz com a leitura Braille seja muito mais lenta e cansativa que a visual. Enquanto um leitor *expert* em Braille consegue no máximo uma velocidade leitora média de cerca de 150 palavras por minuto, com a leitura visual a velocidade leitora média situa-se em torno de 300 palavras por minuto (Simon, 1994; Rosa, Huertas e Simon, 1993).

Os resultados de uma pesquisa feita recentemente sobre os processos de leitura Braille (Simon, 1994; Simon, Ochaíta e Huertas, 1996) mostraram que a velocidade leitora dos cegos nos diferentes níveis instrucionais é muito mais baixa: em torno de 30 palavras por minuto no ensino fundamental, 50 no ensino médio e 98 no ensino superior. O ritmo de leitura subia para uma média de 143 palavras por minuto no grupo de leitores *experts* formado por professores não videntes. Dessa forma, fica patente que as crianças cegas leem com muito menos rapidez que as crianças videntes do mesmo nível educativo. Esse problema no acesso à língua escrita pode explicar os atrasos escolares a que se fez referência em itens anteriores e constitui um tema prioritário para a pesquisa educacional. Em qualquer caso, é preciso assinalar que, de acordo com os dados obtidos na pesquisa citada, a compreensão dos textos lidos em Braille é boa e similar à obtida pelos videntes com os mesmos níveis educacionais.

Houve muitos trabalhos que, mediante procedimentos diversos, tentaram melhorar a velocidade da leitura Braille. De maneira geral, tais trabalhos podem ser resumidos em dois grandes grupos: os que tentam mudar o código Braille e os que procuram melhorar as habilidades perceptivas e o movimento das mãos dos leitores Braille (ver Simon, 1994). No que diz respeito ao código Braille, alguns autores tentaram empregar sistemas de leitura condensados, que permitissem transmitir mais informações com menor número de caracteres. Outros modificaram o número de pontos que compõem a célula para aumentar o número de combinações possíveis entre os pontos. Finalmente, há ainda tentativas de elaborar um código tátil com letras romanas em relevo ou um código misto formado por letras e números. Os resultados obtidos não permitem chegar a conclusões relevantes, embora, de acordo com Simon (1994), pareça mais útil continuar investindo nas modificações do sistema Braille do que na criação de novos códigos.

O treinamento na leitura

Em alguns casos, treinaram-se os cegos para conseguirem, com diferentes procedimentos, maior rapidez no reconhecimento das letras Braille. Os resultados dessas pesquisas, realizadas com métodos muito distintos entre si, não permitem chegar a conclusões claras. O treinamento, quando melhora a capacidade leitora, faz com que diminua o número de erros ou o tempo de ler as listas de letras ou palavras. Não é certo, porém, que garanta maior rapidez na leitura de textos, sobretudo quando se trata de leitura silenciosa.

As pesquisas realizadas sobre o papel do movimento das mãos na velocidade leitora (Bertelson, Mousty e D'Alimonte, 1985; Kilpatrick, 1985; Kusajima, 1974; Simón, 1994) levam a crer que a forma das mãos ao ler tem muita relação com a velocidade leitora. De fato, esse movimento muda significativamente à medida que aumentam os níveis de instrução ou a idade das crianças. Normalmente, os cegos leem com o indicador da mão dominante, utilizando o dedo indicador da outra mão com a função de passagem e de marcador da mudança de linha. Quando as crianças começam sua aprendizagem leitora, utilizam apenas um dedo, voltando pela mesma linha para descer à seguinte, o que torna o processo extremamente lento. À medida que aumenta seu nível leitor, o outro dedo é incluído no processo, para passar, mudar de linha e ler as primeiras letras ou as palavras da linha seguinte. Finalmente, os sujeitos mais hábeis utilizam o que é chamado de "padrão disjuntivo simultâneo", que consiste em que cada dedo indicador leia uma parte da linha, juntando-se na parte central dela. Embora existam poucos trabalhos sobre a incidência do treinamento do movimento das mãos na melhoria da velocidade leitora, é importante instruir os estudantes cegos sobre esse aspecto, respeitando naturalmente o nível leitor atual das crianças e criando zonas de desenvolvimento próximo.

Ao tentar evitar os problemas apresentados por esse sistema de leitura, muitas pessoas não videntes recorrem a outras formas de acesso à informação. Assim, por exemplo, utilizam com muita frequência o que chamam de "livro falado", que consiste em uma fita cassete que reproduz o conteúdo de um livro ou de uma revista, e que pode ser ouvida em diferentes velocidades. De qualquer modo, esse sistema – embora proporcione uma velocidade ampliada que pode equiparar-se à que alcançam os videntes na leitura regular – não pode substituir por completo a leitura da informação escrita. Em todo caso, é necessário projetar novas pesquisas, nas quais se esclareça a compreensão que se obtém mediante o livro falado, visto que pode ser um procedimento complementar que ajude os cegos a amenizar seus problemas de acesso à informação escrita.

A escrita em Braille

Existem dois métodos diferentes para escrever usando tal sistema: a utilização da chamada "pauta" e o uso da "máquina Perkins". A pauta é uma superfície retangular, de plástico ou de metal, dividida em várias fileiras de células Braille côncavas. Sobre ela, coloca-se um papel grosso, que é fixado por uma moldura. A criança tem de pressionar com uma ponta sobre o papel para marcar em relevo os pontos correspondentes a cada uma das letras, começando pela célula da direita. Isso supõe a necessidade de escrever as letras em espelho para poder lê-las corretamente ao virar, o que coloca um grande problema para os estudantes não videntes, já que devem aprender a rodar as letras, ou melhor, aprender letras de forma diferente para ler e para escrever. Além disso, o tamanho da célula Braille é muito reduzido e podem ocorrer erros ao trabalhar com a ponta. Por último, é preciso assinalar que esse sistema não permite repassar o que já se escreveu.

A máquina Perkins é o meio mais fácil para ensinar os cegos a escrever. Constitui-se de seis teclas, que correspondem à posição espacial que ocupa cada ponto na célula Braille. Por exemplo, para escrever a letra "a", deve-se apertar apenas a tecla correspondente ao ponto 1; para escrever o "b", o 1 e o 2; e para o "c", o 1 e o 4. A máquina tem, ainda, um espaçador de sinais, um espaçador linear e uma tecla de retrocesso. Atualmente, os educadores utilizam esse sistema para o início da escrita, já que seu manejo é muito fácil, evita os problemas de rotação de letras e permite uma leitura imediata do que se está escrevendo.

Finalmente, é preciso destacar que hoje existem diversos instrumentos tecnológicos capazes de ajudar as pessoas cegas e deficientes visuais na leitura e na escrita. Os mais importantes são, sem dúvida, os que decorrem dos avanços na informática. Atualmente o mercado oferece teclados, impressoras, sintetizadores de voz, programas informáticos, etc., que permitem ao cego ou ao deficiente visual um acesso maior à comunicação e à língua escrita. Também se está trabalhando na criação de programas para o ensino de Braille nos diferentes níveis educacionais. Um exemplo desse tipo de programas é um sistema multimídia desenvolvido por Rosas, Strasser e Zamorano (1995) para iniciar as crianças cegas e deficientes visuais no sistema de lecto-escrita Braille. Seu principal objetivo é superar a falta de motivação das crianças para aprender a ler Braille e os problemas decorrentes da inversão espacial entre leitura e escrita que se produz com esse código.

Relações com os iguais na etapa escolar e na adolescência

A integração escolar das crianças e dos adolescentes não videntes não apresenta problemas significativos do ponto de vista da aprendizagem dos conteúdos escolares. Na etapa escolar e, sobretudo, na adolescência, porém, é preciso refletir sobre se a deficiência visual pode causar dificuldades no desenvolvimento afetivo e social das crianças. Sem dúvida, a falta de visão em si mesma não tem por que colocar essas dificuldades, quando os contextos nos quais a criança se desenvolve (fundamentalmente a família, a escola e o grupo de iguais) lhe proporcionam a possibilidade de interagir, sobretudo, com seus iguais. Como já se disse, tanto o treinamento em orientação e mobilidade como nas habilidades da vida diária são fundamentais para que a criança e o adolescente possam levar uma vida social semelhante à de seus colegas videntes e estar verdadeiramente integrados na sociedade.

Na Espanha, há uma experiência recente que visa melhorar a integração social dos estudantes com dificuldades visuais graves. Trata-se de um programa de intervenção realizado com estudantes de 8 e 10 anos que, de acordo com as autoras, parece ter tido resultados muito satisfatórios (Díaz-Aguado, Martínez Arias e Royo, 1995; Díaz-Aguado, Royo e García, 1995). O programa, que foi aplicado às crianças cegas e às videntes, tinha os seguintes objetivos: desenvolver uma compreensão melhor da cegueira e das peculiaridades associadas a ela nas crianças videntes, melhorar o autoconceito e a competência social das crianças cegas e facilitar as interações entre crianças cegas e videntes. Os resultados desse programa parecem indicar que ocorre uma melhora significativa das habilidades treinadas, tanto no caso das crianças cegas como no das videntes.

Contudo, talvez esse tipo de intervenção seja mais necessário na adolescência, etapa de mudanças físicas e psicológicas – cognitivas, afetivas e sociais – muito importantes. As transformações que ocorrem no organismo durante a puberdade fazem com que a imagem corporal do jovem mude de forma notável, passando de criança a adulto. Por isso, o adolescente encontra-se na situação de admitir suas novas capacidades e necessidades sexuais, o que produz um importante efeito psicológico, com um aumento na tomada de consciência e no interesse pelo próprio corpo. Além disso, suas capacidades intelectuais lhe permitirão refletir sobre si mesmo e sobre os demais, criticar os modelos familiares e sociais e formular hipóteses sobre seu próprio futuro. Tudo isso fará com que mudem também as motivações do adolescente e que ele se interesse mais pelo cuidado com sua imagem e pelas relações com os colegas.

À medida que o adolescente for uma pessoa mais segura de si mesma, independente e com boas relações afetivas e sociais, será mais simples para ele enfrentar sem problemas tais mudanças. De maneira geral, pode-se afirmar que se os pais e educadores dos não videntes soubessem estabelecer as diretrizes adequadas (se houvesse boas relações de apego, se lhes permitissem e possibilitassem explorar e conhecer o ambiente à sua volta e se lhes proporcionassem as ferramentas necessárias para tornarem-se pessoas independentes), não teriam por que apresentar problemas particulares com a chegada à adolescência.

Alguns autores (Scholl, 1986) consideram que a adolescência pode ser uma época particularmente difícil para os não videntes. Trata-se de um período em que os meninos e as meninas organizam-se em grupos ou turmas que se caracterizam, entre outras coisas, por sua homogeneidade em aspectos como a forma de vestir, os gestos e a linguagem. Em alguns casos, o jovem e, sobretudo, a jovem cega ou deficiente visual, pode encontrar certos problemas na aceitação de sua própria imagem, em seu autoconceito, nas relações com o grupo e nas relações com o outro sexo (Kent, 1983; Beaty, 1991).

É fundamental que, nessa etapa, os colegas e os amigos compreendam o não vidente e colaborem com ele para facilitar sua integração no grupo. Isso pode ocorrer de forma espontânea ou requerer a intervenção do orientador e do tutor. A escola deve incentivar e ressaltar, também na etapa educativa que corresponde à adolescência, a importância de respeitar as diferenças individuais e a riqueza que estas proporcionam às relações interpessoais.

NOTAS

1. Uma descrição mais detalhada de cada um destes aparelhos encontra-se em Espinosa e Ochaíta (no prelo).
2. Trata-se de uma adaptação de "Look and Think", editado na Grã-Bretanha pelo Royal National Institute for the Blind.
3. O Capítulo 17 desenvolve mais amplamente o assessoramento aos pais.

9 Desenvolvimento e educação das crianças surdas

ÁLVARO MARCHESI

O estudo de crianças privadas de audição e que desenvolvem modos alternativos de comunicação despertou o interesse de muitos pesquisadores. Os psicólogos evolutivos procuraram saber que mudanças ocorrem em seus processos linguísticos, cognitivos e sociais. Os linguistas analisaram as características e as possibilidades da linguagem própria das crianças surdas: a linguagem de sinais. Os antropólogos e os sociólogos estudaram principalmente as relações entre as pessoas surdas, suas atitudes e os principais aspectos que caracterizam sua cultura. Os educadores refletiram sobre os processos de instrução e sobre as estratégias comunicativas mais adequadas à forma de aprender das pessoas surdas. As próprias pessoas surdas reivindicaram um papel em tais estudos e encaminharam a reflexão sobre sua própria experiência. Todos eles, de forma mais autônoma ou em equipes interdisciplinares, contribuíram para ampliar o conhecimento sobre a situação das pessoas com deficiência auditiva e sobre as estratégias mais adequadas para favorecer seu desenvolvimento e sua educação.

O interesse dos cientistas, dos professores e da comunidade surda para oferecer saberes compartilhados ainda não conseguiu resolver definitivamente duas controvérsias históricas: o sistema de comunicação mais adequado para a educação das crianças surdas e o tipo de escolarização mais positivo. O debate sobre a linguagem e sobre a integração na escola prossegue, embora nas duas últimas décadas tenham ocorrido avanços importantes em todos os campos, que permitem apresentar um panorama mais sólido e mais completo.

Este capítulo foi organizado em torno de quatro temas. Em primeiro lugar, abordam-se as principais diferenças que existem entre as pessoas surdas. Nesse item, incluem-se, embora de forma muito esquemática, alguns aspectos médicos da surdez, relacionados com a localização da lesão auditiva. Em segundo lugar, descreve-se e analisa-se o desenvolvimento das crianças surdas em três dimensões principais: cognitiva, comunicativa e social. Em terceiro lugar, enfoca-se a avaliação das pessoas surdas, tanto no que se refere à medição da audição como de suas capacidades e de suas competências. Em quarto lugar, apresenta-se um conjunto de orientações sobre a educação dos alunos surdos. As diferentes alternativas comunicativas e o tipo de escolarização constituem o principal núcleo desta epígrafe.

DIFERENÇAS INDIVIDUAIS

As pessoas com perda auditiva constituem um grupo bastante heterogêneo e, por isso, não é correto fazer afirmações que possam ser generalizadas a toda a população que apresenta tal deficiência. O desenvolvimento comunicativo e linguístico de crianças surdas com uma perda auditiva profunda, por exemplo, apresenta aspectos muito distintos daquelas com perdas leves ou hipoacústicas. O fato de os pais também serem surdos ou serem ouvintes tem repercussões igualmente importantes na educação das crianças.

Podem-se organizar os principais fatores diferenciadores em torno dos cinco seguintes: a localização da lesão, a etiologia, a perda auditiva, a idade de início da surdez e o ambiente educativo da criança.

Tipos de surdez conforme a localização da lesão

Uma surdez ou uma deficiência auditiva é qualquer alteração produzida tanto no órgão da audição como na via auditiva. A classificação mais habitual do ponto de vista médico foi feita em função do lugar onde se localiza a lesão, o que levou a destacar três tipos diferentes: a surdez condutiva ou de transmissão, a surdez neurossensorial ou de percepção e a surdez mista. Na Figura 9.1, apresentam-se de forma esquemática as diferentes partes do ouvido, o que permite compreender com mais clareza as zonas em que se localizam as lesões.

Surdez condutiva ou de transmissão

A zona lesada situa-se no ouvido externo ou no ouvido médio, o que impede ou dificulta a transmissão das ondas sonoras até o ouvido interno. O distúrbio no ouvido externo costuma decorrer de otite, de malformações ou da ausência do pavilhão auditivo. Já o distúrbio no ouvido médio costuma ser produzido por traumatismos que provocam a perfuração do tímpano ou por alterações na cadeia de ossinhos. A malformação genética também pode produzir esse tipo de surdez.

As surdezes condutivas normalmente não são graves nem duradouras e há a possibilidade de tratamento médico ou cirúrgico. Produzem uma alteração na quantidade da audição, mas não em sua qualidade. O grau de perda auditiva situa-se, no máximo, em 60

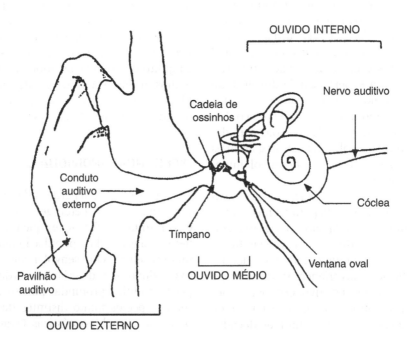

FIGURA 9.1 Diagrama do ouvido.

decibéis, e suas consequências não são graves para a aquisição e o desenvolvimento da linguagem oral.

Surdez neurossensorial ou de percepção

A área prejudicada situa-se no ouvido interno ou na via auditiva para o cérebro. Sua origem pode ser genética, produzida por intoxicação (medicamentos), por infecção (meningite) ou por alterações vasculares e dos líquidos linfáticos do ouvido interno.

Esse tipo de surdez não afeta apenas a quantidade da audição, mas também sua qualidade. Não apenas se ouve menos, mas o que se ouve é distorcido graças aos possíveis resquícios auditivos de que a criança dispõe, porque se perde audição em determinadas faixas de frequência e não em outras.

As surdezes neurossensoriais costumam ser permanentes e, até há pouco tempo, não era possível uma intervenção cirúrgica que permitisse restabelecer a zona prejudicada e recuperar a audição; contudo, nos últimos anos, vem se desenvolvendo uma nova técnica, o implante coclear, que está abrindo possibilidades inesperadas para as pessoas surdas (ver Quadro 9.1).

Surdez mista

Quando as áreas prejudicadas são tanto o ouvido interno ou a via auditiva como o canal auditivo externo ou médio, existe uma surdez mista. Sua origem pode ser uma das causas próprias da surdez neurossensorial ou uma confluência de causas próprias de cada tipo de surdez. Em alguns casos, uma alteração condutiva pode estender-se ao ouvido interno e provocar surdezes mistas. Por exemplo, existem alterações ósseas que podem afetar o componente ósseo do ouvido de forma progressiva. O que, em princípio, se manifesta em uma afecção do ouvido médio pode levar a uma perda auditiva completa.

O tratamento das surdezes mistas decorre de cada um dos dois tipos que engloba. A surdez condutiva pode ser abordada de forma médica para tentar recuperar o funcionamento do ouvido externo ou médio. A presença da

QUADRO 9.1 Os implantes cocleares

O implante coclear consiste na introdução, no ouvido interno, por meio de uma operação, de um dispositivo eletrônico que transforma os sons externos em estimulação elétrica, agindo sobre as aferências do nervo coclear. Dessa forma, as pessoas surdas recebem uma sensação auditiva e, no melhor dos casos e mediante um lento processo de reeducação, conseguem discriminar a linguagem.

Os implantes cocleares não estão livres das controvérsias tradicionais que existem no mundo das pessoas surdas. As associações de surdos rejeitaram sua utilização por considerá-lo um atentado à cultura dos surdos e a seu meio de comunicação específico: a linguagem de sinais. Além disso, acham que não se demonstrou nenhuma vantagem considerável nas crianças com implantes. E que, em todo caso, as próprias pessoas afetadas é que deveriam decidir quando fossem maiores.

Diante dessas posições, os defensores dos implantes consideram que não se pode menosprezar uma técnica que permite às pessoas surdas melhorar significativamente sua capacidade de compreensão da linguagem. Os resultados obtidos com crianças e adultos pós-locutivos evidenciam seu progresso na capacidade de discriminar a linguagem. Também as crianças pré-locutivas, ainda que os dados sejam menos definitivos, mostram um progresso favorável.

É preciso levar em conta, porém, que existem complicações cirúrgicas importantes (entre 2 e 15% dos casos), e que algumas condições não se deve realizar a operação cirúrgica: crianças menores de 2 anos, determinados problemas nas vias auditivas, outros distúrbios associados e falta de motivação.

Não se pode esquecer que o implante coclear não restabelece a audição. Isso significa que é necessário um prolongado processo de reabilitação. Sua duração pode ser de um ano no caso de surdos pós-locutivos e de dois a cinco anos no caso de surdos pré-locutivos com mais de 5 anos. Quando os implantes são realizados antes dessa idade, o programa reabilitador faz parte da própria educação auditiva e linguística da criança.

surdez neurossensorial não só limitará as possibilidades de recuperação como exigirá um enfoque mais educativo.

Etiologia da surdez

A causa da surdez também é um fator de variabilidade significativa que está relacionada com a idade da perda auditiva, com a reação emocional dos pais, com os possíveis transtornos associados e, por esta última razão, com o desenvolvimento da criança.

Há dois grandes tipos de causas: as de base hereditária e as adquiridas, embora para cerca de um terço das pessoas surdas a origem de sua surdez não possa ser diagnosticada com exatidão. Nesse caso, são de origem desconhecida.

A porcentagem de surdezes hereditárias situa-se em torno de 30 a 50%, mas não é fácil determinar isso. A principal razão está em que a maioria das surdezes de origem genética tem caráter recessivo. Isso supõe que, em muitos casos, a perda auditiva das crianças surdas com pais ouvintes é genética. Deve-se levar em conta que apenas 10% das pessoas surdas têm pais surdos, como se comentará adiante.

Há menor probabilidade de encontrar um transtorno associado à surdez quando sua origem é hereditária. Ao contrário, é mais provável que as surdezes adquiridas estejam associadas a outras lesões ou outros problemas, especialmente quando foram causadas por anoxia neonatal, infecções, incompatibilidade de RH ou rubéola. Esse fato talvez possa explicar os resultados obtidos em diversos estudos, que comprovaram que as crianças surdas profundas, cuja causa seja hereditária, têm nível intelectual mais elevado que os surdos com outro tipo de etiologia.

Grau de perda auditiva

A perda auditiva é avaliada por sua intensidade em cada um dos ouvidos em função de diversas frequências (ver Figura 9.2). A intensidade do som é medida em decibéis (dB). A escala em que se expressam tais diferenças é logarítmica e, por isso, os diferentes intervalos não são homogêneos. Isso significa que entre 30 e 40 dB, por exemplo, há uma diferença menor que a que pode haver entre 80 e 90 dB. O grau de perda auditiva é classificado em leve, médio, sério e profundo (ver Quadro 9.2). Como dado ilustrativo, podem-se destacar algumas correspondências aproximadas na intensidade do som:

20 dB	Fala em cochicho
40 dB	Fala suave
60 dB	Conversa normal
80 dB	Trânsito ruidoso
100 dB	Escavadeira
120 dB	Reator

A frequência refere-se à velocidade de vibração de ondas sonoras, de graves a agudas, e é medida em Hertz (Hz). As frequências mais importantes para a compreensão da fala situam-se nas faixas médias, entre 500 e 2.000 Hz.

Do ponto de vista educacional, costuma-se fazer uma classificação mais ampla, de acordo com as necessidades educativas dos alunos: hipoacústicos e surdos profundos. As crianças *hipoacústicas* têm dificuldades na audição, mas seu grau de perda não as impede de adquirir a linguagem oral através da via auditiva. Normalmente, necessitarão da ajuda de prótese auditiva. Costumam ocorrer dificuldades na articulação e na estruturação da linguagem e, por isso, é importante algum tipo de intervenção logopédica.

Os *surdos profundos* têm perdas auditivas maiores, o que dificulta bastante a aquisição da linguagem oral através da via auditiva, inclusive com a ajuda de sistema de amplificação. Por isso, a visão converte-se no principal

QUADRO 9.2 Classificação da perda auditiva

Perda leve	de 20 a 40 dB
Perda média	de 40 a 70 dB
Perda séria	de 70 a 90 dB
Perda profunda	superior a 90 dB

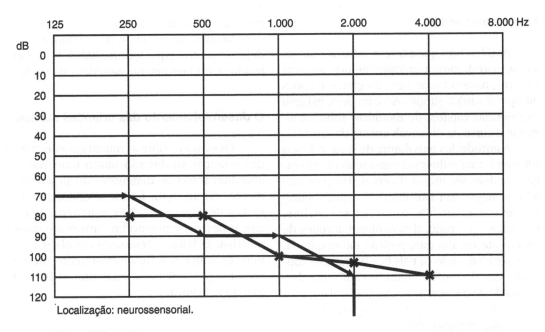

FIGURA 9.2 Audiograma de uma perda auditiva profunda*.
*Localização: neurossensorial. Fonte: CNR, p. 28.

vínculo com o mundo exterior e no primeiro canal de comunicação.

Idade de início da surdez

A idade da criança quando se produz a perda auditiva tem uma grande repercussão em seu desenvolvimento posterior. Diferenciam-se dois tempos: antes dos 3 anos e depois dessa idade. No primeiro caso, denomina-se surdez pré-locutiva, isto é, antes que a criança tenha consolidado a fala. No segundo caso, existe uma surdez pós-locutiva, posterior à aquisição da fala.

A pesquisa já clássica de Conrad (1979) sobre os alunos surdos confirmou a importância e a repercussão do antes e do depois dos 3 anos. Em seu estudo, o autor classificou os alunos com perdas auditivas superiores a 85 dB em três grupos, segundo a idade em que perderam a audição:

1. Congênita.
2. Do nascimento aos 3 anos.
3. Depois dos 3 anos.

Posteriormente, comparou seu nível de fala interna e constatou as seguintes proporções: 47%, 46% e 93%, respectivamente. Conrad se perguntou como a experiência linguística durante os três primeiros anos tinha tão pouca influência. Sua resposta assinalou que a competência linguística ainda é muito frágil e não há uma organização da função neurológica. Ao contrário, as crianças cuja surdez se produz depois dos 3 anos têm uma dominância cerebral mais consolidada e podem manter sua linguagem interna.

Os programas educativos devem levar em conta esses dados. As crianças surdas pré-locutivas têm de aprender uma linguagem totalmente nova para elas, sem nenhuma experiência com o som. As crianças cujas surdezes produziram-se no segundo e terceiro ano conseguiram chegar a uma maior competência linguística, mas sua estruturação ainda é frágil e, por isso, o principal objetivo continua sendo a aquisição de um sistema linguístico organizado quando a criança perde a audição. Já depois dos 3 anos, o objetivo é manter a linguagem adquirida, enriquecê-la e complementá-la.

Fatores ambientais

As diferenças que existem entre as crianças surdas não decorrem unicamente dos aspectos médicos, associados ao tipo, ao grau e à época em que a surdez surgiu. Ao contrário, existem experiências capazes de modificar substancialmente o curso do desenvolvimento da criança.

A atitude dos pais diante da surdez de seu filho terá uma influência considerável. As reações podem ser muito diversas. Há pais que tentam negar sua existência e, consequentemente, tratam seu filho como se fosse ouvinte. Outros, ao contrário, desenvolvem atitudes de superproteção. Em uma posição intermediária, mais positiva, estão os pais que aceitam as consequências da surdez, criam um ambiente descontraído de comunicação e se dispõem a aprender e a utilizar com seu filho o tipo de comunicação mais enriquecedor.

Um fator diferencial importante é se os pais também são surdos ou se são ouvintes. No primeiro caso, os pais aceitam com mais facilidade a surdez de seu filho, compreendem melhor sua situação e oferecem à criança um sistema de comunicação, a linguagem de sinais, que ela adquirirá com grande facilidade. No caso dos pais ouvintes, que são 90% do total, embora tenham maior competência na língua oral, experimentam maiores dificuldades para encontrar um modelo de comunicação adequado e para compreender as experiências vividas pela criança surda.

A possibilidade de receber uma atenção educativa desde o momento em que se detecta a surdez é uma garantia para o desenvolvimento satisfatório da criança. Uma atenção educativa que inclua a estimulação sensorial, as atividades comunicativas e expressivas, a utilização da linguagem de sinais se a criança for surda profunda, o desenvolvimento simbólico, o envolvimento dos pais e a utilização dos resquícios auditivos da criança favorece a superação das limitações que a surdez acarreta.

Finalmente, é preciso destacar a importância da educação que a criança recebe. Quando a educação é adaptada às suas possibilidades, isto é, quando se utilizam os meios comunicativos de que a criança necessita, facilita-se o conjunto de suas aprendizagens. Esses objetivos são mais difíceis de alcançar quando é a criança surda que tem de se acomodar a modelos educativos que foram estabelecidos pensando-se exclusivamente nas crianças ouvintes.

O desenvolvimento das crianças surdas

Os estudos sobre as mudanças educativas das crianças surdas são muito numerosos e abordam todas as dimensões do desenvolvimento. Neste item, foram selecionadas, por razões de espaço, as duas mais representativas: o desenvolvimento linguístico e o comunicativo. O leitor interessado em obter informações sobre seu desenvolvimento afetivo, social e pessoal pode consultar o livro de Marchesi (1987).

O desenvolvimento comunicativo e linguístico

Diferentes ambientes linguísticos

Os ambientes linguísticos em que as crianças surdas se desenvolvem são muito variados, por isso os processos de socialização linguística são, igualmente, bastante diferentes. As crianças surdas cujos pais usam sinais adquirem de forma espontânea a língua utilizada no ambiente familiar. A relação que existe entre a criança surda e o *input* linguístico é semelhante ao que se estabelece entre a criança ouvinte e a linguagem oral falada em sua família. Nessa situação, encontram-se inicialmente 10% das crianças surdas cujos pais também são surdos. Todas as demais crianças surdas têm pais ouvintes que não conhecem, pelo menos de início, a linguagem de sinais.

Os pais ouvintes utilizam habitualmente a linguagem oral, contudo, podem aprender algum sistema de comunicação com sinais, quando consideram as consequências positivas de sua utilização para a criança surda. Em alguns casos, esse sistema de comunicação é a linguagem de sinais própria da comunidade de pessoas surdas.

Nos próximos itens, aborda-se em primeiro lugar a comunicação precoce das crianças surdas e em seguida seu desenvolvimento linguístico em três ambientes diferenciados: exclusivamente oral, com sistemas manuais complementares e com a linguagem de sinais.

A comunicação precoce

A importância da comunicação pré-verbal e sua influência na aquisição da linguagem são uma realidade reconhecida unanimemente. Nos primeiros meses de vida, ocorrem intercâmbios comunicativos entre o adulto e o bebê mediante expressões primitivas pelas quais um e outro regulam mutuamente seu comportamento. Esses significados organizam-se em torno das rotinas da vida diária do recém-nascido. Dessa forma, vai se constituindo uma relação social básica entre o bebê e o adulto, na qual este adapta sua conduta ao que observa ou atribui à criança. Iniciam-se conversas rudimentares e protoconversas.

O que ocorre nas crianças surdas? É preciso destacar em primeiro lugar que as estruturas básicas de conhecimento da linguagem também operam nos surdos. As diferenças se manifestam com maior clareza nas possibilidades de ter acesso ao *input* linguístico que lhes é apresentado e nos processos comunicativos que se estabelecem entre os adultos e a criança surda. As diferenças entre as crianças surdas e as ouvintes começam a se revelar desde os primeiros meses. Os choros, os balbucios e os arrulhos dos primeiros quatro meses são iguais em uns e outros, mas essas expressões vocais começam a diminuir nas crianças surdas ou com perda auditivas graves e profundas a partir dos 4 aos 6 meses. A falta de *feedback* auditivo de suas próprias vocalizações contribui decisivamente para tal desaparecimento. Enquanto as crianças ouvintes, já nos primeiros meses, começam a desenvolver pautas de entonação adequadas e a perceber a relação entre som e visão, as crianças surdas não manifestam da mesma maneira esses comportamentos.

Foram realizados alguns estudos sobre a comunicação precoce em crianças surdas. Em um deles (Gregory e Mogford, 1981), analisaram-se três aspectos relevantes da comunicação entre a mãe e o filho durante o primeiro ano: a alternância, a referência conjunta e os jogos de antecipação.

A alternância refere-se à progressiva percepção do papel que cada um dos interlocutores deve ocupar. Quando um toma a iniciativa, o outro espera seu turno para intervir. As observações feitas com as crianças surdas mostram as dificuldades dessa alternância: os tempos em que mãe e filho vocalizam juntos são mais frequentes quando a criança é surda do que quando a criança é ouvinte.

A referência conjunta é um indicador das atividades que a mãe e a criança realizam com a atenção dirigida às mesmas coisas, acompanhando essa atenção compartilhada com vocalizações e expressões linguísticas. Essas expressões convertem-se posteriormente em instrumento para regular a atenção da criança. A criança surda não estabeleceu uma relação estável do rosto da mãe com os sons e a comunicação. Também não percebeu as vocalizações nas ações de ambos com os objetos. Por isso, a criança surda diminui a busca do rosto da mãe, e esta não pode utilizar as vocalizações para regular a atenção da criança.

Os jogos de antecipação, em que mãe e filho aprendem um papel que se repete, permitem que a criança realize as ações previstas e as alterne com as da mãe. Dessa forma, se estabelece uma estrutura interativa análoga à que se criará depois com os intercâmbios linguísticos. Esses jogos são acompanhados e reforçados com expressões orais. Embora fosse possível utilizar sinais táteis ou manuais com as crianças surdas, o que se constata é que as mães dessas crianças diminuem significativamente esse tipo de jogos.

As enormes dificuldades na comunicação precoce entre a criança surda e a mãe podem decorrer também, como assinalam Woods e colaboradores (1986), do problema da "atenção dividida". A criança surda não consegue, ao mesmo tempo, prestar atenção ao rosto do adulto para perceber sua intenção comunicativa e olhar para o objeto ao qual se faz referência. Enquanto a criança ouvinte retém as informações de forma simultânea, a criança surda deve fazê-lo sequencialmente. Tais dificuldades, que causam frustração no adulto, levam à diminuição, por vezes de modo imperceptível, das expressões orais e dos jogos de alternância e à aquisição de um estilo comunicativo mais controlador. Mediante o controle mais direto da atenção da criança, pretende-se que ela se centre nos aspectos relevantes da informação que se transmite. Essa comunicação mais direta por parte do adulto, porém, muitas vezes leva a criança a uma atitude mais passiva e menos interessada nos intercâmbios comunicativos.

A aquisição da língua oral

O processo de aquisição da língua oral pelas crianças surdas profundas é muito diferente do que ocorre nas crianças ouvintes ou nas próprias crianças surdas com relação à linguagem de sinais, como se descreverá em um item posterior. As crianças surdas, especialmente quando a surdez é profunda, enfrentam um problema difícil e complicado, como o de ter acesso a uma linguagem que não podem ouvir. Portanto, sua aquisição não é um processo espontâneo e natural, vivido em situações habituais de comunicação e de intercâmbio de informações, mas sim uma aprendizagem difícil que deve ser planejada de forma sistemática pelos adultos. Não é estranho ouvir os pais de crianças surdas dizerem que estão "trabalhando uma palavra" com seu filho, o que seria surpreendente se estivessem se referindo a um filho ouvinte. As palavras vão se incorporando pouco a pouco ao vocabulário da criança, convertendo sua aquisição em um objetivo em si mesmo, distante, muitas vezes, de um contexto comunicativo e interativo.

Os estudos realizados destacam essas dificuldades, embora suas conclusões nem sempre sejam coincidentes. Por exemplo, Gregory e Mogford (1981) comprovaram que as crianças surdas profundas não chegavam a dez palavras até depois dos 2 anos de idade, o que supõe um atraso de quase um ano em comparação com o grupo de crianças ouvintes. Não constataram, porém, que essas crianças desenvolvessem algum tipo de expressão em sinais ou que seus gestos tivessem uma importância maior que nas crianças ouvintes. Essa conclusão não corresponde à que se chegou em outras pesquisas, nas quais se comprovou uma presença progressiva dos gestos simbólicos nas crianças surdas expostas apenas à linguagem oral.

O estudo mais representativo foi feito por Goldin-Meadow e Feldman (1975), que observaram quatro crianças surdas profundas de 1,5 a 4 anos de idade. Os pais ouvintes tinham optado por uma educação exclusivamente oral. Suas observações mostraram que as crianças surdas desenvolvem um sistema de gestos próprios para comunicar-se, no qual se produzem combinações de gestos para simbolizar relações semânticas.[1]

A importância dos gestos no desenvolvimento comunicativo das crianças surdas educadas em um ambiente linguístico oralista foi destacada por Mohay (1982, 1990). Seus dados procedem do estudo longitudinal feito com duas crianças surdas profundas, Steven e Annette. Os dados mostram que as duas crianças se comunicavam principalmente mediante gestos (Figuras 9.3 e 9.4). As palavras faladas eram menos habituais e não se combinavam para produzir frases. Contudo, apesar de suas limitações na comunicação oral, as crianças surdas podiam expressar, mediante seus gestos, a mesma variedade de funções semânticas e de intenções pragmáticas expressadas verbalmente pelas crianças ouvintes em um estágio similar do desenvolvimento. Sua conclusão sustenta que a comunicação gestual não deve ser vista apenas como um acréscimo ou um substituto da linguagem oral, mas sim como um precursor ou mesmo um facilitador do desenvolvimento da linguagem.

A aquisição de sistemas manuais complementares

Foram realizados diversos estudos com crianças cujos pais ouvintes utilizam um sistema de comunicação bimodal: a linguagem oral acompanhada de sua expressão em sinais. A pesquisa de Collins-Ahlgren (1975), na qual se observou o desenvolvimento da linguagem

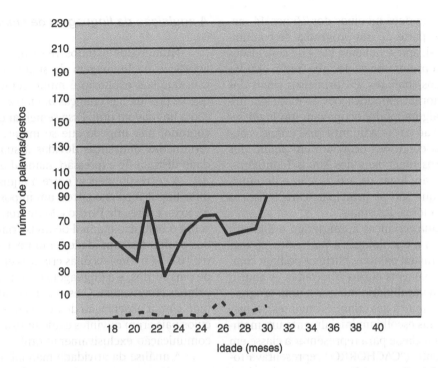

Figura 9.3 Comparação do número total de gestos (linha contínua) e palavras (linha pontilhada) utilizados por Steven em cada gravação. Fonte: Mohay, 1990.

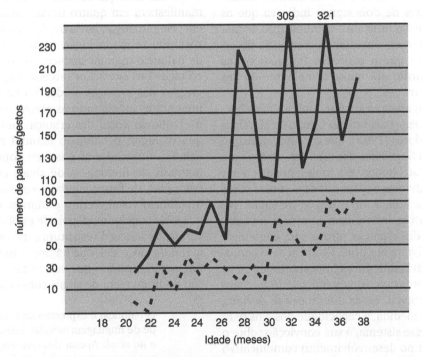

Figura 9.4 Comparação do número total de gestos (linha contínua) e palavras (linha pontilhada) utilizados por Annette em cada gravação. Fonte: Mohay, 1990.

de sinais em duas meninas dos 16 aos 44 meses, como parte de um programa de comunicação total, apresenta uma série de conclusões que são representativas das que foram obtidas em estudos similares. Os primeiros sinais das crianças foram simplificações do modelo adulto e, de algum modo, ocupavam um lugar semelhante ao da "fala infantil" nas crianças ouvintes. As confusões ocorriam em algum dos parâmetros funcionais dos sinais (configurações da mão, lugar de articulação e de movimento), que são as principais características diferenciadoras dos sinais.

As duas crianças aprenderam o alfabeto manual ou a dactilologia a partir dos 26 meses. Soletravam palavras curtas e podiam compreender palavras curtas soletradas. A aquisição de seu vocabulário mostrava uma progressão semelhante à das crianças ouvintes. As meninas surdas escolhiam inicialmente um membro de uma classe para representar a classe em seu conjunto ("CACHORRO" representava todos os animais), o que é um exemplo de sobregeneralização, presente também no início da linguagem oral.

A análise das funções semântica e sintática das frases de dois signos indicava que as crianças surdas utilizam a comunicação de maneira similar aos ouvintes. A conclusão do estudo foi de que o processo linguístico das crianças surdas era muito semelhante ao das crianças ouvintes.

A progressão é similar, embora mais acelerada, à que se encontra no estudo de Marchesi e colaboradores (1995), que comprovaram que a evolução linguística das crianças surdas com comunicação bimodal era mais lenta que a das crianças ouvintes e a das crianças surdas cujos pais surdos utilizavam a língua de sinais. No entanto, era mais variada e completa em comparação à das crianças surdas com comunicação exclusivamente oral. Também se comprovou que havia diferenças importantes entre as crianças surdas cujos pais utilizavam a comunicação bimodal. Essas diferenças se deviam, em grande medida, à capacidade dos pais para aprender esse sistema, à sua convicção sobre o valor deste no desenvolvimento comunicativo de seu filho e ao seu estilo comunicativo.

A aquisição da linguagem de sinais

Numerosos estudos realizados sobre a aquisição da linguagem de sinais comprovaram que sua evolução é muito semelhante à que se produz nas crianças ouvintes com relação à linguagem oral. Essa semelhança básica, contudo, não impede que se manifestem determinadas diferenças devidas à sua modalidade distinta de expressão, manual ou oral.

A correspondência entre a aquisição das duas linguagens encontrou um importante reforço no estudo de Pettito e Marentette (1991) sobre o balbucio manual de duas crianças surdas profundas com idades compreendidas entre 10 e 14 meses. As duas crianças eram filhas de pais surdos, e a linguagem de sinais era sua primeira linguagem. O estudo foi complementado com a observação de outras três crianças cujos pais eram ouvintes e que utilizavam uma comunicação exclusivamente oral.

A análise da atividade manual das crianças surdas que usavam sinais revelou que grande parte dessa atividade constituía um autêntico balbucio manual, semelhante ao balbucio vocal das crianças ouvintes. A semelhança se manifestava em quatro traços característicos: em primeiro lugar, havia duplicação nas expressões. Em segundo lugar, aparecia uma etapa de balbucio manual silábico, como ocorre nas crianças ouvintes. Em terceiro lugar, os progressos das crianças surdas no balbucio manual eram semelhantes às etapas encontradas no balbucio vocal das crianças ouvintes. Em quarto lugar, o balbucio manual revelava o ritmo, a duração e as possíveis configurações manuais da linguagem de sinais empregada pelos pais, de forma similar ao que ocorre com o balbucio vocal. Pettito e Marentette (1991, p. 1494) concluem, depois de estabelecer essa correspondência de estrutura e uso do balbucio manual e do vocal, que há uma capacidade da linguagem unitária que subjaz tanto à aquisição da linguagem de sinais como da falada.

> O balbucio é expressão de uma capacidade de linguagem amodal, associada à fala e ao sinal. Apesar das diferenças radicais entre os mecanismos motores que subjazem ao sinal e à linguagem falada, as crian-

ças surdas e as ouvintes produzem unidades de balbucio idênticas.

Essa semelhança evolutiva foi evidenciada ainda em diversos estudos longitudinais sobre a aquisição e o desenvolvimento da linguagem de sinais. Uma das pesquisas pioneiras nesse campo foi a de Schlesinger e Meadow (1972), que estudaram a aquisição da linguagem de sinais em várias crianças surdas educadas em diferentes ambientes linguísticos. Uma delas, Ann, tinha pais surdos, e sua evolução linguística foi observada dos 8 aos 22 meses.

Seus primeiros sinais expressados com clareza, distintos do "balbucio" manual, produziram-se aos 12 meses, embora parecesse entender muitos sinais. Aos 19 meses, tinha um vocabulário de 117 sinais e dois meses depois tinha 142 sinais e 14 letras do alfabeto manual. Os sinais que Ann havia adquirido não eram sinais particularmente icônicos ou transparentes, que conduzissem de forma automática ao objeto ou à ação que descreviam.

As primeiras expressões de Ann com um único sinal tinham um significado holofrástico, do mesmo modo como as crianças ouvintes utilizam inicialmente as palavras faladas. Por isso, Ann empregava o sinal "CACHORRO" para desenhos de cachorros reais e para um restaurante com nome de cachorro. Também podia referir-se a todos os animais e mesmo a todos os objetos inanimados. Aos 15 meses, o sinal "CHEIRO" tinha vários significados: "quero ir ao banheiro", "eu me sujei, me troca" e "quero a flor bonita que é cheirosa".

Foram observadas também as relações na comunicação entre a menina e seus pais. Comprovou-se que os intercâmbios caracterizam-se por uma compreensão mútua e pelo interesse e pela satisfação na comunicação. Esses dados não são surpreendentes. Quando o adulto e a criança são competentes no mesmo código linguístico, nesse caso a linguagem de sinais, as possibilidades de uma comunicação fluida e de uma conversa satisfatória são as mesmas que as existentes entre o adulto e a criança ouvintes.

As profundas semelhanças encontradas entre a aquisição e o desenvolvimento da linguagem de sinais e da linguagem oral não devem fazer com que se esqueça de que cada uma dessas linguagens tem uma modalidade própria de expressão, o que implica diferenças específicas entre ambas. Fernández Viader (1996) cita um exemplo representativo das possibilidades da linguagem falada, que se expressa de forma sucessiva, e da linguagem de sinais, que se expressa de forma mais simultânea. Duas palavras não podem ser pronunciadas ao mesmo tempo. Contudo, alguns sinais, equiparáveis a uma frase, podem expressar-se de forma simultânea, sendo integrados em uma expressão de sinais mais ampla em que se utilizam as mãos, ou as mãos e o movimento da cabeça.

O desenvolvimento cognitivo

Diferentes épocas

O estudo da inteligência das pessoas surdas passou por diferentes períodos históricos. Em cada um deles houve diferentes interpretações dos dados obtidos, que são a expressão das teorias e dos modelos dominantes em cada época.

O livro de Myklebust (1964) sobre a psicologia do surdo apresenta a tese de que o desenvolvimento da inteligência dos surdos é diferente da dos ouvintes. O principal dado em que se baseia é que seu pensamento está mais vinculado ao concreto e apresenta mais dificuldades para a reflexão abstrata. Essa constatação não impede que, em muitos testes de inteligência, especialmente naqueles com menor conteúdo verbal, os resultados obtidos pelos surdos sejam similares aos dos ouvintes. Por essas razões, é possível desenvolver uma psicologia própria das pessoas surdas. O caráter diferencial procede das limitações dos surdos para ter acesso à informação, que faz com que sua atenção se centre sobretudo em suas experiências internas. A ausência de som limita o acesso à linguagem, o que por sua vez influirá no desenvolvimento do pensamento abstrato e reflexivo.

Essa posição diferenciadora foi discutida a partir da teoria do desenvolvimento intelectual de Piaget. Sua formulação de que a linguagem e a interação social não ocupam um papel determinante na estruturação do pensamento fundamentou um amplo conjunto de pesquisas. A obra mais representativa dessa tese é a de Hans Furth (1966, 1973), cuja conclusão é a de que a competência cognitiva dos surdos é semelhante à dos ouvintes. Os dois grupos de pessoas passam pelas mesmas etapas de desenvolvimento, embora nos surdos a evolução seja um pouco mais lenta. Furth atribui o atraso às "deficiências experimentais" que o surdo vive.

Nos anos 1980 e 1990, são as formulações da psicologia soviética, juntamente com os modelos de processamento da informação, que fundamentam os principais estudos e interpretações. O desenvolvimento cognitivo é visto em estreita relação com o desenvolvimento social e comunicativo. Além disso, as pessoas surdas não são "privadas de linguagem", como sustenta Furth, mas têm uma linguagem própria que se expressa na modalidade manual. Esses modos específicos de comunicação dos surdos também influenciaram as pesquisas atuais sobre a representação e organização mental da informação e sobre seus esquemas de conhecimento.

A inteligência sensório-motora e o desenvolvimento do jogo simbólico

As pesquisas sobre o primeiro estágio da inteligência são muito escassas, em grande medida pelas dificuldades de detectar a surdez durante o primeiro ano. As poucas pesquisas realizadas (Marchesi et al., 1994, 1995) comprovaram que o desenvolvimento sensório-motor das crianças surdas é semelhante ao dos ouvintes. A única dimensão em que se manifesta um atraso maior é a imitação vocal.

Uma das condutas mais importantes da etapa representativa e simbólica é o jogo. Esse tipo de atividade, que não exige a presença de intercâmbios comunicativos, é particularmente relevante para analisar o desenvolvimento cognitivo das crianças surdas. A pesquisa de Marchesi e colaboradores, a que nos referimos antes, estudou a evolução do jogo simbólico nas crianças surdas profundas. Considerou-se que o jogo não constitui uma conduta unitária, mas que é formado por várias dimensões, que apresentam ritmos diferentes de evolução. As dimensões estudadas foram as seguintes:

1. *Descentração* – A criança vai sendo progressivamente mais capaz de realizar ações simbólicas, assumindo o ponto de vista dos outros.
2. *Identidade* – A criança é capaz de atribuir um papel aos bonecos e de realizar com eles ações próprias do personagem designado.
3. *Substituição* – A criança é capaz de utilizar objetos com uma função determinada para outra função distinta.
4. *Integração de ações* – A criança organiza suas ações em sequências.
5. *Planejamento* – A criança realiza um planejamento prévio do jogo.

Os dados obtidos mostram que o desenvolvimento do jogo simbólico, nas dimensões de descentração, substituição e integração, é semelhante nas crianças surdas e nas ouvintes. Observam-se, porém, diferenças importantes nas dimensões de identidade e de planejamento. Quando a criança começa a atribuir um papel ao boneco e ela própria assume um papel alternativo, aquelas que melhor estruturaram e interiorizaram sua linguagem revelam níveis mais avançados. Essas crianças, em geral, são as ouvintes e as surdas de pais surdos. Esse dado mostra a importância da linguagem nos jogos mais sociais, como os jogos de papéis. A influência da linguagem também se revela na dimensão do planejamento. A presença do jogo planejado indica a capacidade da criança de antecipar as situações e de representá-las mentalmente.

Pensamento lógico-concreto e hipotético-dedutivo

A etapa de operações concretas nas crianças surdas foi amplamente estudada. Realizaram-se inúmeras pesquisas comparando seu desenvolvimento com o das crianças ouvintes na aquisição da classificação, da seriação, da conservação e da representação espacial.[2] Os resultados obtidos mostram que as crianças surdas apresentam uma evolução similar à das crianças ouvintes, mas com um atraso entre dois e quatro anos, em função do nível de abstração requerido para chegar ao conceito estudado.

O pensamento hipotético dedutivo é o que caracteriza a etapa das operações formais. O próprio Piaget reconheceu a importância da linguagem e do meio social para atingir esse nível intelectual e, por isso, seria lógico esperar que as crianças surdas, com maior atraso linguístico, tivessem sérias dificuldades de dominar esse tipo de pensamento. Os estudos realizados evidenciam tais dificuldades, embora haja diferentes interpretações. Em alguns casos, assinala-se também que a falta de busca ativa de uma solução para o problema levantado é a principal variável responsável pelos erros dos adolescentes surdos (Furth e Youniss, 1971, 1979). Em outros casos, aponta-se que é o tipo de ensino que os surdos recebem, concreto e literal demais, o fator com maior poder explicativo das limitações para o pensamento abstrato que os surdos manifestam (Woods et al., 1986).

Conhecimento e informação

A aquisição do conhecimento está muito relacionada com a capacidade de receber informação e de elaborá-la de forma adequada. Praticamente toda informação é transmitida através dos diferentes meios de comunicação: diálogos, livros, cinema, televisão, rádio. Na maioria desses âmbitos, as pessoas surdas têm sérias dificuldades de obter a informação que se transmite. Não é de se estranhar, portanto, que os surdos tenham conhecimentos da realidade muito mais restritos.

Uma pesquisa realizada por Esteban Torres (1996) sobre a lembrança de contos e narrativas em crianças surdas evidencia tais limitações. As crianças surdas de 4 a 6 anos com um nível linguístico pobre mostram muito mais dificuldades para lembrar sequências narrativas da vida diária que as crianças ouvintes e outras crianças surdas que adquiriram a linguagem dos sinais.

O planejamento da conduta e o controle externo dos próprios processos cognitivos são dimensões em que a linguagem também ocupa um lugar prioritário. A tese de doutorado realizada por Harris (1977) analisou o estilo cognitivo reflexivo ou impulsivo das crianças surdas. Comprovou que as crianças que adquiriram a linguagem de sinais desde pequenas têm um modo mais reflexivo de enfrentar os problemas do que as crianças surdas que presenciaram apenas a linguagem oral e que ainda não a interiorizaram suficientemente.

A AVALIAÇÃO DAS CRIANÇAS SURDAS

A avaliação das crianças surdas deve abarcar dois âmbitos claramente diferenciados, embora inter-relacionados, que são de responsabilidade de diferentes profissionais: a medição da audição e a avaliação psicopedagógica.[3]

A medição da audição

Os dois testes mais utilizados, o primeiro com bebês e o segundo com crianças maiores de 3 anos, são os potenciais evocados e a audiometria tonal.

Potenciais evocados

A prova dos potenciais evocados auditivos é a mais utilizada e confiável com crianças menores de 3 anos. Baseia-se no envio de estímulos sonoros às várias estruturas da via auditiva. Os sinais bioelétricos provocados por tais estímulos são captados por eletrodos e posteriormente registrados e analisados por um computador.

Os potenciais de latência curta ou de tronco cerebral são os mais utilizados com crianças e permitem o diagnóstico auditivo em tons médios e agudos (1.000 a 4.000 Hz), como também da situação de algumas lesões auditivas mediante o estudo comparativo das diversas ondas que se produzem. Sua principal limitação está em que não proporcionam um diagnóstico sobre a audição de frequências baixas, que são justamente aquelas em que pode haver resquícios auditivos, mais ou menos aproveitáveis, nas crianças com surdez profunda.

A audiometria tonal

A audiometria tonal é um dos testes mais característicos e pode começar a ser utilizado com crianças maiores de 3 anos, visto que elas têm de ser treinadas para ouvir o som e dar uma resposta. Emprega-se um audiômetro, um aparelho que emite sons com diferentes frequências e intensidades. Os resultados obtidos expressam-se mediante um audiograma, que capta a intensidade da perda auditiva da criança em cada ouvido em função das diversas frequências (ver Figura 9.2).

Uma vez conhecidas as características da perda auditiva da criança, por meio de uma audiometria baseada na transmissão de um estímulo sonoro através do ar, é preciso complementá-la com uma audiometria de transmissão óssea, a fim de diagnosticar o tipo de surdez. Nesse caso, o sinal é transmitido por um pequeno vibrador, colocado sobre o osso mastoide atrás do ouvido. A criança percebe o tom emitido diretamente no ouvido interno, sem que atravesse o ouvido externo nem o ouvido médio. Dessa forma, comparada com a anterior, é possível determinar se a surdez é condutiva ou neurossensorial (ver Figura 9.5).

A avaliação psicopedagógica

A avaliação psicopedagógica deve obter informações sobre as características do ambiente familiar da criança, suas possibilidades de aprendizagem e as condições educativas, com o objetivo de colaborar para que o processo de ensino e aprendizagem seja o mais efetivo possível. A finalidade da avaliação é obter dados,

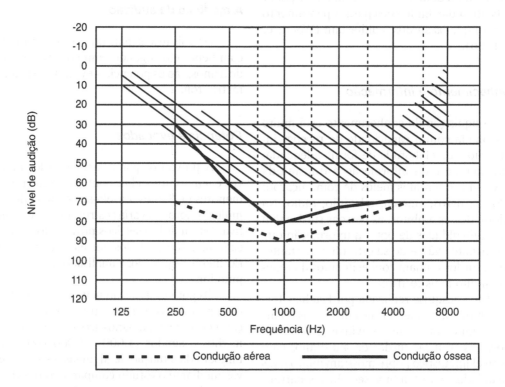

FIGURA 9.5 Audiometria de tom puro. Fonte: Tucker e Nolan, 1984, p. 50.

selecionar os mais significativos, complementá-los a partir da observação ou de outros meios complementares e interpretá-los para indicar a resposta educativa mais adequada.

A avaliação do aluno não é dirigida exclusivamente às suas capacidades, nem se realiza em um momento específico. É, antes, uma relação interativa e permanente entre o avaliador, a família, a criança e os professores, para conhecer a origem das necessidades educativas da criança e estabelecer em conjunto o modo e o estilo comunicativos, como também as experiências de aprendizagem que sejam mais enriquecedoras para a criança. A avaliação deve se orientar para três âmbitos específicos: a família, a criança e a escola.[4]

O contexto familiar

Aquilo que ocorre no âmbito familiar de qualquer aluno tem uma grande importância em seu desenvolvimento e em sua aprendizagem. As relações que existem na família, o clima social e emocional, o acompanhamento dos progressos da criança e as expectativas em relação a ela são fatores de grande influência na evolução de todas as crianças. No caso das crianças surdas, além daqueles, há um aspecto do ambiente familiar que tem uma relevância particular: o tipo de comunicação que se utiliza em casa.

A forma e o estilo de comunicação que os pais utilizam com a criança surda têm uma grande importância para seu desenvolvimento e para sua aprendizagem, como se assinalou anteriormente. No caso de os pais também serem surdos, haverá maior conhecimento das consequências da surdez e uma comunicação habitual com a linguagem de sinais, o que facilitará as relações familiares. Quando os pais são ouvintes, necessitam de mais informações sobre o mundo do surdo e sobre o modo de comunicação mais adequado para seu filho. Em qualquer caso, é importante que haja uma estreita coordenação entre o modo de comunicação que se emprega na família e o modo de comunicação que se emprega na escola.

As capacidades da criança

O conhecimento das capacidades comunicativa, cognitiva e social da criança, assim como de suas possibilidades de aprendizagem, é um objetivo imprescindível em toda avaliação psicopedagógica. Os dados iniciais devem ser proporcionados pela informação audiométrica e pelo tipo de surdez. O nível de perda auditiva, juntamente com o diagnóstico da criança como surda profunda ou hipoacústica, estabelece inicialmente uma diferenciação sobre a qual deve basear-se a avaliação posterior.

Essas informações iniciais são complementadas por uma análise das capacidades mais importantes do aluno com relação ao seu processo educacional. A primeira refere-se à área comunicativo-linguística. Seu objetivo é conhecer o nível fonológico, morfossintático, semântico e pragmático alcançado pela criança[5] em sua comunicação oral e, caso utilize outra modalidade comunicativa, na linguagem de sinais. A estratégia mais adequada costuma ser a observação em situações de interação, particularmente se a criança é pequena ou tem uma perda auditiva profunda. Em outros casos, pode ser complementada com a aplicação de algum teste padronizado. As informações proporcionadas pelos pais e pelos professores são, sem dúvida, imprescindíveis para realizar uma avaliação completa.

A avaliação do desenvolvimento cognitivo é outra dimensão importante que deve ser levada em conta. Quando a criança tem entre 2 e 6 anos, a observação de seu jogo simbólico é, possivelmente, o instrumento mais rico pra conhecer sua evolução. Para isso, é preciso disponibilizar para a criança diferentes brinquedos e materiais que permitam analisar as cinco dimensões a que nos referimos no item correspondente ao desenvolvimento cognitivo. Deve haver material real (bonecos, xícaras, carrinhos) e material substitutivo (paus, caixas, panos). Também deve haver vários brinquedos de um mesmo tema (bonecos, pequenas seringas, algodão, termômetro) para permitir a integração de ações e o planejamento. A partir do jogo que compartilha com seus pais ou com outras crianças, também é possível analisar seu nível e seu estilo comunicativos.

Em alguns casos, quando a criança é maior ou é necessário obter informações mais completas, pode ser conveniente utilizar algum teste padronizado. As escalas de desenvolvimento proporcionam informações bastante completas. A Bateria Kaufman, para crianças entre 4 e 12 anos, é uma das mais adequadas para as crianças surdas. A versão americana proporciona estudos de validade com população surda. A Escala de Inteligência Wechsler para Crianças (WISC) é o melhor teste de inteligência disponível. Quando a criança tem um atraso linguístico muito grande, convém utilizar unicamente a escala manipulatória.

A análise das habilidades sociais da criança é uma dimensão que deve ser levada em conta, já que as crianças surdas costumam apresentar problemas em suas relações com as pessoas ouvintes. O instrumento principal para realizar tal análise é a observação do comportamento da criança. Também as informações proporcionadas pelos pais e pelos professores devem ser coletadas nas entrevistas. Podem-se utilizar os questionários para organizar melhor tais entrevistas.

Finalmente, é preciso conhecer a competência da criança em diferentes áreas curriculares ao longo de seu processo de aprendizagem. É uma informação que normalmente o professor proporciona e que deve servir para conhecer as dificuldades que a criança encontra, assim como os apoios e as adaptações curriculares de que necessita.

O contexto escolar

A avaliação do processo escolar deve analisar todos os aspectos que incidem no processo de aprendizagem dos alunos surdos. Em primeiro lugar, deve-se verificar o tipo de comunicação que se estabelece com o professor e com os colegas. É preciso saber se o modo de comunicação utilizado favorece os intercâmbios comunicativos e se permite que a criança surda tenha fácil acesso às aprendizagens escolares. Também é importante levar em conta a necessidade de interação da criança surda com outros colegas ou com outras pessoas surdas.

Em segundo lugar, é necessário avaliar o ritmo de aprendizagem da criança surda e verificar as mudanças que devem ser feitas nos diferentes componentes do currículo para adaptá-lo às possibilidades da criança. Finalmente, é preciso observar a influência de outros fatores, como a luminosidade, a acústica da sala de aula ou a posição do aluno em relação ao professor, à lousa ou qualquer outra fonte de informação.

O PROCESSO DE ENSINO

A educação da criança surda supõe um conjunto de decisões ao longo do processo de ensino. Há algumas particularmente importantes, que são as que desenvolveremos a seguir: os sistemas de comunicação, as adaptações curriculares e o tipo de escolarização.

Os sistemas de comunicação

Em alguns países, especialmente nos do sul da Europa, há uma tradição centenária que defende o valor da comunicação exclusivamente oral na educação das crianças surdas. A consideração da linguagem de sinais como um conjunto de gestos icônicos e pouco estruturados e o medo de que sua utilização interfira na aprendizagem da linguagem oral levou a rejeitar a incorporação de sistemas manuais de comunicação nas escolas para surdos.

Tal posição, contudo, foi questionada a partir de diferentes perspectivas. Em primeiro lugar, comprovou-se que a utilização de métodos exclusivamente orais não possibilitou que os alunos surdos atingissem níveis satisfatórios em leitura labial, expressão oral ou leitura de textos escritos. Em segundo lugar, os estudos sobre a linguagem de sinais estabeleceram seu valor linguístico e sua capacidade para expressar não apenas a realidade concreta, mas também o mundo poético e abstrato. Em terceiro lugar, os estudos sobre a aquisição precoce da linguagem de sinais por crianças surdas comprovaram sua influência positiva em inteligência, compreensão linguística, vocabulário e leitura labial, não se encontrando diferenças em relação a outras crianças surdas em leitura e inteligibilidade da fala. Esses dados levaram a rever os modelos exclusivamente orais. Por um lado, incorporaram-se novos sistemas visuais à educação das crianças surdas: a palavra complementada e os sistemas de comunicação bimodal. Por outro, recuperou-se a utilização da linguagem de sinais. Os dois primeiros mantêm a predominância da língua oral e, por isso, devem ser considerados como enfoques monolíngues. O terceiro incorpora uma nova língua, por isso o enfoque nesse caso é bilíngue.

Palavra complementada ou Cued-Speech

A palavra complementada é um sistema elaborado por Cornett (1967). Seu objetivo é permitir que a criança surda aprenda a linguagem por meio da leitura do movimento dos lábios com a ajuda de sinais suplementares. O próprio Cornett ressalta que o sistema não é um substituto do treinamento auditivo, nem da aprendizagem da aquisição dos sons da língua, nem sequer da linguagem de sinais. A palavra complementada é compatível com outros métodos de comunicação e de treinamento. Seu principal objetivo não é criar uma alternativa comunicativa, mas sim facilitar a compreensão da linguagem oral por meio de sinais manuais.

Tal sistema baseia-se na utilização de um conjunto de sinais manuais perto do rosto para que possam ser vistos de forma simultânea à percepção do movimento dos lábios e contribuam para tornar mais claro o fonema articulado. A adaptação espanhola da palavra complementada feita por Santiago Torres (1988) utiliza oito formas da mão para as consoantes e três posições pra as vogais: lado (a, o), queixo (e, u) e boca (i) (ver Figura 9.6).

A principal vantagem desse sistema é que ele favorece a discriminação fonética e facilita a leitura labial. Não ajuda, porém, a expressão comunicativa nem procura um meio alternativo de comunicação para as crianças com graves problemas para a utilização da língua falada.

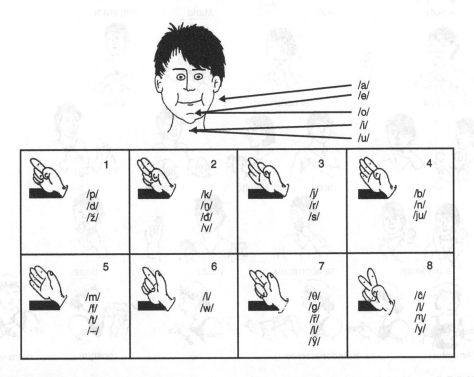

FIGURA 9.6. A palavra complementada.

Sistemas de comunicação bimodal

O sistema bimodal supõe a utilização simultânea da fala e dos sinais. Trata-se, portanto, de uma comunicação em dois modos: o oral e o manual. Essa característica proporciona sua denominação de "bimodal". O sistema bimodal estrutura-se em torno da linguagem oral, que é a que estabelece a ordem da frase e a sintaxe. Os sinais, que em sua grande maioria procedem da linguagem de sinais, são expressados ao mesmo tempo em que as palavras e, com isso, produz-se uma única mensagem em dois modos de comunicação.

O sistema manual adota diversas formas de concretização. Nos Estados Unidos, desenvolveram-se vários modelos que procuram manter um estreito paralelo com a linguagem oral; por isso, criaram-se artificialmente sinais para expressar aspectos morfossintáticos: plurais, desinências verbais, conjunções, etc.[6] A dactilologia é utilizada normalmente, em particular para palavras novas, nomes próprios e palavras sem equivalência na linguagem de sinais. Na maioria dos países europeus, os sinais seguem a ordem da linguagem oral, mas ignoram-se as mudanças morfológicas (Figura 9.7).

Essas variações indicam a existência de diversos sistemas bimodais em função de sua correspondência com a estrutura da linguagem oral. As vantagens educacionais de sua utilização estão em sua maior facilidade para a aprendizagem por parte das pessoas ouvintes e também em seu maior ajuste à linguagem oral. O principal inconveniente está em sua artificialidade, já que o modo de sinais não constitui uma língua.

FIGURA 9.7 Conto de João e Maria no sistema bimodal.

Enfoque bilíngue

O valor da linguagem de sinais e sua utilização pela comunidade surda levaram a reforçar uma opção comunicativa com as crianças surdas: o bilinguismo. A comunicação bilíngue supõe utilizar as duas linguagens com as pessoas surdas: a linguagem de sinais e a linguagem oral (Figura 9.8). Esse enfoque bilíngue pode ter suas alternativas: o bilinguismo sucessivo, em que primeiro se utiliza a linguagens de sinais, e posteriormente, aos 6 ou 7 anos, a linguagem oral, e o bilinguismo simultâneo, em que as duas linguagens são empregadas desde o início da comunicação com a criança surda.

Duas razões principais são apontadas em defesa do enfoque bilíngue na comunicação com as crianças surdas profundas. Em primeiro lugar, o fato de a linguagem de sinais ser um sistema linguístico estruturado, com uma coerência interna e um sistema de regras capaz de produzir todo tipo de expressões e significados. Em segundo lugar, a presença de uma comunidade de pessoas surdas que utilizam a linguagem de sinais como uma linguagem própria. Suas dificuldades encontram-se sobretudo na prática: formação de pais e professores e incorporação de pessoas surdas *experts* em linguagem de sinais nas escolas.

As adaptações do currículo

A correta utilização de um sistema de comunicação manual na sala de aula é a condição necessária para facilitar o intercâmbio de informações com o aluno surdo e o progresso em suas aprendizagens escolares. Ao mesmo tempo, é preciso dedicar uma atenção especial à comunicação oral, dada a importância de sua aprendizagem e das dificuldades da criança surda. Por isso, devem-se incorporar todas as modificações que, juntamente com a incorporação da comunicação oral, facilitem o processo de ensino. Algumas sugestões encontram-se no Quadro 9.3.

Há algumas áreas, linguagem oral, língua estrangeira e música, em que é preciso fazer importantes adaptações curriculares. No caso

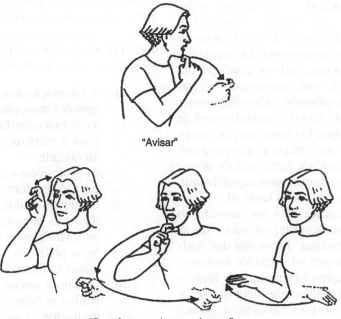

FIGURA 9.8 Expressão na língua de sinais.

QUADRO 9.3 Sugestões para favorecer a comunicação oral na sala de aula

- Cuidar das condições acústicas e de visibilidade na classe
- Utilizar equipamentos individuais de FM
- Falar dirigindo o olhar à criança
- Empregar todo tipo de meios de informação
- Facilitar a compreensão por meio de mensagens escritas: lousa, transparências, etc.
- Empenhar-se para que todos os alunos empreguem meios visuais de comunicação

---

da linguagem, devem-se levar em conta todas as considerações feitas anteriormente. Em primeiro lugar, é necessário incorporar ao currículo os conteúdos próprios da linguagem manual e relacioná-los com os objetivos próprios da área. Em segundo lugar, deve-se considerar que as crianças surdas têm de aprender elementos comunicativos e linguísticos que seus colegas ouvintes adquiriram de forma espontânea e aos quais não se dá atenção no ensino regular. Em terceiro lugar, deve haver uma estreita coordenação entre as atividades que a criança realiza nas aulas de línguas e o trabalho mais individualizado e específico que se desenvolve durante a intervenção logopédica.

O enfoque da língua estrangeira deve ser feito em estreita conexão com o da própria língua. Em linhas gerais, pode-se dizer que até que a criança surda tenha conseguido um certo domínio de seu primeiro código linguístico, não é aconselhável iniciar a aprendizagem de uma segunda língua. Em todo caso, os objetivos dessa área devem centrar-se em que o aluno surdo compreenda a existência de outros sistemas linguísticos orais e seja capaz de utilizar expressões de uso muito habitual.

A área de música deve ser mantida no currículo da criança surda, embora com as adaptações necessárias. É preciso dar mais atenção aos elementos relacionados ao desenvolvimento da expressão corporal, ao ritmo e às experiências com diferentes tipos de sons e de instrumentos musicais mediante a estimulação vibrotátil.

Em todas as áreas, deve-se dar mais ênfase aos procedimentos de aprendizagem, e não tanto à acumulação de informação. Para os alunos surdos, embora também para os ouvintes, é particularmente importante desenvolver o desejo de saber, o interesse pela busca de informação, o gosto pela leitura e a satisfação pela resolução de um determinado problema. A esses objetivos, deve-se adaptar a metodologia que se desenvolve na sala de aula. Quatro princípios devem ser particularmente levados em conta:

1. Favorecer a atividade própria dos alunos.
2. Organizar as atividades de aprendizagem em pequenos grupos.
3. Possibilitar que os alunos realizem tarefas diversas.
4. Utilizar métodos visuais de comunicação.

A polêmica sobre a integração

Um dos debates que ainda se trava no campo da educação das crianças surdas é o que se refere à sua integração com os colegas ouvintes nas escolas. Essa possibilidade é considerada negativa por uma grande parte de seus professores, pelas associações de pessoas surdas e por pesquisadores relevantes que estudaram o desenvolvimento dos surdos. As razões que alegam são, em síntese, as seguintes:

1. A integração marginaliza a linguagem de sinais, que é necessária para a comunicação das pessoas surdas e para a construção de sua própria identidade.
2. Os professores das escolas de ouvintes não têm formação suficiente.
3. Os alunos surdos têm sérias dificuldades de comunicação oral e, por isso, a integração social com seus colegas pode não ocorrer, mesmo estando na mesma turma.
4. Os alunos surdos não podem acompanhar as informações transmitidas oralmente, o que leva a aumentar seus problemas de aprendizagem.

Diante dessas razões, os defensores das opções integradoras destacam outras vantagens que reduziriam os inconvenientes descritos antes:

1. Os alunos surdos têm maiores possibilidades de interação com colegas ouvintes, o que favorece a aquisição da linguagem oral.
2. As expectativas e os estímulos para a aprendizagem são maiores nas escolas de integração.
3. A integração prepara a futura e necessária integração das pessoas surdas na vida ativa e profissional.
4. A integração deve ser feita nas condições adequadas, pois de outra forma seria negativa. Entre essas condições, é preciso destacar a existência de um projeto educacional e curricular da escola, que leve em conta a realidade das crianças surdas: professores preparados, incorporação de vários alunos surdos em cada classe e utilização da comunicação visual.

As pesquisas realizadas com a finalidade de avaliar as experiências de integração das crianças surdas foram escassas e se depararam com múltiplos problemas metodológicos. É preciso definir com clareza quais são os critérios de "êxito" do programa de integração, mas também é necessário definir esses mesmos critérios nas escolas especiais. É preciso levar em conta também o nível de perda auditiva dos alunos, sua educação precoce e a influência do ambiente familiar. Tudo isso torna difícil realizar pesquisas conclusivas e, por isso, o resumo sintético que se apresenta a seguir deve ser analisado com precaução.

Os estudos realizados sobre o progresso acadêmico das crianças surdas indicam que seu rendimento é melhor nas escolas integradoras do que nas instituições de educação especial. Contudo, as principais conclusões que se obtêm nas pesquisas sobre o desenvolvimento emocional e a adaptação social indicam maiores dificuldades nas escolas de integração (Lynas, 1986).

Kyle (1993), depois de rever os estudos sobre os efeitos da integração, sustenta a necessidade de garantir o acesso à informação e à interação interpessoal das crianças surdas. Apenas as escolas que asseguram tais condições podem ser consideradas adequadas para a educação de uma criança surda. Nesse enfoque, é necessário estabelecer os bons aspectos das escolas que recebem crianças surdas. As decisões de escolarização de cada criança terão de ser feitas levando em conta qual das escolas disponíveis aproxima-se mais desse modelo.

A integração das crianças hipoacústicas não deve oferecer grandes dificuldades. É necessário que os professores tenham consciência de suas dificuldades, facilitando-lhes a comunicação, o acesso à informação e os apoios necessários. O problema mais sério refere-se à educação das crianças surdas profundas. Nesse caso, é preciso ter um objetivo básico: favorecer a comunicação e educar para a integração, tanto no mundo dos ouvintes como no mundo dos surdos. Para isso, deve-se incorporar um duplo sistema de comunicação, oral e visual, e facilitar a interação social e a aprendizagem das crianças com seus colegas surdos e ouvintes. Esse objetivo primordial pode adotar diferentes modelos organizacionais, que devem incluir determinados aspectos específicos. Os mais vantajosos são os seguintes:

1. *Escola com turmas diferentes para surdos e para ouvintes em todas as séries* – As turmas para surdos dispõem de professores competentes em linguagem de sinais. Há atividades de aprendizagem conjunta entre surdos e ouvintes de níveis similares na maioria das áreas ou apenas em algumas. Tais atividades conjuntas podem ser organizadas para todos, para a maioria ou apenas para algumas crianças surdas. A flexibilidade organizacional é imprescindível.
2. *Escolas de integração preferencial para crianças surdas* – Os professo-

res aprendem a linguagem de sinais. Professores e adultos surdos colaboram nas atividades formativas. Há várias crianças surdas em cada turma. Estabelecem-se relações com crianças surdas de outras escolas.
3. *Escola de educação especial para crianças surdas* – O ensino é bilíngue. Nela também colaboram adultos surdos. As crianças surdas participam de atividades com crianças ouvintes de outras escolas.

Em qualquer das opções, é preciso reconhecer e respeitar a cultura das pessoas surdas, uma cultura que se baseia na linguagem de sinais e que se mantém graças às associações das pessoas surdas, uma cultura que deve ajudar na construção da identidade pessoal das crianças surdas e que deve ser conhecida e valorizada também pelos colegas ouvintes. Dessa forma, é mais simples conseguir o objetivo de educar a criança surda para viver em uma comunidade de pessoas surdas e em uma comunidade de pessoas ouvintes.

NOTAS

1. A hipótese de que as crianças surdas podem expressar uma combinação de gestos simbólicos referenciais na falta de um modelo linguístico claro foi discutida por Volterra (1981), embora tenha recebido maior apoio nos trabalhos de Deuchar (1984) e de Mohay (1982). Um resumo dessas interpretações pode ser encontrado em Marchesi (1987).
2. No livro de Marchesi (1987), encontra-se uma descrição mais ampla desse tema.
3. Uma descrição desses testes encontra-se em Marchesi e Díaz-Estébanez (1997).
4. Uma análise rigorosa dos métodos e dos instrumentos de avaliação encontra-se em Valmaseda (1995).
5. O Capítulo 4 deste volume, relativo aos problemas da linguagem, proporciona informações adicionais sobre esse ponto.
6. Uma descrição desses sistemas encontra-se em Marchesi (1987) e Alonso e Valmaseda (1993).

10 Os alunos com deficiência mental

ALFREDO FIERRO

A DEFICIÊNCIA MENTAL

Do mesmo modo como ocorreu em outros âmbitos do comportamento humano, tudo o que se refere à deficiência mental, à sua realidade e ao seu tratamento sofreu mudanças profundas quanto a conceito, análise e atenção prática. O que hoje se entende como deficiência mental foi identificada e conhecida no passado, mas apenas passou a ser objeto de atenção médica e pedagógica e de estudo científico a partir do final do século XVIII. Educadores e pedagogos incumbiram-se, desde então, da deficiência mental; entretanto, durante cerca de um século e meio, este foi um campo de competência quase exclusiva da medicina.

Na perspectiva médica, "oligofrenia" (em grego: "pouca mente") era diagnosticada por um conjunto de sintomas presentes em um grupo amplo e heterogêneo de anomalias com etiologia orgânica variada – e às vezes presumida, mais que desconhecida –, mas com um elemento comum: o de apresentar déficits irreversíveis na atividade mental superior. Nessa perspectiva, a única intervenção possível era prevenir, não a rigor curar e nem sequer tratar.

Conceito e classificação em psicometria

A psicometria ou medição da inteligência, que desde o início do século XX acompanhou o enfoque médico e inclusive chegou a suplantá-lo, não contribuiu para aumentar as esperanças quanto a melhorar a condição das pessoas com deficiência. A psicometria nasceu estreitamente associada à escolarização dessas pessoas. Alguns dos primeiros testes de inteligência, como o do francês Binet, foram elaborados justamente para poder diferenciar as crianças capazes e as supostamente incapazes de beneficiar-se da escola pública ao se generalizar na Europa a obrigatoriedade da escolarização.

Os conceitos mais populares da psicometria foram os de idade mental e quociente intelectual. Em contraposição à idade cronológica (anos transcorridos desde o nascimento), a idade mental é o nível de capacidade geral e de aptidões concretas que um indivíduo atingiu em correspondência ao nível médio próprio de uma determinada idade (cronológica) para a maioria dos indivíduos. Por exemplo, uma idade mental de 6 anos significa que a pessoa, qualquer que seja sua idade cronológica, revela uma capacidade e um nível de funcionamento intelectual equivalente ao da maioria das crianças de 6 anos. O quociente intelectual (QI) resulta da divisão da idade mental pela idade cronológica multiplicada por 100. De um pré-adolescente de 12 anos que tenha a idade mental de 6, se dirá que tem um QI de 50.

Em termos psicométricos, considera-se deficiência mental o grau de capacidade que, em uma distribuição normal da inteligência (no sentido estatístico), em uma determinada população, encontra-se dois desvios típicos abaixo da média. A classificação psicométrica adotada e mantida primeiro pela OMS e depois também pelo DSM-IV para a deficiência mental situa-o em valores de QI abaixo de 70. Cada desvio típico mais abaixo que se acrescenta dá lugar aos limites em que essa classificação tipifica a deficiência mental em graus de gravidade, conforme se indica no quadro a seguir.

> **Níveis psicométricos de deficiência mental**
>
> Deficiência mental leve: QI 55 a 70
> Deficiência mental moderada: QI 40 a 55
> Deficiência mental séria: QI 25 a 40
> Deficiência mental profunda: QI abaixo de 25

O quociente intelectual foi considerado não apenas estável, mas também imutável pela psicometria. Trata-se, porém, de uma suposição que não chegou a se evidenciar como certa ou bem-fundamentada. À primeira vista, a provável presença de erros de medida nos testes pode levar a prognósticos errôneos sobre a futura capacidade da criança. Além disso, há mais questões de fundo contra a tese da imutabilidade da inteligência. Os programas educacionais de "ensinar a pensar" (Nickerson et al., 1987), às vezes chamados de "melhora da inteligência", mostram que o QI não é tão estável como se supunha. Mediante tais programas, não é raro que sujeitos com deficiência mental aumentem suas pontuações em valores que equivalem a um desvio típico, isto é, a cerca de 15 pontos em quociente intelectual.

O enfoque psicométrico é útil para certos efeitos de pesquisa e também eventualmente de caracterização global do funcionamento mental de uma pessoa. Aparentemente, é preciso e rigoroso, porque se baseia em uma tecnologia de medida, a dos testes, todavia é de pouca utilidade educacional e prática. Criticado por seu viés ideológico, favorável às atitudes tipicamente escolares e a competências próprias das classes sociais altas ou médias, a principal crítica, do ponto de vista educacional, é que não proporciona indicações proveitosas acerca do que fazer, de como intervir, educar e reabilitar, tornando-se compreensíveis as provocações a que se coloque "além do quociente intelectual" (Sternberg, 1990).

O enfoque funcional e adaptativo

Quando se procura tirar algo a limpo dos conceitos ou dos enfoques históricos e ainda atuais – médico e psicométrico –, fica muito claro que, como ocorre com quase todos os conceitos em psicologia e em educação, o de deficiência mental é um conceito difuso, com limites indeterminados. Parecia ter uma absoluta e inequívoca precisão quando associado a uma delimitação psicométrica em termos de testes de inteligência geral e de quociente intelectual, mas tal precisão era obtida ao preço da sua pouca utilidade para a intervenção, a reabilitação e a educação das pessoas com deficiência.

Atualmente, predominam dois enfoques na construção teórica da deficiência mental: por um lado, um conceito funcional, centrado no funcionamento adaptativo da pessoa com deficiência nas atividades da vida diária; por outro, no extremo oposto, na ordem da construção teórica, uma análise dentro do marco da psicologia cognitiva.

Coincidindo com o auge do behaviorismo, da análise funcional da conduta e da prática da modificação da conduta, impôs-se com força nos Estados Unidos, como também em alguns setores de profissionais europeus, uma análise funcional do comportamento e do desenvolvimento atrasado. O "manifesto", por assim dizer, dessa análise, apareceu no primeiro número da que viria a ser a prestigiosa série, editada anualmente por N. R. Ellis, com o título *International Review of Research in Mental Retardation*, em um trabalho de Bijou (1966). Ele traçou, com uma grande coerência, as características de uma análise behaviorista da deficiência mental. Bijou excluía – ou melhor, não aceitava – as explicações biológicas e aquelas formuladas em termos de constructos hipotéticos, como "nível de inteligência"; e esboçava um enfoque da deficiência como consequência de histórias de reforço inadequadas e de discriminação.

Ao longo dos anos 1970, em muitos setores profissionais, dominou esse enfoque funcional-behaviorista, caracterizado por:

a) rejeição aos conceitos psicométricos;
b) a abordagem em termos não de deficiência inata, mas de execução deficiente e de repertórios comportamentais limitados adquiridos;
c) expectativas muito altas com relação à possibilidade de complementar e enriquecer esses repertórios pobres. Nes-

ses anos, houve tantas exposições teóricas, sistemáticas e metodológicas de tal enfoque (talvez a melhor seja a de Barret, 1977), como apresentações de sua aplicação prática e inclusive guias para não profissionais (ver mais adiante, em Princípios básicos de intervenção).

O behaviorismo não fala de deficiência ou atraso mental, mas de conduta atrasada; recusa todo tipo de rótulos meramente descritivos e centraliza seu interesse nas técnicas eficazes para criar repertórios de aprendizagem mais completos. O profissional de orientação behaviorista espera que a modificação da situação, das experiências, dos estímulos (tanto dos antecedentes ao comportamento, como os estímulos discriminatórios, quanto os consequentes, isto é, os reforçadores) contribua para modificar a própria conduta, os hábitos aprendidos, o nível de rendimento e a qualidade da execução em diferentes áreas, tanto escolares quanto, sobretudo, da vida diária.

Embora não formalmente behaviorista, é tipicamente funcional, apenas descritiva e também pragmática, a definição proposta em 1992, na nova versão do manual de definição e classificação da American Association on Mental Retardation, que diz:

> A deficiência mental refere-se a limitações substanciais no desenvolvimento corrente. Caracteriza-se por um funcionamento intelectual significativamente inferior à média, que ocorre juntamente com limitações associadas em duas ou mais das seguintes áreas de habilidades adaptativas possíveis: comunicação, cuidado pessoal, vida doméstica, habilidades sociais, utilização da comunidade, autogoverno, saúde e segurança, habilidades acadêmicas funcionais, lazer e trabalho. A deficiência mental manifesta-se antes dos 18 anos.

A caracterização da deficiência mental em termos apenas descritivos, e não causais ou explicativos, desfruta hoje de um amplo consenso justamente por isso, e também porque mostra a dificuldade de situar dentro de limites precisos o que é deficiência e o que não é.

Uma descrição que põe em destaque o funcionamento adaptativo geral, e não apenas intelectual, implica uma vaga alusão à "média" e à inferioridade com relação a essa média; define a deficiência mental não por um único âmbito ou critério, mas sim por vários deles, ao especificar que a limitação deve ocorrer em pelo menos dois dos campos indicados. O certo é que a deficiência mental costuma ser caracterizada por limitações sérias, não em alguns desses âmbitos, mas em todos ou quase todos eles. Finalmente, a definição ressalta que se fala de deficiência (ou atraso) quando esta se manifesta na infância ou na adolescência, e que, consequentemente, não entram em tal categoria as deteriorações no funcionamento adaptativo que possam ocorrer depois dos 18 anos.

A caracterização mencionada delimita de modo suficiente o que se entende por deficiência mental, desloca a ênfase do "intelectual" ou cognitivo para o adaptativo e funcional; todavia, continua sendo uma delimitação difusa. Em outras palavras: os limites entre deficiência mental propriamente dita e outras categorias, como a de atraso evolutivo ou dificuldades gerais de aprendizagem, não são marcantes, nítidos; são fronteiras móveis e mal definidas, de modo que apenas o desenvolvimento da pessoa e sua resposta à intervenção educativa permite, com o tempo, discernir a deficiência mental permanente de outros possíveis atrasos e/ou dificuldades de caráter transitório ou menos generalizado. As pessoas com deficiência mental não aparecem, portanto, como categoria inequívoca, fechada e com limites estritos, mas sim como grupo impreciso, com fronteiras difusas, em que estão próximas de outras pessoas que apresentam outros déficits, disfunções ou dificuldades semelhantes para a aprendizagem.

A deficiência mental constitui uma condição permanente, embora não imutável. Por isso, é correto incluir a deficiência mental, como faz este livro, na seção das necessidades educativas especiais de caráter permanente, ainda que o desafio do educador consista justamente em tratar de mudar para melhor o grau da capacidade deficiente do educando.

É o momento oportuno para fazer uma breve, mas necessária, digressão sobre o léxico, tomando como ponto de partida o fato de que as diferentes palavras que em cada período serviram para denominá-lo de maneira digna, depois de algum tempo passaram a ter conotações pejorativas e frequentemente a fazer parte do repertório do insulto. Palavras como "deficiente mental", "retardado", "inválido" ou "incapacitado" resvalaram para uma significação pejorativa, de modo que todas elas requerem hoje um cuidado extremo em seu uso para não parecerem ofensivas. Um costume de estilo de expressão, que, sem dúvida, contribui para assegurar que se fala sem desprezo, é antepor "pessoa" ou "aluno" a todo tipo de expressão: "pessoa/aluno com atraso/deficiência mental" ou com síndrome de Down. É recomendável que se faça isso. Desse modo, coloca-se em primeiro plano o reconhecimento como pessoa, antes da menção do déficit.

A análise dos processos cognitivos

A deficiência mental alude a limitações muito generalizadas em capacidades ou aptidões da pessoa, relativas a processos básicos de pensamento, de conhecimento e/ou de aprendizagem, capacidades que não se resumem mal no termo clássico inteligência. Compreende-se, portanto, que as teorias da deficiência mental mais pertinentes e ambiciosas tenham sido, e sejam ainda hoje, teorias da inteligência e, ao mesmo tempo, do pensamento. A psicometria da deficiência mental era e é um capítulo da psicometria da capacidade intelectual. A teoria sobre a deficiência dominante hoje na psicologia é uma teoria cognitiva, às vezes desenvolvida em modelos de processamento da informação. Nessa teoria, a inteligência é analisada mediante conceitos e pesquisada mediante procedimentos inteiramente pertinentes para a análise e a pesquisa da deficiência mental.

A antiga controvérsia sobre a origem hereditária ou adquirida das diferenças na inteligência não é tão óbvia quanto reformulada, quando a inteligência é definida justamente como a capacidade de aprender. Associam-se a isso dois conceitos básicos em psicologia, o da inteligência e o da aprendizagem, que por sua vez estão relacionados com o de deficiência mental. Esse é o ponto de vista de Campione, Brown e Ferrara (1987), que propõem um modelo de inteligência em que o déficit intelectual aparece justamente como antítipo, como extremo oposto da dimensão. Caracterizam a inteligência pelos processos que estão ausentes ou debilitados nos sujeitos com deficiência. O grau de instrução necessário para produzir aprendizagem representa um índice básico de inteligência que, nesse modelo, é constituída pelos processos ausentes ou debilitados em tais sujeitos. Inteligência é capacidade de aprender em condições de instrução incompleta, enquanto que atraso é resistência à instrução, portanto, necessidade de uma instrução mais completa – mais redundante, mais bem-ordenada e sistematizada – para que o indivíduo chegue a aprender. É preciso advertir aqui, de passagem, que esse conceito difere muito do da psicometria clássica, ao definir a inteligência e a deficiência não em si mesmas ou por si mesmas, mas sim em termos relacionais, em relação à instrução e às condições em que esta se produz; e também difere ao indicar o que fazer ou como fazer, como proceder com as pessoas com menor capacidade, proporcionando a elas condições mais completas de instrução.

Importantes conceitos comuns a diversos modelos cognitivos são aplicáveis à deficiência mental. A pessoa com deficiência tem dificuldades especiais em adquirir conhecimentos. Suas dificuldades parecem ter a ver com todos os processos cognitivos e os parâmetros de inteligência. Concretamente:

1. Se a inteligência se caracteriza em termos tanto de velocidade como de eficiência de processamento, de aprendizagem, de aquisição de conhecimentos, isso significa que os sujeitos com deficiência são mais lentos e também menos eficientes em processar, em aprender.
2. Se na eficácia de novas aprendizagens são relevantes tanto a base e a organização de conhecimentos prévios como as estratégias de processar e aprender, nos sujeitos com de-

ficiência supõe-se que há déficit não apenas nas destrezas e nos saberes prévios, mas também nas estratégias.

Nas estratégias gerais de aprendizagem, de manejo da experiência, encontra-se sem dúvida o déficit básico em que consiste a deficiência mental. Os modelos de processamento da informação, em analogia com o processamento informático, costumam distinguir entre:

a) o *"hardware"*, por assim dizer, da inteligência, seus equipamentos e seu suporte substantivo, estrutural, quase material, sobretudo em termos de capacidade de memória, de armazenamento e
b) seu *"software"*, seus programas de processamento, as rotinas e estratégias mediante as quais funcionam.

Ao se assumir quase ao pé da letra a analogia com o computador, também se costuma postular que, enquanto o equipamento básico a título de "hardware" é imodificável, os programas e seu funcionamento podem ser aperfeiçoados. A ênfase na intervenção, no tratamento básico da deficiência mental recairá, portanto, na instauração de estratégias mais funcionais de processar e aprender. A propósito disso, destaca-se inclusive que a mente humana não é um mecanismo físico como um computador, mas uma realidade viva, que se desenvolve em virtude de sua própria história e de sua experiência, e que, portanto, mesmo os componentes não tão facilmente modificáveis, os de capacidade, podem ser ampliados como consequência de uma melhoria das estratégias. É o ponto em que os programas de ensinar a pensar ousam falar inclusive de melhoria da inteligência.

Os modelos cognitivos examinam a inteligência, a aprendizagem, a aquisição de conhecimento e a deficiência mental em termos não tanto de produtos ou mesmo de tarefas quanto de processos. Enquanto a psicometria se limita a avaliar rendimentos em determinadas tarefas verbais, discriminatórias ou motrizes, e enquanto o professor educador muitas vezes também se limita a avaliar rendimentos

escolares em determinados macroâmbitos – linguagem, lecto-escrita, cálculo, matemática, conhecimento do meio –, a psicologia cognitiva procura identificar em microanálises os diversos componentes processuais – operações cognitivas – que integram o processo completo do conhecimento. O diagrama de fluxo a seguir (tomado de Fierro, 1983) apresenta um possível esquema, entre outros, dessas operações: "modelo serial de processamento de informação".

Com relação a um modelo desse gênero, cabe se perguntar: a deficiência mental reside em limitações ou disfunções em algum desses segmentos, ou nas estratégias de controle e de manejo de todos eles? Ou, em termos mais claros, consiste em déficits específicos, locais, por assim dizer, ou em um déficit de caráter geral?

O grosso da pesquisa sobre processos cognitivos de sujeitos com deficiência dedicou-se a examinar suas diferenças em atividades e momentos como atenção, memória, raciocínio, etc. Constatou-se que, sem prejuízo da indubitável evidência de déficits específicos em certas fases, operações e/ou funções do processo cognitivo, as disfunções mais patentes são as que ocorrem nas estratégias ou nos procedimentos gerais com que esses sujeitos abordam a informação, a experiência e as tarefas. O principal déficit parece residir em sua dificuldade, inclusive de generalizar, transferir e aplicar estratégias já aprendidas em situações e problemas diferentes daqueles em que foram adquiridas.

A personalidade dos sujeitos com deficiência mental

As pessoas com deficiência mental apresentam tipicamente outros traços, além de – mas associados com – sua limitação intelectual. A pesquisa constatou que o atraso, a imaturidade evolutiva e o déficit mental costumam associar-se a algumas características que não são de inteligência ou de estilo cognitivo, mas de padrões de comportamento: de "personalidade" (para ampliar este item, ver Fierro, 1988, 1997; Zigler, 1966).

Seguramente, o traço mais visível nessas pessoas é a rigidez comportamental. Os sujei-

MODELO SERIAL DE PROCESSAMENTO DE INFORMAÇÃO

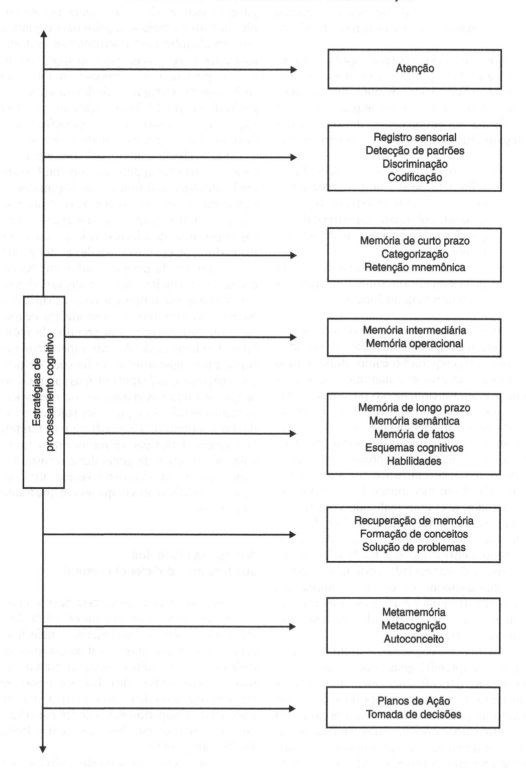

tos com deficiência são capazes de estar e de persistir muito mais tempo que outras pessoas em uma determinada tarefa, por mais repetitiva que seja. Os familiares e os profissionais que trabalham com eles sabem disso: costuma-se dizer, e com razão, que eles gostam da repetição, da rotina. Há motivos compreensíveis para isso. A inteligência é capacidade de adaptação a situações novas. A pessoa com baixa capacidade intelectual encontra maiores dificuldades nessa adaptação e, consequentemente, experimenta insegurança e ansiedade diante da novidade na situação ou na tarefa.

A preferência que sujeitos com deficiência mental manifestam pelas tarefas de rotina apresenta vantagens indubitáveis para certos trabalhos; por isso, é de se louvar o perfeito ajuste de tais pessoas a muitos trabalhos rotineiros da produção industrial ou artesanal. Trata-se, contudo, de uma conduta ambígua do ponto de vista educacional: coloca-os em boa posição para muitos postos de trabalho, mas não os favorece em seu desenvolvimento pessoal. As instituições e os profissionais interessados em seu desenvolvimento como pessoas, embora devam aproveitar e rentabilizar essa capacidade e essa constância para a atividade rotineira, também não podem contentar-se com isso; devem introduzir a novidade em doses razoáveis, que possam ser aceitas por um indivíduo concreto sem perturbar seu equilíbrio emocional.

Naturalmente, essa mesma persistência rege suas relações interpessoais. O sujeito com deficiência protege-se diante da insegurança, persistindo em suas relações – sentimental e de amizade –, as quais se pode vaticinar mais longa duração e maior persistência.

Há outros elementos muito vinculados à presença, à gravidade e à estrutura mesma da deficiência e do déficit cognitivo. Pode-se prever que serão tanto mais intensos quanto mais grave for a deficiência.

A pessoa com deficiência costuma ter uma grande dependência afetiva e comportamental com relação a outras pessoas. Tal dependência é a herdeira ou, mais do que isso, a forma duradoura do apego, um vínculo primordial nos primeiros anos da infância, vínculo este estabelecido antes de tudo com a mãe e depois com outras figuras adultas protetoras. O apego tem alto valor de sobrevivência para a criança e desempenha um importante papel evolutivo. Depois da infância, transforma-se de acordo com o ritmo do próprio crescimento, físico e psíquico, do ser humano, até adotar outras formas na idade adulta. Os sujeitos com deficiência mental manifestam apego de modos variados, geralmente em formas mais infantis que as correspondentes à sua idade cronológica. Assim, são muito dependentes em seu comportamento e em suas relações como também em seus afetos, nos diversos aspectos de sua vida e de sua conduta; e, além disso, na idade adulta, em grau superior a outras pessoas.

Caracteriza a deficiência mental uma forte "exterioridade" nas chaves e nas guias diretivas para a ação. Isso aparece tanto em suas baixas expectativas da própria eficiência quanto no predomínio de atribuições de causalidade externas e de um "lugar de controle" externo. Tanto em seu modo de atribuir acontecimentos a causas, como em suas crenças e expectativas, acreditam que o que acontece e também o que *lhes* acontece, o que ocorreu no passado ou que ocorrerá no futuro, estão fora de suas mãos e de seu controle, e que dependem de outras pessoas ou de fatores do destino.

Uma pessoa com déficit cognitivo tem uma particular dificuldade para desenvolver comportamentos autorreferidos, relativos a si mesmo, e que implicam uma "reflexão" pelo menos física, corporal (por exemplo, cuidar de seu próprio corpo), mas sobretudo mental: auto-observar-se, autoconhecer-se e cultivar a autoconsciência. São comportamentos que integram o que muitos autores conceituam como "si mesmo" ("self"), e nos quais costumam situar o núcleo da personalidade. A importância desses processos mentais ou comportamentais autorreferidos reside em seu papel autorregulador. É mediante o sistema "auto" que o indivíduo regula sua própria conduta; e o déficit ou o baixo desenvolvimento dessa autorregulação equivale a uma regulação externa muito poderosa e estranha.

À semelhança da criança, o sujeito com deficiência, mesmo o adulto, experimenta grande dificuldade para prorrogar o esforço e para agir movido por incentivos distantes. Essa é a razão pela qual se aconselha, dependendo do caso, a aplicação imediata do reforço às condutas que se pretende incrementar. Com relação a isso, também não é fácil para ele o manejo das relações entre fins e meios, que, por sua vez, são relações entre uma conduta de consumação e a correspondente conduta instrumental. É muito difícil para a pessoa com deficiência, justamente por seu déficit cognitivo, manejar com acerto as relações entre o fim, o ato de consumação (no âmbito sexual, por exemplo, "fazer amor") e as necessárias mediações para atingir o fim (a pertinente e eficaz ação instrumental dirigida a essa meta, a sequência de atividades de "cortejo").

Também não é fácil adotar um projeto de vida, que já não esteja explícito, ou até mesmo tácito. A dificuldade tem origem no plano mais elementar, no qual se forja um projeto de vida: no processo de decisão. Esse processo é uma atividade – uma série de atividades – de natureza cognitiva. Nele se articulam o pensamento e a ação. Portanto, as disfunções e os bloqueios que ocorrem no processo decisório vão se manifestar e repercutir em ações, no comportamento, nos atos mais significativos e decisivos da vida. Não é apenas uma decisão, mas um conjunto de decisões que configura um plano de ação, relativo a um âmbito ou a uma determinada finalidade: um plano de trabalho, o planejamento de uma tarefa ou um plano amoroso para conseguir despertar o interesse do companheiro desejado. Por sua vez, um conjunto de planos de ação se reúne no projeto pessoal de vida, tácito ou explícito. Se é difícil para uma pessoa com deficiência tomar decisões, é muito mais ainda, por sua complexidade, elaborar um plano de ação ou, acima disso, formular um projeto de vida. De passagem, vale ressaltar aqui a necessidade de educar na expressão de desejos e na tomada de decisões, por menores que sejam, para favorecer uma linha tão importante do desenvolvimento da identidade pessoal como a ideia ou o projeto de futuro acerca de si mesmo (na forma de um trabalho ou de um amor, por exemplo).

É preciso, naturalmente, acrescentar outras características. Costuma-se comentar, por exemplo, que a pessoa com deficiência se caracteriza-se por uma baixa autoestima, como também por uma grande instabilidade emocional. Em grande medida, são traços aprendidos, muito dependentes das experiências vividas e do modo como foram tratadas pelos adultos, e decorrentes também, ao lado disso, de outros traços mais básicos, como aqueles mencionados anteriormente. Sua labilidade emocional não equivale a instabilidade em sua conduta, mais rotineira, nem em seus sentimentos, em que predomina o apego, como já dissemos. Limita-se às emoções como estados de ânimo, um terreno no qual todas as pessoas são bastante instáveis; e afeta mais a eles, como também às crianças, porque manejam mal as expectativas de reforço. Quanto à baixa autoestima, depende crucialmente de dois fatores, críticos em qualquer autoestima: a imagem que fazem deles e que lhes transmitem os que o rodeiam (conforme destaca a teoria do interacionismo simbólico: o autoconceito como reflexo do conceito sobre alguém por parte dos "other significants", as outras pessoas significativas); e a percepção que se tem da própria eficiência, dos resultados e das consequências dos próprios atos (conforme destaca a teoria das expectativas de autoeficácia).

Tudo o que foi dito pertence ao terreno das generalizações, do que caracteriza muitos, talvez a maioria dos casos. São caracterizações globais, que devem ser corrigidas olhando bem de perto, em sua singularidade individual, cada caso concreto. Servem de protótipo – e, como tal, não correspondente de fato a nenhuma pessoa concreta –, em torno do qual perfilam com ampla variedade as verdadeiras fisionomias da personalidade dos sujeitos com deficiência.

AVALIAÇÃO E INTERVENÇÃO

O diagnóstico etiológico faz parte da avaliação de uma pessoa concreta com deficiência, embora nem sempre seja estritamente necessário e às vezes nem sequer possível. Independentemente da avaliação individual, porém, é interessante saber quais as causas ou os fatores dos quais depende crucialmente a aparição da deficiência, sobretudo tendo em vista sua possível prevenção (para todo este item, é muito útil o manual da American Association on Mental Retardation, 1997).

Etiologia e prevenção

A que se deve a deficiência mental? Quais são as causas de sua aparição? A deficiência é uma característica comum de situações causadas por uma etiologia variada, pelas mais heterogêneas razões. Não constitui uma unidade nosológica, mas uma qualidade ou uma condição comum a quadros, a anomalias de natureza distinta e de origem também distinta, nem sempre – não em todos os casos – perfeitamente identificável ou, muito menos, atribuível a uma única causa.

Costumava-se dividir a etiologia da deficiência mental em duas grandes categorias: a deficiência de origem biológica e a de origem ambiental, psicossocial. Também havia a distinção clássica entre causas, pré-, peri- e pós--natais, conforme ocorram antes, em torno ou depois do nascimento, contudo, são distinções que não correspondem plenamente aos casos reais. Estudos epidemiológicos revelam que mais da metade dos casos se devem a mais de um fator. Por outro lado, a deficiência mental muitas vezes decorre da interação e/ou da acumulação de vários fatores, biológicos ou psicossociais. Algumas causas, enfim, podem estar na origem da deficiência mental, mas também de outros déficits ou transtornos, geralmente associados à deficiência mental nos casos de plurideficiência, que serão justamente os mais graves ou os mais difíceis de tratar, os de maior complexidade na intervenção profissional e na atividade escolar.

A incidência da deficiência mental em uma determinada população é objeto de estimativas, mais que de pesquisas propriamente ditas, visto que a própria delimitação da deficiência é difusa e, consequentemente, a incidência pode ser estimada de forma muito variada. Uma cifra convencional, mas seguramente bem-ajustada, estima em torno de 1% a incidência da deficiência mental nos países ocidentais. As estimativas que chegam a falar de até 3% são, sem dúvida, superestimadas e desorientadoras. Nesta última porcentagem, já contam na verdade outras circunstâncias que correspondem mais a dificuldades de aprendizagem, ao atraso escolar, ou, eventualmente, ao chamado atraso mental "no limite" ou "limítrofe". Seguramente, nesse conjunto, se fazem sentir com mais força ainda que na deficiência mental propriamente dita os efeitos chamados de "intergeracionais", referentes à influência de fatores de uma geração sobre a seguinte, a dos pais sobre a dos filhos – correlação entre nível de capacidade de uns e outros –, influência que no passado costumava-se atribuir erroneamente a vínculos genéticos.

A incidência de causas concretas da deficiência mental também é bastante variada. Em cada população, depende principalmente de circunstância sanitárias, sobretudo na gravidez e no parto, e muitas vezes também de causas sociais. O caso mais típico em que a incidência é praticamente a mesma em sociedades distintas é o da síndrome de Down, cuja frequência média é de, aproximadamente, 1 em cada 600 nascimentos, mas mesmo nisso a taxa varia muito conforme a idade da mãe (e eventualmente também a do pai). A taxa é mais alta em mulheres muito jovens, abaixo de 18 anos, e sobretudo nas mães acima de 30 anos, idade em que a taxa aumenta em progressão geométrica junto com os anos.

Com a informação epidemiológica e a etiologia da deficiência mental, relacionam-se as medidas e as ações de sua possível prevenção. O quadro a seguir indica algumas delas, de acordo com a classificação convencional da prevenção em primária, secundária e terciária.

Prevenção do atraso mental

Primária: ações antes da aparição do problema e que impedem seu aparecimento (medidas sanitárias durante a gestação e o parto).
Secundária: ações que diminuem ou eliminam o problema já surgido (por exemplo, dieta em crianças com fenilcetonúria).
Terciária: ações que limitam as consequências negativas e melhoram o nível de funcionamento (reabilitação, educação).

A prevenção terciária corresponde na realidade ao tratamento da deficiência mental, tratamento que, por sua vez, pode ser considerado em dois níveis, de resto, nem sempre e não facilmente diferenciáveis, nem mesmo em sua correspondente avaliação: o nível das capacidades e das destrezas básicas e o nível educacional propriamente dito.

Será que o conhecimento da origem concreta da deficiência em uma pessoa é indispensável para o seu tratamento e para a sua educação? O conceito de necessidades educativas especiais não dá muita importância a esse conhecimento e permite deixar de lado, em ampla medida, as origens ou as antecedentes dessas necessidades: da etiologia ou da(s) causa(s) dessa condição concreta caracterizada como deficiência mental. O enfoque das necessidades educativas especiais está atento à sua apresentação atual, à demanda específica que coloca ao profissional, ao professor, à escola, aos recursos materiais e didáticos para responder a ela. Centra-se na realidade presente do aluno e na possibilidade de modificá-la: na realidade de suas capacidades atuais e na possibilidade de desenvolvê-las.

O professor, o educador, o profissional que intervém junto a pessoas com deficiência não pode ignorar a etiologia do déficit, mas também não depende muito dela em seu trabalho concreto. Este não muda apenas pela circunstância de que as sérias dificuldades de aprender em um aluno procedam de uma alteração cromossômica, de uma infecção pré-natal ou de um traumatismo de parto. Mesmo quando a deficiência se deve a fatores pós-natais, sobrevindos, como ocorre com a deficiência mental resultante da fenilcetonúria não tratada a tempo ou de uma encefalite ou uma meningite, o caso chega a ele em condições orgânicas já irreversíveis. Apenas quando há um fator sociocultural e de aprendizagem significativo, predominante ou concomitante, potencializador de outros fatores, é inteiramente relevante identificá-lo. Nesse caso, as perspectivas de reabilitação são mais favoráveis.

Avaliação de capacidades básicas

A avaliação já não se refere à identificação ou à definição, à natureza, aos graus, à etiologia e às características da deficiência mental como tal, em sua generalidade, mas à sua identificação, à sua gravidade, aos traços e ao perfil de um sujeito concreto.

Há uma dupla máxima geral que vale para o tratamento e a educação das pessoas com deficiência: nenhuma intervenção será acertada sem a oportuna avaliação; nenhuma avaliação tem sentido se não estiver relacionada a uma intervenção. A avaliação, por sua vez, deve referir-se não apenas à(s) pessoa(s) com a(s) qual(is) se intervém, mas à própria atividade, ao processo e aos resultados da intervenção. Na avaliação das pessoas com deficiência mental, há um enfoque – talvez o mais fecundo – que reúne em um único procedimento as duas vertentes, e que avalia o potencial de aprendizagem do sujeito ao mesmo tempo que o programa de instrução ou de ensino. É um procedimento que pode ser operacionalizado apropriadamente no paradigma "teste → treinamento → reteste", um paradigma teoricamente potente e fecundo na prática (Fierro, 1987). Contudo, a aconselhável integração de diferentes momentos e objetivos da atividade avaliadora, assim como desta com a intervenção – educativa ou outra – não deve impedir que se diferenciem níveis no que se entende genericamente por avaliação.

Há, em primeiro lugar, uma possível e necessária avaliação de déficits físicos, orgânicos, neurológicos, sensoriais e motores, perfeitamente identificáveis, muitas vezes associados à deficiência mental. Essa avaliação cabe ao médico especialista – neurologista, reabilitador, otorrino, etc. –, que estabelecerá o diagnóstico correspondente acerca de certas capacidades e, respectivamente, limitações ou disfunções geralmente difíceis de modificar e com as quais se terá de contar.

Em outro extremo, no âmbito escolar, está a avaliação de caráter educacional ou curricular (ver Verdugo, 1994), em que se avalia a aquisição por parte do aluno daqueles conhecimentos, competências e capacidades que constituem o conteúdo do currículo. Essa avaliação cabe ao professor e, em princípio, não difere da que ele faz com outros alunos, sem outras particularidades que não aquelas que decorrem da adaptação dos critérios de avaliação pertinentes.

Entre os dois extremos, o das limitações ou disfunções físicas e o da avaliação escolar, abre-se uma ampla margem de avaliação, justamente daquelas capacidades adaptativas básicas que se consideram constitutivas – ou descritivas – da deficiência mental. É, sem dúvida, a avaliação mais completa do ponto de vista técnico e metodológico, mas também a mais pertinente e necessária nesse caso.

Na psicometria e na avaliação tradicional, tratou-se de avaliar tipicamente a "inteligência", seja uma inteligência "geral", sejam as chamadas "aptidões intelectuais básicas". As críticas habituais à psicometria e à "testologia" – ou a alguns de seus usos – são perfeitamente compatíveis com uma utilização prudente e bem-orientada dos clássicos testes de inteligência geral ou de aptidões concretas, com os quais habitualmente se tentou medir o – hipotético – quociente intelectual ou, de maneira geral, o nível de capacidades básicas de ordem diversa: de discriminação, de associação, de abstração, de raciocínio, etc. Inclusive as variáveis e os constructos introduzidos posteriormente para substituir o quociente de inteligência, como potencial de aprendizagem ou potencial de desenvolvimento, são difíceis de avaliar se não for com tarefas totalmente idênticas às das provas clássicas de aptidão intelectual.

Tais provas, entretanto, continuam sendo úteis para avaliar capacidades básicas nas pessoas com deficiência. O requisito é sempre, naturalmente, que o nível da prova esteja de acordo com o sujeito a ser avaliado. Este deve ser, como se costuma dizer, "testável" com esse teste concreto; deve ser capaz, pelo menos, de compreender o sentido das tarefas que a prova propõe. É por essa razão que em séries de provas, como as de Wechsler, que são ordenadas por idades – para adultos, para crianças e para os menores –, e salvo casos de deficiência leve, o mais aconselhável é aplicar a versão correspondente a uma idade inferior à do sujeito com deficiência que se vai avaliar.

Em geral, todos os testes ou as provas de capacidade intelectual e/ou de aptidões específicas são aptos para avaliar a deficiência mental. Em princípio, os mais apropriados seriam, consequentemente, os mais "livres de influências culturais" e, portanto, mais livres de influências educativas. Ocorre, no entanto, que a desejável influência educacional seguramente pode modificar um pouco capacidades muito básicas, e que a avaliação do potencial de aprendizagem não pode ser feita sem a mediação de práticas educativas ou instrucionais. Isso, por sua vez, torna irrelevante – ou carente de significado – a elaboração e a aplicação dessas provas "livres". Sem dúvida, são essas considerações que levam alguns autores a conceituar os testes clássicos e a avaliação da inteligência como avaliação de "repertórios cognitivos". Seguramente, é disto que se trata: de capacidade intelectual como conjunto de repertórios de conhecimento.[1]

São úteis, portanto, as provas clássicas de capacidade, ou repertórios cognitivos, como as escalas de Wechsler, o teste de Aptidões Primárias (PMA), de Thurstone, as matrizes de Raven; ou as mais recentes, como o Teste de Habilidade, de Sternberg, que responde a um modelo triádico de inteligência; ou também as que, um pouco à margem da tradição psicométrica dominante, como por exemplo, aquelas inspiradas no modelo evolutivo de Piaget, são integradas por tarefas correspondentes a estágios desse modelo.

Os profissionais que intervêm junto a pessoas com deficiência seguramente teriam preferência por provas projetadas com atenção especial a déficits e disfunções cognitivos que aparecem na deficiência mental. É o caso da prova PASS (Planejamento, Atenção, Processamento

Simultâneo e Sucessivo), elaborada por Das e colaboradores, de acordo com seu modelo das funções deficitárias nas pessoas com deficiência (Molina e Arraiz, 1993).

As mais recentes provas de inteligência – ou de repertórios cognitivos – costumam consistir de fato em baterias de provas ou escalas anteriores e são compostas de itens, tarefas ou tipos de tarefas dos testes mais clássicos. Dessa natureza é a Bateria de Kaufmann para crianças (K-ABC), muito útil na avaliação da deficiência mental; o SOMPA (Sistema de Avaliação Multicultural Pluralista), de Mercer, que também compreende uma bateria de testes que coletam informações nos âmbitos médico, percepto-motor, cognitivo e de adaptação, para a faixa etária entre 5 e 12 anos; e o Inventário de Desenvolvimento de Battelle, criado a fim de avaliar programas de intervenção precoce em crianças com déficit.

Visto que o déficit nos sujeitos com deficiência afeta sobretudo a adaptação em vários âmbitos, um enfoque possível da avaliação é justamente a avaliação do comportamento adaptativo. Destaca-se, a esse propósito, o sistema West Virginia, adaptado na Espanha por professores da Universidade Autônoma de Madri. É uma prova do tipo "criterial". Ela não compara a execução do sujeito em relação a um grupo de referência, como ocorre nas provas normativas, mas tenta avaliar seu grau de domínio em áreas específicas de: resposta perceptiva, motricidade, autonomia pessoal, comunicação, aprendizagens escolares e outras habilidades. É uma proposição afinada com as cartas gráficas ou com os mapas de desenvolvimento popularizados por Gunzburg e, na Espanha, por González Mas (1978). São instrumentos de observação e de coleta de informações sobre a progressão típica na aquisição de destrezas; e, ao mesmo tempo, servem de guia para propor metas posteriores de instrução.

Em todo caso, é preciso destacar que a qualificação de uma criança como "aluno com deficiência mental" não pode ser feita em caráter definitivo. Não apenas a avaliação – contínua, subentende-se – da aprendizagem, mas também a avaliação de capacidades básicas está sujeita à revisão, o que deve ser feito de modo sistemático de tempos em tempos, pelo menos no início da escolarização, como na mudança de escola ou na passagem de um ciclo para outro. É uma avaliação que sempre deve ser feita com a finalidade principal de orientação educativa, com conteúdo altamente idiográfico, e sem refugiar-se nela como um rótulo cômodo ("deficiência mental"), nem tampouco em uma cifra (a do QI) supostamente inalterável.

Princípios básicos de intervenção

A intervenção em pessoas com deficiência deve ter lugar em âmbitos variados. Muitas vezes, é necessária em funções de motricidade ou de articulação física da linguagem. Por outro lado, a educação escolar também é um modo de intervenção. O nível de uma intervenção básica refere-se não a funções físicas motrizes ou de linguagem, nem tampouco a aprendizagens escolares propriamente ditas, a repertórios de conhecimento, mas sim àquelas limitações em capacidades adaptativas às quais precisamente se refere o conceito de deficiência mental. A verdade é que, quando os objetivos educacionais, os do currículo, são formulados em termos de capacidades básicas, é difícil distinguir entre educação – ou currículo – e outra intervenção supostamente mais básica e fundamental. Em qualquer caso, é evidente que certas destrezas de autonomia elementar – vestir-se, comer sem ajuda, controlar os esfíncteres ou viajar sozinho em transporte público – se encontram em uma ordem diferente, por exemplo, do saber ler ou do saber multiplicar.

Uma possível designação das capacidades verdadeiramente básicas na vida humana seria esta: aquelas que se exigem não importa em que sociedade, em que cultura ou em que época. Saber ler, com certeza, é muito necessário em nossa sociedade, mas o analfabetismo constitui uma limitação de ordem muito diferente que a deficiência mental. Há capacidades que, ao contrário, são imprescindíveis em qualquer tempo e em qualquer lugar: poder comunicar-se com os outros, poder assegurar seu alimento e outros bens necessários, identificar os riscos mais comuns da vida e desempenhar-se em face deles ou relacionar-se sexualmente de modo satisfatório. É com relação a essas funções e às outras que subjazem a elas (abstrair, generalizar, discriminar, raciocinar, etc.) que se justifica falar de capacidades humanas básicas, de sua limitação nos sujeitos com deficiência e da necessidade de intervir para sua melhoria.

Essas capacidades básicas são distintas em diferentes momentos da vida. A autonomia ou a capacidade de gestão da própria vida que se requer de uma criança de 7 anos é diferente em um adulto. As pessoas com deficiência não serão sempre crianças, mas é preciso, acima de tudo, procurar estabelecer nelas comportamento e hábitos de autonomia próprios das crianças, embora não tão infantis quanto elementares e fundamentais, base de qualquer outra autonomia e independência.

Um esquema possível de hábitos de autonomia é proposto em uma tripla ordem de círculos cada vez mais amplos:

1. O que se refere ao cuidado consigo mesmo, com o próprio corpo e com os próprios pertences, na autonomia para lavar-se, vestir-se e despir-se sozinho, comer sem ajuda, controlar os esfíncteres, manter seu quarto limpo.
2. O que se refere à autonomia e relativa independência na vida diária dentro de casa, sendo capaz de realizar operações com os aparelhos adequados, os mais simples ou não perigosos (manejar o rádio e a televisão, pegar alimentos na geladeira), ou, em outro nível, os mais complexos ou também perigosos (preparar sua comida em um fogão a gás).
3. O da independência para deslocar-se e realizar tarefas fora de casa, no bairro ou na cidade, nos trajetos habituais, no uso do transporte público (ir à escola, ao trabalho, ao cinema, à quadra de esportes, etc.).

Trata-se de aprendizagens que, em sua maioria, as crianças não adquirem na escola, mas em casa; que, além disso, costumam adquirir em uma aprendizagem casual, espontânea, sem necessidade de ensino metódico por parte dos pais, mas apenas com algumas instruções deles. As crianças com deficiência, porém, necessitam – e tanto mais quanto maior for seu déficit – ser instruídas metodicamente nessas habilidades elementares. Além disso, com certeza a instrução em casa não bastará; será necessária a cooperação da escola infantil e do professor das séries iniciais do ensino fundamental para conseguir estabelecê-las.

Os procedimentos mais eficazes para incentivar a aquisição de habilidades de autonomia respondem a duas grandes modalidades, que, além disso, podem ser combinadas: a aprendizagem que ocorre pela observação e/ou pela imitação; e a aprendizagem instrumental ou operante, mediante reforços. As técnicas de reforço e as de imitação que devem ser implementadas em crianças ou adolescentes com deficiência mental são as mesmas de caráter geral. Não existem especificações de relevo em sua utilização com essas pessoas. Eventualmente, é preciso dar ênfase a alguns princípios que, mesmo sendo de índole geral, orientam sobre o modo de aplicar essas técnicas.

Concretamente, quanto mais grave for o déficit, tanto mais os procedimentos de aplicação das técnicas de instrução devem:

a) corresponder aos modos ontogenicamente mais simples de condicionamento e aprendizagem (a esse respeito, recorde-se que o condicionamento clássico pavloviano é mais simples que o operante ou instrumental, e este, por sua vez, é mais simples que a aprendizagem por observação);
b) assemelhar-se aos utilizados com crianças menores (por exemplo, na administração imediata de reforçadores, ou na preferência por reforçadores reais em vez de simbólicos) e, sobretudo;
c) realizar-se em um "passo a passo" mais minucioso e analítico, que segmenta as sequências complexas em atos simples.

Com o último princípio mencionado, relacionam-se, por sua vez, alguns procedimentos de uso geral, mas que parecem particularmente necessários em sujeitos com deficiência moderada ou mais grave: a modelagem ("shaping"), o encadeamento para trás e a incitação ou guia ("prompting") (há um bom esquema desses programas em Kauffman e Snell, 1986).

Os procedimentos operantes e os de imitação são muito efetivos para eliminar condutas indesejáveis (que, além disso, muitas vezes são incompatíveis com as que se quer instaurar), e também para estabelecer condutas bem-determinadas (como, de resto, são os hábitos de autonomia mais elementares). São de pouca ou duvidosa eficácia e possibilidade de generalização, porém, para condutas complexas e para enfrentar situações novas e adaptar-se a elas com flexibilidade. É nisso, sobretudo, que um enfoque comportamental (ou behaviorista) da intervenção deve ser complementado com um enfoque cognitivo, que procura estimular justamente aquelas operações (de atenção, discriminação, memória e raciocínio) que são deficitárias no funcionamento intelectual de tais sujeitos e que se concretizam em tarefas como: reação diante de estímulos; reconhecimento e discriminação de figuras concretas e abstratas, assim como de suas semelhanças; junção e associação de figuras e de símbolos; ordenação seriada de objetos, fotografias ou vinhetas; lembrança de palavras, dígitos, símbolos ou figuras; complementação e cópia de figuras; manejo de cubos e outros volumes, lápis (ou tesoura) e papel; dissociação e reunião de objetos e de elementos (Cachinero, 1989; González Más, 1978).

De qualquer forma, o ponto de vista comportamental, que chegou a ser hegemônico em psicologia há poucas décadas, ao ser aplicado ao campo da deficiência significou uma verdadeira revolução, que vai muito além do enfoque de modificação de conduta. Foram várias as suas contribuições, que perduraram mesmo depois de passado o auge behaviorista. Entre elas está inclusive – embora muito matizada atualmente – a tese geral de que tudo pode ser ensinado e de que tudo ou quase tudo pode ser aprendido, contanto que se proporcionem as experiências apropriadas. Hoje ninguém sustentaria essa tese assim de pés juntos, mas é dela que vem a enorme confiança na capacidade de aprendizagem de toda pessoa.

O enfoque behaviorista contribuiu para fazer com que se reconhecesse a possibilidade de gerar aprendizagens em sujeitos que se consideravam pouco ou praticamente incapacitados para aprender; para deslocar o interesse tradicional em aprendizagens tipicamente escolares, pouco significativas e nada funcionais nas pessoas com deficiências graves; para insistir, ao contrário, em certas aprendizagens e habilidades fundamentais que não apenas contribuem para dar autonomia ao sujeito, mas que são a base de aprendizagens posteriores mais complexas; para pôr em questão a deficiência mental como limitação estática e rígida das pessoas. São contribuições que nenhum modelo prático de intervenção em sujeitos com deficiência pode renunciar hoje.

Um enfoque behaviorista estreito, porém, restringiu muito as finalidades educativas nos sujeitos com deficiências graves. Limitava seus objetivos à aprendizagem de hábitos de autonomia pessoal e contentava-se com metas de mero treinamento ou adestramento, mais do que propriamente educacionais. É verdade que o enfoque comportamental pode ser ampliado em uma verdadeira pedagogia por objetivos, que transcende muito sua raiz behaviorista. Continua sendo, contudo, um enfoque limitado demais e ao mesmo tempo extremamente lento, visto que, justamente pelos procedimentos de instrução a que recorre, não contribui para criar processos de generalização nem estratégias globais de aprendizagem ou de desenvolvimento cognitivo. É por essa razão que o enfoque comportamental tem de ser complementado pelo enfoque propriamente educacional, em que não se favoreçam apenas os hábitos básicos de autonomia nem tampouco se produzam aprendizagens unicamente mediante técnicas de condicionamento mais simples. Mesmo a pedagogia por objetivos tem de ser superada em uma educação que mobiliza os processos cognitivos mais gerais.

Há muitos programas desenvolvidos expressamente para a utilização em sujeitos com deficiência, tanto aqueles com um enfoque estruturalmente comportamental, com amplo uso da imitação e do reforço, quanto aqueles com um enfoque cognitivo, a rigor, percepto-motor. O profissional pode produzir seu próprio programa na medida de suas necessidades, aquelas que lhe são colocadas pela intervenção com sujeitos concretos. Pode, por exemplo, organizar um sistema de economia de fichas para o reforço de atividades em um grupo, seja a escola, um hospital ou uma residência. Pode, igualmente, elaborar seu próprio programa de atividades relacionadas com este ou aquele momento do processo cognitivo. Economizará muito em seu próprio trabalho, porém, e, sobretudo, trabalhará em um terreno mais sólido se o fizer com base em programações já existentes e contrastadas, ainda que nelas se introduzam variações, adaptações ou combinações de umas com outras.

Mais do que descrever programações já feitas, é importante formular aqui, enfim, alguns princípios ou algumas regras de sua aplicação em sujeitos com deficiência:

1. É preciso conhecer bem o nível de competência de cada sujeito em um determinado âmbito de tarefas antes de propô-las e de fazê-lo enfrentar outras.
2. É sempre imprescindível um ensino gradual, passo a passo. Os sujeitos com deficiência dificilmente aprendem mais de uma coisa ao mesmo tempo.
3. Uma microanálise das tarefas, de seu nível de dificuldade e também da sequência de atividades simples de que se compõe uma atividade complexa é condição prévia para a estratégia gradual a que nos referimos.
4. A instrução mais completa que as pessoas com deficiência necessitam é obtida, entre outros meios, graças à ampla utilização de um princípio de redundância: ensinar de diferentes formas, com variados exemplos, por meio de canais sensoriais e de ações distintas, introduzindo, também, variações na consecução das tarefas.
5. Além da redundância, é conveniente a repetição, a consolidação e a lembrança do já adquirido, o que, por outro lado, está bem de acordo com a aspiração dessas pessoas a um ambiente estável, seguro, previsível (embora com o risco de fixação em condutas estereotipadas).
6. O nível de complexidade e/ou de dificuldade aconselhável em cada momento é o imediatamente superior ao dominado e consolidado no momento, acessível, mas desafiador para o aprendiz, e suscetível inclusive de uma "aprendizagem sem erros" (que tem seu equivalente institucional em uma "escola sem fracassos").
7. Do mesmo modo que as demais pessoas, aquelas que têm deficiência mental aprendem sem necessidade de ter consciência disso, mas aprendem melhor, com menos erros, mais depressa, com "sobreaprendizagem" quando o fazem conscientes dos procedimentos que utilizam e quando "monitoram" seu processo e seus resultados, o que é possível em níveis de deficiência leve e, inclusive, moderada.

EDUCAÇÃO

Os princípios gerais de intervenção indicados anteriormente são princípios educativos no nível mais básico e de mais ampla validade. Sem dúvida, são válidos também para esse modo particular de intervenção que se produz na educação formal, na escolaridade regrada. É preciso falar desta agora. E deve-se começar destacando a educabilidade de toda pessoa, não importa a gravidade de seu atraso, de seu déficit.

Educabilidade e necessidades especiais

Durante algum tempo, esteve em voga uma distinção infeliz entre sujeitos com deficiência, porém "educáveis", suscetíveis de instrução escolar e de educação propriamente dita, e aqueles meramente "adestráveis" ou "treináveis". Estes últimos, ainda que considerados ineducáveis, eram vistos como capazes de atingir (mediante procedimentos muitos rudimentares de aprendizagem, ou melhor, de condicionamento) certas destrezas elementares para torná-los menos dependentes dos adultos, dos familiares ou dos profissionais que deles se ocupam.

É uma distinção inaceitável. Toda educação contém, sem dúvida, elementos da ordem do treinamento ou do adestramento, que são aprendidos mediante simples reforço ou condicionamento. Na deficiência mental grave e profunda, esses elementos, que outras crianças costumam adquirir de maneira espontânea, sem ensino formal, devem ser objeto de intenções educacionais explícitas e de atividades pedagógicas metodicamente orientadas. Além disso, passam a um primeiro plano como base necessária de outras aprendizagens superiores. Por mais importantes e básicos que sejam esses adestramentos, por si mesmos e também como fundamento de aprendizagens posteriores, deve-se insistir em que toda pessoa, mesmo aquela afetada por uma deficiência mental profunda, é capaz não apenas de aprender, mas de adquirir a educação propriamente dita. Portanto, é necessário proporcionar às crianças com deficiência mental uma educação que contribua para incrementar seu potencial cognitivo e não apenas o afetivo e o de relação social, e que com isso contribua para configurar a identidade e a maturação pessoal de acordo com as limitações de cada uma.

Atualmente, pode-se considerar como bem consolidada a convicção da educabilidade de todo ser humano, não importa qual ou quais sejam suas deficiências. Apenas se discute eventualmente as melhores condições para levar a cabo sua educação. O princípio da educabilidade deve ser tomado como um desafio, como uma exigência e, ao mesmo tempo, como um horizonte da prática de intervenção. É a partir da firmeza desse critério que se deve perguntar – e também testar, pesquisar, experimentar, visto que não podem ser generalizadas – quais são as circunstâncias que contribuem de modo mais eficaz para a educação desejável e possível. Costuma-se falar desta como educação "especial", habitualmente entendida no passado como escolarização em escolas à parte, segregadas da escola regular.

Não é possível traçar aqui, nem sequer de forma sumária, a história da educação especial segregada ao longo do século XX ou das suas últimas décadas. É imprescindível, porém, dizer que, em face não apenas dessa política escolar, mas também de um conceito da deficiência como carência e déficit do aluno, apenas dele, atualmente maneja-se uma concepção diferente, e não segregacionista, da educação especial. Tal concepção gira em torno da noção de necessidades educativas especiais, um conceito de grande potencial teórico, prático e educativo, que já foi objeto de outros capítulos (ver os Capítulos 1 e 2), e dos quais se destacarão agora algumas das características mais pertinentes para a educação das pessoas com deficiência mental.

Ao se falar de necessidades educativas especiais, não se circunscrevem os indivíduos em um grupo fechado, nem tampouco os rotulam, mas simplesmente se define o fato de uma demanda ou de uma necessidade. Esse fato pode se dar em maior ou menor grau, com qualidades e quantidades diferentes, ao longo de um eixo ou dimensão contínua ou, a rigor, de vários eixos diferentes ao longo dos quais se desenvolvem as necessidades educativas. Por se referir a um contínuo dimensional, e não a categorias classificatórias, o conceito de necessidades educativas especiais é extremamente flexível e tem valor orientador e não discriminatório.

O conceito de necessidades educativas especiais enfatiza não as possíveis – às vezes indubitáveis – limitações e dificuldades de aprender dos alunos, mas sim as demandas que apresentam à escola, aos professores, com relação aos recursos especiais – pessoais, didáticos e materiais – que sua educação requer. Em outras palavras, enfatiza a relação aluno-professor e também a atividade deste último, e não apenas do aluno.

Outros termos e conceitos (como deficiência, incapacidade, diminuição, atraso, etc.) referem-se a qualidades intrínsecas à pessoa, como se tais qualidades não tivessem nada a ver com a consideração social, com as relações do indivíduo com o meio e com as reações do meio diante de tal indivíduo. Em comparação com esses conceitos, o de necessidades educativas especiais tem não somente a vantagem, mas também o rigor e a honestidade de colocar em primeiro plano não um aspecto apenas interno, inerente à pessoa, e sim um fato relacional: uma condição do indivíduo, mas precisamente ligada a alguma coisa no seu entorno, em relação com o ambiente educativo. O conceito não diz tanto sobre o que o aluno é e faz, mas, sobretudo, sobre o que a escola tem de fazer com ele. As demandas e as necessidades educativas especiais têm como correlato a resposta específica da escola. São necessidades que se manifestam não no aluno como tal, mas sim em sua inter-relação com o meio escolar. É por essa razão que tal conceito está associado ao mesmo tempo a uma concepção da aprendizagem como processo construtivo que se desenvolve não apenas de dentro nem apenas de fora, mas da interação do sujeito com o meio.

No marco desse conceito, a principal questão deixa de ser descritiva ou diagnóstica (que alunos apresentam deficiência mental?) e passa a ser estratégica e prática: que resposta educativa é preciso dar? Que estratégias de atuação educativa são necessárias? Que desenvolvimento e quais adaptações curriculares? Quando se adota essa perspectiva prática, justifica-se dar um passo além, o de atender às dificuldades na atividade de ensinar, mais do que nas de aprender. A lógica desse enfoque pede que, em vez de falar de dificuldades dos alunos, ou além disso, fale-se de dificuldades de seu ensino (Fierro, 1997). E também pede que se proponha, se planeje e se desenvolva uma teoria e uma tecnologia didáticas dessas dificuldades de ensinar. Além disso, trata-se de enfocar a atividade educacional não tanto em torno de dificuldades, as de aprender e ensinar, fazendo com que o peso da atenção recaia sobre a dificuldade, mas em torno de um conjunto de práticas e modos de intervenção dirigidos a superá-las. Trata-se de mudar o enfoque, não centrando mais no aspecto negativo das dificuldades, mas sim no positivo dos programas, das práticas, das estratégias didáticas e da educação específica que é preciso oferecer aos alunos.

As dificuldades de aprender e de ensinar, mesmo as muito graves que se apresentam na deficiência profunda, aparecem logo no contexto interativo, prático, de intervenção técnica, não apenas didática ou educativa, mas também psicológica e social, em suma, interdisciplinar. Nesse contexto, compreende-se o atrativo que tem para alguns educadores determinadas noções elaboradas por psicólogos, como a de zona de desenvolvimento proximal, de Vygotsky, a de potencial de aprendizagem, enriquecimento instrumental, aprendizagem mediada (Feuerstein, 1980) e a de inteligência como capacidade de aprender em condições de instrução incompleta (Campione, Brown e Ferrara, 1987).[2] São noções teoricamente esclarecedoras e fecundas na prática, porque ajudam a entender as situações que dão lugar a necessidades educativas especiais. Também ajudam a manejá-las em seu quadro real, que não é – ou não é apenas – o de alguns alunos com dificuldades, mas o de um processo de socialização, de aquisição de destrezas sociais e culturais, de educação e instrução em habilidades básicas, processo que tem suas dificuldades na conexão e na interação de seus dois polos: indivíduo e sociedade, ou aluno e escola.

O desenvolvimento das capacidades e as adaptações curriculares

A educação se define concretamente pelo currículo, que é o conjunto de experiências potencialmente educativas que a escola oferece, ou, em outras palavras, o conjunto das oportunidades de aprender dos alunos. Será que as crianças e os adolescentes com deficiência necessitam de um currículo especial, diferente dos colegas? Há quem defenda isso. Não é possível, na prática, porém, planejar um currículo que, por um lado, seja especial, diferente do comum, mas, por outro lado, comum a todos os alunos com deficiência. Ao contrário, medidas curriculares específicas, além de individuais, são possíveis e necessárias. São as adaptações curriculares.

Uma proposta curricular coerente baseia-se antes de tudo nos processos, nas atividades que ocorrem na escola, e não tanto nos produtos ou nos resultados. De qualquer maneira, deve haver tais resultados; de outro modo, e em última análise, não há educação. De uma perspectiva pessimista das possibilidades educativas das crianças com deficiência, há o temor de que não cheguem a se produzir nelas resultados valiosos. É uma visão que precisa ser descartada. Deve-se julgar o que é valioso e o que não é, em termos de educação, a partir de critérios pertinentes ao que é próprio e específico da condição humana. Por esses critérios, é muito mais relevante o êxito educacional que se produz quando uma criança com um déficit muito profundo consegue comunicar-se e manifestar um desejo, do que quando um estudante universitário conclui com sucesso seu curso.

Por outro lado, um currículo razoável enuncia seus objetivos levando em consideração as capacidades gerais que a educação trata de estabelecer, e não – ou não unicamente – as aprendizagens específicas e os objetos operacionais. A educação se propõe a ampliar a capacidade dos alunos: que eles aprendam não apenas estes ou aqueles conteúdos e habilidades, mas que aumentem a capacidade de fazer coisas por si mesmos e sua capacidade de aprender. Com tal propósito, transcende-se a noção de inteligência como conjunto supostamente fixo de aptidões e, portanto, deixa-se para trás também a noção de deficiência mental como déficit e limitação fixa nessas aptidões. Ao contrário, ressalta-se o desenvolvimento dinâmico das capacidades e o impulso que a educação pode e deve proporcionar a esse desenvolvimento.

Assim, a perspectiva educacional contrapõe-se à perspectiva meramente diagnóstica. O educador necessita da avaliação das capacidades básicas dos alunos, mas, de certo modo, sua tarefa pode ser descrita como uma luta contra as piores previsões dessa mesma avaliação. Falando em termos um pouco simplificadores, mas intuitivos e corretos: o educador trabalha para que o diagnóstico de deficiência grave em uma criança se revele errôneo, e que graças à educação não pareça tão grave, mas apenas moderado; que o diagnóstico de uma deficiência moderada se mostre apenas leve e que a deficiência leve se manifeste simplesmente como dificuldades generalizadas de aprendizagem.

A verdade é que as crianças com deficiência mental têm dificuldades graves, tanto para aprender quanto de caráter geral, e isso sempre requer o ajuste da educação e a adequação do currículo à medida e à necessidade de cada um. Quando as dificuldades não são muito grandes, os ajustes em metodologia, atividades e materiais e os agrupamentos flexíveis são suficientes para responder às necessidades dos alunos. Até aqui, basta adequar o currículo e conduzi-lo a seu último nível de concretização, o individual. Quando as dificuldades são gerais e permanentes, porém, é preciso fazer adaptações mais profundas, com uma variação significativa em relação aos modelos mais comuns de individualização do currículo. Talvez convenha reservar o nome adaptações curriculares para este último caso, para aquelas que são significativas. Entram em tal categoria as que consistem na eliminação de conteúdos escolares e/ou objetivos gerais essenciais nos diferentes âmbitos de aprendizagem e a consequente modificação dos respectivos critérios de avaliação.

A noção e a prática das adaptações curriculares correspondem às necessidades educativas especiais, que exigem da escola medidas educacionais também especiais, complementares quando não extraordinárias.[3] Elas são expressamente reconhecidas nas normas do currículo espanhol vigente. Isso fica totalmente explícito quando se afirma que "poderão ser feitas adaptações curriculares que se afastem significativamente dos conteúdos e dos critérios de avaliação do currículo, dirigidas a alunos com necessidades educativas especiais". A norma assinala que "essas adaptações poderão consistir na adaptação dos objetivos educativos, na eliminação ou inclusão de determinados conteúdos e na consequente modificação dos critérios de avaliação, como também na ampliação das atividades educativas de determinadas áreas curriculares". Por outro lado, indica-se também a finalidade das adaptações curriculares: "tenderão a que os alunos atinjam as capacidades gerais próprias da etapa de acordo com suas possibilidades"; e se estabelece que "serão precedidas, em todo caso, de uma avaliação das necessidades educativas especiais do aluno e de uma proposta curricular específica".

As adaptações curriculares mencionadas devem proceder, por assim dizer, de menos para mais. É preciso começar fazendo adaptações de material e de metodologia didática, de atividades desenvolvidas na sala de aula e de organização de grupos de alunos. No caso de não servirem como resposta suficiente às características diferenciais dos alunos, introduzem-se as modificações relativas ao ritmo de incorporação de novos conteúdos e a sua organização e sequência. Apenas como último recurso, e desde que se assegure que é possível, com a alternativa adotada, contribuir para o desenvolvimento e/ou a aprendizagem das capacidades contempladas nos objetivos da educação em uma etapa, área ou ciclo determinado, justifica-se introduzir mudanças significativas nos elementos do currículo básico.

As adaptações em alunos com deficiência mental têm a ver, antes de tudo, com seus déficits em capacidades de caráter geral e básico. São déficits que podem requerer também recursos especializados: de tecnologia, de código e de comunicação. Em alunos com deficiência, porém, o principal problema não costuma estar nos meios tecnológicos ou em habilidades muito especializadas do educador. Inclusive pode-se dizer que o professor do ensino comum está mais capacitado para a educação de crianças com deficiência do que para crianças com algum déficit sensorial, como a surdez. O problema está na dificuldade de superar um determinado "teto" educacional, não totalmente rígido, mas fortemente fixado por sua limitada capacidade, um teto que, salvo déficit grave, não é tão aparente na educação infantil e nos primeiros anos do ensino fundamental, mas que se torna mais patente à medida que os anos passam e que o aluno ingressa em ciclos/etapas superiores. Na deficiência mental, as dificuldades educativas e as adaptações mudam substancialmente com o nível escolar: pouco visíveis no começo, tornam-se muito mais claras no final do ensino médio.

Integração na escola de todos

A proposta e a prática da integração dos alunos com deficiência surgiu da dupla premissa, por um lado, do princípio de sua educabilidade e, por outro, de uma escola renovada. A integração tem sentido educativo, pois, no marco de uma educação que leva em conta a diversidade, uma escola integrada e integradora, ou inclusiva, como também se diz hoje, nada mais é, em última análise, do que a escola para todos.

Se os alunos com deficiência são educáveis, por que não podem ser educados em condições iguais às de seus colegas da mesma idade ou nas condições mais próximas possíveis? Compreende-se que a escola regular para todos seja um lugar inadequado para eles, quando ela é também inadequada para outros alunos. Porém, uma escola renovada, em que se cultivam as experiências e as oportunidades de aprender, e não a nivelação como uma norma padronizada universal, por que não haveria de ser capaz de oferecer oportunidades também a eles? No contexto de uma escola renovada, capaz de atender à diversidade dos alunos, de assumir suas diferenças, coloca-se obviamente a possibilidade e a conveniência de acolher, dentro dessa diversidade, também aqueles que têm aptidões nitidamente inferiores às da maioria dos colegas.

Por outro lado, a integração educativa admite graus, ou melhor, requer modalidades. A noção e a prática da educação integrada obedecem essencialmente a um projeto aberto, a um princípio, a uma linha diretriz. Sua concretização na realidade passa por diferentes modalidades possíveis da integração ou da inclusão, vinculadas a projetos educacionais e a atividades docentes realmente praticadas nas escolas.[4] A partir das práticas reais e concretas e mediante a avaliação e a comparação de seus resultados, será possível concretizar e modular a aplicação desse princípio e adotar modalidades que se mostrem pedagogicamente eficazes (Hegarty, 1988).

A meta, de todo modo, não é a integração enquanto tal, que não é um valor por si mesma. O valor, o fim, é a educação. A integração nada mais é que um possível – e recomendável – modelo de organização escolar para a educação. A meta, em outras palavras, não é tanto a escola comum quanto o currículo comum. A compreensibilidade, o princípio de uma escola inclusiva afeta não tanto – embora também – o ambiente físico quanto o ambiente educativo, um ambiente definido pelo currículo. Aos alunos com deficiência corresponde não um currículo diferente, mas o mesmo de todos, apenas com adaptações.

Níveis educacionais

A integração de crianças com deficiência mental pode ser feita com todas as suas consequências, sobretudo na educação infantil e nas primeiras séries do ensino fundamental. Assim, é relativamente fácil e até simples, embora se torne crescentemente difícil e complexa à medida que se avança para o ensino médio. Por outro lado, há níveis educacionais, que estão acima das possibilidades dos alunos com deficiência mental em sentido estrito (outra coisa será o aluno com esta ou aquela síndrome habitualmente associada à deficiência: sempre há exceções, por exemplo, como a síndrome de Down, e dificilmente pode-se falar de matérias como esta em termos absolutos).

A educação formal deve começar cedo, desde a educação infantil. Até há pouco tempo, nos anos 1970, costumava-se falar de "atenção" e "estimulação precoce" para as crianças com deficiências ou "com risco". Hoje se fala mais em "educação desde cedo". É significativa a mudança de enfoque: não se trata apenas de atenção ou de estimulação, mas sim de educação propriamente dita; e, além disso, ela não pode em nenhuma hipótese ser considerada precoce, como se ocorresse antes do tempo; é o que a criança necessita desde o primeiro momento.

A educação da criança sempre começa no momento em que ela nasce, quer os pais tenham ou não consciência disso. Na criança que nasce ou se desenvolve com deficiência, é crucial que os pais e os familiares estejam cientes de seu papel de educadores, como também é fundamental que a criança frequente a escola infantil desde cedo. Não que a escola tenha o monopólio da educação, muito menos nestes anos. A maior parte da educação na primeira infância se realiza – e deve realizar-se – na própria família, embora nas crianças com deficiência, dificilmente poderá ser levada a cabo apenas pelos familiares. Muito mais do que outros pais, eles necessitam da orientação e do suporte dos profissionais. A escola infantil tem como finalidade facilitar as experiências e desenvolver ordenadamente as aprendizagens que provavelmente não ocorreriam de modo espontâneo na vida familiar.

A implementação de medidas educacionais especiais apresenta sempre, mas sobretudo nos primeiros anos, um problema que não é pequeno: o de rotular, juntamente com o risco consequente de um prognóstico que se autorrealize pelo mero fato de chegar a ser formulado. Há formas de minimizar esse perigo, e é importante estar atento a isto: a identificação de necessidades especiais não deve ser transformada em rotulação das pessoas; a avaliação não é um diagnóstico, muito menos um prognóstico. Haverá, porém, sempre uma possibilidade de que as medidas especiais adotadas exerçam efeitos secundários, indesejáveis de marginalização. Portanto, é preciso estar alerta diante dessas possíveis consequências. A identificação de um problema ou a detecção da deficiência não deve equivaler à identificação que possa estigmatizar as pessoas. Acima de tudo, é preciso manter o rumo, o sentido da avaliação: esta é realizada com fins educacionais e não de segregação ou de seleção; é uma avaliação que não pode ser separada da intervenção ou da ação educativa.

Com a devida vigilância para que não produza efeitos indesejados, a educação especial durante a infância tem um valor preventivo. Pode contribuir para evitar o que de outro modo seria, quase com toda certeza, um processo não apenas de progressiva marginalização e de retardamento da criança ao longo de sua vida escolar, mas inclusive de involução ou de fixação em formas de comportamento arcaicas. Nas crianças com dificuldades de aprendizagem, ou expostas a elas, não são raros, infelizmente, os processos que têm muito de involução em certo sentido: no de que, com o passar dos anos, pareçam cada vez mais atrasadas, limitadas e deficientes. Tais processos não podem ser atribuídos – ou nem sempre – a uma limitação congênita. Muitas vezes procedem, seguramente, de um acúmulo de desacertos educacionais e de criação; provêm de interações infelizes com o meio – familiar, escolar e social – que não reage adequadamente diante do déficit. A educação especial deve impedir essa possível involução, orientando os processos de desenvolvimento positivo na criança no sentido do desenvolvimento de todas as suas potencialidades, por mais limitadas que sejam.

Nos primeiros anos escolares, as diferenças de desenvolvimento das crianças com deficiência em relação a seus colegas e às suas necessidades educativas especiais ainda não as afastam deles. As possíveis razões que, em níveis superiores, podem aconselhar a formar um grupo à parte, sob a forma de classe de apoio externa, não se aplicam à educação infantil ou às séries iniciais. Nesses períodos, muitas crianças com deficiência podem manter-se plenamente integradas à classe regular durante todo ou quase todo o tempo.

A escolarização desde cedo em crianças com deficiência mental é importante, entre outras coisas, justamente em relação à dificuldade dos pais de pôr em prática, por si sós, todo o programa educativo de que elas necessitam. Portanto, os pais e os familiares não perdem a relevância singular e a responsabilidade educativa que lhes cabe na infância. A cooperação entre professores e pais, sempre necessária na educação, é absolutamente imprescindível na educação especial,[5] e deve se concretizar em um bom entendimento recíproco e em uma ação pactuada. Professores e educadores devem complementar as experiências educativas da família, e a família, por sua vez, deve complementar as experiências escolares. É preciso intercambiar informações acerca do desenvolvimento da criança e devem ser propostos objetivos educativos comuns à escola e à família. É necessário programar não só horários em que os professores tenham a oportunidade de contatos, em grupo ou individuais, com os pais das crianças, como outros momentos em que os pais possam ver seu filho ou sua filha no ambiente escolar e, nessa situação, conversar com os educadores.

A colaboração dos pais torna-se absolutamente crucial quando é preciso desenvolver programas educacionais formulados na escola, mas que só podem ser implementados realmente em casa. É o caso dos programas de instrução, mencionados anteriormente, para a aquisição de habilidades básicas de autonomia: de alimentação, de limpeza e higiene, de vestuário e, de maneira geral, de cuidados pessoais; e também daqueles que procuram ampliar a autonomia na rua, na cidade, e que costumam começar por instruir os adolescentes com deficiência a se deslocarem por si sós, eventualmente de ônibus escolar, entre a casa e a escola.

A integração escolar é mais complexa nas séries finais do ensino fundamental e durante o ensino médio. Chegou-se inclusive a questionar a própria possibilidade de os alunos com deficiência mental atingirem os objetivos próprios de séries em que se espera a aquisição do pensamento abstrato formal. Não sem fundamento, surgiu a pergunta acerca do sentido e do valor de proceder à integração desses alunos em uma etapa cujos objetivos talvez sejam inatingíveis. É uma pergunta que não pode ser contestada em termos simples, e cuja resposta deve ser dada caso a caso. Sem dúvida, ainda que reconhecendo as dificuldades particulares para isso, é importante destacar que muitos dos objetivos do ensino médio podem ser atingidos por adolescentes com deficiência mental leve e mesmo moderada, particularmente nas áreas ou nos âmbitos de educação física e artística, mas também nas humanas, no conhecimento da natureza ou na iniciação a um segundo idioma.

A integração ao longo dos ensinos fundamental e médio terá uma repercussão particular para a futura integração dos jovens com deficiência no trabalho e na sociedade. Além disso, o nexo entre uma e outra lhes proporcionará uma formação profissional adequada, sobretudo em épocas de amplo desemprego juvenil, quando só se consegue uma colocação mediante um trabalho com alguma qualificação. Muitos jovens com deficiência não grave são capazes de obter essa qualificação em ofícios simples. A gama de programas para obtê-la estende-se desde uma formação profissional regulada de grau médio até o que costuma denominar-se aprendizagem de tarefas.

A formação profissional é indispensável para assegurar a passagem da escola para o trabalho e a integração social ao longo da vida adulta. O lugar de um adulto na sociedade é determinado em maior medida por sua função profissional e seu posto de trabalho. Uma instrução profissional no nível mais alto que seja capaz a pessoa com deficiência, como coroação de toda a educação anterior, será a melhor garantia de qualidade de vida e de dignidade pessoal e social em seu futuro.

NOTAS

1. Para mais informações e referências sobre esses temas, ver Forns e Amador (1995).
2. No Capítulo 6, desenvolve-se tal enfoque.
3. O Capítulo 15 desenvolve o significado e o alcance das adaptações curriculares.
4. O Capítulo 2 aborda as condições para uma boa prática integradora.
5. O papel dos pais e suas relações com os professores e com o assessor psicopedagógico são abordados no Capítulo 17.

11 Os alunos com paralisia cerebral e outras alterações motoras

CARMEN BASIL

CARACTERÍSTICAS GERAIS DA PARALISIA CEREBRAL

Definição

O termo paralisia cerebral* costuma ser empregado hoje como uma denominação geral para englobar transtornos muito diversos, que têm em comum o fato de significarem uma alteração ou alguma perda do controle motor causada por uma lesão encefálica ocorrida no período pré-natal ou durante a primeira infância, seja qual for o nível mental da criança lesada. Assim, sob a denominação de alunos com PC, encontram-se crianças com sintomatologias muito diversas e de prognósticos muito variáveis. Podemos encontrar desde crianças com perturbações motoras discretas até crianças cuja alteração motora as impede de fazer praticamente qualquer movimento voluntário; desde crianças com uma inteligência normal ou superior até crianças com uma deficiência mental extremamente grave, com ou sem transtornos sensoriais – de visão, audição, etc. – associados.

A definição de PC mais comumente aceita procede dos países anglo-saxões (Barraquer, Ponces, Corominas e Torras, 1964, p. 7), nos quais se entende como *cerebral palsy*

> a sequela de uma afecção encefálica que se caracteriza primordialmente por um transtorno persistente, mas não invariável, do tônus, da postura e do movimento, que aparece na primeira infância, e não ape-

nas é diretamente associado a essa lesão não evolutiva do encéfalo, como se deve também à influência que tal lesão exerce na maturação neurológica.

O termo PC engloba um conjunto tão amplo de sintomatologias diversas que talvez seja útil delimitar o que é excluído da definição.

Em primeiro lugar, vale assinalar que a PC não é uma doença, mas sim um quadro ou um estado patológico. Nesse sentido, deve-se levar em conta que a PC não pode ser curada em sentido estrito. A lesão como tal, quando existe, é irreversível; contudo, se a atenção, a reabilitação física e a educação da criança forem corretas, é possível obter progressos muito importantes, que a aproximariam de um funcionamento mais normalizado. Não se deve esquecer que as faculdades de substituição e de compensação dos centros cerebrais não lesados são importantíssimas e seriam tanto mais quanto mais precoce fosse a intervenção oportuna. Além disso, o desenvolvimento de suportes técnicos ou de próteses capazes de facilitar, de forma substitutiva ou compensatória, o controle postural, o deslocamento, a comunicação e a linguagem, o trabalho escolar, o controle do ambiente, o trabalho e o lazer de pessoas com afecções neuromotoras de consideração diversa vem experimentando um progresso bastante alentador. Dessa forma, a criança com PC não deve ser considerada como uma criança doente, mas como uma pessoa com características específicas, das quais decorrem necessi-

---

*Daqui em diante, abreviaremos o termo paralisia cerebral com a sigla PC.

dades especiais que pais, amigos, professores e especialistas diversos procuram atender da melhor maneira possível.

Em segundo lugar, o conceito de PC não inclui lesões evolutivas como as que produz um tumor cerebral ou uma doença degenerativa. A definição citada anteriormente refere-se a isso ao falar de "lesão não evolutiva do encéfalo". Deve-se considerar, no entanto, que as consequências da lesão variam ao longo do desenvolvimento da criança. Por um lado, observam-se variações diretamente relacionadas com os aspectos biológicos do calendário maturativo do indivíduo. Assim, por exemplo, a fenomenologia que se descreverá mais adiante como própria do tipo de PC denominada espástica não se manifesta no recém-nascido nem no lactante de 2 meses, já que o substrato de tal fenomenologia reside em uma lesão do sistema piramidal, ou seja, das vias motoras que descem do córtex e regem os movimentos voluntários que, nessa época, não adquiriram um amadurecimento total. Somente a partir dos 3 meses, percebe-se a progressiva espasticidade (hipertonia muscular) e, em alguns casos, paradoxalmente, a criança também passa por um período de flacidez e de diminuição do tônus muscular. Por outro lado, e isso é mais relevante ainda para o clínico e para o educador, uma intervenção eficaz, como já mostramos antes, não apenas pode melhorar bastante a capacidade funcional do indivíduo, como, além disso, a não intervenção pode significar um retrocesso, às vezes dificilmente reversível. Por exemplo, prosseguindo no caso da fenomenologia espástica, se não se trata a criança desde muito pequena, a permanência de atitudes perturbadas, devidas à contração anômala de determinados grupos musculares, pode dar margem a deformações incorrigíveis, primeiro por pseudorretração tendinoso-muscular e, mais tarde, por deformações ósseo-musculares. Quando isso ocorrer, será preciso, além da educação, da reabilitação e da ortopedia, recorrer à intervenção cirúrgica.

O termo PC também não inclui lesões localizadas no sistema nervoso central, mas em estruturas distintas do encéfalo, como a medula espinhal. É o caso de quadros como o da poliomielite ou da espinha bífida. Tampouco inclui os transtornos causados por lesões encefálicas ocorridas depois da primeira infância. O que é característico do quadro denominado PC, diferentemente desses outros, é o fato de que as lesões encefálicas produzidas durante o tempo em que se está constituindo, amadurecendo e se organizando o sistema nervoso central, à parte de suas sequelas diretas (alteração ou perda de funções concretas), produzem sequelas mais generalizadas, devidas à influência da lesão no curso global de maturação neurológica da pessoa.

Vale destacar, como afirma Mas Dalmau (1984), que a PC não é propriamente "paralisia" nem "cerebral", visto que não consiste exatamente na paralisação de certas partes do corpo (e muito menos do "cérebro"), como a denominação poderia sugerir. Consiste em um transtorno motor complexo, que pode incluir aumento ou diminuição do tônus em determinados grupos musculares, alterações da postura ou do equilíbrio, e/ou da coordenação e da precisão dos movimentos. Embora possa haver múltiplos transtornos associados à disfunção motora, muitas vezes as faculdades intelectuais e muitas outras funções regidas pelo cérebro encontram-se intactas.

Classificação da paralisia cerebral

As numerosas formas de PC podem ser classificadas por seus efeitos funcionais e pela topografia corporal. De acordo com os efeitos funcionais, os quadros clínicos mais frequentes são a espasticidade, a atetose e a ataxia, e, como quadros menos frequentes, ocorrem a rigidez e os tremores. Deve-se levar em conta que raras vezes se apresenta em uma criança uma tipologia pura, mas quadros mistos. De acordo com a topografia corporal, pode-se falar de paraplegia, tetraplegia, monoplegia e hemiplegia.

A *espasticidade* se produz como consequência de uma lesão localizada na face piramidal e consiste em um incremento acentuado do tônus muscular. As contrações musculares excessivas são de dois tipos:

1. Contrações musculares que ocorrem no repouso.

2. Contrações musculares que aparecem ou se reforçam com o esforço ou a emoção, isto é, quando a criança se surpreende com um ruído brusco ou uma ameaça, quando lhe perguntam alguma coisa difícil, etc.

Os músculos espásticos obedecem a uma menor excitação, são hiperirritáveis e hipertônicos. As anomalias motoras observadas se devem, além disso, à impossibilidade de pôr em ação, reciprocamente, a contração dos músculos envolvidos em um movimento (agonistas) e o relaxamento de outros (antagonistas), tal como ocorre na realização normal de qualquer movimento, o que acarreta uma reação "em bloco", de todo o corpo, que interfere na execução da ação desejada. Por exemplo, se a criança tenta a flexão de qualquer parte do corpo, como um braço, as pernas, a coluna vertebral, etc., não poderá realizá-la sem flexionar a totalidade do corpo. Tal espasticidade flexora também aparece quando se coloca a criança em decúbito ventral. Se, ao contrário, a criança tenta a extensão de uma parte do corpo, produz-se ao mesmo tempo uma extensão massiva. A espasticidade extensora também aparece quando a criança se encontra em decúbito dorsal. A atitude postural característica da espasticidade é a seguinte:

1. Nos membros inferiores predomina a extensão e a adução, e quando se sustenta a criança levantando-a pelas axilas, ou, eventualmente, quando ela tenta caminhar, produz-se uma atitude de músculos e joelhos em extensão, pés em pontas (equino) e pernas entrecruzadas, em tesoura.
2. Nos membros inferiores, a hipertonia costuma manifestar-se nos flexores, o braço encontra-se em rotação, o cotovelo semiflexionado, o antebraço em pronação, o pulso e os dedos flexionados e o polegar fixado à palma da mão.
3. A mímica do rosto e a articulação também estão alteradas, por isso a linguagem oral costuma ser disártrica e, às vezes, inexistente.

A *atetose* se produz como consequência de uma lesão localizada na face extrapiramidal e consiste em uma dificuldade no controle e na coordenação dos movimentos voluntários. Quando uma criança que sofre de atetose inicia uma ação, desencadeia-se uma série de movimentos que tendem à imobilização, interferindo nela, os movimentos são incontroláveis, extremados e dissimétricos, vão da hiperflexão à hiperextensão. Costuma haver movimentos espasmódicos incontrolados e contínuos nos membros, na cabeça, no rosto e nos músculos envolvidos na fonação, na respiração, na deglutição, etc., que perturbam a vida da criança. Muitas vezes, a criança tenta, inconscientemente, limitar essa agitação que interfere em sua atividade voluntária contraindo os músculos, o que acarreta uma atitude perturbada, que pode chegar a parecer com a dos espásticos. Por outro lado, existem atetoses brandas, caracterizadas por uma hipotonia difusa.

A *ataxia* é uma síndrome cerebelosa na qual o equilíbrio e a precisão dos movimentos estão alterados. Caracteriza-se pela dificuldade de medir a força, a distância e a direção dos movimentos, que costumam ser lentos e entorpecidos e se desviam com facilidade do objetivo perseguido. Ocorre também falta de estabilidade do tronco ao mover os braços, uma desorientação espacial e uma dificuldade de coordenar os movimentos dos braços para assegurar o equilíbrio no andar, que é inseguro, rígido e com quedas frequentes. A ataxia raramente aparece sozinha, mas costuma manifestar-se associada à atetose. Recorde-se que, de maneira geral, as formas mais frequentes de PC são as mistas.

A *rigidez* consiste em uma acentuada hipertonia, tanto dos músculos agonistas como antagonistas, que pode chegar a impedir qualquer movimento; há uma resistência aos movimentos passivos. Os *tremores* consistem em movimentos breves, rápidos, oscilantes e rítmicos, que podem ser constantes ou produzir-se apenas na execução de movimentos voluntários.

Quanto à topografia corporal, a *paraplegia* é a afecção grave das duas pernas; a *tetraplegia*, dos membros superiores e inferiores; a *monoplegia*, de uma extremidade; e a *hemiplegia*, de metade do corpo. Quando a afecção é menos grave, falamos de paraparesia, tetraparesia, monoparesia e hemiparesia, respectivamente.

Outras formas de deficiência motora que podem ser encontradas na escola

A paralisia cerebral é uma das formas de deficiência motora mais frequentes entre a população em idade escolar, mas não é a única. Na escola, podemos encontrar também alunos com outros transtornos (Quadro 11.1), como os traumatismos craniencefálicos, a espinha bífida e as miopatias ou distrofias musculares, entre outros (ver Martín-Caro, 1990).

Os traumatismos craniencefálicos são as lesões do encéfalo produzidas por acidentes de trânsito ou domésticos, quedas em esportes de risco, agressões, etc. As sequelas variam em função da gravidade da lesão, da duração e da profundidade da perda de consciência e podem incluir problemas motores, cognitivos, de linguagem e de personalidade. Em alguns casos, produz-se uma recuperação progressiva das diferentes habilidades, mas, em outros, esta é parcial ou nula, de maneira que podemos nos deparar com uma enorme variedade de necessidades educativas especiais. Os traumatismos craniencefálicos, assim como os traumatismos vertebrais ou os tumores cerebrais, podem ocorrer ao longo de toda a vida e têm maior incidência durante a idade adulta; contudo, lamentavelmente, essa problemática vem crescendo entre a população infantil e juvenil.

A espinha bífida é uma anomalia congênita da coluna vertebral que pode produzir diversos graus de paralisia, perda de sensibilidade cutânea e problemas de circulação do líquido cefalorraquidiano. Em geral, a inteligência não é afetada, mas se ocorre hidrocefalia há o risco de se produzirem afecções cognitivas e de linguagem associadas. As diferentes formas de espinha bífida constituem, junto com a PC, um dos tipos de deficiência motora mais frequentes na infância.

As miopatias ou distrofias musculares caracterizam-se pela progressiva degeneração de diversos grupos musculares com a consequente perda de força. A distrofia de Duchenne afeta 1 em cada 3.000 crianças do sexo masculi-

QUADRO 11.1 Diferentes formas de deficiência motora

DEFICIÊNCIAS MOTORAS AGRUPADAS EM FUNÇÃO DE SUA ORIGEM	
De origem cerebral	Paralisia cerebral Traumatismo craniencefálico Tumores
De origem espinhal	Poliomielite Espinha bífida Lesões medulares degenerativas Traumatismo medular
De origem muscular	Miopatias (isto é, distrofia muscular progressiva de Duchenne, distrofia escapular de Landouzy-Djerine)
De origem ósseo-articulatória	Malformações congênitas (amputações, luxações, artrogripose) Distróficas (condrodistrofia, osteogênese imperfeita) Microbianas (osteomielite aguda, tuberculose ósseo-articular) Reumatismos infantis (reumatismo articular agudo, reumatismo crônico) Lesões ósteo-articulares por desvio do ráquis (cifose, escoliose, lordose)

Fonte: Basil, Soro-Camats e Bolea (1996).

no. Essas crianças nascem com um desenvolvimento motor normal, mas entre 3 e 5 anos começam a aparecer sintomas de debilidade muscular, que se caracterizam por quedas e problemas para subir escadas, correr e saltar. Progressivamente, vão aparecendo dificuldades musculares cada vez mais graves para deslocar-se e manipular objetos, assim como problemas de saúde e de respiração, enquanto que a capacidade intelectual é preservada (Vilaseca, no prelo). A distrofia escapular de Landouzy-Djerine afeta tanto homens como mulheres, é menos grave e costuma iniciar na adolescência.

FATORES ETIOLÓGICOS E IDEIAS SOBRE PREVENÇÃO

Os fatores etiológicos que originam os diferentes transtornos mencionados anteriormente são múltiplos. Assim, a poliomielite, a osteomielite e a tuberculose óssea são de origem microbiana; as miopatias ou distrofias musculares são de origem genética; os traumatismos craniencefálicos são causados por acidentes; e ainda existem diversos transtornos cuja causa é desconhecida, como é o caso da espinha bífida ou dos tumores cerebrais. A lesão cerebral que origina a PC pode obedecer a três grupos de causas: as pré-natais, as perinatais e as pós-natais.

Causas pré-natais

Entre as causas pré-natais destacam-se:

a) As doenças infecciosas da mãe, como a rubéola, o sarampo, a sífilis, a herpes, a hepatite epidêmica, etc., que dão lugar a másformações cerebrais e de outros tipos (oculares, auditivas, cardíacas, etc.) na criança quando a mãe as contrai durante os três primeiros meses de gravidez (período embrionário). Durante o período fetal, se a mãe contrair doenças ou intoxicações intrauterinas e o feto não morrer, pode haver sequelas. Esse pode ser o caso de doenças como a meningite, a toxoplasmose, ou em intoxicações devidas a óxido de carbono, medicamentos, raio X, manobras abortivas mal controladas, etc. Atualmente, existem recursos para prevenir essas doenças e para evitar ou interromper a gravidez em determinadas circunstâncias; por isso, é imprescindível que a mãe se submeta a um controle médico adequado antes e durante a gravidez e que siga com precisão os conselhos que receba, evitando, por exemplo, a automedicação. No caso da rubéola, existe uma vacina segura e efetiva, que deve ser administrada a todas as meninas antes da puberdade. A eficácia de administrar gamaglobulina antirrubéolica à mãe quando se percebem sintomas não é totalmente convincente, mas é aconselhável.

b) As anoxias são distúrbios da oxigenação fetal que causam dano ao cérebro e podem ser devidas à insuficiência cardíaca grave da mãe, à anemia, à hipertensão, à circulação sanguínea deficiente, à incapacidade dos tecidos do feto para captar o oxigênio, etc.

c) As doenças metabólicas congênitas, como a galactosemia (defeito no metabolismo dos hidratos de carbono), a fenilcetonúria (defeito no mecanismo dos aminoácidos), têm efeitos que se manifestam depois do nascimento, quando a criança começa a ingerir determinados alimentos que não pode metabolizar e, consequentemente, acumulam-se substâncias tóxicas que causam lesão em seu cérebro. Por essa razão, a detecção precoce muitas vezes permite prevenir as consequências da doença, prescrevendo à criança um regime alimentar adequado. Portanto, todos os recém-nascidos devem ser submetidos a testes de detecção desse tipo de transtornos.

d) A incompatibilidade de Rh, que se produz em crianças Rh positivas, nascidas de mães Rh negativas previamente sensibilizadas, é também uma das possíveis causas de lesão cerebral. A sensibilização pode ocorrer quando a mãe teve antes outro filho ou aborto Rh positivo ou quando teve outro tipo de contato com sangue Rh positivo, por exemplo, por uma transfusão. Os anticorpos da mãe sensibilizada provocam a destruição dos glóbulos vermelhos da criança, produzindo-se, como consequência, um excesso de bilirrubina (icterícia), que causa dano às células cerebrais. Algumas vezes, a criança morre antes de nascer, mas, outras vezes, a icterícia se desenvolve rapidamente nos primeiros 15 dias de vida, e as crianças que não morrem ficam afetadas. Esses transtornos podem ser prevenidos injetando na mãe anticorpos de mulheres previamente sensibilizadas depois de cada gravidez Rh positivo, o que impede a formação de anticorpos na gravidez seguinte. Às vezes também se evitam os danos cerebrais mediante uma transfusão de sangue do feto ou do bebê.

Causas perinatais

Entre as causas perinatais, destacam-se a anoxia e a asfixia por obstrução do cordão umbilical, ou pela anestesia administrada em quantidade excessiva ou em um momento inoportuno, ou por um parto prolongado demais, ou por uma cesárea secundária, etc; os traumatismos ocorridos durante o parto, às vezes pela utilização de fórceps; as mudanças bruscas de pressão devidas, por exemplo, a uma cesárea. Em alguns casos, a prematuridade ou a hipermaturação também pode trazer complicações que resultam em um dano cerebral.

Causas pós-natais

As causas pós-natais, como já se disse, devem ocorrer durante a maturação do sistema nervoso, aproximadamente durante os três primeiros anos de vida. As que mais se destacam são as infecções, como a meningite ou a encefalite, os traumatismos na cabeça por acidentes graves, os acidentes anestésicos, as desidratações, os transtornos vasculares e as intoxicações, por exemplo, por anidrido carbônico ou por venenos.

O conhecimento dos fatores etiológicos da PC permite uma série de medidas preventivas que, em qualquer caso, devem ser extremadas. Por outro lado, permite definir as crianças "risco". Já se viu que alguns transtornos não se manifestam inicialmente; por isso, as crianças que nasçam em condições que levem a suspeitar da possível existência de risco, devem ser submetidas a uma vigilância extrema ou, inclusive, a uma atenção precoce de caráter preventivo, dada a importância de que o tratamento, quando necessário, possa iniciar-se o mais rápido possível.

À parte a prevenção primária, voltada à diminuição da incidência do transtorno combatendo as causas que o produzem, devem-se contemplar igualmente as medidas de prevenção secundária e terciária. A prevenção secundária tem como objetivo reduzir os efeitos do transtorno quando este já se produziu, reduzindo a gravidade de sua evolução; caracteriza-se pelo conjunto de atividades médicas, educativas e de apoio à família durante os primeiros anos de vida. A prevenção terciária inclui todas as atividades de intervenção e de capacitação que podem se desenvolver ao longo da vida e que serão orientadas para reduzir os efeitos do déficit na vida familiar, escolar ou ocupacional da pessoa, otimizando a relação social, a qualidade de vida e a satisfação pessoal.

NOÇÕES SOBRE O DESENVOLVIMENTO EM CRIANÇAS COM PARALISIA CEREBRAL

Considerações gerais

As crianças afetadas por PC apresentam uma série de alterações no curso de seu desenvolvimento psicológico, derivadas de forma direta ou indireta de seu transtorno neuromotor. A maior parte das habilidades que uma criança adquire ao longo de seu desenvolvimento tem um componente motor. Dessa forma, a possibilidade de andar, manipular, falar, escrever, etc. depende, entre outras coisas, da possibilidade de realizar corretamente determinados movimentos. É óbvio, portanto, que a PC alterará diretamente o desenvolvimento de tais habilidades, de forma que, dependendo da gravidade da lesão, a criança as adquirirá mais tarde e/ou de forma autônoma ou defeituosa ou, inclusive, pode ser que nunca chegue a adquiri-las; de todo modo, necessitará de uma atenção especial por parte de profissionais especializados. Por outro lado, as disfunções motoras afetam todos os aspectos da vida do indivíduo, limitam suas experiências e, portanto, suas possibilidades de aprender, e alteram a forma como as outras pessoas se relacionam com ele. Além do mais, tudo isso influi na forma como a criança percebe a si mesma e o mundo à sua volta. Nesse sentido, pode-se afirmar que a PC também afeta, indiretamente, o curso do desenvolvimento. Todos esses aspectos serão abordados brevemente nos itens seguintes. Antes, porém, é necessário insistir no fato de que as diferenças individuais são enormes e, portanto, qualquer generalização é abusiva.

Desenvolvimento da motricidade e da linguagem

Quanto aos problemas diretamente derivados da lesão cerebral, obviamente ocorrem transtornos no desenvolvimento psicomotor (controle postural, deambulação, manipulação, etc.), de maior ou menor gravidade. Segundo Bobath e Bobath (1976a e b, 1978), a lesão cerebral afeta o desenvolvimento psicomotor da criança em dois sentidos. Em primeiro lugar, a interferência na maturação normal do cérebro acarreta um atraso do desenvolvimento motor. Em segundo lugar, produzem-se alterações nesse desenvolvimento devido à presença de esquemas anormais de atitude e de movimento, já que persistem modalidades reflexas primitivas, estereotipadas ou generalizadas, que a criança é incapaz de inibir.

Também são característicos os transtornos no desenvolvimento da fala e da linguagem. As possibilidades de que ocorram transtornos no desenvolvimento da fala na criança afetada por PC são quase totais; segundo Tardieu (citado em Chevrie, 1972), 75% dos afetados por PC necessitam de uma reeducação ortofônica. As lesões cerebrais produzem quase sempre alterações do aspecto motor-expressivo da linguagem, determinadas por uma perturbação, mais ou menos grave, do controle dos órgãos motores bucofonatórios, que pode afetar a execução (disartria) ou a própria organização do órgão motor (apraxia). As consequências de tais transtornos são variáveis; podem alterar em maior ou menor grau a inteligibilidade da linguagem falada, ou podem inclusive impedi-la por completo. Em muitos casos, esses transtornos motores dos órgãos bucofonatórios afetam outras funções além da fala, como a mastigação, a deglutição, o controle da saliva ou a respiração; contudo, se não ocorrem outros problemas associados, a compreensão da linguagem pode desenvolver-se corretamente. Em algumas situações, menos frequentes, a lesão cerebral pode condicionar transtornos específicos da linguagem, e não apenas do ato motor da fala, como as disfasias, transtornos que, mesmo não estando relacionados com déficits sensoriais (como a surdez) ou cognitivos, podem afetar tanto a expressão como a compreensão da linguagem.

Se a PC está associada a outros transtornos, sensoriais ou intelectuais, o panorama de dificuldades no desenvolvimento da linguagem da criança pode chegar a ser extremamente complexo. Nesses casos, podem-se encontrar desde as dificuldades na aquisição da linguagem provocadas pela surdez até os problemas para a aprendizagem da linguagem devidos a déficits cognitivos, passando pela possível presença de agnosias auditivas que afetam o reconhecimento dos sons da linguagem, etc. De tudo isso, é possível deduzir a necessidade de realizar uma experiência exaustiva dos transtornos no desenvolvimento da linguagem que apresente cada aluno afetado por PC, a fim de chegar a um diagnóstico correto, que nos permita escolher a orientação educativa e terapêutica apropriada a cada caso.[1]

Desenvolvimento cognitivo

Quanto ao desenvolvimento cognitivo, a menos que haja transtornos associados ao atraso mental ou outros, as anomalias ou os atrasos que se possam observar são uma consequência do déficit motor que altera as possíveis experiências da criação em relação ao mundo físico e ao social. Além disso, pode afetar seu sentido de autoeficiência e, consequentemente, sua motivação e sua disposição para a aprendizagem. Não se deve esquecer, no entanto, que entre os alunos afetados por PC se encontra uma porcentagem de crianças com atraso mental mais elevado que entre a população não afetada. No entanto, Dalmau (1984), baseando-se em estatísticas inglesas, afirma que aproximadamente 50% das crianças afetadas por

PC apresentam também atraso mental associado. Segundo o mesmo autor, cerca de 40% dessas crianças apresentam déficits sensitivo-sensoriais, entre os quais são de grande importância aqueles relativos à visão e à audição. Tais déficits, se não detectados e tratados a tempo, costumam produzir atraso escolar mesmo em crianças sem afecção motora; evidentemente, associados a esta, suas consequências sobre o desenvolvimento cognitivo e o progresso escolar serão mais explícitas. Em geral, os transtornos múltiplos que incluam afecção motora, um certo grau de atraso mental e algum tipo de déficit sensorial podem interferir drasticamente no desenvolvimento cognitivo. As crianças com transtornos múltiplos, sem um tratamento e os suportes pedagógicos adequados, podem ter a aparência de um atraso mental profundo, embora não seja o caso.

Mesmo na ausência de déficits intelectuais ou sensoriais associados, são evidentes as dificuldades que uma motricidade mal controlada impõe ao desenvolvimento cognitivo e à aquisição dos mecanismos culturais básicos. As experiências sensório-motoras das crianças são muito limitadas e, seja como for, diferentes daquelas das outras crianças, visto que elas têm dificuldades de manipular, controlar e explorar livremente o ambiente físico em que se encontram imersas. Isso pode constituir um sério impedimento para o desenvolvimento da inteligência sensório-motora e, consequentemente, para o desenvolvimento posterior do raciocínio operatório e formal. Ainda assim, muitas dessas crianças desenvolvem suas capacidades lógicas além do que se poderia esperar estritamente de suas escassas possibilidades de ação eficaz sobre os objetos em idades precoces.

O desenvolvimento cognitivo da criança com PC, além das dificuldades de atuar sobre o mundo físico, pode ser afetado também por seus problemas no desenvolvimento da linguagem (a que já nos referimos). Sem dúvida, a linguagem, além de ser uma forma de comunicação, é uma capacidade instrumental da maior importância para a construção do conhecimento e, portanto, qualquer limitação ou alteração das habilidades linguísticas pode acarretar problemas no desenvolvimento da inteligência. Por outro lado, as alterações motoras interferem na aquisição de muitas outras habilidades, que representam pilares básicos para o intercâmbio cultural e para as práticas instrucionais, como, por exemplo, a habilidade de manejar instrumentos e materiais didáticos diversos, como o lápis para desenhar e escrever, etc.

Embora as crianças com PC manifestem muitas vezes uma capacidade extraordinária de compensação e de substituição com relação ao que se considera como mecanismos essenciais para o desenvolvimento cognitivo, suas limitações para explorar e manipular o ambiente, para falar, para escrever, etc. podem significar em muitos casos que, sem os suportes pedagógicos adequados, esses alunos não consigam efetivar suas potencialidades intelectuais. Os sistemas e os suportes técnicos para a comunicação aumentativa e alternativa, para o deslocamento e para a manipulação, a que se fará referência mais adiante, constituem atualmente um conjunto fundamental para possibilitar a comunicação pré-linguística e linguística desses alunos, e para proporcionar-lhes uma forma alternativa de manipulação do ambiente, de acesso ao currículo escolar e de ocupação do tempo livre. Esses sistemas e técnicas, associados aos recursos metodológicos apropriados – terapêuticos e educativos –, podem garantir um correto desenvolvimento cognitivo nessas crianças, uma boa adaptação e um bom rendimento escolar. Para isso, será preciso também uma mudança de atitudes e a formação adequada das pessoas que devem interagir com a criança nos contextos educativos, tanto terapeutas e professores como familiares e colegas.

Interação social

Além das dificuldades que o déficit motor implica para explorar, manipular e controlar o mundo físico, esse déficit acarreta igualmente uma interação anômala com o mundo social. A motricidade reduzida ou pouco controlada determina uma interação alterada com as pessoas, porque a criança não consegue produzir muitos gestos aos quais o ambiente social atribui, desde o início e ao longo do desenvolvimento, valor comunicativo. Dessa forma, a criança encontra dificuldades para produzir mudanças contingentes no comportamento de outras pessoas no sentido de ganhar e manter sua atenção, obter efeitos sobre o ambiente com a mediação dos outros, transmitir e trocar informações e afetos, etc. O déficit de comunicação acarreta limitações tanto para o desenvolvimento cognitivo da criança como para o seu desenvolvimento social e da personalidade. A falta de controle sobre os objetos, os acontecimentos e as pessoas do ambiente, de que padece a criança com PC, pode representar, além de menores oportunidades para a aprendizagem, uma aprendizagem ativa de falta de sincronia entre suas respostas e as consequências sobre o ambiente (Basil, 1985, 1988a e b, 1992). Essa aprendizagem ativa pode comportar uma série de distorções motivacionais, cognitivas e emocionais na linha dos déficits que alguns autores atribuem ao fenômeno da indefensabilidade aprendida (Seligman, 1975) ou à falta de expectativas de autoeficiência (Bandura, 1982).

A experiência repetida de fracasso em conseguir resultados consistentes sobre o ambiente causa frustração e limita a motivação para empreender e perseverar no esforço pessoal que qualquer atividade requer. Se ao fracasso se associa a superproteção por parte dos outros, a falha motivacional pode agravar-se. Segundo Bandura (1982), a autopercepção da eficácia influi nos padrões de pensamento, nas ações e na emotividade. A falta de habilidade para influir sobre os acontecimentos e sobre as condições sociais que afetam a vida da pessoa pode levar à interrupção das tentativas de atuar, porque duvida seriamente que possa fazer aquilo que se requer dela, ou porque acha que seus esforços não produzirão os resultados desejados sobre um ambiente que considera alheio. Vale destacar que, além disso, a falta de percepção de eficiência pode afetar tanto a criança como as pessoas à sua volta, que podem ter aprendido que seus esforços são inúteis para conseguir uma interação adequada com a criança com afecções motoras. A influência humana, ainda segundo Bandura, seja individual ou coletiva, opera de forma recíproca e não unidirecional, de modo que os obstáculos internos criados por percepções de ineficiência coletiva são mais desmoralizadores e autodebilitantes da perspectiva da conduta que os impedimentos externos.

Por outro lado, se a criança se depara frequentemente com situações que não pode resolver, isso pode afetar sua disposição para a aprendizagem de estratégias cognitivas. O'Brien (1967) realizou uma experiência com crianças sobre a disposição para a aprendizagem de estratégias cognitivas, depois de terem sido submetidas a uma contingência de falta de controle consistente na exposição a problemas insolúveis. Com tal experiência, demonstrou que as crianças submetidas à vivência de problemas insolúveis demoravam mais a aprender posteriormente as estratégias cognitivas que permitiam a solução de diversos problemas que lhes eram apresentados. O autor concluiu que a aquisição de estratégias cognitivas de ordem superior necessárias, por exemplo, para o êxito acadêmico, podem ser seriamente atrasadas pela aprendizagem de que as respostas não levam à solução, o que pode ser considerado uma forma de indefensabilidade aprendida. Baseando-se nisso, Seligman (1975) afirma que a inteligência não poderá se manifestar se a criança acredita que suas ações não terão efeito, e que, portanto, o rendimento escolar e o QI podem diminuir em razão da indefensabilidade aprendida.

Quanto às consequências emocionais, os teóricos da indefensabilidade aprendida acreditam que a emoção que acompanha esse estado é a depressão (Seligman, 1975). Evidenciou-se, porém, que nos homens as consequências emocionais da experiência de incompetência apresentam grandes diferenças individuais, que dependem fundamentalmente do tipo de atribuições que o indivíduo faça com respeito à falta de controle que experimenta (Abramson, Garber e Seligman, 1980). Em todo caso, como norma geral, vale assinalar que o que produz autoestima e sentido de competência e protege contra a depressão não é apenas a qualidade absoluta da experiência, mas sim a percepção de que são as ações da pessoa que controlam essa experiência (Seligman, 1975).

Pelo que foi exposto, é evidente a necessidade de medidas cujo objetivo seja o de fazer com que as crianças com PC percebam os próprios êxitos como resultado de sua habilidade e competência, e não da benevolência dos outros. Para isso, será preciso assessorar as pessoas, a fim de que restrinjam sua tendência à superproteção e aprendam a colocar para a criança os níveis de exigência que se adaptem às suas habilidades reais e às suas potencialidades de aprendizagem. Também será preciso convencê-las de que a criança é realmente capaz de responder a seus requerimentos e de que elas mesmas contam com os recursos apropriados para conseguir um intercâmbio comunicativo eficaz com a pessoa afetada. Além disso, deve-se proporcionar, desde muito cedo, melhores recursos de ação (isto é, suportes técnicos para o deslocamento, o jogo e a comunicação) às crianças com deficiência motora (Soro-Camats e Basil, 1997). Em suma, o trabalho terapêutico e educativo deverá potencializar ao máximo as expectativas de melhora, tanto na criança como nas pessoas que interagem com ela habitualmente.

ALGUNS ASPECTOS SOBRE A EDUCAÇÃO DO ALUNO COM PARALISIA CEREBRAL

Considerações gerais

A PC inclui quadros muito diversos, por isso, é evidente que tais alunos, além de compartilhar as necessidades educativas de todas as demais crianças, podem apresentar uma infinidade de necessidades educativas especiais. Assim, falar da educação do aluno com PC é tão amplo quanto falar de educação. Por esse motivo, no presente item, serão abordados alguns dos aspectos psicopedagógicos mais específicos, sem nenhuma pretensão de serem exaustivos. Resumiremos algumas técnicas e metodologias educacionais com o objetivo de mostrá-las e, sobretudo, de oferecer algumas referências bibliográficas que permitam ao leitor interessado o acesso a um conhecimento mais amplo sobre elas.

Como ideias gerais, vale destacar que a educação do aluno com PC terá de ser sempre um trabalho de equipe, na qual o professor atue em estreita colaboração com outros profissionais, entre os quais encontraremos quase sempre o fisioterapeuta e o logopedista. Muitas vezes, também farão parte da equipe o terapeuta ocupacional, o psicólogo e o médico reabilitador ou outros especialistas. Além disso, tratando-se de alunos com PC, será ainda mais necessário do que em outros casos que o trabalho psicopedagógico seja realizado em estreita colaboração com os pais e outras pessoas chegadas à criança.

Também se deve considerar que, atualmente, se encontram alguns alunos com PC integrados em escolas regulares e outros em escolas de educação especial, sejam ou não específicas para alunos com transtornos motores. As escolas regulares deveriam estar capacitadas para atender às necessidades educativas especiais dos alunos com PC e, nesse caso, frequentar uma escola de ensino comum apresenta vantagens de todo tipo para esses alunos e também para seus colegas. Se a escola regular não pode garantir ao aluno com PC a atenção especial de que, sem dúvida, necessita, frequentar uma boa escola especializada pode ser uma solução aceitável.

Uma última consideração sobre o enfoque educacional refere-se à necessidade de não perder de vista o objetivo último, que é garantir à criança com deficiência motora o desenvolvimento máximo de suas capacidades para poder ter uma vida de relação e um aproveitamento de seu tempo de trabalho e de lazer o mais rica, adaptada e feliz possível. Muitas vezes, as necessidades educativas especiais desses alunos fazem com que se perca de vista esse objetivo global e estes têm uma sobrecarga, com seções e tratamentos específicos. Puyuelo e Sanz (1983) falam a respeito de uma certa "síndrome de *Superman*", pelo fato de se verem obrigados a um esforço sobre-humano para a superação de suas dificuldades. Segundo esses autores, é frequente encontrar crianças, mesmo muito pequenas, com uma agenda tão carregada de seções de logopedia, fisioterapia, terapia ocupacional, etc., que não têm tempo para brincar, passear ou mesmo descansar, ou crianças cujos jogos são todos "didáticos" e que não têm brinquedos mais simples e lúdicos. Um bom trabalho de equipe, em que os diversos profissionais envolvidos comentem e discutam seus objetivos e seus planos, pode ajudar a superar um enfoque fragmentado para conseguir o equilíbrio necessário entre os aspectos específicos de aquisição e reabilitação de atividades concretas e os aspectos mais globais de independência, integração e vida social.

A logopedia

Devido à heterogeneidade dos problemas de linguagem que o aluno com PC pode apresentar, todas as técnicas logopédicas conhecidas podem ser aplicáveis, em um determinado momento, a uma criança concreta, e se exigirá a habilidade do terapeuta ou do educador para selecionar e combinar os procedimentos mais adequados em cada caso. Além disso, desenvolveram-se técnicas específicas de logopedia para as crianças com PC ou outros transtornos que impliquem alterações nos aspectos motores da fala (Bustos, 1980; Bobath e Kong, 1976; Puyuelo, Póo, Basil e LeMétayer, 1996; Tardieu e Chevrie, 1978, 1979). As técnicas de logopedia incluem tanto a intervenção sobre a linguagem oral como a comunicação aumentativa e alternativa, que será objeto de discussão no próximo item. A intervenção sobre a linguagem oral deve contemplar uma diversidade de conteúdos, entre os quais incluem-se os seguintes:

1. Relaxamento global, inibição de reflexos, controle de posições e movimentos globais do corpo.
2. Tratamentos dos transtornos dos órgãos da alimentação: controle da deglutição, da mastigação e da saliva.
3. Tratamento dos transtornos motores da fala: controle da respiração e da voz, movimentos bucoarticulatórios e produção dos fonemas.
4. Desenvolvimento da expressão e da compreensão da linguagem: aquisição de vocabulário, desenvolvimento morfossintático e desenvolvimento de habilidades pragmáticas (interação, comunicação, conversa, etc.).

O Bobath (Bobath e Kong, 1976; Crickmay, 1977; Muller, 1979) é um dos métodos que contemplam essa diversidade de conteúdos. Baseia-se na ideia de que para efetuar os movimentos adequados, por exemplo falar, é necessário normalizar o tônus muscular da criança, primeiro de forma passiva com técnicas especiais de manipulações e posturas inibidoras de reflexos, para que mais adiante ela seja capaz de inibir por si mesma a atividade reflexa anormal. A etapa seguinte do tratamento consiste em facilitar os movimentos normais automáticos de todo o corpo (reações fundamentais de direcionamento e equilíbrio). O logopedista, para reeducar a fala e a linguagem na criança com PC, deve ser capaz de fazê-la controlar essas posições e esses movimentos globais, que envolvem a cabeça, o pescoço e as cinturas escapular e pélvica, momentos antes e durante as seções de trabalho. Sem tal requisito, considera-se que a terapêutica será ineficaz. Isso implica a necessidade de um estreito trabalho de equipe entre o logopedista e o fisioterapeuta.

A reabilitação da fala e da linguagem propriamente dita realiza-se em três níveis intimamente relacionados:

1. A reeducação dos transtornos dos órgãos da alimentação, que incluem o controle da mandíbula, da sucção, da deglutição, da mastigação e da saliva, para a alimentação com mamadeira, com colher e para a bebida.
2. A reeducação dos transtornos motores da fala, que inclui a reeducação da respiração e dos movimentos bucoarticulatórios, assim como a facilitação dos fonemas.

3. A reeducação do vocábulo e da semântica, que inclui tanto a expressão como a compreensão da linguagem.

A técnica de Bobath é fundamentalmente global, ou seja, nela se dá muita importância à inter-relação entre os diversos aspectos incluídos no tratamento, entre a motricidade global e a específica, entre a alimentação e a locução, etc. Além disso, propõe que o tratamento direto dos transtornos da linguagem e da fala na criança, por parte de pessoal especializado, comece o mais cedo possível. Simultaneamente, recomenda-se um assessoramento aos pais, de modo que possam contribuir para o desenvolvimento da linguagem da criança com suas práticas educativas familiares envolvidas nas atividades de alimentação e na comunicação.

OS SISTEMAS AUMENTATIVOS E ALTERNATIVOS PARA A COMUNICAÇÃO E O ACESSO AO CURRÍCULO ESCOLAR

Os sistemas aumentativos e alternativos de comunicação são todos aqueles recursos, naturais ou desenvolvidos com fins educacionais e terapêuticos, que envolvem mecanismos de expressão distintos da palavra articulada. Em alguns casos, as mensagens são transmitidas em forma de fala, mediante mecanismos de voz sintetizada, mas quase sempre consistem em gestos ou sinais manuais ou gráficos, sejam pictóricos ou textos. Os sistemas assistidos ou "com ajuda", nos quais a expressão se realiza mediante um suporte técnico ou uma prótese, são os que se aplicam mais comumente a pessoas com afecções motoras, visto que elas costumam ter dificuldades em produzir sinais manuais. O sistema de comunicação aumentativo escolhido para cada pessoa caracteriza-se por dois elementos principais:

1. O conjunto de sinais ou formas de representar a realidade e as regras funcionais e combinatórias que permitem organizá-los para que constituam um sistema expressivo.
2. O mecanismo físico, o suporte técnico ou a forma de transmitir as mensagens. Grande parte do trabalho interdisciplinar nesse campo consistiu em desenvolver uma ampla gama de sistemas de sinais, que se adaptam a pessoas com diferentes níveis de desenvolvimento cognitivo (de acordo com a idade e/ou o nível intelectual), e uma grande variedade de técnicas e instrumentos para selecionar e transmitir tais sinais, que se adaptam aos diversos graus de afecção motora.

Pode-se resumir a variedade de sistemas de sinais para a comunicação aumentativa e alternativa em cinco grandes grupos:[2]

1. Sistemas baseados em elementos muito representativos, como objetos, miniaturas, fotografias ou desenhos fotográficos, que a criança pode indicar com fins comunicativos.
2. Sistemas baseados em desenhos lineares (pictogramas), fáceis de reproduzir e de utilizar com suportes técnicos, e que, como os anteriores, permitem um nível de comunicação telegráfica e concreta. Um dos sistemas pictográficos mais usados na Espanha é o sistema SPC (Mayer Johnson, 1981, 1985, 1989, 1992).
3. Sistemas que combinam sinais pictográficos, ideográficos e arbitrários, permitindo a criação de sinais complexos a partir dos mais simples sobre bases lógico-conceituais ou fonéticas. Esses sistemas possibilitam um desenvolvimento morfossintático mais complexo e uma maior criatividade expressiva. O exemplo mais representativo é o sistema Bliss (Hehner, 1980; McDonald, 1980; Such, 1988).
4. Sistemas baseados na ortografia tradicional. Em muitos casos, os suportes técnicos para a comunicação utilizam os sinais característicos do

idioma escrito (letras, sílabas, palavras e frases).

5. Linguagens codificadas. Existem suportes técnicos que permitem a entrada através de códigos como o Braille ou o Morse, podendo dispor de saídas diversas, como texto em escrita tradicional e/ou Braille, voz sintetizada, etc.

Os suportes técnicos, por sua vez, podem ser muito simples, como os tabuleiros de comunicação ou os sinalizadores mecânicos (ver Figuras 11.1 e 11.2), ou podem ser mais complexos, alguns deles incluindo tecnologia microeletrônica (ver Figuras 11.3, 11.4, 11.5 e 11.6). Para que realmente facilitem a autonomia pessoal, os suportes técnicos devem ter três características principais:

1. Em primeiro lugar, a resposta motora necessária para o manejo de suporte técnico deve adaptar-se às possibilidades do usuário. Em alguns casos, este poderá selecionar as mensagens diretamente, apertando teclas ou indicando casas com as próprias mãos ou valendo-se de sinalizadores ou de adaptações simples. Em outros casos, para que o aluno muito afetado possa manipular o suporte técnico, a resposta requerida terá de ser mínima. Poderá ser a ação (pressão ou contato) sobre um teclado simples através de um, dois ou alguns movimentos realizados com a parte do corpo que o usuário possa controlar melhor, seja a mão, o cotovelo, a cabeça, o pé, etc. Também existem interruptores que respondem a um sopro, a um som, a um franzimento de sobrancelhas, à rotação do globo ocular, etc. Atualmente, por mais comprometida que esteja a motricidade de uma pessoa, sempre será possível encontrar um suporte técnico que possa adaptar-se à sua condição e com o qual possa produzir (ou eventualmente aprender a produzir), se tiver capacidade suficiente, qualquer tipo de texto ou desenvolver outras atividades, como a ampla variedade que permite o *software* informático (ver Figura 11.3). Evidentemente, quando o acesso ao suporte técnico se realiza através de interruptores simples, os sinais devem ser selecionados por um sistema de busca ou através de um código, como o Morse ou outros. Em qualquer caso, o comprometimento motor não condiciona, nem deve condicionar, a complexidade das tarefas

FIGURA 11.1 Tabuleiro de comunicação no qual a criança indica pictogramas do sistema SPC para se comunicar. Fonte: Mayer Johnson (1981). Procedência: Centro NADIS de Barcelona.

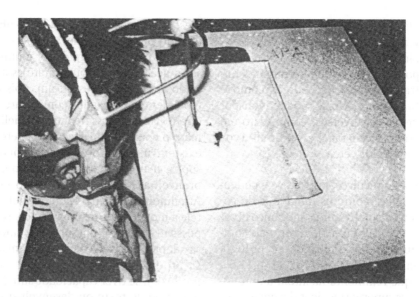

FIGURA 11.2 Sinalizador mecânico, em forma de cabeçal com licorne, que a criança utiliza para desenvolver uma tarefa de discriminação "dentro-fora". Procedência: Centro NADIS de Barcelona.

que o aluno é capaz de realizar mediante um suporte técnico.

2. Em segundo lugar, os suportes técnicos devem permitir diversas opções de saída, para facilitar, à pessoa afetada, a comunicação, o jogo, o estudo, o controle do ambiente ou inclusive a formação e a ocupação profissional. Às vezes, no entanto, é mais prático que o aluno disponha de mais de um suporte técnico, em vez de um único muito complexo. Nos instrumentos um pouco sofisticados, os sinais ou textos podem ser oferecidos na tela, em papel impresso ou em voz sintetizada. Além disso, podem ser utilizados programas de ensino, para que a criança possa adquirir as diversas habilidades acadêmicas, leitura, escrita, cálculo e outras matérias do currículo (ver Figura 11.4), ou programas de jogos. Também podem ser conectados para o controle dos elementos do ambiente, como os brinquedos, a cadeira de rodas, o rádio, a televisão, o telefone, etc. Além dos suportes técnicos específicos, há a possibilidade de adaptar os computadores pessoais para que sejam acessíveis às pessoas com dificuldades motoras (ver Figuras 11.3 e 11.5). Este último apresenta um interesse particular, visto que os computadores pessoais adaptados constituirão suportes técnicos multifuncionais e flexíveis, e porque, além de servir ao aluno com deficiência motora para suprir algumas das funções que não pode realizar como os outros, por exemplo falar, este aluno desejará e poderá utilizá-lo também com os mesmo fins que qualquer outra pessoa.

3. A terceira característica que os suportes técnicos devem cumprir para facilitar a autonomia é que sejam resistentes e portáteis (ver Figura 11.6), de modo que possam ser utilizados a todo momento e em qualquer lugar. Isso é muito importante se levarmos em conta que, para a pessoa com afecções motoras graves, o suporte técnico converte-se em sua voz e em sua forma de realizar praticamente todas as atividades de relação, de estudo, de trabalho e de lazer. Um requisito imprescindível para um suporte eletrônico portátil é que funcione com baterias recarregáveis. Por outro lado, deve-se levar em conta que a tecnologia às vezes falha. Portanto, qualquer pessoa que utiliza um sistema eletrônico deve dispor ao mesmo tempo de um suporte técnico básico, como um tabuleiro de comunicação, para não ficar sem nenhum meio de expressão quando sua prótese eletrônica se avariar.

Os progressos da tecnologia abriram possibilidades inimagináveis para as pessoas com

FIGURA 11.3 Computador pessoal com *software* projetado para tarefas escolares. Procedência: Centro NADIS de Barcelona.

deficiência motora. Não se deve esquecer, porém, que o fato de proporcionar ao aluno um suporte técnico que se adapte à sua condição motora e um sistema de sinais que se adapte a seu nível cognitivo e linguístico é apenas uma parte do processo global de reabilitação e educação, sendo, em todo caso, um meio e não um fim em si mesmo. A terapia da fala deverá prosseguir quando se considerar que existe um potencial mínimo para o futuro desenvolvimento total ou parcial da linguagem oral funcional. Também se deve levar em conta que os suportes técnicos proporcionam um mecanismo físico que permite a comunicação, mas não dotam automaticamente a pessoa de habilidades comunicativas e linguísticas necessárias para a interação. Por isso, a aplicação de um sistema aumentativo de comunicação deve ser sempre acompanhada das técnicas de ensino apropriadas e de medidas específicas de intervenção no ambiente natural dos usuários.

O jogo intensivo e a comunicação total

Alguns alunos com PC podem apresentar um atraso mental profundo associado e/ou transtornos múltiplos de certa expressão que comportem graves dificuldades para desenvolver a intencionalidade comunicativa. Já se comentou a utilidade de alguns suportes técnicos para a comunicação, programados especialmente com esse fim, para facilitar o controle do meio nessas crianças e, consequentemente, a possibilidade de que aprendam relações de contingência entre suas ações e determinadas consequências sobre o meio, o que é um requisito indispensável para o desenvolvimento da intenção de ação. Esses suportes técnicos produzem resultados concretos e gratificantes para respostas muito simples da criança, como pressionar um interruptor, resultados que costumam consistir em música, cores e desenhos em uma tela ou no movimento de um brinquedo (trem, carrinho, boneco, etc.). Além disso, existem técnicas específicas para o desenvolvimento da comunicação para crianças que se encontram em etapas muito iniciais do desenvolvimento. Um exemplo são os programas de jogo intensivo e os procedimentos de comunicação total.

Bradke, Kirpatnick e Rosenblatt (1972) sugeriram a necessidade de um programa para a aquisição de "comunicação socioafetiva positiva" em crianças que carecem por completo de gestos que possam ser interpretados como

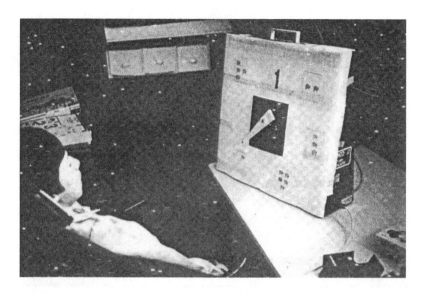

FIGURA 11.4 Mostrador de relógio acionável com interruptores simples, que a criança utiliza em uma tarefa de cálculo. Procedência: Centro L'Espiga de Vilafranca del Penedés.

sinais comunicativos e chamaram seu sistema de "jogo intensivo". Posteriormente, foram desenvolvidos programas similares que, conforme sejam orientados para crianças que, mesmo compartilhando um déficit de comunicação muito grave, diferem em outros aspectos, como seu nível de desenvolvimento psicomotor, seu tamanho e sua força física, ou a presença ou a ausência de déficits sensoriais, etc. (Bell, 1975; Kent, 1983; Stillman, Aylmer e Vandivort, 1983). Em todos os casos, pretende-se conseguir uma aceitação maior, por parte da criança, do contato, das carícias e do jogo físico e, a partir daqui, propiciar a produção de gestos de emancipação e, eventualmente, de sinais comunicativos. A técnica básica consiste em envolver a criança em rotinas prolongadas de jogo físico, mais relaxante ou mais estimulante conforme os casos, mas sempre organizado em situações e sequências de atividade muito fixas. Desse modo, quando a criança se familiarizar, poderá facilmente antecipar as contingências de ação compartilhada. O jogo se repete até que se consiga uma boa aceitação e as atividades sejam gratificantes para a criança. A partir daqui, o adulto começa a introduzir pausas no jogo intensivo para facilitar a ocorrência de gestos antecipatórios, aos quais o adulto responderá de forma apropriada e sistemática,

deixando-se guiar pela criança. Com isso, pode-se conseguir que tais gestos se tornem mais frequentes e sistemáticos, convertendo-se, eventualmente, em sinais comunicativos. À medida que se obtêm progressos no jogo intensivo, começa o envolvimento dos pais, assim como a extensão do sistema a outras esferas de experiências compartilhadas, como comer, tomar banho, vestir-se, etc.

Schaeffer, Musil e Kolinzas (1980) recomendam o procedimento de usar algum gesto já adquirido pela criança para convertê-lo em um sinal manual ou gráfico mais convencional, como ponto de partida de seu programa de Comunicação Total (ver também Tamarit, 1988). Esse programa sugere a necessidade de enfatizar os aspectos expressivos da comunicação mais do que os aspectos compreensivos, como método inicial para o tratamento das crianças com problemas de comunicação muito graves. Também recomendam adaptar os primeiros sinais, em vez de apoiar-se excessivamente na imitação, para facilitar a espontaneidade e a aprendizagem da função propriamente comunicativa dos sinais adquiridos. Com este programa, pretende-se ensinar diversas funções comunicativas, de complexidade crescente, percorrendo as seguintes etapas:

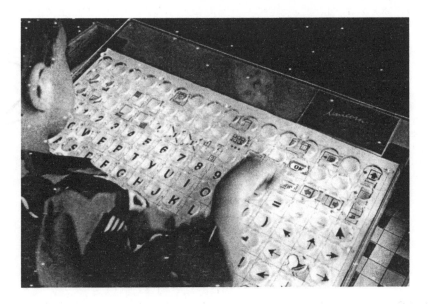

FIGURA 11.5 Teclado de conceitos para computador. Procedência: Unidad de Técnicas Aumentativas de Comunicación de la Generalitat de Catalunya.

a) converter um gesto pré-linguístico em um sinal não vocal convencional;
b) passar, quando possível, do sinal não vocal ao sinal não vocal mais palavra; e
c) passar do sinal não vocal mais palavra para apenas a palavra. Ao longo de todo o processo, o educador sempre se dirige à criança falando e fazendo sinais ao mesmo tempo.

A fisioterapia e a habilitação da postura, da manipulação e do deslocamento

A maior parte dos alunos com deficiência motora necessita da intervenção de um especialista em fisioterapia, encarregado da avaliação e da reabilitação física mediante técnicas específicas, voltadas para o desenvolvimento de padrões posturais e motores normais, a inibição de reflexos, a prevenção de contraturas e a otimização das capacidades corporais em geral. A técnica de Bobath (Bobath e Kong, 1976), que se descreveu para a intervenção logopédica, é também um método de fisioterapia, entre outros, muito usado na Espanha.

A intervenção fisioterapêutica não pode se limitar às seções de intervenção individualizada, mas deve tornar-se extensiva a todas as atividades funcionais relacionadas com o deslocamento, a autonomia pessoal, o trabalho, o jogo, o desporte e a participação comunitária. Por isso, é imprescindível a colaboração do fisioterapeuta com os demais profissionais da equipe psicopedagógica (professores, logopedistas, terapeutas ocupacionais, psicopedagogos, etc.) e também com a família.

A equipe interdisciplinar que atende o aluno com deficiência motora deve garantir, além disso, que este disporá das adaptações do espaço e do mobiliário, como também dos suportes técnicos para o controle postural, para o deslocamento e para a manipulação necessários à sua participação ativa nos diversos ambientes – familiares, escolares e extraescolares.[3]

A supressão de barreiras arquitetônicas e no transporte para ter acesso à escola e dentro dela é um dos aspectos essenciais a se levar em conta. As barreiras arquitetônicas ainda hoje são um impedimento importante para que muitos alunos com deficiência motora possam integrar-se nas escolas regulares. Entre as adaptações de que pode necessitar um prédio esco-

FIGURA 11.6 Comunicador com saída de voz que pode ser usado tocando os sinais de cada casa ou por um procedimento de busca com um interruptor simples. Procedência: Centro L'Espiga de Vilafranca del Penedés.

lar para tornar-se acessível estão as rampas e os elevadores, corrimãos nas paredes da sala de aula, nos corredores, nas escadas ou no pátio, adaptações nos trincos das portas e adequação dos banheiros.

Outra questão importante é que o aluno possa manter o tempo todo um controle postural adequado, que garanta seu bom estado físico e lhe facilite o acesso às diferentes tarefas que deve realizar. Os alunos com deficiência motora necessitam mudar de postura com frequência ao longo do dia; por isso, além das adaptações necessárias da mesa e da cadeira para uma correta sustentação, necessitarão de instrumental para poderem permanecer em outras posições, como bipedestadores para manter-se em posição vertical ou berços para ficarem deitados de boca para baixo enquanto descansam ou manipulam objetos.

A mobilidade é outra questão fundamental. Todos os alunos com deficiência motora deveriam dispor de suportes técnicos apropriados para se deslocarem à vontade na mesma idade que as outras crianças. Para isso, pode-se contar com patinetes ou berços com rodas que facilitem o rastejar, com andadores ou com toda a ampla gama de carrinhos, bicicletas ou cadeiras de rodas manuais ou com motor, que possam ser acionadas por meio de comandos de diferentes tipos.

É preciso, finalmente, promover todo tipo de adaptações do material e dos utensílios para as atividades da vida diária e dos brinquedos. Pode-se pensar em adaptações simples, como cabos especiais para os lápis e os talheres, as superfícies antideslizantes para colocar os papéis, os jogos ou o prato, os atris, os velcros, etc. Deve-se contar também com adaptações mais complexas, que permitam o acesso ao computador e, em alguns casos, com aparelhos eletrônicos para o controle do ambiente (como passadores de páginas e outros).

CONCLUSÃO

O educador de um aluno com PC ou outro tipo de deficiência motora deve considerar que tem diante de si, sobretudo, um aluno a quem deve ajudar, assim como a todos os outros, a aproveitar ao máximo suas potencialidades de desenvolvimento, de modo a viver a vida o mais independente, rica e feliz possível. As necessidades especiais desses alunos devem ser vistas mais como um desafio do que como um obstáculo. Como um estímulo para aproveitar todas as oportunidades de formação permanente, para analisar cuidadosamente e melhorar a cada dia as estratégias de interação educativa utilizadas, e para refletir continuamente sobre a pertinência dos objetivos propostos e dos meios escolhidos para alcançá-los. Sem dúvida, essa necessidade de autoanálise das próprias práticas psicopedagógicas que impõe a educação de uma criança com PC ajudará o professor a tornar-se um bom professor, não apenas para esse aluno, mas para todos os demais. Essa é uma constante, que se observa em muitos outros âmbitos. Por exemplo, onde se suprimiram as barreiras arquitetônicas não é raro observar as vantagens decorrentes, não apenas para as pessoas com deficiência, mas para o público em geral. Assim, é comum observar como os rebaixamentos das guias das calçadas, para que sejam mais acessíveis às pessoas que usam cadeira de rodas, são escolhidos também pelas pessoas que transitam com um carrinho de bebê ou com um carrinho de compras, ou como estas e outras pessoas escolhem uma rampa e não uma escada quando existe tal opção. Do mesmo modo, muitas das inovações que se introduziram no *hardware* e nos programas informáticos para se tornarem mais acessíveis a pessoas com transtornos motores ou com déficits sensoriais também contribuíram para que esses instrumentos sejam mais úteis e cômodos para todos os demais usuários. Realmente, o fato de dedicar a devida atenção e o devido respeito às minorias, quaisquer que sejam suas necessidades especiais, redunda na construção de um mundo mais adaptado e benéfico para todas as pessoas que nele vivem.

NOTAS

1. Para uma revisão mais exaustiva dos problemas de linguagem e de fala, podem-se consultar os trabalhos de Perelló (1977); Perelló, Ponces e Tresserra (1973); Puyelo (1982), e Puyelo, Póo, Basil e LeMétayer (1996).
2. Nos manuais de Basil, Soro-Camats e Rosell (no prelo); Basil e Puig de la Bellacasa (1988); Basil e Ruiz (1985); Blackstone (1986); Rosell e colaboradores (1996); e Von Tetzchner e Martinsen (1993), entre outros, encontram-se descrições detalhadas dos diversos sistemas de sinais e suportes técnicos existentes, assim como múltiplas descrições de estratégias de intervenção e de análise de casos.
3. Na obra de Garcia e colaboradores (1990), encontram-se múltiplas ideias e ilustrações sobre adaptações do prédio, do mobiliário e do material escolar, tornando-os acessíveis aos alunos com deficiência motora.

12 O autismo e os transtornos globais do desenvolvimento

ÁNGEL RIVIÈRE

A EVOLUÇÃO HISTÓRICA DA ATENÇÃO EDUCATIVA AOS ALUNOS COM AUTISMO E TRANSTORNOS PROFUNDOS DO DESENVOLVIMENTO

Desde sua definição por Kanner, em 1943, o autismo apresentou-se como um mundo distante, estranho e cheio de enigmas. Os enigmas referem-se, por um lado, ao próprio conceito de autismo e às causas, às explicações e às soluções para esse trágico desvio do desenvolvimento humano normal. Apesar da enorme quantidade de pesquisas realizadas durante mais de meio século, o autismo continua ocultando sua origem e grande parte de sua natureza, apresentando desafios à intervenção educativa e terapêutica. Por outro lado, quando temos oportunidade de nos relacionar com a pessoa que apresenta esse estranho transtorno qualitativo do desenvolvimento, sentimos vivências de opacidade, imprevisibilidade, impotência e fascinação difíceis de descrever e que acentuam ainda mais – dessa vez na interação concreta e não apenas no terreno conceitual – o caráter enigmático do autismo. Paradoxalmente, tais impressões nos oferecem uma via para poder penetrar no mistério do autismo, se percebemos que as relações humanas normalmente são *recíprocas*. Não seriam essas sensações respostas nossas *às impressões que nós mesmos produzimos na pessoa autista*? Se consideramos seriamente essa ideia, chegamos a uma primeira definição do autismo, muito mais profunda e justificada pela pesquisa do que parece à primeira vista: *é autista aquela pessoa para a qual as outras pessoas são opacas e imprevisíveis, aquela pessoa que vive como ausentes – mentalmente ausentes – as pessoas presentes, e que, por tudo isso, se sente incompetente para regular e controlar sua conduta por meio da comunicação.*

O autismo nos fascina porque supõe um desafio para algumas de nossas motivações mais fundamentais como seres humanos. As necessidades de compreender os outros, compartilhar mundos mentais e de nos relacionarmos são muito próprias de nossa espécie, exigem-nos de um modo quase compulsivo. Por isso, o isolamento desconectado das crianças autistas é tão estranho e fascinante para nós como seria o fato de um corpo inerte, contra as leis da gravidade e de nossos esquemas cognitivos prévios, começar a voar pelos ares em nosso quarto. Há algo na conduta autista que parece ir contra as "leis da gravidade entre as mentes", contra as forças que atraem as mentes humanas para outras. Uma trágica solidão fascinante que, como destacou de modo penetrante Uta Frith (1991, p. 35), "não tem nada a ver com estar apenas fisicamente, mas com estar mentalmente".

A impressão de fascinação expressou-se desde a origem do autismo como síndrome bem-definida: uma origem que se situa em um artigo muito importante de um psiquiatra austríaco radicado nos Estados Unidos, o doutor Leo Kanner. Seu artigo sobre "Os transtornos autistas do contato afetivo" (1943) começava com estas palavras: "Desde 1938, chamaram-nos a atenção várias crianças cujo quadro difere tanto e tão peculiarmente de qualquer outro tipo conhecido até o momento que cada caso merece – e espero que venha a receber com o tempo – uma consideração detalhada de suas peculiaridades fascinantes". Em que consistiam essas "peculiaridades fascinantes"? Kanner descreveu-as de modo tão penetrante e preciso que sua definição do autismo é, em essência, a que se continua empregando atualmente.

Depois de descrever de modo detalhado os casos de onze crianças, Kanner comentava suas características especiais reincidentes que se referiam principalmente a três aspectos:

1. *As relações sociais*. – Para Kanner, o traço fundamental da síndrome de autismo era "a incapacidade para relacionar-se normalmente com as pessoas e as situações" (1943, p. 20), sobre a qual fazia a seguinte reflexão: "Desde o início há uma extrema solidão autista, algo que na medida do possível desconsidera, ignora ou impede a entrada de tudo o que chega à criança de fora. O contato físico direto e os movimentos ou os ruídos que ameaçam romper a solidão são tratados como se não estivessem ali, ou, não bastasse isso, são sentidos dolorosamente como uma interferência penosa".

2. *A comunicação e a linguagem*. – Kanner destacava também um amplo conjunto de deficiências e alterações na comunicação e na linguagem das crianças autistas, às quais dedicou um artigo monográfico, em 1946, intitulado "Linguagem irrelevante metafórica no autismo infantil precoce". Tanto nesse artigo como no de 1943, assinala-se a ausência de linguagem em algumas crianças autistas, seu uso estranho nas que a possuem, como se fosse "uma ferramenta para receber ou transmitir mensagens significativas" (1943, p. 21), e definem-se alterações como a ecolalia (tendência a repetir emissões ouvidas, em vez de criá-las espontaneamente), a tendência a compreender as emissões de forma mais literal, a inversão de pronomes pessoais, a falta de atenção à linguagem, a aparência de surdez em algum momento do desenvolvimento e a falta de relevância das emissões.

3. *A "insistência em não variar o ambiente"*. – A terceira característica era a inflexibilidade, a rígida aderência a rotinas e a insistência das crianças autistas na igualdade. Kanner (1943, p. 22) comentava até que ponto se reduz drasticamente a gama de atividades espontâneas no autismo e como a conduta da criança "é governada por um desejo ansiosamente obsessivo por manter a igualdade, que ninguém, a não ser a própria criança, pode romper em raras ocasiões". De modo perspicaz, relacionava tal característica com outra própria do autismo: a incapacidade de perceber ou de conceituar totalidades coerentes e a tendência a representar as realidades de forma fragmentária e parcial.

Poucos meses depois de Kanner publicar seu influente artigo sobre o autismo, outro médico vienense, o doutor Hans Asperger, tornou públicos os casos de várias crianças com "psicopatia autista", vistas e atendidas no Departamento de Pedagogia Terapêutica (Heipadagogische Abteilung) da Clínica Pediátrica Universitária de Viena. Parece claro que Asperger não conhecia o artigo de Kanner e que "descobriu" o autismo de modo independente. Publicou suas próprias observações em um artigo de 1944, intitulado "A psicopatia autista na infância", em que destacava as mesmas características assinaladas por Kanner: "O transtorno fundamental dos autistas – dizia Asperger – é a limitação de suas relações sociais. Toda a personalidade dessas crianças é determinada por tais limitações" (p. 77). Além disso, Asperger assinalava as estranhas pautas expressivas e comunicativas dos autistas, as anomalias prosódicas e pragmáticas de sua linguagem (sua melodia peculiar ou falta dela, seu emprego muito restrito como instrumento de comunicação), a limitação, a compulsividade e o caráter obsessivo de seus pensamentos e ações e a tendência dos autistas a guiar-se exclusivamente por impulsos internos, alheios às condições do meio.

Apesar dessas semelhanças, havia algumas diferenças entre o enfoque do artigo de Kanner e a perspectiva do de Asperger. Interessa-nos destacar aqui uma delas: Kanner, em 1943, não se preocupou com a educação, mas Asperger sim. Os interesses educativos de Asperger, porém, não foram dominantes nos primeiros 20 anos de estudo e tratamento do autismo infantil. Isso se deve a duas razões principais:

1. O artigo de Asperger era praticamente desconhecido fora dos círculos restritos de língua alemã e somente em 1991 esse artigo foi traduzido para o inglês.
2. No primeiro momento da pesquisa do autismo, predominaram concepções dinâmicas, muito matizadas de equívocos e mitos, que não facilitavam um enfoque educacional coerente do autismo. Vale a pena comentar brevemente esse segundo aspecto, diferenciando três momentos principais de estudo do autismo: o primeiro estendeu-se de 1943 a 1963, ocupando os primeiros 20 anos de estudo da síndrome; o segundo abarcou as duas décadas seguintes, de 1963 a 1983; o terceiro perfilou-se nos últimos 10 ou 15 anos, quando foram feitas descobertas muito importantes sobre o autismo e se definiram novos enfoques para sua explicação e seu tratamento.

O PRIMEIRO MOMENTO DO ESTUDO DO AUTISMO, 1943-1963

O autismo é um transtorno emocional, produzido por fatores emocionais ou afetivos inadequados na relação da criança com as figuras de criação. Tais fatores dão lugar a que a personalidade da criança não possa constituir-se ou que se transtorne. Desse modo, mães e/ou pais incapazes de proporcionar o afeto necessário para a criação produzem uma alteração grave do desenvolvimento de crianças que teriam sido potencialmente normais e que seguramente possuem uma inteligência muito melhor do que parece, mas que não podem expressar por sua perturbação emocional e de relação. O emprego de uma terapia dinâmica de estabelecimento de laços emocionais saudáveis é a melhor maneira de ajudar as crianças autistas.

O parágrafo anterior contém toda uma série de ideias que hoje consideramos essencialmente falsas, mas que foram muito influentes nos primeiros 20 anos de estudo do autismo e deixaram uma longa esteira de mitos que persistem até hoje na "visão popular" da síndrome. Em primeiro lugar, é duvidoso que o autismo seja *essencialmente* um transtorno emocional. Além disso, não se demonstrou em absoluto que os pais sejam responsáveis pela trágica alteração de seus filhos e sim que estes apresentam alterações biológicas que podem estar relacionadas com a origem do transtorno, acompanhado de atraso mental em muitos casos. Finalmente, as terapias dinâmicas não demonstraram com clareza sua utilidade no tratamento do autismo. Ao contrário, aceita-se de forma quase universal que o tratamento mais eficaz do autismo de que dispomos atualmente é a educação.

O segundo momento: 1963-1983

Na primeira metade dos anos 1960, um conjunto de fatores contribuiu para mudar não só a imagem científica do autismo como também o tratamento dado ao transtorno. A hipótese dos pais culpados foi abandonada à medida que se demonstrava sua falta de justificativa empírica e se encontravam os primeiros indícios claros de associação do autismo com transtornos neurobiológicos. Esse processo coincidiu com a formulação de modelos explicativos do autismo que se baseavam na hipótese de que existe algum tipo de alteração *cognitiva* (mais do que afetiva) que explica as dificuldades de relação, linguagem, comunicação e flexibilidade mental. Embora nesses anos não se tenha conseguido descobrir a chave de tal alteração cognitiva, os novos modelos do autismo basearam-se em pesquisas empíricas, rigorosas e controladas mais do que – como antes – na mera especulação e na descrição de casos clínicos.

Nos anos 1960, 1970 e 1980, a educação converteu-se no tratamento principal do autismo. Nisso, influíram principalmente dois tipos de fatores:

1. O desenvolvimento de procedimentos de modificação de conduta para ajudar as pessoas autistas a se desenvolverem.

2. A criação de escolas dedicadas especificamente ao autismo, patrocinadas sobretudo por associações de pais e familiares de autistas.

O enfoque atual do autismo

Nos últimos anos, ocorreram mudanças importantes, que nos permitem definir uma terceira etapa no enfoque do autismo.

A mudança principal no *enfoque geral do autismo* consiste em sua consideração de uma perspectiva evolutiva, como um transtorno do desenvolvimento. Se o autismo supõe um desvio qualitativo importante da evolução normal, é preciso compreender tal desenvolvimento para entender em profundidade o que é o autismo. Este, por sua vez, de modo paradoxal, nos ajuda a explicar melhor o desenvolvimento humano, porque torna patentes certas funções que se produzem nele, capacidades que costumam passar despercebidas, apesar de sua enorme importância, e que se manifestam no autismo precisamente por sua ausência. Não é estranho, então, que o autismo tenha se convertido nos últimos anos em um tema central de pesquisa em psicologia evolutiva e não apenas em psicopatologia; nem que, nas definições diagnósticas, a consideração tradicional do autismo como "psicose infantil" tenha sido substituída por seu enquadramento como "transtorno global do desenvolvimento". Também não é de se estranhar que a revista científica mais difundida sobre o autismo, que no início se chamava *Journal of Autism and Childhood Schizophrenia*, passasse a se chamar, em 1978, *Journal of Autism and Developmental Disorders*.

Além disso, ocorreram nos últimos anos mudanças importantes nas *explicações do autismo*: tanto no aspecto psicológico como no neurobiológico substituíram-se os modelos relativamente inespecíficos dos anos 1960 e 1970 por teorias rigorosas e muito fundamentadas em dados. Por exemplo, em 1985, Baron-Cohen, Leslie e Frith, três pesquisadores do Medical Research Council de Londres, descobriram uma incapacidade específica dos autistas para "atribuir mente" e formularam um modelo que foi muito fértil, segundo o qual o autismo consistiria em um transtorno específico de uma capacidade humana muito importante a que se denomina "teoria da mente". E no plano neurobiológico, os estudos de genética, pesquisa neuroquímica, exploração citológica, neuroimagem, eletrofisiologia, etc. permitiram descobrir alterações que nos aproximam cada vez mais da descoberta das possíveis causas do autismo.

Nos *procedimentos para tratar o autismo* também houve mudanças importantes. Em uma caracterização muito rápida, podemos dizer que, nos últimos anos, a educação caracterizou-se por um estilo mais pragmático e natural, mais integrador e menos "artificioso" que nos anos anteriores, mais centrado na comunicação como núcleo essencial do desenvolvimento, mais respeitoso com os recursos e as capacidades das pessoas autistas. De forma complementar, a pesquisa farmacológica permitiu o desenvolvimento de substâncias eficazes para tratar algumas alterações associadas ao autismo em alguns casos.

Novos temas de interesse

O exemplo mais significativo é o dos adultos autistas. À medida que se acumularam conhecimentos e experiências sobre o autismo, tornou-se evidente a necessidade, tanto teórica como prática, de considerar o transtorno da perspectiva do ciclo vital completo e não apenas como uma alteração "da criança". Atualmente, tanto na Espanha como em outros países da Europa, existe uma defasagem importante entre os recursos destinados às crianças autistas e os que se dedicam aos adultos. Enquanto as administrações educativas e os profissionais da educação tornaram-se relativamente conscientes das necessidades específicas das primeiras, os adultos autistas ainda não contam com os recursos mínimos para um atendimento adequado. Devemos levar em conta que a maioria das pessoas autistas requer atenção, supervisão e apoio durante toda a vida. Atualmente não se "cura" o autismo, embora possa haver uma melhora muito significativa, graças, sobretudo, ao trabalho paciente da educação.

Em que consiste, então, esse estranho e fascinante desvio do desenvolvimento que produz consequências para toda a vida? Como se define atualmente o autismo? Dedicaremos o próximo item a oferecer uma visão descritiva suficientemente precisa, tanto do autismo como de outros transtornos do desenvolvimento que estão de algum modo relacionados a ele. A precisão e a clareza dessa descrição nos serão muito úteis em seguida, quando enfrentaremos o problema da explicação de alguns enigmas do autismo e o desafio prático de definir procedimentos educacionais para ajudar as pessoas autistas.

DEFINIÇÃO DE AUTISMO E DE TRANSTORNOS GLOBAIS DO DESENVOLVIMENTO

A definição do autismo oferecida por Kanner em 1943 continua vigente ainda hoje, com seus três núcleos de transtornos:

a) qualitativo da relação;
b) alterações da comunicação e da linguagem; e
c) falta de flexibilidade mental e comportamental.

Essas são as três dimensões que se incluem nas definições diagnósticas mais empregadas: o DSM-IV da Associação Americana de Psiquiatria (American Psychiatric Association – *APA*, 1994) e o CID-10 da Organização Mundial de Saúde (OMS, 1993). Tais classificações não devem ser utilizadas como fundamentos rígidos do diagnóstico clínico, que sempre deve basear-se em uma observação rigorosa das condutas da criança e em uma interpretação fina de seu significado.

A classificação mais utilizada, o DSM-IV, diferencia entre o transtorno autista – que equivale à síndrome de Kanner – e o transtorno de Asperger – a síndrome de Asperger. O primeiro associa-se, em 75% dos casos, ao atraso mental. O segundo, que se diferencia principalmente porque não implica limitações ou alterações *formais* da linguagem (mas sim outras alterações pragmáticas e prosódicas), é acompanhado de quocientes intelectuais na gama normal. Além dessas síndromes, incluem-se outras nos transtornos globais do desenvolvimento: o transtorno de Rett (ou síndrome de Rett), o transtorno desintegrador da infância e os transtornos globais do desenvolvimento (daqui em diante, TGD) "não especificados", que incluem o conceito ambíguo de "autismo atípico".

O transtorno autista

No Quadro 2.1, apresenta-se um esquema de definição do autismo, transtorno autista, oferecido pelo DSM-IV. Incluem-se no esquema apenas as características aceitas como universais e específicas do autismo. Raramente são as *únicas*. "As pessoas com transtorno autista – assinala o DSM-IV – podem manifestar uma ampla gama de sintomas comportamentais, na qual se incluem hiperatividade, âmbitos atencionais muito breves, impulsividade, agressividade, condutas autolesivas e, particularmente nas crianças, acessos de raiva. Pode haver respostas estranhas a estímulos sensoriais. Por exemplo, patamares elevados à dor, hipersensibilidade aos sons ou ao serem tocadas, reações exageradas a luzes e odores, fascinação por certos estímulos" (APA, 1994, p. 67-68). Também alterações na conduta alimentar e no sono, mudanças inexplicáveis de estados de ânimo, falta de resposta a perigos reais e, no extremo oposto, intenso temor motivado por estímulos que não são perigosos. Esses traços são frequentes, mas não são critérios necessários para diagnosticar o autismo.

A definição do DSM-IV que se oferece no quadro é uma tentativa de dar objetividade a um campo particularmente subjetivo, como o do diagnóstico clínico em psicopatologia. Contribui para que os professores falem a mesma linguagem e para que as pesquisas se baseiem em diagnósticos compartilhados.

O transtorno de Asperger

Um problema ainda sem solução na literatura sobre o autismo (ver Frith, 1991) é o de se a "psicopatia autista" de que falava Hans Asperger deve ou não ser diferenciada do quadro clássico de autismo de Kanner. Para alguns pesquisadores, as pessoas com síndrome de Asperger são pessoas autistas com nível intelectual e linguístico elevado, mas não existe uma diferença qualitativa em relação aos mais atrasados ou graves. Para outros, a síndrome de Asperger deve ser distinguida qualitativamente do transtorno autista. Esta é a opção adotada pela classificação DSM-IV, ao distinguir os dois quadros, e será também a alternativa que seguiremos aqui, mas não vamos adotar a definição DSM-IV da síndrome de Asperger que, para esse autor, apresenta algumas insuficiências sérias (por exemplo, afirma que nas pessoas com Asperger "não existe um atraso no desenvolvimento da linguagem"). No entanto, se há desenvolvimento, o que ocorre é que essa linguagem, sempre adquirida de forma tardia e anômala, acaba sendo formalmente correta ou inclusive "correta e formal demais".

Na realidade, as principais diferenças entre o transtorno de Asperger e o transtorno autista clássico de Kanner são duas:

1. As crianças e os adultos com síndrome de Asperger – insistimos – não apresentam deficiências estruturais em sua linguagem. Inclusive podem ter capacidades linguísticas formais extraordinárias em alguns casos. Sua linguagem pode ser "superficialmente" corretíssima, pedante, com formulações sintaticamente muito complexas e um vocabulário que chega a ser impróprio por seu excessivo rebuscamento. A linguagem das pessoas com síndrome de Asperger, porém, é estranha: tem limitações pragmáticas, como instrumento de comunicação, e prosódicas, em sua melodia (ou falta dela), que chamam a atenção.
2. As crianças e os adultos com síndrome de Asperger têm capacidades normais de "inteligência impessoal fria", e frequentemente extraordinária em campos restritos.

O transtorno de Rett

Dentre os transtornos globais do desenvolvimento, a síndrome de Rett (chamada de transtorno de Rett na classificação do DSM-IV) situa-se no extremo da síndrome de Asperger. Com isso, queremos dizer que se trata de um transtorno sempre acompanhado de um nível grave ou profundo de atraso mental. Trata-se de uma alteração evolutiva que ocorre sempre após um período de 5 ou 6 meses de evolução normal no começo da vida e que se acredita (embora haja alguma discussão a respeito) que se dá apenas em meninas (por envolver mutação genética em cromossomo X, que daria lugar à inviabilidade dos embriões masculinos). Manifesta-se pela ausência de atividade funcional com as mãos, dedicadas de forma repetitiva a estereótipos de "lavar" ou "retorcer", isolamento, atraso importante no desenvolvimento da capacidade de andar (com ambulação rígida e pouco coordenada, quando se adquire, e posteriormente sua perda na adolescência), perda de capacidade de relação, ausência de competências simbólicas e de linguagem, microcefalia progressiva (pois a cabeça cresce em ritmo menor que o resto do corpo), alteração de padrões respiratórios, com hiperventilação e hipoventilação frequentes, ausência de relação com objetos e prognóstico pobre a longo prazo.

As meninas com síndrome de Rett apresentam um padrão tão claro e homogêneo de transtorno e atrasos do desenvolvimento que seu diagnóstico diferencial em relação ao autismo de Kanner (inclusive nos casos em que este é acompanhado de atraso mental grave) não costuma ser excessivamente difícil. Não se pode dizer o mesmo de outros transtornos do desenvolvimento a que se refere o DSM-IV: o transtorno desintegrador da infância e o "autismo atípico", cuja distinção do "autismo típico" (relativamente raro, dada a grande heterogeneidade dos quadros de autismo) pode ser realmente muito sutil.

O transtorno desintegrador da infância

O transtorno desintegrador da infância é um quadro pouco conhecido e que implica uma perda de funções e capacidades previamente adquiridas pela criança (isto é, uma clara regressão). Para diagnosticar tal transtorno, a perda tem de ocorrer depois dos 2 anos e antes dos 10, e tem de estabelecer-se com garantias de que antes da regressão havia um desenvolvimento claramente normal de competências de linguagem, comunicação não verbal, jogo, relações sociais e condutas adaptativas. O critério diagnóstico básico é que deve haver perdas pelo menos em duas destas cinco áreas:

1. Linguagem expressiva e receptiva.
2. Competências sociais e adaptativas.
3. Controle de esfíncteres vesicais e/ou anais.
4. Jogo.
5. Destrezas motoras.

Assim como o autismo, o TD (que antes recebia nomes como síndrome de Heller e psicose regressiva) define-se por:

a) alterações qualitativas das capacidades de relação e comunicação;
b) pautas restritivas e estereotipadas de conduta e atividade mental. Frequentemente, esse quadro (muito pouco estudado) tem um caráter mais cíclico e mutável que o autismo, oferece uma imagem de instabilidade emocional mais extrema e inexplicável e não se descarta que – diferentemente do que ocorre no autismo – seja acompanhado de fenômenos semelhantes às alucinações e aos delírios da esquizofrenia.

Os TGD sem outra especificação

O DSM-IV reconhece finalmente um último "tipo" de transtorno do desenvolvimento, cuja aceitação é, por si mesma, uma demons-

---

QUADRO 12.1 Critérios diagnósticos básicos DSM-IV do transtorno autista

A. Para que se dê um diagnóstico de autismo, devem cumprir-se seis ou mais manifestações do conjunto de transtornos: (1) da relação, (2) da comunicação e (3) da flexibilidade. Cumprindo-se no mínimo dois elementos de (1), um de (2) e um de (3).
  1. Transtorno qualitativo da relação, expressado no mínimo em duas das seguintes manifestações:
      a. Transtorno importante em muitas condutas de relação não verbal, como o olhar nos olhos, a expressão facial, as posturas corporais e os gestos para regular a interação social.
      b. Incapacidade para desenvolver relações com iguais adequadas ao nível evolutivo.
      c. Ausência de condutas espontâneas voltadas a compartilhar prazeres, interesses ou êxitos com outras pessoas (por exemplo, de condutas de apontar ou mostrar objetos de interesse).
      d. Falta de reciprocidade social ou emocional.
  2. Transtornos qualitativos da comunicação, expressados no mínimo em uma das seguintes manifestações:
      a. Atraso ou ausência completa de desenvolvimento da linguagem oral (que não se procura compensar com meios alternativos de comunicação, como os gestos ou a mímica).
      b. Em pessoas com fala adequada, transtorno importante na capacidade de iniciar ou de manter conversas.
      c. Emprego estereotipado ou repetitivo da fala ou uso de uma fala idiossincrática.
      d. Falta de um jogo de ficção espontâneo e variado, ou de jogo de imitação social adequado ao nível evolutivo.
  3. Padrões de conduta, interesse ou atividade restritivos, repetidos e estereotipados, expressados no mínimo em uma das seguintes manifestações:
      a. Preocupação excessiva com um foco de interesse (ou vários) restrito e estereotipado, anormal por sua intensidade ou por seu conteúdo.
      b. Adesão aparentemente inflexível a rotinas ou rituais específicos e não funcionais.
      c. Estereotipias motoras repetitivas (por exemplo, sacudir as mãos, retorcer os dedos, movimentos complexos de todo o corpo, etc.).
      d. Preocupação persistente com partes de objetos.
B. Antes dos 3 anos, devem ocorrer atrasos ou alterações em uma destas três áreas: (1) interação social, (2) emprego comunicativo da linguagem ou (3) jogo simbólico.
C. O transtorno não é melhor explicado por uma síndrome de Rett ou por um transtorno desintegrador da infância.

tração de que ainda não contamos com uma definição suficientemente precisa e rigorosa destes transtornos. Trata-se dos TGD "sem outra especificação"; aqueles em que falta clareza suficiente para decidir-se por um dos quadros a que nos referimos até aqui ou os sintomas de autismo se apresentam de forma incompleta. Nessa categoria (que deve ser evitada por ser uma colcha de retalhos), inclui-se o conceito peculiar de "autismo atípico".

A enumeração descritiva de sintomas dos transtornos globais do desenvolvimento ainda deixa no ar muitos problemas, por três razões principais:

1. A fronteira entre os quadros que descrevemos são frequentemente muito imprecisas. Há crianças tipicamente kannerianas, aspergianas ou com transtorno desintegrador, mas na realidade muitas são "atípicas" ou se situam nos limites difusos entre esses transtornos.
2. Muitos desvios e deficiências do desenvolvimento, que não se incluem nos descritos, são acompanhados de sintomas autistas.
3. Existe uma grande heterogeneidade de pessoas autistas: o autismo é muito diferente, dependendo de fatores como a idade, o nível intelectual da pessoa que padece dele e a gravidade de seu quadro.

Para esclarecer tais afirmações, devemos nos referir ao importante conceito de "espectro autista", que nos permitirá estabelecer uma categorização mais precisa e, sobretudo, mais explicativa das pessoas que, ao longo do desenvolvimento, apresentam sintomas autistas.

O espectro autista e suas dimensões

O conceito de espectro autista pode nos ajudar a compreender que, quando falamos de autismo e de outros transtornos globais, empregamos termos comuns para pessoas muito diferentes. O rótulo "autismo" parece remeter a um conjunto bastante heterogêneo de individualidades, cujos níveis evolutivos, necessidades educativas e terapêuticas e perspectivas vitais são bastante diferentes.

A ideia de considerar o autismo como um "contínuo", mais do que como uma categoria que defina um modo de "ser", ajuda-nos a compreender que, apesar das importantes diferenças que existem entre diferentes pessoas, todas elas apresentam alterações, em maior ou menor grau, em uma série de aspectos ou "dimensões", cuja afecção se produz sempre nos casos de transtorno profundo do desenvolvimento. A natureza e a expressão concreta das alterações, que as pessoas com espectro autista apresentam nessas "dimensões sempre alteradas", dependem de seis fatores principais:

1. A associação ou não do autismo com atraso mental mais ou menos grave.
2. A gravidade do transtorno que apresentam.
3. A idade – o momento evolutivo – da pessoa autista.
4. O sexo: o transtorno autista afeta com menos frequência, porém com maior gravidade de alteração, as mulheres do que os homens.
5. A adequação e a eficiência dos tratamentos utilizados e das experiências de aprendizagem.
6. O compromisso e o apoio da família.

Os *sintomas específicos* que as pessoas com autismo apresentam ou os traços autistas associados a outros quadros dependem desses seis fatores, alguns dos quais não são independentes entre si, mas que não podem ser reduzidos completamente uns aos outros.

A ideia de um "espectro autista" teve sua origem em uma pesquisa realizada por Lorna Wing e Judith Gould (1979), cujo objetivo era conhecer o número e as características de crianças e jovens menores de 15 anos que apresentavam algum tipo de deficiência importante nas capacidades de relação social. O resultado dessa pesquisa foi a descoberta de que a prevalência de déficits sociais graves era mais de quatro vezes superior ao do transtorno autista, e também que em todas as crianças com esses déficits concorriam os principais sintomas do espectro autista: transtornos da relação, das capacidades de ficção e de jogo simbólico, das capacidades linguísticas e comunicativas e da flexibilidade mental e comportamental. A presença desses traços era tanto mais provável quanto menor era o QI das crianças estudadas.

Há um resultado da pesquisa de Wing e Gould (1979) que tem enormes consequências práticas: os traços do espectro autista não se produzem apenas em pessoas com transtorno global do desenvolvimento, mas em outras cujo desenvolvimento é afetado por diferentes causas: atrasos de origem metabólica ou genética, epilepsias da primeira infância que são acompanhadas de atraso mental (como a síndrome de West), alterações associadas a quadros de incapacidade sensorial, etc. Tal observação tem uma importância muito grande, pois as alterações sintomáticas são as que definem essencialmente as estratégias de tratamento, mais do que os rótulos psiquiátricos, neurobiológicos e psicológicos com que se definem os quadros.

Lorna Wing (1988) diferenciou quatro principais dimensões de variação do espectro autista:

1. Transtorno nas capacidades de reconhecimento social.
2. Nas capacidades de comunicação social.
3. Nas destrezas de imaginação e compreensão social.
4. Nos padrões repetitivos de atividade. Refere-se também a outras funções psicológicas, como a linguagem, a resposta a estímulos sensoriais, a coordenação motora e as capacidades cognitivas.

Pela importância do conceito de espectro autista, desenvolveu-se um conjunto mais amplo de doze dimensões que se alternam sistematicamente nos quadros de autismo e em todos aqueles que envolvem espectro autista. Para cada dimensão, estabeleceram-se quatro níveis: o primeiro é o que caracteriza as pessoas com um transtorno significativo, um quadro mais grave, níveis cognitivos mais baixos e frequentemente crianças menores. Também os casos que não receberam um tratamento adequado. O quarto nível é característico dos transtornos menos graves e define de modo muito característico pessoas que apresentam a síndrome de Asperger. As doze dimensões que diferenciamos são as seguintes:

1. Transtornos qualitativos da relação social.
2. Transtornos das capacidades de referência conjunta (ação, atenção e preocupação conjuntas).
3. Transtornos das capacidades intersubjetivas e mentalistas.
4. Transtornos das funções comunicativas.
5. Transtornos qualitativos da linguagem expressiva.
6. Transtornos qualitativos da linguagem compreensiva.
7. Transtornos das competências de antecipação.
8. Transtornos da flexibilidade mental e comportamental.
9. Transtornos do sentido da atividade própria.
10. Transtornos da imaginação e das capacidades de ficção.
11. Transtornos da imitação.
12. Transtornos da suspensão (da capacidade de criar significantes).

Devemos assinalar que, embora exista uma alta correlação entre os níveis das pessoas autistas nas diferentes dimensões, essa correlação não é, de modo algum, perfeita. Assim, a pessoa X pode estar no nível 3 da primeira dimensão, no 2 da segunda, no 3 da terceira, etc. A descrição do nível em que se situa uma pessoa com espectro autista em cada dimensão constitui um julgamento sintético, muito útil para definir seu quadro e estabelecer uma ideia inicial dos propósitos e das estratégias com que uma pessoa deve ser tratada.

Transtorno qualitativo das relações sociais

Na maioria das explicações do autismo, a "solidão", a incapacidade ou a dificuldade de relação, é considerada a raiz essencial do transtorno ou, como dizia Kanner (1943, p. 33), "o traço patognomônico e fundamental". Em todos os casos, esse traço parece remeter a uma "limitação da cumplicidade interna" nas relações. Há, porém, uma variação considerável de níveis e capacidades que sempre implicam uma distorção qualitativa grave das capacidades de relação interpessoal. Enquanto algumas pessoas com espectro autista oferecem a impressão clínica de carecer completamente de motivações de relação e de estar submersas em um profundo isolamento, outras chegam a sentir subjetivamente a necessidade de relação e estabelecem interações complexas com as pessoas.

No Quadro 12.2, apresentam-se os quatro níveis da dimensão que representam "protótipos" entre os quais pode haver gradações muito sutis (como ocorrerá nas demais dimensões).

Transtorno qualitativo das capacidades de referência conjunta (ação, atenção e preocupação conjuntas)

Essa dimensão refere-se a aspectos sutis da qualidade das relações interpessoais. Em todo espectro autista, EA, manifesta-se uma dificuldade característica de compartilhar focos de interesse, ação ou preocupação com as outras pessoas. Em relação às crianças autistas e com uma gama de nível cognitivo mais baixo do EA, empregou-se o conceito de "atenção conjunta" para definir esse déficit do contínuo. Bruner e Sherwood (1983) definiram as condutas de atenção conjunta assinalando que são aquelas atividades de comunicação social pré-linguística que implicam o emprego de gestos para compartilhar o interesse com respeito a situações, objetos, etc. Daremos um sentido muito mais geral a essa dificuldade de compartilhar: nas pessoas com níveis mais altos do EA também há uma dificuldade característica de compartilhar preocupações comuns; uma dificuldade que constitui um prolongamento sutil das limitações iniciais das crianças menores com EA de "coletivizar" com outras pessoas a atenção – e também a ação – com respeito aos objetos.

A falta de gestos e condutas de *atenção ou ação conjuntas*, porém, que é uma característica das crianças autistas de menor idade e nível cognitivo, não é a única manifestação, no espectro autista, da dimensão de que estamos tratando. Um dos traços principais das pessoas com Asperger é sua dificuldade de compartilhar preocupações conjuntas com as pessoas à sua volta (ver Quadro 12.3).

Transtorno das capacidades intersubjetivas e mentalistas

As dificuldades das pessoas autistas de "compartilhar o mundo", assim como seus transtornos qualitativos da relação e suas deficiências comunicativas, foram explicadas, na última década do século XX, recorrendo a dois conceitos, que correspondem a tradições diferentes e ênfases teóricas distintas no estudo dos fundamentos da interação humana: as noções de *intersubjetividade* (Trevarthen, Aitken, Papoudi e Robarts, 1996; Hobson, 1993) e *Teoria da mente* (Baron-Cohen, Leslie e Frith, 1985; Frith,

QUADRO 12.2 Transtorno qualitativo da relação

1. Impressão clínica de isolamento. Não há expressões de apego a pessoas específicas. Não há relação com adultos nem com iguais.
2. Incapacidade de relação. Vínculo estabelecido com adultos. Não há relação com iguais.
3. Relações não frequentes, induzidas e externas com iguais. As relações tendem a estabelecer-se como resposta, mais do que por iniciativa própria.
4. Motivação para relacionar-se com iguais, mas falta de relações por dificuldade de compreender sutilezas e pouca empatia. Consciência de "solidão".

QUADRO 12.3 Transtorno qualitativo das capacidades de referência conjunta

1. Ausência completa de ações conjuntas ou de interesse pelas ações de outras pessoas.
2. Ações conjuntas simples, sem olhares "significativos" de referência conjunta.
3. Utilização de olhares de referência conjunta em situações dirigidas, mas não abertas.
4. Pautas estabelecidas de atenção e ação conjuntas, mas não de preocupações conjuntas.

1991; Baron-Cohen, 1995). Essas categorias constituem, por assim dizer, o destilado de dois enfoques historicamente opostos na explicação do quadro: para o primeiro, o autismo seria essencialmente um transtorno das pautas de relação *afetiva*. Essa foi a formulação original de Kanner (1953) e Asperger (1944), e que herdam, de forma mais ou menos fiel, os defensores do autismo como um transcurso de *intersubjetividade primária*. No segundo enfoque, o autismo é considerado como um *transtorno cognitivo*. A alteração de uma capacidade cognitiva muito essencial: a de atribuir mente e inferir os estados mentais das pessoas.

As duas descrições dos transtornos, embora aparentemente contrárias, obviamente têm muito de acerto. Por um lado, os autistas "não compreendem bem que tipo de seres são as pessoas": literalmente, "não sabem o que fazer com elas". Por outro, têm dificuldades de *empatizar* com as pessoas, de *sentir* com elas: dificuldades que não parecem ser meramente cognitivas. Essa dupla face, afetiva e cognitiva, dos fundamentos das anomalias de relação das pessoas autistas só se explica adequadamente a partir da perspectiva ontogenética, na qual os processos de "inferência fria" são, em si mesmos, derivados de formas de cognição "emocionalmente envolvidas" nas interações dos bebês com as pessoas e as coisas (ver Quadro 12.4).

QUADRO 12.4 Transtornos qualitativos das capacidades intersubjetivas e mentalistas

1. Ausência de pautas de expressão emocional correlativa (isto é, intersubjetividade primária). Falta de interesse pelas pessoas e de atenção a elas.
2. Respostas intersubjetivas primárias ocasionais, mas nenhum indício de que se vive o outro como "sujeito".
3. Indício de intersubjetividade secundária, sem atribuição explícita de estados mentais. Não se resolvem tarefas de teoria da mente.
4. Consciência explícita de que as outras pessoas têm mente, que se manifesta na solução da tarefa de teoria da mente de primeira ordem. Em situações reais, os processo mentalistas são limitados, lentos e simples.

Transtornos qualitativos das funções comunicativas

Para as pessoas com espectro autista, comunicar-se constitui um problema, às vezes insolúvel. Nos níveis mais afetados, não sabem sequer como manejar as pessoas para conseguir efeitos desejáveis no mundo físico. Nos intermediários, carecem da competência necessária para desenvolver as atividades comunicativas cuja finalidade essencial é compartilhar a experiência interna. Nos menos alterados, os quais já conseguem realizar funções comunicativas que permitem compartilhar experiência, a comunicação é uma atividade difícil: não se produz com a flexibilidade espontânea nem com a facilidade fluida, como se dá com outras pessoas. Conforme a tradição estabelecida na psicologia do desenvolvimento, chamaremos aqui de "comunicação" uma conduta de relação que tem três propriedades essenciais:

1. É uma atividade *intencionada*.
2. Refere-se a algo, ou seja, é *intencional*.
3. Realiza-se por meio de *significantes*.

As condutas propriamente comunicativas, que têm essas três propriedades, aparecem nas crianças normais no último trimestre do primeiro ano de vida. Estas podem cumprir diversas funções, mas há duas que se sobressaem por sua importância:

1. A função de intercambiar o mundo físico ou conseguir algo dele.
2. A função de intercambiar o mundo mental do colega de interação, compartilhando com ele uma experiência interior.

Bates (1976) denominou as primeiras de protoimperativas e as segundas de protodeclarativas. Na maioria dos casos, as crianças que depois são diagnosticadas como autistas não desenvolvem protoimperativos nem protodeclarativos quando deveriam fazê-lo, ou seja, nos últimos meses do primeiro ano e nos primeiros do segundo.

Em momentos posteriores do desenvolvimento, é comum que as pessoas autistas adquiram a capacidade de pedir; contudo, a realização dessas outras funções comunicativas às quais se dá o nome de "declarativas", e que buscam "compartilhar o mundo", é muito mais difícil para os indivíduos com traços do espectro autista. Porque as limitações de intersubjetividade secundária parecem estar no próprio núcleo da explicação do autismo, não é estranho que a limitação séria dessas funções comunicativas com as quais as pessoas tratam de compartilhar a experiência seja uma das "marcas" principais do espectro autista em geral e do transtorno autista em particular (ver Quadro 12.5).

Transtornos qualitativos da linguagem expressiva

Em uma caracterização muito esquemática do que ocorre, podemos dizer que as crianças autistas têm uma dificuldade extrema para desenvolver a linguagem em seu período crítico de desenvolvimento, por carecer dos *inputs* intersubjetivos que "disparam" ou põem em prática os mecanismos específicos de aquisição linguística. Quando essa dificuldade não é tão insuperável a ponto de deixá-las submersas no mutismo, tendem a desenvolver uma linguagem pouco funcional e espontânea, com alterações peculiares, como a ecolalia, a inversão de formas dêiticas, a literalidade extremada dos enunciados e das formas de compreensão, o laconismo, a presença maciça de formas imperativas e a ausência ou a limitação das declarativas, a emissão de verbalizações semanticamente vazias, irrelevantes ou pouco adequadas às situações interativas e uma limitação extrema das competências de conversa e discurso (ver Quadro 12.6).

Transtornos qualitativos da linguagem receptiva

No transtorno autista e na síndrome de Asperger, *sempre* há anomalias e deficiências na compreensão da linguagem. Frequentemente, as crianças que apresentam os transtornos específicos mais sérios do desenvolvimento da linguagem receptiva (transtornos como agnosia verbal auditiva, ou o déficit semântico pragmático) têm sintomas tão acentuados, especialmente na fase crítica de aquisição da linguagem, entre 1 ano e meio e 5 anos aproximadamente, que sua síndrome se revela muito mais difícil do que apresentam as crianças com autismo.

Como ocorre nas outras dimensões, porém, as dificuldades e as anomalias de compreensão são muito variáveis: há autistas que nunca respondem à interação verbal ou, nos casos mais sérios, comportam-se como se não ouvissem. Frequentemente, isso se dá no iní-

---

QUADRO 12.5 Transtorno qualitativo das funções comunicativas

1. Ausência de comunicação (relação intencionada, intencional e significativa) e de condutas instrumentais com pessoas.
2. Condutas instrumentais com pessoas para realizar trocas no mundo físico (por ex.: pedir) sem outras pautas de comunicação.
3. Condutas comunicativas para pedir, mas não para compartilhar experiências ou intercambiar o mundo mental.
4. Condutas comunicativas de declarar, comentar, etc., com escassas "qualificações subjetivas da experiência" e declarações sobre o mundo interior.

QUADRO 12.6 Transtorno da linguagem expressiva

1. Mutismo total ou "funcional". Pode haver verbalizações que não sejam propriamente linguísticas.
2. Linguagem composta de palavras soltas ou ecolálicas. Não há propriamente "criação formal" de sintagmas ou de orações.
3. Linguagem oracional. Há orações que não são ecolálicas, mas que não configuram discurso ou conversa.
4. Discurso e conversa, com limitações de adaptação flexível nas conversas e de seleção de temas relevantes. Frequentemente, há anomalias prosódicas.

cio do quadro, quando as suspeitas de surdez ocorrem em 40% dos casos. No extremo oposto, dos níveis mais altos de EA, pode haver dificuldades sutis para captar o significado profundo de enunciados que implicam dupla semiose (metáforas, ironias, refrões, etc.). Assim, devem se diferenciar quatro níveis distintos de dificuldades de compreensão, como aparecem no Quadro 12.7.

Transtornos qualitativos das competências de antecipação

O conjunto de transtornos qualitativos das capacidades de antecipação nos quadros com EA fazem parte da mesma subsíndrome que os distúrbios que afetam as dimensões 8 (inflexibilidade) e 9 (transtornos do sentido da própria atividade), que vamos abordar em epígrafes seguintes. Todas elas contribuem para oferecer essa imagem de exigência inflexível de um mundo sem mudanças, completamente previsível, de uma "espécie de mundo parmenídeo", em que "o ser se sente imutável, sempre idêntico a si mesmo", tão característica da síndrome de Kanner, mas que também se apresenta (frequentemente de forma menos proeminente) em outras alterações que são acompanhadas de espectro autista.

De uma perspectiva cognitiva, a experiência ansiosa de preservação de um mundo sem mudanças remete imediatamente à ideia de que existem anomalias e limitações nos processos de antecipação, ou, de maneira mais geral, de *formação de esquemas ou uso de esquemas*. Um mundo cognitivo sem esquemas é um caos fragmentário, em que as realidades que não se acomodam mimeticamente ao já ocorrido são novidades aterrorizantes, cognitivamente incompreensíveis e emocionalmente inaceitáveis (ver Quadro 12.8).

Transtornos qualitativos da flexibilidade mental e da flexibilidade comportamental

As estereotipias motoras, a realização de rituais repetitivos, a obsessão por certos conteúdos mentais, a inflexível oposição a mudanças ambientais às vezes mínimas configuram um estilo mental e comportamental característico do transtorno autista, mas que afeta também outros quadros que incluem espectro autista (Wing e Gould, 1979). Inclusive nas pessoas autistas com maiores níveis cognitivos ou em pacientes com transtornos de Asperger, refletem-se, em exames neuropsicológicos como a "Torre de Hanói" ou a tarefa de seleção de cartões de Wiscosin (Ozonoff, Pennington e Rogers, 1991), dificuldades específicas para empregar estratégias flexíveis na atividade cognitiva.

O padrão inflexível do funcionamento mental, contudo, pode manifestar-se de formas diferentes e isso depende, em parte, das capa-

---

QUADRO 12.7 Transtorno qualitativo da linguagem receptiva

1. "Surdez central". Tendência a ignorar por completo a linguagem. Não responde a ordens, chamados ou indicações linguísticas de nenhuma espécie.
2. Associação de enunciados verbais com condutas próprias (compreende ordens simples). Não implica a assimilação dos enunciados a um código.
3. Compreensão (literal e pouco flexível) de enunciados. Não se compreende discurso.
4. Compreende-se discurso e conversa, mas diferencia-se com grande dificuldade o significado literal do intencional.

QUADRO 12.8 Transtorno qualitativo das capacidades de antecipação

1. Aderência inflexível a estímulos que se repetem de forma idêntica (por ex.: filmes em vídeo assistidos seguidamente). Resistência intensa a mudanças. Falta de condutas antecipatórias.
2. Aparecem condutas antecipatórias em situações cotidianas. Frequentemente, se opõe a mudanças e piora em situações novas e imprevistas.
3. Incorporação de estruturas temporais amplas (por ex.: "aulas" vs. "férias"). Pode haver reações catastróficas ocasionais diante de mudanças imprevistas.
4. Alguma capacidade de regular a estrutura de seu próprio ambiente e de manejar as mudanças. Prefere-se uma ordem clara e um ambiente previsível.

cidades cognitivas das pessoas autistas e do grau de comprometimento de seu distúrbio. As estereotipias e os conteúdos obsessivos e limitados de pensamento podem fazer parte de um mesmo contínuo, que se reflete, como ocorre nas outras dimensões, em vários níveis distintos (ver Quadro 12.9).

Transtorno do sentido da atividade própria

A dedicação inflexível a condutas invariáveis ou a conteúdos mentais reiterativos, a dificuldade de aceitar as mudanças e as limitações nas competências de antecipação estão relacionadas claramente com uma das características terapeuticamente mais relevantes do espectro autista: em tudo isso há uma marca característica da *dificuldade de dar sentido à ação própria*. Em situações clínicas, é muito frequente uma impressão definida de que não somos capazes de "dar sentido" à conduta da criança (ver Quadro 12.10).

Há uma enorme diferença entre a impressão maciça da falta total de sentido da ação, ou vazio de ação funcional dos autistas mais afetados, e a dificuldade de "projetar a vida" dos aspergerianos de nível mais elevado. No entanto, também nesse caso nos encontramos diante de uma dimensão que é, ao mesmo tempo, universal para as pessoas com EA e distintiva entre elas, quando se comparam suas condutas, por exemplo, com as que apresentam pessoas com atraso mental, mas sem espectro autista. A limitação ou a ausência de finalidade na conduta é um dos traços que definem o espectro autista.

QUADRO 12.9 Transtorno da flexibilidade mental e da flexibilidade comportamental

1. Predominam as estereotipias motoras simples.
2. Rituais simples. Resistência a mudanças ambientais mínimas.
3. Rituais complexos. Apego excessivo a objetos. Perguntas obsessivas.
4. Conteúdos obsessivos e limitados de pensamento. Interesses pouco funcionais e flexíveis. Rígido perfeccionismo.

QUADRO 12.10 Transtorno qualitativo do sentido da atividade própria

1. Predomínio maciço de condutas sem meta (por exemplo, pequenas corridas sem rumo, com agitação) e inacessibilidade a orientações externas que dirijam sua atividade.
2. Só se realizam atividades funcionais diante de diretrizes externas. Quando não há, passa-se ao nível anterior.
3. Presença de atividades de "ciclo longo", mas não vividas como fazendo parte de totalidades coerentes e cuja motivação é externa.
4. Atividades complexas e de ciclo muito longo, cuja meta se conhece e deseja, mas em uma estrutura hierárquica de previsões biográficas em que se inserem.

Transtornos qualitativos das competências de ficção e das competências de imaginação

Como assinalam Baron-Cohen e colaboradores, em seu artigo sobre os indicadores psicológicos para a detecção do autismo (Rivière e Martos, 1997), a ausência de jogo de ficção demonstrou ser uma das três "marcas" mais específicas e precoces – junto com a ausência de protodeclarativos e de olhares de referência conjunta – para a detecção da síndrome de Kanner. Em um contexto mais amplo, a pesquisa de Wing e Gould (1979), que deu origem ao conceito que estamos empregando, o de espectro autista, demonstrou que as crianças com EA, diferentemente das que apresentavam atrasos ou anomalias sem riscos autistas, apresentam carências específicas no desenvolvimento do jogo simbólico. Enquanto 77% das 74 crianças do grupo sociável apresentavam jogo de ficção, 99% do grupo não sociável (com EA) não apresentavam.

Se levarmos em conta o importante papel evolutivo que tem o jogo simbólico, sua propriedade de ser uma exploração que a própria criança realiza no que Vygotsky chama de sua "zona de desenvolvimento proximal" e de permitir o "deságue" e a expressão simbólica das emoções, poderemos compreender as consequências que têm a ausência desse instrumento essencial de que a criança dispõe para o seu desenvolvimento (Quadro 12.11).

QUADRO 12.11 Transtorno qualitativo das competências de ficção e das competências de imaginação

1. Ausência de atividades de jogo funcional ou simbólico e de outras competências de ficção.
2. Jogos funcionais pouco flexíveis, pouco espontâneos e de conteúdo limitado.
3. Jogo simbólico em geral pouco espontâneo e obsessivo. Pode haver dificuldades muito importantes de diferenciar ficção e realidade.
4. Capacidades complexas de ficção, que se empregam como recursos de isolamento, ficções pouco flexíveis.

Transtornos qualitativos das capacidades de imitação

As limitações nas capacidades de imitação das crianças com transtorno autista foram destacadas desde as primeiras observações acerca da síndrome de Kanner. Por um lado, essas deficiências específicas das capacidades imitativas expressam as dificuldades com que se deparam as pessoas com TA para refletir um sentido da "identidade com outros", que, em última análise, é uma expressão fundamental de intersubjetividade. Por outro lado, bloqueiam a aquisição de funções superiores, para cujo desenvolvimento a imitação é importante ou necessária. Não devemos esquecer que, em alguns modelos teóricos do desenvolvimento, como o de Piaget (1959), a imitação é decisiva para o desenvolvimento das capacidades simbólicas ao definir o mecanismo pelo qual se constituem os *significantes*. Desse modo, a incapacidade de imitar é, ao mesmo tempo, um reflexo e uma condição das limitações simbólicas e intersubjetivas das pessoas autistas (ver Quadro 12.12).

Transtornos da suspensão (da capacidade de criar significantes)

As pessoas com espectro autista têm dificuldades para realizar diferentes espécies de

QUADRO 12.12 Transtorno qualitativo da imitação

1. Ausência completa de condutas de imitação.
2. Imitações motoras simples, evocadas. Não há imitação espontânea.
3. Imitação espontânea, geralmente esporádica, pouco flexível e intersubjetiva.
4. Imitação estabelecida. Ausência de "modelos internos".

atividades ou de funções que são aparentemente heterogêneas, mas que parecem exigir em diferentes graus o funcionamento de um mecanismo mental de grande importância para criar e compreender significantes. Esse mecanismo consiste simplesmente em deixar em suspenso ações ou representações com a finalidade de criar significados que possam ser interpretados por outras pessoas ou pelo próprio indivíduo.

Os primeiros gestos propriamente significativos que têm as crianças normais (e dos quais geralmente carecem as crianças que desenvolvem autismo) consistem em deixar em suspenso certas ações; ações como tocar ou pegar coisas, a que podemos dar o nome de "pré-ações" ("pré-ações" porque são ações prévias a outras coisas: pegamos os objetos para "fazer algo com eles", geralmente os tocamos para algo). Mediante o mecanismo de suspensão, as crianças criam seus primeiros gestos significativos.

À medida que as crianças normais descobrem que podem "representar" ações, objetos, situações ou propriedades reais mediante esses gestos simbólicos, descobrem também que é possível "deixar em suspenso" as propriedades reais e literais das coisas (ver Quadro 12.13).

A EDUCAÇÃO DOS ALUNOS COM AUTISMO

Critérios de escolarização dos alunos com autismo

O autismo requer do sistema educacional duas coisas importantes:

1. Diversidade.
2. Personalização.

QUADRO 12.13 Transtorno da suspensão (da capacidade de criar significantes)

1. Não se suspendem pré-ações para criar gestos comunicativos. A comunicação está ausente ou se produz mediante gestos instrumentais com as pessoas.
2. Não se suspendem ações instrumentais para criar símbolos ativos. Não há jogo funcional.
3. Não se suspendem as propriedades reais das coisas ou das situações para criar ficções e jogo de ficção.
4. Não se deixam em suspenso representações para criar ou compreender metáforas ou para compreender que os estados mentais não correspondem necessariamente às realidades.

QUADRO 12.14 Critérios de escolarização em autismo e TGD

Fatores da criança

1. Capacidade intelectual (em geral, devem integrar-se as crianças com QI superior a 70. Não se deve excluir a possível integração na faixa de 55-70).
2. Nível comunicativo e linguístico (capacidades declarativas e linguagem expressiva como critérios importantes para o êxito da integração).
3. Alterações de conduta (a presença de autoagressões graves, agressões e ataques de cólera incontroláveis pode levar a questionar a possível integração, se não houver solução prévia).
4. Grau de flexibilidade cognitiva e comportamental (pode exigir adaptações e ajudas terapêuticas nos casos integrados).
5. Nível de desenvolvimento social: é um critério importante. De maneira geral, as crianças com idades de desenvolvimento social inferiores a 8 ou 9 meses só têm oportunidades reais de aprendizagem em condições de interação um a um com adultos especialistas.

Fatores da escola

1. São preferíveis as escolas de pequeno porte e número baixo de alunos, que não exijam interações de grande complexidade social. Devem-se evitar as escolas excessivamente ruidosas e "despersonalizadas".
2. São preferíveis as escolas estruturadas, com estilos didáticos diretivos e formas de organização que tornem "previsível" a jornada escolar.
3. É imprescindível um compromisso efetivo do conjunto dos professores e dos professores concretos que atendem a criança com TGD ou autismo.
4. É importante haver recursos complementares e especialmente psicopedagogos com funções de orientação e de logopedia.
5. É muito conveniente proporcionar pistas aos colegas da criança autista para compreender e apoiar suas aprendizagens e relações.

Os sistemas homogêneos e os modelos pouco individualizados do processo de ensino-aprendizagem são incapazes de atender às necessidades das crianças cujo modo de desenvolvimento se afasta mais do "modelo padrão de desenvolvimento humano". Por outro lado, dada a enorme heterogeneidade dos quadros de autismo e TGD, a avaliação específica e concreta de cada caso é que deve indicar as soluções educativas adequadas. O mero rótulo de autismo não define por si mesmo um critério de escolarização. É preciso uma determinação muito concreta e particularizada, para cada caso, de vários fatores, que devem ser levados em conta para definir a orientação educativa adequada. Quais são esses fatores? No Quadro 12.14, apresenta-se um conjunto de critérios importantes no momento de decidir qual deve ser a solução educativa adequada para as crianças com traços próprios do espectro autista. Estabelece-se uma distinção entre fatores da criança e da escola.

Os pontos destacados no Quadro 12.14 devem ser levados em conta para decidir, em cada momento, a opção escolar adequada para as crianças com TGD: pode ser uma escola regular, sempre que possível; uma classe especial em escola regular; uma escola especial, mas não específica de autismo; ou uma escola específica. Nenhuma destas soluções deve ser excluída *a priori* por razões puramente ideológicas. Em todo caso, há várias observações que devem ser consideradas.

A solução escolar que se encontra para uma criança em uma determinada fase de seu desenvolvimento não precisa ser permanente. Devem ser evitadas, porém, as mudanças frequentes. Há muitos casos em que são convenientes as soluções que implicam a passagem de escolas especiais para regulares ou – em menos casos – o contrário. A opção educativa em um determinado momento do desenvolvimento da criança não deve ser entendida como uma sentença para toda a vida escolar.

As crianças com nível intelectual relativamente alto, com autismo de Kanner, e os que apresentam síndrome de Asperger requerem uma integração em que a obtenção de êxitos acadêmicos é importante. Ao contrário do que se possa imaginar, o objetivo da integração nesses casos não deve ser unicamente "que se relacionem com crianças normais". De fato, esta pode ser uma meta extremamente difícil e que só se atinge em parte, depois de vários anos de escolarização integrada. Ao contrário, os êxitos acadêmicos podem estar ao alcance das crianças a que nos referimos, e são muito importantes para o seu desenvolvimento, porque proporcionam um desaguadouro para compensar suas limitações sociais e inclusive para reduzi-las parcialmente pela via indireta dos êxitos educativos.

No caso das crianças pequenas autistas, a professora ou o professor em particular pode ter um papel muito mais decisivo que a escola. Ocorre muitas vezes que uma professora comprometida com o caso, que cria fortes laços afetivos com a criança, exerce uma influência enorme em seu desenvolvimento, e é quem "começa a abrir a porta" do mundo fechado do autista, por meio de uma relação intersubjetiva, da qual resultam intuições educativas de grande valor para o desenvolvimento da criança.

Todas as escolas e todos os professores que atendem crianças com transtornos globais do desenvolvimento requerem apoio externo e orientação por especialistas nesses casos. É imprescindível para eles a orientação por parte de assessores com bom nível de formação. Com muita frequência, há sentimentos de frustração, ansiedade e impotência nos professores que não contam com apoios suficientes.

Também é imprescindível a estreita colaboração entre a família e o professor – na realidade, o conjunto da escola. Numerosas pesquisas psicopedagógicas demonstraram que o envolvimento da família é um dos fatores mais relevantes no êxito das tarefas educacionais e terapêuticas com crianças autistas.

A resposta educativa

Aspectos curriculares, em particular no âmbito da comunicação, da linguagem e das habilidades sociais

Desde os anos 1980, os procedimentos para desenvolver a comunicação e a linguagem nas crianças autistas mudaram muito. Os sistemas atuais (ver Hernández Rodríguez, 1995) têm essencialmente um estilo pragmático e funcional. Propõem-se antes de tudo a desenvolver a comunicação e podem utilizar códigos alternativos (principalmente sinais manuais) à linguagem verbal. Incluem, como pontos importantes, estratégias de generalização aos contextos naturais de relação da criança. Atêm-se a um enfoque essencialmente "positivo" da comunicação, cujo valor gratificante – de meio para conseguir coisas, situações, relações, etc. – se acentua.

Mencionaremos apenas dois sistemas – que são muito compatíveis entre si – projetados especificamente para proporcionar instrumentos de comunicação para crianças autistas:

1. O método TEACCH, *Treatment and Education of Autistic and related Communication Handicapped Children* (Watson et al., 1989) de ensino da comunicação espontânea e
2. o programa de comunicação total de Benson Schaeffer e colaboradores (1980).

1. O método TEACCH pretende desenvolver as habilidades comunicativas e seu uso espontâneo em contextos naturais em crianças com TGD. Emprega para isso tanto a linguagem verbal como modalidades não orais, e não oferece propriamente uma programação, mas um guia de objetivos e atividades com sugestões de como avaliá-las e programá-las. Para isso, diferencia cinco dimensões nos atos comunicativos:

1. Função.
2. Contexto.
3. Categorias semânticas.
4. Estrutura.
5. Modalidade.

As dimensões anteriores servem para programar os objetivos de desenvolvimento comunicativo em cada uma delas e como chaves importantes no procedimento de ensino. Por exemplo, uma ideia importante do TEACCH é que não se deve modificar mais de uma dimensão quando se estabelece um novo objetivo comunicativo (quando se quer ensinar uma nova categoria semântica, como a de "atributo", por exemplo, não se deve modificar nem o código, nem as funções, nem as estruturas, nem os contextos previamente dominados pela criança). As habilidades comunicativas são ensinadas em seções estruturadas individuais, mas também se prevê o ensino incidental, preparam-se os ambientes naturais para que as suscitem, evocam-se em atividades de grupo e se procura fazer com que a família intervenha ativamente em seu ensino e estímulo. Durante toda a aplicação do TEACCH, avaliam-se rigorosamente os êxitos da criança.

2. O programa de comunicação total de Schaeffer e colaboradores (1980) foi de grande utilidade para o desenvolvimento das capacidades comunicativas de muitas crianças autistas. Por um lado, ajudou a terem acesso à linguagem oral crianças que encontravam grandes dificuldades para isso. Por outro lado, proporcionou pelo menos alguns sinais funcionais a muitas outras, cujas limitações cognitivas e linguísticas tornam a linguagem oral completamente inacessível.

Trata-se de um programa em que se empregam, por parte do terapeuta, sinais e palavras simultaneamente (é um sistema "bimodal" ou de comunicação total) e primeiro se ensina a criança a fazer sinais manuais para conseguir os objetos desejados. Diferentemente de procedimentos anteriores, que acentuavam o aspecto receptivo ("compreender") da linguagem, neste se enfatiza o expressivo (fazer por meio de sinais). O programa inclui várias fases, definidas essencialmente pelo êxito de atividades pragmáticas ou funcionais (expressar desejos, realizar atos simples de referência, desenvolver conceitos pessoais, habilidades de pesquisa e abstração com sinais ou palavras), e seu objetivo final é desenvolver a linguagem oral, para isso se possibilita que a criança aprenda primeiro sinais, depois complexos sinal-palavra e finalmente (ao desaparecerem os sinais) palavras.

Há várias razões pelas quais tal programa é muito útil com muitas crianças com TGD, inclusive de níveis cognitivos muito baixos. Em primeiro lugar, não requer imitação (os sinais se produzem no início com ajuda total). Além de ajudar a criança a descobrir que age sobre o mundo com sinais, baseia-se essencialmente em uma "estratégia instrumental". Favorece o desenvolvimento de intenções comunicativas e fundamenta-se no processamento visual, em que as crianças autistas costumam ter mais capacidade.

Aspectos metodológicos e estratégias básicas de ensino de crianças autistas e com TGD

A partir dos anos 1970, realizaram-se inúmeras pesquisas sobre os fatores que podem ajudar a aprendizagem das crianças autistas e as estratégias de ensino adequadas para elas (Rivière, 1984; Rivière e Canal, no prelo; Koegel e Koegel, 1995; Schreibman, 1988). De maneira geral, há um consenso de que os procedimentos de ensino utilizados devem cumprir uma série de condições, e de que pequenos desvios em relação ao marco adequado de aprendizagem, no caso das crianças com TGD, podem ter consequências muito sérias em seu desenvolvimento. Powers (1992) destacou alguns dos componentes principais que devem ter os métodos educativos com crianças autistas:

1. Ser estruturados e baseados nos conhecimentos desenvolvidos pelas modificações de conduta.
2. Ser evolutivos e adaptados às características pessoais dos alunos.
3. Ser funcionais e com uma definição explícita de sistemas para a generalização.
4. Envolver a família e a comunidade.
5. Ser intensivos e precoces.

Especialmente no caso das crianças autistas em idades pré-escolares, os contextos educacionais de tratamento individualizado várias horas ao dia – alguns pesquisadores sugerem entre 30 e 40 horas semanais (ver Olley et al., 1994) – podem ser de grande eficácia e modificar substancialmente o prognóstico de longo prazo do quadro. Por outro lado, também é certo que os ambientes menos restritivos, que implicam oportunidades de relações com iguais, demonstraram ser eficazes para promover as competências sociais das crianças autistas (Koegel e Koegel, 1995). Evidentemente, as orientações de "tratamento individualizado oito horas por dia" e "ambiente minimamente restritivo" são difíceis de compatibilizar. A oferta ideal na idade pré-escolar é a de integração em uma escola de educação infantil, mas com apoio permanente, tanto em situações de grupo como em condições de tratamento individualizado.

Nas primeiras fases de ensino, ou nos casos de crianças autistas com quadros graves ou níveis intelectuais muito baixos, os processos de aprendizagem sem erros, e não por tentativa e erro, são os mais eficazes. Demonstrou-se que a aprendizagem por tentativa e erro diminui a motivação e aumentam as alterações de conduta (Rivière, 1984). Para estimular uma aprendizagem sem erros, é necessário seguir certas normas:

1. Assegurar a motivação.
2. Apresentar as tarefas somente quando a criança atende, e de forma clara.
3. Apresentar tarefas cujos requisitos já foram adquiridos antes e que se adaptam bem ao nível evolutivo e às capacidades da criança.
4. Empregar procedimentos de ajuda.
5. Proporcionar reforçadores contingentes, imediatos e potentes.

A falta de motivação, em muitos casos de autismo, pode ser o problema mais difícil que o professor enfrenta. Tal fato está relacionado com uma das dimensões de que falávamos ao definir o espectro autista, a saber, a dificuldade de "dar sentido" à própria atividade. O emprego de modelos concretos de como deve ser o resultado final da atividade de aprendizagem pode ser útil para ajudar as crianças autistas a compreender o sentido do que lhes é solicitado. Propuseram-se também outros métodos para aumentar a motivação, como o reforço de aproximação do objeto educativo desejado, a escolha por parte da criança dos materiais educativos, o uso de tarefas e materiais variados, o emprego de reforços naturais (isto é, relacionados com a atividade que se pede) e a mistura de atividades já dominadas com outras em processo de aquisição (Koegel e Koegel, 1995).

Outra dificuldade importante para a aprendizagem das crianças autistas é o fenômeno da "hiperseletividade", ou seja, a tendência para basear-se em aspectos limitados (e frequentemente não relevantes) dos estímulos e a submeter sua conduta a tais aspectos (Lovaas, Schreibman, Koegel e Rehm, 1971). Para evitar os efeitos da hiperseletividade, foram propostos dois tipos de estratégias: exagerar os aspectos relevantes do estímulo (por exemplo, apresentar um objeto muito grande e outro muito pequeno para ensinar a distinção entre grande e pequeno), ou ensinar diretamente a responder a questões múltiplas (Koegel e Koegel, 1995).

Nos últimos anos, e em particular para as crianças autistas com capacidades simbólicas de linguagem, demonstraram-se procedimentos eficazes que implicam auto regulação, por parte do próprio aluno, de suas iniciativas positivas e autocontrole das condutas menos adaptativas. Esses procedimentos podem ajudar a diminuir a grande dependência que muitas crianças autistas têm em relação aos adultos que as cuidam e, consequentemente, também o estresse e as dificuldades psicológicas que causa a esses adultos a dependência permanente das crianças autistas, ou os sentimentos de culpa quando não estão envolvidos com elas (Koegel, Koegel e Parks, 1995).

A necessidade de proporcionar ambientes estruturados e previsíveis e contextos diretivos de aprendizagem é amplamente justificada – e tanto mais quanto mais grave é o autismo ou mais sério o atraso de que é acompanhado – na pesquisa sobre o ensino de crianças autistas (Rivière, 1984). Esse alto nível de estrutura, porém, pode aumentar as dificuldades de generalização. No caso de autismo e TGD, não apenas se deve programar a aquisição de capacidades-habilidades novas, como também sua generalização funcional aos contextos adequados. Empregaram-se procedimentos de ensino de habilidades em novos contextos, sistemas que facilitam o reconhecimento das recompensas de exercer as habilidades adquiridas em situações distintas às de aquisição e procedimentos de auto regulação (Koegel, Koegel e Parks, 1995).

Nos últimos anos, desenvolveu-se o uso de "agendas" nos contextos de aprendizagem das crianças autistas. Trata-se de procedimentos que implicam o registro (gráfico ou escrito) de sequências diárias de atividades e, frequentemente, o resumo simples de acontecimentos relevantes no dia. Facilitam a previsão e a compreensão das situações, inclusive para autistas de nível cognitivo relativamente baixo, com os quais se devem usar vinhetas visuais como chaves de organização do tempo. As agendas têm efeitos positivos na tranquilidade e bem-estar das crianças autistas, favorecem sua motivação para a aprendizagem e contribuem para dar ordem ao seu mundo.

É importante que esse mundo seja o menos restritivo possível. As pesquisas dos últimos anos sobre os efeitos da integração no desenvolvimento de crianças autistas apresentam dados promissores: as crianças integradas estabelecem relações que lhes oferecem oportunidades de adquirir habilidades sociais e comunicativas, estão constantemente expostas a modelos de iguais que lhes proporcionam caminhos para aprender, generalizam com mais facilidade suas aquisições educacionais e aumentam suas probabilidades de um maior ajuste social a longo prazo (Koegel e Koegel, 1995). Nos casos de autismo, como de outros transtornos ou atrasos do desenvolvimento, só se deve recorrer a soluções de segregação escolar quando for muito evidente que as vantagens dos contextos extremamente individualizados, diretivos e específicos são superiores às da integração. Isso só acontece em casos bastante graves, de níveis intelectuais muito baixos, que apresentam deficiências bastante significativas de atenção, alterações de conduta dificilmente controláveis ou perfis hiperativos muito difíceis de regular em contextos mais naturais de aprendizagem.

Os recursos pessoais e materiais

As escolas específicas para crianças autistas só se justificam se cumprem estas três condições:

1. Um colegiado composto de especialistas em autismo e TGD, com altos níveis de destrezas na educação e tratamento de crianças que apresentam esses quadros.
2. Pequeno número de alunos por professor (normalmente, três a cinco).
3. Especialistas em audição e linguagem, eventualmente em psicomotricidade ou fisioterapia, e pessoal complementar de apoio.

Nessas escolas – que costumam ser e devem ser para muito poucos alunos – é preciso assegurar um tratamento individualizado durante períodos longos de tempo. A perda das vantagens que podem ter os ambientes menos restritivos só é aceitável nos casos de crianças (geralmente de idades sociais muito baixas) que têm de adquirir em bloco capacidades e destrezas que as crianças normais desenvolvem em contextos de aprendizagem incidental, por meio de relações com adultos completamente individualizadas, mais semelhantes à criação do que à educação formal.

Não são apenas as escolas específicas que requerem recursos especiais para atender as crianças autistas. Quando a integração em escolas regulares ou a incorporação a escolas especiais, mas não específicas de autismo, não é acompanhada de recursos pessoais suficientes, o fracasso é muito provável. Pode-se dizer com certeza que *todas* as crianças com autismo, independentemente de sua opção escolar, requerem atenção específica e individualizada a seus problemas de comunicação e de linguagem e a suas dificuldades de relação. Quase sempre é necessária a atenção de professores de apoio e de especialistas em audição e linguagem, com uma capacitação específica em procedimentos de tratamento para crianças autistas e com TGD. Além disso, também é imprescindível uma tarefa de apoio e estruturação, de coordenação dos sistemas de ajuda e educação por parte de um assessor, se possível especializado nessa área.

As atividades de sensibilização dos professores, relação estreita com as famílias, formação e sensibilização dos próprios colegas das crianças autistas exigem um acompanhamento dedicado, prolongado, por parte da pessoa encarregada da orientação psicopedagógica das crianças com transtornos do espectro autista. Embora essa fórmula tenha sido pouco testada, pode ser conveniente a existência de escolas que realizem "integração específica" de crianças com TGD, favorecendo uma preparação maior dos colegiados e uma sensibilidade maior das próprias crianças normais que frequentam essas escolas, além de uma concentração de recursos educacionais e pessoais.

A educação das pessoas com autismo e outros transtornos profundos provavelmente exige mais recursos do que são necessários em qualquer outra alteração ou atraso evolutivo. Às vezes, embora ocorram aquisições funcionais e um abrandamento dos traços autistas, os progressos são muito lentos. Aparentemente, podem ser mínimos quando comparados ao quadro do desenvolvimento normal. O problema da educação das crianças autistas não pode ser compreendido apenas em termos econômicos. Trata-se, na realidade, de um problema essencialmente *qualitativo*. A alienação autista do mundo humano é um desafio sério, pois nosso mundo não seria propriamente humano se aceitasse passivamente a existência de seres que, sendo humanos, são alheios.

13 O aluno com necessidades de apoio generalizado

JAVIER TAMARIT

INTRODUÇÃO

> **11 de dezembro.** Um dia cinzento, próximo do inverno. Uma escola especial, para meninos e meninas com atraso. Juan dormita sobre uma cadeira, com o olhar enfocado no jardim que se vislumbra em meio à névoa; Juan é quase surdo e não fala, e a pólio deixou sequelas em sua perna direita, que arrasta, "varrendo", quando caminha. Seus colegas, mais ou menos da sua idade (completou 12 anos em junho), fazem fichas sobre problemas de raciocínio sob o olhar atento da professora. Na lousa, estão escritas, com gizes coloridos, as festas do ano – 19 de março, São José, Dia dos Pais. Juan não consegue fazer essas fichas. A professora solicitou que ficasse com ela um pouco, obrigada pelas circunstâncias. "Se não, para onde iria o Juan?", repetia-se, dia após dia.
>
> **11 de dezembro.** O frio entre as frestas, como uma antecipação do inverno, lutando contra a precária calefação desta velha escola especial, para meninos e meninas com atraso. Berta, 12 anos, caminha meio cambaleante. "A medicação para suas 'crises' às vezes tem efeitos secundários", comenta a professora. Tem sequelas de importante perda, auditiva e visual. Com suas mãos fracas avança pelo corredor, a caminho do refeitório; junto a ela estão seus colegas, além da professora e de um ajudante. Ao chegar à porta do refeitório, sinalizada com um desenho esquemático (pictograma), Berta para, agarra-se com as mãos trêmulas à maçaneta... mas está fechada. Berta solta as mãos e dirigindo-se à professora assinala "ajuda". "Ah, você quer ajuda? Está bem.", enquanto pega uma chave pendurada na parede. Depois de entrarem, preparam-se para pôr a mesa para o primeiro turno do refeitório.

Berta e Juan têm necessidades de apoio muito similares e nível de funcionamento intelectual bastante semelhante (seu quociente intelectual situa-se em torno de 25). O que separa ambos?

Vinte anos. Vinte anos se vão desde o primeiro 11 de dezembro. A mesma escola, mas com proposta diferente; fruto, entre outras coisas, dos contextos histórico, cultural e social. A primeira escola, a escola especial de 20 anos atrás considerava meninos e meninas como Juan eventualmente treináveis, mas sem dúvida não educáveis. A segunda escola considera Berta como aluna com direito a uma educação que, obviamente, requer apoios especiais. A resposta às necessidades de Berta não é dada por Berta, mas por seu entorno.

Os exemplos anteriores pretendem situar o conceito de necessidades de apoio generalizado (o que tradicionalmente podemos conhecer como "os profundos", "os plurideficientes", "os gravemente afetados", etc.) dentro de uma perspectiva cultural e histórica. O conceito, a própria consideração das pessoas, muda conforme o momento e a cultura, conforme o contexto sociocultural. Os "profundos" de 20 anos atrás são os "preparados" de hoje nas escolas específicas de educação especial; contudo, as pessoas continuam sendo as mesmas. Juan é Juan, Berta é Berta. Sua qualidade de vida e sua inclusão no contexto sociocultural em que vivem é que estão claramente mediadas pela ação educativa que lhes ofereçam, pela adequação dos apoios que recebam, pelo ajuste entre as aprendizagens escolares e as necessidades da sociedade de que fazem parte. O aluno não é "profundo" nem "plurideficiente". Juan foi aluno – Berta é aluna – com necessidades de apoio generalizado em praticamente todas as áreas de habilidades de adaptação, em todas as dimensões relevantes para o desenvolvimento; mas, acima de tudo, são pessoas, como as outras, como todas, com seus direitos e suas obrigações, com suas características individuais, sempre expressão de riqueza.

As concepções atuais sobre o atraso mental não dão margem a dúvidas. Não tem sentido uma divisão das pessoas com relação a seu nível de funcionamento intelectual. Não tem sentido falar de profundos, de sérios, de leves... Não se deveriam fazer classificações das pessoas, mas classificação dos apoios que requerem para o progresso em seu desenvolvimento como pessoas. Este capítulo poderia ter sido denominado, em outras circunstâncias, "As necessidades educativas dos alunos gravemente afetados", embora desse modo já se falasse dos alunos e das alunas com necessidades educativas especiais graves e permanentes; ou seja, que requerem adaptações muito significativas do currículo comum. Aqui se escolhe o título de alunos com necessidades de apoio generalizado, alunos com atraso mental com necessidades de apoio generalizado. Não são mais plurideficientes, não são profundos, não são gravemente afetados... Não têm uma incapacidade para o desenvolvimento, não têm uma limitação total de competências e habilidades... São meninos e meninas que, na interação com o meio, apresentam um funcionamento muito limitado e que, portanto, requerem apoios caracterizados por sua intensidade e pela extensão dos ambientes em que serão oferecidos; isto é, apoios generalizados.

Neste capítulo, será analisada a definição proposta de pessoas com atraso mental com necessidades de apoio generalizado, partindo do modo como atualmente se entende e se conceitua o atraso mental. Em segundo lugar, será feita uma breve reflexão sobre aspectos relevantes no desenvolvimento de meninos e meninas com tais necessidades que têm repercussão na atuação educativa a seguir. Em terceiro lugar, serão analisados instrumentos para avaliar suas necessidades à luz dessa concepção. E, finalmente, em quarto lugar, serão propostas algumas linhas básicas de atuação, formulando o que deveria ser a educação desses alunos e alunas; uma educação preocupada não apenas com os conteúdos escolares funcionais, mas que se expanda para as demais áreas de conduta adaptativa da pessoa e se insira na realidade social de que faz parte a escola; uma educação que considere que não é apenas o aluno que aprende, mas também o contexto que se adapta. Assim, não são especiais apenas as necessidades educativas; eles também têm necessidades de saúde especiais, necessidades de autodireção...

Antes, serão abordadas diferentes expressões, fruto de atitudes pouco favorecedoras da resposta educacional adequada a que têm direito esses alunos. Espero que o leitor e a leitora entendam que eles não são expostos aqui com uma visão pejorativa: todos falamos assim uma vez ou outra... Trata-se agora de deixarmos de fazer isso.

Alguns ditos malditos...

Ainda hoje, não é difícil ouvir a seguinte formulação: "Bem, com os meninos e as meninas com deficiência mental leve ou moderada pode-se falar de toda essa filosofia da escolarização com adaptações curriculares; mas, com os profundos, com os plurideficientes!..., é outra coisa". Examinemos concretamente algumas expressões, tendo em vista aproximar atitudes de apoio e isolar atitudes de abandono.

A. *"Com estes não dá para fazer nada..."*. – Uma frase desse tipo fixa um juízo que menospreza de antemão as possibilidades de desenvolvimento que toda pessoa tem, independentemente de suas capacidades. "Estes" são pessoas com nome, com biografia, com capacidade e riqueza. É claro que, em determinadas situações, podemos ter a sensação de impotência pessoal e profissional para ajudá-los, mas será que eles têm culpa da nossa ignorância? Uma atitude mais próxima da formulação apresentada aqui seria a que se reflete na frase: "Com Berta não sei o que fazer... mas sei que alguma coisa sempre pode ser feita".

B. *"Os meus, sim, é que são profundos..."*. – Essa é outra afirmação que geralmente encerra a desculpa de não poder fazer nada e que nos remete à anterior. Às vezes, é expressão de orgulho diante da "dificuldade" da tarefa. De um modo ou de outro, porém, encerra atitudes que talvez não sejam as mais oportunas para os alunos sobre os quais recaem. A primeira delas é a de posse, de pertencimento. Evidentemente, é um modo de dizer, mas cada aluno não é de quem ensina, é de si mesmo, é um ser com autodeterminação, uma autodeterminação que é preciso alimentar e ensinar. A segunda é a que implica a qualificação das pessoas de acordo com seu nível de funcionamento intelectual. Uma pessoa não é "profunda", independentemente de seu nível de quociente intelectual recair na faixa assim denominada. Seu nível de QI é profundo, não a pessoa. A pessoa é pessoa antes de tudo e sem qualificativos. Da postura que se depreende da frase da epígrafe, falar de profundos implica quase necessariamente a atitude de que "não há nada a fazer", visto que "eles" são os "profundos". Da perspectiva que se expressa aqui, "profundos" não seriam os alunos, mas os contextos de aprendizagem em que se desenvolvem. Ou seja, o correto seria falar de "profunda" dificuldade do contexto para proporcionar a resposta educacional adequada, os apoios necessários para o progresso pessoal e social; o que obviamente implicaria o desafio de alcançar novos modos de ação educacional, ou outras adaptações das existentes

C. *"Eu estou vendo!, é que esse menino é um..."*. – (Quem ler isso, preencha o pontilhado com a síndrome que considerar a mais difícil no momento de realizar um trabalho educativo.) "Por que este menino se morde?", pergunta com assombro um visitante. "Ah, é que ele é um Lesch-Nyhan". Um exemplo como esse implica o raciocínio de que diante de uma alteração tão claramente biológica e em que há uma certa coincidência em seu fenótipo comportamental ou psicológico, as manifestações de quem padece dela são as "próprias". Como se toda a pessoa fosse uma síndrome; como se todas as manifestações fossem consequência irremediável da patologia subjacente. Pois bem, a patologia não condiciona, em sua totalidade, a expressão de competências da pessoa. Além disso, cada pessoa pode ter, em graus diversos, as diferentes alterações que possamos imaginar; e, de modo mais relevante, as manifestações de cada pessoa são expressão não apenas da biologia, mas da cultura e dos contextos, cultural e social, em que se encontra. A ação de uma pessoa é o resultado da interação entre a pessoa e seu ambiente. Por isso, independentemente da síndrome, sempre há mais uma cartada no contexto educacional. Quem tem como tarefa ensinar deve manifestar sempre sua crença na potencialidade de todas as pessoas, independentemente de serem maiores ou menores as limitações em seu funcionamento.

Dito isso, talvez estejamos mais próximos da intenção deste capítulo: a atuação educativa é um direito e uma possibilidade real em alunos com necessidades de apoio generalizado. O que são necessidades de apoio generalizado?

DEFINIÇÃO DE NECESSIDADES DE APOIO GENERALIZADO

A Association for Persons with Severe Handicaps adotou a seguinte definição de pessoas com grave deficiência:

> Pessoas de qualquer idade que necessitam de apoio externo amplo em mais de uma das principais atividades da vida, tendo em vista participar de cenários integrados da comunidade e desfrutar da qualidade de vida que estão ao alcance dos cidadãos e das cidadãs com nenhuma ou alguma deficiência. Pode-se necessitar de apoio para atividades da vida como mobilidade, comunicação, cuidado pessoal e aprendizagem como algo necessário para viver com independência, para o trabalho e a auto suficiência (Meyer, Peck e Brown, 1991, p. 19).

Vários aspectos podem ser destacados nessa definição. Em primeiro lugar, o conceito de apoio para as atividades da vida: enfatizam-se os apoios requeridos, e não as limitações existentes; em segundo lugar, o objetivo de participação em cenários integrados, o que deixa clara a capacidade de toda pessoa para participar, com os apoios adequados, dos recursos que a comunidade oferece a seus integrantes; e, em terceiro lugar, o objetivo permanente de desfrutar da qualidade de vida que é comum às demais pessoas do ambiente, o que implica que toda pessoa pode viver uma vida plena em sociedade. Os três aspectos são essenciais em vista de uma atuação educativa. A missão da escola, em consonância com uma definição desse estilo, será proporcionar os suportes, os apoios necessários para uma vida de qualidade e de plena participação comunitária. Uma definição como essa também tem a vantagem de não qualificar as pessoas, mas de centrar-se no tipo de apoios que requerem. Isso é algo crucial na concepção atual de deficiência mental, patrocinada pela American Association on Mental Retardation e vigente desde 1992. A definição de deficiência mental diz o seguinte:

> A deficiência mental refere-se a limitações substanciais no desenvolvimento ordinário. Caracteriza-se por um funcionamento intelectual significativamente inferior à média e ocorre junto com limitações associadas em duas ou mais das seguintes áreas de habilidades adaptativas possíveis: comunicação, cuidado pessoal, vida doméstica, habilidades sociais, utilização da comunidade, autogoverno, saúde e segurança, habilidades acadêmicas funcionais, lazer e trabalho. A deficiência mental manifesta-se antes dos 18 anos. (1997, na versão castelhana)

Esta é a proposta que impera hoje (e presumivelmente vigorará nas primeiras décadas deste século XXI) quanto ao projeto e à dotação de recursos. Nela insiste-se particularmente que a deficiência mental não é algo que esteja no indivíduo – "não é algo que se tem, como os olhos azuis ou um coração fraco. Também não é como ser alto ou magro". (American Association on Mental Retardation, 1997, p. 25) –, mas está na interação da pessoa com um funcionamento limitado e no ambiente. Por isso, a resposta necessária é o planejamento dos apoios correspondentes tendo em vista a melhoria contínua na expressão das habilidades adaptativas, nas competências emocionais e psicológicas e de saúde. Além disso, tudo o que foi dito aplica-se a qualquer pessoa, independentemente do nível de limitação em seu funcionamento.

A partir dessas formulações, propôs-se recentemente um novo modo de descrever as pessoas tradicionalmente denominadas "gravemente afetadas", "plurideficientes", etc. Em consonância com o conceito de deficiência mental exposto anteriormente (no qual não se qualificam as pessoas quanto ao seu nível de funcionamento intelectual, mas quanto ao tipo e à intensidade dos apoios requeridos), adota-se o termo pessoas com deficiência mental com necessidades de apoio generalizado (Tamarit et al., 1997, p. 5). A definição diz o seguinte:

> Pessoas com necessidades persistentes de apoio de tipo extenso ou generalizado em todas ou em quase todas as áreas de habilidades de adaptação (comunicação, cuidado pessoal, vida doméstica, conduta social, utilização da comunidade, autogoverno, saúde e segurança, conteúdos escolares funcionais, lazer e trabalho), com um funcionamento intelectual no momento presente sempre abaixo da média e, em geral, muito limitado, e com presença bastante frequente de condutas desajustadas e/ou transtornos mentais associados. Às vezes, mas não necessariamente, essa condição descrita pode se apresentar junto com graves deficiências sensoriais, motoras e/ou graves alterações neurológicas.

Análise da definição

Examinemos a definição ponto por ponto:

A. "Pessoas com necessidades persistentes de apoio de tipo extenso ou generalizado..."

O grau de intensidade das ajudas e dos apoios requeridos para facilitar ao máximo uma vida de qualidade pode variar de uma pessoa para outra. O manual sobre deficiência mental da associação americana define apoio do seguinte modo:

> "recursos e estratégias que promovem os interesses e as metas das pessoas com e sem deficiências, que lhes possibilitam o acesso a recursos, informações e relações próprias de ambientes de trabalho e de moradia integrados, e que dão lugar a um aumento de sua independência/interdependência, produtividade, integração comunitária e satisfação" (American Association on Mental Retardation, 1997, p. 128).

Propõem-se quatro níveis de apoio, em função de sua intensidade:

> Intermitente: Apoio "quando for necessário". Caracteriza-se por sua natureza episódica. Assim as pessoas nem sempre necessitam do(s) apoio(s), ou apenas precisam de apoio de curta duração, em transições no ciclo vital (perda de trabalho ou agravamento de uma doença). Os apoios intermitentes podem ser proporcionados com uma intensidade alta ou baixa.
> Limitado: Intensidade dos apoios caracterizada pela persistência temporal por tempo limitado, mas não intermitente. Pode requerer um menor número de profissionais e menos custos que outros níveis de apoio mais intensivos (preparação para o trabalho por tempo limitado ou apoios transitórios na passagem da escola para a vida adulta).
> Extenso: Apoios caracterizados por sua regularidade (por exemplo, diária) pelo menos em alguns ambientes (como a casa ou o trabalho) e sem limitação temporal (por exemplo, apoio a longo prazo e apoio em casa a longo prazo).
> Generalizado: Apoios caracterizados por sua estabilidade e elevada intensidade; proporcionada em diversos ambientes; com possibilidade de perdurar por toda a vida.
> Esses apoios generalizados costumam requerer mais pessoal e maior tendência à intrusão que os apoios extensos ou os limitados (American Association on Mental Retardation, 1997, p. 52).

Pois bem, referir-se a uma pessoa com necessidades de apoio generalizado implica que essa pessoa requer de modo praticamente contínuo recursos e estratégias muito específicos, intensos e geralmente complexos para ampliar sua participação na sociedade e para aumentar o desenvolvimento pessoal. Portanto, implica os dois últimos níveis de apoio.

A natureza dinâmica da necessidade de apoio é igualmente um fator-chave nessa definição. Ainda que o tempo em que tais apoios devam ser concedidos não seja circunstancial, mas prolongado ("necessidades persistentes", diz a definição), não necessariamente as pessoas exigirão o mesmo perfil de intensidade deles em todas as etapas da vida. De fato, é de se esperar uma melhora ao longo do tempo e uma modificação motivada por condições de vida diferentes. Portanto, isso significa que uma pessoa com necessidades de apoio generalizado em um período de sua vida pode, em um outro período, não mais se ajustar a essa condição. Isso é muito diferente do que tradicionalmente se entendeu até agora ao falar de "profundos" ou "gravemente afetados", em que aquele que se incluía em tal categoria permanecia nela por toda a vida. Além disso, a criação de recursos é diferente em uma definição como a que se apresentou aqui; implica, por exemplo, que não se cria o recurso e depois se adaptam as pessoas, mas valorizam-se as necessidades de cada pessoa e adaptam-se os recursos existentes para que sejam apoios eficientes.

B. "... em todas ou em quase todas as áreas de habilidades de adaptação..."

Esse é outro fator determinante na definição proposta. As necessidades de apoio de tipo extenso ou generalizado não existem apenas em determinadas áreas, sendo o restante dependente de apoios menos intensos. Falar de alunos com necessidades de apoio generalizado quer dizer que tais alunos têm limitações muito importantes em praticamente todas as áreas de funcionamento adaptativo.

Essas áreas são: comunicação, cuidado pessoal, vida doméstica, conduta social, utilização da comunidade, conteúdos escolares funcionais, lazer e trabalho (esta última não é aplicável às idades escolares).

Todas elas são áreas em que é preciso oferecer uma resposta educacional adequada, pois de seu desenvolvimento como conjunto depende o maior progresso das pessoas em seu contexto. Ou seja, uma definição com tal juízo obriga a considerar como objeto de atuação educacional de primeira ordem todas as áreas de conduta adaptativa, tendo em vista proporcionar os apoios necessários para que se produza um avanço permanente na adaptação das pessoas aos contextos em que vivem e dos quais participam. Além disso, como se verá mais adiante, mesmo dentro desse mapa de habilidades de conduta adaptativa, nem todas têm o mesmo peso. Em minha opinião, os conteúdos escolares funcionais, por serem muito importantes, tiveram um peso excessivo nas propostas educativas tradicionais. Já há algum tempo, apostou-se bastante em uma consideração curricular mais ampla, em que as normas, as atitudes e os valores são objeto de atenção especial. A partir da perspectiva assinalada aqui, habilidades como as sociais, as de comunicação ou as de autodireção ou autogoverno adquirem um relevo particular no âmbito educacional. Digamos que as pessoas progridem como pessoas graças às suas habilidades para envolver-se e participar com as demais pessoas em contextos comuns; para isso, necessita-se de algo mais que os conteúdos escolares tradicionais. A obrigação da escola é preparar os apoios para que ocorra um desenvolvimento adequado de todas as habilidades de adaptação necessárias.

C. "... com um funcionamento intelectual no momento presente sempre abaixo da média e, em geral, muito limitado..."

Era comum considerar-se a expressão "alunos gravemente afetados" como sinônimo de "profundos". Da forma como se propõe aqui, não tem sentido. O aluno com necessidades de apoio generalizado não obrigatoriamente apresentará um quociente intelectual que se situe no intervalo de funcionamento intelectual profundo. Pode haver alunos cujo QI seja mais elevado que o exigido para a categoria de profundo ou inclusive sério, mas que, devido à necessidade de amplos e persistentes apoios em praticamente todas as áreas de habilidades adaptativas, se situem no grupo de pessoas com necessidades de apoio generalizado. Também pode haver, ao contrário, alunos cujo QI esteja na categoria de profundo e que não necessitam de apoios extensos ou generalizados em quase todas as áreas de habilidades de condutas adaptativa. Ou seja, os apoios não são equivalentes ao QI, dependem mais do perfil de capacidades e limitações nas habilidades de adaptação. Na definição, porém, afirma-se que, em geral, o funcionamento intelectual será muito limitado.

D. "...com presença bastante frequente de condutas desajustadas e/ou transtornos mentais associados..."

Uma das dimensões consideradas na atual definição de deficiência mental é a psicológica e emocional. Ela também deve ser avaliada para decidir o perfil de apoios necessários para o desenvolvimento e o ajuste de cada pessoa.

Aproximadamente 1 de cada 3 pessoas com deficiência mental não institucionalizadas apresenta, além do diagnóstico de deficiência mental, o de transtorno mental (o que se denomina diagnóstico dual ou duplo). Geralmente, considera-se que tal incidência de transtornos psicopatológicos é de duas a seis vezes maior nas pessoas com deficiência mental do que naquelas sem deficiência mental (ver os artigos dos autores citados a seguir, publicados em um número monográfico da revista *Siglo Cero* sobre Transtornos Psicopatológicos no Atraso Mental: Szymanski, 1996; Reiss, 1996; e Weisblatt, 1996).

É provável que esse aspecto tenha uma repercussão maior na necessidade de apoios generalizados do que o maior ou menor QI. A escola deve dar resposta a esses alunos que, juntamente com a condição de deficiência mental, apresentam uma alteração psicopatológica associada que determina e condiciona suas vidas.

Nesse mesmo item, deve se considerar a presença frequente de condutas desafiadoras ou desajustadas em alunos com necessidades de apoio generalizado. A escola deve encarar como um desafio para sua missão educativa a presença de tais condutas (daí o nome de condutas desafiantes) e deve proporcionar os apoios educacionais necessários para que essas manifestações comportamentais sejam minimizadas ou eliminadas, independentemente das condições intelectuais daqueles que as manifestam ou de suas vinculações com síndromes específicas (Tamarit, 1995a, 1997, no prelo). Sob esse enfoque, a conduta não é apenas consequência de um nível de funcionamento intelectual ou de uma síndrome concreta, mas a expressão das condições pessoais em contextos sociais e culturais determinados; de modo que as respostas para atenuar essas condutas não se dirigem apenas à pessoa que as manifesta (modificações da conduta do indivíduo), mas também aos contextos em que ocorrem (modificação/adaptação dos ambientes em que esse indivíduo atua e do qual participa).

E. "...Às vezes, mas não necessariamente, essa condição descrita pode se apresentar junto com graves deficiências sensoriais, motoras e/ou graves alterações neurológicas."

Não há dúvida de que estamos falando de um conjunto de pessoas com uma alta probabilidade de que nelas coincida mais de uma deficiência e/ou incapacidade. A presença de alterações neurobiológicas geradoras de importante deficiência, tanto em aspectos intelectuais como motores ou sensoriais, é algo a se considerar, tendo em vista uma resposta educacional eficiente.

Os alunos com necessidades de apoio generalizado não obrigatoriamente têm de apresentar, em 100% dos casos, problemas motores graves associados, ou deficiências sensoriais (pouca ou nenhuma visão, pouca ou nenhuma audição), ou transtornos epiléticos não controláveis facilmente com a medicação. Mesmo nesses casos, nunca se deve esquecer que o importante não é a possível cegueira, ou a extrema redução da mobilidade, ou as crises recorrentes sem controle. Não se pode esconder uma falta de atenção educacional por trás dessas manifestações físicas; ninguém tem direito de escudar-se nelas para justificar uma carência de ação educativa. Como se afirmou antes, toda pessoa, independentemente de suas competências ou condições físicas, intelectuais ou emocionais, tem a possibilidade de melhorar se lhe forem proporcionados os apoios adequados.

Comentário final à definição

Após a análise do conceito proposto de necessidades de apoio generalizado, que pretende substituir outros usados anteriormente – frutos de uma determinada orientação educacional e de um clima sociocultural também determinado, tais como "gravemente afetados", "profundos", "plurideficientes", etc. –, nos permita o leitor uma breve nota final:

Essa não é uma proposta para uma linguagem "politicamente correta"; não se pretende modificar palavras, mas atitudes; o objetivo é criar disposições de compreensão, de apoio, de possibilidade em face da impotência, de avanço em face do estancamento. Falar de alunos com necessidades de apoio generalizado é falar do direito que eles têm de progredir em seu desenvolvimento mediante a ação educativa que todos temos obrigação de proporcionar; é falar da permanente capacidade de toda pessoa para avançar em seu desenvolvimento pessoal e em seu ajuste aos contextos nos quais atua, quando conta com as ajudas adequadas; é falar de uma escola em ação, dinâmica, para além de seus muros, imersa na sociedade, comprometida com a ação educativa para todos os alunos, independentemente de suas condições pessoais.

Os esforços empreendidos nos últimos tempos no sentido de antepor as pessoas às suas capacidades estão propiciando uma mudança real, para além das palavras (De la Parte, 1995). Nesse sentido, o estudo de Aiguabella e González (1996) também aponta para as necessidades de pessoas adultas com graves limitações. Esses autores propunham, em uma primeira fase de seu trabalho, uma definição de grave limitação na mesma linha que a exposta aqui: tal definição inicial, que não foi aceita posteriormente, dizia o seguinte:

> Aquela pessoa com uma séria limitação em seu autocuidado e em sua comunicação, que muito provavelmente terá outras limitações associadas em outras áreas, tais como: deslocamento, saúde e segurança, necessita de uma infinidade de apoios generalizados, que se caracterizam por sua consistência e elevada intensidade, por serem oferecidos em diferentes ambientes, e que podem durar a vida toda (p. 30).

O fruto de todos esses esforços é e será a permanente melhoria da qualidade de vida das pessoas, missão essencial das ações educativa e social.

ALGUNS ASPECTOS CRÍTICOS DO DESENVOLVIMENTO DESSES ALUNOS

Geralmente, as pessoas com necessidades de apoio generalizado apresentaram tal condição desde as primeiras etapas de sua vida, em sua maioria desde o momento em que nasceram. Diante de suas necessidades, antes de contar com apoios profissionais, sociais e educativos adequados, suas famílias e seu entorno geralmente passaram por épocas de confusão, desânimo, solidão e indefensibilidade. As dinâmicas de relação estabelecidas foram moduladas pelas múltiplas necessidades quanto à saúde, à alimentação, ao sonho, etc. Na maior parte das vezes, tudo isso configura um sistema de relações peculiar, cuja análise é necessária para entender as circunstâncias em etapas posteriores da vida.

Em primeiro lugar, é preciso enfocar as expectativas das famílias em relação ao desenvolvimento de seus filhos com deficiências múltiplas e graves. Obviamente, todas as famílias, regra geral, buscam ativamente a evolução contínua das capacidades de seus filhos com necessidades de apoio generalizado. Em um expressivo grupo de famílias, o principal interesse reside em encontrar a origem médica da deficiência ou em favorecer as melhores condições de saúde física, enfrentando, com todas as armas disponíveis, a permanente melhora da capacidade, dando ênfase à etiologia, geralmente difusa, do problema. Apenas em um segundo plano, ou em uma segunda fase, encontra-se a dimensão correspondente às habilidades de conduta adaptativa. Nesse sentido, a família muitas vezes não vê a escola como a organização que provê os recursos de que seus filhos necessitam. É uma obrigação, é algo conveniente, mas o hospital e o médico especialista são o centro e o grande guia que nortearão suas ações em face de seus filhos. Além disso, a escola eventualmente encarrega-se de indicar às famílias que, no caso de seus filhos, em razão das múltiplas e graves que apresentam, pouco se pode fazer, pois sua tarefa é orientada para aqueles que cooperam em sua aprendizagem, que têm as capacidades mínimas exigidas. O resto, em palavras a desterrar, reduz-se à mera assistência. Evidentemente, nossa aposta aqui é pela escola. Aquela que diante do aluno, independentemente de suas condições de saúde ou de sua capacidade, assume o desafio a que obriga sua missão de proporcionar a toda criança um desenvolvimento ajustado ao contexto, com plena confiança de que o avanço é sempre possível, desde que se ofereçam os apoios adequados.

A condição, porém, não deixa de ser real e converte o assunto em um círculo de inércia sem desenvolvimento. A família não espera nada da escola, a escola não oferece nada à família. Diante disso, a escola deve erigir-se em núcleo substantivo organizador dos apoios que cada aluno requer; deve dirigir o percurso de seu progresso pessoal em todas as facetas lavradas pela condição de incapacidade.

Em segundo lugar, em parte consequência do anterior e em parte fruto da limitação real de seus filhos em regular o ambiente, as famílias tecem sistemas de relações marcadas principalmente pelo caráter unidirecional. Os pais se envolvem pouco a pouco em estilos de relação caracterizados por interações iniciadas quase sempre por eles, e não por seus filhos com deficiência. Desse modo, tais crianças, além de suas muitas dificuldades, têm poucas oportunidades de atuar sobre o mundo, de praticar atos que repercutam realmente, que tenham consequências visíveis e legíveis para elas. São crianças que têm o necessário sem precisar fazer nada para conseguir e, por outro lado, meninos e meninas cujas ações não têm repercussão social, que não encontram sentido e nem continuidade no contexto, são ações ancoradas em um vazio social, carentes de resposta no contexto, sem continuidade, incompletas pela limitação do meio em compreendê-las ou percebê-las. Há uma dificuldade muito grande para realizar o que é indispensável no desenvolvimento normal: a atribuição adequada de intencionalidade aos atos dos pequenos por parte dos adultos responsáveis por sua criação.

Além do mais, esse é o estilo tradicional no ensino. Os professores são os artífices da ação e os alunos devem dar respostas a essas ações; contudo, é necessário no desenvolvimento contar com uma conduta autodeterminada, com a consciência de que somos arte e parte do que nos ocorre, que temos algo a ver com as respostas e com as ações de nosso entorno.

Algo, porém, está mudando. Entre outros fatores, o esforço realizado nas equipes de profissionais de atendimento precoce, dirigido a proporcionar informação às famílias e habilidades às crianças, está configurando uma nova atitude nas famílias e na escola. As famílias estão cada vez mais informadas das necessidades de seus filhos, e as escolas assumem com uma confiança cada vez maior o desafio de proporcionar-lhes uma educação de qualidade.

Em resumo, as poucas oportunidades de participação social e as expectativas de pouco avanço em famílias ou profissionais são alguns dos elementos críticos a considerar quando se pretende oferecer apoio educacional a essas crianças.

AVALIAÇÃO DAS HABILIDADES DOS ALUNOS COM NECESSIDADES DE APOIO GENERALIZADO

Esse é um tema complexo, no qual ainda temos um longo caminho a percorrer. Algumas coisas, porém, já estão sendo delineadas como relevantes para a tarefa. Uma delas é que os procedimentos de avaliação em uso, baseados em testes padronizados referentes às normas, devem ser complementados com procedimentos mais apoiados na valoração referente a contextos. Os testes devem servir para valorizar as manifestações das pessoas, não apenas, em relação a outras, mas em relação aos contextos naturais nos quais se desenvolvem. Outro aspecto importante é que, em oposição a valorações interessadas nos aspectos intelectuais – qual é o QI de uma pessoa? –, é preciso oferecer valorações das habilidades relevantes na adaptação das pessoas ao contexto. As habilidades de conduta adaptativa são o foco da avaliação. Os procedimentos de caráter ideográfico, como a observação, as listas de condutas e habilidades, a entrevista a agentes significativos, etc. constituem a ferramenta essencial nessa avaliação. Os testes de caráter padronizado também constituem uma valiosa ferramenta, mas devem ser complementados com os anteriores (ver American Association on Mental Retardation, 1997). Neste item, examinaremos algumas dessas ferramentas e formularemos ideias sobre como desenvolver a tarefa avaliadora. A ideia não é tanto listar instrumentos, mas analisar os mais focados no grupo populacional a que nos referimos, procurando, ao mesmo tempo, que sejam de fácil aquisição em nosso meio.

Escalas gerais de avaliação da conduta adaptativa

Neste item, serão analisadas brevemente duas escalas. Uma delas é o ICAP, disponível em castelhano. A outra é a ABS, patrocinada pela Associação Americana sobre Atraso Mental, disponível em língua inglesa.

O ICAP (Inventario para la Planificación de Servicios y la Programación Individual)

O ICAP (Montero, 1993; Bruininks et al., 1986) é um instrumento normativo tipo pesquisa, projetado para "coletar o maior número possível de dados de um amplo número de pessoas com a maior economia de esforço" (Montero e Martinez, 1994, p. 34). Esse instrumento, que pode ser utilizado não apenas com pessoas com deficiência de todas as idades, mas também em grupos de idosos ou de pessoas com transtornos mentais, permite obter dados sobre a conduta adaptativa (destrezas motoras, sociais e comunicativas, pessoais e de vida em comunidade) e sobre condutas desajustadas (autolesões, hábitos atípicos, retraimento, agressão, destruição de objetos, etc.). Obtém-se, com o teste, entre outras informações, um índice chamado de Nível de Necessidade de Serviço (composto em 70% pelas pontuações obtidas em condutas desafiantes), que orienta sobre a intensidade de apoios que a pessoa requer.

Esse teste dispõe de um gestor informático de dados (um disquete de computador com um programa de gestão dos dados do teste) que ajuda na correção, permite realizar informes, gerir dados de um conjunto amplo de pessoas e fazer comparações entre grupos conforme, por exemplo, o tipo de serviço.

Em resumo, o ICAP é um instrumento que, junto com outras provas normativas, observações, entrevistas, etc., ajuda na tarefa de determinar o perfil de apoios requeridos por uma pessoa com deficiência para o seu progresso pessoal e social.

ABS (Adaptative Behavior Scales)

Essas escalas foram promovidas pela então American Association on Mental Deficiency (a atual American Association on Mental Retardation) nos anos 1970 com o objetivo de proporcionar um instrumento que informasse sobre um amplo espectro de habilidades adaptativas e de conduta das pessoas com deficiência mental (Nihira et al., 1975). Tem duas partes, uma para a avaliação das habilidades de adaptação e outra para a avaliação da conduta.

A primeira parte avalia 10 âmbitos (ver Quadro 13.1) e a segunda, 14 áreas (ver Quadro 13.2).

Depois da publicação, em 1992, do trabalho sobre o conceito atual de deficiência mental, foram revisadas e continuam divididas em dois formatos: um mais dirigido à comunidade e à vida doméstica (Nihira et al., 1993); e outro mais dirigido à escola (Lambert et al., 1993). Recentemente, apareceu um novo instrumento, *Assessment of Adaptive Areas AAA* (Bryant et al., 1996), para converter as pontuações obtidas em tais escalas às 10 habilidades de conduta adaptativa propostas no manual de classificação e definição da deficiência mental a que já nos referimos (American

QUADRO 13.1 Dimensões avaliadas na primeira parte do teste ABS

1. Funcionamento independente (comer, uso do banheiro, limpeza, aparência, cuidado com a roupa, vestir-se, despir-se, viajar, outro funcionamento independente).
2. Desenvolvimento físico (desenvolvimento sensorial, desenvolvimento motor).
3. Atividade econômica (manejo de dinheiro e orçamento, habilidades de compra).
4. Desenvolvimento da linguagem (expressão, compreensão, desenvolvimento da linguagem social).
5. Números e tempo.
6. Atividade doméstica (limpeza, cozinha, outras atividades domésticas).
7. Atividade vocacional.
8. Autodireção (iniciativa, perseverança, tempo livre).
9. Responsabilidade.
10. Socialização.

QUADRO 13.2 Áreas de conduta avaliadas na segunda parte do teste ABS

1. Conduta violenta e destrutiva.
2. Conduta antissocial.
3. Conduta rebelde.
4. Conduta de falsidade.
5. Conduta de isolamento.
6. Conduta estereotipada e maneirismos extravagantes.
7. Modos interpessoais inapropriados.
8. Hábitos vocais inaceitáveis.
9. Hábitos inaceitáveis ou excêntricos.
10. Conduta autolesiva.
11. Tendências hiperativas.
12. Conduta sexual aberrante.
13. Alterações psicológicas.
14. Utilização de medicamentos.

Association on Mental Retardation, 1997). É provável que, no futuro, esses instrumentos sejam amplamente utilizados para a avaliação de necessidades de apoio em pessoas com atraso mental.

Instrumentos para a avaliação das habilidades comunicativas e das habilidades sociais

Geralmente, os alunos com necessidades de apoio generalizado carecem de linguagem oral e têm sérias limitações em suas competências de compreensão do mundo social interpessoal. Além disso, não é raro que, em consequência do que foi dito anteriormente, apresentem condutas desafiantes que dificultam ainda mais a tarefa de avaliação dessas áreas essenciais de adaptação. Aqui se apresentam dois instrumentos disponíveis na Espanha, pensados especialmente para alunos com necessidades de apoio generalizado. Um deles é a prova ACACIA (Tamarit, 1994), projetada pela equipe CEPRI de Madri, e a outra é a proposta de adaptação do questionário ECO realizada por Hernández (1995).

O teste ACACIA

Esse teste sustenta que a avaliação da comunicação em crianças com grave deficiência é possível por meio de formatos reais de interação. A ideia básica é que, do mesmo modo que em outros testes para determinar o nível de funcionamento intelectual apresentam-se diferentes situações com materiais específicos (por exemplo, cubos para construir uma torre, cartões para configurar uma história, etc.), para avaliar a comunicação e a competência social devem-se apresentar situações "problema" com o material essencial em um ato de comunicação, isto é, com pessoas. A ACACIA consiste em um roteiro estruturado de interação, gravado em vídeo e posteriormente analisado para determinar o perfil comunicativo de crianças sem linguagem oral e com um nível baixo de funcionamento intelectual e oferecer ideias básicas para a intervenção. Também serve para diferenciar crianças com deficiência mental sem autismo e crianças com autismo e deficiência mental.

O roteiro de interação, que dura pouco mais de 14 minutos, é uma sequência estruturada, seguida ao pé da letra pelo adulto que interage com a criança durante o teste, e que consta das 10 seguintes situações ("tentações para a comunicação"):

1. *Exibição de brinquedos:* o adulto, sentado diante da criança, expõe os diferentes materiais para brincar que estarão presentes na primeira parte (um xilofone, um radiogravador, uma bola, um carrinho, etc.).
2. *Manipulação de brinquedos:* o adulto brinca com os brinquedos sem chamar a atenção da criança, a quem responde se ela iniciar uma interação.
3. *Atitude passiva com brinquedos:* o adulto se retira um pouco para descansar.
4. *Gestos comunicativos:* o adulto dá uma série de diretrizes à criança, do tipo "olha", "pega", "não alcanço".
5. *Afastamento de brinquedos:* o adulto coloca os objetos fora do alcance.
6. *Exibição de comida:* o adulto apresenta à criança coisas de comer ou de beber que se sabe que ela aprecia, mas que estão colocadas fora de seu alcance.
7. *O que está comendo?:* o adulto come o que há em um saco que não tem nenhuma indicação externa (a criança desconhece o conteúdo).
8. *Jogos interativos:* o adulto realiza uma série de sequências repetidas de jogos interativos com a criança.
9. *Atitude passiva sem objetos:* o adulto se retira para descansar e finge que está dormindo; então, o câmera chama-o em voz alta.
10. *Objeto em caixa transparente:* o adulto dá à criança uma caixa transparente fechada com um objeto desejado dentro dela.

Em um teste como este, assim como no que se examinará a seguir, a criança não fala, não tem de resolver nada de maneira determinada; consiste justamente em determinar o tipo de esquemas ou estratégias que implementa diante dessas situações-problema, e não se ela utiliza uma ou outra estratégia. Nesse sentido, é um teste situacional, que determina o nível de capacidade, e não o grau de limitação.

O questionário ECO (Evaluación de la Comunicación)

O questionário ECO (adaptado por Hernández, 1995) consta de uma série de perguntas que se fazem a título de entrevista a pessoas significativas (familiares, professores) sobre crianças (geralmente em educação infantil, mas também em etapas posteriores) que têm dificuldades na comunicação e sobre os contextos em que interagem. Seu objetivo é extrair informação qualitativa sobre o tipo e o uso de habilidades comunicativas espontâneas. Como no caso do instrumento anterior, a ênfase reside naquilo que as crianças fazem, sozinhas ou com ajuda, e não naquilo que não fazem. Além disso, a informação obtida e a análise realizada sobre ela permitem, de modo rápido e eficaz, propor e estabelecer adaptações do currículo e objetivos concretos de atuação educacional para a melhoria das habilidades de comunicação.

Compõe-se dos quatro itens seguintes:

1. Funções comunicativas.
2. Resposta à comunicação.
3. Interação e conversa.
4. Contexto.

Instrumentos como este são uma ferramenta simples, mas poderosa e de grande ajuda na tarefa de determinar os apoios necessários para o avanço na comunicação.

As propostas da AAMR (American Association on Mental Retardation)

A concepção de atraso mental (American Association on Mental Retardation, 1997) é acompanhada de toda uma metodologia para a avaliação dos apoios recebidos pelas pessoas para avançar em suas habilidades de adaptação. Os alunos com necessidades de apoio generalizado não são um grupo à parte do coletivo de pessoas com deficiência mental e, por isso, os procedimentos oferecidos neste trabalho para a determinação de apoios são válidos também para eles.

As características de tal proposta são, essencialmente, o diagnóstico, a classificação e os sistemas de apoio para uma pessoa. Implicam um processo de três etapas: a primeira delas assume a tarefa de decidir se é preciso diagnosticar se uma pessoa apresenta ou não a condição de deficiência mental, depois de avaliar o nível de funcionamento intelectual (inferior a um QI de 70/75), a presença de limitações significativas em duas ou mais áreas de habilidades adaptativas e uma idade de aparição anterior aos 18 anos aproximadamente. A segunda etapa do processo centra-se em identificar as capacidades e as limitações dessa pessoa nas quatro dimensões relevantes (funcionamento intelectual e habilidades adaptativas, considerações psicológicas/emocionais, considerações físicas/de saúde/etiológicas e considerações ambientais). A terceira e última etapa consiste em determinar o nível e a intensidade dos apoios que essa pessoa requer em cada uma das dimensões avaliadas.

Uma avaliação dessas características é muito útil para os profissionais da prática, pois oferece informação precisa e relevante para a criação de um programa real de intervenção educativa, evitando-se a sensação que existia antes de carência de significação dos dados mais globais sobre o funcionamento intelectual. A expressão: "de que serve saber se Carmem tem um QI de 22?", que se pode ter ouvido em diversas ocasiões da boca de uma professora ou de um professor depois de ter lido um informe psicológico, perde a razão de ser com essa proposta, pois o informe justamente detalha para cada área e dimensão não o nível de competência, mas o nível de ajuda, de apoio, de que necessita para avançar em seu desenvolvimento. Nesse sentido, a tarefa reside em detalhar procedimentos e objetivos capazes de proporcionar esses apoios que foram detectados como necessários.[1]

PROPOSTAS EDUCACIONAIS PARA O TRABALHO COM ALUNOS COM NECESSIDADES DE APOIO GENERALIZADO

Neste item final, apresentam-se algumas ideias consideradas chave para a atuação educativa de que tais alunos necessitam, uma atuação educativa que os transcende e que se insere em seu ambiente. Nesse sentido, a tarefa da escola é ensinar habilidades relevantes para a adaptação ao contexto, planejar ambientes promotores de participação e desenvolvimento pessoal e social e realizar ambas as ações de modo que tenham um impacto real na melhoria contínua da qualidade de vida presente e futura de seus alunos. Ensino de habilidades, planejamento de ambientes e melhoria da qualidade de vida são as três diretrizes que vamos propor, aqui, para aqueles que têm necessidades de apoio generalizado, mas não são muito diferentes das que se deveriam considerar em qualquer ação educativa, independentemente das condições dos alunos aos quais se destina.

O ensino de habilidades adaptativas

A concepção atual de atraso mental comentada ao longo do capítulo encoraja a uma mudança dos objetivos tradicionalmente centrais na educação e, concretamente, na educação de alunos com necessidades educativas especiais. Em face de uma proposta de ação educacional com peso maior nos conteúdos escolares funcionais e, secundariamente, nas habilidades relacionadas com o cuidado pessoal, perfila-se um plano diferente, com o peso repartido em mais áreas, e diferente em cada uma delas, dependendo das necessidades pessoais de apoio.

Assim, o ensino de habilidades de comunicação, de habilidades sociais, de lazer, de vida doméstica, de saúde e segurança, de autodireção e de uso da comunidade é incorporado ao de conteúdos escolares e cuidado pessoal para configurar um mapa de focos de atenção educativa relevantes para o desenvolvimento integral de cada pessoa. É preciso ensinar as crianças, desde pequenas, a zelar por sua saúde, a fazer escolhas e a tomar decisões, a planejar atividades de lazer, a comunicar seus desejos, a relacionar-se com os outros de modo culturalmente ajustado, a conhecer e utilizar os recursos que o ambiente lhes oferece, a conhecer e usufruir os eventos culturais significativos, a reconhecer e desfrutar a beleza nas manifestações artísticas, etc. E a escola, obviamente em íntima colaboração com a família, é o lugar para o qual confluem os recursos para que se produza esse ensino. Uma escola que trabalhe em equipe, com uma coletividade que compartilhe um conhecimento e uma postura de apoio, respeito e compreensão, que entende que o futuro de seus alunos dependerá, em grande medida, do cumprimento de sua missão de educar. E uma escola que ofereça seu trabalho com a convicção de que os profissionais da educação não são escultores do desenvolvimento pessoal de seus alunos, mas guias e promotores deste. A autodeterminação, a capacidade – o direito – de ser agente do próprio progresso, de escolher e decidir, é essencial, e deve ser um ponto central nos planos educacionais.

Assim, e com disposição apenas de expor, e não de serem exaustivos, alguns objetivos para alunos com necessidades de apoio generalizado podem ser:

1. *Ensinar a escolher entre dois objetos.* – Por exemplo, entre duas peças de roupa, entre duas frutas na sobremesa, entre dois materiais para brincar, entre dois colegas para fazer uma tarefa em colaboração com iguais. A escolha deve ser feita em situação real, isto é, com consequências reais (se escolho maçã, em vez de pera, como a maçã), embora se possam utilizar diferentes meios de apresentação das opções (objeto real, foto, pictograma, etc.).

2. *Ensinar atos de comunicação espontâneos e funcionais.* – Seja mediante a linguagem oral ou códigos alternativos, entendendo que o relevante não é o código utilizado em si, mas a função que o acompanha. Ou seja, a tarefa não é ensinar códigos, mas ensinar funções com

códigos adequados (ver Baumgart et al., 1996 e Tamarit, 1993). Ensinar, por exemplo, a pedir ajuda diante de uma necessidade.

3. *Ensinar a tolerar adequadamente um exame de saúde rotineiro.* – Atualmente, no CEPRI, estamos ensinando crianças pequenas a permanecer na cadeira de dentista, dentro de um programa de aproximação progressiva da melhora da saúde oral, que tem importantes implicações em tais crianças (com suas limitações de comunicação, fica difícil informarem sobre episódios de dor de dente, o que pode aumentar a probabilidade de aparição de condutas desajustadas; as medicações que tomam e determinados hábitos são fatores de risco de alteração na saúde dental; etc.).

4. *Ensinar a ter controle sobre as medicações pessoais.* – Uma conduta autodirigida é essencial para o desenvolvimento pessoal adequado. Nesse sentido, é melhor que um aluno aprenda a pedir sua medicação, a estar atento a ela e a participar de seu preparo do que um adulto lhe oferecer a pílula na hora estipulada. Isso é possível mediante o uso de "agendas pessoais" (cadernos com velcro autoadesivo em que se colocam pictogramas, desenhos, fotos ou objetos em miniatura, representativos das ações diárias), introduzindo um elemento (por ex.: um pictograma) informativo de remédio depois do pictograma de "comer", se o remédio tiver de ser usado depois da refeição.

5. *Colaboração com colegas.* – Realizando tarefas que necessitem de duas pessoas para serem desenvolvidas (por ex.: tirar um balde de lixo entre duas pessoas; um varre o pátio e o colega segura a pá de lixo, etc.).

6. *Estimular a lembrança autobiográfica.* – Para qualquer um de nós, é importante poder recuperar uma lembrança, seja mentalmente, seja mediante fotos ou outros documentos e objetos. Para os que têm necessidades de apoio generalizado, as lembranças não se armazenam com facilidade na memória e não se recuperam facilmente. Fazer álbuns de fotos com lembranças pessoais, ou um álbum sonoro de lembranças significativas (por exemplo, uma fita cassete que pode escolher ouvir em um *walkman* em seu tempo livre e que tenha uma gravação de algumas frases de pessoas familiares, alguns sons peculiares – por exemplo, seus próprios sons de há muito tempo –, a música que cantaram no seu aniversário, etc.).

E, assim, poderia haver muitos mais, tais como: ensinar a compreender e expressar emoções básicas, ensinar hábitos de cuidado pessoal, tolerar a demora do que deseja, ensinar habilidades básicas de relaxamento, ensinar comportamentos de privacidade, planejar a elaboração de uma receita de cozinha mediante o apoio de fotos, objetos em miniatura ou pictogramas, ensinar atividades para o lazer adaptadas às suas capacidades e aos seus interesses, etc.

A projeção de ambientes que promovem a participação e o desenvolvimento

Em coerência com a ideia básica de que o atraso mental é a expressão da interação entre as habilidades pessoais e o ambiente, o apoio educacional não deve centrar-se apenas no desenvolvimento dessas habilidades, mas sim, e necessariamente, em criar e promover ambientes favorecedores de tal desenvolvimento.

São três as características que podem definir um ambiente promotor da participação real de pessoas com grave deficiência e do desenvolvimento de suas habilidades: o ambiente deve ser psicologicamente compreensível (legível), deve ser significativo do ponto de vista educacional e, finalmente, deve contar com relações baseadas na reciprocidade. Vejamos, a seguir, um comentário breve sobre cada uma delas.

Ambientes psicologicamente compreensíveis

Todos nós necessitamos de informação antecipada para planejar nossa ação. Ir a uma cidade de carro, por exemplo, é possível graças às indicações nas estradas, que nos orientam sobre o caminho correto. Pois bem, a informação antecipada é essencial também para as crianças com necessidades de apoio generalizado. É um direito que têm... e é obrigação dos profissionais buscar os meios de proporcioná-la de maneira que possam compreender. O uso de fotos, pictogramas ou objetos reais em miniatura, representativos das diversas atividades diárias, é uma forma de proporcionar tal informação prévia, e algo que tem repercussões importantes e positivas no desenvolvimento e na conduta (Tamarit et al., 1990; ver também Baumgart et al., 1996).

Ambientes significativos do ponto de vista educacional

As salas de aula, como locais de aquisição de aprendizagens, são mais do que as paredes que as limitam, ou que o mobiliário que tradicionalmente as decora. Um contexto de aprendizagem se produz quando se participa ativamente de atividades planejadas em ambientes significativos do ponto de vista educacional. Em outras palavras, pode-se falar de sala de aula como tal quando os alunos participam de uma atividade com sentido para eles (motivadora, ajustada a seus interesses e a suas características, significativa e funcional), em um ambiente com potencialidade e significação educativas (Tamarit, 1995; Tamarit et al., 1998). As salas de aula são o refeitório, o banheiro, a rua, a loja, a quadra de esportes, etc. A tarefa do professor é decidir os objetivos de ensino e organizar os apoios para sua aquisição mediante atividades relevantes em ambientes significativos.

Relações baseadas na reciprocidade

Como já se ressaltou, as crianças com necessidades de apoio generalizado frequentemente tiveram uma história de desenvolvimento com um alto grau de passividade. As próprias relações com os familiares configuram-se, muitas vezes, em esquemas nos quais os adultos ditam a ação ou a interação e as crianças respondem, ou se procura que aprendam a responder, adequadamente. No entanto, é necessário um estilo de interação iniciado pelas crianças e no qual os adultos respondem, de modo que as crianças percebam sua capacidade para regular o mundo social, seu poder de levar as pessoas a fazerem coisas quando realizam determinadas ações. Para favorecer tudo isso, os adultos profissionais devem entender que, na tarefa educativa, são técnicos, sim, mas também pessoas, de modo que tal tarefa tem uma mescla de capacidade técnica e de capacidade humana para estabelecer relações de caráter recíproco.

A melhoria permanente na qualidade de vida

Ultimamente, tem se destacado a importância de considerar os modelos de qualidade também nas organizações dedicadas à educação e à reabilitação de pessoas com deficiência. Mas, além de lutar para que a escola seja uma organização caracterizada pela qualidade e melhoria contínua, deve-se lutar para que sua ação tenha uma repercussão real, o impacto certo, sobre a qualidade de vida de seus alunos. As atividades e os objetivos devem servir à finalidade última de melhorar a qualidade de vida. Devem ter impacto em alguma das dimensões centrais que configuram uma vida de qualidade e que são as seguintes (Shalock, 1997): bem-estar emocional, relações interpessoais, bem-estar material, desenvolvimento pessoal, bem-estar físico, autodeterminação, inclusão social e direitos. Em alguns alunos com necessidade de apoio generalizado, uma proposição necessária é que as ações educacionais dirigidas a eles sejam avaliadas da perspectiva da repercussão que devem ter nas diferentes dimensões de qualidade de vida. Tais ações não são promessas vazias, mas devem ser tijolos compactos na construção paulatina de uma vida de qualidade, com inclusão e participação plenas e respeitadas na comunidade.

NOTA

1. O Capítulo 14 desenvolve o tema da avaliação psicopedagógica.

QUARTA PARTE

Avaliação e Assessoramento

Nos capítulos centrais deste livro, que constituem a segunda e terceira partes, foram abordados os problemas evolutivos e educacionais que apresentam os diversos alunos com necessidades educativas especiais. Em todos eles, fez-se uma breve referência aos modelos de avaliação e às estratégias de intervenção mais adequadas, levando em conta os problemas específicos que os alunos manifestam. Há, contudo, certos temas que, por sua amplitude e relevância, exigem um tratamento mais global e independente. São os temas que constituem a última parte do livro.

O primeiro capítulo trata da avaliação psicopedagógica. Sem dúvida, é o primeiro passo para detectar os problemas potenciais ou atuais dos alunos e para propor as primeiras respostas educativas. A avaliação psicopedagógica não é apenas um momento inicial. É também uma reflexão permanente a partir do desenvolvimento e do progresso nas aprendizagens dos alunos que deve orientar a resposta educativa que se ofereça. A avaliação exige uma atitude atenta às mudanças que se produzem nos alunos, um espírito de cooperação entre diferentes pessoas que podem proporcionar algum tipo de informação sobre o aluno e a capacidade de determinar que tipo de informação é mais relevante para fundamentar as decisões a serem adotadas.

O capítulo seguinte refere-se às adaptações no âmbito da atenção à diversidade dos alunos. Uma vez detectadas as necessidades educativas dos alunos mediante a avaliação, é preciso propor e realizar mudanças que lhes permitam o acesso ao currículo e, além disso, a adaptação desse mesmo currículo às suas possibilidades. Os sistemas de acesso e a disponibilidade do currículo são as duas faces de um mesmo processo, que deve permitir aos alunos que avançam em suas aprendizagens. Por sua vez, as adaptações do currículo constituem a última etapa na avaliação psicopedagógica, uma etapa que deve estender-se à avaliação das próprias adaptações curriculares.

O terceiro capítulo desta parte oferece uma ampla reflexão sobre um dos maiores objetivos da ação educativa: ensinar a pensar. Um objetivo que não é apenas patrimônio dos alunos chamados de normais, mas que deve estender-se também aos alunos com necessidades educativas especiais. Sua incorporação aos processos de ensino obriga a uma séria revisão do currículo que se oferece. Em face do enfoque mais tradicional, que diferencia entre o currículo e os programas específicos para desenvolver certas habilidades, destacam-se o valor e a dificuldade de enfoques integradores, nos quais a potenciação das habilidades cognitivas e metacognitivas constitui o eixo estruturante do desenvolvimento curricular.

O último capítulo trata de um dos temas mais importantes para a educação dos alunos com necessidades educativas especiais: a tarefa da família e a necessária cooperação entre os pais e os professores. A escola não pode estar desvinculada de um dos contextos privilegiados para o desenvolvimento infantil: a família. Tal afirmação adquire ainda mais força e significado quando os alunos sofrem de transtornos do desenvolvimento desde os primeiros anos. A constatação desse fato pelos pais provoca emoções profundas neles e repercute em todos os membros do sistema familiar. Pela importância do contexto familiar, um assessoramento adequado e apoio profissional ao longo de todo o crescimento do aluno com necessidades educativas especiais será um dos pilares básicos em seu processo educativo.

14 A avaliação psicopedagógica

CLIMENT GINÉ

INTRODUÇÃO

A avaliação das possíveis necessidades educativas dos alunos revela-se como um dos componentes mais críticos da intervenção psicopedagógica não apenas porque os profissionais da área psicopedagógica (psicólogos, pedagogos e psicopedagogos) dedicam a tal tarefa boa parte do seu tempo, mas porque nela se fundamentam as decisões voltadas à prevenção e, se for o caso, à solução das possíveis dificuldades dos alunos e, em última análise, à promoção das melhores condições para o seu desenvolvimento.

O contexto em que os psicopedagogos situam a maior parte de suas atuações no campo da avaliação psicopedagógica talvez seja o escolar, razão pela qual o presente capítulo centra-se preferencialmente nesse âmbito. Nesse sentido, é preciso ter presente que a concepção atual do processo de ensino e aprendizagem implica mudanças importantes no modelo de avaliação das necessidades educativas dos alunos e, consequentemente, nas práticas e nos instrumentos utilizados; o modelo vigente até agora – e que ainda se manifesta com muita vitalidade –, orientado para o indivíduo e baseado na utilização de instrumentos muitas vezes descontextualizados, revela-se claramente insuficiente para a formulação da resposta educativa.

Essas mudanças têm sua origem na necessidade de analisar e conceituar as dificuldades e os problemas que os alunos apresentam ao longo de seu desenvolvimento a partir de um modelo que, no plano psicológico, assuma a origem social do desenvolvimento e da aprendizagem; e, no plano pedagógico, obedeça a um enfoque plenamente educacional. Ou seja, voltado à identificação dos apoios necessários para o seu progresso. As características mais importantes de tal modelo, no contexto escolar, são apresentadas no Quadro 14.1.

Consequentemente, a prática da avaliação psicopedagógica deve ser coerente, tanto do ponto de vista conceitual quanto do metodológico, com a origem social do desenvolvimento, e portanto da aprendizagem, e com uma visão das diferenças individuais como indicadores da natureza e do tipo de apoios que devem ser proporcionados aos alunos. Não é inútil recordar que a tradição nesse campo e as inércias profissionais, provavelmente decorrentes tanto da formação recebida quanto das insuficiências próprias do modelo e dos instrumentos utilizados, seguem mais um modelo clínico, que tende à categorização dos indivíduos a partir das características do sujeito, normalmente expressas em termos de déficit.

Por outro lado, a importância dos contextos no desenvolvimento e na adoção de um enfoque educacional implica admitir que a avaliação psicopedagógica não é uma tarefa que um profissional (pedagogo, psicólogo, psicopedagogo) possa assumir de forma exclusiva. Ao contrário, é imprescindível a estreita colaboração desses profissionais com os outros indicadores presentes nos diversos contextos de desenvolvimento; em particular, os pais e os professores. A interdisciplinaridade é um requisito para a adequada avaliação das necessidades educativas especiais dos alunos, embora se deva

QUADRO 14.1 Principais aspectos que caracterizam as dificuldades de aprendizagem

O desenvolvimento é fruto da interação do indivíduo, com seu equipamento biológico de base, com os adultos e os colegas significativos nos diferentes contextos da vida.
A interação se dá pelas oportunidades e pelas experiências que os adultos/colegas proporcionam ao indivíduo (aluno).
Para que se possa produzir desenvolvimento (aprendizagem) é necessária a participação do aluno e a orientação do adulto (professor) e/ou de colegas mais capazes.
O que deve preocupar o profissional não é aprofundar-se no déficit, mas sim conhecer as possibilidades.
Deve-se evitar o estabelecimento de categorias entre os alunos conforme suas condições pessoais, centrando-se nas condições que afetam seu desenvolvimento pessoal e que justificam a provisão de determinadas ajudas específicas.
Existe uma ampla gama de necessidades comuns a todos os alunos e, por isso, os apoios especiais de que possam necessitar alguns deles terão sempre um caráter complementar.
As necessidades educativas especiais revelam sempre um elevado grau de relatividade e podem ter um caráter permanente ou transitório.
As necessidades educativas de um aluno devem ser identificadas com base nas exigências que a escola lhe coloca, de maneira geral, em torno do currículo.
A identificação das necessidades educativas especiais dos alunos converte-se no início da determinação das atuações educativas apropriadas e dos recursos pessoais e materiais que se deve proporcionar a eles tendo em vista seu progresso pessoal.

---

reconhecer a pouca tradição de trabalho cooperativo e respeitoso entre os diversos profissionais envolvidos.

Assim, neste capítulo,[1] propõe-se, em primeiro lugar, um marco conceitual e metodológico para a análise e a conceituação das dificuldades e dos problemas que os alunos apresentam ao longo de seu desenvolvimento e, portanto, para a identificação das eventuais necessidades especiais decorrentes. Em outras palavras, oferece-se e justifica-se uma concepção interativa e contextual da avaliação; esta não pode limitar-se ao sujeito, mas deve estender-se aos diversos âmbitos e às circunstâncias presentes no desenvolvimento. Nesse sentido, a avaliação das necessidades educativas especiais dos alunos adquire pleno sentido quando, além das condições particulares de um aluno determinado, é orientada à melhoria das condições do processo de ensino e aprendizagem e à identificação dos apoios necessários para o seu progresso.

Em segundo lugar, descreve-se o processo de identificação das necessidades educativas especiais no contexto escolar e os aspectos que devem ser contemplados; ao mesmo tempo, sugerem-se práticas avaliadoras e instrumentos coerentes com o modelo proposto.

O último item centra-se na identificação e na valoração dos apoios necessários ao longo do processo educacional com especial referência à elaboração das adaptações curriculares, como medida de ajuste da resposta educativa às necessidades especiais de alguns alunos.

A AVALIAÇÃO PSICOPEDAGÓGICA: A TRANSCENDÊNCIA DE UM NOVO MODELO

Uma concepção interativa e contextual do desenvolvimento

Nas últimas décadas, foram numerosos os autores (Schaffer, 1977 e 1993; Bruner, 1977; Bronfenbrenner, 1987; Wertsch, 1979 e 1988; Kaye, 1986; Rogoff, 1993) que coincidiram em destacar a natureza social do desenvolvimento humano, no sentido de que este ocorre no âmbito das relações pessoais no marco de um contexto determinado; como afirma Martí (1994), abandonam-se, consequentemente, posições centradas no indivíduo e que concebem o desenvolvimento principalmente como uma "viagem solitária", para usar a metáfora de Bruner, e também aquelas que, mesmo reconhecendo a importância do contexto no desenvolvimento, consideram o indivíduo e o contexto como entidades independentes que se condicionam mutuamente.

De acordo com a obra de Vygotsky, o desenvolvimento humano é visto como uma atividade social em que as crianças participam de ações de natureza cultural que se situam além de sua competência mediante a ajuda dos adultos ou de colegas mais experientes.

Em síntese, pode-se afirmar que o processo de desenvolvimento, e portanto de aprendizagem, é fruto da interação do sujeito (com seu equipamento biológico de base e sua história pessoal) com os adultos e os colegas significativos nos diversos contextos da vida (família, escola, sociedade); assim, a valoração dos possíveis transtornos e problemas que eventualmente possam surgir ao longo do processo de desenvolvimento deverá levar em conta todas as diferentes variáveis que intervêm nele, estabelecendo uma clara diferença em relação a outros modelos de avaliação (diagnóstico), centrados unicamente na valoração do sujeito.

A natureza interativa e contextual do desenvolvimento tem, ainda, uma outra consequência que não se pode ignorar. Não basta identificar as possíveis variáveis capazes de explicar o problema. A solução passa também pela mudança das condições do ambiente, de forma que incidam favoravelmente no progresso dos alunos. As dificuldades e os transtornos dos alunos não são independentes das experiências que lhes são proporcionadas em casa e na escola nem dos suportes que lhes oferecem.

Algumas consequências para a avaliação das necessidades educativas dos alunos

Parece claro que, se o desenvolvimento e a aprendizagem dos alunos dependem das oportunidades e das experiências que os adultos e os companheiros lhes ofereçam nos diversos contextos do desenvolvimento, o processo de identificação das possíveis necessidades educativas especiais dos alunos no âmbito escolar terá de contemplar todas as variáveis que incidem no ensino e na aprendizagem.

É preciso, porém, reconhecer que não é por esse enfoque que se tem abordado tradicionalmente a avaliação das necessidades educativas especiais dos alunos. Em geral, a preocupação tem sido diagnosticar com base em determinados critérios (QI, tipo de déficit ou transtorno) e classificar os alunos afetados em grupos supostamente homogêneos.

Pelo menos quatro características destacam-se no enfoque tradicional:

1. A avaliação centra-se fundamentalmente no aluno.
2. A avaliação é feita com testes, à margem dos contextos de desenvolvimento.
3. O QI transforma-se em um critério para determinar o nível de desenvolvimento.
4. O tipo de déficit converte-se no melhor indicador para determinar os apoios necessários.

Assim, parece que a adoção de um modelo de desenvolvimento de natureza interativa e contextual deveria gerar mudanças importantes nas práticas de avaliação próprias desse enfoque tradicional. Entre outras, vale assinalar os seguintes:

Em primeiro lugar, é preciso dotar-se de um modelo explicativo do desenvolvimento como o que se indicou, que permita, por um lado, identificar as práticas de avaliação mais apropriadas em cada caso e, por outro, relacionar as diversas informações coletadas e atribuir-lhes o sentido adequado.

Em segundo lugar, as práticas profissionais e os instrumentos devem acomodar-se à concepção interativa do processo de ensino e aprendizagem no contexto da sala de aula, mas também, quando for o caso, em relação ao contexto familiar ou social.

Em terceiro lugar, acima de outros interesses, o que realmente importa é saber quais são as necessidades dos alunos em relação aos suportes de que necessitam para progredir.

Em quarto lugar, a informação coletada deverá permitir o ajuste constante (tipo e intensidade) da ajuda que o professor presta ao aluno ou ao grupo de alunos.

E, em quinto lugar, a informação coletada deverá permitir a tomada de decisões referentes à otimização do contexto, nesse caso, a escola.

A nova definição de deficiência mental proposta pela American Association on Mental Retardation (1997) oferece um bom exemplo do que acabamos de assinalar, ao mesmo tempo em que constitui um referente de autoridade. Tal definição baseia-se em uma aproximação multidimensional do fenômeno de deficiência, que acarreta consequências importantes para a avaliação psicopedagógica. Se a mencionamos de maneira necessariamente breve no âmbito deste capítulo, é simplesmente porque constitui um claro exemplo do que se afirmou até agora, concretizando-se no campo de uma das condições pessoais de deficiência mais frequente, como é a deficiência mental.[2]

De fato, a nova definição converte-se em um indicador da força e da universalidade das posições sustentadas; ou seja, o enfoque interativo e contextual do desenvolvimento e da avaliação é amplamente compartilhado, e não pode ser atribuído a razões de oportunidade nem de modismo presentes nas novas formulações da reforma educacional espanhola.

As consequências da nova definição são:

1. Amplia o conceito de deficiência mental – até agora muito limitado aos aspectos intelectuais –, incorporando dimensões não consideradas devidamente.
2. Rechaça a confiança depositada no QI como critério para atribuir um nível de deficiência.
3. Deixa claro que as capacidades do indivíduo são moduladas pelas exigências que lhe sejam colocadas nos vários contextos.
4. As necessidades particulares dessas pessoas apresentam uma estreita relação com o tipo e o nível de apoio de que dispõem.

A American Association on Metal Retardation utiliza um triângulo para representar a definição:

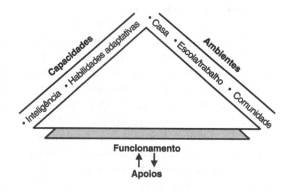

O ponto mais importante desse tema reside do enfoque funcional do atraso mental e, portanto, em sua avaliação; de fato, a avaliação das capacidades não pode ser feita sem relacioná-las com as exigências do ambiente (na escola, articuladas em torno do currículo) e com os apoios que o ambiente lhe proporciona para funcionar.

Os pontos débeis de uma pessoa sempre se manifestam em relação a um ambiente determinado (exigências e apoios) e, portanto, se ele é provido de suportes apropriados, seu funcionamento melhorará. Fica claro, mais uma vez, que a atenção deve ser deslocada do sujeito para o ambiente, sendo fundamental a identificação dos apoios adequados ao sujeito em cada contexto.

Como afirma a American Association on Mental Retardation (1997, p. 26), "para qualquer pessoa com deficiência mental, a descrição desse estado de funcionamento requer conhecer suas capacidades e compreender a estrutura e as expectativas de seu ambiente pessoal e social".

A definição da avaliação psicopedagógica

Assim, a avaliação psicopedagógica deve prestar informações relevantes para orientar a direção das mudanças que têm de ser feitas visando ao adequado desenvolvimento dos alunos e à melhoria da instituição escolar.

Dessa perspectiva, pode-se definir a avaliação psicopedagógica como:

> Um processo compartilhado de coleta e análise de informação relevante acerca dos vários elementos que intervêm no processo de ensino e aprendizagem, visando a identificar as necessidades educativas de determinados alunos ou alunas que apresentem dificuldades em seu desenvolvimento pessoal ou desajustes com respeito ao currículo escolar por causas diversas, e a fundamentar as decisões a respeito da proposta curricular e do tipo de suportes necessários para avançar no desenvolvimento das várias capacidades e para o desenvolvimento da instituição.

Convém deter-se um pouco na análise e nas consequências da definição que se propõe (Giné, 1997). Trata-se de um processo compartilhado de coleta e análise de informação relevante; a avaliação psicopedagógica não pode restringir-se a um ato pontual, por mais sofisticados que sejam os instrumentos utilizados, nem à soma de diversas explorações em um mesmo período de tempo. Além disso, deve contemplar os diversos elementos que intervêm no processo de ensino e aprendizagem; ou seja, o próprio aluno, o contexto escolar (classe e instituição) e o contexto familiar.

A informação coletada deve permitir a identificação das necessidades educativas dos alunos. A finalidade mais importante da avaliação psicopedagógica não é classificar os alunos em diferentes categorias diagnósticas e fazer uma previsão sobre seu possível rendimento, mas orientar o processo de tomada de decisão sobre o tipo de resposta educativa que o aluno precisa para favorecer seu adequado desenvolvimento pessoal. Em outras palavras, a avaliação psicopedagógica deve servir para orientar o processo educacional em seu conjunto, facilitando a tarefa dos professores que trabalham cotidianamente com o aluno.

Uma avaliação centrada apenas na análise descontextualizada e normativa das capacidades do aluno, ou dos níveis de afecção ou perda, e concebida como tarefa exclusiva de um especialista, mostra-se claramente insuficiente. A multidisciplinaridade revela-se, assim, como uma condição indispensável do modelo de avaliação que se propõe, porque os agentes que intervêm nos diversos contextos, e em particular no processo de ensino e aprendizagem, são diferentes, todos eles devem ter um papel importante no processo de avaliação. Se a informação tem de ser coletada nas situações de aprendizagem na sala de aula, o professor passa a ocupar um lugar de primeira ordem no processo de avaliação e, além disso, ele será o responsável pelas diversas medidas de apoio que eventualmente se considerem necessárias.

A avaliação psicopedagógica, em última análise, deve proporcionar uma informação relevante não só para conhecer de forma completa as necessidades dos alunos e seu contexto escolar, familiar e social, como também para fundamentar e justificar a necessidade de introduzir mudanças na oferta educacional e, se for o caso, a adoção de medidas de caráter extraordinário. Consequentemente, essa informação deve ser obtida pela avaliação dos aspectos que se destacam a seguir:

1. A interação entre o professor e os conteúdos de aprendizagem, isto é, as práticas educativas na sala de aula, supõe avaliar fundamentalmente a qualidade da docência e a natureza da proposta curricular, ou seja, as programações da classe, o equilíbrio entre as diferentes capacidades e os vários tipos de conteúdo, a sequência, a metodologia e os critérios de avaliação.
2. A interação do professor com o aluno e a turma com relação aos conteúdos de aprendizagem; supõe estar atento à natureza da participação que se exige dos alunos, como também às ajudas que o professor lhes presta e à relação pessoal e afetiva que se estabelece entre este e o grupo; tal relação é crítica para o equilíbrio emocional e para a formação do autoconceito dos alunos.
3. A interação do aluno com seus colegas, seja individualmente com alguns deles, seja com o grupo; supõe conhecer o tipo e a qualidade da re-

lação, tanto no campo mais lúdico e afetivo como em relação à aprendizagem; ou seja, se existe ou não uma cultura de trabalho compartilhado.
4. Os contextos de desenvolvimento: a escola e, se for o caso, a família. Quanto à escola, interessa tanto a dimensão institucional como a mais próxima da classe, como cenário no qual ocorrem as interações do aluno com os professores, com os colegas e com os conteúdos de aprendizagem.

Finalmente, a avaliação psicopedagógica deve perseguir também a melhoria da oferta educativa em seu conjunto e, portanto, o desenvolvimento da instituição escolar entendida como sistema.

O PROCESSO DE IDENTIFICAÇÃO DAS NECESSIDADES ESPECIAIS DOS ALUNOS

Conforme o que se destacou no item anterior, o processo de identificação das necessidades educativas especiais dos alunos deve contemplar tanto o próprio indivíduo, com seu equipamento biológico de base e sua história pessoal de relação com o meio, como os diversos contextos de desenvolvimento dos alunos e, sobretudo, a relação que se estabelece entre eles.

Assim, tanto o indivíduo como a família e a escola convertem-se nos âmbitos próprios de avaliação; interessa conhecer as condições pessoais do aluno e a natureza das experiências que lhe são proporcionadas em casa e na escola, a partir da interação com os adultos e os companheiros em tais contextos e com os elementos materiais presentes.

Para cada um desses âmbitos, será necessário dispor de instrumentos adequados tanto para a avaliação do aluno (nível de competência curricular; ritmo e estilo de aprendizagem; condições pessoais de limitação) como para as experiências que lhe sejam proporcionadas na escola (aspectos institucionais; prática docente na classe) e na família (condições de vida em casa; práticas educativas familiares).

De todo modo, constata-se facilmente que, no modelo de avaliação que se propõe, a metodologia observacional e qualitativa tem primazia sobre outros enfoques. Ou seja, a informação verdadeiramente relevante é a que dá conta da relação entre as características do sujeito e as dos contextos em que este se desenvolve. Nesse sentido, as maiores dificuldades que os professores encontram para adotar um enfoque de avaliação como o que se propõe residem, por um lado, na possibilidade de dispor de instrumentos que respeitem o caráter interativo do desenvolvimento e, em particular, do processo de ensino e aprendizagem; e, por outro, na falta de formação específica e talvez de condições de trabalho que o ajudem. O estágio atual da pesquisa nesse campo faz com que seja praticamente impossível remeter o leitor a fontes de informação comparada.

A presença dessas dificuldades, porém, não pode ser desculpa para endossar o uso de métodos e instrumentos de avaliação com características clínicas, centrados exclusivamente no indivíduo; ao contrário, deveria servir de estímulo para um maior número de iniciativas que permitissem a médio prazo consolidar e comparar aproximações alternativas. De qualquer forma, é preciso insistir em que, para além dos instrumentos que eventualmente se possam utilizar, o importante é o marco conceitual (o modelo de avaliação) a partir de que são decididas as atuações a seguir e analisados os resultados.

Seria injusto não reconhecer a existência de um bom número de iniciativas orientadas para essa direção; nos últimos anos, alguns profissionais, seja no âmbito de uma equipe psicopedagógica, seja em uma escola, elaboraram diversos instrumentos, aperfeiçoados ano a ano por meio da prática e da reflexão conjunta. O que ocorre, infelizmente, é que, por diversas razões, tais iniciativas ficam restritas a um círculo reduzido de colegas e não são divulgadas pelos meios habituais.

E este é o caminho a seguir. Apesar das evidentes dificuldades, os desafios são claros:

poder coletar informação relevante sobre a interação do aluno com o professor, com os colegas e com os conteúdos, no âmbito da escola, que permita tomar decisões relativas à oferta educativa. O trabalho diário e a colaboração entre os profissionais envolvidos permitirão avançar na direção adequada.

A colaboração entre os profissionais não é apenas uma exigência do enfoque interdisciplinar da avaliação das necessidades educativas especiais, mas é também imprescindível para desenvolver posteriormente iniciativas que permitam dispor, a curto prazo, de procedimentos e instrumentos úteis que melhorem a atenção que se dá aos alunos e às escolas. Portanto, não se trata de uma questão estratégica nem metodológica, mas que é inerente à própria ação de avaliação.

O aluno e a avaliação psicopedagógica

O objetivo é saber em que medida as condições pessoais do aluno, inclusive as associadas a algum tipo de deficiência, podem afetar seu processo de desenvolvimento e, portanto, sua aprendizagem; ou seja, como incidem em suas possibilidades de relação com os adultos, com os colegas e com os conteúdos de aprendizagem. O nível de competências do aluno, seu autoconceito, as características e a gravidade de uma possível deficiência, a existência de outros transtornos associados ou de problemas de saúde, ou suas experiências precoces no âmbito familiar ou na escola podem ser indicadores extremamente úteis.

A exploração deveria incluir estas duas dimensões:

1. Aspectos referentes ao grau de desenvolvimento alcançado (em relação a todas as capacidades: cognitivas, motoras, de equilíbrio pessoal, etc. e em todas áreas).
2. Condições pessoais de deficiência (incluem-se aspectos físicos, biológicos e de saúde).

Grau de desenvolvimento

No que diz respeito à primeira dimensão, é necessário explorar a interação do aluno com os conteúdos e os materiais de aprendizagem, com os professores e seus colegas. A análise deve centrar-se na natureza das demandas do meio escolar, refletidas no currículo, em relação às características dos alunos. Dessa maneira, será mais fácil identificar o tipo de ajuda de que necessitará ao longo de sua escolarização.

a) *A avaliação das competências curriculares.* – Uma das informações mais relevantes sobre os alunos será proporcionada por uma avaliação de suas competências em relação ao currículo; recordando-se que a identificação das necessidades educativas especiais de um aluno não pode limitar-se a explorar seu "problema" ou suas condições pessoais de deficiência, mas deve estar atenta fundamentalmente à natureza das demandas da escola refletidas no currículo.

Em torno do currículo, os professores organizam as experiências de ensino e aprendizagem e, consequentemente, concretizam as oportunidades para estimular o progresso dos alunos; por isso, o conhecimento dos pontos fortes e fracos do aluno quanto à proposta curricular de sua escola é indispensável para poder ajustar a oferta educativa às suas necessidades e proporcionar-lhe os ajustes necessários.

Em suma, a avaliação das competências curriculares do aluno deve permitir a identificação do que o aluno é capaz de fazer em relação aos objetivos e aos conteúdos das diferentes áreas curriculares, levando em conta todas as capacidades (cognitivas ou intelectuais; motoras; de equilíbrio pessoal ou afetivas; de relação interpessoal e de atuação e inserção social) e os três tipos de conteúdos (conceitos, procedimentos e valores).

Segundo Coll e Martín (1993), avaliar as aprendizagens de um aluno equivale a especificar até que ponto ele desenvolveu determinadas capacidades contempladas nos objetivos gerais da etapa. Para que o aluno possa atribuir sentido às novas aprendizagens propostas, é necessária a identificação de seus conhecimentos prévios, finalidade a que se orienta a avaliação das competências curriculares.

Do ponto de vista metodológico, surgem três questões importantes: determinar os referentes que vão servir para realizar a avaliação; propor um protocolo de registro ágil e eficaz e concretizar o tipo de responsabilidade do professor e do psicopedagogo em tal processo (Giné, 1997).

Em primeiro lugar, é preciso especificar os referentes da avaliação das competências curriculares. Estes não podem ser outros senão os critérios de avaliação previstos para cada uma das áreas curriculares, visto que tais critérios informam o grau de desenvolvimento que se deseja que o aluno tenha alcançado ao final do ciclo e da etapa sobre cada uma das capacidades. Considerando que um critério não é, em si mesmo, diretamente observável, para cada critério de avaliação deverão ser escolhidas, necessariamente, diversas atividades ou tarefas referentes aos diversos conteúdos envolvidos, que possam informar sobre o grau em que o aluno cumpre os critérios de avaliação indicados.

Assim, trata-se de identificar, para cada uma das áreas, aquelas atividades – normalmente incluídas nos objetivos didáticos – mais representativas de cada um dos três tipos de conteúdos e que permitam avaliar o grau de cumprimento de cada um dos critérios de avaliação.

Ao final, a reflexão deve ser transferida a um duplo plano. Primeiro, o plano da análise das causas pelas quais um aluno não desenvolveu suficientemente uma determinada capacidade, o que leva a dirigir a atenção aos processos, que logicamente envolveriam tanto o aluno (como aprende) quanto o professor (como ensina). A análise dos conteúdos referentes aos procedimentos e às atitudes é particularmente aconselhável nesse campo. Segundo, o plano das medidas de ajuste da proposta educacional adequadas ao grau de desenvolvimento do aluno e, sempre que necessário, dos apoios necessários.

Em segundo lugar, é preciso decidir sobre o protocolo, que deve ser direto e simples. Deve considerar, por um lado, as atividades – objetivos didáticos – selecionadas e, por outro, se o aluno realiza ou não a atividade; sem dúvida, pode ser útil incluir alguma informação complementar a respeito da situação, se ofereceu ajuda ao aluno ou não, etc.

Convém assinalar, também, que o protocolo pode variar em função de uma circunstância muito frequente na prática psicopedagógica, que é se a avaliação da competência curricular é feita previamente à escolarização do aluno ou se ocorre quando o aluno passa a frequentar regularmente a escola. A diferença só poderia se justificar por razões de organização, e não de fundo. A realidade é que o tempo de que se dispõe em uma ou outra situação certamente é distinto, de modo que o razoável é que se adaptem as estratégias no momento de avaliar as competências curriculares de um aluno em uma ou outra situação; provavelmente, a adaptação poderia consistir em uma seleção maior das atividades no caso da avaliação prévia à escolarização.

Em terceiro lugar, é preciso estabelecer os termos de colaboração entre o professor e o psicopedagogo na avaliação das competências curriculares dos alunos. Não é uma tarefa simples e, seguramente, não é possível fixá-los de antemão. O que parece claro é que uma avaliação desse tipo adquire pleno sentido se for planejada, posta em prática e avaliada de forma conjunta entre o professor e o psicopedagogo. Fazer de maneira conjunta não significa que a participação dos dois profissionais tenha de ser necessariamente simétrica em todas as fases do processo; significa apenas que a colaboração é necessária e que só será obtida a partir da vontade e do trabalho, que permitirão encontrar as vias mais adequadas em cada caso.

Parece claro que o maior conhecimento do aluno e do currículo outorga uma responsabilidade particular ao professor ao longo de todo esse processo; a contribuição do psicopedagogo pode consistir mais em oferecer critérios psicopedagógicos para a seleção das atividades, na análise das causas que permitirão explicar o rendimento do aluno, na busca das alternativas de resposta e na avaliação da virtude do processo.

b) *Ritmo de aprendizagem*. – É importante saber como o aluno aprende e como é seu desempenho: as características individuais que definem a forma como enfrenta as tarefas escolares, suas preferências, seus interesses e suas habilidades. Em resumo, se trataria de obter informações sobre a combinação de processos cognitivos, motivacionais e afetivos.

A informações acerca dos níveis de competência e do tipo e do grau de conhecimento que o aluno manifesta em relação à proposta curricular, e também sobre a forma como aprende, é indispensável para tomar decisões sobre ajudas necessárias para facilitar seu progresso pessoal e acadêmico, quer digam respeito a procedimentos metodológicos, a alternativas de organização ou mesmo a modificações da proposta curricular.

Condições pessoais de deficiência

O que interessa saber, nesse caso, é como as condições pessoais de deficiência podem afetar a aprendizagem. Os alunos com necessidades educativas especiais decorrentes de deficiências sensoriais, motoras ou psíquicas apresentam um série de peculiaridades que incidem em seu processo de desenvolvimento pessoal e que é preciso conhecer a fundo para ajustar a resposta educativa e proporcionar-lhes as ajudas necessárias. Visto que nesse âmbito há uma tradição maior, são citados aqui apenas os três aspectos mais importantes:[3]

1. Natureza da deficiência motora, sensorial ou mental e sua incidência na aprendizagem. Ou seja, de acordo com a American Association on Mental Retardation (1997), identificar as capacidades, as limitações e as necessidades de apoios. Por exemplo, a avaliação da mobilidade e da comunicação nos alunos com deficiência motora com o objetivo de identificar os suportes técnicos mais adequados; ou a avaliação, tanto das características comunicativo-linguísticas nos alunos surdos, como também o grau de perda dessas características.
2. Aspectos etiológicos e, se for o caso, neurológicos.
3. Aspectos de saúde: condições de saúde/doença; higiene; hábitos alimentares.

Diferentemente dos modelos mais clínicos, não interessa o aprofundamento das condições e da natureza do déficit, mas o esforço deve ser dirigido à identificação de como esses fatores condicionam a aprendizagem e, portanto, quais os apoios de que se necessita.

O contexto escolar como âmbito da avaliação psicopedagógica

Em uma concepção interativa do desenvolvimento, a avaliação adequada do processo de aprendizagem de um aluno exige que se leve em conta o conjunto de experiências ao longo de seu processo de escolarização, mediadas fundamentalmente pelas variáveis que afetam a escola em seu conjunto e pelos processos de ensino.

Trata-se, em suma, de explorar, por um lado, em que medida a existência ou não de um projeto educacional compartilhado e de um projeto curricular que leva em conta a diversidade dos alunos, com todas as medidas organizacionais e metodológicas que isso implica, pode afetar a qualidade do ensino que o aluno recebe; e, por outro, os processos de ensino implementados na sala de aula: a relação do professor com os conteúdos e com o aluno, como também a relação do aluno com seus colegas.

A análise da instituição escolar

É preciso examinar os aspectos institucionais mais relevantes para a resposta educativa. Em primeiro lugar, como são atendidas as diferenças individuais na escola e como são identificadas as necessidades educativas. Em segundo lugar, quais as decisões adotadas em relação à metodologia e à avaliação dos alunos. Em terceiro lugar, os critérios utilizados para a distribuição dos espaços e do tempo, como também para a organização das atividades de ensino. Finalmente, as relações entre os professores e, de forma particular, a coordenação entre os professores de cada turma e o professor de apoio.

A análise da prática docente na sala de aula

Anteriormente (ver o item "Grau de desenvolvimento", p. 285), descreveu-se o instrumento de avaliação mais centrado na aprendizagem do aluno. Agora, abordamos a outra face da moeda, o processo de ensino que tem como protagonista o professor. Os dois processos, embora não esgotem todas as variáveis significativas, tornam-se críticos na valoração das necessidades educativas especiais dos alunos. De fato, deve-se ter presente que, nesse ponto, só se faz referência à relação do professor com os conteúdos e com os alunos, aspectos que deveriam ser complementados com a avaliação da relação do aluno com os conteúdos, com o professor e com os colegas.

No que se refere à avaliação da atividade docente, colocam-se três tipos de questões: quais podem ser os indicadores, como obter a informação mais relevante e em que deve consistir a colaboração entre o professor e o assessor psicopedagógico.[4]

a) Com respeito aos indicadores[5] que podem proporcionar informação sobre a atividade docente, isto é, sobre como o professor favorece a aprendizagem de seus alunos, podem-se indicar os seguintes:

- se a unidade didática foi adequadamente planejada;
- se as atividades são realizadas desde o início da sessão de trabalho;
- como o professor explica os conteúdos;
- que metodologia o professor adota;
- se são realizadas atividades de comprovação da compreensão pelo aluno dos conteúdos explicados e se, em consequência disso, adotam-se medidas de ajuste;
- natureza dos ajustes que o professor assegura aos alunos;
- tipo de participação que se pede ao aluno durante as aulas;
- se utiliza ou não estratégias de aprendizagem;
- que atividades de avaliação o professor utiliza e como utiliza esta informação com os alunos;
- a relação afetiva do professor com os alunos.

b) Uma forma de obter essa informação poderia consistir em analisar detidamente esses indicadores – e outros que a experiência dos profissionais aconselhe – para transformá-los em itens mais detalhados de observação na sala de aula. Ou seja, é fácil perceber que de cada indicador podem-se deduzir diversas atividades consideradas como "boas práticas", que se converteriam em aspectos a observar. O resultado seria uma lista – não necessariamente exaustiva – de itens para a observação da turma.

Fica claro, assim, que a metodologia a empregar nesse caso seria a metodologia observacional, que proporciona uma informação qualitativa sobre a natureza das experiências dos alunos na sala de aula e pode contribuir para uma compreensão melhor das dificuldades dos alunos e, consequentemente, do tipo de ajuste de que poderiam necessitar.

Não é demais advertir para o fato de que tal metodologia requer uma formação específica, e que não se pode banalizar a prática da observação: à falta de tradição relativa à observação na sala de aula, devem-se acrescentar as dificuldades metodológicas que implicam uma observação rigorosa e confiável.

c) A cooperação do professor com o psicopedagogo se estabelece em uma dupla direção. Por um lado, na elaboração dos itens de observação. Da experiência dos dois tipos de profissionais e da reflexão dentro das equipes podem emergir os indicadores e as atitudes que permitirão concretizar os itens que devem guiar a observação. A ambição de serem exaustivos e o preciosismo não costumam ser bons conselheiros nessa tarefa; todo registro de observação deve ser claro e de fácil utilização, tendo em vista que poderá ser aprimorado pela experiência.

Por outro lado, essa cooperação se concretiza na observação propriamente dita. É preciso uma boa dose de confiança, gerada por outras colaborações, antes de enfrentar o novo desafio. Além disso, não se deve partir de papéis predeterminados no que se refere ao observador e ao observado; todos – professores e psicopedagogos – deveriam ter alguma experiência de observar e de ser observados, pois só assim se percebe a riqueza e as dificuldades da metodologia empregada. Deve-se ter presente que a observação pode ser feita em tempo real, observação direta na sala de aula, ou gravação em vídeo da sessão de trabalho com os alunos para posterior observação.

A família como âmbito da avaliação psicopedagógica

Como se indicava no início do presente item, o contexto familiar constitui um âmbito fundamental para a identificação das necessidades dos alunos e, em consequência disso, para tomar decisões quanto à resposta educativa. De fato, a pesquisa atual atribui à família uma responsabilidade decisiva no desenvolvimento de todas as pessoas, dado que se configura como um contexto básico em que tem lugar a interação das crianças com seus pais e irmãos por meio da relação afetiva e das atividades e das experiências que estes lhes proporcionam. Como afirma Kaye (1986), "não devemos confiar em descobrir as explicações para o desenvolvimento dentro da criança; uma parte da responsabilidade do desenvolvimento cabe aos adultos que organizam as experiências dessas crianças e que lhes permitem estar ativas em diferentes tipos de atividades". Assim, o objetivo é saber, até onde seja possível, em que medida as condições de vida em casa e as práticas educativas familiares influem na direção que toma o desenvolvimento desses alunos.

Já que a intervenção no contexto familiar e, consequentemente, também na avaliação, é amplamente abordada em outro capítulo deste volume (ver o Capítulo 17), não parece necessário insistir nessa questão aqui. Basta recordar apenas a necessidade de dispor de informação relevante, tanto sobre as características do meio familiar – que podem favorecer ou dificultar o desenvolvimento do aluno (entre outras variáveis, é preciso levar em conta a estrutura, as condições físicas, os valores, as atitudes e as expectativas das famílias) – quanto sobre a interação que o aluno mantém com as várias pessoas que configuram seu ambiente familiar (relações afetivas, qualidade da comunicação, confiança/autonomia que lhe concedem, oportunidades que lhe proporcionam). O objetivo, em suma, é analisar as variações do ambiente familiar capazes de condicionar o desenvolvimento dos alunos, com o objetivo de melhorar, se for o caso, as práticas educativas familiares.

Para finalizar este item dedicado à avaliação psicopedagógica, vale recordar que não basta obter informação a respeito dos três âmbitos citados; o realmente decisivo é relacioná-la no marco da concepção do desenvolvimento indicado. O que sucede com a criança (seu progresso e suas dificuldades) não independe das experiências que lhe proporcionam em casa e na escola: ao contrário, a aprendizagem é construída por meio da interação que mantém com os adultos e os companheiros significativos nos diferentes contextos de desenvolvimento. E é justamente nesse trabalho de inter-relacionar a informação que aparece como imprescindível o caráter interdisciplinar da avaliação. A avaliação psicopedagógica não é uma questão reservada exclusivamente a especialistas; todos os profissionais – e os pais – devem participar do processo, evidentemente em graus distintos. É certo, porém, que as pessoas que ocupam um lugar relevante no processo de ensino e aprendizagem não podem ser excluídas do processo de avaliação.

A FINALIDADE ÚLTIMA DA AVALIAÇÃO PSICOPEDAGÓGICA

A função dos apoios

Se levarmos em conta a natureza social da aprendizagem, haveremos de convir que a avaliação psicopedagógica não pode limitar-se à descrição e à análise das características individuais do sujeito; nem tampouco, embora signifique um decisivo passo adiante, a estabelecer relações funcionais entre o nível de desenvolvimento desse sujeito e determinadas variáveis de seus contextos de desenvolvimento. A avaliação psicopedagógica deve ser orientada necessariamente para identificar as necessidades dos alunos em relação aos apoios pessoais e materiais necessários para estimular seu processo de desenvolvimento.

Algumas razões justificam tal afirmação. Em primeiro lugar, deve-se ter presente que o progresso do aluno não depende tanto de suas características pessoais quanto da natureza das oportunidades e das ajudas que lhe são oferecidas. Consequentemente, o tipo de apoios que eventualmente é oferecido a um aluno adquire um relevo particular. Não é demais lembrar que, como afirma Coll (1990), no processo de ensino e aprendizagem, o papel ativo do aluno na construção do conhecimento é tão importante quanto o apoio que lhe presta o professor. A influência eficaz exercida pelo professor é entendida em termos de um ajuste constante e interno de ajuda no processo de construção que o aluno realiza. Nessa mesma linha, deve-se entender o conceito de "participação guiada" introduzido por Rogoff (1993), que supõe a participação do aluno em atividades culturalmente valorizadas e o papel de guia/direção por parte do professor. Ambas as contribuições proporcionam o marco psicopedagógico adequado para compreender e situar o conceito de apoio.

O professor, porque dispõe dos cenários em que se concretizarão as situações e as oportunidades para a aprendizagem dos alunos e para guiar sua atividade, exerce uma influência decisiva. Nesse sentido, deve-se considerar as características dos alunos, visando ao ajuste da resposta mais adequada. O trabalho de ajuste progressivo é feito fundamentalmente mediante o aporte dos apoios adequados, que podem concretizar-se de forma diferente e que, às vezes, podem necessitar do concurso de elementos pessoais e materiais não costumeiros na classe.

Em segundo lugar, é preciso reportar-se à definição já mencionada de deficiência mental proposta pela American Association on Mental Retardation (1977), pela importância decisiva que atribui aos apoios no processo de desenvolvimento das pessoas com deficiência mental. Embora certamente seu objetivo esteja centrado nessas pessoas, sua contribuição também se aplica a pessoas com outra deficiência ou com outro problema de aprendizagem. A crença de que a oferta razoável de apoios necessários pode melhorar as capacidades das pessoas com alguma deficiência explica a necessidade de seu papel na educação de tais alunos (Schalock et al., 1994).

De tudo o que foi exposto, depreende-se que, no âmbito escolar, o tipo e o grau de apoio que deve ser prestado aos alunos é postulado pelo ajuste da oferta educacional, concretizada fundamentalmente no currículo, à natureza de suas necessidades identificadas por meio da avaliação psicopedagógica.

A título de resumo, e com relação ao ambiente escolar, a avaliação psicopedagógica dos alunos terá de proporcionar informação relevante, que permita responder às seguintes questões:

a) Necessidades educativas, condições do aluno e do contexto escolar:
   1. Necessidades educativas do aluno em termos de competência com relação às aprendizagens contempladas no currículo escolar.
   2. Condições do aluno que facilitam ou dificultam o processo de ensino e aprendizagem.
   3. Condições do contexto escolar, sobretudo da classe, que facilitam ou dificultam o processo de ensino e aprendizagem.

b) Tipos de atuações educativas que devem ser desenvolvidas na escola:
   1. Decisão quanto à escolarização (em uma escola regular ou em uma escola de educação especial).
   2. Decisão quanto à proposta curricular que, em função das com-

petências, poderia concretizar-se em uma adaptação do currículo.
3. Decisão com respeito às ajudas e aos apoios pessoais ou aos materiais necessários.
c) Tipos de atuações educativas que devem ser desenvolvidas no âmbito familiar.

A resposta educacional às necessidades dos alunos pode concretizar-se de forma distinta; às vezes, podem ser suficientes algumas decisões de organização e metodológicas na escola com relação a alguma área específica; outras vezes, no entanto, pode implicar uma proposta curricular que não seja a mesma dos colegas e que pode exigir a participação de outro professor ou especialista, inclusive em espaços e tempos diferentes.

Uma das formas mais frequentes dos apoios aos alunos com necessidades educativas especiais veio se concretizando nos últimos anos com a adaptação do currículo. Essa é uma questão que, por sua atualidade e por sua transcendência no processo educacional do aluno, mereceria ser abordada de forma mais detida e aprofundada; de todo modo, oferecemos a seguir algumas orientações gerais, tanto para sua elaboração como para sua avaliação.

A avaliação das adaptações do currículo

Em um sentido amplo, a adaptação do currículo pode ser entendida como um processo compartilhado de tomada de decisões voltadas a ajustar a resposta educativa às diferentes características e necessidades dos alunos, tendo em vista assegurar-lhes o pleno acesso ao ensino e à cultura. Portanto, essas decisões devem ser tomadas no âmbito do projeto educacional da escola, do projeto curricular da etapa e paralelamente às programações da classe. Devem participar delas tanto os profissionais diretamente envolvidos no processo de ensino e aprendizagem desses alunos, como os outros profissionais que podem oferecer uma informação relevante acerca de suas necessidades, como é o caso daqueles que prestam serviços nas equipes psicopedagógicas e nos departamentos de orientação.

No próximo capítulo, aborda-se amplamente o significado das adaptações curriculares e as fases de sua elaboração; por isso, não parece razoável fazê-lo nestas páginas. Basta dizer que o conceito de adaptação curricular não pode ser confundido com a programação da aula, que procura adaptar o projeto curricular da etapa às características dos alunos. O conceito de "adaptação do currículo" é reservado para quando a turma responde a um processo motivado, por diversas circunstâncias, de caráter extraordinário e que supõe uma resposta diferenciada para os alunos tributários dela; além disso, em determinados casos, a adaptação pode afetar um ou vários componentes prescritivos do currículo e, por isso, poderia ter consequências na vida acadêmica dos alunos, visto que pode comportar itinerários curriculares que não conduzam à obtenção do diploma de ensino médio.

Em síntese, trata-se de uma medida *refletida*, de caráter *extraordinário* – visto que se diferencia do que é de caráter geral, requerido pela maioria dos alunos –, que pode ter *transcendência* na vida acadêmica e que persegue o *máximo desenvolvimento* pessoal e social dos alunos.

O que é importante destacar no capítulo dedicado à avaliação psicopedagógica é tudo aquilo que se refere à própria avaliação das adaptações curriculares. Trata-se de um campo de estudo ainda com pouca tradição e escasso desenvolvimento no âmbito educativo. Está fora de dúvida, tendo em vista que a oferta educacional para determinados alunos pode concretizar-se em uma adaptação ou uma modificação do currículo, a necessidade de avaliar tanto a forma como se realizou o processo de tomada de decisões como a qualidade de seu conteúdo e sua contribuição para o progresso pessoal e acadêmico do aluno/a.

A seguir, apresentam-se brevemente três dimensões que deveriam ser levadas em conta em todo processo de avaliação das adaptações do currículo: sua qualidade, o processo de adoção das decisões e os resultados, e os apoios e serviços. De cada uma delas, sugerem-se algumas questões que podem orientar a tarefa de avaliação.

A qualidade das adaptações do currículo

Uma das preocupações constantes nesse campo remete à necessidade de assegurar que o conteúdo das adaptações cumpra determinados parâmetros e seja orientado a facilitar aos alunos seu máximo desenvolvimento pessoal e social para uma vida adulta autônoma e plena; ou seja, a máxima qualidade de vida nos termos que a sociedade estabelece para todos os seus cidadãos.

Diversos autores concordam que as melhores práticas educativas para os alunos com necessidades especiais são as funcionais, adequadas à idade cronológica e, sempre que possível, desenvolvidas nos ambientes comunitários e escolares do ensino comum – ainda que seja de forma parcial –, favorecendo assim a interação social.

Outro parâmetro a considerar é a necessidade de que os conteúdos da adaptação reflitam sempre aspectos "valorizados" na sociedade (Wolfensberger, 1986), mesmo que às vezes as atividades possam ser diferentes das que seus colegas realizam. Consequentemente, é imprescindível relacionar seus objetivos às capacidades que se estabelecem para cada etapa educacional.

Eis aqui algumas questões que podem ajudar a tornar claros os objetivos da avaliação, embora naturalmente não esgotem o tema:

1. Em que medida as adaptações do currículo facilitaram o progresso do aluno com necessidades especiais no que diz respeito à aquisição das capacidades da etapa? Quais foram os referentes curriculares?
2. Em que medida a adaptação do currículo que se propõe é realmente uma adaptação do currículo geral ou procede de enfoques e de materiais alheios a ele e inclusive antagônicos?
3. Até que ponto a adaptação do currículo facilitou a participação desses alunos em ambientes e atividades de ensino e de aprendizagem comuns a todos os alunos, ou geraram dinâmicas de segregação?
4. Será que se enriquece suficientemente a base de experiências do aluno? Qual é o tipo e o grau de participação do aluno na aplicação da adaptação?

O processo de tomada de decisões e os resultados

Há três parâmetros fundamentais que devem ser considerados. Em primeiro lugar, assegurar seu caráter extraordinário e que se ajuste às necessidades do aluno. Em segundo lugar, garantir que a adaptação seja fruto de um processo compartilhado pelos profissionais que têm a ver com a educação do aluno: o tutor, outros professores, o departamento de educação ou a equipe psicopedagógica, a comissão de coordenação pedagógica, os departamentos didáticos e os especialistas. Em terceiro lugar, é necessário avaliar até que ponto a adaptação elaborada serve aos objetivos de progresso do aluno que se tenham estabelecido.

As questões a seguir indicam alguns temas que é preciso ter presentes:

1. Que fatores foram levados em conta para proceder à elaboração de uma adaptação do currículo? De que maneira se identificaram as necessidades dos alunos?
2. Que processos e operações se seguiram para a adaptação do currículo, e qual seu vínculo com a identificação das necessidades especiais do aluno?
3. Em que medida a adaptação do currículo foi um processo compartilhado de tomada de decisões? Como intervieram na tomada de decisões os diferentes profissionais menciona-

dos antes, os pais ou tutores e, dependendo do caso, o próprio aluno?
4. Até que ponto foram consideradas as consequências de fazer uma adaptação do currículo com relação ao crescimento pessoal do aluno, sua promoção escolar, a passagem para outros ciclos, etapas educativas e estudos posteriores?

Os apoios e os serviços

Finalmente, é preciso avaliar a funcionalidade dos serviços e dos apoios que o aluno recebe. Os parâmetros que devem ser levados em conta são se a contribuição destes é justificada pelos objetivos educacionais assinalados da adaptação, assim como o tipo de ajuda que se presta; o grau de coordenação entre os professores – especialistas – de apoio e os demais professores que atendem os alunos; a relação entre a natureza do apoio que se oferece e os demais objetivos e conteúdos educativos trabalhados nas diversas áreas.

Uma última consideração. Quando se aborda a avaliação de um determinado processo ou de um produto é que se percebe com clareza a necessidade de dispor da maior concretização possível no que se refere à natureza do que se pretende avaliar. Nesse sentido, avançar em direção à proposta de procedimentos e instrumentos para a avaliação das adaptações do currículo exige mais transparência sobre o alcance e os objetivos das adaptações do currículo, como também sobre seus componentes e processo de elaboração.

NOTAS

1. Parte do conteúdo deste capítulo corresponde ao trabalho publicado pelo autor em "Suports, Revista Catalana d'Educació Especial i Atenció a la Diversitat", v. 1, n. 1 (1977).
2. Nos Capítulos 10 e 13, dedicados aos alunos com deficiência mental e aos alunos com necessidades de apoio generalizado, respectivamente, desenvolveu-se o significado dessa definição.
3. Os capítulos que constituem a segunda e terceira partes deste volume desenvolvem os aspectos aplicados às dificuldades ou às alterações que são abordadas em cada um deles.
4. No documento do MEC (1996) sobre "Avaliação Psicopedagógica: Modelo, Orientações e Instrumentos", abordam-se a fundo algumas dessas questões.
5. Na identificação desses indicadores, interveio de maneira decisiva Vicent Tirado, que os desenvolveu no documento citado do MEC (1996).

15
A atenção à diversidade na sala de aula e as adaptações do currículo

ROSA BLANCO

A educação escolar tem como objetivo fundamental promover, de forma intencional, o desenvolvimento de certas capacidades e a apropriação de determinados conteúdos da cultura, necessários para que os alunos possam ser membros ativos em seu âmbito sociocultural de referência. Para atingir o objetivo indicado, a escola deve conseguir o difícil equilíbrio de oferecer uma resposta educativa, tanto compreensiva quanto diversificada, proporcionando uma cultura comum a todos os alunos, que evite a discriminação e a desigualdade de oportunidades e, ao mesmo tempo, que respeite suas características e suas necessidades individuais.

Existem necessidades educativas comuns, compartilhadas por todos os alunos, relacionadas às aprendizagens essenciais para o seu desenvolvimento pessoal e sua socialização, que se expressam no currículo escolar. Nem todos os alunos, porém, enfrentam com a mesma bagagem e da mesma forma as aprendizagens estabelecidas nele, visto que têm capacidades, interesses, ritmos, motivações e experiências diferentes que medeiam seu processo de aprendizagem. O conceito de diversidade remete-nos ao fato de que todos os alunos têm necessidades educativas individuais próprias e específicas para ter acesso às experiências de aprendizagem necessárias à sua socialização, cuja satisfação requer uma atenção psicológica individualizada. Nem toda necessidade individual, porém, é especial. Algumas necessidades individuais podem ser atendidas pelo trabalho individual que o professor realiza na sala de aula: dar mais tempo ao aluno para a aprendizagem de determinados conteúdos, utilizar outras estratégias ou materiais educativos, planejar atividades complementares, etc. Em alguns casos, no entanto, determinadas necessidades individuais não podem ser resolvidas pelos meios indicados, sendo necessário pôr em prática uma série de ajudas, recursos e medidas pedagógicas especiais ou de caráter extraordinário, diferentes das que requer habitualmente a maioria dos alunos. Nesse caso, pode-se falar de necessidades educativas especiais para referir-se aos alunos que apresentam dificuldades de aprendizagem ou defasagens em relação ao currículo que corresponde à sua idade.[1] Para serem atendidas, essas dificuldades requerem modificações que facilitem e reforcem o progresso destes alunos, tanto na organização e no funcionamento da escola, como nas adaptações no currículo e nos meios para ter acesso a ele.

O capítulo enfoca a resposta educativa à diversidade dos alunos e dá uma atenção especial às adaptações curriculares individuais. O primeiro item tem um caráter mais amplo e aborda a educação na diversidade a partir do currículo escolar e da escola. Em seguida, reflete-se sobre a tarefa educativa na sala de aula. No terceiro item, desenvolvem-se o significado, as características e as fases das adaptações curriculares. Finalmente, indicam-se as características de um modelo de intervenção que favorece a resposta educativa aos alunos com necessidades educativas especiais.

A EDUCAÇÃO NA DIVERSIDADE

A resposta à diversidade no currículo escolar

Tradicionalmente, a escola centrou-se na satisfação das necessidades educativas comuns, que se expressavam em objetivos traçados em função do enganoso e inexistente "aluno médio", sem preocupar-se com as necessidades individuais. Dessa perspectiva, os alunos que não conseguem alcançar os objetivos estabelecidos são segregados das mais variadas formas: criando grupos dentro da turma para os mais lentos ou atrasados; classes especiais para atender os alunos com dificuldades de aprendizagem ou de conduta; ou enviando os alunos para escolas especiais. A esse tipo de medidas subjaz a ideia de que os problemas de aprendizagem têm sua origem em variáveis ou fatores individuais, motivo pelo qual se tomam medidas centradas nos alunos, em vez de rever e modificar os aspectos da prática educativa que podem gerar ou acentuar suas dificuldades. Essa concepção, no âmbito curricular, deu lugar a propostas rígidas e homogeneizadoras, nas quais o planejamento educacional estabelece nos mínimos detalhes as decisões sobre o quê, como e quando ensinar e avaliar, sem levar em conta que os processos de ensino e de aprendizagem ocorrem em contextos bastante diversos, o que gera muitas dificuldades de aprendizagem, repetências, absenteísmo e fracasso escolar.

Atualmente, existe uma tendência cada vez maior para os currículos abertos e flexíveis, que permitem responder ao duplo desafio da compreensibilidade e da diversidade. Em geral, nessas propostas, são estabelecidas aprendizagens mínimas, para assegurar que todos os alunos adquiram certos elementos básicos da cultura, e as escolas, a partir desses mínimos, constroem uma proposta curricular, adequando, desenvolvendo e enriquecendo o currículo oficial em função das características de seus alunos e do contexto sociocultural de referência.

Um currículo aberto e flexível é condição fundamental para responder à diversidade, já que permite tomar decisões refletidas e ajustadas às diferentes realidades sociais, culturais e individuais, mas não é uma condição suficiente. Além disso, a resposta à diversidade implica um currículo amplo e equilibrado quanto ao tipo de capacidades e conteúdos que contempla. Os currículos tradicionais centraram-se no desenvolvimento de capacidades de tipo cognoscitivo e no de conteúdos de tipo conceitual, em detrimento de outro tipo de capacidades e de conteúdos, que também são essenciais para o desenvolvimento integral e a inserção na sociedade. Esse enfoque deu lugar ao desenvolvimento de currículos paralelos para os alunos de educação especial que incluíam objetivos, áreas e conteúdos diferentes do currículo comum, com um enfoque mais reabilitador.

O conceito de necessidades educativas especiais implica que os grandes objetivos da educação devem ser os mesmos para todos os alunos, de modo a assegurar a igualdade de oportunidades e a futura inserção na sociedade. Portanto, se no currículo se expressam as aprendizagens consideradas essenciais para serem membros da sociedade, este deve ser o referencial da educação de todos os alunos, fazendo as adaptações que sejam necessárias e proporcionado-lhes as ajudas e os recursos que favoreçam a obtenção das aprendizagens nele estabelecidas.

A resposta à diversidade no contexto da escola

Para melhorar a qualidade do ensino e assegurar a igualdade de oportunidades é preciso que cada escola reflita a respeito e planeje de forma conjunta a ação educacional mais adequada ao seu contexto. Isso implica que as decisões, tanto curriculares como de definição e de funcionamento da escola, devem ser tomadas por aqueles que vão implementá-las em função da sua realidade, adequando às suas características concretas as propostas que os gestores estabeleçam.

A resposta à diversidade, como todo processo de inovação educacional, afeta a globalidade da escola e implica questionar a prática educativa tradicional e introduzir mudanças substanciais nela. Essas mudanças podem causar certos temores e alguma insegurança nos professores, que podem ser evitadas, em grande medida, se a tomada de decisões for compartilhada. A experiência demonstra que a resposta à diversidade e à educação dos alunos com necessidades educativas especiais deve ser um projeto da escola, e não de professores isolados, já que um dos fatores de êxito da integração está em que ela seja debatida amplamente e assumida por toda a comunidade educacional.

É fato bastante demonstrado, por outro lado, que as escolas que respondem melhor à diversidade dos alunos não apenas favorecem seu adequado desenvolvimento como também são as que mais crescem como instituição. Por isso, quando as escolas enfrentam a tarefa de elaborar seus projetos educacionais e curriculares, a resposta à diversidade deve ser o eixo central na tomada de decisões dos diversos componentes que os dois processos envolvem. São várias as razões que justificam tal necessidade: facilitar um maior grau de integração e de participação dos alunos na dinâmica escolar; prevenir a aparição ou a intensificação de dificuldades de aprendizagem decorrentes de formulações rígidas ou excessivamente homogeneizadoras; fazer com que os ajustes educacionais que determinados alunos possam requerer de forma individual sejam o menos numerosos e significativos possível.

As decisões tomadas no âmbito da escola são ainda mais gerais e dirigidas a oferecer um primeiro nível de resposta à totalidade dos alunos. São imprescindíveis, porém, para criar as condições necessárias que favoreçam uma educação personalizada na classe. O planejamento da ação educativa a ser seguida na escola deve levar em conta as necessidades de todos os alunos, incluindo as daqueles que pertencem a outras culturas, provêm de ambientes sociais carentes ou têm algum tipo de deficiência. Os elementos que devem ser revistos, por sua importância particular para responder à diversidade no âmbito da escola, são comentados a seguir.

Em primeiro lugar, é importante refletir e debater sobre a visão que a escola tem do desenvolvimento, da aprendizagem e da diversidade. A definição de um marco conceitual compartilhado, a partir da reflexão sobre a prática, é um passo fundamental, porque condiciona a tomada de decisões organizacionais e curriculares: agrupamentos de alunos, opções metodológicas, avaliação, etc. As decisões são muito diversas quando se concebe o desenvolvimento e a aprendizagem a partir de uma concepção interativa ou de um enfoque determinista. Também as opções são diversas quando se percebem as diferenças como uma oportunidade para o enriquecimento do processo de ensino e de aprendizagem e para o desenvolvimento profissional, do que quando se consideram como um problema ou um obstáculo do processo educacional. Nesta reflexão, é extremamente importante rever os processos e as medidas que possam favorecer qualquer tipo de exclusão dos alunos, de forma que se busquem estratégias para evitá-la.

Em segundo lugar, é preciso assegurar que o currículo da escola seja o mais amplo, equilibrado e diversificado possível. As equipes docentes devem fazer uma análise profunda do currículo oficial para verificar em que medida as necessidades dos alunos são contempladas e para tomar as decisões adequadas. Será que as capacidades e os conteúdos estabelecidos no currículo captam suficientemente as necessidades dos alunos? Que capacidades e conteúdos seria preciso matizar, desenvolver, ampliar ou introduzir? Que critérios metodológicos se devem contemplar para atender à diversidade? Como organizar os grupos de modo a obter a plena participação de todos os alunos? Como se avaliará o processo de ensino e de aprendizagem? Que ajudas e recursos são necessários para facilitar a aprendizagem de todos os alunos?

Uma escola para a diversidade implica o aproveitamento máximo dos recursos materiais e humanos disponíveis e sua organização adequada. É preciso chegar a acordo sobre os critérios que devem orientar a seleção, a aquisição e a elaboração de materiais que facilitem o processo de ensino e de aprendizagem de todos os alunos da escola. Em alguns casos, pode ser necessário adquirir materiais, mobiliário e equipamentos específicos, além de estabelecer critérios de adaptação de materiais de uso comum para atender as necessidades de determinados alunos.

Com relação aos recursos humanos, é de vital importância rever as relações e a capacidade de trabalho conjunto dos professores, o nível de participação dos pais, a relação com a comunidade e com os profissionais que desempenham funções de apoio e assessoramento. Com relação a estes últimos, é importante tomar decisões compartilhadas com relação aos seguintes aspectos: definir as funções e as responsabilidades dos diferentes profissionais; decidir de comum acordo o modelo de intervenção; estabelecer os critérios gerais para decidir que alunos devem receber apoio e de que tipo; estabelecer as coordenações fundamentais, especificando seu conteúdo e sua duração e definir os horários levando em conta os tempos de apoio de que os alunos precisam.

Um quarto aspecto a contemplar está relacionado com a definição das dificuldades de aprendizagem, a avaliação das necessidades educativas especiais e as adaptações curriculares individualizadas. Esses processos se concretizarão de modo diferente em cada escola em função da experiência dos professores, da trajetória de trabalho conjunto, dos recursos de apoio disponíveis, da concepção e do grau de formação no que se refere às dificuldades de aprendizagem, etc. Contudo, alguns acordos importantes nesse tema podem ser os seguintes: definir critérios para determinar em que casos se pode afirmar que um problema requer um processo de avaliação especializada ou uma intervenção muito específica; estabelecer procedimentos e instrumentos para a identificação precoce das dificuldades de aprendizagem e para a avaliação das necessidades educativas especiais; definir as funções e os significados das adaptações curriculares; estabelecer as fases e os componentes que tal processo contemplará; determinar quem vai intervir em sua elaboração, como se fará o acompanhamento e qual será o formato para registrá-las. É preciso levar em conta que as decisões tomadas estarão condicionadas pelas orientações e pelas prescrições estabelecidas em cada país.

Finalmente, é importante criar na escola um bom clima, que favoreça o desenvolvimento institucional. É preciso rever as atitudes com relação às diferenças, o tipo e a qualidade de relações entre os diferentes atores, a liderança do diretor, os espaços dedicados à participação e à reflexão conjunta, etc. O trabalho colaborativo entre os vários envolvidos no processo educacional é um fator essencial para responder à diversidade. Também é importante criar um ambiente físico agradável e acolhedor, que favoreça a aprendizagem, as relações interpessoais e a autonomia e a mobilidade de todos os alunos.

A RESPOSTA À DIVERSIDADE NO CONTEXTO DA SALA DE AULA

As decisões tomadas no projeto da escola para responder às diversidades materializam-se na sala de aula, já que é principalmente nela que ocorrem os processos de ensino e de aprendizagem, e é o contexto que tem uma influência mais intensa e direta no desenvolvimento dos alunos. A programação anual e o conjunto de unidades didáticas que a concretizam constituem o nível de planejamento curricular que orienta e guia os processos de ensino e de aprendizagem que ocorrem nas salas de aula. O planejamento deve conseguir o difícil equilíbrio entre responder ao grupo como tal e a cada aluno dentro dele. Isso implica o conhecimento tanto das características e das necessidades educativas gerais do grupo (níveis de competência curricular, interesses, tipos de relações que se estabelecem, etc.), como das características e das necessidades mais específicas que determinados alunos possam apresentar.

Responder à diversidade significa romper com o esquema tradicional em que todas as crianças fazem a mesma coisa, na mesma hora, da mesma forma e com os mesmos materiais. A questão central é como organizar as situações de ensino de forma que seja possível personalizar as experiências de aprendizagem comuns, isto é, como conseguir o maior grau de interação e de participação de todos os alunos, sem perder de vista as necessidades concretas de cada um. Quanto mais flexível for essa organização, mais fácil será, em contrapartida, a incorporação dos professores de apoio à dinâmica da sala de aula para facilitar o processo de aprendizagem de todos os alunos.

Expressar os diferentes aspectos a serem considerados para responder à diversidade está além das possibilidades deste capítulo, dada a extrema complexidade que caracteriza os processos de ensino e de aprendizagem que ocorrem na sala de aula. Por isso, destacaremos alguns elementos que podem ser mais relevantes para alcançar o propósito assinalado.

A competência dos professores

Os professores devem conhecer bem as possibilidades de aprendizagem dos alunos, os fatores que a favorecem e as necessidades mais específicas deles. Somente com tal conhecimento poderão ser ajustadas as ajudas pedagógicas ao processo de construção pessoal de cada aluno. Conhecer bem os alunos implica interação e comunicação intensas com eles, uma observação constante de seus processos de aprendizagem e uma revisão da resposta educativa que lhes é oferecida. Esse conhecimento é um processo contínuo, que não se esgota no momento inicial de elaborar a programação anual. Sempre que se inicia um novo processo de aprendizagem, mediante as diversas unidades didáticas, é fundamental explorar os conhecimentos, as ideias e as experiências anteriores dos alunos acerca dos novos conteúdos, e durante o próprio processo observar como avançam, de modo a proporcionar-lhes as ajudas necessárias.

O trabalho do professor competente é ajudar todos os alunos a construir aprendizagens significativas. A forma como se propõem as situações de ensino e de aprendizagem é determinante para conseguir ou não uma aprendizagem significativa. A construção de aprendizagens significativas implica que todos os alunos tenham uma predisposição favorável para aprender, atribuam um sentido pessoal às experiências de aprendizagem e estabeleçam relações substanciais entre as novas aprendizagens e o que já sabem. Atribuir um sentido pessoal à aprendizagem implica que compreendam não apenas o que têm de fazer, mas também por que e para quê. Dessa maneira, será muito mais fácil que tenham uma participação ativa no processo. Existem diferentes meios para conseguir isso: explicações a todo o grupo, demonstrações, conversas com os alunos em grupos pequenos ou individualmente. Outro fator essencial é que todos os alunos sintam que podem ter êxito em sua aprendizagem, particularmente quando têm dificuldades ou uma história de fracasso, e, para isso, devem ser propostas atividades que eles sejam capazes de resolver, com as ajudas necessárias, e encorajar o esforço, não apenas os resultados.

A organização do ensino

Elaborar as situações de aprendizagem de forma que todos os alunos participem e avancem em função de suas possibilidades é uma tarefa difícil. Aqueles que têm objetivos ou conteúdos diferentes dos de seu grupo de referência não devem trabalhar paralelamente, e sim participar o máximo possível das atividades da classe. Há diversos meios para alcançar tal objetivo:

1. Utilizar estratégias metodológicas diversificadas, com base em alguns princípios pedagógicos essenciais, que permitam ajustar a ajuda pedagógica às diferentes necessidades, aos estilos de aprendizagem e aos processos de construção de cada aluno. A concepção construtivista não prescreve métodos, mas uma série de princípios que orientam e dão sentido às diferentes estratégias utilizadas. Vale lembrar que a forma de aprender das crianças com necessidades educativas especiais não é muito diferente, ainda que, em muitos casos, necessitem de mais ajudas ou ajudas diferentes de seus demais colegas.

2. Utilizar estratégias de aprendizagem cooperativa. É um fato já bastante

demonstrado que as crianças não aprendem apenas com o professor, mas também com seus iguais. As estratégias de aprendizagem cooperativa têm efeitos positivos no rendimento acadêmico, na autoestima, nas relações sociais e no desenvolvimento pessoal. A utilização desse tipo de técnica representa uma grande ajuda para o professor, porque facilita o trabalho autônomo dos alunos, e o docente pode dedicar mais atenção àqueles que mais precisam.

3. Oferecer experiências e atividades diversificadas que permitam trabalhar determinados conteúdos com diversos graus de complexidade e, inclusive, conteúdos distintos. Elaborar atividades que tenham diferentes graus de dificuldade e permitam diferentes possibilidades de execução e expressão; propor várias atividades para trabalhar um mesmo conteúdo; apresentar uma mesma atividade para trabalhar conteúdos com diferentes graus de dificuldade; utilizar metodologias que incluam atividades de tipo diverso, como, por exemplo, o trabalho por meio de projetos, de oficinas, etc.

4. Abrir a possibilidade de que os alunos escolham entre diferentes atividades e decidam a forma de realizá-las. Para conseguir maior autonomia é preciso dar oportunidades para que os alunos tomem decisões sobre o planejamento de seu trabalho e se responsabilizem pela aprendizagem. A escolha de atividades permite que elas se adaptem às diferenças individuais e que os alunos conheçam a si mesmos como aprendizes.

5. Dar oportunidades para que os alunos pratiquem e apliquem de forma autônoma o que aprenderam. Saber quando os alunos alcançaram o nível suficiente de aprendizagem que lhes permita trabalhar com menos supervisão e ajuda. Determinados alunos vão requerer maior ajuda e estratégias específicas para generalizar as aprendizagens e aplicá-las de forma autônoma.

6. Utilizar uma ampla gama de materiais que possibilitem diferentes atividades, que abordem determinados temas ou conteúdos com diferentes níveis de complexidade e permitam diferentes formas de utilização. É importante levar em contra o material específico ou adaptado que possam requerer certos alunos com necessidades educativas especiais.

7. Combinar diferentes tipos de agrupamento, tanto no que se refere ao tamanho como aos critérios de homogeneidade ou heterogeneidade que permitam proporcionar respostas diferenciadas em função dos objetivos que persigam, da natureza dos conteúdos a trabalhar e das características e dos interesses dos alunos. É importante assegurar que aqueles que têm maiores dificuldades se integrem nos grupos que melhor respondam às suas necessidades.

8. Utilizar procedimentos de avaliação distintos que se adaptem a diferentes estilos, capacidades e possibilidades de expressão dos alunos. A avaliação por meio das atividades de ensino e de aprendizagem e das produções dos alunos é um meio extremamente útil para que os docentes possam ajustar a ajuda pedagógica ao processo de construção de cada um. É importante que os alunos conheçam os critérios mediante os quais suas produções serão avaliadas para que possam regulá-las. É necessário dialogar com eles não só acerca de suas potencialidades e dificuldades como também sobre as estratégias que poderão trazer melhores resultados para sua aprendizagem. Dessa forma, eles se conhecerão melhor como aprendizes e se responsabilizarão por sua aprendizagem.

9. Organizar o espaço da sala de aula de forma que seja agradável, facilite a autonomia e a mobilidade dos alunos e possa adaptar-se aos diferentes tipos de atividades e agrupamentos. Os alunos com maiores dificuldades terão de ocupar os lugares onde tenham maior acesso à informação e possam comunicar-se e relacionar-se melhor com seus colegas e o professor. Se na sala de aula há crianças com problemas sensoriais ou motores, é necessário criar condições adequadas de luminosidade, acesso e sonorização.
10. Organizar o horário da classe levando em conta o tipo de metodologia e de atividades a realizar, como também as necessidades de apoio de que possam necessitar determinados alunos. É importante estabelecer certos momentos para a realização de atividades individuais, que podem ser de reforço ou de aprofundamento.
11. Criar um clima de respeito e de valorização entre os alunos: estabelecer canais de comunicação; propor atividades que propiciem a coesão do grupo e a regulação da vida da classe, como por exemplo as assembleias ou os debates; emitir mensagens que não sejam desabonadoras nem impliquem situações comparativas entre os alunos.

AS ADAPTAÇÕES CURRICULARES INDIVIDUAIS

O conceito de adaptação curricular

Ainda que se leve em conta a diversidade nos processos de planejamento da escola e da turma, pode ocorrer que certas necessidades dos alunos não sejam contempladas nesses níveis de planejamento, sendo necessário adaptar o currículo de forma individual. Em um currículo compreensivo e aberto, o último nível de ajuste da oferta educativa comum é constituído pelas adaptações curriculares individualizadas. Estas são uma outra via de resposta à diversidade e, por isso, será preciso realizá-las quando a programação diversificada da turma não for suficiente para responder a determinadas necessidades de um aluno.

Em um sentido amplo, qualquer aluno ou aluna pode requerer, em um determinado momento, uma série de ajustes individuais do currículo comum, já que isso faz parte da lógica de ajuste da ajuda pedagógica ao processo de construção de cada aluno. Convém, todavia, reservar o conceito de adaptações curriculares individualizadas para os casos em que as necessidades educativas dos alunos requerem ações, recursos ou medidas de caráter especial ou extraordinário durante toda sua escolarização ou em algum momento dela.

Em sentido restrito, as adaptações curriculares individualizadas podem ser entendidas como um processo compartilhado de tomada de decisões, cujo objetivo é ajustar e complementar o currículo comum de modo a responder às necessidades educativas especiais dos alunos e conseguir seu máximo desenvolvimento pessoal e social. Trata-se de construir um currículo sob medida para o aluno, tomando decisões a respeito do que ele tem de aprender e em que sequência, de como se deve ensinar-lhe, de quais serão os critérios para avaliar seus avanços e de como ele será avaliado. O fato de se tratar de um planejamento individual não significa que seja um currículo paralelo ou separado daquele seguido por seus colegas, já que é feito em estreita relação com o planejamento de seu grupo e da escola que frequenta. Trata-se de julgar a proposta curricular da turma em interação com as necessidades especiais do aluno. Tal juízo se traduzirá na possibilidade de compartilhar determinadas aprendizagens com seu grupo de referência, de ter de introduzir outros, dar prioridade a alguns, renunciar de forma temporária ou permanente a certas aprendizagens, trabalhar com algumas estratégias distintas, adaptar material de uso comum ou modificar os critérios de agrupamento de alunos.

Há várias perguntas muito frequentes com relação a esse tema: que alunos requerem adaptações curriculares individualizadas?; quais são as adaptações para as diferentes problemáticas?; quando é preciso fazer uma adaptação curricular individualizada?; que função cumprem as adaptações curriculares? são algumas delas.

A resposta às duas primeiras questões é que não se pode estabelecer por antecipação quem são os alunos e quais são as adaptações necessárias para eles. Pela concepção das adaptações curriculares que se defendem neste capítulo, não existem categorias de alunos previamente estabelecidas, é preciso elaborá-las. O que existem são condições do desenvolvimento e da aprendizagem dos alunos que, junto com as condições de ensino que lhes oferecem, tornam necessário que se façam modificações no currículo ou se ofereçam meios de acesso a ele.

As adaptações curriculares constituem um processo de tomada de decisões para cada criança no contexto concreto no qual ela se desenvolve e aprende. Portanto, não há adaptações previamente concebidas, como receitas, para as diversas necessidades ou problemáticas. Obviamente, existem algumas condições do desenvolvimento dos alunos com algum tipo de deficiência que têm repercussões em seu processo de aprendizagem e que exigirão certo tipo de adaptações; contudo, não se podem estabelecer *a priori* as modificações necessárias nas diferentes áreas curriculares ou nas estratégias metodológicas, visto que os alunos e os contextos educativos são diferentes.

Vale lembrar, finalmente, que as adaptações curriculares não se restringem apenas aos alunos que apresentam algum tipo de deficiência, mas podem ser requeridas por muitos outros que, por suas condições de desenvolvimento pessoal e por sua experiência educacional, apresentam dificuldades de aprendizagem ou defasagens com relação ao currículo correspondente à sua idade. De resto, muitos alunos com deficiência podem acompanhar o currículo comum apenas acrescido de algumas ajudas técnicas ou materiais.

A consideração das adaptações curriculares como uma medida extraordinária implica sua justificativa. Isso supõe que se deve decidir após um processo de avaliação psicopedagógica ou interdisciplinar do aluno em interação com o contexto que fundamenta a necessidade de realizá-las. Quando um aluno começa a apresentar dificuldades de aprendizagem, é importante não encaminhá-lo automaticamente para um processo de avaliação psicopedagógica e de adaptação curricular. Ao contrário, é preciso pôr em prática um conjunto de medidas pedagógicas que possam compensar tais dificuldades. Se as medidas não derem resultado e o aluno continuar apresentando dificuldades importantes, é o momento de colocar-se a necessidade da intervenção de outros profissionais que possam fazer uma avaliação psicopedagógica para orientar o tipo de adaptações a serem realizadas.

A partir destas reflexões, é possível estabelecer as funções das adaptações no processo educacional dos alunos que apresentam necessidades educativas especiais:

1. Assegurar que o aluno receba os meios e a resposta educativa de que necessita para progredir no sistema educativo em igualdade de condições. Os alunos que contam com um processo de adaptação curricular podem beneficiar-se de certas medidas estabelecidas pelos gestores educacionais, como por exemplo a possibilidade de se eliminar quase por completo toda uma área do currículo, e ainda assim poder obter o título, ou a possibilidade de contar com o apoio de certos especialistas.
2. Estabelecer uma relação entre as necessidades educativas individuais e a programação comum do grupo de referência do aluno para assegurar a ele o maior grau possível de participação nas atividades e na dinâmica da classe.
3. Coordenar as atuações dos diferentes profissionais e serviços que intervêm junto ao aluno.

4. Favorecer a colaboração com a família.
5. Promover, gradativamente, o aluno para situações mais normalizadoras.

Características das adaptações curriculares

A elaboração de programações individuais não é algo novo na educação, já que, sob diferentes denominações, foi uma prática habitual no âmbito da educação especial. A novidade das adaptações curriculares está na concepção e no enfoque que subjazem a esse processo. Por esse motivo, pode ser de grande utilidade caracterizar previamente os programas de desenvolvimento individual para identificar que mudanças as adaptações curriculares representam em comparação com esses programas.

Como característica geral, pode-se assinalar que os programas de desenvolvimento individual têm uma concepção mais psicológica ou evolutiva do que curricular. Tais programas partem de uma avaliação centrada basicamente na obtenção de informação acerca das dificuldades ou das alterações nas diferentes áreas do desenvolvimento (cognitivo, social, emocional, motor, etc.), praticamente ignorando a influência do contexto escolar no desenvolvimento e na aprendizagem dos alunos. Esse ponto de partida condiciona a proposta de tais programas, que se caracterizam pelos seguintes aspectos:

1. O ponto de partida para a tomada de decisões é o desenvolvimento psicológico, e não o currículo escolar. Esses programas estabelecem objetivos de desenvolvimento e costumam realizar-se a partir de currículos paralelos que têm um enfoque mais reabilitador do que educacional.
2. Centram-se em compensar as dificuldades dos alunos, mas não se preocupam com as modificações que devem ser introduzidas na resposta educativa para facilitar o desenvolvimento e aprendizagem dos alunos.
3. São elaborados por especialistas e não estão vinculados às propostas da turma.

As adaptações curriculares, ao contrário, têm uma concepção mais educacional do que reabilitadora. Isso não significa que, para certos alunos, não seja necessário tomar decisões voltadas a compensar ou a reduzir as dificuldades decorrentes de sua própria deficiência, mas estas se demarcam em uma perspectiva educativo-curricular. As características que definem as adaptações curriculares são as seguintes:

1. São um nível a mais do planejamento curricular e, portanto, têm os mesmos componentes que qualquer programação (objetivos, conteúdos, orientações metodológicas, etc.); contudo, têm algumas peculiaridades que as diferenciam de outras programações:

    a) Maior importância da avaliação inicial para a tomada de decisões. Como já se assinalou, as adaptações curriculares são decididas depois de uma avaliação psicopedagógica.
    b) Não é preciso explicitar todos os elementos com a mesma exaustividade, mas apenas aqueles em que é necessário apresentar situações não habituais e particularmente importantes para o processo de desenvolvimento e aprendizagem do aluno. Às vezes será necessário centrar-se principalmente em estratégias metodológicas ou meios de acesso; em outras, em objetivos e conteúdos de diversas áreas ou de uma área concreta.
    c) São elaboradas conjuntamente entre o professor e os especialistas que desempenham funções de apoio e de assessoramento.

2. Devem ser refletidas por escrito como qualquer programação, de forma que se possa sistematizar e sintetizar

todo o processo, e como única via para rever a adequação das decisões adotadas. No documento fica refletida uma visão particular do aluno estreitamente relacionada com a programação de seu grupo, de forma que é fácil identificar os aspectos que compartilha com seus colegas, os que compartilha parcialmente e os que são específicos para ele. O formato do documento deve adequar-se ao estilo dos professores de cada escola, de forma que seja útil, ágil e compreensível para todos os envolvidos; entretanto, qualquer que seja o formato, é importante que contemple os componentes básicos do processo:
   a) informação relevante do processo de avaliação;
   b) definição das necessidades educativas especiais;
   c) proposta curricular que especifique as decisões relativas ao quê, como e quando ensinar e avaliar nas diversas áreas que necessita;
   d) provisão de recursos materiais, ajudas pessoais e modalidades de apoio;
   e) colaboração com a família;
   f) acompanhamento das decisões adotadas.
3. Devem ser consideradas não apenas como um produto ou um fim em si mesmo, mas sobretudo como um processo que serve para refletir conjuntamente e unificar critérios com respeito à resposta educativa de um aluno. Não se trata de uma ação pontual, já que o aprofundamento na resposta de que um aluno precisa serve para enriquecer a tomada de decisões de caráter mais geral. A experiência demonstra que muitas decisões que se tomam para um aluno passam a fazer parte da resposta educativa da turma ou da escola, de modo que todos os alunos se beneficiam dela.
4. Devem ser entendidas como um processo dinâmico e flexível. Embora o processo tenha fases claras – avaliação inicial, especificação das necessidades especiais, proposta curricular adaptada e provisão de recursos e ajudas – não se devem aplicá-las de forma linear e rígida. As adaptações podem ser decididas à medida que se avaliam determinados aspectos, mesmo sem terem sido avaliados todos os que se incluem na avaliação inicial.
5. As decisões que se tomem devem ser funcionais e realistas. Não se deve considerá-las como um trâmite formal e burocrático, mas sim, e sobretudo, como um instrumento que oriente a ação educativa a adotar com um aluno.

O contínuo da adaptação do currículo

Existem diversas possibilidades para classificar as diferentes formas que pode assumir a adaptação do currículo. Neste capítulo, optou-se por diferenciar as adaptações em função dos elementos que são objeto de ajustes ou de modificações, isto é, meios de acesso ao currículo e adaptações nos diferentes componentes do currículo. Por sua vez, as adaptações podem ser classificadas por seu maior ou menor grau de significação, que está relacionado com o grau de distância que representam com relação às ações ordinárias que seguem com os demais alunos. Quanto mais afastem o aluno das propostas educacionais típicas do ensino comum, mais significativa será a adaptação.

Meios de acesso ao currículo

Algumas necessidades educativas especiais, para serem atendidas, requerem uma série de meios, recursos ou ajudas técnicas que possibilitarão ao aluno acompanhar em grande medida o currículo comum, facilitando sua autonomia e seu processo de aprendizagem. Os meios de acesso ao currículo favorecerão o desenvolvimento e a aprendizagem de determinadas capacidades e conteúdos que de outra forma apresentariam sérias dificuldades para o aluno.

Condições físico-ambientais. – Eliminação de barreiras arquitetônicas; insonoridade das salas; instalação do aluno em lugares onde tenha pleno acesso à informação e possa interagir com seus colegas; distribuição do espaço, condições adequadas de luminosidade, etc.

Materiais, equipamentos e suportes técnicos. – Compensam as dificuldades decorrentes da deficiência dos alunos e lhes permitem participar das atividades de ensino e de aprendizagem com maior grau de autonomia: máquina Perkins; materiais técnicos de audição, como próteses ou equipamentos de frequência modulada; tabuleiros de sistema de comunicação; emuladores de teclado; sintetizadores de voz; etc. Em outros casos, serão necessárias modificações nos materiais de uso comum: incorporar ímãs em quebra-cabeças; aumentar o tamanho ou a espessura das letras de um texto; simplificar a estrutura gramatical de um texto para torná-lo mais acessível; substituir alguns termos por outros mais compreensíveis para o aluno; etc.

Códigos de comunicação. – Há alunos cujas dificuldades de comunicação limitam seu acesso ao currículo, necessitando aprender um código alternativo à linguagem oral ou escrita. A comunicação em suas diversas modalidades está presente em qualquer atividade escolar, já que os processos de ensino e de aprendizagem são basicamente processos de relação e comunicação. Por isso, é fundamental dar uma atenção particular às dificuldades que pode acarretar esse processo e aos suportes que é preciso proporcionar aos alunos para compensá-las. Muitos alunos com problemas motores, sensoriais ou alterações graves do desenvolvimento necessitam aprender um código de comunicação alternativo, aumentativo ou complementar à linguagem oral ou escrita: linguagem de sinais; palavra complementada; bimodal; Bliss; sistema pictográfico de comunicação; Braille; programa de comunicação total; etc.[2] A aprendizagem desses códigos permitirá que disponham de um veículo linguístico que lhes possibilitará representar a realidade, comunicar-se e expressar-se, facilitando seu acesso ao currículo e sua participação nas atividades de ensino e de aprendizagem com um maior grau de autonomia.

Entre os meios de acesso, a adaptação mais completa é a aprendizagem de um código de comunicação. Embora conceitualmente seja um meio de acesso, é preciso fazer modificações no currículo que permitam a aprendizagem desse código. É necessário introduzir objetivos, conteúdos, critérios de avaliação, estratégias instrutivas e materiais específicos referentes a tal código, o que pode levar, pelo menos durante um tempo, à eliminação de forma temporária ou permanente, de outro tipo de conteúdos menos prioritários para o aluno. Os meios de acesso têm um caráter permanente porque são imprescindíveis para que o processo de ensino e de aprendizagem e de socialização, particularmente dos alunos com deficiências sensoriais ou motoras, ocorra nas melhores condições possíveis.

Adaptações nos componentes do currículo

São as modificações ou os ajustes que se fazem com relação a quê, como e quando ensinar e avaliar, ou seja, com relação aos objetivos, aos conteúdos e à sua sequência, à metodologia e aos critérios e procedimentos de avaliação. Em função dos componentes modificados, pode-se falar de adaptações curriculares mais ou menos significativas.

As adaptações não significativas são as que se fazem nos elementos não prescritivos do currículo oficial. Embora estes variem conforme os países, costumam referir-se a como ensinar e avaliar: planejar atividades complementares, aprender um conteúdo mediante uma estratégia metodológica diferente ou avaliar o aluno por um procedimento distinto. Há também adaptações que afetam os elementos prescritivos do currículo que podem ser consideradas como não significativas: introduzir, matizar ou ampliar alguns conteúdos, dedicar mais tempo à aprendizagem de certos conteúdos, eliminar alguns não essenciais dentro da área, etc. Esse tipo de adaptações é frequente para a maioria dos alunos de uma turma e deveria fazer parte da prática habitual dos professores no contexto da resposta à diversidade.

As adaptações significativas, ao contrário, são aquelas que afetam os elementos prescritivos do currículo oficial e, como consequência, podem ter efeitos na titulação do aluno. Na realidade, é mais apropriado falar de um currículo significativamente adaptado quando é necessário fazer várias das seguintes adaptações:

1. Priorizar algumas das capacidades contempladas nos objetivos gerais e, consequentemente, determinados conteúdos e critérios de avaliação. Em alguns casos, esse tipo de adaptação pode implicar o abandono temporário ou definitivo de outras aprendizagens menos relevantes para o aluno.
2. Introduzir ou ampliar determinados aspectos contemplados em objetivos, conteúdos e critérios de avaliação. Alguns alunos têm de aprender certos aspectos que não são contemplados no currículo comum, ou que fazem parte da proposta curricular do ciclo ou da etapa anterior e, portanto, devem ser introduzidas de forma individual. Por exemplo, a aprendizagem de um código de comunicação diferente da linguagem oral que não está presente no currículo comum ou a resolução de problemas com a aplicação das operações básicas (própria da etapa de ensino fundamental) para um aluno que está no ensino médio.
3. Eliminar objetivos, conteúdos e critérios de avaliação do currículo oficial, chegando, em alguns casos, a praticamente eliminar uma área ou áreas curriculares inteiras. Em toda área curricular há conteúdos essenciais ou nucleares e conteúdos que poderiam ser chamados de detalhe ou aprofundamento. Quando a eliminação afeta os primeiros, deve-se considerar uma adaptação significativa. Em alguns casos, a eliminação decorre da introdução de outros conteúdos, ou de dar prioridade, durante um longo período, a determinadas aprendizagens. Em outros casos, porém, é preciso eliminar determinadas aprendizagens porque há uma grande distância entre estas e o nível de competência do aluno.

Fases do processo de adaptação curricular

O processo de ajuste da oferta educacional para responder às necessidades especiais de um aluno segue a mesma lógica do planejamento da ação educativa com todos os alunos da turma ou da escola, embora com certos matizes. Podem-se considerar quatro etapas fundamentais no processo de adaptação curricular: avaliação inicial psicopedagógica, identificação das necessidades educativas especiais, resposta educativa e acompanhamento (ver Quadro 15.1).

Realização de uma avaliação do aluno em interação com o contexto escolar

Estabelecer as necessidades especiais e as correspondentes adaptações implica fazer um julgamento baseado em uma avaliação psicopedagógica ampla do aluno em interação com o contexto escolar em que se desenvolve e aprende. A avaliação coletará informações relevantes para tomar decisões ajustadas e fundamentadas quanto à proposta curricular mais adequada para o aluno, aos recursos materiais e ajudas pessoais que se deve oferecer a ele e às modificações que se deve fazer no contexto educativo. O importante é identificar, por meio da avaliação, as necessidades do aluno com relação ao currículo escolar e os apoios (tipo e grau de ajuda) de que necessita para avançar na escola e ser competente na vida social.

A avaliação psicopedagógica deve ser feita por profissionais especializados, que podem variar segundo os países (equipes psicopedagógicas ou interdisciplinares, orientadores, etc.), em colaboração com os professores que atendem o aluno. As dimensões que

QUADRO 15.1 Etapas no processo de adaptação curricular

Avaliação psicopedagógica	Necessidades educativas especiais	Resposta educativa	Acompanhamento
Avaliação do aluno em interação com o contexto em que ele se desenvolve e aprende para identificar suas necessidades educativas e fundamentar a resposta educativa: • Nível de desenvolvimento e de competência curricular do aluno. • Fatores que facilitam sua aprendizagem. • Contexto e resposta educativa da turma e da escola. • Contexto sociofamiliar.	Estabelecer as necessidades educativas individuais que se consideram especiais à medida que, para serem atendidas, requerem recursos e medidas de caráter extraordinário, de forma temporária ou permanente.	Decisões sobre: • Proposta curricular. • Modificações no contexto educativo. • Provisão de ajudas pessoais e modalidades de apoio. • Colaboração com a família.	Registro dos avanços e revisão das medidas adotadas para introduzir os ajustes necessários.

devem ser consideradas na avaliação, desenvolvidas no capítulo anterior, são o nível de competência curricular, o nível geral de desenvolvimento, os fatores do próprio aluno que facilitam sua aprendizagem, a avaliação do contexto educativo, especialmente da turma, e a avaliação do contexto sociofamiliar.

Determinação das necessidades educativas especiais

Uma vez concluída a avaliação, deve-se fazer a análise e a síntese da informação obtida para determinar quais são as necessidades educativas específicas do aluno. A formulação de tais necessidades constitui o elo de ligação entre o processo de avaliação e a resposta educativa. Às vezes, os profissionais têm dificuldades para formulá-las porque costumam se confundir com as próprias adaptações. É normal que isso ocorra, levando-se em conta que as necessidades especiais são definidas como os recursos e as ajudas pedagógicas que se devem proporcionar ao aluno para compensar suas dificuldades de aprendizagem e ajudá-lo a avançar com relação às capacidades expressadas no currículo escolar.

A formulação das necessidades educativas especiais deve ser muito genérica, para que não se confunda com as próprias adaptações. Além disso, não deve ser muito numerosa, já que sua finalidade é identificar, em linhas gerais, aquelas necessidades que requerem uma atenção prioritária por sua repercussão no desenvolvimento e no processo de aprendizagem do aluno, e que, além disso, implicam algumas medidas de caráter extraordinário, seja de forma temporária ou permanente. Algumas necessidades especiais só poderão ser atendidas por meios de acesso ao currículo; outras, modificando o contexto; outras, mediante adaptações significativas e outras, finalmente, por meio de adaptações em todos os aspectos assinalados. Também ocorre que uma mesma adaptação possa responder a mais de uma necessidade educativa.

Convém dar um exemplo para esclarecer este ponto. Para um aluno em um momento determinado, uma necessidade educativa especial pode ser a de "aumentar suas possibilidades de comunicação por diversos meios de expressão". Para responder a tal necessidade, podem se propor as seguintes adaptações: situar o aluno em um lugar onde tenha acesso a toda a informação; apresentar os conteúdos e as tarefas com apoios visuais; reforçar suas produções linguísticas; introduzir conteúdos referentes a um código de comunicação alternativo ou complementar da linguagem oral; dar prioridade aos conteúdos referentes à compreensão de leitura; dar prioridade aos conteúdos de expressão oral, corporal e artística.

Concretização da proposta curricular para responder às necessidades do aluno

Uma vez estabelecidas as necessidades do aluno com relação ao currículo, devem-se determinar que ajustes ele deve sofrer para atendê-las, isto é, deve-se responder às perguntas sobre o quê, como e quando ensinar e avaliar. Neste momento do processo, é importante considerar os seguintes aspectos:

1. A tomada de decisões é um processo constante de ida e vinda entre a situação e as necessidades do aluno, que deve seguir seu próprio processo evolutivo, e a oferta educacional do grupo de referência e da escola que frequenta. É preciso julgar a proposta curricular da turma em interação com as necessidades do aluno para identificar quais podem ser resolvidas mediante essa programação, quais não ou apenas parcialmente, e decidir, como consequência disso, os ajustes que devem ser feitos. Às vezes, o processo de adaptação pode levar a uma proposta muito diferente do currículo de referência, mas é importante que este seja o ponto de partida para assegurar um processo educacional o mais normalizado possível.

2. Tentar fazer adaptações o menos significativas possível. É aconselhável começar fazendo adaptações de acesso e no como ensinar e avaliar, antes de fazer adaptações no que ensinar e avaliar e, entre estas, a eliminação deve ser a última decisão a se tomar. Nem sempre é preciso seguir o processo de maneira rígida, porque às vezes a própria avaliação proporciona dados suficientes para, de início, tomar decisões sobre o que ensinar, inclusive eliminando alguns objetivos e conteúdos que o aluno não poderia alcançar, mesmo fazendo outro tipo de adaptações.

3. Levar em conta vários critérios para tomar decisões ajustadas sobre quais são as aprendizagens mais relevantes e pertinentes para um aluno em um momento determinado, tendo sempre como meta oferecer-lhe uma proposta curricular o mais ampla, equilibrada e enriquecedora possível. É fundamental não restringir, de início, o tipo e o nível de experiências oferecidos.

Um critério fundamental é o nível de desenvolvimento do aluno e seu nível de competência com relação ao currículo. Tal critério determina os demais, já que, por mais relevantes que sejam determinados conteúdos para o aluno, se existe uma grande distância entre estes e suas possibilidades de raciocínio e seus níveis de competência atuais, será preciso adiar sua aprendizagem ou, inclusive, renunciar a eles. É importante lembrar que a construção do conhecimento não se dá em termos de tudo ou nada, ou seja, podem se fazer aprendizagens de maior ou menor complexidade com relação a um mesmo conteúdo, o que implica determinar qual deve ser o passo seguinte para o aluno em função de seu nível atual de competência.

Um segundo critério é contemplar as aprendizagens que compensem as dificuldades decorrentes da problemática do aluno e que favoreçam o conhecimento e a aceitação de si mesmo. Tal aspecto redundará nas capacidades relacionadas com o equilíbrio pessoal, melhorando sua autonomia e seu autoconceito, como por exemplo, a aprendizagem de um código de comunicação complementar ou aumentativo à linguagem oral ou aqueles relacionados com a mobilidade e a orientação.

Um terceiro critério refere-se à funcionalidade das aprendizagens, selecionando aquelas que tenham um maior nível de aplicação na vida social, que favoreçam a autonomia e o controle sobre o ambiente e que tenham um caráter mais geral e polivalente. Entre tais aprendizagens, as mais relevantes serão as que sirvam também para continuar avançando no conhecimento das diferentes áreas curriculares e aquelas relacionadas a aprender a aprender. Por exemplo, o conteúdo procedimental referente à "utilização de planos para orientar-se e situar-se no espaço" favorece a autonomia e o controle sobre o ambiente, tendo um caráter mais geral e uma maior aplicação do que o conteúdo de "localização no mapa de agrupamentos de população e representação de movimentos de população".

Um quarto critério é o de selecionar aprendizagens que favoreçam a interação e a inserção na sociedade e, de forma particular, aquelas que sirvam de base para a futura formação profissional e a inserção no trabalho na etapa de ensino médio: participação responsável nas tarefas do grupo, utilização dos recursos sociocomunitários, etc. Finalmente, é importante dar atenção às aprendizagens que motivem o aluno e sejam adequadas às suas características pessoais (idade cronológica, interesses, etc.). A motivação, em muitos casos, contribui para superar as dificuldades dos alunos em relação ao acesso a determinados conteúdos.

Provisão de recursos materiais, ajudas pessoais e modalidade de apoio

A atenção a certas necessidades pode requerer a provisão de uma série de serviços educativos de caráter extraordinário (pessoais, materiais, de acessibilidade, etc.), que se encontram em algumas escolas, e não em outras. É importante decidir que profissionais podem oferecer-lhe apoio, levando em conta que algumas de suas necessidades terão de ser atendidas por recursos ou serviços que estão fora da escola.

Outra decisão importante está relacionada com a definição e o tipo de modalidade de apoio de que o aluno precisa, que estará condicionada pelos recursos humanos de que a escola disponha, por sua localização nela (fixos ou itinerantes) e pela capacidade de resposta do professor da turma. Com relação à modalidade de apoio, é necessário estabelecer em que áreas é preciso oferecer apoio ao aluno, quem vai proporcioná-lo, em que momentos será oferecido com relação à atividade geral da aula (apoio prévio, durante ou posterior à atividade), se deve ser individual ou em grupo, e os momentos em que será realizado. É fundamental que o apoio seja prestado, na medida do possível, na sala de aula, para que o aluno não se desvincule das experiências de aprendizagem que ocorrem nela, e para que o professor modifique sua prática, favorecendo assim a aprendizagem de todos os alunos. Se a tendência geral é que o aluno receba apoio específico fora da sala, reproduz-se o enfoque clínico da educação especial no contexto da educação comum.

Em alguns casos, será necessário estabelecer o tipo de materiais, mobiliário ou equipamento específico que o aluno requer para facilitar seu processo de aprendizagem ou os critérios que é preciso levar em conta para a utilização e a adaptação do material de uso comum.

Colaboração com a família

A colaboração com a família é mais necessária ainda no caso dos alunos que requerem ajudas mais específicas e intensas para compensar suas dificuldades. É importante informar os pais sobre as decisões adotadas para orientá-los sobre o tipo de ajudas que podem proporcionar a seu filho e promover sua participação com relação à aprendizagem de determinados conteúdos. A colaboração da família é de vital importância para favorecer a contextualização e a generalização de determinadas aprendizagens e conseguir que estas sejam mais significativas para a criança, já que pode relacionar o que faz em casa e o que faz na escola. Em muitos casos, se poderá, além disso, propor certas modificações no meio familiar, de modo a promover o adequado desenvolvimento do aluno. O Capítulo 17 desenvolve amplamente esse aspecto.

Acompanhamento das adaptações realizadas

As adaptações curriculares, como toda programação, devem estar abertas a modificações constantes em função dos dados proporcionados pela prática. O acompanhamento implica registrar os avanços do aluno e avaliar a qualidade das decisões adotadas não só no que se refere ao conteúdo como também ao processo que o acompanha. Em que medida as adaptações facilitaram o progresso do aluno com relação às capacidades estabelecidas nos objetivos? Até que ponto a adaptação do currículo facilitou sua participação em situações e atividades de ensino e de aprendizagem comuns a todos os alunos? Em que medida a adaptação significou um processo compartilhado de tomada de decisões? A modalidade de apoio adotada permitiu a máxima participação do aluno na dinâmica da classe?

A RESPOSTA À DIVERSIDADE: UM TRABALHO EM COLABORAÇÃO

A atenção à diversidade, mediante as diversas estratégias de individualização do ensino e a progressiva integração dos alunos com necessidades educativas especiais à escola comum, coloca novas exigências e competências aos professores. A situação requer um trabalho colaborativo entre todos os envolvidos no processo educacional: professores, pais, alunos, profissionais de apoio e recursos da comunidade. Na maioria dos países, não se concebe a integração dos alunos com necessidades educativas especiais à escola comum sem uma série de apoios especializados que possam, em conjunto com o professor da turma, atender às necessidades de todos os alunos. Os recursos são variados conforme os países e, embora com as mesmas denominações, desempenham funções distintas e intervêm de forma diferente. Os apoios mais frequentes são as equipes psicopedagógicas ou interdisciplinares, os professores de apoio gerais ou específicos, os terapeutas da linguagem, etc. A forma como se organizam os apoios é bastante variada. Alguns são incorporados de forma permanente na escola, outros atendem várias escolas de maneira itinerante e outros, finalmente, atuam em uma perspectiva setorial.

O problema mais importante não é tanto a variedade de figuras que dão apoio, a forma como se organizam ou as funções que lhes são atribuídas. O fundamental é o modelo que orienta sua intervenção. Contar com um modelo proporciona uma base de referência que permite identificar quando se está ou não diante de um problema, interpretar e elaborar possíveis soluções para esses problemas, ajustar expectativas a respeito do que pode fazer o assessor ou especialista, definir as finalidades e os âmbitos da intervenção e deixar claro o tipo de relação que se vai estabelecer. É fundamental que todos os profissionais que desempenham funções de apoio especializado e os professores compartilhem o mesmo modelo de intervenção para assegurar a continuidade e a coerência do processo educacional dos alunos e o entendimento entre todos os profissionais. As funções e as tarefas relacionadas com a intervenção psicopedagógica ou especializada, seja qual for o seu caráter, inscrevem-se em uma série de eixos conceituais básicos que as englobam e dão significado: a natureza de seus objetivos, a modalidade da intervenção, o âmbito preferencial e o estilo de intervenção.

Natureza dos objetivos da intervenção

Nesse eixo, pode-se encontrar desde uma postura clínica ou reabilitadora até uma abertamente educacional. Situar-se em um plano clínico implica dar mais atenção às características individuais e evolutivas dos alunos e às suas dificuldades ou deficiências específicas. Enfatizar mais o polo pedagógico supõe dar mais importância a aspectos relacionados com os processos educacional gerais, a metodologia do ensino, a revisão e adaptação do currículo, a interação professor-aluno e a interação entre os alunos.

Na nova concepção da educação especial e das necessidades educativas especiais, as funções relacionadas com o assessoramento e o apoio especializado devem ter uma vertente claramente educativa, já que um aspecto fundamental do conceito de necessidades educativas especiais é que as dificuldades de aprendizagem têm uma natureza interativa; ou seja, não dependem apenas das limitações do aluno, mas também da resposta educativa que se oferece a ele. Por outro lado, a educação especial já não é considerada como um sistema paralelo que só atende às crianças com deficiência, mas sim como o conjunto de recursos especializados que se colocam a serviço da educação comum para proporcionar uma educação de maior qualidade para todos.

Os profissionais que cumprem funções de assessoramento devem contribuir, junto com os professores, para a melhoria dos processos educacionais gerais, de forma que não apenas se beneficiem os alunos com necessidades educativas especiais, mas todos os alunos da escola. É preciso colaborar com as escolas na definição e na implementação de uma oferta curricular que dê uma resposta educativa adequada às diferentes necessidades de seus alunos, contribuindo para a melhoria dos processos educacionais e prevenindo os aspectos que possam impedir que esses processos ocorram nas melhores condições possíveis. A intervenção desses profissionais deve ser um recurso para a instituição escolar considerada em seu conjunto, ocorrendo dentro dela, compartilhando os mesmos objetivos que esta persegue e dando assessoria sobre os diversos elementos da ação educacional.[3]

Modalidade de intervenção

Em um polo, encontra-se uma intervenção ampla e enriquecedora que potencializa tanto o adequado desenvolvimento dos alunos quanto o da escola como instituição. No extremo oposto, estaria uma intervenção corretiva ou assistencial, que consiste em aplicar os tratamentos adequados aos problemas ou às dificuldades que já se manifestaram. Entre os dois extremos, situam-se as intervenções preventivas, voltadas à detecção precoce das dificuldades e à sua atenção imediata com o objetivo de impedir sua generalização.

Colaborar com as escolas para que atinjam seus objetivos implica uma intervenção dirigida preferencialmente a facilitar o desenvolvimento e o enriquecimento da instituição escolar, de forma que seja cada vez mais capaz de favorecer o desenvolvimento adequado de seus alunos. Isso não significa que não se realizem ações dirigidas à prevenção dos fatores que possam estar dificultando o adequado desenvolvimento pessoal dos alunos, ou ações voltadas à atenção de problemas que já se manifestaram, mas tais ações devem sempre ser implementadas de uma perspectiva institucional. Na etapa de educação infantil, a dimensão preventiva e de atenção a alunos com dificuldades assume uma importância extraordinária, em que a detecção de situações e circunstâncias de risco deve ser feita precocemente para que se possa atendê-las de forma adequada.

Âmbito preferencial da intervenção

Em um extremo, a ênfase recai sobre o aluno ou a turma, deslocando-se progressivamente para a instituição escolar, considerada em seu conjunto, e a comunidade. Como já se comentou, o núcleo prioritário da intervenção deve ser a instituição escolar. Esta pode situar-se nos diferentes subsistemas que configuram a escola (alunos, professores, pais) em função das necessidades ou dos problemas a resolver. O peso educativo que tem a família nos primeiros anos faz com que esta seja um âmbito de atuação muito direto nas tarefas de apoio e de assessoramento.

Embora os alunos sejam um subsistema da instituição escolar, e todas as ações que nela se realizem devam ser dirigidas a favorecer seu desenvolvimento, é importante destacar a atenção individual a alunos com algum tipo de dificuldade como um âmbito importante de intervenção nos apoios. É preciso conseguir um equilíbrio entre as ações centradas na melhoria dos processos educacionais gerais e a atenção às necessidades individuais dos alunos. Vale destacar que a intervenção nunca é exclusivamente institucional ou individual, pois quando se atua no âmbito global da escola, a finalidade última deve ser sempre melhorar o processo educativo dos alunos, e quando se intervém junto a um aluno concreto ou um grupo de alunos, isto não pode ser feito à margem do contexto educativo no qual aprende.

Um último âmbito de atuação importante está relacionado com a comunidade. É importante assinalar que as ações que se implementem nesse âmbito devem ter como objetivo facilitar e potencializar o adequado desenvolvimento da instituição escolar e dos alunos, e não a solução de problemas do contexto social, para os quais deve haver outros recursos sociocomunitários.

Finalmente, é preciso escolher entre um tipo de intervenção direta ou imediata sobre o aluno ou atuar preferencialmente sobre os agentes educativos, sendo esta intervenção sobre o aluno bem mais indireta ou mediada. As ações dos profissionais devem ser dirigidas prioritariamente aos diversos agentes educativos, como via de influência indireta sobre o aluno. A atenção direta ao aluno estará condicionada por diversos fatores: a capacidade de resposta do docente, o número de alunos que requerem apoio, o tipo de necessidades educativas especiais e a idade. No caso de alunos com necessidades muito graves ou específicas e nos primeiros anos, a atenção direta ao aluno terá maiores peso e importância.

Estilo da intervenção

Os profissionais que desempenham funções de apoio e de assessoramento devem contribuir para a melhoria da qualidade do ensino oferecendo sua especialização em certos âmbitos de conhecimento. O fato de serem especialistas em certas áreas não significa adotar uma "atitude de *expert*", porque os professores também são *experts* em outros âmbitos de conhecimento acerca dos processos educacionais. Nesse sentido, pode-se falar de duas formas opostas no que se refere à utilização do conhecimento por parte dos profissionais que desempenham funções de apoio especializados nas escolas.

Transmissora, hierárquica e linear. – O especialista dá a solução aos problemas, estabelecendo uma relação de hierarquia e desigualdade, de tal forma que as mudanças que se produzem estão condicionadas pela sua presença. A instituição ou os membros que a compõem não assume como suas as estratégias que permitem o avanço e a evolução, criando-se um alto grau de dependência na solução dos problemas e na melhoria das práticas. Quando as mudanças vêm de fora, em geral não respondem a uma necessidade interna da instituição, mas sim do assessor e, consequentemente, produz-se uma falta de responsabilização por parte daqueles diretamente envolvidos, que faz com que as mudanças não sejam reais nem eficazes, mas pouco permanentes e superficiais.

Construtiva ou em colaboração. – Esse nível de relação implica que as soluções são buscadas conjuntamente entre o especialista e os professores, que contribuem de perspectivas distintas e complementares. Cria-se uma relação de participação, de envolvimento e de responsabilidade compartilhadas entre os membros da instituição e o assessor. As mudanças ou alterações vêm dos próprios professores, e a instituição incorpora progressivamente as estratégias e os conteúdos que lhe permitem avançar e evoluir em função de seu nível de maturação. Existe um alto grau de autonomia na resolução dos problemas, além disso as mudanças são reais porque são sentidas como uma necessidade pela própria instituição, e seus membros estão envolvidos em todo o processo.

Não há dúvida de que a melhora da prática educativa, por parte daqueles que estão diretamente envolvidos nela, torna necessária uma metodologia de trabalho em colaboração, em que se abordem os problemas das diferentes perspectivas que os professores e os assessores possam oferecer. Dessa forma, estabelece-se uma relação de igualdade quanto ao nível de relação, mas complementar e diferenciada no que se refere às contribuições, à experiência profissional e à formação dos diferentes profissionais envolvidos. A interação e a complementaridade de diferentes perspectivas para a melhoria da qualidade do ensino é a característica fundamental do assessoramento em colaboração, que poderia ser definido como um processo de construção conjunta que permite a grupos de sujeitos com diversos graus de conhecimento, vivências e pontos de vista detectar necessidades e gerar soluções para a resolução de problemas definidos mutuamente.

Em função do que foi dito antes, o assessoramento em colaboração poderia caracterizar-se como um processo de aprendizagem cooperativa de construção conjunta de significados compartilhados, mediante o qual os professores e os assessores vão adquirindo novos conhecimentos que redundam na melhoria dos processos educacionais da instituição escolar. Aprender de forma cooperativa implica incorporar o ponto de vista dos outros ao próprio ponto de vista, em um processo que conduz a uma melhor compreensão da situação e a uma representação compartilhada, em que o assessor e os professores trazem diferentes conhecimentos, experiências e perspectivas para o êxito de objetivos comuns. Isso se concretizará de maneira distinta conforme o tipo de escola, as características dos professores e a natureza da tarefa. Às vezes, pode haver uma maior relação de igualdade e complementaridade entre assessor e professores; outras, no entanto, pode haver uma maior distância, que leva a aumentar a responsabilidade do assessor para promover as mudanças que permitam o progresso.

O trabalho em colaboração não afeta apenas as relações entre os professores e o assessor psicopedagógico. A resposta à diversidade é mais efetiva nas escolas em que há um trabalho em colaboração entre os professores, entre os professores e os pais, entre os professores e os alunos e entre os próprios alunos.

NOTAS

1. O Capítulo 1 desenvolve amplamente o conceito de necessidades educativas especiais.
2. Os Capítulos 9 e 11 desenvolvem os sistemas de comunicação com crianças surdas e com crianças que apresentam alterações motoras, respectivamente.
3. O livro de Marchesi e Martín (1998) desenvolve essas funções no capítulo dedicado ao assessoramento psicopedagógico.

16 Ensinar a pensar por meio do currículo

ELENA MARTÍN

> É um novo desafio desenvolver programas educacionais que considerem que todas as pessoas, e não apenas uma elite, possam converter-se em pensadores competentes.
> Resnick (1987)

A ideia de que ensinar a pensar constitui o objetivo básico da escola não é recente. Já Dewey (1910), em seu livro *Como pensamos*, assinalou que a meta da educação é ensinar as crianças a pensar de uma maneira crítica e reflexiva. A uma primeira justificação dessa necessidade baseada em razões acadêmicas de "aprender a aprender" associam-se agora as demandas da vida cotidiana e as características do mercado de trabalho, o que requer antes de tudo capacidade de enfrentar problemas complexos e mal definidos e de aprender novos conhecimentos que permitam responder às exigências mutáveis do mundo do trabalho. Por último, destaca-se a dimensão mais ideológica desse objetivo educacional mencionado na citação de Resnick na abertura do capítulo, como necessidade ligada à igualdade de oportunidades de todos os alunos e alunas em um sistema democrático.

A concordância com essas ideias é praticamente unânime entre professores, psicólogos e profissionais da educação em geral, mas também há coincidência em julgar que a escola contribui muito pouco para tal objetivo. Como assinala Bono (1991, p.13): "... gostem ou não os professores [...] é preciso reconhecer que o ensino tradicional não formula de maneira adequada o ensino das habilidades de pensamento". O autor aponta quatro razões que poderiam explicar tal fato: a educação é endogâmica e autocomplacente; o currículo é sobrecarregado demais; não há uma compreensão suficiente sobre o que é pensar e existe muita confusão quanto aos métodos mais adequados para ensinar a pensar.

A esse problema geral, acrescenta-se outro específico, no caso dos alunos com necessidades educativas especiais, já que entre as razões que explicam suas dificuldades para aprender está justamente a ausência total ou parcial do pensamento estratégico que caracteriza a capacidade de "aprender a aprender" (Nickerson et al., 1985; Ashman e Conway, R., 1980, 1993; Keogh e MacMillan, 1996). Diante das repercussões instrucionais de tal constatação, observam-se duas posturas distintas. A primeira delas postula que, por serem justamente essas habilidades as mais débeis dos alunos, o ensino deve ser organizado de tal modo que não se proponham tarefas que exijam capacidades cognitivas de ordem superior. A segunda, ao contrário, defende que justamente porque é sua principal lacuna, é preciso fazer da aprendizagem dessas habilidades de pensamento o principal objetivo do ensino. A posição que se sustenta neste capítulo é obviamente a segunda, e nele se procurará expor as ideias que podem contribuir para que os docentes assumam explicitamente essa meta quando trabalham com esse tipo de alunos.

As diferenças entre os enfoques adotados para ensinar a pensar na escola explicam-se fundamentalmente pela teoria sobre a inteligência e a aprendizagem na qual se apoiam. Por isso, dedica-se um primeiro item do texto a esclarecer a concepção teórica que atualmente se considera a mais adequada para orientar a intervenção na sala de aula. Em um segundo ponto, analisa-se a polêmica entre os programas de habilidades gerais e os que defendem a integração no currículo, e discutem-se os métodos mais eficazes na sala de aula. Dentro da análise instrucional, dedica-se uma atenção particular aos procedimentos de avaliação pela grande repercussão que têm sobre a capacidade de autorregulação dos alunos. Finalmente, oferece-se uma breve reflexão sobre a necessidade de modificar a cultura e a organização da instituição escolar e sobre o papel que o assessoramento psicopedagógico desempenha em tal mudança.

EM QUE CONSISTE ENSINAR A PENSAR?

Responder a essa pergunta supõe antes de tudo definir-se acerca das relações entre inteligência e capacidade de pensar. Em oposição àqueles que consideram que a capacidade de pensar está totalmente condicionada pela inteligência, e que esta por sua vez não é modificável, os autores de programas dirigidos a ensinar a pensar defendem, como é óbvio, uma posição diferente, que poderia ser resumida na metáfora que Nickerson e colaboradores (1985) formulam: a inteligência seria a constituição física de um atleta a quem se pode ensinar a utilizá-la de maneira mais ou menos eficaz. Deixando de lado a discussão acerca da modificabilidade da inteligência, o fundamento desses programas está em ensinar os alunos a fazer um uso mais eficaz de seus recursos cognitivos, a pensar de maneira mais crítica e criativa. Há autores, inclusive, que defendem que tal aprendizagem melhorará não apenas aspectos funcionais, mas também estruturais do sujeito, ou seja, o suporte físico do atleta, seguindo a metáfora anterior.

Quais, porém, são os elementos básicos do pensamento? Que ingredientes devem compor um programa equilibrado de ensinar a pensar? Pelos enfoques do processamento da informação e da psicologia cognitiva, podem-se distinguir quatro componentes do pensamento: os processos cognitivos básicos, os conhecimentos sobre os diversos âmbitos, as estratégias de aprendizagem e as capacidades metacognitivas (Garnham e Oakill, 1994; Greeno, 1996). Ensinar a pensar significa, portanto, ajudar os alunos a desenvolver as habilidades de raciocínio lógico, de inferência, de dedução, de analogia, de solução de problema, etc. Contudo, sabemos atualmente que tais capacidades básicas não se adquirem no vazio, mas que dependem dos conhecimentos específicos de que os alunos dispõem (Chi, 1987; Carey e Spelke, 1994). Há uma estreita relação entre pensamento e conhecimento; pensar é sempre pensar sobre algo e, a partir de determinados enfoques, como as teorias da cognição situada (Valsiner e Winegar, 1992; Resnick, 1991), esse algo faz parte do próprio ato de conhecimento. A importância desses dois primeiros elementos é muito distinta nos programas de ensinar a pensar, como veremos no item a seguir. Todos, porém, coincidem quanto à necessidade de que os alunos aprendam estratégias cognitivas – gerais ou específicas – e que exerçam sobre elas uma regulação metacognitiva. Por isso, convém analisar de forma mais detalhada esses dois aspectos do conhecimento.

As estratégias de aprendizagem

Uma estratégia de aprendizagem pode ser definida como uma sequência de atividades ou de procedimentos, escolhidos entre várias outras alternativas, e que é dirigida a alcançar uma meta (Nisbett e Shucksmith, 1986; Pozo, 1990). O primeiro aspecto que caracteriza uma estratégia é o de ser *dirigida a uma meta*. O funcionamento errático de tentativa e erro revela, portanto, uma ausência de pensamento estratégico. Por outro lado, nos estudos sobre estratégias de aprendizagem insistiu-se muito na diferença entre um procedimento ou uma técnica e uma estratégia. A diferença fundamental entre uma e outra reside precisamente em que se comportar de maneira estratégica significa escolher, entre várias técnicas, aquela que mais se adapta ao objetivo que se quer alcançar. Sublinhar, resumir e fazer um esquema seriam algumas técnicas. Decidir a estratégia mais pertinente para se preparar para um exame de uma disciplina concreta em condições de estudo determinadas seria o exemplo de um comportamento estratégico. Monereo e Castello (1997) destacam esse aspecto e definem a estratégia de aprendizagem como um processo consciente de tomada de decisões sobre os procedimentos disciplinares ou interdisciplinares que são necessários para resolver uma tarefa.

O fato de a estratégia ter de ser ou não consciente é um dos aspectos mais discutidos, já que a perícia na execução se caracteriza, entre outras coisas, pela automatização e pela escassa carga cognitiva. O que se procura destacar aqui, porém, não é tanto a execução da estratégia, na qual se pode e se deve chegar a uma atuação perita com pouca exigência de atenção, mas sim a dimensão *intencional e deliberada* que supõe a escolha da técnica concreta que se deve executar. A diferença que Siegler (1989) estabelece entre estratégia e plano ajuda a entender esse aspecto. Para o autor, uma estratégia é uma série de atividades dirigidas a um fim e que supõem uma escolha, enquanto o plano é uma estratégia consciente. Pensar eficazmente requer, portanto, contar com um amplo repertório de estratégias, mas, sobretudo, saber utilizá-las no momento oportuno; significa ter um conhecimento *declarativo* da estratégia – ser capaz de enunciar os diversos passos que a compõem; um conhecimento *procedimental* – saber como implementá-la; e um conhecimento *condicional* – saber quando e por que utilizar os diferentes tipos de estratégias.

Este último aspecto do nível de consciência e de intencionalidade no uso das estratégias leva-nos diretamente ao quarto componente do pensamento: a metacognição. Antes de passar a este ponto, é importante apontar uma ideia sobre a outra polêmica que o tema das estratégias suscita entre os que defendem que as estratégias de aprendizagem são gerais e os que consideram que são específicas de cada âmbito de conhecimento, deixando de lado o debate de caráter epistemológico e evolutivo sobre se são construídas a partir de conhecimentos específicos e depois se generalizam, ou se o processo é o oposto, do ponto de vista dos programas de ensinar a pensar há um acordo bastante amplo sobre a necessidade de que o aluno aprenda os dois tipos de estratégias (Maclure e Davies, 1991; Ashman e Conway, 1993; Bruer, 1993). O como ensinar já é outra polêmica, que se abordará mais adiante.

O papel da tomada de consciência e a autorregulação no processo de aprendizagem

Se as diversas teorias do desenvolvimento e da aprendizagem coincidem em algo é em que pensar supõe pôr em prática processos executivos que permitam regular a atuação mediante estratégias de planejamento, seleção, acompanhamento e avaliação das estratégias.[1] A tomada de consciência de Piaget, a autorregulação do aprendido no contexto individual por meio de um processo de interiorização proposto por Vygotsky e o processo de controle executivo das teorias do processamento da informação são três explicações que, embora difiram em importantes aspectos, todas elas indicam que uma das marcas da conduta inteligente é autodirigi-la para a consecução do fim desejado.

Embora a regulação nem sempre tenha de ser consciente, o que parece certo é que o desenvolvimento da metacognição se realiza precisamente mediante os sucessivos processos de tomada de consciência, ou redescrições representacionais, conforme termos do enfoque de Karmiloff-Smith (1992). Desse ponto de vista, é muito interessante o destaque dado por Moreno (1995) às contribuições da teoria de Leontiev, mas sobretudo dos trabalhos de Piaget, ao enfoque metacognitivo do processamento da informação. Tais contribuições referem-se fundamentalmente à diferença entre regulação ativa e regulação consciente e ao caráter construtivo que supõe a tomada de consciência como criação de uma nova dimensão cognitiva e não mera transferência de uma ação automática ao plano consciente. Também é importante chamar a atenção para o fato de que se toda tomada de consciência sobre os objetos e os processos do mundo físico e social significa representar tal realidade, a regulação dos processos cognitivos supõe, em primeiro lugar, um conhecimento destes e, por isso, não é uma simples representação, mas sim uma metarrepresentação (Rivière, 1997).

O desenvolvimento da metacognição revela essa recursividade do processo. Os passos que se identificam em tal análise evolutiva podem orientar a intervenção educativa (Flavell, 1985, 1987; Brown, 1987). Até os 5 ou 6 anos aproximadamente, as crianças não contam com os processos cognitivos básicos, e isso as impede de utilizar espontaneamente a estratégia e, além disso, também não são capazes de empregá-la quando os instruem. Em um segundo momento, o desenvolvimento dos recursos cognitivos necessários permite-lhes usar a estratégia se lhes ensinam como fazer, mas não ainda de maneira espontânea. Nessa segunda fase, no entanto, é muito interessante o que se conhece como *deficiência de produção*, que se refere ao fato de que, se não se prossegue a instrução para outras tarefas, os sujeitos deixam de utilizá-la. Como assinala Pozo (1990), a dificuldade de generalizar o uso espontâneo da estratégia põe em evidência o momento interpessoal em que se encontra a construção da estratégia, no qual ainda se requer a ajuda de um sujeito mais competente que instrua sobre seu uso. Finalmente, chega-se a uma utilização espontânea da estratégia, mais ajustada às circunstâncias específicas da tarefa.

Este último elemento do pensamento, embora seja fundamental pelo que representa de construção de uma nova e mais potente estrutura cognitiva e por seu caráter regulador, não pode ser entendido sem os processos cognitivos básicos, a base de conhecimentos e um amplo repertório de estratégias de aprendizagem. São, portanto, esses quatro componentes que nos permitem entender o que é pensar. Será que se deve centrar a intervenção apenas nesses quatro âmbitos? Mais uma vez, a resposta nos leva ao dualismo cognição-emoção. Até aqui, analisaram-se os componentes do pensamento de uma perspectiva da "cognição fria", mas sabe-se, no entanto, que os processos representativos são mesclados de uma dimensão emocional e relacional que intervém tanto em sua construção como na eficácia de sua atuação.

Pensamento e emoção: o que leva à indagação sobre a realidade e a que são atribuídos os êxitos ou os fracassos

Cada vez mais foi se tomando consciência da importância do papel da motivação e dos padrões atributivos na capacidade dos alunos de utilizar um pensamento estratégico (Mccombs, 1990; Alonso Tapia, 1996). As crenças que eles têm acerca de sua capacidade para enfrentar com êxito a resolução de novos problemas, o tipo de meta que se propõem e os estilos de aprendizagem com que abordam as tarefas são os principais fatores explicativos.

O trabalho de Henderson e Dweck (1990) ilustra, por exemplo, como os alunos que sustentavam uma crença de que a inteligência podia melhorar obtinham melhores resultados do que aqueles que a consideravam uma entidade não modificável. Isso ocorria inclusive quando o nível de confiança em si mesmos não era elevado. Uma concepção "essencialista" da capacidade intelectual levava os alunos a uma postura resignada, de baixa motivação. O tipo de atribuição que os alunos fazem de seus êxitos e fracassos interage logicamente com tais crenças. O autoconceito acadêmico e, sobretudo, sua dimensão afetiva – a autoestima – se constroem em interação com as atribuições que os professores e os colegas fazem da atuação do aluno ao longo de sua história escolar (Dockrell e McShane, 1992). Por outro lado, o tipo de meta que os estudantes apresentam nas tarefas condiciona a escolha das estratégias que põem em funcionamento. A percepção da tarefa como um problema relevante e estimulante intelectualmente converte-se, desse ponto de vista, em um aspecto central para favorecer estilos profundos de aprendizagem (Entwistle, 1987). As crenças metacognitivas, isto é, a tomada de consciência sobre nossas capacidades cognitivas, e a valoração e o juízo que decorrem desse conhecimento, devem ser, portanto, um elemento básico de qualquer programa que pretende ajudar os alunos a aprender de maneira mais eficaz.

De acordo com o que revisamos até aqui, poderíamos resumir os traços básicos de um aluno que desenvolveu, em um nível elevado, suas capacidades de pensamento nas características contidas no Quadro 16.1.

Em que medida se reconhecem esses traços nos alunos com dificuldades de aprendizagem ou com uma deficiência de ordem cognitiva? São semelhantes os problemas desses dois tipos de alunos com necessidades educativas especiais? Trata-se de problemas meramente quantitativos ou de ritmo no desenvolvimento, ou respondem a uma diferença estrutural? Planejar programas de ensinar a pensar com esses alunos supõe responder a tais perguntas. No item seguinte, serão apresentados alguns dos trabalhos que tentaram fazer isso.

QUADRO 16.1 Traços de um aluno com um nível elevado de capacidade para aprender

1. Usa sua atenção de maneira seletiva e intencional quando processa a informação.
2. Tem uma ampla base de conhecimentos específicos sobre as diversas áreas do currículo.
3. Tem um amplo repertório de estratégias das quais conhece as etapas – conhecimento declarativo –, como pô-las em prática – conhecimento procedimental –, e quando e por que fazer uso delas – conhecimento condicional.
4. Uma vez adquirida a estratégia, aplica-a automaticamente com pouca demanda de recursos de atenção.
5. Seleciona a estratégia mais adequada analisando as características da tarefa, planeja sua aplicação em função da meta desejada. Faz um acompanhamento, avalia os resultados obtidos e, se for o caso, modifica a estratégia.
6. Confia em suas capacidades e considera que as estratégias podem ser aprendidas e melhoradas.
7. Atribui seus êxitos a fatores que estão sob seu controle e enfrenta as tarefas acadêmicas como desafios estimulantes que exigem esforço, mas cuja resolução produz satisfação.
8. Utiliza as capacidades cognitivas e emocionais para adquirir novo conhecimento.

CARACTERÍSTICAS DA APRENDIZAGEM DOS ALUNOS COM DIFICULDADES DE APRENDIZAGEM E DEFICIÊNCIA MENTAL

Uma primeira consideração que se deduz do exposto até o momento é que os diferentes componentes do pensamento interagem de tal maneira que todos eles são imprescindíveis para um programa de ensinar a pensar com esses alunos ou com quaisquer outros. Na classificação que Dockrell e McShane (1992) propõem das dificuldades de aprendizagem, de fato levam em conta: a "arquitetura cognitiva", o conteúdo e a organização das representações mentais, os processos de conhecimento e os processos executivos. Por outro lado, os trabalhos clássicos de Wong (1979, 1994) e de Campione, Brown e Ferrara (1985), Campione (1987), apesar de se centrarem no âmbito da autorregulação, deixam claro que também há problemas relacionados com os processos cognitivos básicos e com a pobreza dos conhecimentos específicos. Se algo parece caracterizar a diferença entre os alunos com bom rendimento e aqueles que apresentam grandes dificuldades de aprendizagem é precisamente a capacidade diferente de uns e de outros para utilizar um pensamento estratégico que lhes permita resolver problemas que nunca enfrentaram antes e gerar novos conhecimentos (Swanson, 1993; Swanson e Traham, 1996; Male, 1996). Assim, sem pretender reduzir as causas da dificuldade ao âmbito da aquisição das estratégias e do desenvolvimento da metacognição, parece pertinente centrar a análise nas dimensões que constituem o foco fundamental dos problemas de ensinar a pensar.

Whitman (1990) define a deficiência mental justamente como um déficit na capacidade de autorregulação que impede os alunos de compreender a importância das estratégias, aplicá-las sob um controle deliberado e transferi-las a novas tarefas. São alunos que dependem de outros para aprender e que, além disso, se percebem como dependentes pelo que tem sido sua história pessoal, tanto na escola como fora dela. Reúnem assim dificuldades, tanto no plano cognitivo como no emocional, por continuar mantendo esse duplo nível de análise apesar do falso dualismo que reflete.

Os trabalhos realizados com tais alunos para instruí-los intencionalmente no uso de determinadas estratégias evidenciam que podem aprendê-las (Scrugg e Mastropieri, 1992; Mastropieri e Scrugg, 1997; Campione, Brown e Ferrara, 1985). O problema fundamental, porém, apresenta-se na generalização para novas tarefas. A ausência de transferência espontânea é de fato a maior dificuldade que se observa nestes alunos. Quando se fala de alunos com dificuldades de aprendizagem, ninguém duvida de que se possam implementar programas instrucionais que permitam desenvolver esta capacidade. Quando se analisam os resultados destas experiências educativas com alunos com deficiência mental, o panorama é muito mais pessimista. Há autores, como Das (1985), que defendem que o QI põe limites nesta capacidade. Em sua opinião, o umbral se situaria em uma pontuação de 70, abaixo da qual os alunos não chegariam a aprender a generalizar uma estratégia. Há autores que, ao contrário, mantêm a possibilidade de conseguir uma melhoria nessas capacidades (Verdugo, 1984; Borkowski e Kurtz, 1987; Ashman e Conway, 1989). Na revisão que Molina e Arraiz (1993) fazem das pesquisas nesse campo, indicam que a posição de um umbral mínimo foi extraída dos programas que apresentaram intervenções isoladas, à margem do currículo geral, e que não deram atenção suficiente ao ensino explícito de como transferir os conhecimentos adquiridos e, por isso, é uma conclusão que deve ser encarada com reservas.

A diferença que Perkins e Salomon (1988) estabelecem entre os dois processos de transferência que se produzem na aprendizagem ajuda a entender o problema. A transferência de "via baixa" (*low road*) refere-se à generalização automática de esquemas muito consolidados na memória, enquanto a "via alta" (*high road*) exige uma descontextualização e uma reestruturação ativa mediante a abstração deliberada de uma estratégia que se aplica em um contexto diferente. No caso dos alunos com um bom rendimento acadêmico, ambos os processos realizam-se adequadamente. Os estudantes com dificuldades de aprendizagem são capazes de transferir pela *via baixa*, mas têm problemas na transferência deliberada. E, finalmente, no caso de determinados alunos com deficiência mental, seria necessária uma instrução explícita dos dois tipos de generalização. Como em outro tipo de transtornos do desenvolvimento, o que aparece no desenvolvimento mediante processos de aprendizagem incidental exige, ao contrário, uma aprendizagem intencional, fruto da instrução explícita (Rivière, 1997). Assim como as demais funções cognitivas anteriores ou, para utilizar o termo atraente com que Rivière as denomina, "funções críticas de humanização", a capacidade de generalizar possibilita ao ser humano "aprender a aprender a cultura" (Rivière, 1997, p. 44). A instrução formal apoia-se nessas funções básicas, desenvolvidas nas interações naturais que os contextos educativos não formais e informais oferecem, para ampliá-las, levá-las a níveis mais elevados de perícia e colocá-las a serviço da gênese de novos conhecimentos.

Nos alunos com deficiência mental, a função da instrução deve começar antes, ensinando-lhes o uso das estratégias em contextos variados, levando-os a compreender que há problemas que compartilham elementos comuns e para os quais, portanto, pode ser útil uma estratégia que eles já conhecem, e ajudando-os a avaliar se foi uma estratégia adequada. A mediação do professor consistiria em tornar explícito o que habitualmente se aprende de maneira implícita. Portanto, o ensino da generalização deve ser um ingrediente básico de qualquer programa que queira melhorar as habilidades de pensamento dos alunos com dificuldades de aprendizagem ou com deficiência mental. O estabelecimento dessa ponte (*bridging*) entre diferentes tarefas escolares e entre o conhecimento escolar e os problemas da vida cotidiana suporia organizar a instrução levando em conta os seguintes aspectos, cuja ordem de apresentação não significa uma sequência didática (Ashman e Conway, 1989; Whitman, 1990; Wong, 1994):

1. Ensinar as estratégias em tarefas variadas para que o aluno possa flexibilizar seu uso.

2. Ajudar o aluno a tomar consciência dos elementos comuns entre problemas novos e antigos, analisando as características das tarefas e o objetivo desejado, e pedindo-lhe que identifique situações que seriam adequadas para empregar a estratégia.
3. Desenvolver o pensamento condicional fazendo com que o aluno verbalize as razões que o levam a escolher a estratégia em cada caso.
4. Propor tarefas diferentes da original, mas relacionadas com ela, a fim de consolidar a estratégia.
5. Propor tarefas propriamente de generalização, tanto escolares como não escolares.

No que se refere à dimensão emocional, esse tipo de aluno revela uma auto estima muito baixa e um autoconceito acadêmico deteriorado, assim como padrões atributivos em que o fracasso é atribuído à falta de capacidade intelectual, entendendo esta como algo não transformável (Greshman e MacMillan, 1997). Constrói uma interação que o leva a depender dos outros para conseguir os êxitos e evitar os fracassos. Necessita de retornos positivos explícitos por parte de seus professores, já que os internos não lhe são úteis, pois não construiu uma representação correta da meta que lhe permita tomar consciência por si mesmo de seus êxitos. Os trabalhos de Borkowski e seus colaboradores (Borkowski, Weyhing e Tuerner, 1986; Reid e Borkowski, 1987; Borkowski et al., 1991) explicam como as atribuições negativas que tais alunos fazem em tarefas de baixo nível cognitivo impedem que enfrentem as de alto nível, próprias da capacidade de aprender a aprender. Esses autores insistem muito em que é necessário não apenas que os alunos aprendam a auto regular as estratégias, mas que se deve cuidar para que tenham êxito em tais experiências e possam aprender, assim, que o êxito se deve ao esforço e à escolha correta da estratégia. Para conseguir isso, propõem alguns procedimentos que permitiriam reconstruir o sistema atributivo modificando as crenças negativas fortemente arraigadas.

1. A intervenção deve ser dirigida às crenças relacionadas com tarefas concretas.
2. É preciso facilitar aos alunos que comparem ações em que utilizaram estratégias com outras em que não as utilizaram.
3. É preciso valorizar positivamente os êxitos relacionando-os com o esforço.

A revisão que se realizou até aqui sobre os processos de pensamento e as dificuldades que se observam neles revela que, embora se tenha avançado muito nos últimos anos na compreensão do funcionamento cognitivo e emocional, o conhecimento psicológico disponível ainda está longe de configurar uma sólida teoria sobre a cognição humana. Podem-se elaborar programas educacionais que ajudem os alunos a pensar com uma compreensão tão insuficiente do que é pensar? Sem dúvida, parte das dificuldades que serão comentadas sobre os programas existentes tem a ver com essa limitação teórica, mas também é certo que o avanço dos enfoques cognitivos e socioculturais foram o motor fundamental das novas experiências educativas (Bruer, 1993; Gardner, 1991; McGilly, 1994).

ENSINAR A PENSAR: FORA OU DENTRO DO CURRÍCULO?

Durante os anos 1970 e 1980, elaboram-se e implementam-se numerosos programas cujo objetivo é melhorar as habilidades de pensamento dos alunos. As principais revisões que foram feitas sobre essas experiências (Nickerson et al., 1985; Nisbet e McGuiness, 1990; Maclure e Davies, 1991) revelam múltiplas diferenças entre eles, que permitiriam classificá-los de acordo com critérios variados. Da perspectiva que interessa neste capítulo, porém, a polêmica fundamental é a que se centra na decisão sobre se ensinar a pensar na escola exige utilizar programas específicos, elaborados expressamente para isso, à margem das matérias, ou se, ao contrário, tal instrução deve ser desenvolvida dentro das disciplinas que configuram o currículo típico do ensino comum. Essas duas posições, conhecidas como o enfoque de habilidades ou direto (*skill approach*) e o enfoque de inserção no currículo (*infussion approach*), baseiam-se em pressupostos logicamente distintos.

Vantagens e inconvenientes das duas posições na teoria e na prática educativa

Os que defendem os programas de habilidades o fazem apoiando-se fundamentalmente em duas ideias (Nisbet, 1991). Em primeiro lugar, na crença de que o pensamento consiste em um série de capacidades gerais básicas que se utilizam indistintamente nos diversos campos de conhecimento, e que, portanto, podem ser ensinadas diretamente, fazendo abstração dos contextos concretos. Em segundo lugar, na convicção de que a transferência de tais habilidades de tarefas específicas do programa para outros campos do saber se produzirá de maneira espontânea. A esses argumentos de caráter mais teórico somam-se outros relacionados com a prática escolar. Dessa perspectiva, considera-se que, na aprendizagem das disciplinas do currículo, a presença dos conteúdos específicos impede o aluno de centrar sua atenção nos processos de pensamento. Também se postula que, no currículo comum, a intervenção não é suficientemente sistemática, e que ensinar a pensar exige momentos concretos dedicados inteiramente a isso, momentos que de Bono (1991) propõe em pelo menos dois períodos letivos por semana.

Os argumentos a favor do enfoque curricular, também denominado *Thinking Curriculum*, são igualmente de caráter teórico e de natureza prática. No primeiro caso, as razões fundamentam-se na importância dos conteúdos específicos na aprendizagem, defendida pelas teorias das estruturas conceituais de domínio (Chi, 1987; Cartey e Spelke, 1994). Segundo tais teorias, os conhecimentos têm características próprias, dependendo do campo do saber a que se referem e, embora os mecanismos cognitivos gerais possam se aplicar a diversos domínios, eles não seriam transferidos diretamente, mas reajustados em função das peculiaridades dos conhecimentos específicos de cada campo. Nesse mesmo sentido, as teorias da cognição situada consideram o contexto como parte da própria aprendizagem. Por outro lado, teorias como a de Gardner (1983), das inteligências múltiplas, apoiaram a necessidade de contextos variados de aprendizagem. E, do ponto de vista do problema da transferência, que continua sendo um aspecto central nas teorias da aprendizagem (Greeno et al., 1996), haveria ainda outros argumentos a favor do enfoque curricular, já que a generalização não é entendida como uma descontextualização, mas como uma transcontextualização. Ou seja, é a aprendizagem em muitos contextos, e não fora do contexto, que permite ao aluno tomar consciência de uma mesma estratégia em situações distintas e que o ajuda a flexibilizar e ajustar sua aplicação às características de cada problema ou tarefa.

Do ponto de vista da prática escolar, também existem argumentos claros a favor de um enfoque curricular (Pozo e Monereo, 1998). Em primeiro lugar, o currículo já está bastante sobrecarregado para que se introduzam disciplinas de programas específicos para ensinar a pensar. Por outro lado, como assinala Burden (1998), uma disciplina com tais características costuma ser considerada de baixo *status* dentro das escolas; o que não tem currículo nem avaliação dificilmente consegue conquistar um lugar importante no ensino. Além disso, a distância entre o que se trabalha nos períodos letivos em que se dá o programa específico e nas aulas ordinárias é tão grande que, às vezes, exige dos alunos um nível de transferência que não é fácil conseguir. Por sua vez, os professores desconhecem o enfoque instrucional que estão utilizando e, com isso, não aproveitam as aprendizagens dos alunos. Este último aspecto é provavelmente o principal problema que os programas de habilidades colocam para a instituição escolar. Na maioria das vezes, têm a consequência nociva de justificar que os professores não se encarregam desse objetivo básico de ensino. Se à falta de tradição de um ensino centrado em ensinar a pensar, e à dificuldade intrínseca que sem dúvida isso acarreta, acrescenta-se que haja pessoas especificamente responsáveis por essas aprendizagens e momentos reservados para isso, não é difícil entender que a escola em seu conjunto não assuma a dimensão da instrução, delegando-a a especialistas.

Analisadas até aqui de maneira sucinta as vantagens e os inconvenientes de cada enfoque, não seria justo deixar uma impressão simplista de que em um caso ocorrem todos os problemas, enquanto que o outro reúne todas as virtudes. Os programas de habilidades, sem dúvida, têm aspectos positivos, que foram evidenciados pelas avaliações feitas sobre eles (Link, 1991; Edwards, 1991). Entre outros, conseguiram que os professores entendessem melhor o que é pensar e tomassem consciência da importância de ensinar os alunos a melhorar suas habilidades de pensamento. Por outro lado, têm um efeito bastante benéfico ao mostrar aos professores que esses alunos podem realmente aprender mais e melhor. Isso modifica suas expectativas com a repercussão que isso tem, por sua vez, sobre seu entusiasmo no processo de ensino e as consequentes melhorias no rendimento dos alunos. Já o enfoque curricular tem o risco de tudo o que é transversal no currículo: é de todos e não é de ninguém. Além disso, supõe uma modificação geral do conjunto da instituição e do enfoque didático que, embora seja sem dúvida benéfica para a educação em geral, é extremamente difícil realizar, como se verá mais adiante.

Um enfoque integrador

Mais uma vez, o equilíbrio entre os extremos parece ser o caminho adequado. Isso não significa uma aposta por qualquer dos enfoques expostos. Os argumentos destacados a favor de um currículo pensado, todo ele, para ajudar a *aprender a aprender* têm vantagens indiscutíveis, mas isso supõe a necessidade de buscar nas diferentes matérias a aquisição de determinadas capacidades mais gerais que permitem enfrentar novos problemas com mais recursos cognitivos. Não se trata, portanto, de que cada área curricular trabalhe por sua conta, mas sim de identificar essas habilidades básicas em todas elas (Bresson, 1991; Maclure, 1991; Burden e Williams, 1998).

Os estudos sobre *experts* e novatos também apontam na mesma direção. Bruer (1993) resume em quatro fases o que foi a evolução dos enfoques sobre o desenvolvimento da inteligência e da perícia:

1. Em um primeiro momento, sustenta-se que o estudante constrói seu intelecto mediante o domínio de matérias formais: latim, grego, lógica, etc. O estudo desses saberes desenvolverá a inteligência do mesmo modo que o exercício físico desenvolve os músculos.
2. A segunda fase caracteriza-se pela perspectiva das habilidades gerais de raciocínio. A perícia é relacionada, assim, com o domínio de determinadas destrezas básicas do pensamento.
3. Em meados da década de 1970, impõe-se o enfoque que relaciona perícia com os domínios específicos. O *expert* não o é indistintamente em qualquer âmbito, como ilustra o dilema de Perkins e Salomon (1989) acerca do campeão de xadrez e seu possível êxito como responsável pela defesa nacional.
4. Finalmente, no início dos anos 1980, os estudos sobre principiantes ou novatos inteligentes levam a pensar que na perícia há determinadas capacidades gerais que as pessoas têm em diferentes graus de desenvolvimento, que as ajudam a enfrentar de maneira mais eficaz novos domínios de conhecimento.

A posição de síntese, proposta por Perkins e Salomon (1989), postula a necessidade de combinar a aprendizagem de matérias específicas com princípios gerais centrados nas habilidades metacognitivas de supervisão e de controle de seus próprios processos de aprendizagem. Dessa perspectiva, o ensino deveria conseguir que os alunos fossem novatos inteligentes, isto é, aprendizes com potentes habilidades metacognitivas, com capacidades de "alto nível" nos termos de Chipman (1992). Alcançar tal objetivo já significa centrar a análise em aspectos mais precisos sobre os métodos ou, mais exatamente, sobre os princípios metodológicos que devem, então, presidir a intervenção educativa. Antes de passar a este ponto, pode ser útil apresentar um resumo dos principais programas de um e de outro enfoque utilizados nas escolas.

Os programas escolares para "ensinar a pensar"

Entre as possíveis classificações que permitiram agrupar esses programas, optou-se por apresentá-los organizados em três grandes grupos: os que se situam dentro do enfoque de habilidades, os que optam por um modelo curricular e os que se centram especificamente no trabalho junto a alunos com sérias dificuldades de aprendizagem ou deficiência mental leve, que, por sua vez, podem obedecer a qualquer dos dois enfoques anteriores. Tal classificação, sem dúvida, tem o inconveniente de que há programas, como o de Feuerstein, que estariam em vários grupos. Do ponto de vista do objetivo deste volume em seu conjunto, porém, podem ser úteis para o leitor as referências de programas dirigidos fundamentalmente a alunos com necessidades educativas especiais.

Dentro dos programas de habilidades, por sua vez, podem-se distinguir três grupos (Nisbet, 1991): os que pretendem proceder à margem de conteúdos concretos, os que utilizam para isso problemas práticos e os mistos, que treinam as capacidades gerais e as específicas. Por sua vez, dentro do enfoque curricular poderiam ser identificadas três linhas. Uma primeira que se caracteriza por orientar qualquer disciplina do ponto de vista da resolução de problemas e das habilidades cognitivas, tanto gerais como específicas; uma segunda que utiliza uma matéria concreta e, por último, aquela que propõe as novas tecnologias da informação como a via mais adequada para desenvolver as capacidades de pensamento. Finalmente, entre os programas para alunos com necessidades educativas especiais, a maioria se centra em alguma habilidade escolar concreta – sobretudo a leitura e a matemática –, mas há também alguns exemplos de intervenções no conjunto do currículo e na sala de aula do ensino comum. O Quadro 16.2 contém uma classificação dos programas que tiveram maior repercussão nesse campo, com as correspondentes referências bibliográficas que permitirão ao leitor obter mais informação sobre eles, se assim o desejar. A seguir, apresenta-se uma descrição um pouco mais detalhada dos três programas para alunos com necessidades educativas especiais que optaram por um enfoque plenamente curricular, por considerá-los os de maior interesse no momento atual.

Integrative Strategy Instructions (ISI)

Tal programa, elaborado por Edwin S. Ellis, foi aplicado em alunos adolescentes que apresentavam dificuldades de aprendizagem e/ou deficiência mental leve. A experiência desse autor em intervenções fora da classe, por grupos de reforço, levou-o a reformular o programa para incluí-lo no currículo da classe regular.

O objetivo fundamental do programa é fazer com que os alunos sejam processadores de informação competentes, com o desenvolvimento progressivo de processos de autorregulação de suas estratégias de aprendizagem, que devem aprender por meio dos conteúdos específicos das diversas áreas do currículo. Para isso, os professores fazem uma análise sobre o currículo de sua disciplina, identificando os conceitos e os procedimentos que devem ensinar. No caso dos procedimentos, planejam cuidadosamente os conteúdos referentes a habilidades e estratégias de processamento da informação.

O próprio professor utiliza as estratégias para ensinar aos alunos os conteúdos da área. Nesse momento, torna explícitas as características da estratégia e, quando o aluno a utiliza, ajuda-o a tomar consciência do processo, destacando os aspectos de pensamento condicional (como e quando é útil uma estratégia concreta). Também é tarefa do professor ampliar

QUADRO 16.2 Classificação dos programas de "ensinar a pensar"

1. Enfoque do ensino direto de habilidades

Livres de conteúdo
- Enriquecimento Instrumental de Feuerstein (Feuerstein et al., 1980)
- Projeto Harvard e Inteligência da Venezuela (Harvard, 1988)
- Projeto BASICS (Building and Applying Strategies for Intelectual Competence in Students) (Ehrenberg e Sydelle, 1980)

Por meio de problemas práticos e da utilização da heurística
- O ensino de heurísticos em matemática de Schoelfeld (Schoelfeld, 1980)
- CoRT (Cognitive Research Trust) (de Bono, 1973)
- IDEAL de Bransford (Bransford e Stein, 1984)

Mistos
- Intelligence Applied de Sternberg (1986)
- PIFS (Pratical Intelligence for School) de Gardner e outros (1994)

2. Enfoque de integração no currículo

Baseados na resolução de problemas ou nas habilidades cognitivas
- Projeto Spectrum para pré-escolares (Gardner, 1991)
- STS (Somerset Thinking Skills) de Blagg e colaboradores (1993)

Por meio de matérias concretas
- Filosofia para crianças de Lipman (Lipman et al., 1980)
- Ciências: CASE (Cognitive Acceleration through Science Education) (Adey e Sayer, 1994; Adey et al., 1987; Adey, 1991)
- Artes: PROFEL (Gardner, 1989)
- Lecto-escrita (Allal e Daada-Robert, 1992; Allal, 1993)

Por meio das tecnologias da informação
- LOGO (Papert, 1980)
- CSILE (Computer Supported Intentional Learning Environments) de Scardamalia e colaboradores (1994).

3. Programas para alunos com necessidades educativas especiais

Habilidades específicas
- Metamemória (Scrugg e Mastropieri, 1992)
- Autonomia LSC (Learning Strategies Curriculum) de Schumaker e Sheldon (1985)
- Lecto-escrita (Mastropieri e Scrugg, 1997)
- Matemática (Montague, 1993)

Por meio do currículo comum
- ISI (Integrative Strategy Instruction) de Ellis (1993)
- IBP (Instrução Baseada em Processos) de Ashman e Conway (1989)
- Comunidades de Aprendizes (Comunity of Learners) de Brown e Campione (1994)

---

o domínio de aplicação da estratégia elegendo novos conteúdos conceituais da área na qual é adequada. O professor ainda planeja a generalização da estratégia a tarefas alheias à matéria em particular para consolidar a estratégia e torná-la cada vez mais flexível. O professor combina em sua prática a instrução direta, a fim de tornar explícito e concreto o que é implícito e abstrato, com o ensino "dialético", dirigido fundamentalmente a processos metacognitivos de autorregulação. Na dinâmica da sala de aula, utiliza-se, além do trabalho cooperativo, técnicas como: buscar a informação disponível conectada com a nova aprendizagem, pensar alto, questionar e questionar-se, ou levantar hipóteses.

Destacam-se no programa três tipos de capacidades cujo desenvolvimento é necessário na aprendizagem das estratégias:

1. Fase prévia (*Think ahead*). Capacidades relacionadas com os processos de ativação: prever, rever e predizer.
2. Fase de aplicação (*Think during*). Capacidades relacionadas com o processamento *on line*: fazer perguntas e respondê-las – para confirmar, relacionar ou antecipar.
3. Fase de revisão (*Think back*). Capacidades relacionadas com os processos de consolidação e de extensão da aprendizagem das estratégias: resumir, parafrasear, sintetizar e generalizar.

Finalmente, são muito importantes no processo as capacidades vinculadas aos aspectos motivacionais e atributivos da aprendizagem. Na mesma linha de favorecer a tomada de consciência, os alunos são ensinados a desenvolver estratégias de automotivação. Em um primeiro momento, é o professor que acompanha a atuação do aluno com asserções positivas, mas o objetivo é que seja o próprio estudante que antes, durante e depois da tarefa julgue sua competência, verbalizando enunciados de autoafirmação.

O programa foi avaliado internamente, mas não conta com uma avaliação externa.

Instrução Baseada em Processos (IBP)

Ashman e Conway, dois dos autores que mais e melhor trabalharam no campo das estratégias de pensamento com alunos adolescentes com deficiência mental, propõem um modelo para incorporar tais capacidades na sala de aula regular por meio do currículo. Assim como no caso anterior, abandonam o modelo de classe de apoio para passar a um programa normalizado.

O programa IBP fundamenta-se, segundo seus autores, em quatro pilares. O primeiro refere-se ao *papel dos planos*. O objetivo fundamental da intervenção é conseguir o desenvolvimento das capacidades de planejamento e de processamento da informação. Para isso, a primeira coisa que se faz com os alunos é estabelecer o plano de cada atividade, isto é, a sequência das etapas que devem percorrer. Em um primeiro momento, quem elabora os planos é o professor, mas, ao longo do processo, uma vez que tenham entendido o conceito de plano, os próprios alunos incumbem-se de tal tarefa.

O segundo princípio básico refere-se *ao papel da codificação*. No programa, diferencia-se entre processos de codificação simultânea ou sucessiva e planejam-se diversas atividades para cada uma, que são realizadas dependendo do estilo próprio de codificação de cada aluno. Todos eles devem aprender os dois tipos de estratégias, mas o peso de cada uma e a maneira de ensinar devem adequar-se a cada aluno, que, por outro lado, deve aprender em que casos é mais útil um ou outro tipo de estratégia.

O terceiro traço implica o uso do *trabalho cooperativo*. Assim como na maioria desses programas, a aula é organizada em uma estrutura cooperativa com situações de tutoria ou de ensino recíproco. Assim, as verbalizações, que são favorecidas pela interação, desempenham um papel fundamental na tomada de consciência.

Finalmente, o programa supõe realizar uma determinada *análise do conteúdo do currículo*. Tal análise centra-se na identificação das exigências de codificação que apresentam as tarefas específicas do currículo. O conteúdo curricular inclui assim planos e estratégias de codificação como parte de cada lição.

O programa IBP inclui cinco fases. Em primeiro lugar, a *avaliação* dos alunos que, embora se estenda ao longo de todo o processo de ensino e de aprendizagem, tem uma primeira etapa muito importante para conhecer o ponto de partida dos alunos com respeito a três aspectos: conhecimento do currículo, competência codificadora e capacidade para utilizar o plano. A avaliação permite classificar os alunos em três categorias, que serão levadas em conta para ajustar as sucessivas fases às características de cada grupo. Em seguida, realiza-se uma fase de *orientação* na qual o professor elabora os planos e os exemplifica diante dos alunos destacando seus passos, e como, por que e quando devem ser aplicados. A terceira fase, *desenvolvimento de estratégias*, supõe que o aluno exponha o plano específico que vai utilizar, aplique e volte a verbalizá-lo no final. Depois, realiza-se uma fase de *transferência para tarefas similares*. E, finalmente, trabalha-se a *generalização e a consolidação* dos planos aprendidos, com o objetivo de conseguir elaborar e aplicar uma versão abreviada desses planos e de usá-los adequadamente em tarefas de outros âmbitos do conhecimento.

Os autores insistem que para pôr em prática esse currículo cognitivo é preciso, além da mudança na classe, realizar ações que envolvam o conjunto da escola e que proporcionem formação e apoio aos professores.

A implementação de IBP foi avaliada sistematicamente em sua aplicação em grupos de reforço reduzidos. Quanto às experiências em classes regulares, Ashman e Conway (1989) não apresentam dados específicos.

As comunidades de aprendizes

Finalmente, Brown e Campione evoluíram de seus primeiros trabalhos junto a alunos com problemas de aprendizagem, nos quais propunham um enfoque mais individual, centrado no apoio ao aluno e, posteriormente, do "ensino recíproco", para posições nas quais o importante é criar no conjunto da turma uma estrutura social que permita aos alunos aprender uns com os outros. As comunidades de aprendizes desenvolvidas também por Rogoff (1994) são apresentadas como o contexto apropriado para tais aprendizagens. O programa foi implementado em uma escola de Oakland (Califórnia) com população de risco: 65% de afro-americanos e o restante de asiáticos, hispânicos e caucasianos.

O programa baseia-se em uma série de princípios. Em primeiro lugar, a *perícia distributiva*. A turma é organizada mediante uma estrutura de grupos cooperativos, que se conhece como "jigsaw". Cada aluno é responsável por uma parte do trabalho em que se torna *expert*, e precisa transmitir tal perícia aos seus colegas. Um segundo elemento refere-se à importância atribuída às *estratégias de aprendizagem e metacognitivas*. O terceiro fator refere-se ao estabelecimento de *múltiplas zonas de desenvolvimento proximal*. Os alunos vão se apropriando de seu ritmo e, mediante seus processos pessoais, do vocabulário, das ideias, dos métodos e do conhecimento em geral, que a princípio aparece compartilhado, convertendo-se em conhecimento pessoal. O quarto pilar do programa refere-se à *estrutura dialógica* da aula. O contexto da aula é organizado para dar espaço às múltiplas vozes a que Bakhtin se refere. O diálogo é utilizado como interação básica, seja face a face, seja por meio de correio eletrônico. Outro princípio básico é a *legitimidade com respeito às diferenças*, que se manifesta não apenas na valorização da diversidade, mas também no empenho de que exista um contato real entre alunos de diferentes níveis de idade e de experiência, apresentando os trabalhos realizados a outros grupos diferentes da turma, de tal maneira que se possam incorporar outros pontos de vista e utilizar o intercâmbio como regulação externa. O princípio é complementado com o do respeito, no sentido de que ninguém, nem sequer o professor, tem necessariamente as respostas corretas. As contribuições de todos são valiosas. Finalmente, atribui-se grande importância a conseguir uma *aprendizagem contextualizada e situada*. Para isso, procura-se deixar claras as metas das tarefas, estabelecendo-se relações entre as atividades escolares e a realidade externa da escola.

Essa organização social da sala de aula como uma comunidade de aprendizes competentes é complementada com outra série de medidas. Uma delas refere-se ao currículo, que, embora não seja deixado inteiramente à escolha dos alunos, tenta corresponder a suas capacidades e a seus interesses, no sentido que Bruner atribui ao termo "currículo intelectualmente honesto". Insiste-se, particularmente, em que os alunos sejam formuladores e avaliadores de sua própria aprendizagem, para favorecer os processos de autorregulação. Por outro lado, utilizam-se situações de tutoria de uns alunos em relação a outros com grupos de idades diferentes (alunos de quinta e sexta séries tutorando alunos de segunda e terceira séries), depois de receber uma formação específica para realizar tal tarefa. Por último, favorece-se o contexto de aprendizagem para além dos limites da sala de aula.

A avaliação do projeto, que se centrou em diversos aspectos (conhecimentos específicos de biologia, habilidades leitoras, flexibilidade no uso do conhecimento, pensamento crítico e habilidades de argumentação), mostrou resultados muito positivos.

Quando se analisam esses programas detalhadamente, assim como os demais incluídos no Quadro 16.2, observa-se neles uma série de coincidências acerca do que se consideram os aspectos-chave do êxito na obtenção de seu objetivo. Os elementos comuns transcendem inclusive o enfoque em que o programa se enquadra e fornecem a chave dos princípios metodológicos que deveriam presidir todo processo instrutivo cuja meta é ajudar os alunos a pensar de maneira mais eficiente para poder aprender por si mesmos. O item seguinte é dedicado à revisão dessas ideias diretrizes.

AS CHAVES METODOLÓGICAS PARA ENSINAR A PENSAR

A primeira ideia que aparece nesses trabalhos refere-se à necessidade de que todo professor *analise sua matéria do ponto de vista das demandas cognitivas* que a caracterizam (ver Burden e Williams, 1998, para uma excelente revisão do National Curriculum inglês deste ponto de vista). Nessa análise, é fundamental identificar tanto as macroestruturas de caráter geral como aquelas específicas do âmbito do conhecimento próprio. Tal análise significa, em termos do currículo da LOGSE, refletir sobre as capacidades presentes tanto nos objetivos gerais como nos da área. No modelo curricular da reforma, subjaz uma concepção do ensino plenamente coincidente com os atuais enfoques construtivistas, entre os quais se encontram os cognitivos (Coll, 1996). Os objetivos são definidos em termos de capacidades e não de comportamentos, justamente pela convicção de que a função da escola é desenvolver habilidades de "alto nível" que permitam ao aluno aprender por si mesmo, construir novos conhecimentos de maneira autônoma. Por outro lado, o processo de tomada de decisões, desde os objetivos gerais da etapa aos da área, também corresponde à importância dos âmbitos específicos do conhecimento. As capacidades dos objetivos não podem ser construídas no vazio, mas será por meio dos conteúdos selecionados no currículo que o aluno irá adquirindo essas habilidades. Por outro lado, a análise da dimensão cognitiva de cada disciplina também exige dar atenção aos diferentes tipos de conteúdo que se apresentam no currículo. A diferença entre conceitos e procedimentos corresponde, em grande medida, à distinção entre conhecimento declarativo e procedimental. Aprender estratégias, como se afirmou anteriormente, consiste em uma representação explícita das atividades que a compõem, mas também em saber como, quando e por que utilizá-la. Portanto, desse ponto de vista, os procedimentos são básicos, ainda que não suficientes, como assinalam Monereo e Castello (1977), pois é preciso assegurar o conhecimento condicional que permite refletir sobre o papel que desempenha cada estratégia no processo de aprendizagem. Essa ideia está diretamente ligada ao segundo requisito.

É necessário *compartilhar com os alunos a meta da atividade* a ser realizada. Uma estratégia é, antes de tudo, uma conduta dirigida a um fim. Identificar essa meta e ter consciência de sua funcionalidade é uma condição necessária, tanto do ponto de vista cognitivo como emocional. O nível de motivação, de envolvimento global do aluno na aprendizagem, dependerá do sentido que confere à tarefa. A autorregulação de sua aprendizagem ao longo do processo supõe ter um referente acerca do objetivo a alcançar, que sirva como critério de reajuste da ação. Por outro lado, um dos aspectos que os alunos devem analisar para transferir uma estratégia é se ambas as atividades compartilham um mesmo objetivo, e, portanto, o sentido da meta deve ser explícito para a turma. Explícito e compartilhado, já que é muito comum, de fato, que aluno e professor tenham representações diferentes do porquê daquilo que se está realizando em aula, o que impede a construção conjunta de significados (Werstch, 1984; Coll et al., 1992; Monereo e Castelló, 1997).

Por outro lado, sendo coerentes com a ideia de que o pensamento estratégico está relacionado com a riqueza da base de conhecimentos do aluno, ao iniciar um determinado tema é necessário *comprovar os conhecimentos prévios do aluno* e trabalhar os conteúdos de que o aluno não dispõe. Mais uma vez, essa revisão dos esquemas prévios do aluno como ponto de apoio inicial refere-se tanto aos conceitos de que dispõe como aos procedimentos próprios de cada âmbito. E, como recordam Adey e Shayer (1994), supõe também se assegurar de que se compartilha uma linguagem comum. A introdução da terminologia própria da disciplina é imprescindível para uma compreensão adequada; sem ela, a linguagem não pode cumprir sua função de mediação.

O *princípio* metodológico seguinte, que caracteriza o ensino do pensamento estratégico, é justamente o uso da linguagem como meio de conceber a realidade em níveis sucessivos de redescrição, para usar a expressão de Karmiloff-Smith, e como ferramenta de tomada de consciência e regulação. O papel de mediador do professor baseia-se na linguagem. Por meio da linguagem, o professor reconstrói as representações de seus alunos e lhes ensina, em um plano interpessoal, a dizer a si mesmos, o que depois lhes permitirá autorregular seu comportamento. Todos os métodos que se propõem nos programas de ensinar a pensar revelam esse papel nuclear da linguagem. O uso da interrogação (*questioning*); das atividades de pensar alto; dos procedimentos que permitem exteriorizar e sistematizar a linguagem interior – o pensamento –, tais como os esquemas, os mapas conceituais, o V de Gowin são precisamente o exemplo de como determinadas técnicas se convertem em estratégias ao serem postas a serviço de um fim explícito e ao serem realizadas de maneira deliberada.

No que se refere à estrutura da sequência didática, é preciso levar em conta que uma estratégia é basicamente um procedimento que não se aplica de maneira automática, mas de forma deliberada e flexível. Assim, é importante adequar a instrução ao que se sabe sobre o *ensino de procedimentos* (Valls, 1992, 1993). A exposição conceitual do procedimento como marco de referência inicial, a atuação do professor como modelo e a cessão progressiva do controle da prática guiada à independente seriam etapas que se deveriam completar ao final com uma conceituação do aprendido e com a dimensão condicional da aprendizagem acerca de como e quando utilizá-lo.

Outro aspecto que se destaca em alguns programas, e que é de interesse particular quando se trabalha junto a alunos com necessidades educativas especiais, é a conveniência de apresentar as atividades de aprendizagem de tal maneira que admitam *diferentes aproximações da construção do conhecimento*. Seguindo a ideia das inteligências múltiplas de Gardner (1991), comentada anteriormente, é necessário formular o currículo de tal maneira que haja um equilíbrio entre os vários tipos de habilidades cognitivas que configuram a inteligência. Quando a escola prioriza, como é de hábito, apenas uma aproximação do conhecimento, está dificultando o progresso de muitos alunos em suas capacidades de pensamento. Sem dúvida, essa diversidade de facetas da inteligência deve ser levada em conta no equilíbrio geral do currículo, isto é, nas matérias que o constituem e no enfoque com que são ensinadas, mas também se deve dar atenção a elas no planejamento interno de qualquer disciplina mediante a variedade de formulações dos temas e a valoração dos diferentes modos de solucionar os problemas que, sendo todos eles corretos, podem responder a "lógicas" diferentes. Desse ponto de vista, não existe um pensamento estratégico único, mas várias maneiras de enfrentar estrategicamente um problema.

O ensino das habilidades de pensamento exige, como se comentou anteriormente, o trabalho planejado sobre *a consolidação e a transferência das estratégias* mediante um processo de "via alta". Utilizar uma estratégia em contextos distintos, verbalizar a estratégia, assim como as características das situações para as quais é útil, colocar problemas cada vez mais distantes da tarefa de aprendizagem na qual se aprendeu a estratégia até chegar a situações não escolares são atividades que os professores devem planejar para ajudar o aluno a transferir o aprendido, fazendo um uso flexível das estratégias.

Por outro lado, o desenvolvimento dessas capacidades cognitivas e metacognitivas se produz mediante a interiorização do construído em um processo de interação. Por isso, outro traço comum de tais programas é a atenção que se dá aos aspectos relacionais e como estes são influenciados pela organização social da classe.

Organização social da classe e clima de relação

A chave da organização social da classe estaria em favorecer *estruturas que assegurem interação*, tanto do professor com os alunos quanto dos alunos entre si. Do ensino recíproco de Palincsar e Brown (1984) às comunidades de aprendizes (*comunity of learners*) com as quais esses autores trabalham atualmente (Brown e Campione, 1994), passando por situações de grupos cooperativos ou de tutorização de uns alunos por outros, foi se avançando cada vez mais claramente em uma linha de considerar a classe como um espaço de intercâmbio e coconstrução do conhecimento. Na experiência de Brown e colaboradores, já não se trata de grupos de apoio a alunos fora da aula, mas sim de turmas regulares com alunos de risco, nas quais o processo de ensino e de aprendizagem em seu conjunto se estrutura na cooperação e na autonomia dos alunos. Não se busca apenas potencializar ao máximo o conflito sociocognitivo e o intercâmbio de pontos de vista, mas criar um clima estimulante e de confiança na sala de aula. Só se pode pedir que os alunos se autoquestionem e que sejam ativos intelectualmente quando pensar, isto é, raciocinar em voz alta sobre o que sabemos e não sabemos, e experimentar soluções que nem sempre são as acertadas, é algo que se julga para além de "dar a resposta correta". O clima da aula deve estimular as perguntas e as respostas, deve valorizar todas as contribuições, deve mostrar aos alunos que realmente se aprende com os outros e que todos podem aprender. Dessa perspectiva, o erro, como assinalam Lacasa e Herranz (1995), retomando ideias piagetianas, é um passo valiosíssimo na aprendizagem. Se isso é importante para qualquer aluno, é muito mais ainda para aqueles que têm dificuldades para aprender por sua baixa autoestima e suas atribuições negativas, que se mencionou anteriormente. Quando se muda o clima da aula, esses alunos voltam a confiar em sua capacidade de aprender, como ilustra este extrato de uma conversa entre Sean, um aluno com necessidades educativas especiais, e seu professor, que Ashman e Conway (1989, p. 218) citam em seu livro:

Professor: Você usou o plano para fazer a soma?
Sean: Não.
Professor: Como você fez?
Sean: Eu nunca uso seus planos. São planos dos outros. Gosto de fazer meus próprios planos, que são os que me servem.
Professor: Você acha que pode explicar à Karen como fazer essa soma?
Sean: Sim, eu explico. As crianças entendem melhor as palavras que nós mesmas usamos que as do professor.

O aluno aprendeu a valorizar a utilidade dos planos usando os do professor, mas nesse momento já planeja sua atuação de maneira autônoma e com total segurança, sentindo-se capaz de ensinar a outros colegas. Realmente, é um comportamento pouco comum entre alunos com dificuldades de aprendizagem, mas imprescindível para aprender a aprender. Esse nível de autonomia na classe também está relacionado com a capacidade de planejar o trabalho com níveis progressivos de autorregulação. Como assinala Allal (1993), métodos como o de trabalho por projetos ou o plano semanal favorecem regulações que vão além de uma disciplina concreta, já que têm a ver com a tomada de decisões sobre a organização do tempo, ou a divisão de responsabilidades no trabalho conjunto.

No estabelecimento desse clima de atração pelo conhecimento, de desfrute diante do fato de aprender e de tomada de consciência de como se pode continuar aprendendo, tem uma importância crucial a atitude pessoal e profissional do professor. *O professor deve servir de modelo de comportamento estratégico* (Monereo et al., 1994; Monereo e Castelló, 1997). Deve tornar explícito que está utilizando estratégias e como está fazendo isso e, quando avalia, deve valorizar a capacidade de pensamento estratégico, deixando claro a seus alunos que este é um critério importante para ele. Também deve desenvolver expectativas em relação aos alunos que despertem neles confiança e desejos de aprender.

Tais princípios metodológicos configurariam um marco de referência básico que, sem pretender ser exaustivo, delimita os perfis de um ensino que pretende ajudar os alunos a aprender autonomamente. No Quadro 16.3, reúnem-se as ideias fundamentais deste item a título de resumo.

A avaliação como autorregulação da aprendizagem

As mudanças na metodologia devem ser acompanhadas de uma nova maneira de conceber a avaliação. A função pedagógica da avaliação, diferentemente da social-abonadora, dirigida a homologar perante a sociedade os resultados acadêmicos dos alunos, tem como meta obter informação sobre o grau de consecução dos objetivos perseguidos que permita reajustar a instrução (Coll e Martín, 1996; Marchesi e Martín, 1998). É óbvio que essa informação deve necessariamente chegar ao professor, já que é ele quem planeja o processo de ensino do ponto de vista do desenvolvimento das capacidades de aprendizagem, mas o objetivo fundamental é que tal informação seja compartilhada também com o aluno. Durante todo capítulo, destacou-se a importância da tomada de consciência, por parte do aluno, de seus processos de aprendizagem e da regulação autônoma destes. Portanto, junto com a função formativa, é preciso assegurar a função formadora da avaliação.

A avaliação formadora (Nunziati, 1990) tem como objetivo uma passagem progressiva da responsabilidade pela avaliação do professor para o aluno. O processo de aprendizagem não deve ser regulado apenas externamente pelo professor, mas, sobretudo, autorregulado pelo aluno. Trata-se de capacitá-lo a apropriar-se dos objetivos da aprendizagem e dos critérios que serão utilizados para avaliá-lo, já que isso é imprescindível para planejar sua atuação e para manejar autonomamente os procedimentos de avaliação e corrigir os erros que ele mesmo possa detectar. Desse ponto de vista, é preciso promover na sala de aula procedimentos que permitam aos alunos reconhecer por si mesmos suas dificuldades para aprender e que os ajudem a decidir quais são as melhores estratégias para superá-las. Trata-se, como assinalavam Jorba e Sanmartí (1996), de ensinar os alunos a aprender a construir sua forma pessoal de aprender.

Organizar a classe de tal maneira que os alunos progressivamente tomem as rédeas de sua aprendizagem supõe desenvolver neles uma série de capacidades, que Jorba e Sanmartí resumem nas seguintes:

1. A regulação da representação dos objetivos de aprendizagem.
2. A regulação da capacidade de antecipar e planejar as ações necessárias para poder aplicar o novo conhecimento em diferentes situações.
3. A regulação da capacidade para autogerir os erros e as dificuldades a partir da apropriação dos critérios de avaliação.

QUADRO 16.3 Ideias-chave de uma metodologia centrada em ensinar a pensar

1. Analisar a dimensão cognitiva da matéria, identificando as capacidades que ajuda a desenvolver, contidas nos objetivos da área e nos aspectos declarativos e procedimentais presentes nos tipos de conteúdo.
2. Comprovar e ajustar a base de conhecimentos específicos do aluno, seus conhecimentos prévios, que são requisito para a aprendizagem de estratégias.
3. Tornar explícita a meta da atividade, para que a aprendizagem tenha sentido para os alunos, para chegar a uma definição compartilhada da tarefa entre professor e alunos e para que estes possam tomar consciência de quais são as situações com metas semelhantes em que devem empregar a estratégia aprendida.
4. Utilizar recursos didáticos, tais como formular perguntas, pensar alto, fazer mapas conceituais, etc., que permitam utilizar a linguagem, tanto para reconceituar a realidade mediante a tomada de consciência quanto para regular os próprios processos cognitivos.
5. Seguir uma sequência instrutiva do tipo: exposição verbal da estratégia, execução por parte do professor como modelo, prática guiada, prática independente, tomada de consciência de como e quando usar a estratégia.
6. Favorecer diferentes vias de aproximação do conhecimento mediante um currículo equilibrado e uma formulação diversificada e plural dos conteúdos e das tarefas de cada disciplina.
7. Assegurar a transferência de "via alta" ensinando explicitamente a utilidade das estratégias em diferentes contextos, fazendo com que os alunos verbalizem a lógica da estratégia e as condições adequadas de aplicação e trabalhando tarefas progressivamente mais distanciadas da original, tanto escolares como não escolares.
8. Favorecer a interação na turma mediante o uso de grupos cooperativos, tutorização entre alunos, ensino recíproco ou "comunidades de aprendizes".
9. Criar um clima de segurança e tolerância mediante a valorização das contribuições de todos os alunos, a fim de que estes ousem aprender autonomamente sem medo do erro e desfrutem da aprendizagem.
10. Converter o docente no principal modelo de uso do pensamento estratégico e assegurar que este leva em conta a presença do pensamento estratégico nos alunos como critério de avaliação.

Nessa avaliação formadora, o agente da avaliação deixa de ser exclusivamente o professor, e o próprio aluno e seus colegas passam a desempenhar um papel fundamental. A *autoavaliação*, tal como a entende Alall (1991, 1993), como uma representação que o aluno faz para si próprio de suas próprias capacidades e formas de aprender, deveria ser, portanto, um instrumento habitual nas práticas educacionais. Assim também deveria ser a *coavaliação*, referente tanto a processos de avaliação compartilhados pelo professor e pelo aluno como àqueles em que os alunos avaliam seus colegas. Neste último caso, também conhecido com o nome de *avaliação mútua*, a aprendizagem que se produz é dupla. O aluno avaliado recebe uma informação que compara com a sua, e que pode ajudá-lo a perceber aspectos nos quais não havia reparado. Por sua vez, o aluno ou grupo de alunos que examina o trabalho de um colega também toma consciência, durante esse processo, dos aspectos mais relevantes do conteúdo de aprendizagem que é objeto de avaliação.

Ao rever os princípios relativos à metodologia e à avaliação, há um fato que chama a atenção: simplesmente se descreve uma maneira de ensinar bem. Seria o caso de se surpreender com a evidente semelhança com aquilo que, em geral, se entende como uma *boa prática docente*? Ensinar a pensar e a aprender autonomamente deveria ser um processo instrucional muito diferente do restante do ensino? Parece óbvio que não. Os mecanismos de influência educacional são estruturalmente semelhantes para todos os alunos, embora o nível de ajuda de que se necessita em cada caso varie sensivelmente. A chave dos processos de ensino de capacidades cognitivas de alto nível para alunos com dificuldades de aprendizagem ou deficiência mental leve consiste em tornar aberto e explícito aquilo que os outros alunos aprendem em situações de aprendizagem mais "espontânea" e implícita.

Seria então suficiente adotar esse modo de instrução e de avaliação? McClure e Davies (1991) assinalam que, junto com as reflexões relativas aos enfoques e aos métodos mais adequados para ensinar a pensar, à importância dos fatores emocionais e sociais e à concepção de avaliação que os favorece, deve produzir-se outra modificação no ensino: uma mudança no enfoque geral da escola. No item seguinte, analisa-se este último aspecto do tema.

ESCOLAS PARA PENSAR

Como resume o título do livro de Bruer (1993), *Escuelas para pensar*, o exposto até aqui só é viável à medida que o conjunto de uma escola propõe-se como objetivo compartilhado e explícito colaborar para desenvolver em seus alunos a capacidade de aprender por si mesmos. Ensinar a pensar supõe remodelar toda a escola. Implica, como assinala Cuban (1984), mudar a "arquitetura da escolarização". Provavelmente por isso, é difícil introduzir essa concepção educacional, e comprova-se que, depois de 20 anos de aplicação dos diversos programas comentados, o panorama educacional geral não variou sensivelmente.

Um grande número dos autores que se ocupam de como melhorar a capacidade da escola de ensinar a pensar (Gardner, 1991; Bruer, 1993; Ashman e Conway, 1993; Burden e Williams, 1998) coincide em apontar uma série de mudanças que seriam imprescindíveis para essa nova escola:

1. Mudança nas crenças dos professores acerca do que é pensar e aprender.
2. Acordo entre os professores para enfocar o conjunto do projeto curricular desse ponto de vista.
3. Liderança da equipe educacional na gestão da mudança.
4. Formação para o conjunto da equipe.
5. Apoios de *experts* nesse campo.
6. Apoios da comunidade escolar.

O primeiro aspecto refere-se à necessidade de modificar as crenças dos professores sobre o que é a inteligência e a aprendizagem. Muitos docentes ainda operam com concepções de tipo empirista e comportamental sobre essas noções, e é preciso que se produza uma mudança conceitual que modifique suas ideias implícitas de acordo com os conhecimentos psicológicos mais atuais. Nesse sentido, é particularmente importante que os professores acreditem realmente que todas as crianças podem melhorar suas estratégias de pensamento, já que essas crenças determinam suas expectativas.

Também é necessário contar com a maioria dos professores que compartilham a ideia de que a educação escolar tem como meta principal capacitar os alunos a aprender por si mesmos. Normalmente, é impossível chegar a uma unanimidade da equipe docente, mas seria necessário atingir uma "massa crítica" de professores e professoras, como assinalam Ashman e Conway (1989), porque, diferentemente de programas fechados, como os de enfoque de habilidades, a inclusão dessas aprendizagens no currículo não corresponde a materiais pré-elaborados e à "prova de professor", mas, ao contrário, elas devem impregnar o conjunto das decisões de planejamento didático em todas as matérias. O objetivo fundamental dos acordos entre os professores deveria centrar-se, como se comentou nos itens anteriores, na identificação de estratégias comuns em todas as áreas, na adoção dos princípios metodológicos básicos em um enfoque desse tipo e na realização de uma avaliação centrada nas capacidades de alto nível cognitivo, comuns e específicas a cada área.

A organização do processo de ensino e de aprendizagem por essa perspectiva supõe uma mudança de grande envergadura e, como na gestão de qualquer outra reforma escolar, o papel da equipe diretiva é básico. Em primeiro lugar, pela liderança pedagógica que devem assumir e, em segundo lugar, pelo apoio que devem prestar a seus professores na consolidação dessa nova linha e nas facilidades que devem oferecer no terreno das mudanças administrativas. Um projeto desse tipo demanda, por exemplo, uma organização diferente dos tempos e dos espaços do currículo, maior interdisciplinaridade, maior ênfase na função tutorial, menor número de disciplinas e de professores com os mesmos grupos são alguns aspectos organizacionais que ajudam a pôr em prática um ensino centrado na autorregulação da aprendizagem.

A formação dos professores acerca da fundamentação teórica desses enfoques é imprescindível para a modificação das crenças mencionadas no primeiro ponto. É igualmente necessário, porém, apoiar os professores com relação aos princípios metodológicos que devem informar sua prática. Todas as avaliações mais ou menos sistemáticas que se realizaram sobre programas e experiências de ensinar a pensar mostram a importância do planejamento por parte da administração e da direção da escola de processos de formação de professores. Ao mesmo tempo, ressaltam a necessidade de oferecer o apoio de pessoas mais experientes nesse campo durante algum tempo, a fim de ajudar no processo de mudança. Antes de rever esse ponto, que merece uma reflexão um pouco mais detalhada, é muito importante insistir no último elemento que se deve levar em conta em uma mudança dessa natureza.

Uma das tarefas fundamentais de um assessor psicopedagógico é precisamente apoiar os professores para que se consigam, de fato, escolas para pensar. Como se desenvolve mais extensamente em outro lugar (Martín, 1998), o campo das estratégias de aprendizagem é um dos âmbitos fundamentais da intervenção psicopedagógica, pela importância dos objetivos cognitivos na educação de todos os alunos e pela transcendência particular de tais trabalhos com aqueles que apresentam necessidades educativas especiais. No Quadro 16.4, resumem-se as principais tarefas em que o psicopedagogo da escola poderia intervir para facilitar o trabalho dos professores dentro desse enfoque.

O êxito nesse tipo de inovações educacionais, como em outras, está diretamente relacionado com o apoio da comunidade escolar em seu conjunto. Nesse sentido, a maneira de entender a educação deve ser compartilhada não apenas pelos professores, mas também por alunos e famílias. O peso dos hábitos e da tradição faz com que seja muito difícil que os pais aceitem de antemão um currículo desse tipo, com um claro peso de procedimentos e centrado nas capacidades, já que costumam considerá-lo incompatível com um bom nível dos conteúdos específicos. Embora essa ideia não tenha fundamento no conhecimento científico, ela está fortemente arraigada no pensamento cotidiano dos pais. Portanto, é preciso tornar esses temas explícitos com as famílias, oferecer espaços de discussão e ir introduzindo pouco a pouco as mudanças desejadas.

Pôr em prática tais mudanças nas escolas é, sem dúvida, um trabalho árduo, e exige o esforço de todos para uma tarefa que, como se viu neste capítulo, ainda tem muitas zonas de sombra e incerteza. Contudo, a conclusão

---

QUADRO 16.4 Atuações do psicopedagogo com relação às estratégias de aprendizagem

1. Identificar as crenças dos professores em torno da inteligência e das estratégias de pensamento e ajudar a modificá-las de acordo com o conhecimento psicológico atual próprio dos enfoques cognitivos.
2. Ajudar a identificar os aspectos cognitivos de cada disciplina e os comuns a todas elas, sugerindo como trabalhá-los e avaliá-los.
3. Assessorar na inclusão das estratégias de aprendizagem na prova inicial de cada área.
4. Ajudar na elaboração de uma unidade didática interdisciplinar estruturada em torno das estratégias de aprendizagem.
5. Coordenar as atuações do plano tutorial relacionadas com as estratégias de aprendizagem, e, se for o caso, apoiar os alunos nesse aspecto.
6. Assessorar sobre a organização e a cultura da escola para favorecer o pensamento estratégico nos espaços informais de aprendizagem dos alunos.

de Nickerson e colaboradores (1985, p. 366 da edição castelhana), diante da pergunta de se, afinal, é possível ou não ensinar a pensar melhor, sintetiza perfeitamente o espírito do que se pretendeu comunicar ao longo desta reflexão:

> ... respondemos a esta possibilidade com uma espécie da aposta de Pascal. Se não se pode fazer e tentamos fazer, é possível que desperdicemos nosso tempo e nosso esforço. Se é possível fazer e não chegamos a tentar, o custo inestimável disso serão gerações de alunos cuja capacidade para pensar com eficácia será menor do que poderia ter sido. Portanto, é mais prudente adotar a atitude de que é possível ensinar a pensar, tentar ensinar isso com todas as forças e deixar que a experiência demonstre que estamos equivocados, se for o caso.

NOTA

1. Para uma revisão em castelhano sobre o tema, ver Moreno (1988), Martí (1995), Lacasa e Herranz (1995).

17 As famílias de crianças com necessidades educativas especiais

GEMA PANIAGUA

É óbvio dizer que o ambiente familiar é essencial para o desenvolvimento de qualquer criança. Muitas vezes, porém, a educação das crianças com deficiências ficou nas mãos de especialistas – os professores, o psicólogo –, relegando à família um papel supostamente secundário. No passado, e em muitos casos ainda no presente, a intervenção educativa centrou-se quase que exclusivamente nos problemas da criança, sem levar em conta o ambiente que mais a afeta.

A atenção que se começou a dar nos últimos anos à família da criança com necessidades especiais era, no início, meramente instrumental: como os pais[1] podem contribuir para os programas estabelecidos pelos profissionais. Progressivamente, evoluiu-se para uma visão mais global e interativa, na qual se levam em conta não apenas as necessidades da criança, mas de todos os afetados: o que significa para os pais e para o resto da família ter um filho com uma incapacidade, qual é o papel da família em seu processo educativo e como se coordenam e se relacionam os diferentes sistemas educativos que afetam a acriança.

Ao longo deste capítulo, vamos assinalar constantemente a diversidade de situações e de planejamentos que se produzem nas famílias de crianças com necessidades educativas especiais: não apenas as crianças têm dificuldades e capacidades muito distintas, como também famílias muito diferentes. Por um lado, existe na sociedade atual uma grande variedade de estruturas familiares: tradicionais, monoparentais, adotivas, com ou sem irmãos, com ou sem o apoio dos parentes. Por outro, famílias com uma composição similar também são muito diferentes entre si quanto a ideologia, recursos, envolvimento na educação dos filhos ou atitudes diante das deficiências. Não é simples organizar uma realidade tão plural, definir modelos explicativos ou propor critérios para a intervenção profissional. Existe o grave risco de simplificar um tema tão rico e diverso.

Este capítulo é dividido em três partes. A primeira se centra na família da criança com necessidades educativas especiais, suas características, seu papel, suas reações e a interação entre seus diferentes membros. Na segunda, descrevem-se os modelos de relação entre o profissional e os pais. Por último, faz-se uma breve revisão da relação entre a família e a escola e das diversas formas de colaboração.

A FAMÍLIA DA CRIANÇA COM NECESSIDADES EDUCATIVAS ESPECIAIS

O que significa ter um filho com necessidades educativas especiais

Ter um filho é um dos acontecimentos mais vitais para um ser humano. Os vínculos afetivos entre pais e filhos normalmente são tão intensos como as emoções que se põem em jogo. Um filho é sempre fonte de ilusões ou medos. A fantasia e as vivências que se produzem em torno deles são muito profundas e refletem não só a projeção de si mesmo, como também expectativas idealizadas. O fato de que ser pai seja algo habitual não significa que seja fácil e, quando o filho tem alguma dificuldade séria, tudo pode tornar-se particularmente difícil.

Desde o momento em que os pais ficam sabendo da existência de uma deficiência, a preocupação com o presente e o futuro da criança aumenta enormemente. Essa preocupação de fundo acompanha a família por toda a vida, com maior ou menor intensidade dependendo dos casos, do momento evolutivo da criança, dos recursos pessoais e das condições de vida.

Ao longo do desenvolvimento da criança, os pais terão de decidir sobre tratamentos médicos, escolha de profissionais e opções educativas. Em muitos momentos, sobretudo no início, vão sentir que não têm elementos de juízo suficientes para tomar decisões que possam ser definitivas para a evolução de seus filhos. Além disso, o bombardeio de informação que começam a receber de uns e outros profissionais nem sempre é convergente: em alguns casos, o que uns recomendam outros desaconselham.

Outro aspecto nada insignificante será o aumento de dedicação que, em geral, supõe um filho com necessidades especiais. Muitas vezes, as crianças com deficiência requerem muito mais cuidados físicos, assim como mais tempo de interação e mais situações de jogo ou de estudo compartilhado. O desenvolvimento de programas de estimulação desde cedo, as atividades de lazer e o reforço familiar ao longo da escolarização representam para os pais um esforço pessoal muito considerável. Outro tipo de dedicação mais indireta decorre da necessidade de coordenação com diversos especialistas: revisões médicas, idas constantes a serviços de reabilitação, orientação psicopedagógica e acompanhamento escolar. Muitas famílias têm uma agenda carregada de datas com diferentes profissionais, o que, em alguns momentos, pode chegar a ser motivo de sobrecarga. Por último, pode ser muito difícil encontrar pessoas que possam atender adequadamente a criança para que os pais tenham momentos de lazer ou de trabalho fora dos horários e dos calendários escolares; por isso, muitos pais, sobretudo mães, sacrificam durante anos suas possibilidades de lazer e desenvolvimento profissional pela dedicação ao filho.

No aspecto econômico, por melhores serviços públicos que existam, as famílias sempre têm gastos extraordinários nos campos médico, ortopédico, educativo e reabilitador. Além disso, nos casos em que um dos pais deixa de trabalhar para atender a criança, o orçamento familiar pode ser seriamente afetado. Quanto ao futuro, a tarefa de ser pai é empreendida pensando que, depois de alguns anos de intensa dedicação ao filho, chegará o momento em que ele atingirá uma maturidade que lhe permita ter uma vida independente. Esse primeiro pressuposto fica claramente em suspense, ou pelo menos cheio de interrogações, quando o filho tem alguma deficiência. Será inevitável perguntar-se sempre sobre seu futuro: será capaz de arranjar-se por si mesmo? Poderá trabalhar? Necessitará de cuidados por toda a vida? Como assegurar seu bem-estar quando seus pais faltarem ou não puderem atendê-lo? Em muitos casos, os pais se verão obrigados a estender seus cuidados para com os filhos muito além da infância, convivendo com filhos adultos que ainda necessitam deles.

Diante de todas essas dificuldades, é preciso ressaltar que muitas famílias conseguem altos níveis de adaptação e de satisfação. São muitos os pais que acompanham o crescimento de seus filhos com necessidades especiais com verdadeiro entusiasmo, embora sempre exista um fundo de preocupação. Alguns afirmam que vivem com intensidade pequenos avanços que em seus outros filhos tinham passado despercebidos. Muitos sentem admiração e orgulho, valorizando o esforço de seu filho para aprender e superar suas dificuldades. Muitos outros, com o passar dos anos, valorizam sua experiência com seu filho com deficiência como algo positivo e insubstituível, apesar do esforço que possa ter exigido.

As diferentes concepções sobre a família de crianças com deficiências

Felizmente, já se foi o tempo em que ter uma pessoa com uma deficiência dentro da família supunha um estigma. De fato, em séculos anteriores e até começo do século XX, as deficiências eram atribuídas a causas orgânicas geradas na família por algum tipo de degeneração moral em algum de seus membros. Essa terrível atribuição foi, no passado, fonte de vergonha e culpa para muitas famílias e, ainda hoje, muitos pais se sentem extremamente culpados porque, no fundo, acreditam que o nascimento de um filho com uma deficiência significa algum tipo de castigo.

Sem chegar a tais extremos de irracionalidade, nas sociedades ocidentais atuais ainda persistem preconceitos que não ajudam na integração real das pessoas com deficiências. Provavelmente, a ideia mais difundida é que a família de uma criança ou de um adulto com deficiência tem de ser necessariamente uma família problemática e desajustada, e que todos os seus membros são afetados negativamente. Essa concepção patológica supõe generalizar a situação de um grupo relativamente reduzido de famílias que, realmente, não conseguem ajustar-se ao fato de ter um filho com deficiência, ignorando que outras alcançam altos níveis de adaptação.

Pela visão simplista da perspectiva patológica, tudo de mal que acontece à família – desavenças matrimoniais, rusgas entre irmãos, conflitos com os parentes – deve-se à tensão gerada pela deficiência. Tal concepção ignora a quantidade de variáveis que influem em uma família, a diversidade de fontes de tensão – econômicas, relacionais, comunicativas, de saúde e de personalidade de cada um de seus membros –, em que a deficiência de um filho não deixa de ser uma variável a mais, embora evidentemente importante.

A influência do modelo patológico foi reduzida em estreita conexão com os avanços que se produziram no estudo da família em geral, nos quais as visões mais individualistas e estáticas foram substituídas por enfoques que levam em conta os diferentes sistemas que configuram a família e os vários contextos em que esta se desenvolve, em uma perspectiva dinâmica e transacional. Essas mudanças na concepção da família e em seu papel no desenvolvimento das crianças tiveram uma grande influência nas concepções específicas das famílias com filhos com deficiência, o que se manifestou em uma progressiva consideração de todos os diversos sistemas envolvidos. As famílias das crianças com deficiências começam a ser consideradas "famílias normais em circunstâncias excepcionais" (Seligman e Darling, 1989).

Um primeiro avanço ocorreu ao se incorporar, como um fator essencial na aproximação da família, seu ambiente social e, concretamente, os recursos disponíveis. A mudança de perspectiva implica deixar de pensar nas famílias em termos de carências e problemas, para centrar-se em suas necessidades. As dificuldades deixam de ser vistas como algo estritamente privado para se apresentar como uma questão interativa: as necessidades não são determinadas apenas pela deficiência do filho e por outras variáveis familiares, mas também, em grande medida, pela resposta ou pela falta de resposta em um meio social determinado. Em um contexto com serviços adequados em relação à deficiência – educativos, médicos, ocupacionais, de lazer –, uma família teria muito menos necessidades especiais que em um contexto carente desses recursos.

Pode-se observar um paralelismo entre essa concepção e o enfoque das necessidades educativas especiais. Assim como no plano individual a ênfase é colocada não tanto na deficiência quanto na resposta educativa, no âmbito familiar o modelo das necessidades supõe deixar de insistir nas carências familiares para centrar-se na resposta social e, concretamente, na adequação dos serviços às suas necessidades.

Progressivamente, desenvolveram-se enfoques mais complexos, que levam em conta os diferentes sistemas que afetam a família, as interações entre eles e as múltiplas variáveis individuais, familiares e sociais que intervêm. Foram identificados alguns elementos entre as características da criança, da família e dos recursos do ambiente que aumentam claramente o risco na família, sobretudo se ocorrem de forma combinada (ver Quadro 17.1).

Sem perder essa perspectiva global do estudo da família, alguns autores insistiram em

QUADRO 17.1 Fatores de risco que aumentam a vulnerabilidade das famílias de crianças com necessidades educativas especiais

1. *Riscos da criança:*
   - Problemas de conduta.
   - Transtornos do sono.
   - Soma de dificuldades (motoras, sensoriais, incontinência, etc.).
   - Problemas de comunicação da criança.
   - Dificuldades sérias de saúde física.
   - Graves dificuldades de aprendizagem.
   - Problemas com a aparência da criança.
   - Alto grau de excitabilidade.
2. *Características dos pais e da família:*
   - Falta de estratégias para enfrentar o estresse.
   - Isolamento social.
   - Dificuldades socioeconômicas (desemprego, moradia precária, baixo salário, preocupações econômicas, falta de emprego da mãe, etc.).
   - Pouca formação para exercer a maternidade/paternidade.
   - Tensão na vida cotidiana.
   - Insatisfação do casal.
   - Falta de diversão e de lazer na família.
   - Falta de crenças sólidas morais e/ou religiosas.
   - Falta de coesão familiar.
   - Dificuldades de ajuste à criança e pouca interação mãe-filho.
3. *Características dos serviços*
   - Número elevado de necessidades sem cobertura.
   - Serviços inadequados às necessidades das crianças e da família.
   - Serviços que sobrecarregam a família economicamente.
   - Horários inadequados.
   - Descoordenação dos serviços.

Fonte: Adaptado de Dale (1986).

uma variável como especialmente relevante no momento de compreender, estudar e intervir junto a famílias com crianças com deficiências. Concretamente, destacou-se como fator fundamental a capacidade dos pais de enfrentar situações de estresse (Lazarus e Folkman, 1984; McConachie, 1994).

Como já se comentou anteriormente, pode-se afirmar que em todos os casos ter um filho com necessidades educativas especiais é fonte de preocupação e tensão muito variáveis em função das características individuais, familiares e sociais. As estratégias que os pais desenvolvem diante da deficiência de seu filho não seriam muito diferentes das que empregam em outras situações difíceis. Tais estratégias se referem a formas de pensar, de agir ou de relacionar-se. Os diferentes estilos dos pais para enfrentar o estresse explicariam o fato de que as famílias em situações aparentemente muito similares (mesma deficiência e idade dos filhos, situação sociofamiliar similar, acesso a recursos idênticos) mostrem, às vezes, graus de adaptação extremamente diferentes.

As diversas concepções sobre a família estão na base das diferentes formas de atuação profissional. Alguns profissionais compartilham a concepção social de tipo patológico, mas, em geral, os modelos de atuação profissional cada vez mais levam em conta uma visão global e sistêmica da situação familiar (ver item Os diferentes modelos de relação profissional).

Reações emocionais

Compreender que um filho tem uma deficiência é um processo que vai além do mero conhecimento do fato. Como qualquer acontecimento doloroso, a assimilação dessa situação leva um tempo e, em alguns casos, nunca chega a ser completa. O processo foi comparado ao que ocorre com a perda de um ente querido e, de fato, as etapas que os pais trilham até a aceitação da deficiência do filho são muito similares às do luto. Há sempre um sentimento de perda quando se tem um filho com deficiência: os pais têm de renunciar à expectativa que todo pai alimenta de ter um filho sem nenhuma dificuldade, inclusive um filho ideal e perfeito. Nos casos em que a criança com um desenvolvimento normal sofre um acidente ou uma doença, o processo pode ser mais duro ainda: o que se perde não é apenas uma ideia, uma fantasia, mas as capacidades reais que o filho possuía.

O modelo de adaptação que se apresenta a seguir descreve as reações mais frequentes que ocorrem desde que os pais constatam a deficiência até chegar à sua aceitação (Seligman, 1979; Hornby, 1995).

1. *Fase de choque.* – Ao serem informados de que a criança tem uma deficiência, cria-se um bloqueio, um atordoamento geral, que inclusive pode impedir a compreensão das mensagens que estão sendo recebidas. Por isso, é particularmente importante escolher o momento da comunicação inicial, embora a fase de choque dificilmente possa ser evitada, devido ao caráter traumático da notícia. O choque inicial pode durar desde alguns minutos até vários dias. Essa fase não chega a ocorrer, ou é bem mais leve, nos casos em que a família já há algum tempo suspeitava seriamente da existência de uma alteração ou de um atraso.

2. *Negação.* – Após a profunda perturbação e desorientação inicial, a primeira reação de muitos pais e mães passa por "esquecer" ou ignorar o problema, operando no dia a dia como se nada tivesse acontecido, ou então resistir de forma mais ativa, questionando a capacidade do diagnóstico dos profissionais ou considerando que se trata de um erro. Um certo grau de negação nos momentos iniciais pode ser altamente adaptativo; possivelmente poria em risco o equilíbrio psíquico dos pais se tomassem plena consciência, de um golpe, da gravidade da situação. Estagnar, nessa fase, é muito prejudicial, já que pode ter um efeito paralisante na família, que não toma as medidas médicas e/ou educativas necessárias.

3. *Fase de reação.* – Depois do choque e da negação dos primeiros momentos, os pais vivem uma série de emoções e sentimentos. Embora estes sejam aparentemente desajustados, constituem os primeiros passos inevitáveis para a adaptação, sendo necessário expressá-los para atingir as fases mais construtivas. As reações descritas a seguir não são todas as possíveis, e sim as mais frequentes; em alguns casos, também aparecem reações de ansiedade, de desapego e sentimentos de fracasso.

• *Irritação*. São habituais em um e outro momento reações de raiva e agressividade, manifestando-se como estados de ânimo difusos, ou voltando-se contra supostos culpados (médicos, familiares portadores de uma doença). A expressão desse tipo de emoções costuma ser muito mal-aceita socialmente e inclusive os profissionais muitas vezes não entendem que atitudes e comportamentos dos pais não são ataques pessoais, mas o reflexo do sofrimento pelo qual estão passando.

• *Culpa*. A agressividade produzida pela profunda frustração e pelo dano que se sente nem sempre se volta para fora em forma de irritação, mas muitas vezes é dirigida a si mesmo, com sentimentos de culpa. Alguns pais se atormentam, buscando possíveis causas das dificuldades de seu filho: que erros se cometeu na gravidez, nos cuidados físicos ou em sua educação. Em outros casos, sentem-se culpados simplesmente por estarem bem, enquanto seu filho padece de algum tipo de déficit. E, por último, algumas pessoas se sentem muito culpadas ao constatar a recusa que produz nelas mesmas a deficiência de seu filho.

• *Depressão*. Viver em toda sua dimensão a profunda tristeza que causa o fato de seu filho ter sérias dificuldades pode ser um dos passos fundamentais para chegar a uma fase mais construtiva. Nas culturas ocidentais, não se favorece a expressão da tristeza: a depressão é sempre considerada algo prejudicial, e não sentir tristeza parece ser um objetivo vital primordial. Um certo nível de depressão é saudável, porque supõe a melhor compreensão das dificuldades e o sentimento gerado por ela. Também nessa fase, a estagnação dificulta bastante a relação com o filho, produzindo um tipo de interação muito pouco estimulante.

4. *Fase de adaptação e de orientação.* – Depois de sentir com intensidade algumas reações citadas anteriormente, a maioria dos pais chega a um grau de calma emocional suficiente para avançar no sentido de uma visão realista e prática, centrando-se no que fazer e em como ajudar seu filho. Progressivamente, veem-se em condições de orientar suas vidas, até alcançar um nível de reorganização baseado na consciência do que ocorre.

Essas fases descrevem, em linhas gerais, o processo que vivem os pais da criança com uma deficiência, mas o percurso que cada pai ou mãe realiza é totalmente particular. Nem todas as pessoas passam por todas as etapas, nem nessa ordem exata, e também há uma grande variação nos tempos utilizados para avançar nesse processo. Como já se mencionou, as características da criança e uma série de variáveis pessoais, familiares e sociais condicionam todo o processo de adaptação. Em situações muito extremas, por exemplo, com as doenças degenerativas, é muito difícil passar das fases iniciais e chegar a um nível de adaptação.

Também se deve levar em conta que as diferentes fases não se superam de uma vez por todas, mas algumas reações tendem a repetir-se ciclicamente. Conforme as circunstâncias e as pessoas, volta-se a utilizar uma estratégia defensiva ou outra. Por exemplo, uma mãe ou um pai que já aceitou bem as dificuldades de seu filho pode voltar a uma atitude de negação diante do fato doloroso de que a criança está perdendo as habilidades adquiridas ou aumentando seu déficit sensorial. Tais reações podem ser entendidas como uma recaída cíclica ou, mais positivamente, como o acionamento de mecanismos para enfrentar as tensões, tal como se coloca no modelo de manejo do estresse.

Por último, é preciso assinalar que adaptar-se, reorganizar-se e ajudar adequadamente os filhos não significa necessariamente estar plenamente conformado com a deficiência. Muitas famílias aceitam seu filho tal como é, mas lamentam a vida toda que sofra limitações e que tenha menos oportunidades de percepção, de mobilidade, de comunicação ou de autonomia. Como manifestam alguns pais, eles amam seus filhos e dedicam-se a eles, mas não podem alegrar-se com sua doença ou com sua deficiência.

As relações entre os diferentes membros da família

A interação mãe-filho

Entre as interações familiares, a mais estudada é a que se estabelece entre a mãe e o filho com necessidades especiais. As pesquisas centraram-se fundamentalmente na forma como as mães estimulam, de forma espontânea, o desenvolvimento do jogo e da linguagem. Os estudos coincidem em destacar um estilo mais diretivo nessas interações quando a criança apresenta uma deficiência. Tal diretividade não supõe necessariamente algo negativo. Mahoney (1988) categorizou um leque de estilos comunicativos nas relações das mães com seus filhos com síndrome de Down, que vão desde uma sensibilidade maior aos interesses da criança e a favorecer a comunicação espontânea a estilos mais centrados na execução de tarefas.

Os pais

Até o momento, a maior parte das considerações feitas neste capítulo refere-se às reações, às vivências e aos desafios que os pais têm de enfrentar; por isso, assinalaremos aqui alguns matizes.

Em geral, o primeiro e fundamental apoio para uma mãe ou para um pai pode ser o de seu companheiro; a ninguém afeta tanto um filho com uma deficiência como ao outro progenitor. Nas famílias monoparentais, o trabalho se multiplica, e com mais frequência se acentua a sensação de solidão; contudo, as mães e os pais que educam seus filhos sozinhos, quando contam com uma rede social de amigos e/ou familiares, podem conseguir altos níveis de adaptação e satisfação.

É muito comum se supor que o pai e a mãe têm de atravessar em uníssono e com as mesmas reações os vários momentos, como se fossem uma só pessoa. Nada mais distante da realidade; por mais compenetrado que esteja, cada adulto seguirá seu próprio processo, porém ajudado ou obstaculizado pelo outro. Um dos fenômenos que costuma ocorrer com frequência é que a um se permita um certo abandono ou atravessar as fases mais depressivas enquanto o outro se mostra mais ativo e forte. Isso é adaptativo, tanto diante da criança como do conjunto do grupo familiar, desde que se alternem os papéis e não se degenere em uma situação fixa em que um se encarrega da criança e o outro se desliga progressivamente.

Os irmãos

Vários estudos tentaram verificar a repercussão que a deficiência da criança tem sobre os irmãos (Seligman e Darling, 1989). Mais uma vez, não existe uma resposta simples sobre como a criança com necessidades educativas especiais afeta o desenvolvimento de seus irmãos. Uma das fontes de variabilidade fundamentais refere-se ao tipo de limitação de que a criança padece. Por exemplo, destacou-se que, em geral, as relações dos irmãos com uma criança autista são mais frustrantes do que com outro tipo de limitação, nas quais a interação e a comunicação são menos afetadas.

Também se procurou estabelecer diferenças em função da ordem e do sexo dos irmãos. Alguns estudos assinalaram que as irmãs maiores são mais afetadas pela sobrecarga de cuidados em relação à criança com deficiência, já que na família lhes pedem um nível de ajuda maior do que aos outros irmãos.

Frequentemente, os pais se preocupam com as reações de ciúmes pela maior atenção que dedicam aos filhos com dificuldades. Muitas vezes, porém, essas reações não estão muito distantes das manifestações de inveja ou rivalidade habituais entre todo tipo de irmãos. Muitas famílias cuidam especialmente da atenção aos outros irmãos, evitando que toda família gire em torno da deficiência. É preciso lembrar que o ambiente familiar mais adequado para uma criança com necessidades educativas especiais é aquele em que se procura um equilíbrio entre as necessidades de todos e de cada um de seus membros.

É preciso destacar que, para muitas pessoas, foi positivo o convívio com um irmão com uma deficiência. É comum observar-se, entre os que viveram tal experiência, atitudes mais solidárias, como indica a tendência maior entre eles a escolher profissões de caráter social.

Outros familiares e amigos

Embora seja cada vez maior o isolamento da família nuclear, na Espanha a grande família continua tendo muito peso. Seu apoio será fundamental para muitos pais, seja como suporte emocional, seja no momento de compartilhar o cuidado e a atenção da criança.

Em algumas famílias, observa-se um forte movimento solidário quando nasce um sobrinho ou um neto com alguma deficiência, porém nem sempre a grande família é uma fonte de apoio. Alguns pais afirmam que, além de ter de assumir a deficiência de seus filhos, têm de convencer constantemente os familiares que se refugiam na negação, suportando serem acusados de exagerados por preocupar-se excessivamente com o desenvolvimento de seu filho.

Em algumas ocasiões, o nascimento de um filho com uma deficiência precipita as tensões que já existiam com outros familiares, a ponto de poder significar a ruptura com uma parte da família. Alguns pais, quando percebem, seja de forma objetiva ou subjetiva, que seu filho é rejeitado pelos outros, tendem a romper a relação de forma abrupta e radical. Às vezes, isso é adaptativo, mas outras vezes tem a ver com um progressivo isolamento da família nuclear.

Atualmente, grande parte das contribuições que eram proporcionadas pelos parentes está disponível mediante uma rede de amizades. Os movimentos de aproximação ou distanciamento dos amigos, produzidos em razão dos problemas da criança, ocorrem em termos similares aos que se acaba de descrever. Em geral, a sociabilidade dos pais será um dos recursos fundamentais de que tanto eles como seu filho dispõem.

Ocorre com frequência que o círculo de conhecidos e amigos se estenda a famílias que têm filhos com dificuldades similares, como fonte insubstituível de apoio emocional e informação. Muitas vezes, a via para estabelecer esses novos contatos são as associações de pais de pessoas com deficiências. De início, muitas famílias não buscam espontaneamente essa via de associação; em geral, o vínculo a uma determinada associação começa pela possibilidade de receber um serviço – por exemplo, estimulação – ou pela recomendação dos profissionais que atendem a família.

O contato com outros pais que vivem situações similares deve contar com algumas garantias, já que nem todas as famílias estão em condições de prestar apoio efetivo a outras. É preciso levar em conta que as relações entre diferentes famílias podem não ser isentas de um certo componente de rivalidade, comparando continuamente a evolução dos respectivos filhos. Nos encontros de pais, nos primeiros momentos, pode ser interessante a mediação profissional ou a formação inicial dos pais veteranos para saber como ajudar eficazmente os novos.

Nos últimos anos, as vias de contato direto entre as famílias atravessaram fronteiras via internet, na qual são cada vez mais frequentes as páginas *web* criadas pelas associações, com possibilidade, em alguns casos, de intercâmbio direto com outros pais. Por essa via, os pais podem obter informação atualizada sobre várias síndromes. Isso é particularmente interessante nos casos de doenças muito pouco frequentes ou quando as famílias estão isoladas, sendo difícil o acesso por outras vias ao intercâmbio e à informação.

AS RELAÇÕES ENTRE PAIS E PROFISSIONAIS

As famílias de crianças com necessidades educativas especiais têm de recorrer a diferentes profissionais, seja para o diagnóstico, a intervenção ou a busca de suportes. Esses contatos podem constituir uma fonte de apoio e compreensão, ou representar uma dificuldade a mais, quando o tratamento recebido não é o adequado.

Ao falar de profissionais neste capítulo, referimo-nos a todas as pessoas que entram em contato com os pais devido às dificuldades de seu filho, seja nos âmbitos médico, psicológico, escolar ou social. A reflexão sobre o tipo de relação profissional surgiu com mais frequência entre aqueles que desempenham um trabalho permanente com os pais (psicólogos, assistentes sociais, etc.). É imprescindível que também outros profissionais incorporem tais conhecimentos à sua intervenção com as famílias.

O trabalho com as famílias normalmente se desenvolve de forma intuitiva, seguindo modelos implícitos e aprendidos muitas vezes pela própria experiência como alunos, pacientes ou usuários. Dessa forma, muitos especialistas assumem o papel que lhes é atribuído socialmente sem questionar-se se é a melhor forma de aproximar-se das famílias. Além disso, esse é um terreno, o do trabalho com pais, em que se filtram com facilidade os preconceitos sobre o que é uma boa situação familiar ou sobre a capacidade de algumas pessoas para cuidar de seus filhos. A falta de formação no trabalho com famílias leva não só a conflitos desproporcionais, a atitudes defensivas e mal-estar entre os profissionais, como também à insatisfação dos pais pela forma como são tratados.

Por tudo isso, são necessários marcos explícitos que permitam avançar de forma consciente para uma prática profissional mais eficaz e satisfatória para todos os envolvidos. Nesse sentido, os modelos de relação profissional que serão revistos no item seguinte podem servir igualmente para a análise e a avaliação das atuações profissionais com pais e como guia para fixar objetivos e critérios de atuação nesse terreno.

Os diferentes modelos de relação profissional

No trabalho com pais de crianças com necessidades educativas especiais, descreveram-se vários modelos que ajudam a entender e a orientar a intervenção com famílias. Trata-se de marcos de referência amplos, relativos à ideologia, à divisão de poder, à participação e ao tipo de relação interpessoal que se estabelece entre pais e profissionais. Profissionais com tarefas e funções idênticas podem desempenhá-las de forma radicalmente distinta, dependendo de como concebem essas relações, o papel dos pais na educação ou os direitos das famílias.

Os modelos que são revistos a seguir vão dos mais tradicionais e questionados – *modelos do expert* e *do transplante* – aos que levam mais em conta as necessidades, os direitos e o papel dos pais – *modelos do usuário* e *da negociação*.

O modelo do expert

No modelo do *expert*, a relação profissional-família é estabelecida com base em que é o profissional que tem o conhecimento sobre a criança, assim como o poder de decisão sobre as medidas a adotar. Nesse marco, os pais são considerados pouco competentes com relação às dificuldades de seu filho; o mais adequado é que confiem as decisões e a educação de seu filho ao mundo dos *experts*, estabelecendo-se, assim, uma forte dependência com relação a eles.

Conta-se com a família como fonte de informação daqueles dados que o especialista julga necessários. As preocupações dos pais, o que eles consideram importante, assim como suas necessidades e sentimentos não são motivos de intervenção; quando muito, são vistos como elementos secundários que facilitam ou dificultam a evolução da criança. São frequentes, dentro desse modelo, as atitudes de onisciência e onipotência por parte do profissional, sendo difícil admitir perante os pais as dúvidas ou o que se desconhece. A linguagem também é utilizada para marcar a distância entre entendidos e profanos; costuma-se utilizar uma linguagem técnica, pouco transparente para os pais, que os faz sentirem-se pouco competentes.

Um número cada vez maior de pessoas questiona essa forma de agir, mas socialmente ainda é bastante requisitada. São muitas as famílias que buscam a aparente segurança que oferecem os profissionais onipotentes e "deixam em suas mãos" os problemas. Por outro lado, é bastante gratificante para muitos especialistas a sensação de poder e o *status* profissional que implica o modelo do *expert*. Por ser um modelo muito arraigado, mesmo os profissionais que não estão de acordo com esse tipo de papel recaem com frequência em tal estilo de atuação, por exemplo, quando se sentem inseguros ou agredidos pelos pais, tentando defender-se com expedientes de *experts* (jargão técnico, atitudes distantes, etc.).

As atuações dentro desses modelos muitas vezes causam desconfiança entre pais e profissionais e a insatisfação das famílias pelos serviços recebidos. Ao mesmo tempo, a sobrecarga que o profissional assume, pela necessidade de demonstrar continuamente que é um *expert* e por tomar decisões que devem corresponder aos pais, frequentemente também o leva a um certo grau de mal-estar e tensão.

É preciso assinalar que, não obstante todas as desvantagens, em algumas situações pode ser adequada uma forma diretiva de atuação, como única via de trabalho. Por exemplo, pode ser necessário ser muito diretivo por algum tempo nas situações em que os pais estejam completamente bloqueados, ou também com um reduzido número de pais que cuidam muito mal de seus filhos ou os maltratam.

O modelo do transplante

Nesse modelo, tenta-se "transplantar" o papel dos profissionais para os pais, considerando-os como um valioso recurso para trabalhar com as crianças. Os pais ocupam um lugar essencial no tratamento ou no desenvolvimento do programa educativo de seu filho, como coeducadores em casa. Como no modelo do *expert*, são os profissionais que estabelecem o que e como é preciso trabalhar com a criança, mas, nesse caso, transmitem seu conhecimento e suas habilidades aos pais.

Embora o poder de decisão permaneça fundamentalmente nas mãos do profissional, esse enfoque representa um avanço com relação ao modelo do *expert*, já que obriga os especialistas a incorporar à sua prática habilidades de divulgação e trato com famílias. É válido para alguns pais sentirem-se seguros assumindo um papel pseudoprofissional. De fato, alguns pais se sentem mais envolvidos e úteis aplicando pautas muito precisas e estruturadas para agir com seus filhos e estabelecendo tempos de trabalho sistemáticos com eles.

Contudo, para muitas famílias, a obrigação de trabalhar com os filhos pode significar uma sobrecarga em sua vida cotidiana e, inclusive, uma distorção em seu papel. Os pais que desenvolvem programas formais de ensino às vezes se sentem mais professores do que pais, e algumas práticas – programas rígidos que condicionam a vida familiar, exercícios repetitivos ou inclusive dolorosos – podem tirar espaço de algumas relações pais/filhos ou levar à perda da espontaneidade na relação. Por outro lado, a implementação de ensinos formalizados em casa está muito distante da atuação profissional; tanto a maior carga emocional como a inexperiência no campo educativo ou reabilitador podem levar à execução inadequada de determinadas tarefas para a criança.

Nesse modelo, assim como no anterior, quando as crianças não avançam o suficiente, é fácil culpar-se mutuamente pelos fracassos. As famílias costumam considerar que as tarefas não eram apropriadas para seu filho, e os profissionais tendem a pensar que os pais não puseram em prática as pautas recomendadas ou que não fizeram seu papel de forma satisfatória.

O modelo do usuário

Nos anos 1980, teve início um movimento por uma relação de autêntica colaboração entre os profissionais e as famílias de crianças com necessidades educativas especiais. Esse movimento enquadra-se em uma revisão mais generalizada das relações entre serviços e usuários, e em uma reivindicação dos direitos destes últimos. Cunningham e Davis (1985), que desenvolveram o *modelo do usuário*, estão entre os autores que mais defenderam e concretizaram o enfoque no caso das famílias com crianças com deficiências.

Nesse modelo, insiste-se nos direitos dos pais como usuários de um serviço. Parte-se do reconhecimento da experiência e da competência dos pais como autênticos *experts* no que se refere a seu filho, ainda que não disponham de noções técnicas nem de conhecimentos específicos sobre sua deficiência. Atribui-se grande importância às necessidades e às prioridades dos pais, como também à ajuda que requerem para ir ajustando suas vivências, suas ideias e suas atuações à situação de seu filho.

Poderíamos estabelecer um paralelo entre o enfoque construtivista na educação e o modelo do usuário na orientação aos pais. Os pais não são sujeitos passivos, mas protagonistas de seu processo de adaptação e de resposta às necessidades de seu filho. Por outro lado, considera-se imprescindível partir de suas ideias prévias, de suas emoções e expectativas em torno de seu filho, da deficiência, de sua vida familiar e da educação. Na orientação, a maior capacitação dos pais não se produz por uma mera recepção e acumulação de informação técnica; com os dados que o profissional oferece, os pais vão modificando e enriquecendo suas concepções prévias, mas, em última instância, são eles que incorporam ou não uma determinada informação, que transformam seu saber e seu sentir em maior ou menor medida, em suma, que aprendem.

Dentro do modelo do usuário, o profissional é quem informa, oferece opções, cria alternativas e ajuda a compreender as reações. Seu valor não está apenas em ter conhecimentos técnicos a respeito da deficiência, mas também em suas habilidades interpessoais: capacidade de empatia e de escuta para incorporar os pontos de vista dos pais, habilidade para divulgar conhecimento profissional e, sobretudo, capacidade de negociação. A negociação, entendida como a busca de soluções consensuais entre família e profissional, é a chave do processo de colaboração, embora, em última instância, as decisões a respeito da criança caibam aos pais.

Entre os objetivos que o profissional se demarca, seja qual for sua atuação, é fundamental que os pais se sintam cada vez mais competentes e capazes na educação de seu filho, e que a relação profissional se estabeleça em um plano de igualdade, evitando as relações de dependência do profissional.

Diversos autores reconhecem nesse modelo um grande avanço com relação aos anteriores, um autêntico ponto de inflexão nas relações com pais de crianças com deficiências. Podem-se, porém, apontar algumas críticas. Por um lado, as expectativas sobre o papel profissional de amplos setores de pais são outras, mais próximas dos modelos anteriores, e, por isso, para algumas famílias, pedir continuamente sua opinião ou deixar todas as decisões em suas mãos causa-lhes uma grande insegurança. Por outro lado, em alguns países, o quadro legislativo e a disponibilidade de recursos fazem com que, em certa medida, essa formulação seja utópica. Por exemplo, nesse modelo se contempla entre os direitos dos pais a livre escolha do profissional, mas em muitos casos isso não é possível, seja por falta de opções ou porque em muitos serviços públicos não se permite tal escolha.

O modelo de negociação

Muitos autores complementaram, ampliaram e matizaram o modelo anterior, trabalhando não apenas sobre a relação pais/filhos, mas também com a família como sistema, e dando mais atenção à diversidade de situações familiares e contextos sociais no momento de intervir (Seligman e Darling, 1989).

Entre esses novos marcos teóricos, é preciso destacar o modelo de negociação (Dale, 1996), no qual se dá mais atenção aos aspectos contextuais e institucionais que condicionam a relação profissional/família e que fazem com que a colaboração seja mais factível. Assim como no modelo do usuário, o ponto de vista e os interesses dos pais sobrepõem-se aos dos profissionais, nessa formulação se busca um equilíbrio maior entre uns e outros. Parte-se da ideia de que tanto os pais como os especialistas têm muito conhecimento e experiência a oferecer na tomada de decisões em torno da criança. Destaca-se que as perspectivas e os interesses de ambos são muito diferentes e, por isso, o processo de negociação implica não apenas a possibilidade de consenso, mas também o conflito como algo frequente e inevitável. Insiste-se tanto nos procedimentos de negociação como nas formas de abordar o desacordo e contempla-se a possibilidade de que a colaboração entre um determinado profissional e determinados pais chegue a ser possível por toda uma série de fatores pessoais, ideológicos ou institucionais.

Só se pode responder à diversidade de situações familiares com base em propostas muito flexíveis, em que se negocia com cada família no marco de colaboração adequado. Dentro desse modelo, a negociação atinge inclusive o tipo de relação pais/profissionais; em função das circunstâncias, pode-se chegar ao acordo de estabelecer uma interação que seria própria do modelo do *expert* ou do transplante, mas que não se consideraria negativa, e sim a mais apropriada em uma determinada situação.

O envolvimento emocional dos profissionais

Seja qual for o modelo em que o profissional opera, vale a pena deter-se brevemente em seu nível de envolvimento emocional e afetivo. As emoções e os sentimentos dos pais não deixam os especialistas indiferentes: há os que compreendem e aceitam suas reações, mas há também quem se contagia ou quem não consegue suportá-las.

De fato, alguns se sentem tão identificados com os pais que chegam a perder seu papel e a extrapolar os limites profissionais para se converterem em *amigos*. No início, isso pode ser muito gratificante para uns e outros, mas, com o tempo, um envolvimento pessoal excessivo impede a eficácia no apoio e acarreta uma sobrecarga e um desgaste emocional para o profissional difíceis de suportar. Além disso, os pais assumem um compromisso pessoal que dificulta examinar outras alternativas ou manifestar desacordo, quando este surge.

Em outro extremo, o medo de envolver-se excessivamente nos problemas dos pais, ou o temor de suas reações, leva outros profissionais a manterem interações frias e distantes com as famílias, interações que também não são gratificantes nem adequadas. Com essa atitude, é muito difícil ganhar a confiança dos pais, que podem, inclusive, se sentir rejeitados.

No plano emocional, no trabalho com os pais, o especialista deve encontrar sua distância profissional perfeita, isto é, um ponto médio entre a proximidade excessiva e a distância demasiada, que seja funcional para ele e que lhe permita preservar seu equilíbrio emocional sem necessidade de defender-se das reações dos pais. Essa distância perfeita, naturalmente, não é uma medida exata para todos: dependendo do tipo de atuação – é diferente um contato isolado ou um trato contínuo com os pais – e da personalidade de cada profissional, há uma ampla margem de estilos apropriados para esse trabalho. Por outro lado, é difícil estabelecer tal distância *a priori*: ela é conseguida pela experiência, pela reflexão e pela tomada de consciência das reações e sentimentos que cada família provoca.

A RELAÇÃO ENTRE A FAMÍLIA E A ESCOLA

A família ao longo do itinerário escolar

As vivências dos pais e a relação da família com a escola variam significativamente em função da idade e da etapa educacional em que se encontre o filho.

Nos primeiros anos, a escolarização costuma significar um passo importante no reconhecimento da condição de deficiência da criança. Inevitavelmente, os pais começam a comparar o filho com seus colegas, quer ele frequente uma escola regular ou uma escola especial, tomando mais consciência de seu nível de desenvolvimento. A incorporação da criança a uma escola infantil também os obriga, e ajuda, a enfrentar algo penoso: reconhecer perante outros adultos, sobretudo perante outros pais, que seu filho tem uma deficiência.

Durante a educação infantil, muitas famílias têm de vencer o medo que lhes causa deixar seu filho aos cuidados de outros; a criança costuma passar de um meio protetor, ou superprotetor, a um contexto social mais amplo, no qual se prioriza o desenvolvimento da autonomia. A acessibilidade e a transparência das escolas constituem a melhor medida que se pode tomar para ajudar as famílias na superação de seus receios e na comprovação do bem-estar de seus filhos. As escolas infantis que dispõem de condições adequadas não apenas proporcionam uma "jornada" de estimulação aos pequenos com necessidades educativas especiais, mas também prestam às famílias uma ajuda inestimável em idades em que as crianças precisam e pedem muita atenção.

Com a passagem à idade escolar, as famílias têm de enfrentar novas preocupações. Para muitas, é o momento crucial da escolha da escola, aspecto que será revisto no próximo item. Alguns pais se queixam da diminuição da informação e do contato com a escola quando seus filhos passam da educação infantil ao ensino fundamental. A estreita coordenação continua sendo imprescindível nessa etapa, já que muitos aspectos de autonomia pessoal, relação social ou comunicação não são exclusivamente escolares e dificilmente poderão evoluir se não forem potencializadas durante todo o dia, sem distinguir contextos ou competências.

Na puberdade e na adolescência, que coincidem com o ensino médio, muitas famílias começam a pensar de forma mais sistemática no futuro a médio e longo prazos, como também no grau de autonomia pessoal e profissional que seu filho pode alcançar. Dentro da autonomia pessoal, o desenvolvimento da sexualidade aparece como um novo desafio que obriga as famílias a refletirem e a adotarem uma linha de atuação a respeito. No terreno da autonomia profissional, o enfoque educacional nessa etapa será essencial e, por isso, as famílias têm muito a dizer quanto ao itinerário formativo de seu filho.

Ao longo dos ensinos fundamental e médio, os pais geralmente dispõem de recursos para responder às necessidades de seus filhos, enfrentando maiores carências na transição para a vida profissional. Nessas fases, há uma certa incompreensão social a respeito do jovem adulto com deficiência, e a atenção a eles é vista por muitos como um problema privado da família. Nesse sentido, o crescimento do filho pode, paradoxalmente, aumentar sua presença em casa e sua dependência da família, passando ao primeiro plano a preocupação com seu cuidado quando os pais morrerem ou não estiverem em condições de atendê-lo. O movimento associativo é um dos principais apoios às famílias nessa etapa, já que está gerando muitos recursos para responder às necessidades do adulto com deficiência.

As decisões sobre escolarização durante a trajetória escolar

Ao longo da infância e da adolescência dos filhos com deficiências, em especial nas mudanças de etapa educacional, os pais se veem diante de decisões, sobre escolarização, que não são fáceis de tomar. As respostas escolares às necessidades educativas especiais supõem uma mudança em seus esquemas prévios: as opções que lhes são oferecidas não correspondem ao que viveram em sua própria história escolar, e eles não conseguem imaginar como é a vida em uma escola especial ou como se adapta o currículo em uma escola regular. Por outro lado, para muitos pais, trata-se não apenas de decisões cruciais para o futuro de seu filho, mas também de momentos em que avançam na tomada de consciência da situação da criança, com os consequentes efeitos no plano emocional. O apoio profissional – informação, apoio emocional, ajuda no processo de tomada de decisões – é particularmente importante nas encruzilhadas da trajetória escolar.

Um momento de encontro, ou desencontro, entre famílias e profissionais, ocorre nas decisões que se tomam ao longo da vida escolar de uma criança sobre a modalidade educacional mais adequada: integração em uma escola regular ou ingresso em uma escola de educação especial? Para o profissional, a escolha de um ou outro sistema corresponde à busca do contexto no qual possa obter melhor resposta a determinadas necessidades educativas especiais. Para algumas famílias, é muito mais: é um indicador da maior ou menor gravidade da deficiência da criança.

A determinação da modalidade educacional deve ser feita com base na avaliação psicopedagógica,[2] levando em conta, fundamentalmente, as características da criança, mas também considerando a resposta que está obtendo ou pode obter em diferentes contextos educativos, assim como as possibilidades do meio familiar. Por isso, os profissionais e responsáveis por essa tarefa devem não apenas dispor de instrumentos para a avaliação da criança, mas também conhecer em profundidade o que significam as diferentes modalidades, e, mais ainda, conhecer as escolas, sua proposta curricular e sua capacidade de adequação à diversidade. É preciso levar em conta que para muitos meninos e meninas é fácil determinar qual é a melhor opção, mas há uma ampla margem de casos em que tal opção não é tão clara, tanto pelas capacidades da criança como pelas características das escolas e pela situação familiar. As variáveis familiares podem direcionar as decisões em um ou outro sentido e, por isso, também devem ser incluídas no processo de avaliação psicopedagógica (Quadro 17.2).

Muitos pais manifestam uma série de preocupações quando lhes é recomendada uma ou outra modalidade. Quando a criança vai ser integrada em uma escola regular, o que costuma preocupar é se ela terá atenção especializada e suficiente ou se vai "perder" nesse grupo; se a criança não será discriminada por seus colegas ou mesmo por algum adulto; e, sobretudo, se não vai se sentir inferior comparando-se com os outros. Quando a opção é uma escola especial, os pais costumam temer que se trate de um meio pouco estimulante; que seus colegas sejam modelos inadequados a imitar e que a criança seja privada de contatos mais normalizados.

A colaboração entre a família e a escola

A resposta a muitas necessidades educativas especiais supõe um esforço coordenado entre a escola e a família. Nem sempre, porém, é fácil pôr em prática essa colaboração, já que as relações, muitas vezes, são de desconfiança e de reprovação. Frequentemente, a escola se queixa que as famílias delegam exclusivamente ao meio escolar a educação de seus filhos. Por outro lado, muitos pais sentem que o mundo escolar lhes impõe o que devem fazer com seu filho, sem ouvir seus pontos de vista, sem considerar suas possibilidades e suas necessidades como família.

A família e a escola educam a criança compartilhando o interesse comum de fazer-lhe bem e de ajudá-la ao máximo, mas para uns trata-se de seu filho e para outros de um aluno. Isso supõe que suas perspectivas, suas expectativas e seus interesses sejam diferentes. Uma verdadeira colaboração em nível de igualdade passa pelo respeito mútuo e supõe um certo nível de confiança. Os pais devem confiar no profissionalismo dos professores, não de forma cega e absoluta, e sim mediante a informação periódica, a comparação de pontos de vista e o diálogo em torno de temas que os preocupem. Os professores devem respeitar o fato de que há muitas formas de ser

---

QUADRO 17.2 Aspectos familiares a valorizar na avaliação psicopedagógica tendo em vista a escolarização da criança com necessidades educativas especiais

Estrutura e dinâmica familiar:
- Composição da família nuclear; horários e atividade de trabalho dos pais; situação escolar dos irmãos; etc.
- Relação com os parentes; possibilidades de colaboração.
- Repercussão das diferentes opções escolares no restante da família.
- Divisão de responsabilidades quanto ao filho com deficiência.
- Forma habitual de os pais enfrentarem os problemas e tomarem decisões (autonomia, dependência, etc.).

Condições familiares em relação às escolas:
- Possibilidades de acesso às várias escolas (recursos econômicos, ajudas e bolsas, distância em relação a casa, ajuste das condições familiares aos parâmetros de seleção).
- Necessidade de serviços complementares (transportes, horários ampliados, atendimento durante as férias).

Ideias prévias dos pais sobre os diferentes meios educativos:
- Sobre a integração em escolas regulares.
- Sobre as escolas de educação especial.
- Sobre as escolas públicas ou privadas; confessionais ou laicas.
- Sobre as atividades extraescolares de lazer.
- Sobre as intervenções educativas e reabilitadoras extraescolares.

Conhecimentos e atitudes da família diante da deficiência do filho:
- Situação emocional dos pais diante da deficiência (negação, aceitação).
- Atitudes e atuações em relação ao filho com necessidades educativas especiais (superproteção, exigência, etc.).
- Nível de conhecimento sobre a deficiência e as medidas educativas específicas.
- Ajuste de suas expectativas sobre o desenvolvimento da criança.
- Aspectos educativos que mais valorizam (intelectuais, comunicativos, sociais).
- Grau em que se favorece a integração social do aluno fora da escola.

Possibilidades de comparação com o meio escolar:
- Capacidade e disponibilidade para ajudar seu filho nas tarefas escolares.
- Habilidades de relação e de comunicação com os professores.
- Conhecimento e utilização dos canais de colaboração e de participação.
- Atribuições e reações diante da evolução escolar do filho.

pais, muitos estilos que podem ser válidos para a criança, ainda que não coincidam com seu ideal de como deve ser a família. Também devem evitar colocar-se em um plano superior, sempre dirigir a relação ou pretender que os pais se convertam em professores de seus filhos.

O estabelecimento de uma autêntica colaboração só é possível por meio de um processo de permanente negociação. É preciso reconhecer a enorme diversidade existente entre as famílias de crianças com deficiências; por isso, não se deve impor um modelo único de relação. O que para alguns pais é uma grande ajuda – por exemplo, tarefas para fazer com seus filhos em casa – para outros seria uma sobrecarga. A escola deve ser sensível à situação particular de cada família, evitando tornar-se mais uma fonte de estresse.

No Quadro 17.3, indicam-se diferentes graus e formas de colaboração, que vão desde as mais básicas e imprescindíveis para todo o grupo de pais – por exemplo, informação sobre o que se faz com seu filho – até as mais diretamente participativas, nas quais pode-se envolver uma minoria de famílias – por exemplo, compartilhar a tarefa educacional no próprio espaço da sala de aula. O meio escolar deveria oferecer todo esse rol de possibilidades, respeitando os graus diversos de participação das diferentes famílias. Sem pretender uma revisão exaustiva de tais atuações, destacaremos algumas reflexões sobre os diversos níveis em que se pode estabelecer a colaboração.

Intercâmbio de informação

O intercâmbio de informação é tanto mais necessário quanto menor ou mais afetada for a criança com necessidades educativas especiais; nesses casos, são imprescindíveis sistemas de comunicação permanentes entre a família e a escola, mediante contatos diários ou informações frequentes por escrito que supram, em alguma medida, as dificuldades de expressão das próprias crianças. A escolha de uma

---

QUADRO 17.3 Diferentes formas de colaboração família/escola

Intercâmbio de informação:
– Questionários a mães e pais.
– Informação cotidiana na entrada ou na saída.
– Intercâmbio frequente de informação por escrito (notas, diários de ida e volta).
– Entrevistas de acompanhamento.
– Informes de avaliação.
– Reuniões de pais.
– Informação por escrito (painéis, circulares).

Atividades em casa:
– Pautas de controle de conduta.
– Sistemas alternativos e aumentativos de comunicação.
– Pautas posturais e exercícios físicos.
– Hábitos de autonomia pessoal.
– Atividades complementares à escola (lazer, tratamentos).
– Tarefas complementares em casa (jogos, leituras, computador).
– Desenvolvimento de tarefas escolares em casa.

Participação em atividades da escola:
– Trazer recursos materiais para a aula e para as atividades.
– Participação esporádica na escola ou na sala de aula (presença no período de adaptação, em festas e passeios).
– Participação periódica em atividades com crianças na escola ou na turma (colaboração em certos momentos da jornada, desenvolvimento conjunto de oficinas, atividades recreativas, apoio na sala de aula).
– Participação em órgãos de gestão: funções de representação.

ou de outra via deve ser feita levando em conta as peculiaridades da família e as possibilidades da escola.

No que diz respeito aos informes de avaliação, é fundamental transmitir uma visão realista, mas centrada nos avanços, sejam estes maiores ou menores. São devastadores para os pais os informes em que seu filho com necessidades educativas especiais é qualificado negativamente em quase todos os indicadores, simplesmente porque estes não se adaptaram aos objetivos que se pretendem alcançar com ele.

Por último, nas escolas regulares é fundamental a participação dos pais de crianças com deficiências nos espaços de informação e nos encontros coletivos (reuniões de turma e da escola). A integração também deve abarcar a família; a "normalização", nesse caso, supõe a participação nas vias habituais, mas também o ajuste a maiores necessidades de informação ou de coordenação em alguns casos.

Atividades em casa

A continuidade do trabalho entre a escola e a família multiplica o efeito das intervenções e contribui para que a criança viva a coerência entre seus dois mundos de referência. É preciso assinalar, no entanto, que muitas vezes não se deve pretender uma continuidade total, uma unidade no funcionamento praticamente inalcançável. A família e a escola são dois contextos muito distintos e, por isso, é lógico que exista um certo grau de divergência. Como já se mencionou antes, geralmente a escola tende a impor seu estilo escolar ao meio familiar, mas às vezes a situação é inversa. Por exemplo, um aspecto polêmico é até que ponto uma escola deve renunciar a algo que considera necessário para um aluno, como por exemplo, a utilização de um sistema aumentativo de comunicação, quando a família se opõe.

No que diz respeito à escolarização da criança com necessidades especiais, muitas famílias acham que ela não recebe atenção suficiente ou que a escola não proporciona todas as intervenções que seu filho requer. Em alguns casos, as próprias escolas sugerem aos pais que procurem em outros serviços as atividades de reforço ou o tratamento específico. Às vezes, a busca de atividades complementares responde à ansiedade de esgotar todas as vias de intervenção, mas, muitas vezes, revela que o meio escolar não cobre a resposta a todas as necessidades educativas especiais. Alguns pais afirmam que lhes causa muita tensão ter de levar o filho a tantos serviços reabilitadores e escolares, com sobreposição de horários, dificuldades de transporte e descaso pela vida familiar. Por isso, é importante selecionar as intervenções, estudar as opções não apenas em função das necessidades da criança, mas também levando em conta o resto da família, e racionalizar a educação, evitando cair em uma atividade frenética que deteriore o clima em casa e o desenvolvimento emocional da criança.

Participação em atividades da escola

Na Espanha, existe muito pouca tradição de envolvimento direto da família na sala de aula, limitando-se, em geral, a oferecer algum material para trabalhos especiais ou ao apoio em atividades como passeios ou festas. Nas escolas regulares frequentadas por crianças com necessidades educativas especiais, é importante que não se peça a seus pais uma colaboração maior em função da deficiência do filho. Condicionar, por exemplo, a participação de uma criança em uma excursão ao fato de ela estar acompanhada por algum familiar, quando tal medida não for exigida a todas as outras crianças, representa uma séria discriminação.

Na educação infantil e no ensino fundamental, a presença de pais na escola, adequadamente organizada, tanto nos momentos de entrada e de saída como em outras atividades, é uma amostra de abertura e transparência. O envolvimento direto de pais em algumas atividades possibilita espaços de formação prática que facilitam bastante a continuidade de atividades em casa. É preciso assinalar, porém, que nem todos os pais têm possibilidades ou se sentem capacitados para esse tipo de colaboração, que hoje é minoritária. É importante ter cuidado com esse tipo de experiências, já que seria totalmente contraproducente que os pais tivessem a sensação de incompetência com seu filho e com outras crianças.

Por último, a participação de caráter mais representativo e formal é, para algumas famílias, uma forma apropriada de defesa dos seus direitos e dos de seus filhos. O envolvimento nos órgãos de representação da escola às vezes é o primeiro passo para a participação em outros fóruns, como as associações de pais de crianças com uma determinada deficiência.

Para potencializar e levar a bom termo as atuações de colaboração mencionadas, é imprescindível, como se insistiu ao longo deste capítulo, profissionalizar as relações com a família, não as deixando à mercê da intuição e da espontaneidade dos professores. As equipes educacionais devem ter uma formação específica sobre a relação profissional com adultos e aprender procedimentos concretos de intervenção nos diferentes tipos de atuações. Em todas elas – entrevistas, reuniões, informes, etc. –, os aspectos comportamentais serão muito importantes, já que tal aprendizagem não pode limitar-se a uma série de conhecimentos e procedimentos. Quando as atitudes subjacentes são negativas, as atividades se desvirtuam, e os pais recebem mensagens de censura, tanto verbais como não verbais. Não se pode desenvolver nenhuma atuação de forma satisfatória e coerente se não houver uma certa flexibilidade e um grau suficiente de empatia com as famílias. Uma incorporação mais efetiva das relações com os pais como conteúdo da formação inicial e permanente dos professores é essencial, não apenas para melhorar essas relações, mas também para que a colaboração reverta em favor do desenvolvimento dos alunos com necessidades educativas especiais.

NOTAS

1. Ao longo deste capítulo, sempre que se mencionam os "pais", refere-se indistintamente à mãe, ao pai, ao tutor ou à pessoa diretamente responsável pela criança no meio familiar.
2. No Capítulo 14, esse tema foi desenvolvido de forma mais extensa.

Referências bibliográficas

Abramson, L.Y.; Garber, J.; e Seligman, M.E.P. (1980). Learned helplessness in humans: an attributional analysis. In A.J. Garber e M.E.P. Seligman (eds.) *Human helplessness*. Nova Yorque: Academic Press.

Achenbach, T.M.; e Edelbrock, C. (1983). *Manual for the child behavior checklist and the revised child behavior profile*. Burlingtom, VT: University of Vermont Department of Psychiatry.

———. (1986). *Manual for the teacher's report from and teacher version of child behavior profile*. Burlington, VT: University of Vermont Department of Psychiatry.

Adey, Ph. (1991). *Cognitive acceleration through science education*. In S. Maclure e P. Davies (eds.) 1991.

———; e Shayer, M. (1994). *Really raising standards. Cognitive intervention and academic achievement*. Londres: Routledge.

———; Shayer, M.; e Yates, C. (1989). *Thinking science. The curriculum materials of the CASE Project*. Londres: MacMillan Education.

Aguado, G. (1989). TSA: *Test de morfo-sintaxis*. Madri: CEPE.

Aiguabella, J.; e González, M. (1996). *Análisis de necesidades de personas adultas con grave discapacidad*. Madri: Inserso.

Ainscow, M. (1991). Effective schools for all: An alternative approach to special needs in education. In M. Ainscow (ed.). *Effective schools for all*. Londres: David Fulton Publishers.

———. (ed.) (1991). *Effective schools for all*. Londres: David Fulton Publishers.

———. (1995). Education for all: making it happen. *Support form learning*, 10, 4, 147-155.

———; e Tweddle, D. (1988). *Encouraging classroom success*. Londres: D. Fulton.

Alegría, J. (1984). Por un enfoque psicolinguístico del aprendizaje de la lectura y sus dificultades. *Infancia y Aprendizaje*, 29, 79-94.

Allal, L. (1993). Régulations métacognitives: quelle place pour l'èléve dans l'évaluation formative?. In L. Allal; D. Bain e Ph. Perrenoud, *Evaluation formative et didactique du francais*. Paris: Oelachaux et Niestle.

Allal, L.; e Saada-Robert, M. (1992). La métacognition: Cadre conceptuel pour l'étude des régulations en situations scolaires. *Archives de Psychologie*, 60, 265-296.

Alonso-Tapia, J. (1991). *Motivación y aprendizaje en el aula. Cómo enseñar a pensar*. Madri: Santillana. Aula XXI.

———. (1996). *La motivación en el aula*. Madri: PPC.

———. (1997). *Motivar para el aprendizaje*. Barcelona: Edebé.

Alonso, P.; e Valmaseda, M. (1993). Los sistemas de comunicación sin ayuda. In M. Sotillo (ed.). *Sistemas alternativos de comunicación*. Madri: Ediciones Trotta.

American Association on Mental Retardation (1997). *Retraso mental. Definición, clasificación y sistemas de apoyo*. Madri: Alianza Editorial.

American Psychiatric Association (1994). *Diagnostic and stadistical manual of mental disorders. DSM-IV*. Washington, DC: Autor.

Anderson, E. M.; e Clarke, L. (1982). *Disability in adolescence*. Londres: Methuen.

Anderson, L. W; e Pellicer, L. O. (1990). Synthesis of research on compensatory and remedial education. *Educational Leadeship*, 48, 1, 10-16.

Ashman, A.; e Conway. R.N.F. (1989). *Cognitive strategies for special education*. Londres: Routledge (ed. cast. *Estrategias, cognitivas en educación especial*. Madri: Santillana. Aula XXI, 1990).

———. (1993). *Using cognitive methods in the classroom*. Londres: Routledge.

Asperger, H. (1944). Die autistichen psychopathen im kindesalter. *Archiv fur Psychiatrie und Nervenkrankenheiten*, 117, 76-136.

Baker, E.T.; Wang, M.C.; e Walberg, H.J. (1995). The effects of inclusion on learning. *Educational Leadership*, 52, 4, 33-35

Bandura, A. (1982). Self-efficacy mechanism in human agency. *American Psychologist*, 32 (2), 122-147.

Barber, M. (1997). *The learning game*. Londres: Indigo.

Baron-Cohen, S. (1995). *Mindblindness. An essay on autism and theory of mind*. Cambridge, Massachusetts: The MIT Press.

———; Cox, A.; Baird, G.; Swettenham, J.; Nighttingale, N.; Morgan, K.; Drew, A.; Charman, T.

(1997). Marcadores psicológicos para la detección del autismo infantil en una población amplia. In Rivière, A.; e Martos, J. (comp.). *El tratamiento del autismo. Nuevas perspectivas,* 161-170.

_____ ; Leslie, A.; e Frith, U. (1985). Does the autistic children have a theory of mind? *Cognition, 21,* 37-46.

Barraga, N.C. (1964). *Increased visual behavior in low vision children.* Nova Yoque: American Foundation for the Blind. Research Series, 13.

_____ (1983). *Visual handicaps and learning.* Austin, Texas: Excepcional Resources.

Barraquer, L.; Ponces, J.; Corominas, J., e Torras, E. (1964). *La parálisis infantil. Su estructura y dinámica.* Barcelona: Científico-Médica.

Barrett, B.H. (1986). Análisis conductual. *Siglo Cero,* 104,40-64.

Basil, C. (1985). *Processos d'interaccio i comunicacio no-vocal en infants amb greus afectations motoriques.* Tese de doutoral inédita: Universitat Autonoma de Barcelona.

_____ (1988a). Interacción y comunicación no vocal en niños con parálisis cerebral. *Revista de Psiquiatría. Facultad de Medicina de Barcelona,* 2, (15), 69-97.

_____ (1988b). Interacción social en usuarios de sistemas de comunicación no-vocal. In C. Basil e R. Puig de la Bellacasa (eds.). *Comunicación aumentativa.* Madri: Inserso.

_____ (1992). Social interaction and learned helplessness in severely disabled children. *Augmentative and Alternative Communication,* 8, 188-199.

_____ ; e Puig, R. (ed.) (1988). *Comunicación aumentativa.* Madri: Inserso.

_____ (1988). *Comunicación aumentativa.* Madri: Inserso.

_____ ; e Ruiz, R. (1985). *Sistemas de comunicación no vocal para niños con disminuciones físicas.* Madri: Fundesco.

_____ ; Soro-Camats, E.; e Bolea, E. (1996). La discapacitat motriu. In C. Giné (ed.) *Trastorns del desenvolupament i necessitats educatives especials.* Barcelona: Universitat Oberta de Catalunya (edição experimental).

_____ ; e Rosell, C. (no prelo). *El uso de sistemas de signos y ayudas técnicas para la comunicación aumentativa y la escritura.* Barcelona: Masson.

Bates, E. (1976). *Language and context: the acquisition of pragmatics.* Nova Yorque: Academic Press.

_____ ; Camanioni, L.; e Volterra, V. (1975). The adquisition of preformatives prior to speech. *Merril Palmer Quarterly,* 21, 205-226.

_____ ; Benigni; L., Bretherton, I.; Camaioni, L.; e Volterra, V. (1979). *The emergence of symbols: Cognition and communication in infancy:* Nova Yorque: Academic Press.

Baumgart, D.; Johnson, J.; e Helmstetter, E. (1996). *Sistemas alternativos de comunicación para personas con discapacidad.* Madri: Alianza Editorial.

Bayley, N. (1969). *Bayley scales of infant development.* Nova Yorque: Psychologycal Corp.

Beaty, L. (1991). The effect of visual impairment on adolescent self-concept. *Journal of Visual Impairment and Blindness,* 85, 129-130.

Belinchón, M. (1985). Adquisición e evaluación de las funciones pragmáticas del lenguaje: un estudio evolutivo. Estudios de Psicología 19-20, 35-49.

_____ ; Rivière, A.; e Igoa, J.M. (1992). *Psicología del lenguaje* Madri: Trotta.

Bereiter, C.; e Sacardamalia, M. (1989). Intentional learning as a goal of instruction. In L. Resnick (eds.). *Knowing, learning and instruction. Essays in honor of Robert Glasel* Hillsdale: Lawrence Erlbaum Associates.

Berliner, D.; e Calfee, R. (eds.) (1996). *Handbook of educational psychology.* Nova Yorque: Macmillan.

Bernardo de Quirós, J. (1977). *El lenguaje lectoescrito y sus problemas.* Buenos Aires: Médica-Panamericana.

Bertelson, O., Mousty, Ph.; e D'Alimonte, G. (1985). A study of braille reading: 2. Patterns of hand activivty in one-handed and two-handed reading. *The Quarterly Journal of Experimental Psychology,* 37 A, 235-256.

Bigelow, A.E. (1986). The development of reaching in blind children. *British Journal of Developmental Psychology,* 4,355-366.

Bijou, S.W. A functional analysis of retarded development. In N.R. Ellis (ed.). *International review of research in mental retardation, vol. I.* Nova Yorque: Academic Press; 1966.

Birch, H.; e Belmont, L. (1965). Auditory visual integration in brain-demaged and normal children. *Developmental Medicine and Child Neurology,* 1, 135-144.

Blackstone, S.W. (1986). *Aumentative communication: An introduction.* Mariland: American Speech-Language-Hearing Association.

Blagg, N.; Ballinger, M.P.; e Gardner, R.J. (1993). *Somerset thinking skills course: Handbook.* Tauntan: Nigel Blagg Associates.

Bobath, B.; e Bobath, K. (1976a). *Desarrollo motor en distintos tipos de parálisis cerebral.* Buenos Aires: Panamericana.

_____ . (1976b). *Trastornos cerebromotores en el niño.* Buenos Aires: Panamericana.

_____ . (1978). Le concept du traitement neurodevelopment. *Cahier du C. K. E.,* 77, 20-22.

_____ ; e Kong, E. (1976). *Trastornos cerebromotores en el niño.* Buenos Aires: Panamericana.

Bodian, H.; e Wolf, P. (1977). Manual asymetries of motor sequencing in boys with reading disabilities. *Cortex,* 13, 106-115.

Bono, E. de (1973). *CoRT I. Teachers. Handbook.* Oxford: Pergamon.

_____ . (1991). *The direct teaching of thinking in education and the CoRT Method's.* In S. Maclure e P. Davies (eds.) 1991.

Borkowski, J.G.; e Kurtz, B.E. (1987). Metacognition and executive control. In J. G. Borkowski e J. D. Gay (eds.). *Cognition in special children: comparative approaches to retardation, learning disabilities and giftedness.* Norwood: Ablex Publishing.

─────── ; e Muthukrishna, N. (1992). Moving metacognition into the classroom: "Working models" and affective strategy teaching. In M. Pressley, K. Harris e J. Guthrie (eds.). *Promoting academic competence and literacy in school.* San Diego: Academic Press.

─────── ; Weyhing, R.S.; e Turner, L.A. (1986). Attributional retraining and the teachin of strategies. *Exceptional Children,* 53, 130-137.

Bosch, L. (1984). El desarrollo fonológico infantil: una prueba para su evaluación. In M. Siguán (ed.), *Estudios sobre psicología infantil.* Madri: Pirámide.

Bourdieu, P.; e Passeron, J.C. (1964). *Les héritiers. Les étudiants et la culture.* Paris: Minuit. [ed. cast. (1966): *Los Herederos.* Barcelona: Labor].

Bowerman, M. (1978) The acquisition of word meaning: an investigation of some current conflicts. In N. Waterson e C.E. Snow (eds.). *The development of communication.* Nova Yorque: Wiley.

Bowman, I. (1986). Teacher training and the integration of handicapped pupils: Some findings from a fourteen nation Unesco study. *European Journal of Special Needs Education,* 1, 1, 29-38.

Bradke, L.M.; Kirpatnick, J.W.J.; e Rosenblatt, K.P. (1972). Intensive play: A technique for building affective behaviors in profoundly mentally retarded young children. *Education and Training of the Mentally Retarded,* 7, 8-13.

Bransford, J.D.; e Stein, B.S. (1984) *The IDEAL Problem-Solve.* Nova Yorque: Freeman.

Bresson, I. (1991). Commentary. In S. Maclure e P. Davies (eds.) (1991).

Bronfenbrenner, U. (1987). *La ecología del desarrollo humano.* Barcelona: Paidós.

Brown, A.; e Campione, J.C. (1994). Guided discovery in a community of learners. In K. McGilly (eds.) *Classroom lessons.* Cambridge, Massachusetts: The MIT Press.

Brown, A. (1978). Knowing when, where and how to remember: A problem of metacognition. In R. Glaser (comp.). *Advances in instructional psychology.* Hillsdale: Lawrence Erlbaum Associates.

─────── . (1980). Metacognitive development and reading. In R. Spiro; C. Bruce; e F. Brewer (eds.). *Theoretical issues in reading comprehension.* Hillsdale: Erlbaum.

─────── . (1987). Metacognition, executive control, self-regulation and other more mysterious mechanisms. In F.E. Weinert e R.H. Kluwe (eds.) *Metacognition, motivation and understanding.* Hillsdale: Erlbaum.

Bruck, M. (1990). Word-recognition skills of adults with chilhood diagnoses of dyslexia. *Developmental Psychology.* 26, 430-454.

Bruer, J.T. (1993). *Schools for thought. A science of learning in the classroom.* Cambridge, Massachusetts: MIT Press. [ed. cast. (1995). *Escuelas para pensar.* Madri: Paidós-MEC].

Bruininks, R.H.; Hill, B.K.; Weatherrnan, R.F.; e Woodcock, R.W. (1986). ICAP. *Inventory for client and agency planning. Examiner's manual.* Allen, DLM Teaching Resources.

Bruner, J.S. (1977). Early social interaction and language acquisition. A H.R. Schaffer (Ed.), *Studies in mother-infant interaction.* Londres: Academic Press.

─────── ; e Sherwood, V. (1983). Thought, language and interaction in infancy. In Call, J.D., Galenson, E.; e Tyson, R.L. (eds.). *Frontiers of infant psychiatry.* Nova Yorque: Basic Books, 201-217.

Bryant, B.R.; Taylor, R.L.; e Pedrotty Rivera, D. (1996). Assessment of Adaptive Areas. Austin: Pro-ed.

Burden, R. (1998). How can we best help children to become effective thinkers and learners? The case for and against thinking skills programmes. In R. Burden e M. Williams (eds.) (1998).

─────── ; e Williams, M. (eds.) (1998). *Thinking through the curriculum.* Londres: Routledge.

Bustos, M.C. (1980). *Reeducación del habla y del lenguaje en el paralítico cerebral.* Madri: CEPE.

Butterworth, G. (1991). The ontogeny of phylogeny of joint usual attention. In A. Whitrn (ed.). *Natural theories of mind: evolution development. and simulation of everyday mind reading.* Oxford: Blackwell, 223-232.

Cachinero, A. (1989). *Entrenamiento de estrategias cognitivas en sujetos con retraso mental.* Siglo Cero, 122, 12-34.

Campbell, S.B. (1993). Psicopatología y desarrollo. In T.H. Ollendick e M. Hersen (eds.). *Psicopatología infantil.* Barcelona: Martín Roca.

Campione, J.C. (1987). Metacognitive components of instruccional research with problem learners. In F.E. Weinert e R.H. Kluwe (eds.), *Metacognition, motivation and understanding.* Hillsdale: Erlbaum.

─────── ; Brown, A.L.; e Ferrara R.A. (1982). Mental retardation and intelligence. In R.J. Sternberg (ed). *Handbook of human intelligence.* Nova Yorque: Cambridge University Press. [ed. cast. (1987). Retraso mental e inteligencia. In: R.J. Sternberg (ed.). *Inteligencia humana,* vol 11: *Cognición, personalidad e inteligência.* Barcelona: Paidós].

Campos, J.J.; Barrett, K.C.; Lamb, M.E.; Goldsmith, H.H.; e Stenberg, C. (1983). Socioemotional development. In P.H. Mussen (ed.). *Handbook of child psychology,* v.12, 783-915. Nova Yorque: Willey.

Camps, A. (1995). Aprender a escribir textos argumentativos: características diálogicas de la argumentación escrita. *Comunicación, Lenguaje y Educación,* 26, 51-64.

Carey, S.; e Spelke, E. (1994). Domain specific knowledge and conceptual change. In L. Hirschfeld e S. Gelman (eds.). *Mapping the mind.* Cambridge, Massachusetts: Cambridge University Press.

Carriedo, N.; e Alonso Tapia. J. (1994). *¿Cómo enseñar a comprender un texto?* Madri: Ediciones de la Universidad Autónoma.

Carrillo, M.; e Marín, J. (1996). *Desarrollo metafonológico y adquisición de la lectura: un programa de entrenamiento.* Madri: CIDE.

Cassany, D.; Luna, M.; e Sanz, G. (1994). *Enseñar lengua.* Barcelona: Graó.

Castles, A.; Coltheart, M. (1993). Varieties of developmental dyslexia. *Cognition,* 47, 149-180.

Ceci, J. (1986). *Handbook of cognitive, social and neuropsychological aspects of learning disabilities.* Vol. I. Hillsdale: L.E.A.

Chevrie, C. (1972). Troubles d'acquisition du language dans l'infirmité motrice cerebrale. In C.N. Launay e S. Borel-Maisonny (eds.), *Les troubles du language, de la parole et de les voix chez l'enfant.* Paris: Masson. [ed. cast. (1975): *Trastornos del lenguaje, la palabra y la voz en el niño.* Barcelona: Toray-Masson].

Chi, M.T.H. (1987). Representing Knowledge and metaknowledge: implications for interpreting metamemory research. In F.E. Weinert e R.H. Kluwe (eds.), *Metacognition, motivation and understanding.* Hillsdale: Erlbaum.

Chipman, S.F. (1992). The higher-order cognitive skills: What the are and how they might be transmitted. In T.G. Sticht, B.A. McDonald e M.J. Beeler (comps.), *The intergenerational transfer of cognitive skills.* Norwood: Ablex Publishing.

Clark, C.; Dyson, A.; Millward, A.J.; e Skidmore, A.J. (eds.). (1997). *New directions in special needs.* Londres: Cassell.

Clark, E. (1973). What's in a word?: On the child acquisition of semantics in his first language. In T.E. Moore (ed.), *Cognitive development and the acquisition of language.* Nova Yorque: Academic Press.

Clemente Estevan, R.A. (1995). *Desarrollo del lenguaje. Manual para profesionales de la intervención en ambientes educativos.* Barcelona: Ediciones Octaedro.

Climent, G.; e Ruiz, R. (1990). Las adecuaciones curriculares y el proyecto educativo de centro. In A. Marchesi; C. Coll, e J. Palacios (eds.). *Desarrollo psicológico y educación III. Necesidades educativas especiales y aprendizaje escolar.* Madri: Alianza Editorial.

Centro Nacional de Recursos para la Educación Especial (CNREE) (1989). *Introducción a la comunicación bimodal.* Madri: Ministerio de Educación y Ciencia. Serie Formación.

_____ . (1991). *Las necesidades educativas especiales del niño con deficiencia auditiva.* Madri. Ministerio de Educación y Ciencia. Serie Formación.

_____ . (1992). *Alumnos con necesidades educativas especiales y adaptaciones curriculares.* Madri: Ministerio de Educación y Ciencia.

Cohen, R. (1980). *Aprendizaje precoz de la lectura.* Madri: Cincel Kapelusz.

Cole, D.; e Meyer, L. (1991). Social integration and severe disabilities: a longitudinal analysis of child outcomes. *Journal of Special Education,* 25, 3, 340-351.

Coll, C. (1990). Un marco de referencia psicológico para la educación escolar: la concepción constructivista del aprendizaje y de la enseñanza. In C. Coll, J. Palacios e A. Marchesi (eds.). *Desarrollo Psicológico y Educación, vol. II: Psicología de la Educación.* Madri: Alianza Editorial.

_____ . (1996). La concepción constructivista de la enseñanza y del aprendizaje y el curriculum escolar. In T. Mauri (coord.) *Disseny, desenvolupament i innovació del curriculum.* Barcelona: UOC.

_____ . Colomina, R.; Onrubia, J.; e Rochera, M.J. (1992). Actividad conjunta y habla: una aproximación al estudio de los mecanismos de influencia educativa. *Infancia y Aprendizaje,* 59-60, 189-232.

_____ ; e Martín, E. (1993). La evaluación del aprendizaje en el curriculum escolar: una perspectiva constructivista. A VV. AA. *El constructivismo en el aula.* Barcelona: Ed. Graó.

_____ . (1996). La evaluación de los aprendizajes: una perspectiva de conjunto. *Signos,* 18, 64-77.

Collins-Ahlgren, M. (1975). Language development of two deaf children. *American Annals of the deaf,* 120, 524-539.

Combes, J. (1995). Programmes and Issues Related to Early Childhood. In OCDECERI, *Our Children at Risk.* Paris: OCDE.

Conrad, R. (1979). *The Deaf Schoolchild.* Londres: Harper Row.

Corman, L.; e Gottlieb, J. (1978). Mainstreaming mentally retarded children: A review of research. In N.R. Ellis *(ed.). International review of research in mental retardation.* Nova Yorque: Academic. 9: 251-275.

Cornett, R. (1967). Cue Speech. *American Annals of the Deaf,* 112, 3-13.

Cortés, M.; e Vila, I. (1991). Uso y función de las formas temporales en el habla infantil. *Infancia y Aprendizaje,* 53, 17-45.

Covington, M.V. (1992). *Making the grade: A self-worth perspective on motivation and school reform.* Cambridge, Massachusetts: Cambridge University Press.

Crikmay, M.C. (1977). *Logopedia y el enfoque Bobath en parálisis cerebral infantil.* Buenos Aires: Panamericana.

Crystal, D. (1982). *Profiling linguistic disability.* Londres: Edward Arnold.

_____ ; Fletcher, P.; e Garman, M. (1976). *The grammatical analysis of language disability: A procedure for assessment and remediation.* Londres: Edward Arnold [ed. cast. (1983), *Análisis gramatical de los trastornos del lenguaje.* Barcelona: Médica y Técnica].

Cuban, L. (1984). Policy and research dilemmas in the teaching of reasoning. Unplanned designs. *Review of Educational Research,* 54, 655-681.

Cuetos, F. (1990). *Psicología de la lectura.* Madri: Magisterio Español.

_____ ; Domínguez, A.; Miera, G.; e De Vega, M. (1997). Diferencias individuales en el procesamiento léxico. *Estudios de Psicologia*, 57. 15-27.

_____ ; Rodríguez, B.; e Ruano, E. (1996). *PROLEC: Evaluación de los procesos lectores*. Madrid: TEA.

Curcio, F. (1978). Sensoriomotor functioning and communication in mute autistic children. *Journal of Autism and Chilhood Schizophrenia*, 8, 282-292.

Das, J.P. (1985). Remedial training for the amelioration of cognitive deficits in children. In A. F. Ashman e R.S. Laura (eds.). *The education and training of the mentally retarded: recent advances*. Londres: Croom Helm.

Davis, M.H. (1994). *Empathy: A social psychological approach*. Colorado: WestviewPress.

Dawson, G.; e Adams, A. (1984). Imitation and social responsiveness in autistic children. *Journal of Abnormal Child Psychology*, 12, 209-226.

De Fior, S. (1996). *Las dificultades de aprendizaje: un enfoque cognitivo*. Archidona: Aljibe.

De la Parte, J.M. (1995). Las personas con grave discapacidad psíquica. In M.A. Verdugo (dir.). *Personas con discapacidad*. 827-871. Madri: Siglo XXI.

Del Río, M.J. (1993). *Psicopedagogía de la lengua oral: un enfoque comunicativo*. Barcelona: Editorial Horsori.

Del Río, P. (1995). ¿Se puede evaluar el lenguaje integrado? *CLE*, 25, 81-90.

Demyer, M.; Alpern, G.; Barton, S.; Depyer, W.; Churchill, D.; Hingtgen, H.; Bryson, C.; Pontius, W., e Kimberlin, C. (1972). Imitation in autistic, early schizoprenic, and nonpsychotic subnormal children. *Journal of Autism and Chilhood Schizophrenia*, 2, 264-287.

Deparment for Education (1994). *Bullyng: Don't suffer in silence. An antibullyng packfor schools*. Londres: HMSO.

Department of Education and Science (1978). *Special Educational Needs (Warnock Report)*. Londres: HMSO.

Deuchar, M. (1984). *British Sign Language*. Londres: Routledge and Kegan Paul.

Dewey, J. (1910). *How we think*. Boston, Massachusetts: Heath. [ed. cast. (1989). *Cómo pensamos*. Barcelona: Paidós].

Díaz-Aguado, M.J.; Martínez Arias, R.; e Royo, P. (1995). *Niños con dificultades para ver*. Madri: ONCE.

Díaz-Aguado, M.J.; Royo, P.; e Baraja, A. (1995). *Programas para favorecer la integración escolar de niños ciegos: Investigación*. Madri: ONCE.

Dockrell, J.; e Mcshane, J. (1992). *Children's learning difficulties. A cognitive approach*. Cambridge, Massachusetts: Blackwell Publishers [ed cast. (1997). *Dificultades de aprendizaje en la infancia. Un enfoque cognitivo*. Barcelona: Paidós].

Dolz, J. (1994). La interacción de actividades orales y escritas en la enseñanza de la argumentación. *Comunicación Lenguaje y Educación*, 23, 17-28.

Domínguez, A. (1996). El desarrollo de las habilidades de análisis fonológico a través de programas de enseñanza. *Infancia y Aprendizaje*, 76, 69-81.

Dore, J. (1974). A pragmatic description of early language development. *Journal of Psycho. Res*. 4, 343-350.

_____. (1979). Conversational acts and the acquisition of language. In O. Ochs e B. Shieffelin (eds.). *Developmental pragmatics*. Nova Yorque: Academic Press.

Downing, J.; e Thackray, D.V. (1974). *Madurez para la lectura*. Bs. As.: Kapelusz.

DSM-IV (1995). *Manual diagnóstico y estadístico de los trastornos mentales*. Barcelona: Masson.

Dweck, C.C. (1985). Intrinsic motivation, perceived control and self-evalaution maintenenece: an achievement goal anaysis. In C. Ames; e R.C. Ames (eds.), *Research on motivation in education. v. 2: The Classroom milieu*. Londres: Academic Press.

Edfelt, A.Q. (1980). *Manual del Reversal Test*. Barcelona: Herder.

Edwards, J. (1991). Research work on the CoRT Method. In S. Maclure e P. Davies (eds.) (1991).

Ehrenberg, L.M.; e Sydelle, D. (1980). *Basics thinking/learning strategies program: participant manual*. Ohio: Institute for Curriculum and Instruction.

Ehri, L.; e Wilce, L.S. (1985). Movement into reading: Is the first stage of printed word learning visual or phonetic? *Reading Research Quarterly*, XX, 163-179.

Eimas, P. (1985). The perception of speech in early infancy. *Scientific American*, 252 (1), 46-52.

Eisenberg, N.; e Strayer, J. (1987). *Empathy and ist development*. Cambridge: Cambridge University Press.

Ellis, E. (1993). Integrative Strategy Instruction: A potential model for teaching content area subjects to adolescent with learning disabilities. *Journal of Learning Disabilities*, 26, 6, 358-383.

Ellis, S.E. (1993b). Teaching strategy sameness using integrated formats. *Journal of Learning Disabilities*, 26, 448-481.

Entwistle, N. (1987). *Understanding classroom learning*. Londres: Hoder and Stoughton [ed. cast (1988): *La comprensión del aprendizaje en el aula*. Barcelona: Paidós-MEC].

Espinosa, M.ª A. (1990). *La influencia del desarrollo cognitivo, la experiencia visual y la familiaridad con el entorno, sobre la representación espacial de la ciudad de Madrid*. Memoria de Licenciatura. Madri: Universidad Autónoma de Madrid.

_____. (1994). *Un estudio transaccional sobre el conocimiento espacial de la ciudad de Madrid y dos de sus barrios*. Tese de Doutorado. Madri: Universidad Autónoma de Madrid.

Espinosa, M.ª A.; e Ochaíta, E. (1994). Mapas táctiles: una ayuda eficaz para el aprendizaje del espacio y la movilidad dentro del mismo. Relatório apresentado nas *IV Jornadas de Intervención Social: Transformación Social y Compromiso de los Profesionales*. Madri.

_____ ; (no prelo). Valoración de las deficiencias visuales. In G. Gómez-Jarabo (ed.) *Valoración de las discapacidades*. Madri: Siglo XII.

Fantz, R.L. (1961). El origen de la percepción de la forma. In W.T. Greenough (ed.), *Psicobiología evolutiva*. Barcelona: Fontanella, 1976, 82-89.

Farnham-Diggory, S. (1980). *Dificultades en el aprendizaje*. Madri: Morata.

Farrell, P.; e Scales, A. (1995). Who likes to be with whom in an integrated nursery? *British Journal of Learning Disabilities*, 23, 156-159.

Fernández Dols, J.M.; Fernández Lagunilla, E.; Huertas, J.A.; Maciá, A.; Mateos, M.; Montero, I.; Ochaíta, E.; Rivière, A.; Rosa, A.; e Simón, C. (1991). *Evaluación de la integración educativa de los niños con necesidades educativas especiales por su deficiencia visual*. Memoria de Investigación. Madri: Universidad Autónoma de Madrid.

Femández Viader, M.P. (1996). *La comunicación de los niño sordos. Interacción comunicativa padres-hijos*. Barcelona: Confederación Nacional de Sordos de España.

Ferreiro, E. (1982). Los procesos constructivos de apropiación de la escritura. In E. Ferreiro e M. Gómez Palacios (ed.). *Nuevas Perspectivas sobre los procesos de la lectura y la escritura*. México: Siglo XXI.

_____ ; e Gómez Palacios, M. (1982). *Nuevas Perspectivas sobre los procesos de la lectura y la escritura*. México: Siglo XXI.

_____ ; e Teberosky, A. (1980). *Los sistemas de escritura en el desarrollo del niño*. México: Siglo XXI.

Feuerstein, R. (1980). *Instrumental enrichment*. Baltimore: University Park Press.

_____ ; Rand, Y.; Hoffinan, M.B.; e Miller, R. (1980). *Instrumental Enrichment: An intervention programme for cognitive modificability*. Baltimore: University Park Press.

Fierro, A. (1983). Inteligencia y retraso mental: el enfoque procesual y microanalítico. *Siglo Cero*: 49-57.

_____. (1987). El paradigma test/entrenamiento/retest en estrategias cognitivas de retrasados mentales. *Siglo Cero*: 109, 26-39.

_____. (1988). La persona con retraso mental. In E. Ochaíta e colaboradores (ed.). *Alumnos con necesidades educativas especiales*. Madri: Editorial Popular.

_____. (1997). La deficiencia mental desde el punto de vista psicológico. In: Gafo e J.R. Amor (eds.), *Matrimonio y deficiencia mental*. Madri: Sal Terrae, 1997.

_____. (1997). Dificultades de aprendizaje: de la teoría psicológica a la tecnología interdisciplinar. In J.N. Garcia (ed.). *Instrucción: aprendizaje y dificultades*. Barcelona: Ediciones Librería Universitaria.

Firestone, W.A. (1989). Beyond order and expectations in hig schools serving atrisk youth. *Educational Leadership*, 46 (5), 41-45.

Flavell, J.H. (1985). *Cognitive development*. Englewood Cliffs: Prentice Hall. [ed. cast. (1987). *El desarrollo cognitivo*. Madri: Visor].

_____. (1987). Speculations about the nature and development of metacognition. In F.E. Weinert e R.H. Kluwe (eds.). *Metacognition, motivation and understanding*. Hillsdale: Lawrence Erlbaum Associates.

Fletcher, J.; e Satz, P. (1985). Cluster analysis and the search for learning disability subtypes. In B. Rourke (ed.), *Neuropsychology of learning disabilities: Essentials of subtype analysis*. Nova Yorque: Guilford Press, cap. 2.

Flower, L. (1995). Collaborative planning and community literacy: a window on the logic of learners. In L. Schaublke e R. Glaser (eds.). *Innovations in learning: new environments for education*. Mahwah: Nueva Jersey.

Forns, M.; e Amador, J.A. (1995). Evaluación del retraso mental y del potencial de aprendízaje. In F. Silva (ed.). *Evaluación psicológica en niños y adolescentes*. Madri: Síntesis.

Foster, P.; Gomm, R.; e Hammersley, M. (1996). *Constructing educational inequality*. Londres: Falmer Press.

Foulke, E. (1982). Perception, cognition and mobility of blind pedestrian. In M. Potegal (ed.). *Spatial abilities*. Nova Yorque: Academic Press.

Fraiberg, S. (1977). *Insights from the blind*. Londres: Souvenir Pres. [ed. cast. (1990). *Niños ciegos*. Madri: Inserso].

Freedman, D. (1964). Smiling in blind infants and the issue of innate versus acquired. *Journal of Child Psychology and Psychiatry*, 5, 171-184.

Frith, U. (1985). Beneath the surface of developmental dyslexia. Are comparisons between developmental and acquiried disorders meaningful?. In K. E. Patterson; J.C. Marshall e M. Colthearth (eds.). *Surface Dyslexia*. Londres: LEA.

_____. (1989). Aspectos Psicolinguísticos de la lectura y la ortografía. Evolución y Trastornos. In varios: *La Lectura*. V Simposio de las Escuelas de Logopedia y Psicología del Lenguaje. Universidad Pontificia: Salamanca.

_____. (1991). *Autismo. Hacia la explicación del enigma*. Madri: Alianza Editorial.

_____ ; e Happé, F. (1994). Autism: Beyond theory of mind. *Cognition*. 50. 115-132.

Frostig, M. (1972). Visual perception, integrative functions and academic learning. In R. Piazza (ed.). *Three models of learning disabilities*. Guilford: Special Learning Corporation.

Fulcher, G. (1989). *Disabling policies*. Londres: Falmer.

Fullan, M. (1991). *The New meaning of educational change*. Londres: Cassell.

Furth, H.G. (1966). *Thinking without language: psychological implications of deafness*. Nova Yorque: Free Press. [ed. cast (1981). *Pensamiento sin lenguaje. lmplicaciones psicológicas de la sordera*. Madri: Marova].

_____. (1973). *Deafness and learning. A psychosocial approach*. Belmont: Wadsworth.

_____ ; e Youniss, J. (1971). Formal operations and language: A comparison of deaf and hearing adolescents. *International Journal of Psychology*, 6, 49-64.

REFERÊNCIAS BIBLIOGRÁFICAS 353

_____. (1979). Thinking in deaf adolescents: language and formal operations. *Journal of Communication Disorders,* 2, 195-202.

Galaburda, A.M. (1984). Anatomical asymmetries. In N. Geschwind e A. Galaburda (eds.). *Cerebral dominance: The biological fundations.* Cambridge: Harvard Univ. Press. p. 11-25.

_____. (1988). The neurobiology of Learning and Memory. Discussion. In J.F. Kavanagh e T.J. Truss, Jr. (eds.). *Learning disabilities: Proceedings of the national conference.* Nova Yorque: York Press, Inc. 70-73.

_____. (1994). Developmental dyslexia and animal studies: at the interface between cognition and neurology. *Cognition,* 50, 133-149.

Galloway, O.; Leo, E.; Rogers, C.; e Armstrong, D. (1995). Motivational styles in English and mathematics among children identified as having special educational needs. *British Journal of Educational Psychology,* 65, 477-87.

_____; Rogers, C.; Armstrong, D.; e Leo, E. (1998). *Motivating the difficult to teach.* Londres: Longan.

García Madruga, J.A.; Martín Cordero, J.; Luque, J.L.; e Santamaría, C. (1995). *Comprensión y adquisición de conocimientos a partir de textos.* Madri: Siglo XXI.

García Sánchez, J. (1992). *Evaluación y desarrollo de la intención comunicativa.* Valencia: Promolibro.

_____. (1995). *Manual de dificultades de aprendizaje. Lenguaje, lecto-escritura y matemáticas.* Madri: Narcea.

García, E.E. (1992). Linguistically and Culturally Diverse Children: Effective Instructional Practices and Related Policy Issues. In H.C. Waxman; J. Walker de Felix; J.E. Anderson e H. Prentice Baptiste, Jr. (eds.). *Students at risk in at-risk schools. Improving environments for learning.* Newbury Park, Estados Unidos: Corwin Press.

García, M.C.; Gómez, M.J.; Junoy, M.; e Ortega, P. (1990). Recursos materiales. In CNREE (ed.) *Las necesidades educativas especiales del niño con deficiencia motora.* Madri: CNREE. Ministerio de Educación y Ciencia.

Gardner, H. (1983). *Frames of mind: The theory of multiple intelligences.* Nova Yorque: Basic Books.

_____. (1989). Zero-based arts education. *Studies in Art Education,* 30, 2, 71-83.

_____. (1991). *The unschooled mind. How children think and how schools should teach.* Londres: Basic Books. [ed. cast. (1993). *La mente no escolarizada. Cómo piensan los niños y cómo deberían enseñar las escuelas.* Barcelona: Paidós].

_____. (1993). *Multiple intelligences: theory in practice.* Nova Yorque: Basic Books.

_____; Krechevsky, M.; Sternberg, R.; e Okagaki, L. (1994). Intelligence in context: enhancing students' practical intelligence for school. In K. McGilly (ed.). *Classroom lessons.* Cambridge, Massachusetts: The MIT Press.

Garnham, A.; e Oakhill, J. (1994). *Thinking and reasoning.* Nueva Jersey: Blackwell Publishers. [ed. cast.

(1996). *Manual de psicología del pensamiento.* Barcelona: Paidós].

Geschwind, N. (1985). The biology of cerebral dominance: Implications for cognition. *Cognition,* 17, 193-208.

_____. (1988). Fundamentos biológicos de la lectura. In F.H. Duffy e N. Geschwind (eds.). *Dislexia. Aspectos psicológicos y neurológicos.* Barcelona: Labor, cap. II, 180-191.

_____. (1988). La dislexia en la perspectiva neurológica. In F.H. Duffy e N. Geschwind (eds.). *Dislexia. Aspectos psicológicos y neurológicos.* Barcelona: Labor, cap. I, 13-16.

_____; e Galaburda, A.M. (1987). *Cerebral lateralization. Biological mechanisms, associations and pathology.* Cambridge: MIT Press.

Gettman, G. (1965). The visomotor complex in the acquisition of learning skills. In J. Hellmuuht (ed.). *Learning disorders.* Vol. I. Seatle: Special Child Publications.

Giné, C. (1997). L'avaluació de les necessitats educatives especials deis alumnes: la necessária col-laboració deis mestres i dels psicopedagogs. *Suports,* vol. I, n° I, p. 1-9.

Goldberg, J.; e Costa, L.D. (1981). Hernisphere differences in the acquisition and use of descriptive systems. *Brain and Language,* 14, 144-173.

Goldin-Meadow, S.; e Feldman, H. (1975). The creation ofa communication system: A study of deaf children of hearing parents. *Sign Language Studies,* 8, 225-234.

Goldman, P. S. (1978). Neuronal platicity in primate telencephalon: Anonahus crossed cortico-caudate connection induced by prenatal removal of frontal association cortex. *Science.* 202, 768.

Goleman, D. (1995). *Emotional inteligence.* [ed. cast. (1996). *Inteligencia emocional.* Barcelona: Kairos].

Gómez, J.C. (1991). Visual behaviors as a window for reading the minds of others in primates. In A. Whitten (ed.), *Natural theories of mind: evolution, development and simulation of early mind reading.* Oxford: Blackwell, 195-207.

_____; Sarriá, E.; Tamarit, J. (1993). The comparative study of early conmunication and theories of mind: ontogeny, philogeny and pathology. In S. Baron-Cohen; H. Tager-Flusberg e D. Cohen (eds.). *Understanding other minds. Perspectives from autism.* Oxford: Oxford University Press, 397-426.

González Mas, R. (1978). *Adiestramiento y maduración mental.* Madrid: Científico-Médica.

Goodman, K. (1990). El lenguaje integral: Un camino fácil para el desarrollo del lenguaje. *Lectura y Vida.* I, 1-13.

Goswami, U.; e Bryant, P. (1990). *Phonological skills and learning to read.* Hove: LEA.

Greeno, J.; Collins, A.; e Resnick, L. (1996). Cognition and learning. In D. Berliner e R. Calfee (eds.), *Handbook of educational psychology.* Nova Yorque: Macmillan.

Gregory, S.; e Mogford, K. (1981). Early language development in deaf children. In B. Woll, J. Kyle e M. Deuchar (eds.). *Perspectives on BSL and deafness*. Londres, Croom Helm.

Gresham, F.M. (1992). Social skills and learning disabilities: Causal, concomitant or correlational? *School Psychology Review*, 21, 348-360.

Greshman, F.M.; e Macmillan, D.L. (1997). Social competence and affective characteristics of students with mild disabilities. *Review of Educational Research*, 67, 4, 377-415.

Griffin, H.C. (1981). Motor development in congenitally blind children. *Education for the Visually Handicapped*, 7 (4), 107-111.

Gross-Tsur, V.; Shalev, R.S.; Manor, O.; e Amir, N. (1995). Developmental righ-hemisphere syndrome: clinical spectrum of nonverbal learning disability. *Journal of Learning Disabilities*, vol. 28 (2), 80-86.

Guskin, S.L.; e Spicker, H.H. (1981). La investigación educativa en torno al retraso mental. In N.R. Ellis (ed.). *Investigación en retraso mental: panorama internacional*. Madri: SIIS.

Gutfreund, M.; Harrison, M.; e Wells, G. (1989). *Bristol language development scales*. Windsor: NFER-NELSON

Hagen, J.W. (1972). Strategies for remembering. In S. Farham-Diggory (ed.), *Information processing in children*. Nova Yorque: Academic Press.

_____ ; e Kamberelis, G. (1990). Cognition and academic performance in children with learning disabilities, low academic achievement, diabetes mellitus, and seizure disorders. In H.L. Swanson e B. Keogh (eds.), *Learning disabilities: theoretical and research issues*. Hillsdale: LEA.

Hagen, J.W.; Barclay, C.G.; e Schewethelm, B. (1984). El desarrollo cognitivo del niño con problemas de aprendizaje. In N.R. Ellis (ed.). *Investigación en el retraso mental. Panorama internacional 3*. San Sebastián: SIIS.

_____ ; Kamberelis, G.; e Segal, S. (1991). A dimensional approach to cognition and academic performance in children with medical problems or learning difficulties. In L. Feagans, E. Short e L. Meltzer (eds.). *Subtypes of learning disabilities: theoretical perspectives and research*. Hillsdale: LEA.

Halliday, M.A.K. (1973) *Explorations in the functions of language*. Londres: Arnold. [ed. cast. (1992). *Exploraciones sobre las funciones del lenguaje*. Madri: Médica y Técnica].

_____ . (1979) Learning how to mean. [ed. cast.: Aprendiendo a conferir significado. In E.H. Lenneberg e E. Lenneberg (eds.) (1982). *Fundamentos del desarrollo del Lenguaje*. Madri: Alianza Editorial].

Hammes, J.; e Langdell, T. (1981). Precursors of symbol formation and childhood autism. *Journal of Autism and Develolopmental Disorders*, 11, 331-346.

Harris, P. (1991). The work of imagination. In Whiten, A. (ed.). *Natural theories of mind*. Oxford: Blackwell, 283-304.

_____ . (1993) . Pretending and planning. In Baron-Cohen, S.; Tager-Flusberg, H.; e Cohen, D. (eds.), *Understanding others minds: perspectives from autism*. Oxford: Oxford University Press, 228-246.

Harris, R.I. (1976). *The relationship of impulse control to parent hearing status, manual communication, and academic achievement*. Doctoral dissertation. Nueva York University.

Harvard Project Zero (1988). *Portfolio*, 1, 3.

Hegarty, S. (1993). Reviewing the literature on integration. *Journal of Special Needs Education*, 8, 3, 194-200.

_____ ; e Evans, P. (1985). *Research and evaluation methods in special education*. Windsor: NFER:Nelson.

_____ ; Pocklington, K.; e Lucas, D. (1981). *Educating pupils with special needs in the ordinary school*. Windsor: NFER: Nelson.

Hehner, B. (1980). *Blisssymbolos for use*. Toronto: Blissymbolics Communication Institute.

Henderson, V.L.; e Dweck, C.S. (1990). Motivation and achievement. In S. Feldman e G. Elliot (eds.), *At the Threshold: Adolescent Development*. Harvard: Harvard University Press.

Hermelin, B.A.; e O'Connor, N. (1970). *Psychological experiments with autistic children*. Oxford: Pergamon.

Hernández Pina, F. (1984). *Teorías psicolingüísticas y su aplicación a la adquisición del español como lengua materna*. Madri: Siglo XXI.

Hernández Rodríguez, J. (1995). *Propuesta currícular en el área de lenguaje*. Madri: CEPE.

Hobson, P. (1993). Understanding persons: the role of affect. In Baron-Cohen, S.; Tager-Flusberg, H.; e Cohen, D. (eds.). *Understanding others minds: Perspectives from Autism*. Oxford: Oxford University Press, 204-207.

Hodgson, N.; Clunies-Ross, L.; e Hegarty, S. (1984). *Learning together: teaching children with special educational needs in the ordinary school*. Londres: NFER-Nelson [ed. cast. (1988). *Aprender juntos*. Madri: Morata].

Hollins, E.R. (1996). *Culture in the school learning*. Nueva Jersey: Lawrence Erlbaum Associates.

Hopkins D.; e Stern, D. (1996). Quality teachers, quality schools: International perspectives and policy implications. *Teaching & Teacher Education*, 12 (5), 501-517.

Huertas, J.A. (1989). *Estudio evolutivo y microgenético de la representación espacial y la movilidad en el entorno, en los niños y adolescentes ciegos*. Tese de doutorado. Madri: Universidad Autónoma de Madrid.

_____ ; Montero, I.; e Alonso Tapia, J. (1997). Principios para la intervención motivacional en el aula. In J. A. Huertas (ed.). *Motivación: querer aprender*. Buenos Aires. Aique.

Hulme, Ch.; e Mackenzie, S. (1994). *Dificultades graves en el aprendizaje. El papel de la memoria de trabajo*. Barcelona: Ariel.

Hynd, G.W.; Marshall, R.M.; e Semrud-Clikeman, M. (1991). Developmental dislexia, neurolinguistic theory and desviations in brain morphology. *Reading and Writing*, vol. 3 (3/4), 345-363.

Ingram, D. (1976). *Phonological disability in children*. Londres: Edward Arnold [ed. cast. (1983): *Trastornos fonológicos en los niños*. Barcelona: Médica y Técnica].

Inizan, A. (1979). *¿Cuándo enseñar a leer? Batería predictiva*. Madri: Pablo del Río.

Janson, U. (1988). Dyadic communication and egocentric speech in young blind children. *International Symposium on Visually Impaired Infants and Young Children: Birth to seven*. Edimburgo: Escocia.

Jenkinson, J.C. (1993). Integration of students wih severe and multiple learning difficulties. *European Journal of Special Needs Education*, 8, 3, 320-335.

Jiménez, J.E. (1996). Conciencia fonológica y retraso lector en una ortografia transparente. *Infancia y Aprendizaje*, 76, 109-121.

Jofee, E. (1988). A home-based orientation and mobility program for infants and toddlers. *Journal of Visual Impairment and Blindness*, 82, 7, 282-285.

Johnson, D.J. (1988). Specific Developmental Disabilities of Reading, Writting and Mathematics. In J.F. Kavanagh e T.J. Truss, Jr. (eds.). *Learning Disabilities: Proceedings of the National Conference*. Nova Yorque: York Press, 79-164.

Jorba, J.; e Sanmartí, N. (1996). *Enseñar aprender y evaluar: un proceso de regulación continua*. Madri: Servicio de Publicaciones del MEC.

Juárez Sánchez, A.; e Monfort, M. (1989). *Estimulación del lenguaje oral. Un modelo interactivo para niños con dificultades*. Madri: Aula XXI/ Santillana.

Junefelt, K. (1987). *Blindness and child-adjusted communication*. Estocolmo: Universidad de Estocolmo.

Just, M.; e Carpenter, P. (1980). A theory of reading. From eye fixations to comprehension. *Psychological Review*, 87, 329-354.

Kanner, L. (1943). Autistic disturbances of affective contact. *Nervous Child*, 2, 217-250 (reeditado en L. Kanner 1983, *Childhood psychosis: Initial studies and new insights*. Nova Yorque: Wiley. Traducción española de Teresa Sanz Vicario: *Siglo Cero*).

Karmiloff-Smith, A. (1992). *Beyond modularity. A developmental perspective in cognitive science*. Cambridge, Massachusetts: MIT Press [ed. cast. (1994). *Mas allá de la modularidad*. Madri: Alianza Editorial].

Kauffman, J.M.; e Snell, M.E. (1986). Tratamiento de la conducta de los retrasados profundos. *Siglo Cero*, 104, 18-29.

Kaye (1982). *The mental and social life of babies*. Chicago: The University of Chicago Press [ed. cast (1986). D. Rosenbaum, *La vida mental y social del bebé. Cómo los padres crean personas*. Buenos Aires: Paidós].

Kenneth, A., Kavale e Steven R. Forness (1996). Social skill deficits and learning disabilities: A meta-analysis. *Journal of Learning Disabilities*, 3, 226-237.

Kent, D. (1983). Finding a way throught the rough years: How blind girls survive adolescence. *Journal of Visual Impairment and Blindness*, 76, 247-250.

Kent, L.R. (1983). El niño que no se comunica: Bases teóricas y prácticas para la intervención. *Revista de Logopedia y Fonoaudiología*, 2 (3), 79-85

Kent-Udolf, L.; e Sherman, E.R. (1988). *Lenguaje cotidiano: un programa para la enseñanza del lenguaje funcional en educación especial*. Barcelona: Martínez Roca.

_____ ; Basil, C.; e Del Río, M.J. (1985). *Programa para el aprendizaje de las primeras etapas del lenguage. P.A.P.E.L.* Madri: Siglo XXI.

Keogh, B.K.; Macmillan, D.L. (1996). Excepcionality. In D. Berliner e R. Calfee, (eds.) (1996). *Handbook of educational psychology*. Nova Yorque: Macmillan.

Kephart, N. (1960). *The slow learner in the classroom*. Columbus: Chicago Merrill.

Kershner, J.; e Micallef, J. (1991). Cerebral laterality in dyslexic children: implications for phonological word decoding deficits. *Reading and Writing*, Vol. 3 (3/4), 395-413.

Kilpatric, J.F. (1985). *Perceptual strategies and the Braille reading rate*. Tese de doutorado. Universidad de Lousville.

Koegel, R.L.; e Koegel, L.K. (1995). *Teaching children with autism. Strategies for initiating positive interactions and improving learning oportunities*. Baltimore: Paul H. Broookes, 17-32.

Kusajima, T. (1974). *Visual reading and Braille reading: An experimental investigation of the physiology and psychology of the visual ans tactual reading*. Nova Yorque: American Foundation for the Blind.

Kyle, J. (1993). Integration for deaf children. *European Journal of Special Needs Education*. 8, 3, 201-220.

La Freniere, P.; Dubeau, D.; e Capuano, F. (1991). *Profil socio-affectif (PSA) des enfant d'age prescolaire*. Montreal: Universidad de Montreal.

Lacasa, P.; e Herranz, P. (1995). *Aprendiendo a aprender: resolver problemas entre iguales*. Madri: Ministerio de Educación y Ciencia (CIDE).

Lacasa, P.; Anula, J.; e Martín, B. (1995). Leer y escribir: ¿cómo lograrlo desde la perspectiva del lenguaje integrado? *CLE*, 25, 31-50.

Lambert, N.; Nihira, K.; e Leland, H. (1993). *ABS-S:2. AAMR Adaptive Behavior Scale-School*. 2ª ed. Austin: Pro-ed.

Landau, B.; e Gleitman, L.R. (1985). *Languaje and experience. Evidence from the blind child*. Cambridge, Massachusetts: Hardvard University Press.

Lave, J.; e Wenger, E. (1991). *Situated cognition*. Cambridge: Cambridge University Press.

Leithwood, K.; e Jantzi, D. (1990). Transformational leadership: How principals can help reform school cultures. *School effectiveness and School Improvement*. 1 (4), 249-280

León, J.A. (1991). Intervención en estrategias de comprensión. Un modelo basado en el conocimiento y aplicación de la estructura de texto. *Infancia y Aprendizaje*, 56, 77 92.

Leonhart, M. (1977). Interacción, comunicación y lenguaje en el niño ciego. In Del Río, M. J. (ed.).

Lenguaje y comunicación en personas con necesidades especiales. Barcelona: Martínez Roca.

———. (1992). *El bebé ciego.* Barcelona: ONCE-Masson.

———; Cantavella, F.; Tarrragó, R.; e Trevarthen, C. (1998). *La iniciación del lenguaje en los niños ciegos. Un enfoque preventivo.* Madrid: ONCE.

Levin, H.M. (1987). New Schools for the Disadvantaged. *Teacher Education Quarterly,* 14 (4), 60-83.

Liberman, A.M. (1991). Observation from the sidelines. *Reading and Writing,* Vol. 3 (3/4), 429-435.

Liberman, I.Y. (1988). Specific developmental disabilities of reading, writing and mathematics. Discussion. In J.F. Kavanagh e T.J. Truss, Jr. (eds.). *Learning disabilities: proceedings of the national conference.* Nueva York: York Press, 168-174.

Link, F.R. (1991). *Instrumental Enrichment: A strategy for cognitve and academic improvement.* In S. Maclure e P. Davies, 1991.

Lipman, M.; Sharp, A.M.; e Oscanyan, F.S. (1980). *Philosophy in the Classroom.* Philadelphia, PA: Temple University.

Lock, A.; Young, A.; Service, V.; e Chandler, P. (1990). Some observations on the origins of the pointing gesture. In V. Volterra e C.J. Erting (eds.), *From gesture to lenguage in hearing and deaf children.* Berlin: Spanger, 44-55.

López, F. (1995) *Necesidades de la infancia y protección infantil. I y II.* Madri: Ministerio de Asuntos Sociales.

———; e colaboradores (1994). *Los abusos sexuales a menores.* Madri: Ministerio de Asuntos Sociales.

Lucerga, R.; Sanz, M.J.; Rodriguez-Porrero, C.; e Escudero, M. (1992). *Juego simbólico y deficiencia visual.* Madri: ONCE.

Lundberg, I.; Frost, J.; e Peterson, O. (1988). Effects os an extensive program stimulating phonological awareness in pre-school chilren. *Reading Research Quarterly,* 23, 263-284.

Lynas, W. (1986). *lntegration the handicapped into ordinary schools. A study of hearing-impaired pupils.* Londres: Croom Helm.

Maclure, S. *(1991). Introduction.* In S. Maclure e P. Davies, 1991.

———; e Davies, P. (eds.). (1991). *Learning to think. Thinking to learn.* Oxford: Pergamon Press. [ed. cast. *Aprender a pensar: Pensar en aprender.* (1994) Barcelona: Gedisa].

Maldonado, A.; Sebastián, E.; Soto, P. (1992). *Retraso en lectura: evaluación y tratamiento educativo.* Madri: Ediciones UAM.

Male, D.B. (1996). Metamemorial functioning of children with moderate learning difficulties. *British Journal of Educational Psychology,* 66, 2, 145-157.

Manis, F.R.; Seidenberg, M.S.; Doi, L.M.; Mcbridge-Chang, C.; e Petersen, A. (1996). On the bases of two subtypes of development dyslexia. *Cognition,* 58, 157-195.

Maras, P.; e Brown, R. (1992). Mainstream children's attitudes to disability. *Education Section Review,* 16, 3, 72-76.

Marchesi, A. (1987). *El desarrollo cognitivo y lingüístico de los niños sordos. Perspectivas educativas.* Madri: Alianza Editorial.

———; e Díaz-Estébanez, E. (1997). La discapacitat auditiva. In C. Giné (ed.). *Trastorns del desenvolupament i necessitats educatives especials.* Barcelona. Universitat Oberta de Catalunya.

———; e Martín, E. (1998). *Calidad de la enseñanza en tiempos de cambio.* Madri: Alianza.

———; Alonso, P.; Paniagua, G.; e Valmaseda, A. (1995). *Desarrollo del lenguaje y del juego simbólico en niños sordos profundos.* Madri. Ministerio de Educación y Ciencia: CIDE.

———; Echeita, G.; Martín, E.; Bavío, M.; e Galán, M. (1991). Assesment of the integration project in Spain. *European Journal of Special Needs Education,* 6, 3, 185-200.

———; Valmaseda, M.; Alonso, P.; e Paniagua, G. (1994). The development of symbolic play and language in profoundly deaf children. In I. Ahlgren, B. Bergman e M. Brennan (eds.). *Perspectives on sign language usage.* Durham: The International Sign Linguistic Association.

Marsh, P.; Rosser, E.; e Harre, R. (1978). *The Rules of disorder.* Londres: Routledge.

Martí, E. (1994). In busca de un marco teórico para el estudio contextualizado del desarrollo. Infancia y Aprendizaje, n. 66, p. 5-10.

———. (1995). Metacognición: entre la fascinación y el desencanto. *Infancia y Aprendizaje,* 72, 9-32.

Martin, D.; e Miller, C. (1996) *Speech and language difficulties in the classroom.* Londres: David Fulton Publishers.

Martín, E. (1998). Estrategias de aprendizaje y asesoramiento psicopedagógico. In J. I. Pozo e C. Monereo (eds.). *Un currículo para aprender: las estrategias de aprendizaje como contenido educativo.* Madri: Santillana, 1998.

Martín, M. (1993). Los sistemas alternativos de comunicación con ayuda. In M. Sotillo (ed.). *Sistemas alternativos de comunicación.* Madri: Trotta.

Martín-Caro, L. (1990). Definición y clasificación (Tema 1). In CNREE (ed.), *Las necesidades educativas especiales del niño con deficiencia motora.* Madri: MEC-Centro Nacional de Recursos para la Educación Especial.

Mas Dalmau, J. (1984). *Psicopedagogía de la parálisis cerebral infantil.* Barcelona: Generalitat de Cataluya. Dep. Sanitat i Seguritat Social.

Mastropieri, M.A.; e Scruggs, T.E. (1997). Best practices in promoting reading comprehension in student with learning difficulties. *Remedial and Special Education,* 18, 4, 197-213.

Mateos, M.A. (1991). Un programa de instrucción en estrategias de supervisión de la comprensión lectora. *Infancia y Aprendizaje.* 56, 61-76.

Mayer Johnson, R. (1981). *The picture communication symbols*. Stillwater: Mayer Johnson Co. [ed. cast. (1986). *Pensamiento, resolución de problemas y cognición*, Barcelona: Paidós].

─────── . (1985). *The picture communication symbols-Book II*. Solana Beach: Mayer Johnson Co.

─────── . (1989). *The picture communication symbols. Wordless edition*. Solana Beach: Mayer Johnson Co.

─────── . (1992). *The picture communication symbols-Book III*. Solana Beach: Mayer Johnson Co.

Mccarthy, J.; e Levin, H.M. (1992). Accelerated Schools for Students in At-risk Situations. In H.C. Waxman, J. Walker de Felix, J.E. Anderson e H. Prentice Baptiste, Jr.: *Students at Risk in at-Risk Schools. Improving environments for learning*. Newbury Park: Corwin Press.

Mccombs, B. (1990). La definición y medida de los procesos de motivación primaria. In M.C. Witrock e E.L. Baker (comps.) *Testing and cognition*. New Jersey: Prentice-Hall. [ed. cast. (1988). *Test y cognición*. Barcelona: Paidós].

Mccombs, B.L.; e Whisler, J.S. (1989). The role of affective variables in autonomous learning. *Educational Psychologist*, 24 (3), 277-306.

McCune-Nicholich, L. (1981). Toward symbolic functioning: Structure of early pretend games and potential parallels with language. *Child Development*, 52, 785-797.

McDonald, E.T. (1980). *Teaching and using blissymbolics*. Toronto: Blissymbolics Communication Institute [ed. cast. (1985). *Sistema Bliss: Enseñanza y uso*. Madri: MEC].

McDonell, J. (1987). The integration of students with severe handicaps into regular public schools: An analysis of parents perceptions of potencial outcomes. *Education and Training in Mental Retardation*, 22, 98-111.

Mcgilly, K. (ed.) (1994). *Classroom lessons*. Cambridge, Massachusetts: The MIT Press.

MEC (1996). *La evaluación psicopedagógica: modelo, orientaciones, instrumentos*. Madri: Centro de Desarrollo Curricular.

Meltzoff, A.N. (1988). Infant imitation and memory: Nine months old in inmediate and deferred test. *Child Development*, 59, 217-225.

─────── ; e Moore, M. K. (1977). Imitation of facial and manual gestures by human neonates. *Science*, 198.

Meyer, L.; Peck, C.; e Brown, L. (eds.) (1991). *Critical issues in the lives of people with severe disabilities*. Baltimore: Paul H. Brookes.

Mialaret, G. (1972). *El aprendizaje de la lectura*. Madri: Marova.

Mills, A.E. (1983). The adquisition of speech sounds in the visually-handicapped child. In A.E. Mills (ed.). *Language acquisition in the blind child: Normal and deficient*. San Diego: Hill Press.

─────── (1988). Visual handicap. In K. Mongford c D. Bishop (ed.). *Language development in exceptional circumstances*. Nova Yorque: Academic Press.

Miras, M. (1996). Aspectos afectivos y relacionales en los procesos de interacción educativa. In A. Barca; J.A. Gónzalez; R. González e J. Escoriza (eds.). *Psicología de la Instrucción*. Vol. 3. Barcelona: Ediciones Universitarias de Barcelona.

Mohay, H. (1982). A preliminary description of the communication systems evolved by two deaf children in the absence of a sign model. *Sign Language Studies*, 34: 73-90.

─────── (1990). The interaction of gesture and speech in the language development of two profoundly deaf children. In V. Volterra e C. Erting (eds.), *From gesture to language in hearing and deaf children*. Nova Yorque: Springer-Verlag.

Molina, S.; e Arraiz, A. (1993). *Procesos y estrategias cognitivas en niños deficientes mentales*. Madri: Pirámide.

Monereo, C.; e Castello, M. (1997). *Las estrategias de aprendizaje. Cómo incorporarlas a la práctica educativa*. Barcelona: Edebé.

─────── ; Clariana, M.; Palma, M.; e Pérez-Cabani, M.L. (1994). *Estrategias de enseñanza y aprendizaje. Formación del profesorado y aplicación en la escuela*. Barcelona: Graó.

Monfort, M.; e Juárez, A. (1987). *El niño que habla. El lenguaje oral en preescolar*. Madri: CEPE.

─────── ; (1993). *Los niños disfásicos. Descripción y tratamiento*. Madrid: CEPE.

Montague, M. et al. (1993). Cognitive strategie instruction and mathematical problem solving performance of students with learning disabilities. *Learning Disabilities Research and Practice*, 8, 4, 223-232.

Montero, D. (1993). *Evaluación de la conducta adaptativa en personas con discapacidades. Adaptación y validación del ICAP*. Bilbao: Mensajero.

─────── ; e Martínez, S. (1994). El ICAP: Una herramienta en la mejora de la planificación y la intervención en servicios para personas con discapacidad. *Siglo Cero*, 25, 3,49-58.

Morais. J. (1994). *L'art de lire*. Paris: Editions Odile Jacob.

Moreno, A. (1988). *Perspectivas psicológicas sobre la conciencia*. Madri: Ediciones de la UAM.

─────── . (1995). Autorregulación y solución de problemas: un punto de vista psicogenético. *Infancia y Aprendizaje*, 72, 51-70.

Mucchielli, R.; e Bourcier, A. (1979). *La dislexia, causas, diagnóstico y recuperación*. Madri: Cincel.

Muldford, R. (1988). First words of the blind child. In M.D. Smith e J.L. Locke (eds.), *The emergent lexicon. The childs development of a linguistic vocabulary*. Nova Yorque: Academic Press.

Muller, H.A. (1979). L'alimentation et le langage. In N.R. Finnie (ed.). *Education a domicile de l'enfant infirme moteur cerebrale*. Paris: Masson.

Muñoz, T. (1983). Las intenciones comunicativas de los niños. Un enfoque pragmático. *Infancia y Aprendizaje*, 24, 19-34.

Myklebust, R.H. (1964). *The psychology of deafness.* Orune and Stratton [ed. cast 1975). *Psicología del sordo.* Madri: Magisterio Español].

———. (1975). Nonverbal learning Disabilities: Assesment and Intervention. In H.R. Myklebust (ed.), *Progression in learning disabilities.* Nova Yorque: Orune & Stratton, vol. 3, 85-121.

Natriello, G.; Mcdill, E.L.; e PaIlas, A.M. (1990). *Schooling disadvantaged children. Racing against catatroph.* Nova Yorque: Teachers College Press.

Nelson, K. (1974). Concept, word and sentence: Interrelations in acquisition and development. *Psychological Review,* 81, 267-285.

———. (1985). *Making sense. The acquisition of shared meaning.* Nova Yorque: Academic press. [ed. cast. (1988): *El descubrimiento del sentido.* Madri: Alianza Editorial].

Nicasio García, J. (1995). *Manual de dificultades de aprendizaje. Lenguaje, lectoescritura y matemáticas.* Madri: Narcea.

Nickerson, R.; Perkins, D.; e Smith, E. (1985). *The teaching of the thinking.* Nueva Jersey: Lawrence Erlbaum Associates (ed. cast. (1987). *Enseñar a pensar. Aspectos de la aptitud intelectual.* Madri: Paidós-MEC].

Nihira, K.; Foster, R.; Shellhaas, M.; e Leland, H. (1975). *AAMD Adaptive behavior scale.* Washington: AAMD.

———; Leland, H.; e Lambert, N. (1993). *ABS--RC: 2. AAMR. Adaptive Behavior ScaleResidential and Community.* 2.ª ed. Austin: Pro-ed.

Nisbet, J.; e Sucksmith (1987). *Learning strategies.* Londres: Routledge and Kegan Paul (ed. cast. (1987). *Estrategias de aprendizaje.* Madri: Santillana].

Nisbet, J. (1991). Methods and approaches. In S. Maclure e P. Davies, 1991.

——— e Mcguiness, C. (1990). Teaching thinking: the European scene. *Teaching thinking and problem solving,*12, 3, 12-14.

Nolan, C.Y.; e Kekelis, C.J. (1969). *Perceptual factors in Braille word recognition.* Nova Yorque: American Foundation for the Blind.

Norwich, B. (1990). *Reappraising special needs education.* Londres: Cassell.

———. (1993). Ideological dilemmas in special needs education: practitioners'views. *Oxford Review of Education,* 19 (4), 527-546.

Nunziati, G. (1990). Pour construir un dispositif d'evaluation formatrice. *Cahiers Pédagogiques,* 280, 47-64.

O'Brien, R.A. (1967). *Positive and negative sets in two choice discrimination learning by children.* Tese de doutorado: University of Illinois.

Obrzut, J. e Hynd, G. (1983). The neurobiological and neuropsychological foundations of learning disabilities. *Journal of Learning Disabilities.* 16 (9), 515-520.

OCDE-CERI. (1995). *Our Children at Risk.* Paris: OCDE.

Ochaíta, E. (1984). Una aplicación de la teoría piagetiana al estudio del conocimiento espacial en los niños ciegos. *Infancia y Aprendizaje,* 25, 81-104.

———. (1993). Ceguera y desarrollo psicológico. In A. Rosa e E. Ochaíta (eds.). *Psicología de la ceguera.* Madri: Alianza Editorial.

———. (1994). The role of interaction, communication and language in the psychological development of blind people. In P. del Río, A. Álvarez e J. Werch (eds.). *Exploration in sociocultural studies.* Vol 3: Teaching, learning and interaction, 45-53. Madri: Infancia y Aprendizaje.

———; e Rosa, A. (1990). Percepción, acción y conocimiento en los niños ciegos. In A. Marchesi., C. Coll.; e J. Palacios (eds.), *Desarrollo Psicológico y Educación, III. Necesidades educativas especiales y aprendizaje escolar.* Madri: Alianza Editorial.

——— Fernández Lagunilla, E.; e Huertas, J. A. (1988). *Lectura Braille y procesamiento de la información táctil.* Madrid: Inserso.

———; Pozo, J.I.; e Femández-Lagunilla, E. (1985). Clasificaciones y seriaciones: un importante desfase en el desarrollo cognitivo de los niños ciegos. *Revista de Psicología General y Aplicada,* vol. 40 (3), 395-419.

Oliver, J.; Hodge, N.; e Hollingsworth, H. (1991). Learning disabilities as functions of familial pearning problems and developmental problems. *Exceptional Children,* março/abril, 427-440.

ONCE (1986). *Mira y piensa.* Madri: ONCE.

Orrantia, J. (1997). *Dificultades específicas de aprendizaje.* Salamanca, Departamento de Psicología Evolutiva y de la Educación: Proyecto Docente.

Orton, S. (1937). *Reading and writing and speech problems in children.* Nova Yorque: Norton.

Ozonoff, S.; Pennington, B.F.; e Rogers, S.J. (1991). Executive function deficits in high-funcioning autistic individuals: Relationship to theory of mind. *Journal of Child Psychology and Psychiatric,* 32, 1081-1105.

Palincsar, A.S.; e Brown, A.L. (1984). Reciprocal teaching of comprehension. Fostering and metacognitive strategies. *Cognition andlnstruction,* 1, 117-175.

Pallas, A.M., Natriello, G.; e Mcdill, E.L. (1989). The changing nature of the disadvantaged: Current dimensions and future trends. *Educational Researcher.* 18 (5), 16-22.

Papert, S. (1980). *Mind-storms: children, computers and powerful ideas.* Brighton: Harvester.

Pearl, R; Donahue, M.; e Bryan, T. (1986). Social relationships oflearning-disabled children. In J.K. Torgesen, e B.Y.L. Wong (ed.). *Psychological and educational perspectives in learning disabilities.* Nova Yorque: Academic Press.

Pelechano, V.; de Miguel, A.; e Ibáñez, I. (1995). Las personas con deficiencias visuales. In M.A. Verdugo (ed.). *Personas con discapacidad: Perspectivas psicopedagógicas y rehabilitadoras.* Madri: Siglo XXI.

Perelló, J. (1977). *Trastornos del habla.* Barcelona: Científico-Médica.

Pérez, E.; e Serra, M. (1998). *Análisis del retraso del lenguaje (A-R-E-L)*. Barcelona: Ariel Practicum.

Pérez Pereira, M.; e Castro, J. (1994). *El desarrollo psicológico de los niños ciegos en la primera infancia*. Madri: Paidós.

Pérez Pereira, M.; e Singer, D. (1984). Adquisición de morfemas del español. *Infancia y Aprendizaje*, 27. 205-221.

Perfetti, Ch. (1989). There are generalized abilities and one of them is reading. In L. Resnick (ed.). *Knowing, learning, and insruction: Essays in honor of Robert Glaser.* Hillsdale: Erlbaum.

Perkins, D.N.; e Salomon, G. (1988). Teaching to transfer. *Educational Leadership*, 41, 22-32.

_____ . (1989). Are cognitive skills context-bound? *Educational Researchel*, 18, 16-25.

Pettito, A.; e Marentette, P. (1991). Babbling in the manual mode: evidence for the ontogeny of language. *Science*. 251, 1493-1496.

Piaget, J. (1937). *La construction du réel chez l'enfant*. Neuchatel: Delachaux et Niestlé [ed. cast. (1965). *La construcción de lo real en el niño*. Buenos Aires: Proteo].

Piazza, R. (ed.). *Three models of learning disabilities*. Guilford: Special Learning Corporation.

Porter, O. (1997). Critical elements for inclusive schools. In S.J. Pijl; C.J. Meijer; e S. Hegarty (eds.), *Inclusive education. A global agenda*. Londres; Routledge.

Pozo, J.I. (1990). Estrategias de aprendizaje. In C. Coll, J. Palacios e A. Marchesi (eds.). *Desarrollo psicológico y educación, II. Psicología de la educación*. Madri: Alianza Editorial.

_____ . (1994). El cambio conceptual en el conocimiento físico y social. In M. J. Rodrigo (ed.). *Contexto y desarrollo social*. Madri: Síntesis.

_____ ; e Monereo C. (1998). *Un currículo para pensar:* Madri: Santillana.

Preisler, G.M. (1991). Early patterns of interaction between infants and their sigthed mothers. *Child: Care, Health and Development*. 17, 65-90.

Prior, M. (1996). *Understanding specific learning difficulties*. Melburne: Psychology Press.

Puyuelo, M.; e Sanz, M.V. (1983). El tratamiento de los problemas de lenguaje en la parálisis cerebral infantil. *Revista de Logopedia y Fonoaudiología*, 4, 211-220.

Puyuelo, M.; Póo, P.; Basil, C.; e Le Métayer, M. (1996). *Logopedia en la parálisis cerebral*. Barcelona: Masson.

Rack, J.; e Olson, R.K. (1993). Phonological deficits, IQ, and individual differences in reading disability; Genetic and enviromental influences. *Developmental Review*, 13, 269-278.

Rack, J.; Snowling, M.; e Olson, R.K. (1992). The nonword reading deficit in developmental dyslexia: A review. *Reading Research Quarterly*, 27, 29-53.

Reid, M.K.; e Borkowski, J.G. (1987). Causal attributions of hyperactive children: Implications for teaching strategies and self-control. *Journal of Educational Psychology*, 79, 296-307.

Reiss, S. (1996). Psicopatología en el retraso mental. *Siglo Cero*, 27, 4, 13-18.

Resnick, L.B. (1987). *Education and learning to think*. Washington, D.C.: National Academic Press.

_____ . (1991). Shared cognition: thinking as social practice. In L.B. Resnick, J.M. Levine e S.D. Teasley (eds.). *Perspectives on social shares cognition*. Washington, D.C.: American Psychological Association.

Reynolds, D. (1996). The problem of the ineffective school: some evidence and some speculations. In J. Gray, D. Reynolds, C. Fitz-Gibbon e D. Jesson (eds.), *Merging Traditions: the Future of Research on School Effectiveness and Schools Improvement*. Londres: Cassell.

Rivière, A. (1997). Tratamiento y definición del espectro autista. In A. Riviere e J. Martos, (comps.) (1997), 61-152.

_____ . (1997). El tratamiento del autismo como transtorno del desarrollo: principios generales. In A. Riviere e J. Martos (comps) (1997).

Rivière, A.; e Martos, J. (comps.) (1997). *El tratamiento del autismo. Nuevas perspectivas*. Madri: Ministerio de Trabajo e Asuntos Sociales.

Rogers, S.J.; e Pennington, B.F. (1991). A theoritical approach to the deficits in infantile autism. *Developmental and Psychopathology*, 3, 137-162.

_____ ; e Puchalsky, C.B. (1986). Social smile of visually impaired infants. *Journal of Visual Impairment and Blindness*, 82, 249-256.

_____ . (1988). Development of object permanence in visually impaired infants. *Journal of Visual Impairment and Blindness*, 86, 134-145.

Rogoff, B. (1993). *Aprendices del pensamiento. El desarrollo cognitivo en el contexto social*. Barcelona: Paidós.

_____ . (1994). Developing understanding of the idea of communities of learners. *Mind, Culture and Activity*, 1, 4, 209-229.

Romero, J.F. (1985). *El concepto de "madurez lectoescritora". Diferencias sociales en el desarrollo de los factores que lo integran*. Málaga: SPICUM.

_____ . (1993). *Dificultades en el Aprendizaje: Desarrollo histórico, modelos, teorías y definiciones*. Valencia: Promolibro.

_____ ; e González, M.ª J. (1997). Las dificultades en el aprendizaje: reflexiones acerca de su naturaleza. In J. Beltrán; P. Domínguez; E. González; J.A. Bueno e A. Sánchez (comps.). *Nuevas perspectivas en la intervención psicopedagógica: I. Aspectos cognitivos, motivacionales y contextuales*. Madri: Servicio de Publicaciones de la Universidad Complutense, cap. 20, 112-118.

Rondal, J.A. (1985). *Langage et communication chez les handicapés mentaux*. Bruselas: Mardaga.

_____ ; e Seron, V. (1988). *Trastornos del lenguaje*. (3 vols.). Barcelona: Paidós.

Rosa, A. (1981). Imágenes mentales y desarrollo cognitivo en ciegos totales de nacimiento. *Estudios de Psicología*, 4, 25-66.

_____. (1993). *Caracterización de la ceguera y las deficiencias visuales*. In A. Rosa e E. Ochaíta (eds.) (1993).

_____; e Ochaíta, E. (1993). *Psicología de la ceguera*. Madri: Alianza Editorial.

_____; Huertas, J.A.; e Simón, C. (1993). *La lectura en los deficientes visuales*. In A. Rosa e E. Ochaíta (eds.) (1993).

_____; Moreno, E.; Fernández-Lagunilla, E.; Carretero, M.; e Pozo, J.I. (1986). *Aspectos cognitivos del desarrollo psicológico de los niños ciegos*. Madri: CIDE.

Rosas, R.; Strasser, K.; e Zamorano, R. (1995). Evaluación prelíminar de sistema multimedial de apoyo al proceso de enseñanza de la lectoescritura para niños ciegos. *Psykhe*, 4, 137-152.

Rosell, C.; Soro-Camats, E.; Basil, C.; Suárez, D.; Alsina, G.; e Pastallé, N. (1996). *Ajuts tecnics per a la comunicació*. Barcelona: Blocs 9, Fundació Institut Guttmann.

Rosenholtz, S. J. (1989). *Teachers workplace: the social organization of schools*. Nova Yorque: Longman.

Ross, A.O. (1976). *Psychological aspects of learning disabilities and reading disorders*. Nova Yorque: McGraw-Hill.

Rourke, B.P. (1989). *Nonverbal learning disabilities: The syndrome and the model*. Nova Yorque: Guilford.

_____. (1993). Arithmetic disabilities, specific and otherwise: A neurological perspective. *Journal of Learning Disabilities*, 26, 214-226.

_____. (1997). Disabilities of arithmetic and mathematical reasoning: perspectives from neurology and neuropsychology. *Journal of Learning Disabilities*. 30(1), 34-46.

_____; e Fuerst, D. (1991). *Learning disabilities and psychosocial functioning*. Nova Yorque: The Guilford Press.

Rueda, M.I. (1995). *La lectura: adquisición, dificultades e intervención*. Salamanca: Amaroe.

Sánchez, E. (1988). Aprender a leer e leer para aprender: Características del escolar con pobre capacidad de comprensión. *Infancia y Aprendizaje*, 44, 35-57.

_____. (1990c). El aprendizaje de la lectura y sus trastornos. In A. Marchesi, J. Palacios e C. Coll (eds.), *Desarrollo psicológico y educación, III. Necesidades educativas especiales y aprendizaje escolar*. Madri: Alianza Editorial.

_____. (1996). El todo y las partes: una crítica a las propuestas del lenguaje integrado. *Comunicación y Educación*, 1. 39-55.

_____. (1997). *Las dificultats de l'aprenentage*. Barcelona: Universidad Oberta de Catalunya.

_____. (1998). *Comprensión y Redación de textos*. Barcelona: EDEBE.

_____; Rueda, M.I.; e Orrantia, J. (1989). Estrategias de intervención en alumnos con dificultades en el aprendizaje de la lectura. *CLE. 3/4*, 101-111.

_____; Orrantia, J.; Rueda, M.I.; e Vicente, M. (1994). El asesoramiento en los proyectos curriculares. *Aula de Innovación*, 27, 47-54, 1994.

_____; Rosales, J.; Cañedo, I.; e Loureiro, P. (1995). La explicación verbal. Entre el diálogo y el monólogo. *Textos*, 4. 109-123.

Satz, P.; e Fletcher, J.M. (1980). Minimal brain dysfunction: an apraisal of research concepts and methods. In H.E. Rie; e E.O. Rie (eds.). *Handbook of minimal brain dysfunction: a critical view*. Nova Yorque: Wiley.

_____; e Van Nostrand, G. K. (1973). Developmental dyslexia: an evaluation of theory. In P. Satz e J. Ross (eds.). *The disabled learner: early detection and intervention*. Rotterdam: Roterdam Univ. Press.

_____; Morris, R.; e Fletcher, J. (1985). Hypotheses, subtypes and individual differences in dyslexia: Some reflections. In D.B. Gray e J.F. Kavanagh (eds.). *Biobehavioral measures of dyslexia*. Parkton: York Press, 67-95.

Scardamalia, M.; Bereiter, L.; e Lamon, M. (1994). The CSILE Project: Trying to bring to the classroom into world. In K. McOilly (ed.). *Classroom lessons*. Cambridge, Massachusetts: The MIT Press.

Schaeffer, B.; Musil, A.; e Kollinzas, G. (1980). *Total communication*. Champaign: Research Press.

Schaffer, H.R. (1977). Early interactive development. In H.R. Schaffer (ed.). *Studies in mother-infant interaction*. Londres: Academic Press.

_____. (1993). *El contexto sociofamiliar en la educación de la infancia*. Temas de Infancia. Madri: MEC e A.M. Rosa Sensat.

Schalock, R.L. (1997). Evaluación de programas sociales: para conseguir rendimientos organizacionales y resultados personales. *Siglo Cero*, 28, p. 23-35.

_____ et al. (1994). The changing conception of mental retardation: Implications.for the field. *Mental Retardation*, vol. 32, 3, 181-193.

Schlesinger, H.S.; e Meadow, K.P. (1972). *Sound and sign: Childhood deafness and mental health*. Berkeley: University of California Press.

Schoenfeld, A.H. (1980). Teaching problem-solving skills. *American Mathematical Monthly*, 87, 10, 794-805.

Scholl, G.T. (1986). Growth and development. In G.T. Scholl (ed.). *Foundations of education for blind and visually handicapped children and youth*. Nueva York: American Foundation for the Blind.

Schreibman, L. (1988). *Autism*. Neubury Park: Sage.

Schumaker, J.B.; e Sheldon, J. (1985). *The sentence writing strategy. Instructors, manual*. Lawrence Kansas: University of Kansas.

Scrugg, T.E.; e Mastropieri, M.A. (1992). Classroom applications of mnemonic instruction: Acquisition, maintenance, and generalization. *Exceptional Children*. 58, 219-231.

_____. (1993). Special education for the twenty-first century: Integrating learning strategies and thinking skills. *Journal of Learning Disabilities*, 26, 392-398.

Sebastián, M.E. (1991). El desarrollo del sistema de referencia temporal en español: un paseo por la morfología verbal. *Anales de Psicología*, 7, 181-197.

Seligman, M.P. (1975). *Learned helplessness: on depression, development and death*. San Francisco, CA: Freeman [ed. cast. (1981). *lndefension*. Madri: Debate].

Semrud-Clikeman, M.; e Hynd, G.W. (1990). Right-Hemisphere dysfunction in nonverbal learning disabilities: Social, academic, and adaptative functioning in adults and children. *Psychological Bulletin*, 107, 196-209.

Sergiovanni, T.J. (1990). *Value-added leadership*. San Diego: Harcourt Brace Jovanovich.

Shepherd, M. (1988). Specific developmental disabilities of reading, writing and mathematics. Discussion. In J.F. Kavanagh e T.J. Truss, Jr. (eds.). *Learning Disabilities: Proceedings of the National Conference*. Nova Yorque: York Press, 164-168.

Shore E.; Bates, E.; Bretherton, I.; Beeghly, M.; e O'Connell, B. (1990). Vocal and gestural symbols: Similarities and differences from 13 to 28 months. In V. Volterra e C. Erting (eds.). *From gesture to language in hearing and deaf children*. Nova Yorque: Springer-Verlag.

Siegler, R.S. (1989). *How children discover new strategies*. Hillsdale: Lawrence Erlbaum Associates.

Sigúan, M.; Colomina, R.; e Vila, I. (1990). *Metodología para el estudio del lenguaje infantil*. Capellades: Abril Editorial.

Simón, C. (1994). *El desarrollo de los procesos básicos en la lectura Braille*. Madri: ONCE.

Simon, C.; Ochaita, E.; e Huertas, J.A. (1996). A specific characteristics of braille reading: hand exploration of texts. *Cahiers of Cognitive Psychology*, 15 (2), 231-241.

Skrtic, T.M. (1991). Students with special educational needs: Artifacts of the traditional curriculum. In M. Ainscow (ed.). *Effective schools for all*. Londres: David Fulton Publishers.

Slovely, P.; e Mayer, J. (1990). Emotional inteligence. *Imagination, cognition and personality,9*, 185-211.

Smith, F. (1983). *La comprensión de la lectura*. México: Trillas.

Söder, M. (1980). *Mentally retarded children research and development concerning integration of handicapped pupils into the ordinary school system*. Estocolmo: National Swedish Board of Education.

_____. (1997). A research perspective on integration. In S.J. Pijl, C. J.W. Meijer e S. Hegarty (eds.). *Inclusive education. A global agenda*. Londres: Routledge.

Solé, I. (1992). *Estrategias de lectura*. Bracelona: Graó.

_____. (1993). Disponibilidad para el aprendizaje e sentido del aprendizaje. In C. Coll e colaboradores (eds.). *El constructivismo en el aula*. Barcelona: Graó.

Sonksen, P. (1979). Sound and the visually handicapped baby. *Child: care, health and development*, 5, 413-420.

Soro-Camats, E.; e Basil, C. (1997). Desarrollo de la comunicación y el lenguaje en niños con discapacidad motora y plurideficiencia. In M.J. del Río (ed.). *Interacción y desarrollo del lenguaje en personas con necesidades especiales*. Barcelona: Martínez Roca.

Sotillo, M. (ed.) (1993). *Sistemas alternativos de comunicación*. Madri: Trotta.

Stanovich, K.E. (1986). Matthew effects in reading: Some consequences of individual differences in the adquisition of literacy. *Reading Research Quarterly*, 21, 360-407.

_____. (1991). Word recognition: changing perspectives. In M.L. Barr, P. Moshental e P.D. Pearson (eds.). *Handbook of reading research* (vol. III). Nova Yorque: Longman.

_____. (1992). Speculations on the causes and consequences of individual differences in early reading acquisition. In P.B. Gough; L.C. Ehri e R. Treiman (eds.). *Reading acquisition*. Hillsdale: LEA.

_____. (1993). Does reading make you smarter? Literacy and the development of verbal intelligence. *Advances in Child Development and Behaviour* (vol. 24), 133-180.

_____; e Siegel, L. (1994). Phenotypic perfomance profile of children with reading disabilities: A regression-based test of the phonological-core variable-diffrence model. *Journal of Educational Psychology*, 86, 24-53.

Steinberg, A., e Tovey, R. (1996). Research says: a cautionary note. In E. Miller e R. Tovey (eds.). *Inclusion and special education*. HEL Focus Series, 1, Cambridge, Massachusetts: Harvard Educational Publishing.

Steiner, J.E. (1979). Human facial expresions in response to taste ans semell stimulation. In H. W. Reese e L.P. Lipsitt (eds.). *Advances in child development and behavior*, vol. 13. Nova Yorque: Academic Press.

Steinmetz, H.; e Galaburda, A.M. (1991). Planum temporale asymetry: In-vivo morphometry affords a new perspective for Neuro-Behavioral Research, *Reading and Writing*, Vol 3 (3/4), 331-345.

Stern, D. (1985). *The Interpersonal World of the Infant*. Nova Yorque: Basic.

Sternberg, R.J. (1985). *Beyond I.Q.* Nova Yorque: Cambrigge University Press [ed. cast. (1990). *Más allá del cociente intelectual*. Bilbao: Desclée de Brouwer].

_____. (1987). Intelligence Applied. In J.B. Baron e R.J. Sternberg. *Teaching thinking skills*. Nova Yorque: Freeman.

Stillman, R.; Aylmer, J.; e Vandivort, J. (1983). *The funtions of signaling behavior in profoundly impaired deaf-blind children and adolescents*. Dallas: 107th. Annual Meeting of the AAMO.

Stoll, L.; e Fink, D. (1996). *Changing our schools*. Buchingham: Open University Press.

Strauss, A.; e Lehtinen, L. (1947). *Psychopathology and education of the brain injured cftild*. Nova Yorque: Grune.

Stringfield, S.; e Yoder, N. (1992). Toward a model of elementary grades chapter I effectiveness. In H.C. Waxman, J. Walker de Felix, J.E. Anderson e H. Prentice Baptiste, Jr.: *Students at risk in at-risk schools*.

Improving environments for learning. Newbury Park: Corwin Press.

Such, P. (1988). Últimas tendencias del sistema Bliss. In C. Basil e R. Puig de la Bellacasa (eds.). *Comunicación aumentativa*. Madri: Inserso.

Swanson, H.L. (1993). An information processing analysis of learning disabled children's problem solving. *American Educational Research Journal*, 30, 4, 861-893.

_____ ; e Keogh. B. (1990). *Learning desabilities: Theorical and research issues*. Nueva Jersey: Lawrence Erlbaum Assiciates.

_____ ; e Malone, S. (1992). Social skill and learning disabilities: A Meta-Analysis of the literature. *School Psychology Review*, 21, 427-443.

_____ ; e Trahan, M. (1996). Learning disabled and average reader's working memory and comprehension: does metacognition play a role? *British Journal of Educational Psychology*, 66, 3, 333-355.

Szymanski, L.S. (1996). Retraso mental y salud mental: conceptos, etiología e incidencia. *Siglo Cero*, 27, 4, 5-11.

Tallal, P. (1980). Auditory temporal perception, phonics, and reading disabilities in children. *Brain Lang*, 9, 182-186.

_____ ; Sainburg, R.L.; e Jernigan, T. (1991). The neuropathology of developmental dysphasia: behavioral, morphological and psychological evidence for a pervasive temporal processing disorder. *Reading and writing*. Vol. 3 (314), 363-379.

Tamarit, J. (1988). Los trastornos de la comunicación en deficiencia mental y otras alteraciones evolutivas. Intervención mediante sistemas de comunicación total. In Basil e R. Puig de la Bellacasa (eds.). *Comunicación alternativa*. Madri: Inserso.

_____ . (1993). ¿Qué son los sistemas alternativos de comunicación? In M. Sotillo (ed.). *Sistemas alternativos de comunicación*. Madri: Trotta.

_____ . (1994). *Prueba ACACIA*. Madri: Alcei-6.

_____ . (1995a). Conductas desafiantes y autismo: un análisis contextualizado. In VVAA: *La atención a alumnos con necesidades educativas graves y permanentes*. Pamplona: Gobierno de Navarra, Dto. de Educación, Cultura, Deporte y Juventud.

_____ . (1995b). Proyecto ENTORNOS: una propuesta para la programación educativa en autismo. In M.A. López Mínguez (coord.). *Autismo: la respuesta educativa*. Murcia: Centro de Profesores y Recursos I.

_____ . (1997). Els problemes de comportament a l'aula. In C. Giné (coord.). *Anàlisi de Casos II: Intervenció Psicopedagògica i atenció a la diversitat*. Universitat Oberta de Catalunya, edición experimental.

_____ . (no prelo). Conductas desafiantes y contexto: el caso de Héctor, un joven con retraso mental vinculado a un síndrome de Cornelia de Lange. *Suports*.

_____ ; De Dios, J.; Domínguez, S.; e Escribano, L. (1990). *PEANA: Proyecto de estructuración ambiental en el aula de niños autistas*. Memoria final del proyecto subvencionado por la Consejería de Educación de la Comunidad de Madrid y la Dirección General de Renovación Pedagógica del MEC.

_____ ; León, E.; Lozano, M.; Botija, A.; Pérez, E.; Monje, E.; e Vega, B. (1997). *Las personas con retraso mental con necesidades de apoyo generalizado. I. Definición*. Madri FADEM (manuscrito sin publicar).

_____ ; Gortázar, P.; García, E.; Pineda, Y.; Torres, M.; e Duralde, M. (1998). Programa Entornos: aplicación informática para la gestión del currículo. In VV. AA.: *Autismo: La esperanza no es un sueño*. Barcelona: Fundación ONCE.

Tardieu, G.; e Chevrie, C. (1978). Les troubles du langage chez l'enfant. *Les feuilles de L'IMC*, VIM 3.

_____ . (1979). L'education therapeutique du langage. *Les feuilles de L'IMC*. VIM4.

Teddlie, C.; e Stringfield, S. (1993). *Schools make a difference: lessons learned from a 10 years study of school effects*. Nova Yorque: Teachers College Press.

Tetchzner, S. von (1993). *Introducción a la enseñanza de signos y al uso de ayudas técnicas para la comunicación*. Madri: Visor.

Tomlinson, S. (1982). *A sociology of special education*. Londres: Routledge and Kegan Paul.

_____ . (1985). The expansion of special education. *Oxford Review of Education*, 11 (2), 157-165.

Torgesen, J.K. (1988). Specific developmental disabilities of reading, writing and mathematics. Discussion. In J.F. Kavanagh e T.J. Truss, Jr. (eds.). *Learning disabilities: proceedings of the national conference*. Nova Yorque: York Press, 174-180.

_____ . (1991). Learning disabilities: Historical and conceptual issues. In. B.Y.L. Wong (ed.). *Learning about learning disabilities*. San Diego: Academic Press.

_____ ; e Wong, B.Y.L. (1986). *Psychological and educational perspectives in learning disabilities*. Nova Yorque: Academic Press.

_____ ; Wagner, R.K.; e Rashotte, C. A. (1994). Longitudinal studies of phonological processing and reading. *Journal of Learning Disabilities*, 27, 276-286.

Torres, E. (1986). La reconstrucción de cuentos en niños sordos. *Infancia y Aprendizaje*, 34, 77-100.

Torres, S. (1988). *La Palabra Complementada*. Madri: CEPE.

Torres Guzmán, M.E.; Mercado, C.I.; Quintero, A.H.; e Viera, D.R. (1994). Teaching and learning in Puerto Rico/latino collaboratives. Implications for teacher education. In E. Hollins, J.E. King e N.C. Hayman (eds.). *Teaching culturally diverse populations: Formulating a Knowledge Base*. Nova Yorque: Longman.

Treiman, R. (1993). *Beginning to spell*. Nova Yorque: Oxford University Press.

Trevarten, C. (1988). Infants trying to talk. In R. Söderbergh (ed.). *Children's creative communication*. Lund: Lund University Press.

Trevarthen, C.; Aitken, K.; Papoudi, D.; e Robarts, J. (1996). *Children with autism*. Londres: Jessica Kingsley.

Tucker, I.; e Nolan, M. (1984). *Educational audiology*. Londres: Croom Helm. UNESCO (1993). *Conjunto de materiales para la formación de profesores "Las necesidades especiales en el aula"*. Paris. (UNESCO).

UNESCO e Ministerio de Educación y Ciencia (1995). *Conferencia Mundial sobre Necesidades Educativas Especiales: Acceso y calidad*. Madri: Ministerio de Educación y Ciencia.

Urwin, C. (1984). Communication in infancy and the emergence of language in blind children. In Schefelbusch, R.L.; e Pickar, J. (eds.). *The adquisition of communicative competence*. Baltimore: University Press.

Valls, E. (1992). Los procedimientos: aprendizaje, enseñanza y evaluación. In C. Coll e colaboradores (eds.). *Los contenidos en la reforma. Enseñanza y aprendizaje de conceptos, procedimientos y actitudes*. Madri: Santillana, Aula XXI.

_____. (1993). *Los procedimientos: aprendizajes, enseñanza y evaluación*. Barcelona: ICE-Horsori.

Valmaseda, M. (1995). La evaluación y tratamiento en las deficiencias auditivas. In M.A. Verdugo (ed.). *Personas con discapacidad. Perspectivas psicopedagógicas y rehabilitadoras*. Madri. Siglo XXI.

_____; Sánchez, A.; Gómez, L.; e Díaz-Estébanez, E. (1991). El lenguaje y los alumnos sordos. In MEC: *Las necesidades educativas especiales del niño con deflciencia auditiva*. Madri: Centro Nacional de Recursos para la Educación Especial. Serie Formación.

Valsiner, J.; e Winegar, L.T. (1992). Introduction: A cultural-historical context for social context. In L.T. Vinegar e J. Valsiner (eds.). *Children's within social context. Vol. I. Metatheory and theory*. Hillsdale: Lawrence Erlbaum Associates.

Van Dijk, T.A.; e Kintsch, W. (1983). *Strategies of discourse comprehension*. Nova Yorque: Academic Press.

Vellutino, F.R. (1979). *Dyslexia: theory and reseearch*. Cambridge, Massachusetts: MIT Press.

_____. (1991). Introduction to three studies on reading acquisition convergent Findings: on theoretical foundations of code-oriented versus whole-language approaches to reading instruction. *Journal of Educational Psychology*, 83, 4, 437-443.

Verdugo, M.A. (1984). Entrenamiento y generalización de estrategias cognitivas en deficientes mentales. *Revista de Psicología General y Aplicada*, 39, 3, 413-423.

_____. (1994). *Evaluación curricular*. Madri: Siglo XXI.

_____. (1995). *Personas con discapacidad: Perspectivas psicopedagógicas.v rehabilitadoras*. Madri: Siglo XXI.

Verne, E. (1988). Les politiques d'education multiculturelle: analysis critique. In F. Ouellet (ed.). *Pluralisme et ecole*. Quebec: Institute Québécois de Recherche sur la Culture.

Vidal-Abarca, E.; e Gilabert, R. (1991). *Comprender y aprender*. Madri: CEPE.

Vila, I. (1984). Del gesto a la palabra. Una explicación funcional. In J. Palacios, A. Marchesi e M. Carretero (eds.). *Psicología evolutiva, 2. Desarrollo cognitivo y social del niño*. Madri: Alianza Editorial.

Vilaseca, D. (no prelo). El ordenador: una necesidad para el discapacitado, no un capricho. In C. Basil, E. Soro-Camats e C. Rosell (eds.). *El uso de sistemas de signos y ayudas técnicas para la comunicación aumentativa y la escritura*. Barcelona: Masson.

Vislie, L. (1995). Integration policies, school reforms and the organization of schooling for handicapped pupils in western societies. In C. Clark, A. Dyson e A. Millward (eds.). *Towards inclusive schools?* Londres: David Fulton.

Vlachou, A.; e Barton, L. (1994). Inclusive education: teachers and the changing culture of schooling. *British Journal of Special Education*, 21, 3, 105-107.

Volterra, V. (1981). Gestures, signs and words at two years: when does communication become language? *Sign Language Studies*, 33: 351-361.

Von Tetzchner, S.; e Martinsen, H. (1993). *Introducción a la enseñanza de signos y al uso de ayudas técnicas para la comunicacjón*. Madri: Visor (original em norueguês 1991).

Vygotsky, L. (1977). *El desarrollo de los procesos psicológicos superiores*. Barcelona: Grijalbo.

Wang, M.A.; e Reynolds, M. (1995). *Making a difference for students at risk. Trends and alternatives*. Thousand Oakes: Corwin Press.

Wang, M.C.; e Baker, E.T. (1986). Mainstreaming programs: design features and effects. *Journal of Special Education*, 19, 2, 503-521.

Warnock Report (1978). *Special Educational Needs, report of the Committee of Inquiry into Education of Handicapped Children and Young People*, Londres: HMSO.

Watson, L.R.; Lord, C.; Shaeffer, B.; e Schopler, E. (1989). *Teachjng spontaneous communication to autistic and developmentally handicapped children*. Nova Yorque: Irvington.

Weisblatt, S.A. (1996). Diagnóstico de desórdenes psiquiátricos en personas con retraso mental. *Siglo Cero*, 27, 4, 21-24.

Wertsch, J.V. (1979). From social interaction to higher psychological processes: clarification and appliction of Vygotsky's theory. *Human Development*, 22, p. 1-22.

_____. (1984). The zone of proximal development: some conceptual issues. In B. Rogoff e J.V. Werstch (eds.). *Childrens learning in the zone of proximal development*. New Directions for Child Development, 23. San Francisco: Jossey-Bass.

_____. (1988). *Vigotsky y la formacjón social de la mente*. Barcelona: Paidós.

Weston, P. (1988). *The search for success. An overview of the programme. Lower Attaining Pupils Programme. National Evaluation*. Slough: NFER.

Whitman, Th. (1990). Self-regulation and mental retardation. *American Journal on Mental Retardation*. 94, 4, 347-362.

Williams, P. (1993). Integration of students with moderate learning difficulties. *European Journal of Special Needs Education*, 8, 3, 303-319.

Wing, L. (1988). The continuum of autistic characteristics. In Schopler, E.; e Mesibov, G.B. (eds.). *Diagnosis and assesment in autism*. Nova Yorque: Plenum Press.

_____ ; e Gould, J. (1979). Severe impairments of social interaction and assosiated abnormalities in children: epidemiology and classification. *Journal of Autism and Developmental Disorders*, 9, 11-29.

Wolfensberger, W. (1986). Debate sobre la normalización. *Siglo Cero*, 105, p. 12-28.

Wong, B.Y.L. (1979a). The role of theory in LD research: Part I. An analysis of problems. *Journal of Learning Disabilities*. 12 (9), 19-29.

_____. (1979b). The role of theory in LD research: Part II. A selective review of current theories of learning and reading disabilities. *Journal of Learning Disabilities*, 12, 15-24.

_____. (1993). Pursuing and elusive goal. Molding strategic teachers and learners. *Journal of Learning Disabilities*, 26, 354-357.

_____. (1994). Instructional parameters promoting transfer of learned strategies in students with learning dissabilities. *Learning Dissabilities Quarterly*, 17, 110-120.

Wood, D.; Wood, H.; Griffiths, A.; e Howarth, I. (1986). *Teaching and talking with deaf children*. Nova Yorque: Wiley.

World Health Organization (1992). *The Tenth Revision of de lnternational Classification of Diseases and Related Health Problems (ICD-IO)*. Gênova: WHO.

Yirmiya, N.; Sigman, M.; Kasari, C.; e Mundy, P. (1992). Empathy and cognition in high-funtioning children with autism. *Child Development*, 63, 150-160.

Yola, C.; e Ward, J. (1987). Teachers' attitudes towards the integration of disabled children in regular schools. *The Exceptional Child*, 34, 1, 41-55.

Yuill, N.; e Oakhill, J. (1991). *Children's problems in text comprehension*. Cambridge: Cambridge University Press.

Zayas, F. (1994). *El lugar de las tipologías textuales en la didáctica de la lengua*. Publicación colectiva del ICE de la Universidad de Zaragoza.

Zigler, E. (1966). Research on personality structure in the retardate. N.R. Ellis (ed.). *lnternational review of research in mental retardation*. Nova Yorque: Academic Press.

Índice analítico

adaptação do currículo
  características, 297-299
  conceito, 296-298
  dos componentes, 300-302
  e provisão de recursos, 304-305
  meios de acesso, 299-301
  na deficiência mental, 209-211
  na paralisia cerebral, 226-229
  para as crianças surdas, 189-191
  sua avaliação, 286-289
agressividade
  efeitos, 123-125
  tipos, 123-124
atenção à diversidade (ver diversidade)
atrasos maturativos
  atrasos maturativos psicológicos, 63-66
  conceito, 53-57
  críticas às teorias de atrasos maturativos, 66-68
  implicações para a intervenção psicopedagógica, 67-70
  teorias explicativas, 58-59, 63-64
atribuição, 131-133
autismo
  critérios diagnósticos, 240-241
  espectro autista, 241-249
  evolução histórica, 234-238
  intervenção educativa, 248-254
  o transtorno autista, 238-239
autoestima, 131-133
avaliação como autorregulação, 324-327
avaliação da audição, 182-185
avaliação da integração
  critérios de êxito, 31-33
  métodos, 32-35
  principais resultados, 34-37
avaliação da linguagem
  do contexto, 83-84
  do sujeito, 83-84
  métodos, 84-86
avaliação da visão funcional, 153-154
avaliação das crianças surdas, 183-186
avaliação das pessoas com deficiência mental, 200-205
avaliação do autismo, 240-241, 248-249
avaliação dos alunos com necessidades de apoio generalizado, 263-267
avaliação psicopedagógica
  da família, 284-286
  das adaptações do currículo, 286-289
  do aluno, 280-284
  do contexto escolar, 283-285
  e apoios educativa, 285-287
  uma nova definição, 275-280

bimodal
  aquisição do sistema bimodal, 178, 180
  utilização no ensino, 187-188
Braille, 164-165, 168-169

cegueira
  avaliação da visão funcional, 153-154
  desenvolvimento psicológico, 154-162
  heterogeneidade, 215-216
  intervenção educativa, 162-170
  sistemas sensoriais, 151-152
comunicação total
  com autistas, 250-251
  com paralisia cerebral, 230-232
contexto
  da escola, 43-46
  e linguagem, 83-84
  político e social, 43-44
cued speech (ver palavra complementada)
cultura dos grupos humanos, 135-136
  e currículo, 140
  sua transformação, 139-140
currículo
  adaptações (ver adaptações do currículo)
  comum e diversificado, 34-38
  ensinar a pensar, 309-329
  transformação, 44

deficiência mental
  avaliação, 200-205
  conceito em psicometria, 193-194
  desenvolvimento metacognitivo, 313-316
  enfoque funcional, 194-196, 277-279
  intervenção educativa, 204-205, 213-214
  personalidade, 197, 199-200
  processos cognitivos, 195-199
dificuldades de aprendizagem
  e atrasos maturativos (ver atrasos maturativos)
  e problemas emocionais e de conduta (ver problemas emocionais e de conduta)
disfasia, 79-80
disfemia, 79
diversidade, 290-296
  intervenção educativa, 305-308

educação especial
  história, 15-19
  mudanças na Espanha, 27-28
ensinar a pensar
  chaves metodológicas, 322-329
  estratégias de aprendizagem, 310-311
  função da tomada de consciência, 311-313
  pensamento e emoção, 312-313
  programas escolares, 317-322
  significado, 309-311
  sua relação com o currículo, 315-318
escola inclusiva
  condições, 40-41, 47-48
  os dilemas, 37-42
  significado, 26-28
espinha bífida, 217-219

família
  como âmbito de avaliação psicopedagógica, 284-286
  de crianças com necessidades educativas especiais, 330-336
  diferentes relações, 335-337
  e problemas de linguagem, 87-88
  modelo interativo, 135-136
  pais de crianças cegas, 162-164
  participação na escola, 139-140
  relações entre a família e a escola, 340-346
  relações entre pais e profissionais, 337-341
fatores etiológicos, 219-221

informe Warnock, 19-20
integração educativa
  avaliação (ver avaliação)
  das crianças surdas, 190-192
  dos alunos com deficiência mental, 211-214
  formas, 24-26
  inconvenientes, 23-24
  significado, 22-23
  vantagens, 23-23
intervenção no contexto social, 144-145
intervenção psicopedagógica
  com alunos com necessidades de apoio generalizado, 266-269
  com autistas, 248-254
  com crianças cegas, 162-170
  com os alunos com deficiência mental, 204-214
  nos atrasos maturativos, 67-70
  nos problemas afetivos e de conduta, 125-128
  nos problemas de leitura, 104-108
  nos problemas de linguagem, 85-88
  para ensinar a pensar, 327-329
  para motivar os alunos, 138-146

jogo intensivo na paralisia cerebral, 229-230
jogo simbólico
  nas crianças cegas, 159-160
  nas crianças surdas, 182-183

leitura (ver linguagem escrita)
leitura Braille, 164-168

linguagem
  aquisição e desenvolvimento, 72-78
  avaliação (ver avaliação da linguagem)
  desenvolvimento nas crianças cegas, 158-159
  desenvolvimento nas crianças surdas, 177-181
  funções comunicativas, 76-78
  origem dos transtornos, 81-83
  problemas, 78-81
linguagem de sinais
  aquisição, 178, 180-181
  utilização no ensino, 189
linguagem escrita
  compreensão, 94-99
  dificuldades na aprendizagem da leitura, 100-104
  dilemas, 91-93, 107-111
  liderança educativa, 45
  reconhecimento de palavras, 92-94

maus-tratos infantis
  características, 120-121
  fatores de risco, 121-122
  fatores protetores, 121-123
motivação
  escolas e professores desmotivados, 137-139
  experiência de fracasso, atribuição e autoestima, 131-133
  flexibilidade organizacional e programas específicos, 141-143
  metas de aprendizagem e de execução, 130-132
  mudanças na prática docente, 143-144
  sentido da aprendizagem, 133-135

necessidades de apoio generalizado
  avaliação, 263-267
  definição, 258-262
  desenvolvimento, 261-263
  intervenção educativa, 266-269
necessidades educativas especiais
  críticas, 21-22
  definição, 19-21
  na deficiência mental, 207-210

o transtorno de Rett, 238-240

pais (ver famílias)
palavra complementada, 186-188
paralisia cerebral
  classificação, 216-218
  comunicação total, 229-232
  definição, 215-217
  desenvolvimento cognitivo, 221-223
  desenvolvimento da motricidade e da linguagem, 221
  fisioterapia, 231-233
  interação social, 222-224
  jogo intensivo, 229-230
  logopedia, 224-226
  sistemas alternativos de comunicação, 226-229
participação
  dos alunos, 139-140
  dos pais, 139-140

privação emocional, 121-123
problemas emocionais e de conduta
　classificação, 115-117
　condutas agressivas (*ver* agressividade)
　e dificuldades de aprendizagem, 116-120
　privação emocional, 121-123
　significado, 114-115
professores
　desenvolvimento profissional, 44
　desmotivados, 137-139
protoconversas, 73-74
　nas crianças cegas, 15-16
　nas crianças surdas, 177
　nos autistas, 244-245
protodeclarativos, 74
　em autistas, 244-245
protoimperativos, 74
　em autistas, 244-245

recursos educativos
　provisão, 40-42
reforma educacional, 27-28

sentido da aprendizagem, 133-135
sinais (*ver* linguagem de sinais)
sistemas alternativos de comunicação, 225-229
surdez
　avaliação psicopedagógica, 183-186
　desenvolvimento cognitivo, 181-182
　desenvolvimento comunicativo e linguístico, 176-181
　diferenças individuais, 171-176
　medição da audição, 182-185
　processo de ensino, 186-192

teoria da mente, 229, 244
transtorno de Asperger, 238-239
transtornos globais do desenvolvimento (*ver* autismo)